साहित्य और संगीत-1

साहित्य और संगीत-1

सम्पादक
मुकेश गर्ग

वाणी प्रकाशन

वाणी प्रकाशन

4695, 21-ए, दरियागंज, नयी दिल्ली 110 002

शाखा

अशोक राजपथ, पटना 800 004

फ़ोन: +91 11 23273167 फ़ैक्स: +91 11 23275710

www.vaniprakashan.in
vaniprakashan@gmail.com

SAHITYA AUR SANGEET-1
Edited by Mukesh Garg

ISBN : 978-93-5072-653-2
Literature/Sangeet

प्रथम संस्करण

मूल्य : ₹ 600

हर्ष प्रिंटर्स, दिल्ली-110 093 में मुद्रित

वाणी प्रकाशन का लोगो मक़बूल फ़िदा हुसेन की कूची से

जिनकी उँगली पकड़ मैंने संगीत की ज़मीन पर
पैयाँ-पैयाँ चलना सीखा,
ऐसे गुरु-तुल्य अपने बड़े भाई
डॉ. लक्ष्मीनारायण गर्ग को
सादर

प्राक्कथन

साहित्य, संगीत और यह ग्रन्थ

कौन ऐसा साहित्यकार है जो संगीत की चर्चा न करता हो या उसमें दिलचस्पी न लेता हो? और, कौन ऐसा संगीतज्ञ है जिसे साहित्य की दरकार न हो? भारतेन्दु हरिश्चन्द्र से वर्तमान साहित्यकारों तक लगभग सभी ने किसी न किसी रूप में संगीत पर टिप्पणी की है। यह बात दीगर है कि संगीत की गहरी और व्यापक समझ का स्वाभाविक अभाव होने से साहित्यकारों की ये टिप्पणियाँ संगीत के बारे में अथवा साहित्य और संगीत के आपसी रिश्तों के बारे में गहरा बोध दे पाने में कम ही कामयाब हो पाती हैं।

साहित्य से संगीत का आदिम नाता है। जिस तरह संगीत से साहित्य का है। दोनों कलाओं का सम्बन्ध ध्वनि से है। ध्वनि एक ओर अर्थवाहक 'शब्द' में तब्दील हो जाती है, तो दूसरी ओर सांगीतिक नाद यानी 'स्वर' में। सार्थक शब्द में ध्वनि का रूपान्तरण जैविक इतिहास की लम्बी प्रक्रिया का नतीजा है। जल-थल के श्रवण-योग्य जीवों ने अनुभूतियों के सम्प्रेषण के लिए अपनी कंठ-ध्वनि के उतार-चढ़ाव का जिस तरह उपयोग किया, उसी ने भाषा के विकास का मार्ग प्रशस्त किया। आदिम मनुष्य भी कंठ-ध्वनि के इसी उतार-चढ़ाव यानी काकु के प्रयोग से अपने अनुभवों का आदान-प्रदान करता रहा। धीरे-धीरे ध्वनियों के विस्तार और उन्हें एक-दूसरे से अलगाने की ज्यों-ज्यों आवश्यकता बढ़ती गयी, कंठ के साथ मुख-तन्त्र की भूमिका में भी बढ़ोतरी होती चली गयी। होंठ, जीभ, तालु, दाँत, यहाँ तक कि नासिका भी, इन ध्वनियों को अलग-अलग और खास तरह के साँचों में ढालने में अपना योग देने लगे। इस तरह विशिष्ट अर्थ के साथ विशिष्ट ध्वनियों का सम्बन्ध स्थापित होता गया और धीरे-धीरे सार्थक शब्दों की शृंखला अस्तित्व में आयी। यह शृंखला भिन्न संस्कृतियों में उच्चारण की सूक्ष्म भिन्नता और अलग शब्द-सम्पदा के साथ अस्तित्व में आयी।

यहाँ हम देखते हैं कि शब्द के विकास में उसी कंठ-ध्वनि के उतार-चढ़ाव और संकोच-प्रसार ने भूमिका निभाई, जो संगीत के भी विकास का मुख्य आधार है। जैसा कि हम जानते हैं, सार्थक शब्द के अस्तित्व में आने से पूर्व कंठ-ध्वनि का आदिम

रूप अनुभवों की विविधता को प्रेषित करने की क्षमता हासिल कर चुका था। चीखना, चिल्लाना, घिघियाना, गुनगुनाना, रिरियाना इत्यादि कंठ-विकारों के जरिए आदि-मानव अपनी भावनाओं को व्यक्त कर देता था। दुहराने की जरूरत नहीं कि ये कंठ-विकार आवाज के आरोह-अवरोह और संकोच-प्रसार जैसी क्रियाओं से ही पैदा होते हैं। धीरे-धीरे इन्हीं कंठ-क्रियाओं से ध्वनियों के ऊँचे-नीचे स्थान पहचानने और उन्हें स्थिर करने में मानव को सफलता मिली। और इस तरह सा रे गा मा जैसे सांगीतिक स्वरों का जन्म हुआ। स्वरों के स्थान-निर्धारण का यह काम अलग-अलग संस्कृतियों में अलग-अलग तरह से सम्पन्न हुआ। यही वजह है कि एक संस्कृति के सांगीतिक स्वर दूसरी संस्कृति के लिए कई बार अ-सांगीतिक या बेसुरे ठहरते हैं। हारमोनियम का किंचित् बेसुरापन हमारे यहाँ जग-जाहिर है। भारतीय शास्त्रीय संगीत में पले-बढ़े कानों को पाश्चात्य हार्मनी किस कदर परेशान करती है, इसे भी सब जानते हैं। और तो और, अपने ही देश के अलग-अलग हिस्सों के आदिवासी-संगीत और लोक-संगीत का हम निरीक्षण करें तो उनमें कई गीत ऐसे निकलेंगे जिन्हें हमारे भिन्न तरह से संस्कारित कान बर्दाश्त नहीं कर पायेंगे।

साहित्य और संगीत का सम्बन्ध सिर्फ ध्वनि से जुड़ा मसला नहीं। लय और छन्द भी दोनों को जोड़ते हैं। दोनों कलाएँ काल-सापेक्ष हैं। इसलिए प्रवाह दोनों की अनिवार्य शर्त है। कला में काल के सहज प्रवाह का नाम लय है। साहित्य में शब्दों के सहज प्रवाह से लय पैदा होती है, तो संगीत में स्वरों के प्रवाह से। छन्द है काल का निश्चित पद्धति पर विभाजन। हिन्दी की पिछली कविता में लघु-गुरु का जो महत्त्व रहा, वह काल के निश्चित विभाजन के लिए यानी छन्दोमयता के लिए ही था। आधुनिक कविता मुक्त छन्द में विचरण करने के कारण लघु-गुरु के नियत और पारम्परिक प्रयोग से आगे बढ़ चुकी है। लेकिन लय का आग्रह सभी भाषा-निपुण कवियों में आज भी खूब दिखता है। यही छन्द संगीत में ताल, परन, तोड़ा, टुकड़ा, रेला, झाला, लयकारी, तिहाई आदि के रूप में प्रकट हुआ।

निष्कर्ष यह कि साहित्य और संगीत दोनों के उद्‌भव और विकास का आधार आदमी का कंठ बना। दोनों कलाएँ लय और छन्द से भी बँधी रहीं। इसी कारण दोनों की जीवन-यात्रा गलबहियाँ देते हुए आगे बढ़ी। पुराने युग में संगीत के बिना साहित्य और साहित्य के बिना संगीत को बचाये रखना नामुमकिन था। दोनों कलाएँ जुड़वाँ बहनें ही नहीं थीं, उनके अंग तक एक-दूसरे से जुड़े थे। भारत में पुराने से पुराने साहित्य को गाकर जीवित रखा गया। वेदों की ऋचाएँ गायी गयीं। रामायण, महाभारत गाये गये। यानी संस्कृत, पालि, प्राकृत, अपभ्रंश का लगभग पूरा साहित्य गाते-गुनगुनाते ही हमारी स्मृति का अंग बना।

जब भारतीय साहित्य और संगीत में परस्पर इतना गहरा सम्बन्ध है तो सवाल उठता है इस सम्बन्ध के रूप कौन-कौन से हैं। भाषा से सांगीतिकता का क्या कोई

सम्बन्ध है? गेयता का मतलब क्या है? क्या संस्कृत साहित्य की गेयता और प्राकृत, अपभ्रंश की गेयता में कोई फर्क है? इसी तरह अवधी, ब्रज, राजस्थानी, गुजराती, मराठी, भोजपुरी, बांग्ला, मैथिली आदि बोलियों की गेयता के अपने विशिष्ट लक्षण क्या हैं? छन्दों से भाषा का रिश्ता क्या है? ताल के छन्द और काव्य के छन्द को कैसे समझा जाये? उर्दू और खड़ी बोली के छन्दों की भिन्न लयात्मकता क्या दोनों की सांगीतिकता के स्वरूप को बदल देती है? ध्रुवपद गायकी और खयाल गायकी में प्रयुक्त साहित्य तुलसीदास और सूरदास के साहित्य से किस तरह भिन्न है? इस भिन्नता में गायकी के स्वरूप की क्या और कैसी भूमिका है? ध्रुवपद के साहित्य में आध्यात्मिकता का प्रवेश कब और कैसे हुआ? मन्दिर संगीत और हवेली संगीत के साहित्य में क्या भेद है? शास्त्रीय संगीत, लोक संगीत, फिल्म संगीत, सुगम संगीत, भक्ति संगीत, ग़ज़ल, कव्वाली आदि गायन शैलियों ने इनमें प्रयुक्त साहित्य के स्वरूप को किस तरह बदला है? ठुमरी, दादरा जैसी संगीत की उपशास्त्रीय शैलियों के साहित्य की निजी विशेषता क्या है? कजरी, चैती, झूला, बारहमासा जैसी लोक-गायकियों के साहित्य से उपशास्त्रीय शैली की इन्हीं गायकियों के साहित्य में क्या कोई बदलाव आया है? घरानों की अलग-अलग गायकियों ने उनमें प्रयुक्त साहित्य पर क्या कोई निर्णायक प्रभाव डाला है? भक्तिकालीन कवियों का संगीत-ज्ञान किस कोटि का था? भक्तिकालीन पदों पर अंकित रागों और तालों की तत्कालीन और वर्तमान सार्थकता क्या है? संगीत के प्रति रीतिकालीन कवियों का नजरिया क्या था? आधुनिक युग के साहित्यकारों ने संगीत को किस तरह समझा है? वर्तमान कविता से संगीत अब किस रूप में जुड़ पाता है? ऐसे-ऐसे ढेरों सवाल हमारे सामने हैं।

संगीत की अपनी एक विकट समस्या है। किसी अन्य कला को इसका सामना नहीं करना पड़ता। समस्या है कि गायन और वादन के पुराने उदाहरण हमारे सामने नहीं हैं। सौ साल पहले हमारा संगीत कैसा था इसे प्रत्यक्ष जानने का कोई उपाय हमारे पास नहीं है। उस जमाने के उस्ताद क्या और कैसे गाते थे? मन्दिर और हवेली संगीत को भक्त गायक कैसे बरतते थे? लोक-गायकी का स्वरूप क्या था? भिन्न-भिन्न गायन-शैलियों में शब्दों का उच्चारण किस तरह आकार लेता था? यह सब हमारी पकड़ से बाहर है। स्वरलिपि का स्वरूप भी तब ऐसा नहीं था कि उससे गायन-शैली का कोई अन्दाज लग सके। संगीत-सम्बन्धी शोध का सारा काम हमें तत्कालीन ग्रन्थों में जो थोड़ा-बहुत उल्लेख मिलता है, उसी के सहारे करना पड़ता है। कबीर, सूर, तुलसी, मीरा ने कविता क्या रची इसकी जानकारी तो मिल जाती है, लेकिन वे गाते कैसे थे इसकी कोई खबर नहीं मिलती। ऐसी स्थिति में पुराने साहित्य से संगीत के रिश्ते पर टिप्पणी करने के लिए साहित्य और संगीत दोनों की गहरी विशेषज्ञता अपेक्षित है।

तमाम तरह की इन सीमाओं के बावजूद हमारे साहित्यकार और संगीतज्ञ इस दुष्कर से बार-बार टकराते आये हैं। उसी का सबूत है यह संग्रह। हिन्दी में यह पहला ग्रन्थ है, जिसमें साहित्य और संगीत पर एक साथ इतनी मात्रा में विविधता-भरी सामग्री जुटाने का प्रयास हुआ है। ये सभी लेख पूर्व-प्रकाशित हैं। उन सभी लेखकों के प्रति हम विनम्रतापूर्वक आभार व्यक्त करते हैं, जिनके लेख इस संग्रह में शामिल हुए हैं। 'संगीत' सहित उन पत्रिकाओं के भी हम विशेष रूप से कृतज्ञ हैं, जिनसे यह समूची सामग्री साभार ग्रहण की गयी है।

वाणी प्रकाशन के अरुण माहेश्वरी ने इस ग्रन्थ के प्रकाशन का दायित्व सँभाल कर एक बड़े अभाव की पूर्ति में सहयोग दिया है। साहित्य-संगीत जगत् की ओर से मैं उन्हें हार्दिक साधुवाद देता हूँ।

12 जुलाई, 2014 **मुकेश गर्ग**

गुरु-पूर्णिमा

अनुक्रम

वेदों के सांगीतिक तत्त्वों में छन्द और लय का स्थान

डॉ. वि.रा. रटाटे

विश्व के हर संगीत में मूलतः तीन तत्त्वों की अपेक्षा होती है। वे हैं– 'स्वर', 'पद' और 'लय' (ताल)। 'स्वर' का तात्पर्य 'संगीतोपयोगी ध्वनि' से, 'पद' का अर्थ 'शब्द-सम्पत्ति' से और 'लय' का मतलब 'काल-मापन' अथवा 'ताल' से है। इन्हीं तीन तत्त्वों का (एक विशेष दृष्टि से) विस्तारपूर्वक, विषयवार अध्ययन जिसमें होता है, वह 'संगीत-शास्त्र' कहलाता है। विभिन्न विषयों के अनुसार संगीत या उसके शास्त्र की भी बड़ी लम्बी और प्राचीन परम्परा है। कुछ लोग इसे शास्त्रों, किमुबहुना वेदों से भी पूर्व का मानते हैं, जो बहुत हद तक सही भी है। उपर्युक्त शब्दत्रयी का अनन्त विस्तार है तथा उससे सम्बद्ध विवेचन भी पर्याप्त मात्रा में मिलता है।

भारतवर्ष में प्रायः प्रत्येक विषय का सम्बन्ध सीधे-सीधे वेद से जोड़ने तथा उन विषयों का जनक ब्रह्मा जी को बताने की परम्परा रही है। तदनुसार संगीत को भी 'सामवेद' से जोड़ा गया है। संगीत मुख्यतः तीन तत्त्वों की सामूहिक संज्ञा है; जैसा शास्त्रकारों ने कहा है–**'गीतं वाद्यं तथा नृत्यं त्रयं संगीतमुच्यते।'** वेद में इन तीनों की 'शिल्प' और क्वचित् 'तौर्यन्त्रिक' संज्ञा भी प्राप्त है।[1]

वेदों में गान (गीत) वाद्य व नृत्य तथा इनसे सम्बद्ध और भी सामग्री मिलती है, किन्तु उपर्युक्त स्वर, पद और लय का सही-सही मूल अभी तक प्रत्यक्ष नहीं दिखाई दिया है। हाँ, इधर कुछ गवेषकों ने स्वर और पद का मूल वेद में खोज निकाला है; यथा–**'यद्वै[2] तत् सा सामश्च समभवतां तत् सामाभवत् तत् साम्नः चामत्वम्', 'सैव नाम ऋगासीत्। अमो नाम साम'** अर्थात्–'सा'=ऋचा (पद, कविता) और 'अम'=स्वर है। मिलकर 'साम' शब्द बनता है। किन्तु इसमें संगीत के मुख्यतः दो ही तत्त्व समाविष्ट हैं; तीसरा तत्त्व 'लय' व्यक्त रूप से नहीं है। अतः यह पूर्णरूपेण वैदिक शिल्प या संगीत नहीं हुआ। इस लेख का मुख्यतः उद्देश्य लय के लिए प्रयुक्त शब्द की स्थापना या पुनः संस्मरण कराना है।

लय कहाँ है

किन्हीं तीन तत्त्वों, प्रकारों को सामूहिक एक संज्ञा बतलाने की प्रथा परम्परागत-सी है। वेदों का भी प्रकार की दृष्टि से त्रयी के रूप में वर्गीकरण बड़ा पुराना है। इतना ही नहीं, संगीत-शास्त्रकारों ने अपने विषय की पुष्टि के लिए उस त्रयी को उद्धृत भी किया है। किन्तु वे लय का मूल उद्‍गम दिखाने में या उससे सम्बद्ध करने में भूल कर गये और तथ्य अलग-थलग रह गया; यह एक संयोग ही है। उपर्युक्त 'साम' की व्युत्पत्ति का त्रयी में से जिस प्रकार दो वेदों (ऋक्=पद, साम=स्वर) से सम्बन्ध है, उसी प्रकार लय का यजु से सम्बन्ध जोड़ दिया जाए, तो 'वेदत्रयी' और 'संगीतत्रयी' में उपर्युक्त साम्य हो जाएगा। शार्ङ्गदेव ने 'संगीत-रत्नाकर'[3] में जातियों के नियत स्वर, पद और ताल के विपरीत न होने के लिए वेद-मन्त्रों के उच्चारण-जैसा नियम बरतने के लिए कहा है :—

ऋचो यजूंषि सामानि क्रियंते नान्यथा यथा।
तथा सामसमुद्‍भूता जातयो वेदसम्मिताः ॥

यहाँ 'यजूंषि' से लय का तात्पर्य स्वीकार करना उचित ही है। यद्यपि 'यजूंषि' का लयार्थक होना स्पष्टतः कहीं नहीं मिलता।

अतः सीधे प्रश्न उठता है कि पुष्ट प्रमाण के अभाव में 'यजुं' को ही 'लय' का प्रतिनिधि क्यों माना जाए!

छन्द ही लय है

यों तो उपर्युक्त श्लोक तथा अन्यत्र भी संप्राप्त अनेक उद्धरणों में परस्पर त्रयीत्व-साम्य ही स्पष्ट, पुष्ट प्रमाण है, तो भी और पुष्टियाँ खोजें।

वेदादि वाङ्मय में एक बड़ा पुराना शब्द है—'छन्द'। इसके अनेक रूप तथा अर्थ मिलते हैं; यथा—सम्पूर्ण वेद और 'अथर्ववेद' इसके अर्थ प्रसिद्ध हैं। वेद और संस्कृत आदि साहित्य में पद्यों, ऋचाओं से सम्बद्ध वर्ण और मात्राएँ, जो वृत्तात्मक होती हैं, भी 'छन्द' हैं। ये सम, समविषम और विषम भेदों से तीन प्रकार के होते हैं। साम गानेवाले को 'छन्दोग' कहा जाता है। सामवेदी एक उपनिषद् को 'छान्दोग्य' कहा जाता है। नाप (प्रमाण) के अर्थ में भी इसका प्रचुर विवरण उपलब्ध है। छन्दों का विस्तृत वर्णन 'यजुर्वेद' में ही पढ़ा जाता है। 'वाजसनेयी संहिता', 'तैत्तिरीय संहिता' और 'शतपथ' आदि ब्राह्मणों में तो इसके अनेक स्पष्टोल्लेख हैं। इष्ट के चयन में इसके नाप का विचार है। वहाँ अँगुली का प्रयोग है तथा इसे अपरिमित प्रकारों का कहा गया है। यह सम-विषम भी[4] है।

"'तेविज्जसुत्त'[5] में साम के छान्दोग्यचरण का उल्लेख उपलब्ध है। 'दीघ्घनिकाय' में छान्दोग्यचरण के आचार्यों को 'छन्दोक' कहा गया है।" और भी—"'रामायण'[6] के

अनुष्टुप् छन्द की रचना ही संगीतमूलक होने के सम्बन्ध में उल्लेख प्रस्तुत महाकाव्य में पाये जाते हैं (2, 8; 2, 18; 40 तथा 10) शब्द-संगीत का आदिम रूप ही 'रामायण' का अनुष्टुप् छन्द है, जिसका गायन वीणा की लय के साथ योग्य स्वर तथा शब्दावली में किया जाना विहित है।" यहाँ भी उपर्युक्त त्रयी चरियाथ है। पुरुषसूक्त की एक ऋचा–

> **तस्माद्यज्ञात्सर्वहुतः ऋचः सामानि जज्ञिरे।**
> **छन्दांसि जज्ञिरे तस्माद्यजुस्तस्मादजायता ॥**[7]

में 'छन्दांसि' का यद्यपि कुछ लोग 'अथर्व' अर्थ करते हैं, तो भी उपर्युक्त स्थलों का परामर्श करते हुए विषय-सम्बद्ध संगीतपरक अर्थ सोचें–शिल्प (संगीत)-सम्बन्धी विचारों को पचानेवाले सर्वहुत यज्ञ = विचार-गोष्ठी में ऋचाएँ (पद), सामानि (स्वर) और इन दोनों को अपने में समानेवाले काल (छन्द) उत्पन्न हुए, जिससे यजु का सम्बन्ध है। प्रकार की दृष्टि से विचार करने पर 'अथर्ववेद' तो लौकिक साहित्य का प्रतिनिधित्व करनेवाला माना जाने लगा है। यहाँ 'छन्दांसि' से 'अथर्व' का ग्रहण नहीं है।

पाणिनीय आदि शिक्षाओं में लय के अर्थ में छन्द है; यथा–**'छन्दः पादौ तु वेदस्य'**, अर्थात् छन्द वेद के पैर हैं। नृत्य में लय की प्रधानता होती है। साथ ही स्वर और पद भी उसमें बने हुए हैं।

जो कुछ भी हो, इतना अवश्य सत्य है कि वेद से उत्तरोत्तर भविष्य में आज तक छन्द ने अनेक रूप ग्रहण किये, बहुत करवटें बदलीं, किन्तु विचारपूर्वक क्रमशः अध्ययन से यही सिद्ध होता है कि ताल के मूल 'लय' को वैदिक काल में 'छन्द' नाम से ही पुकारा जाता था तथा उस छन्द का प्रतिनिधित्व 'यजुर्वेद' से हुआ है; जिस प्रकार कि पद और स्वर का ऋग् और साम प्रतिनिधित्व करते हैं। लय के अर्थ में छन्द के प्रमाणों और प्रयोगों की कमी नहीं है, यहाँ यही प्रतिपाद्य है।

प्रस्तुत लेख 'काशी हिन्दू विश्वविद्यालय' के संगीतशास्त्र-विभाग से सम्पन्न होनेवाले 'संगीत-कोश' की मूल वैदिक सामग्री के चयन के चिन्तन का परिणाम है। चिन्तक को इस विषय में विभाग के अधिकारियों के साथ विवेचना का सौभाग्य प्राप्त हुआ है। साथ ही, विशेषकर डॉ. आर.के. शृंगी जी से भी इसके लेखनार्थ विशेष सस्नेह, प्रोत्साहन मिला है, अतः लेखक सभी का आभारी है।

सन्दर्भ

1. **'कौषीतकी ब्राह्मण'**, 29, 5; 'भारतीय संगीत का इतिहास', पृष्ठ 19; 'शतपथ ब्राह्मण', 6, 5, 1, 7; 'काठक सं.', 2, 3–इत्यादि।
2. **'ऐतरेय ब्राह्मण'**, 2, 23; 'गोपथ ब्राह्मण', 2, 3, 20; 'ऐतरेय ब्राह्मण', 3, 23; 12, 12; 'शतपथ ब्राह्मण', 8, 1, 3, 3, 5; 'जैमिनीयउपनिषद् ब्राह्मण', 1, 17, 1-2; 21, 9–इत्यादि।

3. 1, 7, 114/5
4. 'वा.स.', 14, 2; 10; 18, 19; 15, 4-5; 'काठक सं.', 16, 8; 39, 4; 'तै.सं.', 2, 4, 11; 4, 3, 7; 6, 1, 9, 4-6; 'श.ब्रा.', 6, 1, 4, 34; 7, 2, 3, 41-44; 8, 2, 2, 6; 'छान्दोग' वही, 10, 5, 2, 10—इत्यादि।
5. 'उत्तर भारतीय संगीत का इतिहास', पृष्ठ 170
6. वहीं, पृष्ठ 136
7. 'ऋग्वेद', 10, 90, 9।

वैदिक युग में संगीत-शिक्षा का महत्त्व

डॉ. पंकज माला शर्मा

वैदिक साहित्य में संगीत की तीनों विधाओं—गीत, वाद्य एवं नृत्य—का पर्याप्त मात्रा में उल्लेख तथा साम से सम्बन्धित एक विशिष्ट प्रकार के प्रचुर साहित्य का सृजन इस बात का पुष्ट प्रमाण है कि वैदिक काल में संगीत-कला तथा संगीत-शास्त्र विकास के सर्वोच्च धरातल पर प्रतिष्ठित थे। वैदिक काल में संगीत का स्वरूप क्या था तथा एतद्विषयक किन सिद्धान्तों की प्रतिष्ठा हुई थी, इसका विवेचन करना हमें यहाँ अभीष्ट नहीं। संगीत से सम्बन्धित इतने विशाल साहित्य का सृजन एक दिन में अथवा अपने-आप हो गया हो, ऐसा नहीं माना जा सकता। इसके पीछे संगीत-शिक्षा की निश्चित रूप से एक सुदीर्घ परम्परा रही होगी और संगीत-शिक्षण की कई संस्थाएँ कार्य कर रही होंगी। इस शोधपत्र में, वैदिक युग में संगीत-शिक्षा के स्वरूप तथा उसकी परम्परा का विवेचन करने का प्रयास किया गया है।

वैदिक काल में संगीत के दोनों रूप—लौकिक तथा शास्त्रीय—प्रचलित थे। लौकिक संगीत का स्वरूप बहुत-कुछ सामाजिक तथा पारिवारिक कार्यक्रमों में ही दिखाई पड़ता था। लेकिन उस संगीत की परम्परा जन-सामान्य से सम्बद्ध होने के कारण लोक-कार्यक्रमों में ही चलती रही, अतएव उसका संकलन तत्कालीन साहित्य में लगभग नहीं-सा हुआ और यदि कहीं उल्लेख हुआ भी तो वह इतना अल्प है कि उसके आधार पर हम उसके प्रशिक्षण-सम्बन्धी कोई निश्चित निष्कर्ष नहीं निकाल सकते। दूसरी तरफ शास्त्रीय संगीत की परम्परा प्रबुद्ध ऋषिजनों के मस्तिष्क से सम्बद्ध होने के कारण तद्‌युगीन यज्ञादि धार्मिक कार्यक्रमों में अधिक विकास को प्राप्त हुई और उसको साहित्यिक स्वरूप भी प्राप्त हुआ। इस शास्त्रीय संगीत का जो-कुछ रूप विपुल वैदिक साहित्य में दिखाई पड़ता है, उसके आधार पर उनकी शिक्षण-पद्धति का हम अनुमान लगा सकते हैं, जिसके द्वारा वह विकसित एवं प्रसारित हुआ।

वैदिक शास्त्रीय संगीत, जिसकी हम 'साम' की संज्ञा देते है, अपने प्रारम्भिक काल में जो विकसित हुआ, वह बहुत-कुछ वैयक्तिक था और वैदिक ऋषियों के अपने अन्तःकरण में निहित गायन-प्रतिभा का प्रतिफलन था। जिन ऋषियों ने ऋङ्-मन्त्रों का दर्शन किया, उन्हीं में से यदि सभी ने नहीं तो कुछ ने अपनी दृष्ट **ऋचा**ओं पर गान भी किया। इस बात की पुष्टि सामयोनि ऋचा के द्रष्टा ऋषि तथा उस ऋचा के ऊपर उसी ऋषि के द्वारा किये गये गान से होती है। यह कोई अस्वाभाविक बात नहीं कि जिन ऋषियों ने ऋङ्-मन्त्रों का दर्शन किया था, उन्हीं ऋषियों ने उन मन्त्रों पर गान भी किया हो। यह भी कोई आवश्यक नहीं कि जिन ऋषियों ने ऋङ्-मन्त्रों का दर्शन किया, उनमें से सबने उन मन्त्रों पर गान ही किया हो। ऐसा कहना अनुचित न होगा कि जिन ऋषियों के अन्दर गान की स्वाभाविक प्रतिभा रही होगी, उन्होंने अपनी ही ऋचाओं पर गान भी किया होगा। 'सामवेद' की वर्तमान कौथुम शाखा की गान-संहिता में ग्रामेगेयगान में पचपन सामों के ऋषि ऐसे मिलते हैं, जो कि सामयोनि ऋचा के भी द्रष्टा हैं। आरण्यगान में बारह गानों के ऋषि वे ही हैं, जो उन गानों की योनिभूत ऋचा के भी द्रष्टा हैं। ऊह्यगान में इक्कीस सामों के ऋषि वे ही हैं, जो उनकी सामयोनि ऋचाओं के भी ऋषि हैं। ऊह्यगान में तीन सामों के वे ही ऋषि हैं।[1] 'सामवेद' की गान-संहिता में इस प्रकार के जिन मन्त्र-द्रष्टा ऋषियों के 'साम' संकलित हैं, उनमें वशिष्ठ, विश्वामित्र, शुनःशेय, वामदेव, कण्व, भरद्वाज, उशना आदि प्रमुख हैं।

शास्त्रीय संगीत के इस उद्‌भव-काल में जिन ऋषियों ने अपनी द्रष्ट ऋचाओं के ऊपर स्वयं गान किया, उसके लिए उनको किसी प्रशिक्षण की आवश्यकता नहीं थी। उनके अन्दर संगीत का मूल स्रोत अन्तःकरण में विद्यमान संगीत की जन्मजात प्रतिभा थी। यास्क ने अपने 'निरुक्त' नामक ग्रन्थ में इन ऋषियों को 'साक्षात्कृतधर्मा' कहा है, जिन्होंने साम-मन्त्रों का दर्शन स्वयं अपनी साधनों से किया था, किसी से सीखकर नहीं।[2] इस प्रकार इस उद्‌भव-काल में संगीत अपने सृजनात्मक रूप में था, प्रशिक्षणजन्य नहीं।

उसी काल में साम का एक स्वरूप ऐसा भी दिखाई पड़ता है, जहाँ सामग ऋषि स्वयं तो ऋङ्-मन्त्रद्रष्टा नहीं, किन्तु संगीत की मूल शक्ति अन्तःप्रतिभा से सम्पन्न होने के कारण वह किसी अन्य ऋषि के द्वारा दृष्ट के ऊपर गान करता है; जैसे—'अतश्चिदिन्द्र न उपा' ('सामवेद', 215) नामक ऋचा के द्रष्टा ऋचा ऋषि श्रुतकक्ष हैं तथा इस सामयोनि ऋचा पर 'कौत्स' नामक साम का गान करनेवाले ऋषि कुत्स हैं। वर्तमान गान-संहिता में ग्रामेगेयगान में 275 ऋचाएँ ऐसी हैं, जिनके द्रष्टा ऋषि अन्य हैं तथा साम के द्रष्टा ऋषि अन्य। आरण्यगान में 61 ऋचाओं के द्रष्टा ऋषि उस पर सामगान करनेवाले ऋषि से भिन्न हैं। ऊह्यगान में 102 ऋचाओं के द्रष्टा ऋषि तथा गान के ऋषि भिन्न-भिन्न हैं। ऊह्यगान में ऐसी ऋचाओं की संख्या

47 है, जिनके ऋक्द्रष्टा तथा साम के ऋषि अलग-अलग हैं।[3] यह बात उल्लेखनीय है कि यहाँ भी अन्य ऋषि के दृष्ट-मन्त्र को आधार बनाकर उस पर सामगान करनेवाले ऋषि को किसी प्रशिक्षण की आवश्यकता नहीं थी। शास्त्रीय संगीत की प्रतिभा उसके अन्दर थी, उसके विकास के लिए उसने तत्कालीन उपलब्ध ऋचाओं को मात्र आधार बनाया था, उसके साम की मौलिकता में किसी को सन्देह नहीं था। साम-परम्परा में वह साम उसी सामग ऋषि के नाम पर प्रचलित रहा। उस सामग ऋषि को भी 'साक्षात्कृतधर्मा' ऋषियों की ही कोटि में रखा गया। इस शास्त्रीय संगीत के निर्माण-काल में विकास का एक महत्त्वपूर्ण रूप हमें वहाँ दिखाई पड़ता है, जहाँ पर एक ऋषि एक ही ऋचा पर अनेक प्रकार से गान करता है। यह उसकी संगीत-प्रतिभा तथा संगीत-साधना का ज्वलन्त प्रमाण है। इस काल में गान ने साम के रूप में एक निश्चित स्वरूप ग्रहण किया और इन सामों ने आदिगायक ऋषियों के नाम पर तथा अन्य किसी गान-वैशिष्ट्य के आधार पर नाम ग्रहण किये। इस सृजन-काल में वैदिक साम का स्वरूप सरल था। देवताओं की स्तुति में उनके प्रति अपनी स्वाभाविक हार्दिक भक्ति की अभिव्यक्ति के लिए उसका उपगोग किया जाता था।

वैदिक काल में शास्त्रीय संगीत का विकास याज्ञिक पृष्ठभूमि में अधिक हुआ। यज्ञ एक श्रेष्ठ कर्म है, यह युग की मान्यता थी। किन्तु वह श्रेष्ठ कर्म भी अपनी पूर्णता के लिए साम की अपेक्षा रखता था। साम-रहित यज्ञ, यज्ञ ही नहीं माना जाता था।[4] याज्ञिक पृष्ठभूमि में वैदिक साम के विकास के कारण उसके स्वरूप में एक महत्त्वपूर्ण परिवर्तन आया। इस काल में साम की कई तकनीकों का विकास हुआ और उसकी गान-प्रक्रिया में भी कुछ परिवर्तन हुआ। वैदिक साम के निर्माण-काल में जहाँ एक सामग ऋषि स्वयं साम का गान करता था, वहाँ याज्ञिक संस्था के विकास-काल में उस साम का गान करने के लिए कई व्यक्तियों की सहायता अपेक्षित मानी जाने लगी। इस प्रकार यज्ञों में सामगान के लिए एक उद्गातृवर्ग का आविर्भाव हुआ, जिसके अन्तर्गत 'उद्गाता', 'प्रस्तोता', 'प्रतिहर्ता' और 'सुब्रह्मण्य' नामक चार सदस्य होते थे। एक साम पाँच या सात भागों में विभक्त करके गाया जाने लगा, जिसको साम की 'भक्ति' की संज्ञा दी गयी। ये भक्तियाँ हैं—प्रस्ताव, उद्गीथ, प्रतिहार, उपद्रव और निधन।[5] 'प्रस्तोता' नामक ऋत्विज् 'प्रस्ताव' नामक भक्ति का, उद्गाता उद्गीथ और उपद्रव का, प्रतिहर्ता प्रतिहार का था अन्त में तीनों ऋत्विज् मिलकर निधन भक्ति का गान करते थे। यज्ञों में गान की इस तकनीक का पूर्ण रूप रो पालन करना पड़ता था, क्योंकि त्रुटि होने पर यज्ञ के नष्ट होने का भय था, जिराके लिए प्रागश्चित भी करना पड़ता था। यागों में भिन्न-भिन्न अवसरों पर भिन्न-भिन्न साम भिन्न-भिन्न ऋत्विजों के द्वारा भी गान का विधान था। इस प्रकार इस काल में मूल वैदिक साम ने जो स्वरूप ग्रहण किया, वह प्रारम्भिक साम से काफी भिन्न था। उद्गातृवर्ग के सदस्य वैदिक सामों के मूल गायक न होकर

परम्परागत सामों को सीखकर गानेवाले थे। ये यज्ञों में सामगान करनेवाले गायक मन्त्रद्रष्टा ऋषि की श्रेणी में नहीं आते। ये ऋत्विज् वे व्यक्ति थे, जिनको प्रशिक्षण देकर यज्ञ में सामगान के लिए तैयार किया जाता था। प्रारम्भिक काल में, हो सकता है, मूल सामग ऋषि अवसर आने पर कभी-कभी यज्ञों में स्वयं साम का गान भी करते रहे हों, किन्तु ब्राह्मण-काल और श्रौतकाल में जो उद्गातृवर्ग के सदस्य होते थे, वे निश्चित ही प्रशिक्षण प्राप्त कर पूर्व सामग ऋषियों के सामों का गान करनेवाले थे। वैदिक सामों के इतिहास में यह युग पूर्व-सामों का प्रयोग-काल था। यास्क ने इस युग के सामगों का उपदेश द्वारा साम ग्रहण करने का संकेत किया है।[6] उस समय उद्गातृवर्ग के ऋत्विजों को साम का उपदेश या प्रशिक्षण कैसे दिया जाता था, इस दिशा में जब हम दृष्टिपात करते हैं तो मालूम होता है कि उस समय साम-प्रशिक्षण के तीन रूप प्रचलित रहे होंगे। प्रथम तथा प्रमुख रूप था–पिता द्वारा पुत्र को सामगान का प्रशिक्षण। प्राचीन काल से ही पिता द्वारा पुत्र को मन्त्रों का उपदेश देने की परम्परा प्रचलित थी। इसीलिए तो वेद 'श्रुति' कहलाते थे। सामग पिता द्वारा पुत्र को साम का उपदेश स्वाभाविक था। पुत्र भी पिता से प्राप्त सामों का संरक्षण अपना परम कर्तव्य समझता था। इसी परम्परा में आगे चलकर सामवेदियों की कई शाखाएँ हो गयीं और अपनी-अपनी शाखा के अध्ययन की परम्परा चली। वैदिक यज्ञों के इस प्रयोग-काल में जब ऋत्विज् यज्ञों में जाते थे तो वे अपने साथ अपने पुत्रों को भी ले जाते थे। अपने पिता के साथ यज्ञों में भाग लेने के कारण पिता द्वारा किये जानेवाले कर्मों को सीखने की परम्परा प्रचलित थी, क्योंकि उस समय व्यक्ति का व्यवसाय बहुत-कुछ वंश-परम्परागत भी होता जा रहा था। वैदिक साहित्य में इस प्रकार पिता द्वारा पुत्रों को दिये जानेवाले साम के व्यावहारिक प्रशिक्षण का उल्लेख मिलता है। यह स्वाभाविक था कि पिता द्वारा गाये जानेवाले साम का पुत्र नित्य अभ्यास भी करता हो, ताकि वह स्वयं भी उद्गातृवर्ग का कार्य करने में सक्षम हो सके।

साम-प्रशिक्षण का दूसरा रूप गुरु-शिष्य-परम्परागत था। ऐसा प्रतीत होता है कि जो व्यक्ति यज्ञों में सामगान में निपुण होता था, उसकी ख्याति दूर-दूर तक फैल जाती थी। उद्गातृवर्ग का कार्य करने के इच्छुक विद्यार्थी दूर-दूर से भी उस आचार्य के पास पहुँचते थे और उसके साथ यज्ञों में भाग लेते थे तथा व्यावहारिक रूप से साम का प्रशिक्षण लेते थे। वैदिक ग्रन्थों में इस प्रकार के आचार्यों के अपने शिष्यों-सहित यज्ञों में भाग लेने का पर्याप्त उल्लेख मिलता है।

साम-प्रशिक्षण का तीसरा रूप गुरुकुल में जाकर गुरु से सामों का अध्ययन करना था। प्राचीन काल में विद्याध्ययन की गुरुकुल-प्रणाली प्रचलित थी। दूर-दूर से विद्यार्थी अध्ययन करने के लिए गुरुकुल में आते थे। गुरुमुख से सुनकर अध्ययन किये जाने के कारण वेद को 'अनुश्रव' भी कहा गया।[7] प्राचीन काल में यद्यपि सम्पूर्ण वेदों के प्रति सबकी आस्था होती थी, तथापि विशेष वेदाध्ययन की भी परम्परा थी।

जिस प्रकार ऋग्वेदशाखी 'ऋग्वेद' का, यजुर्वेदशाखी 'यजुर्वेद' का तथा अथर्ववेदशाखी 'अथर्ववेद' का विशेष अध्ययन करते थे, उसी प्रकार सामवेदशाखी भी 'सामवेद' का विशेष अध्ययन करते थे। 'सामवेद' की जो अनेक शाखाएँ मिलती हैं, उनसे ज्ञात होता है कि सामगान का अध्ययन विशेष रूप से किया जाता था। गुरुकुल में साम-प्रशिक्षण की प्रक्रिया क्या थी, इसपर जब हम विचार करते हैं तो मालूम होता है कि शिष्यों को पहले सामयोनि ऋचाओं का या आर्चिक-संहिता का ज्ञान कराया जाता था और तदनन्तर उन ऋचाओं पर तत्तत्शाखी आचार्यों के द्वारा परम्परागत सामों का अध्यापन किया जाता था। उदाहरणार्थ, यदि आचार्य कुथुम शाखा की परम्परा का था तो उसके पास कुथुमशाखी शिष्य ही आते थे और उनको कौथुमशाखीय सामों का अध्यापन किया जाता था। यदि आचार्य जैमिनिशाखी था तो उसके पास कुथुमशाखीय सामों का अध्यापन किया जाता था। यदि आचार्य जैमिनिशाखी था तो उसके पास जैमिनिशाखी शिष्य ही आते थे और उनसे अपनी शाखा की आर्चिक-संहिता तथा गान-संहिता का अध्ययन करते थे। इन आश्रमों में जो साम का प्रशिक्षण दिया जाता था, वह मौखिक परम्परा में था। आचार्य पहले शिष्यों के सामने स्वयं साम का गान करता था, तदनन्तर शिष्य उसी का अनुकरण करते थे। उपदेश के समय लय को विलम्बित रखा जाता था।[8] यह कार्य तबतक चलता था, जबतक वह साम पूर्ण रूप से कण्ठस्थ न हो जाए। एक साम के पूर्ण हो जाने के बाद ही दूसरा साम सिखाया जाता था। इस प्रकार अपनी शाखा के सम्पूर्ण सामों का ज्ञान शिष्य को कराया जाता था। गुरु से अधीत साम कहीं विस्मृत न हो जाए, इसलिए शिष्य प्रतिदिन उसका अभ्यास करते थे, जिसको 'स्वाध्याय' कहा जाता था। वह स्वाध्याय नित्यकर्म माना जाता था। गुरुकुल से निकलने के बाद गृहस्थ-आश्रम में रहता हुआ भी वह शिष्य यथाशक्ति अपनी शाखा के सामों का अध्ययन जारी रखता था। ऐसे व्यक्तियों का ही यज्ञों में उद्‌गातृवर्ग के विभिन्न सदस्यों के रूप में वरण किया जाता था।

याज्ञिक सन्दर्भ में सामगान बहुत-कुछ तकनीकी हो चुका था तथा किन्हीं विशिष्ट सिद्धान्तों के आधार पर उनके विविध नाम तथा लक्षण भी निर्धारित हो चुके थे। इसलिए उस काल में संगीत का जो सिद्धान्त-पक्ष था, उसके भी अध्ययन तथा प्रशिक्षण के लिए कई संस्थाएँ कार्य कर रही थीं। वेदांग साहित्य के अनुशीलन से यह मालूम होता है कि उस काल में अन्य वेदों की भाँति 'सामवेद' की टेकनीक तथा उसके सिद्धान्तों का अध्ययन करने के लिए कई साम-परिषदों की स्थापना हो चुकी थी। इन परिषदों में विभिन्न शाखागत साम के स्वर-वैशिष्ट्य तथा उच्चारण-वैशिष्ट्य का विशेष रूप से अध्ययन होता था। इन परिषदों में जिन ग्रन्थों का प्रणयन हुआ, वे 'पार्षद' या 'प्रातिशाख्य' कहलाये। इन प्रातिशाख्यों में सामों की अध्यापन-क्रिया का भी उल्लेख मिलता है। वस्तुतः ये साम-परिषदें तत्कालीन साम की प्रगत अध्ययन-संस्थान थीं, जिनमें साम-विषयक उच्च अध्ययन के लिए जिज्ञासु विद्यार्थी

आते थे। इनमें अध्यापन करानेवाले वे आचार्य थे, जो सामगान के सिद्धान्त-पक्ष के पूर्ण रूप से ज्ञाता थे। इन आचार्यों के साम-विषयक मत 'सामवेद' के प्रातिशाख्य ग्रन्थों में मिलते हैं। 'जैमिनिगृह्यसूत्र' के तर्पण-प्रकरण में तेरह आचार्यों का—जैमिनि, तलवकार, सात्यमुग्र, राणायनि, दुर्वासा, भागुरि, गौरुंडि, गौर्गुल्वि, भगवंतमौपमन्यव, कारडि, सावर्णि, गार्ग्यवार्षगण्य तथा दैवंत्य—उल्लेख मिलता है, जो सामगान-काल में निपुण थे और इस सामगान-परम्परा को आगे बढ़ानेवाले थे।[9] 'गोभिलगृह्यकर्म-प्रकाशिका' में— राणायनि, सात्यमुग्रि, व्यास (दुर्वासा), भागुरिः, और्गुंडि, गौल्गुलविः (गौरग्रीवि-गणपाठ, 4-3-131), भानुमानौपमन्यवाः, सुकराटिः, मशकोगार्ग्यः, वार्षगण्यः, कौथुमिः, शालिहोत्रिः, जैमिनि—तेरह सामग आचार्यों का उल्लेख किया गया है। इसके साथ ही दस प्रवचनकारों—शटिः, भाल्लविः, काल्वविः, ताण्ड्यः, वृषाणः, शमबाहुः, रुरुकिः, अगस्त्य, बष्कशिरा, हूहूः—का भी उल्लेख मिलता है। रुद्रस्कन्द 'खादिरगृह्यसूत्र', 3-2-14 की टीका में इन्हीं तेरह आचार्यों और दस प्रवचनकारों का उल्लेख करता है।[10]

इस प्रकार हम देखते हैं कि वैदिक काल में 'साम' नामक शास्त्रीय संगीत के कलात्मक तथा शास्त्रात्मक, दोनों पक्षों का प्रशिक्षण होता था। उस प्रशिक्षण का ही परिणाम है कि आज भी वे साम हमें उपलब्ध हैं। किन्तु दुःख की बात यह है कि आज संगीत-विद्यालयों में साम-प्रशिक्षण बिलकुल लुप्त हो गया है। इसलिए आवश्यकता इस बात की है कि जहाँ संगीत-विद्यालयों में आधुनिक शास्त्रीय संगीत का प्रशिक्षण दिया जा रहा है, उसके साथ-साथ वैदिक साम-प्रशिक्षण का भी कार्य किया जाए, जिससे भारतीय संगीत की मूल स्रोत इस प्राचीन पद्धति एवं परम्परा की रक्षा हो सके।

सन्दर्भ

1-2. द्रष्टव्य लेखिका के 'सामगान का औद्भविक, व्यावहारिक एवं सैद्धान्तिक विवेचन' शीर्षक अप्रकाशित शोध-प्रबन्ध का चतुर्थ अध्याय, पृष्ठ 97-101 तथा 102 से आगे।
3. साक्षात्कृतधर्माण ऋषयो वभूवुः। निरुक्त, 1-20
4. अयज्ञो वा एष योऽसामा। 'तैत्तिरीयसंहिता', 2-5-8
5. प्रस्तावोद्गीथप्रतिहारोपद्रवनिधनानि पञ्चभक्त्यः। 'पंचविधसूत्र', 1-1-1
   पञ्चविधं सामोपासीत। 'छांदोग्योपनिषद्', 2-2-1
   ओंकारहिंकाराभ्यां साप्तविध्यम्। 'प०वि०सू०', 1-1-3
   सप्तविधं सामोपासीत। 'छांदोग्योपनिषद्', 2-8-1
6. तेऽवरेभ्योऽसाक्षात्कृतधर्मेभ्य उपदेशेन मन्त्रान् सम्प्रादुः। 'निरुक्त', 1-20
7. गुरुमुखादनुश्रूयते इत्यनुश्रवो वेदः। वाचस्पति मिश्र—'सांख्यतत्त्वकौमुदी', 2
8. शिष्याणामुपदेशार्थे कुर्याद् वृत्तिं विलम्बिताम्। 'नारदीय शिक्षा', 1-2-21
9. 'जैमिनिगृह्यसूत्र', तर्पण-प्रकरण, 1-14
10. तथैव राणायनादीनाचार्यान् त्रयोदश, शाटयायनादि प्रवचकर्तृन् दश। 'खादिरगृह्यसूत्र', 3-2-14 की टीका।

पालि-साहित्य में वर्णित बुद्धकालीन संगीत की स्थिति

●

नन्दकिशोर उपाध्याय

संगीत-शास्त्र 'सामवेद' का उपवेद है। 'ऋग्वेद' के मन्त्रों को विशिष्ट पद्धति से जब गाया जाता है, तब उसे 'साम' कहते हैं। इसका गायन बड़ा ही मधुर, मनोहर एवं चित्ताकर्षक होता है। संगीत की उत्पत्ति इन्हीं सामगानों से हुई है।[1] संगीत के साथ साथ नृत्य की भी उत्पत्ति हुई। इस संगीत एवं नृत्य-कला का विकास धीरे-धीरे होता गया। भगवान् बुद्ध के समय तक आते-आते इस विद्या ने अपना चरम विकास किया। वैशाली की नगरवधू आम्रपाली संगीत एवं नृत्य की साक्षात् प्रतिमूर्ति ही थी।[2] अपने 'कामसूत्र' में महर्षि वात्स्यायन ने जिन चौंसठ कलाओं का वर्णन किया है, उनमें संगीत और नृत्य की भी महत्ता बताई गयी है। गणिकाओं के लिए तो यह विद्या अनिवार्य थी। वात्स्यायन का कथन है कि ऐसी गणिकाओं, राजपुत्रियों और मन्त्रियों की पुत्रियों को केवल प्रयोगों में ही नहीं, बल्कि कामशास्त्र और संगीत-शास्त्र में भी निपुण कहा जा सकता है।[3]

इस कला की शिक्षा के लिए बड़े-बड़े लोग अपनी पुत्रियों की शिक्षा-दीक्षा नगर की श्रेष्ठ गणिकाओं द्वारा सम्पन्न कराते थे। 'ललित विस्तर' के अनुसार, सिद्धार्थ ने अपनी भावी पत्नी की कामना करते हुए कहा था—"शास्त्रे विधिज्ञा कुशला गणिका यथैव।" इससे भी उक्त युग में इस विद्या की महत्ता का बोध होता है।[4] नृत्यकला-प्रवीण स्त्रियाँ राजा की ओर से अन्तःपुर में नियुक्त होकर मनोरंजन का कार्य करती थीं—

"बोधिसत्तोपि महंतेन सिरिसोभग्गेन अत्तनो पासादे अभिरुहित्वा सिरिसयने निपज्जि। तावदेब नं सब्बालंकारमंडिता नच्चगीतादिसु सु सिक्खिता देवकंजाविय रूप सोभगप्पत्ता इत्थियो नाना तुरियानि गहेत्वा संपरिवारगित्वा अभिरमापेंतियो नच्चगीतवादितानि पयोजयिंसु।"[5]

गन्धर्व पंचशिख संगीत एवं नृत्य का मानदण्ड था। उसकी इस कला पर स्वयं भगवान् बुद्ध बड़े प्रसन्न थे—"पंचशिख! तुम्हारे बाजे का स्वर तुम्हारे गीत के स्वर

से बिल्कुल मिला हुआ है। पंचशिख! न तो तुम्हारे बाजे का स्वर तुम्हारे गीत-स्वर से इधर-उधर जाता है और न तुम्हारा गीत-स्वर तुम्हारे बाजे के स्वर से इधर-उधर जाता है।"[6]

नृत्य और संगीत के मधुर स्वर से मोहित हो मत्स्यकच्छपादि वादक के साथ-साथ घूमते थे।[7] हस्तिकान्त के वीणा-स्वर से हाथी मुग्ध हो उसके वशवर्ती हो जाते थे।[8]

हमें ज्ञात होता है कि इस कला की शिक्षा-दीक्षा के लिए उस युग में लोग प्रयत्नशील थे। हाँ, किसी खास शिक्षण-केन्द्र में तो हम ऐसा नहीं पाते हैं, किन्तु कतिपय स्थलों के वर्णन से ज्ञात होता है कि सम्राट्, राजा-महाराजा एवं धनिक-वर्ग के लोग अपने घरों में ही इस विद्या के आचार्य को रखकर अपने पुत्र एवं अपनी पुत्री की शिक्षा का प्रबन्ध करते थे।

एक सप्तवर्षीय पाँच चोटीवाले कुमार को गीत सिखाने की चर्चा मिलती है।[9]

उज्जयिनी-नरेश प्रद्योत की अनिन्द्य सुन्दरी कन्या वासवदत्ता बड़ी ही कलाप्रवीणा थी। प्रद्योत ने छल से महाराज उदयन को इसलिए बन्दी बनाया था कि वासवदत्ता को वीणा-वादन की कला में पारंगत कर दे। उदयन के वीणा के तार के झंकृत स्वर से बड़े-बड़े महानाग वशवर्ती हो जाते थे।[10]

गुत्तिल जातक से पता चलता है कि वाराणसी में गुत्तिल गन्धर्व संगीत-विद्या का बहुत बड़ा पण्डित था। सम्पूर्ण जम्बूद्वीप में वह इस कला के लिए प्रसिद्ध था। दूर-दूर से लोग गुत्तिल से संगीत की शिक्षा प्राप्त करने के लिए आते थे। उज्जयिनी के मूसिल ने आचार्य गुत्तिल के यहाँ रहकर संगीत एवं वीणा-वादन की शिक्षा प्राप्त की थी।[11]

इसी जातक से यह भी ज्ञात होता है कि मूसिल ने राज-दरबार में गुत्तिल को अपदस्थ करने की नीयत से वीणा-वादन की चुनौती दी थी। दोनों का प्रदर्शन हुआ। गुत्तिल ने वीणा के भग्न तार से ऐसा स्वर निकाला कि अप्सराएँ वहाँ आकर नृत्य करने लगीं।

जीविकोपार्जन की दृष्टि से इस विद्या का बड़ा महत्त्व था। राज-दरबार में जिन शिल्पियों की नियुक्तियाँ होती थीं, उनमें संगीत के शिल्पज्ञ का भी स्थान था। आचार्य गुत्तिल वाराणसी के राज-दरबार का नियुक्त शिल्पकार था। व्यापारी-वर्ग के कुछ धनी लोगों ने अपने यहाँ गुत्तिल के शिष्य मूसिल को काफी धन देकर नियुक्त किया था।[12]

सन्दर्भ

1. 'जातक', भाग 2, पृष्ठ 258-259
2. 'महापरिनिब्बाण सुत्त'

3. 'कामसूत्र'–भूमिका–वात्स्यायन
4. 'ललित विस्तर', पृष्ठ 98, मिथिला प्रकाशन
5. 'जातकट्ठकथा'–अविदूरे निदान, पृष्ठ 47
6. 'सक्कपंह सुत्त'
7. 'जातक', भाग 2, पृष्ठ 243
8. 'जातक', भाग 6, पृष्ठ 293
9. 'जातक', भाग 5, पृष्ठ 333
10. 'धम्मपद अट्ठकथा'
11. 'जातक', भाग 2, पृष्ठ 243
12. 'गुत्तिल जातक'।

प्राचीन युगों में गणिका और उसकी कला-शिक्षा

●

स्वामी वाहिद काज़मी

आज तो वेश्या शब्द का अर्थ जिस्मफरोशी करनेवाली स्त्री के अतिरिक्त कुछ और नहीं लगाया जा सकता। किन्तु प्राचीन ग्रन्थों के अवलोकन से ज्ञात होता है कि कभी 'वेश्या' शब्द से ऐसी स्त्रियों का बोध होता था जो नृत्य-गान आदि में निपुणता प्राप्त कर जीवन-निर्वाह करती थीं। कालान्तर में, शतियों पूर्व, जब उसके साथ जिस्मफरोशी भी जुड़ गयी तो वेश्या का वही अर्थ हो गया, जो आज तक प्रचलन में है। नन्दिकेश्वर-कृत 'अभिनयदर्पण' में वेश्या उस स्त्री को कहा गया है, जो रंगमंच पर नृत्य-गीत-अभिनय प्रस्तुत करती थी। सरलता के लिए आज की भाषा में एक्ट्रेस कहा जा सकता है। उक्त ग्रन्थ में वेश्या के गुण-दोषों की भी विशद विवेचना की गयी है। मसलन्, एक स्थान पर कहा गया है—"वेश्या को रंगमंच के मध्य में खड़ा होना चाहिए। उसके समीप नटों को, उसके दाईं ओर तालधारी और दोनों ओर मृदंगियों को; उनके मध्य में गीतकार को, और श्रुतिकार को, उसके पीछे—इनमें से प्रत्येक, जिस प्रकार निर्देश किया गया है, रंगमंच पर उसी प्रकार प्रस्तुत हो।" आगे कहा गया है—"यह बतलाने की आवश्यकता नहीं है कि नर्तकी (वेश्या) अति रूपवती, युवती, पीनकुचधरा, निधड़क, मनोहरा, रुचिकरा, कठिन स्थलों को पूरी तरह समझनेवाली, ताल और स्वर में चतुरा, मंच पर आकर जरा न घबड़ानेवाली, हाथों और शरीर को सहज ही गति देनेवाली, भाव बताने में प्रवीणा, कमलनयनी, गीत एवं वाद्य का अनुकरण कर सकनेवाली, नाना रत्नों से विभूषिता, पद्ममुखी, न ही बहुत लम्बी और न ही बहुत छोटी, न ही बहुत मोटी और न ही बहुत दुबली होनी चाहिए।"

और सो और, ग्रन्थों में तो ऐसे भी उल्लेख मिलते हैं कि पाँच वर्षीया अत्यल्पायु बालिका के लिए भी वेश्या शब्द आया है। जाहिर है इतनी-सी बालिका वेश्यावृत्ति का अर्थ भी नहीं समझ सकती। यह तथ्य इस बात का खण्डन करने के लिए

कदाचित् पर्याप्त होगा कि जिस्मफरोशी करनेवाली स्त्रियों के लिए ही वेश्या शब्द प्रयुक्त होता था। कुछ इसी प्रकार का मत डॉ. हैवलॉक एलिस के अतिरिक्त एच. एच. विल्सन ने अपनी पुस्तक 'सिलेकट स्पेसीमेंस ऑफ दि थियेटर ऑफ़ हिन्दूज़' की भूमिका में भी व्यक्त किया है। वेश्या शब्द के बीसियों पर्याय प्राचीन ग्रन्थों में मिलते हैं। अतः उसका एक नाम गणिका भी था। बल्कि नाम से अधिक उसे विशेषण, दर्जा या पद कहना अधिक उपयुक्त प्रतीत होता है। डॉ. हजारीप्रसाद द्विवेदी ने लिखा है–"यह स्पष्ट समझ जाना चाहिए कि गणिका यद्यपि वारांगना ही हुआ करती थी, तथापि 'कामसूत्र' से जान पड़ता है कि वह साधारण वेश्याओं से कहीं अधिक सम्मान की पात्र समझी जाती थी। वेश्याओं में जो सबसे सुन्दरी और गुणवती होती थी, उसे ही 'गणिका' की आख्या मिलती थी। गणिका वस्तुतः समस्त गण (या राष्ट्र) की सम्पत्ति मानी जाती थी और बौद्ध साहित्य में इस बात का प्रमाण भी खोजा जा सकता है कि वह समस्त समाज के लिए गर्व की वस्तु समझी जाती थी।

बकौल मुनि वात्स्यायन के 'नागरिक-जन-समवाय' अर्थात् नगर के जन-समाज की सामान्य सम्पत्ति होने से वह गणिका कही जाती थी। बावजूद इसके कि मुनि वात्स्यायन ने 'गणिका' शब्द की कुछ विशद व्याख्या नहीं दी है; तथापि उसके गुणों के बारे में पर्याप्त संकेत कर दिये हैं। उनके अनुसार–गणिकाएँ राजाओं की सेवा करने में परम कुशल, स्त्रियों की सामान्य कमियों से परे, मधुरभाषिणी, मनोज्ञा, धीर-गम्भीर, पस्त न होनेवाली तथा रूप-गुण-शील-यौवन-माधुर्य-शक्ति-सम्पन्न होती हैं। मतलब यह कि कला-निपुण, रूपवती, गुणवती तथा शील-स्वभाव से युक्त वारांगना ही गणिका कही जाती थी। उसी का समाज में आदर-सत्कार होता था, राष्ट्र की ओर से मान्यता प्राप्त होती थी। गुणिजन उसकी सराहना करते थे। मित्र गण उसके यहाँ जाते थे और उसके साथ सभी का प्रेमपूर्ण व्यवहार रहता था। एतद्विषयक दो श्लोक मुलाहिजा करें–

आभिरभ्युच्छ्रिता वेश्या शीलरूपगुणान्विता।
लभसे गणिकाशब्दं स्थानं च जनसंसदि ॥
पूजिता च सदा राज्ञा गुणवद्भिश्च संस्तुता।
प्रार्थनीयाऽभिगम्या च लक्ष्यभूता च जायते ॥

यहाँ 'पूजिता' विशेष महत्त्वपूर्ण है। पुरानी उक्ति है–'गुणाः पूजा-स्थानं गुणिषु न च लिङ्गा न च वयः'।

गणिकाएँ न केवल नृत्यांगना एवं गायिका वरन् शास्त्रज्ञा तथा काव्यरसिका भी होती थीं। 'ललितविस्तर' में राजकुमारी को गणिका के समान शास्त्रों की ज्ञाता बताया गया है–'शास्त्रे विधि कुशला गणिका यथैव।' शूद्रक-कृत 'मृच्छकटिक' भी

इस बात का साक्षी है कि उन दिनों गणिका का कितना सम्मान था। उसमें गणिका की माता को 'आर्या' कहकर सम्बोधित किया गया है, जो मामूली बात नहीं है। चूँकि गणिका पूरे राष्ट्र की सम्पत्ति मानी जाती थी, इसलिए पूरे समाज के लिए गर्व एवं प्रतिष्ठा की चीज थी। उसकी सन्तान को अन्य गण्यमान्य नागरिकों के पुत्रों के साथ विद्याध्ययन का पूरा अधिकार होता था। अतुलनीय वैभव एवं ऐश्वर्य की वह स्वामिनी होती थी। इसीलिए उसे 'नगर-श्री' व 'नगर-भूषण' ही नहीं, जनपद-कल्याणी' तक कहा जाता था।

प्राचीनकालीन भारत की धार्मिक, सांस्कृतिक, सामाजिक चेतना के श्रेष्ठतम दस्तावेज वेदों में गणिका-विषयक उल्लेख भी हैं। ऋग्वेद, अथर्ववेद में तो ऐसे उल्लेख हैं ही, यजुर्वेद ने भी गणिका को मान्यता प्रदान की है। वैदिककालीन ग्रन्थों में वेश्या शब्द के पूरे दस पर्याय तो मिलते ही हैं, सूत्रकाल के ग्रन्थों में भी नगरवधुओं के बारे में पर्याप्त संकेत मिलते हैं। आदि कवि ऋषि वाल्मीकि-कृत 'रामायण' और महर्षि वेदव्यास-कृत 'महाभारत' (जिसे कुछ लोग पंचम वेद भी मानते हैं) में एतद्विषयक अच्छे-खासे और विस्तृत वर्णन हैं। पुराणों पर दृष्टिपात करें तो 'पद्मपुराण' में रूपाजीवाओं को 'लोकयात्रा-नुवर्तिनी' बताते हुए काफी कुछ चर्चा आयी है। 'मत्स्यपुराण' और याज्ञवल्क्य के धर्मशास्त्र (स्मृति) आदि ग्रन्थों में वारवनिताओं से सम्बन्धित विधि-विधान एवं निर्देशों का वर्णन मिलता है। इसके अतिरिक्त 'मार्कंडेयपुराण', 'पद्मपुराण' आदि में तो ऐसी गणिकाओं की आख्यायिकाएँ भी मिलती हैं जो अति धर्मपरायणा भी थीं और जिन्होंने अपने सुकृत्यों से मुक्ति भी प्राप्त की। मसलन् अनंगवती, चंचलापांगी और चित्रपदा आदि। 'मत्स्यपुराण' में तो यात्रा के लिए निकलते समय वेश्या-दर्शन को शुभ शकुन बताया गया है। कुछ ऐसा ही मत 'ब्रह्मवैवर्तपुराण' में भी व्यक्त हुआ है। 'ब्रह्मपुराण', 'भागवतपुराण', 'भविष्यपुराण', 'स्कन्दपुराण' आदि अनके पुराणों में उनके बारे में पर्याप्त सामग्री मिल जाती है। पुराणों के अतिरिक्त 'यशस्तिलकचंपू', 'नलचंपू', 'कुमारपालचरित', 'नैषधचरित', 'कथा-सरित्सागर' आदि अनेक जातक ग्रन्थ व पालिग्रन्थों में भी गणिकाओं के बारे में बहुत-कुछ कहा गया है। भास, शूद्रक, विशाखादत्त, माघ, आर्यकृष्ण मिश्र, वाणभट्ट और कालिदास आदि वे महान् विभूतियाँ हैं, जिन्होंने अपनी अमर संस्कृत-रचनाओं में गणिका-विषयक एक-से-बढ़कर-एक चित्र प्रस्तुत किये हैं अथवा अपनी रचनाओं में उन्हें बतौर नायिका (हीरोइन) सुशोभित किया है। हिन्दी में गणिका-विषयक सर्वश्रेष्ठ रचना आचार्य चतुरसेन शास्त्री की बृहत् औपन्यासिक कृति 'वैशाली की नगरवधू' है, जिसमें भगवान् बुद्ध की समकालीन प्रसिद्धतम गणिका आम्रपाली का जीवन-वृत्तान्त बहुत विस्तार से पेश हुआ है। आम्रपाली का वर्णन 'अवदानकल्पलता' में मिलता है, जिसमें उसे अयोनिसंभवा बताया गया है, पर वास्तव में वह थी नहीं।

प्राचीन भारत में जिन चौंसठ कलाओं की काफी कुछ चर्चा ही नहीं, प्रचलन भी

रहा है, विस्तृत रूप से उनका वर्णन 'शुकनीतिसार', 'शैवतन्त्र', 'प्रबन्धकोश', 'ललित-विस्तर', 'कामसूत्र' आदि ग्रन्थों में देखा जा सकता है। उन तमाम चौंसठ कलाओं के अतिरिक्त केवल वारांगनाओं के लिए अलग से चौंसठ कलाएँ और बताई गयी हैं। उन विशिष्ट चौंसठ कलाओं से युक्त वेश्या को ही वात्स्यायन ने गणिका की संज्ञा दी है, हर एक को नहीं। इस बारे में उन्होंने बहुत स्पष्ट कहा है कि—"शील, रूप तथा अन्य गुणों से युक्त वेश्या यदि उपर्युक्त चौंसठ कलाओं में उत्कर्ष प्राप्त कर ले तो वह वेश्या गणिका हो जाती है तथा चौंसठ कलाओं से युक्त गणिका राजा के लिए भी सम्माननीय हो जाती है।" इससे जाहिर हुआ है कि गणिका कलाओं का भण्डार तथा एक समुद्र ही होती थी।

मुनि वात्स्यायन-कृत 'कामसूत्र' और 'वैशिक अधिकरण' (जो अलग से है, अध्यायों में है), कवि क्षेमेन्द्र[1] कृत 'समयमातृका' व 'कलाविलास', कवि दामोदर गुप्त कृत 'कुट्टनीमतम्' आदि ग्रन्थों में वारांगनाओं के लिए अनेकों विधि-विधान एवं निर्देशों का विस्तार से बयान हुआ है। उनके हेतु क्या करणीय है क्या नहीं, उनके कर्तव्य एवं अधिकार, उनके लिए दण्ड-व्यवस्था, जीवन-व्यवस्था, धर्मपालन आदि की तो बहुत चर्चा की गयी है, किन्तु वह सब वेश्यावृत्ति का व्यवसाय करनेवाली स्त्रियों को अधिक-से-अधिक सफलता प्राप्त कराने के चुनिन्दा निर्देशों के अलावा कुछ और नहीं है। कमजकम मेरी दृष्टि से कोई ऐसा ग्रन्थ नहीं गुजरा, जिसमें स्वतन्त्र रूप से इस विषय पर चर्चा की गयी हो कि गणिकाओं की नृत्य एवं संगीत-शिक्षा किस प्रकार होती थी, कैसे होती थी अथवा नृत्य-संगीत-विषयक उनके लिए किस ढंग का पाठ्यक्रम रहता था। ('वारांगनाकल्प' और 'वेश्यांगनावृत्ति' दो ग्रन्थ और बताये जाते हैं, किन्तु बस उनके नाम ही मिलते हैं। ग्रन्थ अथवा उससे उद्धृत कोई बात कहीं देखने को नहीं मिली) जन्म से लेकर तरुणी होने तक उसके लालन-पालन, शिक्षा-दीक्षा आदि का न्यूनाधिक बयान जिस ग्रन्थ में प्राप्त हो जाता है, वह है कवि दण्डी-कृत 'दशकुमारचरितम्'। उक्त ग्रन्थ के द्वितीय उच्छ्वास के तहत मरीचि-उपाख्यान के वर्णन-प्रसंग में यह चर्चा अच्छी-खासी आ गयी है। उससे जो जानकारी प्राप्त होती है, उसका सारांश यह है :—

कन्या का जन्म होने के बाद से ही माता उसके शरीर पर नाना प्रकार के (औषधीय गुणोंवाले) तेल, लेप, उबटन आदि मलकर शरीर को साफ-सुथरा (बेदाग), सुन्दर व कान्तिवान् बनाती थी। आहार इतना सन्तुलित, परिमित और ऐसे पदार्थों से बना हुआ दिया जाता था कि वात-पित्त-कफ आदि त्रिदोषों को दूर करने के साथ ही बल-वर्ण-स्वास्थ्य एवं बुद्धि में वृद्धि करता था, जठराग्नि व अन्य पाचक रस-लवण-धातुएँ आवश्यक मात्रा में सन्तुलित रखता था। जब कन्या की आयु केवल पाँच वर्ष की होती थी, तभी से उसे पुरुषों की दृष्टि से दूर रखा जाता था। यहाँ तक कि उसका पिता भी उसे नहीं देख सकता था। विशिष्ट अनुष्ठान के साथ, मांगलिक

समारोहपूर्वक उसका जन्म-दिवस मनाया जाता था। फिर उसका आगे के लिए विधिवत् प्रशिक्षण प्रारम्भ होता था। अब उसे नृत्य-गायन-वादन की शिक्षा दी जाने लगती थी, जिसके तीन अंग होते थे : गीत—स्वरगत, पदगत, लयगत और अवधानगत चारों किस्मों के विविध प्रकार से गायन में निष्णात होना। वाद्य—घन, वितत, तत और सुषिर चारों प्रकार के वादन में कुशलता प्राप्त करना। नृत्य—हर प्रकार के कठिन व सरल, जटिल व सहज नृत्य में पारंगत होना। इसके साथ ही काव्य-रचना एवं काव्य-पाठ, नाट्य, चित्रकारी, सुस्वादु भोजन एवं व्यंजन बनाना अर्थात् पाक-काल, सुगन्धित पुष्पों से मालादि तैयार करना, गन्धयुक्ति आदि कलाओं की शिक्षा दी जाती थी और कामशास्त्र के सभी अंगों का भी ज्ञान कराया जाता था। इसके अतिरिक्त विविध भाषा व लिपि-ज्ञान, शब्दविद्या अर्थात् व्याकरण, हेतुविद्या अर्थात् तर्कशास्त्र, न्याय, सिद्धान्त अर्थात् ज्योतिष आदि शास्त्रों का भी उसे आवश्यक ज्ञान कराया जाता था। ज्यों-ज्यों वह बड़ी होती जाती, उसे दैनिक जीवनोपयोगी अनेक बातों के अलावा हाजिरजवाबी, प्रत्युत्पन्नमति, वाक्पटुता, हस्तलाघव, चतुराई, हास-परिहास, मनोविनोद के तरीके सिखाये जाते। अनेक प्रकार की क्रीड़ाओं, द्यूत अर्थात् विविध प्रकार के जुए, क्रीड़ाकौतुक आदि में निष्णात करते हुए किसी विश्वसनीय गुरु द्वारा कामकला का व्यावहारिक मर्म भी समझाया जाता था।

जाहिर है कि इतना सब-कुछ कोई साधारण पाठ्यक्रम तो होता नहीं था। प्रकारान्तर से लम्बी चलनेवाली एक साधना ही कहना चाहिए। जब वह हर कला, हुनर और कौशल में निपुण व शास्त्रज्ञ हो जाती थी, तो कला व शास्त्र-मर्मज्ञ गुणिजनों के सामने उपस्थित कर उसकी परीक्षा ली जाती थी। तदुपरान्त उसे भली प्रकार सजा-सँवारकर, किसी यात्रा व उत्सव के अवसर पर, गाजे-बाजे व दास-दासियों के साथ, धूमधाम से लोगों के सम्मुख प्रस्तुत किया जाता था। कौटिल्य के यहाँ भी ऐसे उल्लेख मिल जाते हैं कि गणिकाओं की विधिवत् शिक्षा-दीक्षा के लिए कला-आचार्य नियुक्त किये जाते थे, जो उन्हें नृत्य, गीत, वाद्य, अभिनय, लिपि-ज्ञान, चित्रकला आदि में निपुण बनाने के साथ-साथ गन्धयुक्ति माल्यविधि, संवाहन के अतिरिक्त पुरुषों का भावग्रहण करने, नागरिकों को रिझाने-लुभाने आदि की कलाओं में पारंगत करते थे। मतलब यह कि ऐसी शिक्षा-दीक्षा का ही परिणाम था कि एक गणिका समस्त गण के हेतु सम्मान, गौरव, गर्व, समृद्धि की प्रतीक बन जाती थी। किसी के प्रति समर्पित होने को बाध्य नहीं होती थी।

जैनों के 'विपाक-सूत्र' में वणिज ग्राम की कामध्वज नामक गणिका का वर्णन आया है, जहाँ उसके कला व ज्ञान की लम्बी सूची भी दी गयी है। उसे देखकर हैरानी होती है। संक्षेप में यह कि कामध्वज बहत्तर प्रचलित अर्थात् सामान्य कलाओं की जानकार होने के अलावा गणिका-विषयक चौंसठ कलाओं में भी निपुण थी। इसके अलावा वह कामशास्त्रोक्त क्रम से उन्नीस व उन्तीस कलाओं की मर्मज्ञ, लोगों को

रिझाने-लुभाने व प्रसन्न करने की बत्तीस कलाओं में पारंगत[2], शरीर के नवों अंगों (यथा—नेत्र, नासिका, कर्ण, त्वचा, जिह्वा एवं मन आदि) के माध्यम से मादन-भाव जगाने व बढ़ाने की कलाओं में प्रवीण तो थी ही, अठारह भाषाओं की पण्डिता और नृत्य-गीत-वाद्य एवं अभिनय-कला के सभी अंगों में परम निष्णात थी।

गणिकाओं के अपरिमित कला-नैपुण्य के रोचक एवं आश्चर्यजनक दृष्टांतों की भी पुराने ग्रन्थों में कमी नहीं है। जैन 'हरिवंश' में चारुदत्त के कथा-प्रसंग-वर्णन के तहत नगरश्री बसन्तसेना के नृत्य की अति मनोहारी चर्चा हुई है। उसके अनुसार, एक दिन चम्पापुर में बसन्तसेना के नृत्य का आयोजन हुआ। सभागार में बड़े-बड़े कलाकार और कलाचार्य ही नहीं, गन्धर्वजन भी मौजूद थे। संयोग से चारुदत्त भी अपने काका रुद्रदत्त के साथ उधर आ निकला और सभागार में जा बैठा। बसन्तसेना उस समय 'सूची-नाट्य' प्रस्तुत करनेवाली थी। इसके लिए उसने मंच पर पहले जातिपुष्प की कलियाँ बिखेर दीं और फिर गायन प्रारम्भ कर दिया। गायन के जादुई प्रभाव से धीरे-धीरे कलियाँ खिलने लगीं। दर्शकों ने मुक्त कण्ठ से सराहना की और नहीं जान पाये कि यह कौन-सा राग है। किन्तु चारुदत्त ने पहले ही इशारे से कह दिया था कि वह मालाकार राग गा रही है। तदुपरान्त बसन्तसेना ने 'अंगुष्ठि-अभिनय' प्रस्तुत किया (इसकी क्या खूबी थी, यह स्पष्ट नहीं किया गया है)। दर्शकों ने फिर शाबाशी उछाली, किन्तु चारुदत्त ने फिर बता दिया कि वह नापित राग गा रही है। संगीत-विद्या में उसकी ऐसी गहरी पैठ देख बसन्तसेना चारुदत्त पर ऐसी मोहित हुई कि उसके अलावा किसी और के साथ संगति करने से एकदम मना कर दिया।[3]

इसी प्रकार 'परिशिष्टपर्वन' में कोषा नामक गणिका की नृत्यकला-प्रवीणता का रोचक वर्णन आता है, जिसमें कहा गया है कि पहले तो उसने मंच के फर्श पर सरसों का ढेर लगा दिया और उसमें एक सुई खोंस दी, फिर उस ढेर पर पुषों की पंखुरियाँ बिखेर दीं, तदुपरान्त उसने उस ढेर पर नृत्य करना शुरू कर दिया। नृत्य अपनी चरम सीमा को पहुँचा। फिर भी न तो उसके पैर में सुई छिदने पायी और न वह ढेर ही बिखरने पाया। असम्भव नहीं कि ऐसे वर्णनों में अतिशयोक्ति से काम लिया जाता हो। तथापि इतना तय है कि गणिका न तो सामान्य स्त्री होती थी, न साधारण कलाकर्त्री। उनकी दुःसाध्य शिक्षा-दीक्षा का ही परिणाम था कि वे एक 'लीजेंड' बन जाती थीं।

पुराने ग्रन्थों से यह भी ज्ञात होता है कि गणिका की शरीर-रचना सामान्य स्त्रियों की शरीर-रचना से कुछ अर्थों में भिन्न होती थी। प्राकृतिक रूप से नहीं, अपितु अभ्यास आदि द्वारा उन्हें ऐसे साँचे में ढाला जाता था कि आंगिक स्तर पर वे अन्यों से भिन्न होती थीं। विस्तार से उन भिन्नताओं का उल्लेख यहाँ आवश्यक नहीं। इतना ही कहना पर्याप्त होगा कि वे अपना शरीर चाहे जिस ढंग से साधने-सन्तुलित करने में कुशल होती थीं। श्वास-क्रिया और अंग-संचालन पर जो उनका अत्यधिक

नियन्त्रण रहता था, उनके शरीर में जो लोच, लचक, कमनीयता एवं सौष्ठव पाया जाता था, वह सामान्य स्त्री में सम्भव नहीं था। और, इसका कारण योगासन आदि की क्रियाओं के अलावा भला और क्या हो सकता है (जैसा कि आज भी अनेक नृत्यांगनाएँ योगाभ्यास से लाभ उठाती हैं)। वैसे तो नृत्य भी स्वयं में एक यौगिक क्रिया से कुछ कम नहीं है।

कालान्तर में वास्तविक गणिका तो खोती चली गयी और जिस्मफरोशी का प्रतीक वेश्या अथवा तवायफ रह गयी। यद्यपि कला-साधना उसके लिए गौण थी। तथापि अभी पिछली शती तक तवायफों और वेश्याओं की भी कला-निपुणता, रूप-सौन्दर्य एवं शील-स्वभाव आदि की खासी चर्चा थी। अब मौजूदा में वह भी नहीं रही। अगले वक्तों की नामी-गिरामी वेश्याओं की कहानियाँ सुनानेवाली हिन्दी-उर्दू में अनेकों पुस्तकें मिल जाएँगी—इतिहास की भी और साहित्य की भी। किन्तु साहब, कुछ भी कहिए, डॉ. मिर्जा हादी 'रुसवा'-कृत 'उमरावजान' का जवाब नहीं है, जो किसी काल्पनिक पात्रा की नहीं, एक जीती-जागती वास्तविक तवायफ की आत्म-कथा है, जिसे खुद उसी से सुनकर डॉ. मिर्जा 'रुसवा' ने बड़ी खूबी से लेखबद्ध किया है।

कुछ लोग उमरावजान के वास्तविक अस्तित्व को स्वीकार नहीं करते हैं, किन्तु इसके पक्ष में काफी कुछ प्रमाण प्रस्तुत किये जा सकते हैं कि उमरावजान कोई काल्पनिक कृति नहीं, अपितु एक वास्तविक घटना-क्रम का नाम है। उन मुद्दों की विवेचना करना प्रस्तुत लेख का विषय नहीं। तथापि इतना संकेत अवश्य करना चाहूँगा कि उमरावजान ने अपने समकालीन जिन रईसों, नवाबों, जागीरदारों, संगीतकारों, उस्ताद-शाइरों; विद्वानों के अलावा अपनी हमपेशा लखनवी तवायफों का जिक्र किया है, उनमें से अनेकों के जीवन-वृत्त, मय उनके काव्य-नमूने के प्रामाणिक सन्दर्भ-ग्रन्थों में मिल जाते हैं। क्योंकि उनमें से अधिकतर जैसा कि रिवाज था, काव्य-रचना भी करती थीं। मसलन् बेगाजान, बेबाजान आदि। खुद उमरावजान भी बहुत अच्छी शाइरा थी, उपनाम था—'अदा'[4]। फैजाबाद के एक शरीफ-घराने की अमीरन नाम की बालिका को, नौ वर्ष की उम्र में, उसके पिता के शत्रुओं द्वारा अपहृत कर लखनऊ की मशहूर डेरेदार नायिका खानमजान के हाथों बेच दिया गया। अब जिसे नाम मिला—उमराव। खानम के संरक्षण में वह पली-बढ़ी और तालीम व तर्बियत पाकर मशहूर तवायफ उमरावजान बनी। उमरावजान ने अपनी संगीत-शिक्षा का जो वर्णन किया है, उसे अपने शब्दों में न देकर, उसी की भाषा में देने का लोभ मुझसे संवरण नहीं हो पा रहा है, जो मनोरंजक ही नहीं, जानकारीवर्धक भी है। लीजिए, उसी के अन्दाज में सुनिए—"अगर्चे मैं कमसिन थी। मगर फिर भी औरतजात बहुत होशियार होती है। अपने मतलब को खूब समझती है। बिस्मिल्लाह और खुर्शीद को गाते-नाचते देख के दिल में खुदबखुद एक उमंग-सी महसूस हुई। खुद भी गुनगुनाने और थिरकने लगी। इसी अर्से में मेरी तालीम भी शुरू हो गयी।

मेंरी तबियत फने-मौसीकी के बहुत ही मुनासिब पायी गयी। आवाज भी पक्के गाने के लायक थी। सरगम साफ होने के बाद उस्ताद ने अस्थाई शुरू करा दी, उस्ताद जी बहुत उसूल से तालीम देते थे। हर एक राग का सुर-ब्यौरा जबानी याद कराया जाता था। और वही गले से निकलवाते थे। मजाल न थी कि कोई सुर कोमल से अतिकोमल, शुद्ध से अशुद्ध या तीव्र से तीव्रतर तो हो जाए। उस्ताद जी अपने को नायक समझते थे और थे भी ऐसे ही।"

संगीत-शिक्षा के अलावा पढ़ने-लिखने के बाबत भी वह बताती है—"खानमजान की नौचियों को सिर्फ नाच-गाने की तालीम ही नहीं दी जाती थी,[5] बल्कि लिखने-पढ़ने के लिए मकतब भी था। मौलवी साहब नौकर थे। हस्बेदस्तूर मैं भी मकतब में भेजी गयी। मौलवी साहब ने बहुत ही शफक्कत[6] से मुझे पढ़ाया था। 'अलिफ'-'बे'[7] खत्म होने के बाद 'करीमा'[8], 'मामुकीमा'[9], 'मेंहमूदनामा'[10], सर्फे रवाँ[11] पढ़ा के 'आमदनामा'[12] याद करा दिया। इसके बाद 'गुलिस्ताँ'[13] शुरू करा दी। दो सतरें[14] पढ़ाते थे। सबक जबानी याद कराया जाता था, खासतौर से अशआर। लफ्ज-लफ्ज के मानी फिकरे की तरकीब[15], जबान की नोक पर रहती थीं। लिखने-पढ़ने पर भी मेहनत ली। इमला दुरुस्त कराया गया। खत लिखवाए गये। 'गुलिस्ताँ' के बाद और किताबें फारसी की पानी हो गयीं। सबक इस तरह होता था, जिस तरह आमोख्ता[16] पढ़ाया जाता है। अरबी की 'सर्फ-ओ-नहू'[17] और दो रिसाले[18] मत्तिक[19] के पढ़े। सात-आठ बरस मौलवी साहब के पास पढ़ती रही। शाइरी के शौक की इब्तिदा और इंतिहा से आप खुद वाकिफ हैं। उसके बयान करने की जरूरत नहीं।" इस तमाम शिक्षा-दीक्षा का सुपरिणाम वह यों बताती है—"सुबह से ग्यारह बजे तक मौलवी साहब की कमचियाँ[20] और शाम से नौ बजे तक उस्ताद की झिड़कियाँ और गजों की मार। ये हमारा अखलास और प्यार था। ये उन्हीं की जूतियों का सदका है कि जिस अमीर और रईस की मेहफिल में बुलाई गयी, हैसियत से ज़्यादा मेरी इज्जत हुई। उसी की बदौलत आप-जैसे लायक-ओ-फायक साहिबों के जल्से में मुँह खोलने की जुर्रत हुई। शाही दरबारों में शिरकत का फ़ख्र हासिल हुआ। आला दर्जे की बेगमों के महल में गुजर हुआ।"

लखनऊ के शासक नवाब चूँकि शिया मतानुयायी थे, इसलिए वहाँ के गीत-संगीत-प्रधान वातावरण में एक और चीज ने भी बड़ी प्रगति की, वह थी—सोज, जो मुहर्रम के दिनों में शहीदे-करबला हजरत इमाम हसन व हुसैन की स्मृति में बतौर शोक-गीत गाये जाते हैं। ये खास करुणाप्रधान चीज है। लखनऊ से बेहतर सोज-गायक कदाचित् ही अन्यत्र हुए हों। लखनऊ में सोज गाने के लिए कुछ तवायफें बहुत प्रसिद्ध रही हैं—मसलन् हैदरी जान चूनेवाली, जो उमरावजान के बाद हुई। दस्तूर के अनुसार उमरावजान को भी सोज गाने की तालीम मिली होगी, पर इसमें उसे जो महारत और ख्याति प्राप्त हुई, वह नवाब जाफरअली खाँ के

संगति-प्रभाव का ही परिणाम था, जो उन दिनों सोज-गायकी के मर्मज्ञ थे। इस बारे में उसने बताया है–"फने-मौसीकी में नवाब साहब को कमाल था। क्या मजाल कोई उनके सामने गा सके। अच्छे-अच्छे गवैयों को टोक दिया। सोज-ख्वानी में यकता थे। सनदी सोज, मीरअली साहब के, उनको पहुँचे हुए थे। उनकी मुलाजिमत से मुझे ये फायदा हुआ कि सैकड़ों सोज याद हो गये। दूर-दूर तक मेरी शोहरत हो गयी। मेरी सोज-ख्वानी मशहूर थी। ऐसी तरकीबें और किसी को कब याद थीं। बड़े-बड़े साज-ख्वाँ मेंरे सामने मुँह न खोल सकते थे। इसी की बदौलत नवाब मलिका किश्वर महल[21] तक मेंरी रसाई हुई।

नवाब शुजाअतअली खाँ के पुत्र के विवाहोत्सव पर उमरावजान का प्रथम मुजरा हुआ था। उस समय वह कोई चौदह वर्ष की थी। वह मुजरे का रोचक वर्णन करती हुई बताती है–"वो मेहफिल भी यादगार थी। नवाब की बारादरी किस शान से सजाई गयी थी। बेशकीमत शीशा-आलात की रौशनी से रात को दिन हो गया था। साफ-सुथरे फर्श, कीमती कालीनें ईनानी; जरवफत के मसनद तकिये और सामने रंग-रंग के मृदंगों की कतारें रौशन, उस जमाने में बड़ौदा से एक बाईजी आयी हुई थीं। तमाम शहर में उनके गायन की धूम थी। बड़े-बड़े गवैये कान पकड़ते थे। मालूमात ऐसी कि पोथियाँ जबान की नोक पर थीं। गला वो कि चार मुहल्ले उधर आवाज जाए,[22] पर वाह खानम साहब वाकई क्या रंग देखी थीं कि उनके बाद मुझ को खड़ा कर दिया। मुझे तो क्या तमीज थी, मगर समझदार लोग हैरान थे कि खानम साहब क्या करती हैं। भला बाईजी के सामने इस छोकरी का रंग जमेगा! पहले गत शुरू हुई, उससे कुछ मेहफिल मेरी तरफ मुखातिब हुई। मेरी भी उठती जवानी थी, सूरत अच्छी न थी। मगर उस वक्त फुर्ती, चालाकी, अल्हड़पन! गत थोड़ी ही देर नाची होऊँगी कि खानम ने गजल शुरू करा दी–**'आज इस बज्म में वो जल्वानुमा होता है, देखिए-देखिए इक आन में क्या होता है।'** इस गजल के शुरू करने के साथ ही मेहफिल उलट-पुलट हो गयी। तमाम मेहफिल पर वज्द-सा छाया हुआ था। हर लफ्ज पर वाह, हर सम पर अहा हा। एक-एक शेर आठ-दस मरतबा गवाया गया। फिर भी सेरी नहीं होती थी।"

नृत्य-संगीत-शिक्षा के बारे में उमरावजान ने एक से बढ़कर एक दिलचस्प घटनाएँ सुनाई हैं। चूँकि उनसे कुछ बातें पता चलती हैं, इसलिए कुछ नमूने प्रस्तुत करना असंगत नहीं लगता। सुनिए–

"एक दिन खानम के सामने में रामकली गा रही थी, धैवत शुद्ध लगा गयी। उस्ताद ने न टोका, खानम ने फिर उसी को गवाया। मेंने फिर उसी तरह गाया। उस्ताद जी फिर बाखबर न हुए। खानम साहब ने घूरकर देखा। मैं उस्ताद जी का मुँह देखने लगी। उन्होंने सिर झुका लिया, फिर तो खानम ने उन्हें आड़े हाथों लिया। खानम–'उस्ताद जी ये क्या था? रामकली में उच्चार धैवत से है और वुही सुर ठीक

नहीं। में आपसे पूछती हूँ, धैवत कोमल है या शुद्ध?'

उस्ताद–'कोमल।'

खानम–'ओ छोकरी तूने क्या कहा था।'

उस्ताद–'शुद्ध।'

खानम–'फिर आपने टोका क्यों नहीं?'

एस्ताद–'कुछ मुझे खयाल नहीं रहा।'

खानम–'वाह खयाल क्यूँ नहीं रहा। इसलिए मैंने दुबारा गवाया फिर भी आप मुँहः में घुघनियाँ भरे बैठे रहे। आप इसी तरह छोकरियों को तालीम देते हैं। अभी किसी समझदार के सामने इसी तरह गाती तो क्या वो मेरे जनम में थूकता।'

उस्ताद जी उस वक्त बहुत खफीफ हुए, चुप हो गये। एक और ऐसी ही घटना, जी हाँ उसी के शब्दों में–

"एक दिन ऐसा इत्तिफाक हुआ कि मैं सोहा गा रही थी, खानम भी मौजूद थीं। मैंने उस्ताद जी से पूछा–'गान्धार इसमें कोमल है या अतिकोलम?'

उस्ताद–'अतिकोमल।'

खानम–'खाँ साहब, माशाअल्लाह! ये मेरे सामने।'

उस्ताद–'क्यूँ?'

खानम–'और फिर आप ये मुझी से पूछते हैं, क्यूँ सोहा में गान्धार अतिकोमल है। भला आप तो गाइए।'

उस्ताद गाने लगे और गान्धार कोमल लगा गये।

खानम–'बस आप ही कायल हूजिए। खुद आप कोमल गायें और छोकरी को बहकाते हैं या मुझे कसते हैं। खाँ साहब, मैं कुछ अताई नहीं। खाक चाट के कहती हूँ, गले से न अदा हो, मगर इन कानों ने क्या नहीं सुना। में भी ऐसे-वैसे घराने की शागिर्द नहीं हूँ। मियाँ गुलामरसूल को आप जानते होंगे। इन बातों से क्या फायदा। अगर बताना है तो दिल से बताइए, नहीं तो मुआफ कीजिए। छोकरियों को गारत न कीजिए।'

'बहुत खूब' कहकर उस्ताद जी उठ गये। कई दिन तक न आये। खानम खुद तालीम देने लगीं।

चन्द दिन बाद खलीफा जी बीच में पड़े कसमा-कसमी हो के मिलाप हो गया। उस दिन से उस्ताद जी ठीक-ठीक बताने लगे, न बताते तो करते क्या। वो खानम को इतना न समझते थे। उम्र-भर मुझे ये हैरत रही कि खानम ज्यादा जानती हैं या उस्ताद जी। क्योंकि बहुत-सी बातें जो खानम से मालूम हुईं, उस्ताद जी उनको न बता सकते थे, या जान-बूझकर बताते नहीं थे। ये लोग गुर की बातें नहीं बताते। मुझे कुछ ऐसा शौक हो गया था कि जहाँ किसी बात में शक हुआ या समझी कि उस्ताद जी टालते हैं, उनके जाने के बाद खानम से पूछ लेती थी।"

इन घटनाओं के उद्धृत करने से मेरा वास्तविक अभिप्राय मात्र मनोरंजन नहीं, यही दिखाना है कि उन दिनों तालीम को किस गम्भीरता से लिया जाता था और उसकी क्या बारीकियाँ थीं। अब एक झलक जरा सीनियर हमजोली की भी प्रस्तुत है–

"खानमजान की नौचियों में बेगाजान गाने में एक ही थीं। मगर सूरत ऐसी कि रात को देखो तो डर जाओ। मगर कयामत का गला था। मालूमात बहुत अच्छी थी। मूर्च्छना उन्हीं के गले से निकलते सुनीं। मैं जब उनके कमरे में जा निकलती, मारे फरमाइशों के परेशान कर देती–'बाजी, हाँ जरा सरगम तो कहना।'

बेगा–'सुनो, सा - रे - गा - मा - पा - धा - नी -।'

मैं–'मैं ये नहीं मानती, सुरतियाँ अलग-अलग करके बताओ।'

बेगा–'लड़की, तू तो बहुत सताती है। अपने उस्ताद से नहीं पूछती।'

मैं–'अल्लाह! बाजी तुम्हीं बता दो न।'

बेगा–'सा - रे - गा - मा - पा - धा - नी।' देख बाईस हुईं 2-3-4-4-2-3-4।

मैं–(शरारत से) 'उई मैंने नहीं सुनीं। फिर कहो।'

बेगा–'जा अब नहीं कहती।'

मैं–'वाह मैं तो कहलाके छोड़ूँगी।'

बेगा–(फिर वही कहकर) 'ले अब न सता।'

मैं–'हाँ, अबके गिनीं, निखावें दो हैं न?'

बेगा–'हाँ दो।'

मैं–'तब ठीक, बाईस हुईं। अल्लाह, अब तीनों ग्राम कह दो।'

बेगा–'ले अब ठलिए, कल आइएगा।'

मैं–'अच्छा तम्बूरा उठा लाऊँ, कुछ गाओ।'

बेगा–'क्या गाऊँ?'

मैं–'धनाश्री।'

बेगा–'क्या गाऊँ। अस्थाई, ध्रुपद, तराना?'

मैं–'अल्लाह, बाजी ध्रुपद गाओ।'

बेगा–'ले सुन–

तन की तप तब ही मिटे
जब पिया को दृष्टिभर देखूँगी,
जब दर्शन पाऊँगी उनको
तब ही जी जनम अपना देखूँगी।
अष्टजाम ध्यान मोहे वाको
रहत है न जानूँ कब दर्शन भेटूँगी,
जो कोऊ प्रभु प्यारे से मिलावे
वा के पांयन में सीस टेकूँगी।'[23]

उमरावजान से ही नहीं, अन्य पुस्तकों से भी पता चलता है कि शिक्षण-प्रशिक्षण-काल में वेश्या-कन्याओं को बहुत ही सादा व संयमित जीवन व्यतीत करना होता था। बहुत मामूली वस्त्र पहनती थीं। खाना-पीना, उठना-बैठना, सोना-जागना, हँसना-बोलना, कहीं आना-जाना सब-कुछ नियमबद्ध होता था। जबतक वे पूर्ण युवती होकर मेहफिल में बैठने योग्य न हो जातीं, पान खाना तक निषिद्ध था। इत्र-फुलेल लगाना, फैशनदार बाल बनाना भी मना था। मतलब ये कि वे सही अर्थों में विद्यार्थी-जीवन व्यतीत करती थीं। किन्तु उन बातों का सम्बन्ध प्रस्तुत लेख का विषय नहीं है।

सन्दर्भ

1. कवि क्षेमेन्द्र का एक नाम व्यासदास भी बताया जाता है।
2. यहाँ यह जानना शायद रोचक लगेगा कि पुरुषों को रिझाने-लुभाने की 'कला' कुछ साधारण बात नहीं थी। बल्कि इसमें हाव-भाव, कटाक्ष, चितवन, अंग-प्रदर्शन, आँसू, मुस्कान, अधर-संचालन, भ्रू-विलास, विविध भंगिमाएँ आदि पूरी चालीस क्रियाओं से एकसाथ काम लिया जाता था। 'धम्मपद अत्थकथा' में एक गणिका का जिक्र है, जिसने एक ही समय में ऐसी चौंतीस क्रियाओं की सम्मोहिनी एक पुरुष पर डाली थी।
3. बसन्तसेना और चारुदत्त की प्रणय-कथा ही भास ने अपने नाटक 'दरिद्र चारुदत्त' और शूद्रक ने 'मृच्छकटिक' में प्ररतुत की है। किन्तु वह दूसरे ढंग से है, जिसका आधार जातक ग्रन्थों में वर्णित एक गणिका और विरक्त सेठपुत्र की कथा प्रतीत होता है।
4. सुप्रसिद्ध पत्रकार व लेखक जनाब खुशवंतसिंह जी ने उमरावजान का बहुत उम्दा व प्रामाणिक अंग्रेजी अनुवाद 'कॉर्टेजन ऑफ लखनऊ' नाम से किया है। उन्होंने भी इसे कपोलकल्पित नहीं माना है। अंग्रेजी का Courtezan शब्द, इटैलियन शब्द कॉर्टेजायना (Cortegiana) से बना है, जिसका लगभग वही अर्थ है जो प्राचीन भारत की गणिका का है। प्राचीन चीन की फूलकुमारियाँ (Flower-Maidens), यूनान की हेटेरा (Hetaira), कोरिया की सीसेन्ज (Sisains), जापान की गीशा (Geisha) और इटली की कॉर्टेजायना गणिका-परम्परा की उच्चवर्गीय स्त्रियाँ होती थीं। उनमें से कई तो विश्वविख्यात भी रही हैं।
5. खानदानी और डेरेदार प्रौढ़ा तवायफ के अधीनस्थ जो अनेक तवायफें रहती थीं, वे उसकी नौची और वह खुद नायिका कही जाती थी। नौचियों में वे भी होती थीं, जिन्हें छुटपन में खरीदा और पाल-पोसकर जवान किया जाता था और वे भी जो संरक्षण पाने की इच्छा से अन्यत्र से उसके यहाँ आकर रहती थीं। किन्तु नायिका उनसे किसी प्रकार का भेदभाव नहीं बरतती थी। अपनी सन्तान की भाँति ही समझती थी। खानम की अधीनता से मुक्त हो जाने पर उमराबजान ने भी एक नौची रखी थी, किन्तु फिर उसे अलग कर दिया था।
6. स्नेह।
7. अरबी बर्णमाला के प्रथम दो अक्षर।
8. प्रसिद्ध सूफी संत शैखसादी की छन्दोबद्ध रचना प्रथम अक्षरों पर पुस्तक का नामकरण

हुआ।

9. फारसी शाइर 'वसाली'-कृत पुस्तक, इसमें एक ही विधा (तरजीइबन्द) का प्रयोग है।
10. इस पुस्तक के बारे में मुझे जानकारी नहीं है।
11. अक्षरशः आद्यान्त।
12. फारसी-व्याकरण-विषयक पुस्तक है, मूलनाम 'सिफवतुलमसादिर' है, प्रथम अक्षरों पर नामकरण हुआ है।
13. यह भी हजरत शैखसादी की छन्दोबद्ध पुस्तक है।
14. पंक्तियाँ।
15. वाक्य-रचना।
16. याद किया हुआ पाठ।
17. अरबी व्याकरण।
18. पुस्तकें।
19. तर्क-शास्त्र।
20. बेत, छड़ी।
21. नवाब वाजिदअली शाह की बेगम हजरत महल। लखनऊ से नवाब के निष्कासन पर उन्होंने अल्पायु शहजादा ब्रिजीस कदर को गद्दी पर बिठाकर ब्रिटिश सेना का कई बार खुद सशस्त्र मुकाबिला किया था। उमरावजान ने सन् सत्तावन के सशस्त्र स्वाधीनता संग्राम की घटनाओं का भी आँखों देखा बयान किया है। जब बेगम हजरत महल कैसर बाग से निकली थीं तो वह भी उनके साथ थी।
22. क्या पाठकगण अनुमान लगा सकते हैं कि यह बाईजी बड़ौदावाली कौन हो सकती हैं? उमराव ने उनका नाम नहीं बताया है।
23. न तो जिसे सही लिप्यंतरण कहा जा सकता है और न सही अनुवाद। ऐसी एक 'उमरावजान' हिन्दी में राजकमल प्रकाशन से भी छपी है। संक्षिप्तीकरण के चक्कर में अनुवादक (गिरीश कुमार) ने जहाँ और गुल खिलाए हैं, वहाँ यह घटना व पद भी उसमें नदारद हैं।

साम-संगीत का शास्त्रीय स्वरूप

सुमनलता वोहरा विरमानी

'सामवेद' को भारतीय संगीत का मूल उद्‌गम माना जाता है। इसी ग्रन्थ के रूप में भारतीय संगीत-सरिता के अनादि स्रोत का दृश्य-स्वरूप अभिव्यंजित होता है। 'साम' शब्द मौलिक रूप से गान का द्योतक है, जो ऋग्वेद की ऋचाओं के आश्रय से यज्ञ-वेदियों के समक्ष देवताओं को प्रसन्न करने के लिए किया जाता रहा है। अतएव सामवेद ऋग्वेद का गेय रूपान्तर मात्र है। सामवेद के सभी मन्त्र ऋग्वेद से ही संगृहीत हैं। अन्तर केवल यह है कि जहाँ 'ऋग्वेद' का पाठ आधुनिक कविता-गायन के समान रहा, वहाँ 'सामवेद' का गायन विशिष्ट स्वरावलियों से युक्त शास्त्रीय संगीत के समान रहा।

छांदोग्य उपनिषद् में भी कहा गया है कि ऋक् गीत का बहिरंग है और साम उसी का अन्तरंग–**'वागे वाक् प्राणः सामोमित्येतदक्षर मुद्‌गीथस्तदवा एतान्मथुनं चद्धांक च प्राणश्चर्क च साम च।'**[1] तात्पर्य यह है कि 'साम' शब्द से अभिहित धुनें ऋचाओं के आधार से गायीं जाने पर साम कहलाती हैं–**'प्रणीतं मन्त्र वाग्यं साम शब्देनोच्यते।'**[2]

'साम' शब्द के 'सा' का सम्बन्ध 'ऋक्' से है और 'आम' का सम्बन्ध षड्‌जादि या क्रुष्टादि स्वरों से है। इसी सम्बन्ध में सायण का निम्नोद्धृत वचन प्रस्तुत है–

'सामशब्द वाच्यस्य गानस्य स्वरूपं ऋगक्षरेषु क्रुष्टादिभिः सप्ताभिः स्वरैक्षर विकारादिभिश्च निष्पाद्यते।'[3]

(सामभाष्य भूमिका)

अतएव ऋग्वेद की ऋचाओं को विशिष्ट स्वर लहरियों से गान करने का शास्त्रशुद्ध रूप ही 'साम' है। ऋग्वेद में लगभग 10580 ऋचाएँ संगृहीत हैं, जिनमें से कुछ ऋचाओं को गेय रूप देकर संगृहीत किया गया है।[4] वर्तमान समय में 1810 सामवेद की ऋचाएँ प्राप्त होती हैं। इन ऋचाओं में से 261 ऋचाओं की धुनें प्राप्त

हैं। ये ऋचाएँ अधिकतर गायत्री, अनुष्टुप आदि छन्दों में हैं। इन छन्दों की उत्पत्ति गायनार्थक 'गा' धातु से मानी गयी है। इस आधार पर यह स्पष्ट है कि सामवेद की अधिकतर ऋचाएँ संगीतबद्ध हैं।

सामवेद की ऋचाएँ पूर्वार्धिक और उत्तरार्धिक इन दो भागों में विभक्त हैं। पहले भाग के अन्तर्गत ग्राम्यगीत एवं आख्यगीत हैं और दूसरे भाग के अन्तर्गत ऊह और ऊहा एक प्रकार का रहस्यात्मक गान है, जिसे साधक गा सकते हैं। ग्राम्यगीत ग्रामांचलों में निवास करनेवाले जनसाधारण के लिए थे, जिन्हें सभी गा सकते थे और आख्यगीत वानप्रस्थ जीवन धारण कर वनों में जीवनयापन करनेवालों के लिए थे।[5] इस प्रकार संगीत का मौलिक स्वरूप सामवेद में प्राप्त होता है।

सामवेद की गेय ऋचाओं का वास्तविक स्वारस्य स्वर में निहित है। छांदोग्य में कहा गया है कि साम का आधार 'स्वर' है और स्वर का आधार 'प्राण' है–**'का साम्नो गतिरति स्वर इति होवाच स्वस्य का गतिरति प्राण इति होवाच।'**[6] स्वर का महत्त्व सामगान में स्वर्ण के समान अमूल्य माना गया है।

सामवेद से सम्बद्ध छांदोग्य उपनिषद् के अनुसार सम्पूर्ण सामवेद का सार उद्गीथ में निहित है–**'साम्न उद्गीथो रसः।'**[7] उद्गीथ का सम्बन्ध सस्वर गाये जानेवाले 'ऊँ' ध्वनि से बतलाया गया है। इस ध्वनि के सम्यक् गान के कारण गायक का नाम उद्गाता रहा है। साम के आरम्भ, मध्य और अन्त में सम्यक् निर्वाह के लिए उद्गाता के पार्श्व में उपगायकों का स्थान भी नियत होता है। इनकी संख्या न्यूनातिन्यून तीन या अधिकाधिक छह होती है। ये उपगाता 'हो' ऽऽऽऽ या 'ऊँ' इस ध्वनि के द्वारा मुख्य गायक यानी उद्गाता को तानपूरे की तरह स्वराधार देते रहते हैं, जिससे उद्गाता को अभीष्ट स्वर की सन्तत स्मृति बनी रहती है। उपगाताओं को 'प्रस्तोता' या 'प्रतिहर्त्ता' कहा जाता है। ये सामगायक 'सामग' या 'छंदोग' नाम से भी जाने जाते हैं।

प्राचीन वैदिक वाङ्मय में साम पाँच या सात विभागों के गायन में निहित था, जिनके लिए पारिभाषिक संज्ञा 'भक्ति' कही गयी है। यथा–प्रस्ताव, उद्गीथ, प्रतिहार, उपद्रव, निधन साम के ये पाँच विभाग सर्वसम्मत हैं। अन्य परम्परा सात भक्तियाँ हिकार, प्रस्ताव, उद्गीथ, प्रतिहार, प्रणव, उपद्रव व निधन, मानने के पक्ष में है। इन विभागों के मध्य में मूल स्वर को अविच्छिन्न रखने के लिए मन्द्र स्वर में उपगायकों का 'उपगान' होता है, जिसमें केवल मूलभूत स्वर के सन्तत गायन से उपगाता के गान को पुष्टि प्रदान की जाती है। इन भक्तियों का गान दीर्घकाल तक स्वरों पर दृढ़ रहते हुए किया जाता है, जिससे गायन में गूँज उत्पन्न हो।[8] इस प्रकार दीर्घ एवं दृढ़ स्वर भरण से गाये जाने का विधान साम के विविध विभागों में निहित था, यह स्पष्ट है। इन विभागों का विवरण इस प्रकार है–

प्रस्ताव : साम के इस प्रारम्भिक भाग को प्रस्तोता नामक ऋत्विज 'हुम' या

'हुंकार' के व्यवस्थित स्वरालाप द्वारा प्रस्ताव नामक विभाग को गति एवं ओज प्रदान करता है।

उद्गीथ : इस विभाग के प्रारम्भ में 'ऊँ' का गान होता है, जिसे साम का प्रधान ऋत्विज उद्गाता गाता है। यह विभाग अत्यन्त महत्त्वपूर्ण है।

प्रतिहार : इसका अर्थ दो भागों को जोड़नेवाला होता है। इसका गायक प्रतिहर्त्ता कहलाता है।

उपद्रव : प्रतिहार के दो भागों में से एक भाग का गान उद्गाता करता है। मुख्य प्रतिहार का गान प्रतिहर्त्ता के द्वारा होने पर शेष गायन प्रमुख गायक द्वारा पुनः होता है।

निधन : यह प्रतिहार का द्वितीय भाग है। 'ऊँ' से जोड़कर इसे विभिन्न विभाग के रूप में गाया जाता है। इसे प्रस्तोता, उद्गाता एवं प्रतिहर्त्ता तीनों ऋत्विज मिलकर गाते हैं।

साम की ऋचाओं का स्वरमय एवं सछन्द स्वरूप उसकी निजी विशिष्टता से संवलित है। वैदिक वाङ्मय में स्वरान्तर त्रिविध बताया गया है। 'नारदीय शिक्षा' में यह आर्थिक, गाथिक तथा सामिक संज्ञा से व्यवहृत है और क्रमशः एक-दो तथा तीन स्वरों के समूह से निर्मित होता है।[9] ऋक् की ऋचाओं का गान एक ही स्वर के आश्रय से किया जाता है। गाथा में दो स्वरान्तरों का प्रयोग किया जाता है और साम में तीन स्वरान्तरों का प्रयोग किया जाता है। भारत के विभिन्न प्रदेशों में आज भी वैदिक मन्त्र तीन स्वरों में ही गाये जाते हैं।

साम-विषयक वाङ्मय में इन तीन स्वरों के नाम उदात्त, अनुदात्त तथा स्वरित कहे गये हैं। ऋक् प्रातिशाख्य के टीकाकार ने स्वरों का परिचय इस प्रकार दिया है—**'स्वयंते शब्यंते इतिस्वराः यथा** अ, आ, इ, ई, उ, ऊ, ए, ऐ, ओ, औ, ऋ तथा लृ।'[10] स्वरों का यह प्रयोग मुख्यतः वाङ्मयीन वर्णों के लिए प्रयुक्त हुआ है। किन्तु संगीत-मूलक ध्वनियों के लिए उदात्त, अनुदात्त, स्वरित रूप में जो वर्गीकरण हुआ, वह बहुत महत्त्वपूर्ण है, क्योंकि हम देखते हैं कि स्वर सदैव ऊँचा, नीचा व मध्य का होता है। कोई भी तीन स्वर किसी विशिष्ट ध्वनि के द्योतक न होते हुए आपेक्षिक अथवा तारतम्भिक उच्च (उदात्त), नीच (अनुदात्त), मध्य (स्वरित) के द्योतक रहे हैं।[11] अनुदात्त के पर्याय स्वरूप 'मन्द्र' अथवा 'रवाद', उदात्त के पर्याय स्वरूप तथा स्वरित के लिए समतारक्षक मध्य संज्ञाओं का प्रयोग हुआ है। इन्हीं मन्द्र, मध्य और तारस्थानों से षड्जादि सप्त स्वरों का विकास हुआ है। पाणिनी ने सप्त स्वरों को उदात्त, अनुदात्त और स्वरित के अन्तर्गत इस प्रकार विभाजित किया है[12]—

'उदात्ते निषादगान्धारावनुदात्ते ऋषभधैवतौ ।
स्वरितप्रभवा ह्येते षड्जमध्यमपंचमाः ॥'

अर्थात्—उदात्त (निषाद गान्धार), अनुदात्त (ऋषभ धैवत), स्वरित (षड्ज मध्यम

पंचम)। ये उदात्तादि स्वर स्तवन गीत एवं वेद-पठन के शास्त्रीय विषय हैं। इसी के अनुरूप साम के तीन स्तवनों की उद्भूति बतलाई गयी है–उरस, कण्ठ तथा शिरस्। इनके समानार्थक रूप में क्रमशः मन्द्र, मध्य और तार संज्ञाओं का प्रयोग हुआ है। पठन में कुछ ऋचाएँ बोलने की ध्वनि में होती हैं। वह प्रातः स्तवन की, जो कुछ उच्च ध्वनि में गायी जाती हैं, वे मध्याह्न स्तवन की और उससे उच्च ध्वनि में गायी जानेवाली ऋचाएँ सायं स्तवन की कही जाती हैं। साम-गान स्तवनात्मक होने के कारण सभी शाखाओं में तीनों स्तवनों का अनिवार्य स्थान रहा है। वेद-पठन की यह परिपाटी सहस्त्रों वर्षों से चली आ रही है।

उपर्युक्त विवरण से यह स्पष्ट होता है कि उदात्तादि स्वरों के आधार पर ऋचाओं के गायन में समय का भी पूरा ध्यान रखा जाता था।

सामगान में विकास के साथ जिन सात स्वरों का उपयोग उपलब्ध है, उन स्वरों को क्रुष्ट, प्रथम, द्वितीय, तृतीय, चतुर्थ, मन्द्र तथा अतिस्वार्य संज्ञा दी गयी है। यद्यपि साम संगीत में सप्तस्वरों का विधान बराबर पाया जाता है, परन्तु साम-गायन प्रायः पाँच या छह स्वरों तक ही सीमित था, कुछ ही सामों का गान सात स्वरों में किया जाता था। मांडूकी-शिक्षा के अनुसार छांदोग्य गायक चार या दो, तीन स्वरों में भी गायन सम्पन्न करते थे। पुष्प सूध में इसका निर्देश मिलता है–

एतभावैस्तु गायंति सर्वाः शाखाः पृथक्-पृथक्।
पञ्चस्यैव तु गायंति भयिष्ठानि स्वरेषु तु।
सामानि षट्षु चान्यानि सप्त तु कौथुमाः।[13]

इससे यह सिद्ध होता है कि विभिन्न शाखाओं के गायक भिन्न-भिन्न संख्या में स्वर-प्रयोग करते थे। स्वर-प्रयोगों के यथाक्रम पाँच, छह और सात स्वरों को लेकर ही औडव, षाडव और सम्पूर्ण जातियाँ रूपायित हुईं। यहाँ यह स्पष्ट हो जाता है कि जिस प्रकार आज हम औडव, षाडव और सम्पूर्ण जाति के राग गाते हैं, उसी प्रकार सामगान भी औडव, षाडव और सम्पूर्ण रूप में सम्पन्न किये जाते थे। यह एक वास्तविक सत्य है, जो वैदिक काल से चला आ रहा है।

सामगान के साथ वीणा (वाण) तन्त्री वाद्य, वेणु (वंश) सुषिर वाद्य और दुन्दुभि अवनद्ध वाद्यों की संगति का निरन्तर साहचर्य रहा है। यज्ञ के अवसर पर 'अध्वर्यु' वीणा के साथ सामगान करते थे, इसीलिए अध्वर्यु को 'वीणावद' और 'वीणागाथिन' भी कहा गया है।[14] वीणा-वादन के साथ यज्ञवेदी घेर कर ऋत्विक् अपनी पत्नी तथा अन्य पुरवासियों के साथ ताल पर ताल मिलाते हुए संगीत और नृत्य भी करते थे।[15] 'शोवसाम' का गान सामयज्ञ में यज्ञ के चारों ओर प्रदक्षिणा करते समय किया जाता था। आज भी वृन्दगान द्वारा यही प्रथा इष्टदेव की आराधना-समाप्ति पर 'मन्त्रपुष्पांजलि' गाते समय अपने अस्तित्व में है। उद्घाटन-समारोह के अवसर पर गाये जानेवाले

राष्ट्रीय गीत भी इसी प्रकार के होते हैं।

वेणु-वादक भी स्वर, आलाप, लय, ह्रस्व व दीर्घ इत्यादि क्रियाओं को वेणु द्वारा दर्शाते थे। इस प्रकार यज्ञ के अवसर पर सामगान को स्वर और ताल में गाने का नियम था। साम की ऋचाओं के आलाप दीर्घ, ह्रस्व आदि जिस रूप में गाये जाते थे, आज भी स्वरों के उच्चारण में लगनेवाले समय के आधार पर द्रुत, मध्य और विलम्बित में यही क्रम प्रचलित है।

सामविषयक वाङ्मय में गायन को दो प्रकार से समझाने की विधि थी। पहले प्रकार में कण्ठ से गाये जानेवाले स्वर होते थे, दूसरे में उन्हें निर्देशित करने की विधि थी। इसी को स्पष्ट करने के लिए नारद ने साम-स्वरों का क्रम तार से लेकर मन्द्र तक अवरोही-रूप में वेणु पर निर्दिष्ट किया है। वेणु में फूँक डालने पर उच्चतर स्वर को क्रुष्ट कहा गया है। तत्पश्चात् सबसे ऊपरवाला छेद अँगुली से बन्द करके फूँक डालने पर प्रथम संज्ञक स्वर वेणु का 'मध्यम' स्वर कहा है। इसी क्रम से द्वितीय छेद के बन्द करने पर 'गान्धार', तृतीय पर 'ऋषभ', चतुर्थ पर 'षड्ज', पंचम पर 'धैवत', षष्ठ पर 'निषाद' तथा सप्तम पर 'पंचम' को उतरते क्रम से स्वीकार किया।

साम-स्वरों के संकेत के लिए गात्र-वीणा यानी हस्तांगुलियों पर स्वरों की स्थिति निर्दिष्ट करते समय नारद ने इसी क्रम का अवलम्ब लिया है। सामवेद-परम्परा की 'राणायनी' एवं 'कौथुमी' शाखा के गायक आज भी इस परम्परा का पालन करते हैं। मुख्य गायक उद्गाता दाहिने हाथ की पाँच अँगुलियों की सहायता से गेय स्वरों को दर्शाता है एवं कण्ठ द्वारा भी गाता है। सर्वप्रथम 'क्रुष्ट' का स्थान अँगुली के ऊपरी स्थान से दर्शाता है। अँगुष्ठ पर अर्थात् उसके मध्यम पर 'मध्यम' स्वर का स्थान है, प्रदर्शनी अर्थात् तर्जनी पर 'गान्धार' का, मध्यमा पर 'पंचम' का, अनामिका पर 'षड्ज' का, कनिष्ठिका पर 'धैवत' का, उससे निम्न कनिष्ठा के मूल में 'निषाद' का स्थान है।[16] सामगान में स्वरोच्चारण तथा स्वरप्रदर्शन एकसाथ किया जाना आवश्यक होता था, ताकि एक स्वर से दूसरे स्वर तक जाने में एकतारता बनी रहे।

इस प्रकार स्पष्ट है कि क्रुष्टादि सप्त स्वरों का क्रम 'म, ग, रे, स, ध, नि, प' इस प्रकार रहा है। वैदिक संगीत में गान्धर्व प्रगीत के सप्त स्वरों का भी उल्लेख हुआ है। शौनक-कृत ऋक् प्रातिशाख्य में साम तथा गान्धर्व के स्वरों में सामंजस्य स्थापित करते हुए निम्न प्रतिपादन किया गया है[17]–

'ये ते सप्तस्वराः षड्जऋषभगान्धार-मध्यम-पंचम-धैवत-निषादाः स्वराः इति गान्धर्वेदे समाम्नाताः। द्वितीय तथा सामसु क्रुष्ट-प्रथम-द्वितीय-तृतीय-चतुर्थ-मन्द्रातिस्वार्यां इति ते यमा नाम वेदितव्याः ॥'

शौनक ने संगीत के इन सात स्वरों के लिए पारिभाषिक संज्ञा 'यम' कही है–**'सप्त स्वरा ये यमास्ते'**[18] चाहे वह षड्जादि गान्धर्व संगीत के स्वर हों या सामवेद

के क्रुष्टादि स्वर। यम के अन्तर्गत केवल उन्हीं स्वरों का अन्तर्भाव है, जो एक-दूसरे से श्रवण-योग्य अन्तर पर स्थित हों। इससे यह सिद्ध होता है कि उस समय श्रवण-योग्य सूक्ष्म ध्वन्यन्तरों की निदर्शक 'श्रुति' कल्पना भी अंकुरित हो चुकी थी। सात स्वरों के अतिरिक्त स्वरोच्चारण की क्रियाएँ और यथास्थान श्रुत्यन्तरों का स्वाभाविक प्रयोग होता था। यही क्रिया आज संगीत-परिभाषा में 'मीड़' के नाम से जानी जाती है।[19]

नारदीय शिक्षा तथा ऋक् प्रातिशाख्य के उपर्युक्त साक्ष्य से यह स्पष्ट है कि सामगायकों का प्रथम संज्ञक स्वर वेणु का मध्यम स्वर है। परन्तु गान्धर्व संगीत का प्रथम संज्ञक स्वर वीणा का षड्ज स्वर है, जो 'स-रे-ग-म-प-ध-नि' इस प्रकार आरोही क्रम में प्रस्तुत किया गया, यही क्रम भरत-काल में भी रहा तबसे लेकर आज तक यही क्रम चला आ रहा है। वीणा पर स्थापित स्वरों की संवाद-युक्त योजना में पूर्वार्द्ध और उत्तरार्द्ध सम्बन्ध भी स्थापित किये गये। इस प्रकार पूर्वार्द्ध और उत्तरार्द्ध की कल्पना भी सामगान के समय से ही विद्यमान है। आज संगीत का षड्ज जिस प्रकार तानपूरे के खुले तार में सुनाई देता है, उसी प्रकार वैदिक संगीत में वह स्वर वीणा के परदे पर रहता था। संगीत में विशिष्ट रचनाएँ लयबद्ध होती थीं।

साम के यथार्थ रूप की सुरक्षा के लिए वेदमन्त्रों में संगीतानुकूल शाब्दिक परिवर्तन भी किये जाते थे। मूल ऋचाएँ, जिनमें प्रधान स्वर प्रथम-द्वितीय आदि होते थे वे 'प्रकृति' कहलाते थे और जो ऐच्छिक स्वर से या गान की सुलभता के लिए परिवर्तन करके गाये जाते थे, वे 'विकृति' कहलाते थे। साम-सम्बन्धी वाङ्मय में विकृति के छह प्रकारों का विवरण निम्नानुसार है–

1. विकार : यह विकृति अक्षरों के परिवर्तनों पर आधारित रहती है, जैसे 'अग्न' के स्थान पर 'ओग्नायि' का रूप देकर गायन करना।

2. विश्लेषण : किसी पद अथवा अक्षरों के स्थान परिवर्तन 'बीतये' शब्द का 'बोयितोया' के रूप में होना।

3. विकर्षण : किसी अक्षर के स्वर को ऊँचा-नीचा करके या मीड़ लेकर बढ़ाना।

4. अभ्यास : बारम्बार किसी पद का उच्चारण करना। जैसे 'तोयायि'। 'तोयायि' इन दो स्वरों का भिन्न प्रकार से उच्चारण करना।

5. विराम : गायन करते समय किसी पद के बीच में विराम करना या ठहर जाना। जैसे 'गुणानो हव्यदातये' के स्थान पर 'गृणानोह' तथा 'व्यदातये' विरामपूर्वक गायन करना। इससे शब्दों में विकृति न होते हुए गायन में सुलभता एवं श्वास लेने में विश्राम मिल जाता है।

6. स्तोभ : ऋचाओं में मूल अक्षरों को छोड़कर अतिरिक्त अक्षरों का उच्चारण, जो कि गानालाप की सुविधा के लिए कुछ पद जोड़कर किया जाता है, 'स्तोभ' कहलाता है। जैसे हाऊ, हाई, हिम, हुम आदि। जिस प्रकार आज राग-गायन में

आलाप करते समय गेय पदों के बीच कुछ निरर्थक अक्षरों का प्रयोग कर लेते हैं, उसी प्रकार ऋचाओं को गेय रूप देने के लिए स्तोभाक्षरों का प्रयोग कर लिया जाता था। सामगान का रहस्य इन्हीं आलापों के सम्यक् ज्ञान में निहित बतलाया गया है।

इस प्रकार वैदिक काल से ही स्वर-लय-युक्त मन्त्रों या स्तुतिगान द्वारा देवताओं की आराधना की जाती रही है। आज भी विभिन्न धर्मों के लोग विभिन्न प्रकार के स्तुतिगान द्वारा अपने इष्ट की आराधना करते हैं।

सामगान का स्थायित्व स्वर-साधना पर निर्भर है। इसके लिए श्वास-प्रक्रिया पर नियन्त्रण होना आवश्यक है। गान में विविध स्वर-समूहों को ओजपूर्ण एवं पुष्ट बनाने के लिए प्राणायाम ही परम साधन है। इस रहस्य को हृदयंगम कर लेने से वाणी निर्दोष हो जाती है और वाणी की निर्दोषिता ही साम का आधार है–

वाग्वाव साम्नः प्रतिष्ठा वागेव साम।
वाचाहि साम गायति ॥[20]

आज भी संगीत-शिक्षा के अन्तर्गत श्वास-निरोध द्वारा विविध स्वरावलियों को गाना तथा तानों का गायन दीर्घ एवं दृढ़ तपस्या की अपेक्षा रखता है।

स्वर-साधना के इस यथार्थ परिज्ञान के लिए गुरु-सन्निधि अत्यावश्यक मानी गयी है। गुरु ही शिष्य को गान की आधारभूत ऋचाओं को आत्मसात् करा उसके यथार्थ प्रयोग के लिए योग्य बनाता है। वर्तमान संगीत में भी गुरुजन विद्यार्थी को रागों की बन्दिशें कण्ठस्थ कराते हैं, ताकि उनके मस्तिष्क में रागों की प्रतिमा स्थिर हो जाए।

गान-विद्या मूलतः मौखिक होने के कारण उसका यथार्थ ज्ञान गुरु-मुख से ही सम्भव है। इस दृष्टि से सामगान की शिक्षा भी गान-रूप में ही ऋषियों को पितामह ब्रह्म से प्राप्त हुई। इस गुरु-शिष्य की परम्परा के कारण ही मूल मन्त्रों की आनुपूर्वी आज तक सुरक्षित रखी जा सकी है।

यह नितान्त सत्य है कि स्वर-सप्तक का सर्वप्रथम वैज्ञानिक अनुसन्धान वैदिक युग ने ही किया। वेदों की ऋचाओं का सस्वर पाठ, तत्पश्चात् सामगान की ऋचाओं का समस्त यज्ञों के समय गान धीरे-धीरे परिवर्तित अवस्था में जातियों, गीतियों प्रबन्ध और ध्रुपद आदि के रूप में भारतीय शास्त्रीय संगीत का आधार बना। वेदपाठ के शुद्धोच्चारण और स्वरों के सूक्ष्म प्रयोगों से भारतीय संगीत श्रुतिमधुर सिद्ध हुआ। स्वरलालित्य एवं लय चमत्कारी भारतीय संगीत की प्रमुख विशेषताएँ मानी जाने लगीं। वस्तुतः प्राचीन काल के साम-संगीत से लेकर आज के खयाल, ठुमरी, ग़ज़ल, अलंकार, तान आदि सब का आधार स्वर ही है और स्वर शास्त्रीय संगीत का प्राण है। यह परम्परागत निधि है, जो साम-संगीत से चली आ रही है।

सन्दर्भ

1. 'छांदोग्योपनिषद्', प्रथम् अध्याय, प्रथम् खण्ड, श्लोक 5
2. डॉ. शरच्चन्द्र श्रीधर परांजपे–'भारतीय संगीत का इतिहास', पृष्ठ 56
3. वही, पृष्ठ 56
4. पं. भगवद्दत–'वैदिक वाङ्मय का इतिहास', पृष्ठ 242
5. स्वामी प्रज्ञानानन्द–'ए हिस्टरी ऑफ इंडियन म्यूजिक', पृष्ठ 92
6. 'छांदोग्यउपनिषद्', प्रथम अध्याय, अष्टम् खण्ड, श्लोक 4
7. वही, प्रथम अध्याय, प्रथम खण्ड, श्लोक 2
8. डॉ. शरच्चन्द्र श्रीधर परांजपे–'भारतीय संगीत का इतिहास', पृष्ठ 74
9. वही, पृष्ठ 82
10. डॉ. उमेंश जोशी–'भारतीय संगीत का इतिहास', पृष्ठ 90
11. 'उच्चेरुदात्तः नीचै रनुदात्तः समाहार स्वरित।' तैत्तिरीय प्रातिशाख्य, पृष्ठ 10, प्रथम अध्याय, सूत्र 38
12. स्वामी प्रज्ञानानन्द–'ए हिस्टोरिकल डिवेलपमेंट ऑफ इंडियन म्यूजिक', पृष्ठ 62
13. स्वामी प्रज्ञानानन्द–'दि हिस्टोरिकल डिवेलपमेंट ऑफ इंडियन म्यूजिक', पृष्ठ 59
14. वाचस्पति गैराला–'भारतीय नाट्य-परम्परा और अभिनयदर्पण', पृष्ठ 58
15. उमेश जोशी–'भारतीय संगीत का इतिहास', पृष्ठ 92
16. डॉ. शरच्चन्द्र श्रीधर परांजपे–'भारतीय संगीत का इतिहास', पृष्ठ 95
17. स्वामी प्रज्ञानानन्द–'दि हिस्टोरिकल डिवेलपमेंट ऑफ इंडियन म्यूजिक', पृष्ठ 64
18. वही, पृष्ठ 58
19. डॉ. शरच्चन्द्र श्रीधर परांजपे–'भारतीय संगीत का इतिहास', पृष्ठ 125
20. वही, पृष्ठ 68।

बौद्ध कला में वाद्यवृन्द

●

विद्यावती 'मालविका'

मनुष्य स्वभावतः संगीत, वाद्य आदि आमोद-प्रमोद एवं जीवन को सरस बनानेवाले साधनों अथवा कलाओं से प्रेम करता है। वह मानव-जीवन की अभिव्यक्ति के साथ उपर्युक्त साधनों का भी प्रदर्शन करता है। इसी प्रवृत्ति के कारण भारतीय कला में जीवन का प्रत्येक क्षण अपनी विशेष अवस्था का सूचक परिलक्षित हुआ है। भारतीय कला के जन्म-काल से लेकर अद्यावधि यह प्रवृत्ति पायी जाती है। इन कला-साधनों में वाद्यवृन्द का एक महत्त्वपूर्ण स्थान है, जिसका प्रयोग आमोद-प्रमोद तथा शोक के विशेष अवसरों पर किया जाता है। बौद्ध कला के वाद्यवृन्दों के अंकन में भी यही बात पायी जाती है।

बौद्ध-काल में भेरी, मृदंग, शंख, पणव, वीणा, तन्त्री, झाँझ, कुम्भथूण (तबला) आदि वाद्य-समूह प्रचलित थे, जिसका प्रयोग आमोद-प्रमोद के अवसरों पर तो किया ही जाता था, शोक के अवसरों पर भी इनका प्रयोग होता था। 'महापरिनिब्बान सुत्त' में कहा गया है कि जब भगवान् बुद्ध का परिनिर्वाण हो गया, तब कुशीनगर के मल्लों ने नगर के सभी गन्ध-माला और वाद्यवृन्दों को एकत्र कराया था और नृत्य, गीत, वाद्य, माला तथा गन्ध से तथागत के शरीर के प्रति सम्मान प्रदर्शित किया था। आमोद-प्रमोद के अवसरों पर इन वाद्यवृन्दों का प्रयोग जन-साधारण में प्रचलित था। इनका विशेष वर्णन जातक कथाओं तथा निकाय ग्रन्थों में मिलता है। उस काल से सम्बन्धित जितने भी चित्र या मूर्तियाँ बौद्ध कलाकृतियों में पायी जाती हैं, उनमें इन वाद्यवृन्दों का अवसर के अनुरूप चित्रण किया गया है।

साँची में बुद्धत्व-प्राप्ति के द्योतक चित्रण में देवता मृदंग, झाल, हुडुक आदि वाद्यवृन्दों से युक्त बुद्ध-स्तुति करते दिखलाये गये हैं। साँची में ही कुशीनगर के महापरिनिर्वाण स्तूप की मल्लों द्वारा की जानेवाली पूजा में नरसिंहा, वीणा, मृदंग, पखावज और तबला से युक्त वादक-मण्डली प्रदर्शित की गयी है। नागार्जुनी कोंडा

में इन्द्र के भगवान् बुद्ध के दर्शनार्थ जाते समय पंचशिख देवपुत्र वीणा बजाता हुआ प्रदर्शित किया गया है, जिसका वर्णन दीघनिकाय के सक्कपन्ह सुत्त में आया हुआ है। वहाँ इस वीणा का नाम 'वेलुवपंडु वीणा' दिया हुआ है। भगवान् बुद्ध ने पंचशिख के वाद्य-वादन की प्रशंसा करते हुए कहा है—"पंचशिख! तुम्हारी वीणा का स्वर तुम्हारे गीत के स्वर से बिलकुल मिला है और तुम्हारे गीत का स्वर तुम्हारी वीणा के स्वर से।" साँची में अंकित सम्राट् अशोक की बोधिवृक्ष (बृद्ध गया), रामग्राम स्तूप आदि की तीर्थ-यात्रा के सभी दृश्यों में वादकवृंद शंख, वीणा, ढाक, मृदंग, नरसिंहा और बाँसुरी बजाते हुए दिखलाये गये हैं।

अजन्ता की गुहा-संख्या 17 में वीणा, बाँसुरी, मृदंग और टिपरायुक्त स्वर्गीय वादक-वृंद बनाये गये हैं। गुहा-संख्या 1 में नर्तकों तथा वाद्य-वादकों को वीणा, बाँसुरी, झाल, जोड़ी, मृदंग, हुडुक, ढोल से युक्त चित्रित किया गया है। भूमरा के मन्दिर में अंकित अर्द्धचित्रों में नरसिंहा, ढोल शहनाई के साथ प्रदर्शित किये गये हैं। मध्य-प्रदेश के पवाय नामक स्थान में प्राप्त एक अर्द्धचित्र में सितार, बाँसुरी, तबला, ढोल और टिपरी से युक्त वादकवृंद दिखलाये गये हैं। वाघ के भित्ति-चित्रों के वादकवृंद टिपरी, ढोल, बाँसुरी, वीणा आदि से युक्त अंकित हैं। इसी प्रकार कौशांबी, सारनाथ, मथुरा, भरहुत, नालंदा आदि स्थानों से प्राप्त बौद्ध कलाकृतियों में वाद्यवृंद चित्रित किये गये हैं।

भारत से बाहर जिन-जिन देशों में बौद्ध धर्म गया, वहाँ-वहाँ भारतीय वाद्यवृंदों के समान ही उन देशों के प्रचलित वाद्यों का कलाकृतियों में उपयोग किया गया। श्रीलंका के सीगिरिय, जावा के बोरोबुदुर, चीन के तुंगहांग, जापान के होर्यूंजि, अफगानिस्तान के बामियान तथा नेपाल और तिब्बत के प्राचीन बौद्ध विहारों में इन प्रवृत्तियों के द्योतक वाद्यवृंदों का अंकन किया गया है।

'अभिज्ञानशाकुन्तलम्' में संगीत और चित्रकला

●

अमृत कौर

संगीत और चित्र-कला मानव-मन की सुखद अनुभूतियाँ हैं। आदिकाल से मधुर स्वर और रम्य दृश्य मानव-मन की अन्तःप्रवृत्तियों को आन्दोलित करते रहे हैं। मनुष्य जिस किसी भी वस्तु की ओर आकृष्ट हुआ, उसे एक परिनिष्ठित और परिष्कृत रूप देता गया। युगों-युगों की परम्परा ने इसे और भी निखारा। जब ये तत्त्व राज्याश्रय, पुरस्कार, चिर-कीर्ति, आजीविका आदि के साथ जुड़कर समाज का स्थाई अंग बन गये, तब इन्हें और भी उत्कर्ष व प्रश्रय प्राप्त हुआ।

कालिदास का युग भारतीय इतिहास का स्वर्ण युग था। संगीत और चित्र-कला भी अपने पूर्ण उत्कर्ष पर थे। प्रस्तुत निबन्ध में 'अभिज्ञानशाकुन्तलम्' के आधार पर इन दो प्रमुख कलाओं के प्रति कालिदास के दृष्टिकोण को जानने का प्रयास किया गया है। यहाँ यह भी कह देना उपयुक्त होगा कि कालिदास एक नाटक लिख रहे थे। संगीत या चित्र-कला को परिभाषित करना उनका ध्येय नहीं था। किन्तु महाकवि की प्रतिभा से सम्पन्न उनका बहुमुखी व्यक्तित्व प्रासंगिक रूप में अन्य विषयों के प्रति जो-कुछ भी कह गया, वह सब युग-युग का आदर्श बन चुका है।

'अभिज्ञानशाकुन्तलम्' में संगीत और चित्र-कला का अत्यल्प वर्णन है। किन्तु अपनी अभिव्यक्ति की क्षमता के कारण यह अत्यल्प वर्णन भी अति महत्त्वपूर्ण बन गया है। सर्वप्रथम संगीत-कला को लें। कालिदास के अनुसार जब कोई श्रेष्ठ गीत सुनाई देता है, तो उसके प्रभाव से अन्वित हो जाने पर न किसी अन्य वस्तु की सुध रहती है, न कुछ और सुनाई देता है और न दिखाई देता है। राग के प्रभाव से श्रोता की कुछ ऐसी आकृति बन जाती है कि वह चित्रलिखित-सा हो जाता है। यह एक श्रेष्ठ गायक की श्रोता-मण्डली में स्वीकृति या मान्यता का भी स्वरूप है। कालिदास की नटी ने कुछ ऐसा ही गीत गाया–

ईषदीषच्चुंवितानि भ्रमरैः सुकुमारकेसरशिखानि।
अवतंसयंति दयमानः प्रमदाः शिरीषकुसुमानि ॥

अर्थात्–

हौले-हौले भौंरे आएँ,
शिरीष के फूलों को चूम-चूम जाएँ!
हौले-हौले...!
तोड़-तोड़कर उन फूलों को,
हौले-हौले...!
कोमल तन में, दयालु मन में,
श्रृंगार रचाएँ, मदमाती ललनाएँ!
हौले-हौले...!

इसे सुनकर सूत्रधार को कहना पड़ता है–"अहा! कितना अच्छा गाया–

खिंचा हुआ तुम्हारी इस मनहर धुन में
मैं भी कैसे बरबस बहका!
जैसे यह राजा दुष्यन्त लोलुप मृगया में
नृग के पीछे कहाँ-कहाँ तक भटका!"

इतना ही नहीं, सूत्रधार इस स्वर-लहरी में ऐसे खो-सा गया कि यह भूल ही गया कि वह कौन-सा नाटक खेलने मंच पर आया था। इस प्रसंग में कालिदास संगीत के देर तक रहनेवाले प्रभाव की ओर संकेत करना चाहते हैं। कालिदास के अनुसार, यहाँ एक अच्छे-श्रोता का लक्षण भी स्पष्ट होता है–वह उत्तम गीत के श्रवण से चित्रलिखित-सा हो जाता है। श्रवण के बाद भी उन स्वरों के माधुर्य का प्रभाव उस पर देर तक रहता है।

संगीत के प्रभाव को समझाने के लिए कालिदास ने दुष्यन्त के मृगया-प्रसंग की समकक्षता प्रस्तुत की है। दुष्यन्त के न आस-पास की वन-भूमि के सौन्दर्य का ध्यान है, न रथ के वेग का और न ही सारथी की प्रक्रिया का। वह तो अपने प्रिय शिकार हरिण पर ही आँखें गड़ाए हुए है। यहाँ कवि ने राजा के लिए 'ददच्चक्षुः' शब्द का प्रयोग किया है। अर्थात् जिसकी आँखें काले मृग पर लगी हुई हैं, ऐसा वह राजा है। इस समय यदि वह वर्णन कर सकता है, तो केवल हरिण का–

"बाण का भय है इसे ऐसा विकट,
मुँह में भारी घास का कवल।
चबाया आधा गिर-गिर बिखर रहा,
हाँफ रहा यह ऐसे और भाँप रहा संकट
धरती पर कम और हवा में पैर चलाता अधिक।

श्रोता भी इसी विधि से आकृष्ट होता है। जिस प्रकार दुष्यन्त को मृग के अतिरिक्त और कुछ नहीं सूझ रहा, उसी प्रकार श्रोता को भी श्रवण हो रहे राग के अतिरिक्त और किसी वस्तु की सुध नहीं रहती।

संगीत-जगत् में आजकल 'रियाज' शब्द बहुत प्रचलित है। कालिदास ने इस भाव को अभिव्यक्त करने के लिए 'वर्ण-परिचय' शब्द हमें दिया है। 'वर्ण' शब्द से तात्पर्य 'सा, रे, ग' आदि गायन के स्वरों से है। 'परिचय' से तात्पर्य समझ के साथ उनकी उपयुक्त अभिव्यक्ति से है। बार-बार की यह अभिव्यक्ति ही अभ्यास या रियाज बन जाती है। 'वर्ण-परिचय' शब्द का प्रयोग कालिदास ने हंसपदिका के प्रसंग में किया है। राजमहल में महारानी हंसपदिका की एक सुन्दर संगीतशाला है, जहाँ वह वर्ण-परिचय (रियाज) करती है। उसकी स्वर-साधना से सारा वातावरण गूँज जाता है। जो भी वहाँ से गुजरता है, वह हंसपदिका की संगीत-माधुरी से आकृष्ट होकर वहाँ रुक जाने के लिए विवश हो जाता है।

हंसपदिका के गायन में दो विशेषताएँ थीं। एक तो वह रागों को अत्यन्त सधे हुए स्वरों में अभिव्यक्त करती थी। दूसरी विशेषता यह थी कि जिस पंक्ति को वह गाती थी, उसका स्वर-सन्धान ऐसा होता था कि उसमें निहित अन्तःभाव श्रोता के मन में सरलता से उतर जाता था। यही कारण है कि दुष्यन्त-जैसा राजा भी उसकी प्रशंसा किये बिना नहीं रहता।

कालिदास के अनुसार, गायन प्रिय को आकृष्ट करने का एक उत्तम साधन है। दुष्यन्त अनेक दिनों से हंसपदिका से नहीं मिला। वह राज-काज, मृगया आदि में व्यस्त रहता है। इधर हंसपदिका उसके विरह में व्याकुल है। वह उसे बुलाए, तो कैसे बुलाए! नारी-सुलभ संकोच उसे बार-बार रोक देता है। आखिर वह एक गीत का सहारा लेती है–

अभिनवमधुलोलुपस्त्वं तथा परिचुंब्य
चूतमंजरीम्।
कमलवसतिमात्रनिर्वृत्तो मधुकर
विस्मृतोऽस्येनांकथम् ॥

अर्थात्–

नव-नव मधु के लोभी भँवरे,
विरह-व्यथा क्या पहचानो।
रस पी-पीके उड़नेवाले,
प्रणय-रीति तुम क्या जानो।
आम्रमंजरी को जब चाहा,
उसका किया पल-पल गान।
देख लिया जब कमल खिला है,
पलट गया तब तुरत ध्यान।

यह गीत दुष्यन्त के मन की गहराइयों तक उतर जाता है। वह हंसपदिका के पास सन्देश भिजवाता है कि उसकी बात उसे छू गयी है। इस प्रकार मधुर गायन अपने मन की बात कहने और प्रिय को आकृष्ट करने का सुन्दर साधन बनता है।

कालिदास ने चित्र-कला को चित्रकार, दर्शक और प्रिया की सौन्दर्य-अभिव्यक्ति की दृष्टि से प्रतिपादित किया है। चित्रकार वही श्रेष्ठ है, जो नित-नवीन कल्पनाओं से उद्भासित हो। यदि वह अपनी कला को पूर्ण मानकर सन्तोष कर ले, तो उसका विकास रुक जाता है। कालिदास का चित्रकार अपने चित्र से कभी भी पूर्णतः सन्तुष्ट नहीं होता। सानुमती-जैसे दर्शक अवश्य ही उसकी भूरि-भूरि प्रशंसा करते हैं। दुष्यन्त तो शकुंतला का चित्र बनाकर यही सोचता है–"जो कमियाँ मनुष्य में होती हैं, उन्हें दूर करके चित्र में आकृति को सुन्दर बना दिया जाता है। किन्तु मेंरी प्रिया का सौन्दर्य इस चित्र में कुछ ही अभिव्यक्त हो सका है। अतः जैसी वह है, वैसा चित्र नहीं बन सका।" दुष्यन्त से ऐसे वचन सुनकर सानुमती उसके लिए 'अनवलेपस्य' शब्द का प्रयोग करती है, जिसका अर्थ है 'अभिमान से रहित'। तात्पर्य यह है कि कलाकार का यह गुण उसके व्यवहार में अभिव्यक्त होना चाहिए।

चित्रकार जो आकृतियाँ अपनी तूलिका से उभारता है, वे कोरे चित्र न होकर भावों के प्रतीक होने चाहिए। आकृतियों का उतार-चढ़ाव स्पष्टतः अभिव्यक्त होना चाहिए। षष्ठ अंक में विदूषक दुष्यन्त द्वारा निर्मित चित्र में ऐसे ही गुणों की ओर संकेत करता है। सानुमती को चित्र देखकर ऐसा लगता है, जैसे उसकी सखी शकुन्तला उसके सम्मुख खड़ी हो–**'जाने सख्यग्रतो मे वर्तते इति'**।

चित्र के सौन्दर्य-संवर्धन के लिए कल्पनाशक्ति का होना अत्यन्त अपेक्षित है। जब राजा दुष्यन्त स्वनिर्मित चित्र को अपूर्ण बताता हुआ चतुरिका को तूलिका लाने के लिए कहता है, तब विदूषक की समझ में यह नहीं आता कि इतने सुन्दर चित्र में राजा और क्या बनाना चाहता है। वह यही समझता है कि आश्रम के वातावरण के कारण शकुन्तला और उसकी सखियों के इस चित्र में राजा लम्बी-लम्बी दाढ़ीवाले तपस्वियों को चित्रित करेगा। सानुमती इससे कुछ आगे की सोचती है–"मैं समझती हूँ कि शकुन्तला के वनवास और सौकुमार्य के अनुरूप प्रसाधन से इसे अलंकृत करना चाहते हैं।" एक कलाकार की सामर्थ्य इन सब वचनों में नहीं है। वस्तुतः एक कलाकार ही इस विषय के साथ न्याय कर सकता है। अतः कालिदास ने अपने कलाकार दुष्यन्त के द्वारा ही चित्र में समाविष्ट होनेवाली अन्य सम्भावनाओं को रूपायित किया है–

अभी तो बनानी है इसके पीछे मालनी नदी,
हंस-मिथुन दुबके हों, जिसके रेतीले तट पर।
उनके पीछे पर्वत की ढलान,
वे पावन प्रदेश हिमालय के।

जहाँ-तहाँ दुबके हों युगल–
हरिण-हरिणियों के जिनपर।
वल्कल सूख रहे हों जिसपर,
ऐसे इस पेड़ पर
चाहता हूँ चित्रित करना
काले मृग के एक सींग पर
टेक अपनी बाईं आँख
खुजाती हरिणी एक।

महाकाव्य 'रामायण' का संगीत-पक्ष

●

तुलसीराम देवांगन

महर्षि वाल्मीकि-कृत 'रामायण' महाकाव्य भारतीय साहित्य के इतिहास में 'आदिकाव्य' माना गया है। इस महाकाव्य के प्रत्येक सर्ग के अन्त में 'इत्यार्षे श्रीमद्रामायणे वाल्मीकीये आदिकाव्ये' यह शब्दावली अंकित है। महाभारत एवं पुराणों के रचयिता महर्षि व्यास, कालिदास, भवभूति आदि प्राचीन विद्वानों एवं गोस्वामी तुलसीदास आदि मध्यकालीन महाकवियों तथा सन्तों ने भी महर्षि वाल्मीकि का स्मरण आदिकवि के रूप में ही किया है।

इस महाकाव्य में प्रमुख रूप से मर्यादा पुरुषोत्तम भगवान् राम के चरित्र का विस्तारपूर्वक वर्णन किया है। महाराज दशरथ के राज्य-काल के विवरण से यह काव्य आरम्भ होता है और राम के अवतार के पश्चात् उनके सम्पूर्ण चरित्र का चित्रण करता चलता है। सूर्यवंशी राजाओं की राजधानी अयोध्या के अतिरिक्त वानरराज बालि-सुग्रीव की राजधानी किष्किन्धा तथा पौलस्त्य रावण की लंका का भी विस्तारपूर्वक वर्णन इसमें मिलता है।

इस महाकाव्य में प्राप्त उल्लेखों के आधार पर राम के राज्य-काल में पितामह ब्रह्मा की प्रेरणा से महर्षि वाल्मीकि द्वारा इसकी रचना की गयी है। वाल्मीकि के आश्रम में देवर्षि नारद पधारते हैं। उनका स्वागत-सत्कार करने के पश्चात् तपस्वी वाल्मीकि उनसे पूछते हैं—"इस समय इस संसार में गुणवान्, धर्मज्ञ, वीर्यवान्, उपकार माननेवाला, सत्यवक्ता और दृढ़ प्रतिज्ञ कौन है?"[1] इस प्रश्न के उत्तर में नारद कहते हैं—"इक्ष्वाकुवंश में उत्पन्न हुए एक ऐसे पुरुष हैं, जो लोगों में राम नाम से विख्यात हैं, वे ही मन को वश में रखनेवाले, महा बलवान्, कान्तिमान, धैर्यवान् और जितेन्द्रिय हैं।"[2] इन्हीं शब्दों के साथ राम के रूप और अन्य गुणों के उल्लेखों-सहित रामराज्याभिषेक से लेकर रावण-वध तथा राम के राज्यासीन होने तक, संक्षिप्त रामचरित्र का वर्णन करते हुए अन्त में नारद कहते हैं—"राम सीता को प्राप्त कर

पुनः राज्यासीन हुए हैं।" इस कथन का तात्पर्य यही है कि नारद और वाल्मीकि में जिस समय यह वार्तालाप हुआ, उस काल में राम अयोध्या में राज्यासीन थे। इसी प्रसंग के पश्चात् 'रामायण' महाकाव्य के निर्माण की प्रेरक घटनाओं का वर्णन 'रामायण' में है।

'रामायण' मूल रूप में संगीत का ग्रन्थ नहीं है, परन्तु इसमें तत्कालीन सांगीतिक इतिहास एवं संगीत-शिक्षा की पद्धति को समझने के लिए पर्याप्त सामग्री उपलब्ध है, जिससे यह प्रमाणित होता है कि रामराज्य-काल में आचार्य भरत के 'नाट्यशास्त्र' के सिद्धान्तानुसार ही संगीत की शिक्षा दी जाती थी। इस प्रसंग में यह विशेष उल्लेखनीय है कि 'नाट्यशास्त्र' में उपलब्ध साक्ष्य के अनुसार, भारतीय कालगणनानुसार त्रेतायुग के प्रारम्भ में 'नाट्यशास्त्र' की शिक्षा भरत को ब्रह्मा के द्वारा प्राप्त हुई थी। रामराज्य का काल भी त्रेतायुग का अन्तिम चरण माना गया है। स्मरणीय है कि आधुनिक इतिहासज्ञों से भिन्न कालगणना की भारतीय परिपाटी ज्योतिषशास्त्रानुसार भारत में सृष्टि के आदि काल से चली आ रही है। उसी के अनुसार, 24वें त्रेतायुग में राम का अवतार हुआ था।

रामराज्य भारतीय इतिहास का सर्वश्रेष्ठ शासन-काल है। इस काल का विशद वर्णन 'रामायण', 'महाभारत' आदि भारतीय इतिहास व पुराण-ग्रन्थों में जिस प्रकार मिलता है, उससे यह निर्विवाद रूप से प्रमाणित होता है कि यह काल सब प्रकार से सुख-समृद्धि का काल था। आदर्श राज्य के जो-जो गुण भारतीय एवं पाश्चात्य राजनीतिज्ञों ने स्वीकार किये हैं, वे सभी रामराज्य में प्राप्त होते हैं। इसीलिए महात्मा गाँधी भी रामराज्य का आदर्श स्वीकार करते थे और स्वतन्त्रता-प्राप्ति के पश्चात् राम-राज्य की ही स्थापना करना चाहते थे। ऐसे आदर्श काल में संगीत की सामाजिक स्थिति क्या थी, उसकी शिक्षा की क्या परिपाटी थी, इसे समझना कौतूहलपूर्ण होने के साथ-साथ ज्ञानवर्द्धक भी है।

संगीत-शिक्षा का महत्त्व

प्राचीन भारतीय इतिहास-ग्रन्थों के अध्ययन से यह विदित होता है कि प्राचीन भारत में संगीत शिक्षा का महत्त्वपूर्ण अंग था। उसकी शिक्षा के बिना शिक्षा पूरी नहीं समझी जाती थी। वेदांग के अन्तर्गत शिक्षा में इस विषय का समावेश था, जिसमें वैदिक गान-पद्धति के साथ गान्धर्व की शिक्षा भी दी जाती थी। 'रामायण' (अयोध्याकाण्ड, सर्ग 2, श्लोक 35) में राम का उल्लेख गान्धर्व विद्या के तत्त्वज्ञों के रूप में किया गया है—"भरताग्रज श्री राम इस समय पृथ्वी पर गान्धर्व विद्या में सर्वश्रेष्ठ हैं।" महर्षि वाल्मीकि के अनुसार, राम विहार (क्रीड़ा या मनोरंजन) के उपयोग में आनेवाले संगीत, वाद्य तथा चित्र-कला आदि शिल्पों के भी विशेषज्ञ थे। अर्थों के विभाजन का भी उन्हें सम्यक् ज्ञान था। वे हाथियों और घोड़ों पर चढ़ने और

उन्हें भाँति-भाँति की चालों की शिक्षा देने में भी निपुण थे (अयोध्याकाण्ड/1/28)। राम के राज्यासीन होने के पश्चात् सीता जी की गर्भावस्था में 'पुंसवन संस्कार' के समय राम के भाई भरत द्वारा वीणा-वादन करने का उल्लेख 'जैमिनीयाश्वमेध' (अध्याय 26, श्लोक 25) में किया गया है—"वीणा-वादन में प्रवीण भरत, सीता के समीप वीणा बजाते हुए ऐसे शोभित हो रहे थे, मानो वे गर्भस्थ बालक को गीत की शिक्षा देना चाहते थे।" इस उल्लेख से राम के अतिरिक्त भरत का गान्धर्व विद्या व वीणा-वादन में प्रवीण होना प्रमाणित होता है। राम आदि चारों भाइयों का लालन-पालन, शिक्षा-दीक्षा एकसाथ समान रूप से हुई थी, इसलिए लक्ष्मण और शत्रुघ्न के संगीत-ज्ञान की सम्भावनाओं को अस्वीकार नहीं किया जा सकता। रघुवंशियों के कुलगुरु महर्षि वशिष्ठ थे, इसलिए धनुर्वेदादि विद्याओं के साथ गान्धर्व वेद की शिक्षा भी इन्हें महर्षि वशिष्ठ के द्वारा प्राप्त हुई होगी। यह इसलिए सम्भव है कि 'गान्धर्व वेद' उपवेद भी है और वेदांग के अन्तर्गत 'शिक्षा' में गान्धर्व का समावेश था। वेदांग के ज्ञान के बिना वेदविद्या के रहस्यों को समझना ही सम्भव नहीं है। उस काल में महर्षियों को विभिन्न विद्याओं का ज्ञान रहता था। महर्षि वाल्मीकि की गान्धर्ववेद-पारंगतता तो 'रामायण' द्वारा प्रमाणित ही है, जिनसे राम के पुत्रों (कुश और लव) को गान्धर्व वेद की शिक्षा विधिवत् प्राप्त हुई थी। इसका प्रचुर प्रमाण 'रामायण' में उपलब्ध है, जिसका उल्लेख आगे इसी लेख में किया गया है।

लंकाधिपति रावण की संगीत मर्मज्ञता भी विख्यात है। प्रसिद्ध 'शिवताण्डव स्तोत्र' इसका प्रमाण है, जिसकी रचना ताण्डव नृत्य करते समय उसने की थी। वाल्मीकीय रामायण के उत्तरकाण्ड, सर्ग 31 के अनुसार, राक्षसराज रावण जहाँ-जहाँ जाता था, अपने साथ 'सुवर्णमय शिवलिंग' ले जाता था। एक बार नर्मदा-स्नान करने के पश्चात् बालू की वेदी पर उसने उस शिवलिंग को स्थापित कर दिया और चन्दन तथा सुगन्धित पुष्पों से उसका पूजन किया। जो अपने ललाट में चन्द्रमा को धारण करते हैं, सत्पुरुषों की पीड़ा हरते हैं तथा भक्तों को मनोवांछित वर प्रदान करते हैं, उन श्रेष्ठ देवता भगवान् शंकर का भली-भाँति पूजन करके वह निशाचर उनके सामने गाने और हाथ फैलाकर नाचने लगा। (श्लोक 42, 43, 44) उत्तरकाण्ड के ही सोलहवें सर्ग (श्लोक 34-35) के अनुसार, दिग्विजय के लिए निकले रावण की भुजाएँ भगवान् शंकर के पादांगुष्ठ के दबाव से कैलाश पर्वत के नीचे दब गयीं, जिससे पीड़ित होकर रावण भयानक आर्तनाद करने लगा। तत्पश्चात् मन्त्रियों की सलाह से उसने उमावल्लभ नीलकण्ठ महादेव की शरण में जाकर विविध साम-मन्त्रों से स्तुति की, जिससे उसे उस संकट से मुक्ति मिली।

इस प्रसंगों के अध्ययन से यह प्रमाणित होता है कि रावण भी सामगान एवं गीत-वाद्य-नृत्य में पारंगत था। उपर्युक्त साक्ष्य से यह स्पष्ट है कि तत्कालीन महर्षियों एवं राजकुलों की शिक्षा में संगीत-शिक्षा को विशेष महत्त्व प्राप्त था। जनसामान्य एवं

स्त्रियों की शिक्षा में भी संगीतादि कलाओं का समावेश था, यह तथ्य भी 'रामायण' से सिद्ध होता है। महाराज दशरथ के शासन-काल का वर्णन करते हुए महर्षि वाल्मीकि लिखते हैं—"उस पुरी में ऐसी बहुत-सी नाटक-मण्डलियाँ थीं, जिनमें केवल स्त्रियाँ ही नृत्याभिनय करती थीं।" (बालकाण्ड, सर्ग 5, श्लोक 12) इस सन्दर्भ में 'वधू' शब्द का प्रयोग विशेष महत्त्व रखता है, जिसका तात्पर्य गृहस्थ स्त्रियाँ हैं। संगीतजीवी स्त्रियों के अतिरिक्त कुलवधुएँ भी संगीत, नाट्यादि कलाओं का अभ्यास करती थीं। सम्भवतः उनका प्रदर्शन भी स्त्रियों के बीच ही किया जाता रहा हो। अयोध्यापुरी के सांगीतिक वातावरण का उल्लेख करते हुए महर्षि आगे लिखते हैं—"भूमण्डल की वह सर्वोत्तम नगरी अयोध्या दुन्दुभि, मृदंग, वीणा, पणव आदि वाद्यों की मधुर ध्वनि से निनादित रहती थी।" (बालकाण्ड, सर्ग 5, श्लोक 18)

यह सांगीतिक स्थिति उस नगरी की है, जहाँ के निवासियों की स्थिति का विवरण देते हुए महर्षि लिखते हैं—"उस नगर के सभी निवासी प्रसन्न, धर्मात्मा, बहुश्रुत, निर्लोभ तथा अपने धन से सन्तुष्ट थे। अयोध्या में कहीं भी कोई कामी, कृपण, क्रूर, मूर्ख और नास्तिक मनुष्य देखने को नहीं मिलता था। सभी सदाचार और शील की दृष्टि से महर्षियों की भाँति निर्मल थे। उस पुरी में वेद के छहों अंगों को न जाननेवाला व्रतहीन, सहस्रों से कम दान देनेवाला, दीन, विक्षिप्तचित्त व दुःखी कोई नहीं था।" (बालकाण्ड, सर्ग 5, श्लोक 6, 8, 15) इस विवरण में स्पष्ट कहा गया है कि अयोध्या में वेदांगों की शिक्षा से हीन कोई नहीं था, जिससे हमारी इसी मान्यता की पुष्टि होती है कि सामान्यजनों की शिक्षा में भी गान्धर्व की शिक्षा का समावेश था। वास्तविकता यह है कि सांगीतिक वातावरण तत्कालीन समाज में मंगल-सूचक माना जाता था। यह तभी सम्भव हो सकता था, जब सभी स्त्री-पुरुष संगीत-ज्ञान से सम्पन्न व कलारसिक हों। श्री भरत जब महाराज दशरथ की मृत्यु के पश्चात् अपने मातुल गृह से अयोध्या पहुँचते हैं, तब वीणा, मृदंगादि वाद्यों की ध्वनियों से हीन अयोध्यापुरी को देखकर उन्हें अमंगल का पूर्वाभास हो जाता है—"वादनदण्ड द्वारा बजाई जानेवाली वीणा, मृदंग, भेरी के शब्दों से रहित अयोध्या की दीन गति क्यों हो रही है।" (अयो., सर्ग 71, श्लोक 29) भरत द्वारा सांगीतिक वातावरण से रहित अयोध्या की दशा से अमंगल का अनुमान करना अयोध्या-निवासियों की सहज सांगीतिक प्रवृत्ति का ही द्योतक है। यह सहज प्रवृत्ति संगीत-शिक्षा की व्यापकता के बिना सम्भव नहीं हो सकती।

अयोध्या के अतिरिक्त राक्षसराज रावण की राजधानी लंका में भी सदैव सांगीतिक वातावरण रहता था। मारुतनन्दन श्री हनुमान सीता जी की खोज करते हुए जब लंकापुरी के प्रत्येक भवन में घूम रहे थे, तब उन्हें अनेक स्थानों पर वीणा की श्रवणसुखद ध्वनि सुनाई पड़ी—"वीणा के श्रवणसुखद शब्द झंकृत हो रहे थे, सदाचारिणी स्त्रियाँ पतियों के साथ सो रही थीं तथा अत्यन्त अद्भुत और भयंकर

शील-स्वभाववाले निशाचर निशीथ-काल में विहार कर रहे थे।" (सुन्दरकाण्ड, 5/9) हनुमान के इसी भ्रमणकाल में रावण के महल का चित्रण करते हुए वाल्मीकि लिखते हैं—"रावण के महल की भूमि मधु और आसव के गिरने से गीली हो रही थी, मणिमय पात्रों से भरा वह विस्तृत महल कुबेर-भवन के समान मनोरम जान पड़ता था। नूपुरों की झंकार, करधनियों की खनखनाहट, मृदंगों और तालियों की मधुर ध्वनि तथा अन्य गम्भीर घोष करनेवाले वाद्यों से वह भवन निनादित हो रहा था।" (सुन्दरकाण्ड, 6/42-43) विदेहनन्दिनी का अनुसन्धान करते हुए जब केवल एक प्रहर रात्रि शेष रह गयी, तब छहों अंगों-सहित सम्पूर्ण वेदों के विद्वान् तथा श्रेष्ठ यज्ञों द्वारा यजन करनेवाले ब्रह्मराक्षसों के घर में वेदपाठ की ध्वनि होने लगी, जिसे हनुमान् ने सुना। उसके बाद मंगलवाद्यों तथा श्रवणसुखद शब्दों द्वारा महाबली दशमुख रावण को जगाया गया। (सुन्दरकाण्ड, 18/2-3)

इन सब उद्धरणों से यही विदित होता है कि लंका में वेदांग के अन्तर्गत एवं स्वतन्त्र गान्धर्व वेद की शिक्षा का व्यापक प्रचार था, जिसके कारण बाल, वृद्ध, युवा, वनिताएँ स्वभावतः सांगीतिक रुचि से सम्पन्न थे।

रावण के अन्तःपुर में भी गीत, वाद्य, नृत्य का मनोरंजन के लिए व्यापक रूप में प्रयोग किया जाता था। रावण की स्त्रियाँ, जिनमें गन्धर्वों, राक्षसों, किन्नरों, देवताओं की कन्याएँ थीं, गीतादि कलाओं की मर्मज्ञा थीं तथा प्रतिदिन, विशेषकर रात्रि में संगीतायोजन की लंका में विशेष प्रथा थी। महर्षि वाल्मीकि ने अयोध्या एवं लंका के वातावरण का विस्तार से वर्णन किया है, जिससे दोनों नगरों के सांगीतिक वातावरण का अन्तर स्पष्ट समझ में आता है। अयोध्या का वातावनण सात्त्विक मर्यादित था, अतः वहाँ संगीत का उपयोग मर्यादित एवं समुचित रूप में किया जाता था। परन्तु लंका का वातावरण राजस-तामसगुण-प्रधान था, इसलिए संगीत वहाँ भोग-विलास की प्रमुख सामग्री के रूप में उपयोग में लाया जाता था। लंका में संगीत आराधना के स्थान से चलकर सुरा-सुन्दरी के चंगुल में फँस गया था। क्योंकि त्रैलोक्य-विजयी रावण के प्रताप एवं वैभव के मद से मत्त हो वहाँ के निवासी भोग-विलास को ही जीवन का अन्तिम निष्कर्ष समझने लग गये थे। इन्हीं कारणों से लंका और अयोध्या के सांगीतिक उपयोग में अन्तर दिखाई पड़ता है।

रावण के अन्तःपुर का विस्तृत चित्रण महर्षि ने 'रामायण' में किया है, जिससे यह विदित होता है कि रावण के अन्तःपुर की स्त्रियाँ गीत, वाद्य और नृत्याभिनय में पारंगत थीं तथा उन्हें इनकी समुचित शिक्षा प्राप्त हुई थी। यद्यपि लंका में संगीत-शिक्षा की व्यवस्था का क्या रूप था, शिक्षा देनेवाले आचार्य कौन थे, आदि का स्पष्ट उल्लेख नहीं प्राप्त होता, परन्तु संगीत का जिस प्रकार व्यापक रूप में वहाँ प्रचार था, वैसा प्रचार समुचित शिक्षा की व्यवस्था के बिना सम्भव नहीं है। निशाचरों में अनेक वेद-वेदांगों के विद्वान् थे। तत्कालीन परिपाटी के अनुसार वेदांग के

अन्तर्गत वैदिक एवं गान्धर्व की शिक्षा-व्यवस्था अवश्य थी, यह निर्विवाद तथ्य है। पुरुषों के अतिरिक्त स्त्रियों के लिए भी संगीत-शिक्षा की व्यवस्था रही होगी।

रावण के अन्तःपुर की स्त्रियों के मनोरंजन के साधन अभिनय, नृत्य, गीत, वादनादि कलाएँ ही थीं, यह 'रामायण' की निम्न पंक्तियों से प्रमाणित है। महर्षि वाल्मीकि श्री हनुमान् के द्वारा विदेहनन्दिनी के अनुसन्धान के लिए लंका भ्रमण का वर्णन करते हुए लिखते हैं—"तीनों स्थानों (मन्द्र, मध्य, तार) से निकलनेवाले स्वरों से विभूषित रुचिर गीत सुने।" (सुन्दरकाण्ड, 4/10)

लंका में राक्षसराज रावण का एक विशेष महल था। वह हवेली रावण को उसी प्रकार प्रिय थी, जैसे पति को कान्तिमयी सुन्दर पत्नी अधिक प्रिय होती है। (सुन्दरकाण्ड, सर्ग 9, श्लोक 22) रावण इसी महल में अपनी पत्नियों के साथ शयन कर रहा था। उसके आसपास उसकी पत्नियाँ सोई हुई थीं। उस शयनागार का महर्षि ने जिस प्रकार वर्णन किया है, उससे यह आभास होता है कि सोने से पूर्व खान-पान के साथ गीत, नृत्य, वादन का आयोजन था, जिसमें रावण की पत्नियाँ, जो संगीत-कला में विशेष कुशल थीं, विशेष रूप से सम्मिलित थीं। विभिन्न वाद्यों के वादन में कुशल, नृत्य के मनोहारी अंग-संचालन एवं भावभंगिमाओं की विशेषज्ञा वे शोभाशाली स्त्रियाँ विभिन्न वाद्यों को अपने अंक में लेकर मधुपान से मदमत्त हो अचेतावस्था में शयन कर रही थीं। 'रामायण' के इस सर्ग के विवरण में वीणा के विभिन्न प्रकारों एवं ताल-वाद्यों के नामों का उल्लेख मिलता है, जिससे यह विदित होता है कि इन वाद्यों के वादन में रावण की स्त्रियाँ विशेष कुशल थीं। राक्षसराज रावण रात्रिकालीन शयन से पूर्व संगीत-गोष्ठी में भाग लेता था। "राक्षसराज रावण की बाँहों और अंकों में स्थान पानेवाली वे स्त्रियाँ नर्तन एवं वादन में कुशल थीं।" (सुन्दरकाण्ड, 10/32) "जिनके अंग-प्रत्यंग सुन्दर एवं शुभ थे, जो कोमलतापूर्वक अंग-संचालन एवं नृत्य में कुशल थीं, वे स्त्रियाँ निद्रितावस्था में भी नृत्य के अभिनय से सुशोभित थीं।" (सुन्दरकाण्ड 10/36)

निद्रितावस्था में भी कोमल अंगहारों एवं नृत्याभिनय से युक्त रहना उसी के लिए सम्भव होता है, जिसने साधना की उत्कृष्टावस्था को प्राप्त कर लिया हो और जिसकी भाव-भंगिमाएँ, मुद्राएँ, अंग-संचालनादि क्रियाएँ सहज स्वभाव के रूप में परिणत हो गयी हों। रावण की स्त्रियाँ नृत्य की साधना में इसी उत्कृष्टावस्था को प्राप्त कर चुकी थीं। महर्षि ने अपने इस विवरण में 'प्रसुप्ता वरवर्णिनी' शब्दावली से इसी तथ्य की ओर संकेत किया है—"कोई वीणा को वक्षस्थल से लगाकर सोई हुई प्रकाशित हो रही थी। दूसरी कजरारे नेत्रोंवाली भामिनी मड्डुक नामक वाद्य को पुत्रवत्सला जननी की भाँति कक्ष में लिये सो रही थी। कोई शुभस्तनी सर्वांगसुन्दरी पटह को नीचे रखकर सो रही थी। नियमपूर्वक नृत्यकला से सुशोभित होनेवाली एक युवती विपंची नामक वीणा को अंक में लेकर सो रही थी। कोई मत्तलोचना मृदंग

को अंक में भरकर सो रही थी। मद से थकी हुई अनिन्द्य सुन्दरी 'पणव' नामक वाद्य को भुजाओं में लेकर सो रही थी। कोई डिंडिम को लेकर आसक्त हो सो रही थी। कोई कमलयनी नारी 'आडम्बर' नामक वाद्य को भुजाओं में दबाकर सोई हुई थी। (सुन्दरकाण्ड 10/37-45) यहाँ कोई स्त्री क्रीड़ा करने से थकी हुई थी, कोई नृत्य से तो कोई गीत गाने से ओर कोई अधिक मद्यपान करके अचेत सो रही थी। अनेक स्त्रियाँ मुरज, मृदंग और चेलिका नामक वाद्यों से अपने अंगों को टेककर सो रही थीं।" (सुन्दरकाण्ड, 11/5-6)

उपर्युक्त विवरण में ऐसे अनेक वाद्यों के नाम उपलब्ध होते हैं, जिनका तत्कालीन गीत, नृत्य एवं वादन में प्रयोग किया जाता था। वीणा, मड्डुक, पटह, विपंची, मुरज, मृदंग, पणव, डिंडिम, आडम्बर नामक वाद्यों के नाम यहाँ उपलब्ध हैं। वीणा और विपंची ये दोनों निर्विवाद तन्त्रीवाद्य हैं। इन दोनों के पृथक् उल्लेख से दोनों के रूपों में भिन्नता होने की सम्भावना है। पटह, मृदंग, मुरज, पणव और डिंडिम चर्मवाद्य हैं। पटह के भेदों का उल्लेख 'संगीत-रत्नाकरकार' ने भी किया है और मृदंग का ही दूसरा राम 'मुरज' बताया है। परन्तु 'रामायण' में 'मुरजेषु मृदंगेषु' इस तरह एक ही स्थान पर दोनों के पृथक् उल्लेख से दोनों के तत्कालीन रूपान्तर की सम्भावना है। इन सभी वाद्यों का उल्लेख 'नाट्यशास्त्र' में उपलब्ध है। 'आडम्बर' औडुम्बरी वीणा हो सकती है, जिसका उल्लेख सूत्र-ग्रन्थों में मिलता है। वाद्यों के समूह के लिए 'रामायण' में 'आतोद्य' शब्द का प्रयोग किया गया है। 'नाट्यशास्त्र' में भी 'आतोद्य' शब्द वाद्यों के समूह के लिए ही प्रयुक्त है।

प्रस्तुत विवरण से यह विदित होता है कि लंका की स्त्रियाँ गीत, वाद्य और नृत्य–तीनों विधाओं में प्रवीण थीं। संगीत का राजसी रूप, जिसमें सुरा-सुन्दरी की प्रधानता होती है, लंका के सामान्य जीवन में व्याप्त था। दूसरे शब्दों में यदि कहना चाहें तो लंका का संगीत व्यसन का रूप धारण कर चुका था, जिससे सर्वदा समाज का अहित ही हुआ है। लंका के पतन का इसे एक प्रमुख कारण माना जा सकता है। जिस नगर, प्रदेश, राष्ट्र या समाज के स्त्री-पुरुष मद्यपान में निरन्तर आसक्त हों, उन स्त्री-पुरुषों में–चाहे वे कितने भी गुणवान्, रूपवान्, बुद्धिमान् और बलवान् हों, मर्यादा रह ही नहीं सकती। अतः अमर्यादित, असंयमित जीवन से पतन सुनिश्चित है।

'रामायण' में लंका के जीवन में व्याप्त संगीत का जिस प्रकार विस्तृत वर्णन मिलता है, उससे यह निश्चित होता है कि संगीत-शिक्षा की वहाँ व्यापक व्यवस्था थी। पुरुषों के अतिरिक्त स्त्रियाँ भी इस कला में प्रवीण थीं तथा गीत, वाद्य, नृत्य वहाँ के आमोद-प्रमोद के प्रमुख साधन थे।

इस सन्दर्भ में यह कहा जा सकता है कि वर्तमान में भी भारतीय नगरों में आधुनिक उपकरणों–दूरदर्शन–आकाशवाणी–ध्वनि-विस्तारक यन्त्रादि के द्वारा पर्याप्त

सांगीतिक शोर होता रहता है, परन्तु इस शोर से यह तो प्रमाणित नहीं होता कि यहाँ के अधिकांश नागरिक संगीतादि कलाओं के मर्मज्ञ रसिक हैं। इसका समाधान यह है कि अयोध्या और लंका का सांगीतिक वातावरण वर्तमान से एकदम भिन्न था, वहाँ दूरदर्शन–आकाशवाणी जैसे यन्त्र नहीं थे। ऐसी स्थिति में वहाँ के सांगीतिक आयोजन या तो संगीतजीवी कलाकारों की उपस्थिति में सम्पन्न होते थे या परिवार के लोग परस्पर गा-बजाकर संगीत का रसास्वादन किया करते थे। 'रामायण' में ऐसे दोनों प्रकार के आयोजनों का उल्लेख मिलता है। लंका और अयोध्या के निवासियों के घरों से वीणा, मृदंग, गीतादि की ध्वनि सुनाई देने के उल्लेख से पारिवारिक सांगीतिक वातावरण की ही पुष्टि होती है। राजसभाओं में या विशेष अतिथियों के सम्मान में आयोजित सांगीतिक आयोजनों में अवश्य संगीतजीवी कलाकारों को आमन्त्रित किया जाता था। रावण के अन्तःपुर में उसकी स्त्रियों के द्वारा प्रस्तुत संगीत पारिवारिक आमोद-प्रमोद का ही संगीत है। महर्षि भरद्वाज के आश्रम में श्री भरत के सम्मान में आयोजित संगीत अतिथि के सम्मान में आयोजित संगीत का उदाहरण है, जिसमें कलाकारों को आमन्त्रित किया जाता था। अयोध्या में वधुओं के द्वारा प्रस्तुत नाटक तत्कालीन कुलीन स्त्रियों की संस्थाओं की प्रस्तुति है।

निष्कर्ष यह है कि उस काल के प्रधान व्यक्तियों की संगीत-मर्मज्ञता, सामान्य जन-जीवन में संगीतायोजनों की व्यापकता तथा तपस्वी महर्षियों के द्वारा संगीत की शिक्षा दिये जाने के उल्लेख से तत्कालीन समाज में संगीत-शिक्षा का महत्त्व सिद्ध होता है। सार्वजनिक शिक्षा-व्यवस्था के बिना सामान्य जन-जीवन में संगीत का व्यापक प्रचार सम्भव नहीं हो सकता।

तत्कालीन संगीत-शिक्षा का रूप

'रामायण' में ऐसे कई उल्लेख मिलते हैं, जिनसे तत्कालीन संगीत-शिक्षा के रूप को समझने में सहायता मिलती है। महर्षि वाल्मीकि के द्वारा श्रीराम के पुत्र कुश-लव को 'रामायण' गान की शिक्षा दिये जाने के विवरण एवं उसके प्रभाव तथा विधानों के उल्लेखों से तत्कालीन संगीत-शिक्षा के सिद्धान्तों को समझा जा सकता है।

'रामायण', बालकाण्ड, चतुर्थ सर्ग के अनुसार सांगीतिक प्रतिभावाले विद्यार्थियों का चयन गान्धर्व की विशेष शिक्षा के लिए किया जाता था। महर्षि वाल्मीकि ने कुश-लव का चयन उनकी प्रतिभा के आधार पर ही किया था।

महर्षि विचार कर रहे थे कि कौन ऐसा शक्तिशाली पुरुष होगा, जो इस महाकाव्य को जनसमुदाय को सुना सकेगा। इसी समय राजकुमार कुश और लव ने आकर उनके चरणों में प्रणाम किया। राजकुमार कुश और लव धर्मज्ञ और यशस्वी थे। वे दोनों भाई मुनि के आश्रम में ही रहते थे तथा उनका स्वर बड़ा ही मधुर था। उनकी धारणाशक्ति अद्‌भुत थी और वे दोनों वेदों के ज्ञान में पारंगत हो चुके थे।

भगवान् वाल्मीकि ने उनकी ओर देखा और उन्हें सुयोग्य समझकर वेदार्थ का विस्तार के साथ ज्ञान कराने के लिए सीता के चरित्र से युक्त सम्पूर्ण 'रामायण' नामक महाकाव्य का, जिसका दूसरा नाम पौलस्त्य-वध या दशानन-वध था, अध्ययन कराया। (बालकाण्ड, 4/5-7)

उपर्युक्त पंक्तियों से यह ज्ञात होता है कि गान्धर्व का अध्ययन करनेवालों के लिए कुछ विशिष्ट गुणों से युक्त होना, उस काल में आवश्यक माना जाता था। वे विशिष्ट गुण हैं–1. स्वरसम्पन्नता अर्थात् मधुर कण्ठ से सम्पन्न होना, 2. मेधावी–धारणाशक्ति से युक्त होना, 3. वेदों में पारंगत होना, 4. धर्मज्ञ होना। गान्धर्व के अध्येता के लिए इन गुणों की उपयोगिता निर्विवाद है। स्वरसम्पन्नता–मधुर कण्ठ का होना गायक के लिए परमावश्यक है। महाकाव्य 'रामायण' गेय है, अतः कुश-लव को गान की शिक्षा देनी होगी। महर्षि ने उनके स्वर-माधुर्य को वेदों का अध्ययन कराते समय ही परख लिया था और उसे सर्वथा गान के उपयुक्त पाया था।

'नाट्यशास्त्र' में महर्षि भरत ने गायक के गुणों में सर्वप्रथम बताया है–स्निग्ध अर्थात् अपरुष स्वर, जो कर्कशता से रहित मधुर हो (नाट्यशास्त्र, अध्याय 33, श्लोक 2)। तात्पर्य यह है कि मधुर कण्ठ का होना गायक के लिए सर्वप्रथम गुण माना है। राजकुमार कुश-लव का कण्ठ संगीतानुकूल माधुर्य गुण से सम्पन्न था। 'संगीतरत्नाकर' आदि बाद के ग्रन्थों में 'हृद्यशब्द' से गायक के गुणों में सर्वप्रथम इसी का संकेत किया है। दूसरा गुण है–मेधावी यानी धारणाशक्ति से सम्पन्न। गान्धर्व के अतिरिक्त अन्य विद्याओं व कलाओं के अध्येताओं के लिए भी इस गुण से सम्पन्न होना अत्यावश्यक है। इसी प्रतिभा से आचार्य द्वारा बताये हुए पाठों को विद्यार्थी ग्रहण करके स्मरण रखता है। 'रामायण' जैसे महाकाव्य को धारण करनेवाले विद्यार्थी के लिए इस गुण की और अधिक आवश्यकता है; क्योंकि इसके बिना पद, अर्थ, छन्दादि की विविधता से युक्त गान-विधि को धारण ही नहीं किया जा सकता। बाद के ग्रन्थकारों ने भी इस गुण को गायकों का प्रधान गुण स्वीकार किया है। मानसोल्लासकार सोमेश्वर कहते हैं–"उत्तम गायक के लिए धारणाशक्ति से युक्त होना आवश्यक है। 'संगीत-रत्नाकर'कार आचार्य शार्ङ्गदेव भी इस गुण का उल्लेख 'धारणान्वित' शब्द से करते हैं। तीसरा गुण है–वेदों में पारंगत होना अर्थात् विभिन्न विद्याओं की विधाओं से परिचित होना। वेद-विद्या के अध्ययन में वेदांगों का विशेष महत्त्व है। ज्योतिष, व्याकरण, छन्द, कल्प, शिक्षा और निरुक्त–ये छह वेदांग हैं। इनमें शिक्षा के अन्तर्गत वर्ण, स्वर, मात्रा, बल, साम और सन्तान–इन छह विषयों का अध्ययन किया जाता है। 'शिक्षा-शास्त्र' और 'शिक्षा-प्रकाश' ग्रन्थ में शिक्षा-शास्त्र को–'स्वरवर्णोच्चारणं शास्त्रम्' (पृष्ठ 385) कहा है, अर्थात्–स्वर एवं वर्णों का विधिवत् ज्ञान करानेवाले शास्त्र बताया है। स्वर-वर्ण का तात्पर्य यहाँ–अ, इ, उ, आदि स्वरों एवं क, ख, ग इत्यादि वर्णों से नहीं है। 'नारदीय शिक्षा' में कहा गया

है—'उच्चनीच विशेषाद् हि स्वरान्यत्वं प्रवर्तते' अर्थात्—स्वर अपने स्थान से ऊँचा तथा नीचा किये जाने पर अन्य स्वरों के उद्भव का कारण होता है। तात्पर्य यह है कि वेदों का विधिवत् गुरु के सान्निध्य में अध्ययन करने के कारण साहित्य और गान्धर्व से सम्बन्धित स्वर, व्याकरण, छन्द, निरुक्तादि विषयों से कुश-लव पूर्णतः परिचित थे। केवल परिचित ही नहीं, इनका विधिवत् अभ्यास भी कर चुके थे। चौथा गुण है—धर्मज्ञ होना। धर्मज्ञता का तात्पर्य चरित्रवान्, संयमित, निर्व्यसन जीवनचर्यावाला व्यक्ति। शिक्षा-ग्रन्थों में विद्यार्थी की दिनचर्या (खान-पान-सोना-उठना-अध्ययन आदि) का जिस प्रकार वर्णन मिलता है, उससे यह विदित होता है कि प्राचीन काल में अध्ययनरत विद्यार्थी की दिनचर्या विशेष संयमित और अनुशासित होती थी, जिसका प्रभाव उसके चरित्र पर आजीवन विद्यमान रहता था। राजकुमार कुश-लव महर्षि वाल्मीकि के आश्रम पर इसी तरह अनुशासित रहते थे, जिससे महर्षि पूर्णतः परिचित थे।

'रामायण' की इन पंक्तियों से यह परिलक्षित होता है कि उस काल में विषयानुकूल विद्यार्थियों की चयन-प्रक्रिया विद्यमान थी। कुश-लव को महर्षि केवल गायक के रूप में प्रस्तुत नहीं करना चाह रहे थे, वरन प्रभावशाली 'रामायण' महाकाव्य को प्रस्तुत करनेवाले उच्चचरित्रवान् प्रतिभाशाली मेधावी, मुनिकुमार के रूप में देखना चाह रहे थे। क्योंकि उनका लक्ष्य 'रामायण' महाकाव्य के गान-द्वारा श्रीराम-जैसे राजा और उनकी विद्वत् सभा पर प्रभाव डालना था।

किसी गायक में भी उपर्युक्त गुणों का होना दूषण नहीं, भूषण ही है। गायक में या गान्धर्व का अध्ययन करनेवालों में वेदों में पारंगतता भले हो न हो, परन्तु मधुर स्वरवान्, धारणावान् एवं धर्मज्ञ होना तो उसके लिए भी आवश्यक ही है। शार्ङ्गदेवादि आचार्यों ने तो 'वाग्गेयकार' के लिए 'मातु' व 'धातु' में पारंगत होना आवश्यक माना है, जिसके अनुसार सांगीतिक विषयों के अतिरिक्त साहित्य-व्याकरणादि शास्त्रों में दक्षता भी अनिवार्य योग्यता के अन्तर्गत आ जाती है। आचार्य भरत ने 'नाट्यशास्त्र' में जिन विषयों का समावेश किया है, उनमें शिक्षा-शास्त्र के अनेक विषय आ जाते हैं, जिनके अध्ययन के लिए व्याकरणादि शास्त्रों का ज्ञान आवश्यक है। आचार्य भरत ने गान्धर्व के तीन विषयों का स्पष्ट उल्लेख किया है (28/8)। गान्धर्व में स्वर का स्थान प्रमुख है और अन्य दो अंग ताल और पद का विकास स्वर की प्रमुखता पर ही आधारित है (32, 25)। तात्पर्य यह है कि महर्षि भरत व महर्षि वाल्मीकि का गान्धर्व निरक्षरों के लिए नहीं है वरन् उसके सम्यक् ज्ञान के लिए स्वर, ताल एवं पद से सम्बन्धित अन्य विषयों का अध्ययन भी आवश्यक है। महर्षि वाल्मीकि के द्वारा कुश-लव का चुनाव 'रामायण'-गान की शिक्षा हेतु इसी दृष्टि से किया गया था।

'रामायण'-गान की शिक्षा के अन्तर्गत गान्धर्व के जिन विषयों का अध्ययन कराया गया था, उसका संक्षिप्त उल्लेख 'रामायण' में है—"वह महाकाव्य पढ़ने और

गाने में मधुर, तीनों प्रमाणों से युक्त, षाड्जी आदि सप्त-जातियों, तन्त्री अर्थात् वीणा-वादन की लय से समन्वित, शृंगार, हास्य, करुणा, रौद्र, भयानक, वीरादि रसों से युक्त था। दोनों भाई कुश और लव उस महाकाव्य को पढ़कर उसका गान करने लगे।" (बालकाण्ड 4/8-9)

उपर्युक्त दो श्लोकों में गान्धर्व के सम्पूर्ण विषयों का समावेश हो जाता है। 'त्रिप्रमाण' का तात्पर्य विद्वानों ने द्रुत-मध्य-विलम्बित लय माना है। डॉ. शरच्चन्द्र श्रीधर परांजपे के अनुसार, 'प्रमाणानि द्रुतमध्यविलम्बितानि' है। परन्तु आचार्य अभिनवगुप्त के अनुसार—"तालों में विभक्त गान (नाट्यशास्त्र, अध्याय 32, पृष्ठ 281) प्रमाण है। इन दोनों मतों में समन्वय की दृष्टि से विचार करने पर यह निश्चित किया जा सकता है कि ताल के अन्तर्गत लय का समावेश तो होता ही है। 'त्रिप्रमाण' शब्द होने के कारण इसका तात्पर्य विलम्बितादि तीन लयों से ही है।

षाड्जी आदि सप्त शुद्ध जातियाँ वहाँ सप्तजातियों कें नाम से अभिहित हैं। इस उल्लेख से यह ध्वनित होता है कि 'रामायण'-गान षड्जग्राम एवं मध्यमग्राम से सम्बन्धित सप्तजातियों (शुद्ध) में किया गया था। 'षाड्जी, आर्षभी, धैवती और नैषादी षड्जग्राम से और गान्धारी, मध्यमा, पंचमी मध्यमग्राम से सम्बन्धित शुद्ध जातियाँ हैं। स्मरणीय है कि गान्धर्व में जातिगान का प्रमुख स्थान है। इसी जातिगान की विशाल शाखा के रूप में रागों की विशाल परम्परा भारतीय संगीत में विकसित हुई। आचार्य भरत ने अट्ठाइसवें अध्याय में सप्तस्वरों के परिचय के साथ अन्य अन्तरकाकली आदि स्वरों, मूर्च्छना, अष्टादशजातियों, जातियों के लक्षणादि विषयों का वर्णन गान्धर्व के अन्तर्गत किया है। इन्हीं विषयों का संक्षिप्त उल्लेख 'प्रमाणैस्त्रिभिरन्वितम्' और 'जातिभिः सप्तभिर्युक्तम' इन वाक्यों के द्वारा 'रामायण' में किया गया है। वर्ण, अलंकार, धातु आदि विषयों का उल्लेख 'तन्त्री' शब्द से और ताल-सम्बन्धी विषयों की ओर संकेत 'लय' शब्द से किया है। शृंगारादि रसों के उल्लेख से 'नाट्यशास्त्र' के रस-सिद्धान्त की ओर ध्यान आकर्षित किया गया है, जिसका जातिगान, नाट्य एवं साहित्य से गहरा सम्बन्ध है। निष्कर्ष यह है कि इन दो श्लोकों में महर्षि ने गान्धर्व से सम्बन्धित उन सम्पूर्ण विषयों का सूत्ररूप में उल्लेख कर दिया है, जिन सिद्धान्तों से सम्बन्धित 'रामायण' का गान किया गया था।

'रामायण' के इस संक्षिप्त वर्णन से चिंतक का ध्यान अनायास 'नाट्यशास्त्र' की ओर आकर्षित होता है और वह प्रत्यक्षानुभव करता है कि 'रामायण'-गान की परम्परा का सम्बन्ध 'नाट्यशास्त्र' की परम्परा से है।

उपर्युक्त विषयों का सम्बन्ध महर्षि वाल्मीकि 'गान्धर्व' से ही जोड़ते हैं, क्योंकि उपर्युक्त आठवें-नवें श्लोक के बाद दसवें श्लोक में कुश-लव की विशेषज्ञता के सम्बन्ध में कहा गया है—"वे दोनों भ्राता गान्धर्व के तत्त्वज्ञ, स्थान-मूर्च्छना के विशेषज्ञ, मधुर स्वर से सम्पन्न एवं गन्धर्वों के समान मनोहर रूपवाले थे।" इस

श्लोक में महर्षि कुश-लव को 'गांधर्वतत्त्वज्ञ' और 'स्थान-मूर्च्छनाकोविद' कहते हैं। इसका तात्पर्य यह है कि 'रामायण'-गान की परम्परा 'गान्धर्व' से सम्बन्धित है। 'स्थान-मूर्च्छनाकोविद' शब्दावली का प्रयोग करके महर्षि ने अपनी गान्धर्वतत्त्वज्ञता का भी परिचय दिया है। स्थान ओर मूर्च्छना का गान्धर्व की परम्परा में अन्तरंग सम्बन्ध है। 'नाट्यशास्त्र' के अनुसार—"क्रमयुक्त सप्तस्वरों के प्रयोग को 'मूर्च्छना' कहते हैं। मूर्च्छना की विविधता प्रयोक्ता एवं श्रोता के सुख के लिए है और इसका प्रयोजन स्थान अर्थात् मन्द्र, मध्य, और तार-सप्तक के स्वरों की प्राप्ति है।" (28/32-33)

आचार्य भरत के इस कथन में स्थान और मूर्च्छना का घनिष्ठ सम्बन्ध दिखाई देता है। महर्षि ने इन दोनों का एकसाथ उल्लेख करके अपनी गान्धर्व-मर्मज्ञता का परिचय दिया है। उपर्युक्त दसवें श्लोक में महर्षि ने गायक के लिए रूपवान् होने को भी एक विशेष गुण के रूप में अलग से अंकित किया है। कुश-लव दोनों भाई मधुर कण्ठ के धनी तो थे ही, गन्धर्वों के समान रूपवान् भी थे। रूपवान् गायक का श्रोताओं पर विशेष प्रभाव पड़ता है, यह तथ्य सर्वविदित है। 'रामायण'-गान के लिए कुश-लव के चुनाव में उनका रूपवान् होना भी एक विशेष कारण है, क्योंकि राजसभा में रूपवान् के व्यक्तित्व का विशेष प्रभाव पड़ता है। गान्धर्व विद्या में पारंगतता, मुनिकुमारों की वेशभूषा, गन्धर्वों के समान रूपवान्, मधुर स्वरवान् के साथ-साथ अल्पवय—इन सब गुणों से विभूषित इन बालकों का राज-सभा पर विशेष प्रभाव पड़ेगा, यह निश्चय महर्षि की विविध विषय-विशेषज्ञता का द्योतक है।

महर्षि वाल्मीकि से 'रामायण'-गान की शिक्षा प्राप्त कर एक दिन महर्षियों की सभा में कुश-लव ने 'रामायण' का गान किया, जिसमें उन्हें विशेष प्रशंसा मिली एवं आशीर्वाद के रूप में विविध उपहार प्राप्त हुए। तपोनिष्ठ, निर्विकार, वृत्तिसम्पन्न महर्षियों के समक्ष 'रामायण'-गान प्रस्तुत करने का तात्पर्य प्रस्तुतीकरण एवं गेय-काव्य की वस्तुओं की निष्पक्ष समालोचना की आकांक्षा थी। कुश-लव के 'रामायण'-गान को सुनकर महर्षियों ने मुक्त कण्ठ से प्रशंसा की—'कुश और लव' जो प्रशंसा के ही योग्य थे, की इस प्रकार प्रशंसा करने लगे—"अहो! इन बालकों के गीत में कितना माधुर्य है। श्लोकों की मधुरता तो और अद्भुत है।" (श्लोक 17) आगे गान की विशेषताओं की विस्तारपूर्वक विवेचना महर्षियों ने की है; जिसमें गान्धर्व के कुछ पारिभाषिक शब्दों का प्रयोग किया गया है, जिसकी आलोचना यहाँ आवश्यक है। 19-20-27 व 33वें श्लोकों में 'रामायण'-गान की मधुरता एवं रंजकता का बार-बार उल्लेख किया गया है। गीत और श्लोकों की माधुरी, कण्ठ की मधुरता एवं स्वर-सम्पन्नता, विविध गीतों की विशेषज्ञता, गान की श्रुतिमनोहरता, इच्छानुकूल श्वासनियन्त्रण, स्पष्ट स्वर एवं शब्दोचारण की प्रशंसा करते हुए इस गान को 'आयुष्यं पुष्टि जननम्' आयु और पुष्टि प्रदान करनेवाला कहा गया है। इन पंक्तियों

में प्रयुक्त 'मधुर' और रक्त गान के गुण हैं और 'नाट्यशास्त्र' में विशेष अर्थ में प्रयुक्त हैं। 'मधुर' एवं 'माधुर्य' इन दोनों की भिन्नता बतलाते हुए आचार्य अभिनवगुप्त ने कहा है—'मधुर शब्देन माधुर्यम्' मधुर शब्दोच्चार 'माधुर्य' है तथा 'चेष्टानुल्बणता माधुर्यम् अर्थात् भावानुसारी आंगिक चेष्टा 'माधुर्य' है। 'रक्त' को 'रक्तः कोमलोऽभिरामः' अर्थात् कोमलता से युक्त सुखद स्वरोच्चारण माना है। तात्पर्य यह है कि मधुर का शाब्दिक मधुरता से, माधुर्य का भावानुसारी आंगिक चेष्टा से तथा रक्त का कोमलतायुक्त सुखद स्वरोच्चारण से सम्बन्ध है।

'नारदीय शिक्षा' के अनुसार, गान के दस गुणों में 'रक्त' प्रथम गुण है। वीणा और वेणु के स्वरों में एकीभाव को 'रक्त' कहा गया है। 'तत्र रक्तं' नाम वेणुवीणास्वराणामेकीभावे रक्तमुच्यते'। इस विवरणानुसार कण्ठ-ध्वनि और वेणु-वीणा के स्वर मिलकर एकात्म हो जाएँ, तब उसे 'रक्त' गुण कहा जाता है। जब दलित पदाक्षर से युक्त गीत का सहज कण्ठ से गान किया जाता है, तब उसे 'मधुर' कहते हैं। 'मधुरन्नाम स्वभावोपनीत ललित पदाक्षरगुण समृद्धम्मधुरमित्युच्यते'। 'सर्वगीतिषुकोविदौ' शब्द से गीतों के विभिन्न प्रकारों का संकेत किया गया है। नाट्यशास्त्रानुसार मागधी, अर्धमागधी, सम्भाविता, पृथुला—ये चार गीत हैं। इनके अतिरिक्त आसारितादि गीतों का वर्णन भी 'नाट्यशास्त्र' में है। मद्रक, उल्लोप्यक, उपरान्तक आदि गीत भी सात प्रकार के हैं। ध्रुवागीति के अनेक प्रकारों का वर्णन भी 'नाट्यशास्त्र' में है। अर्थात् 'रामायण'-गान में इन अनेक गीतों के विविध विधानों का प्रयोग किया गया था। इसीलिए ऋषियों ने कुश-लव को 'सर्वगीतिसुकोविदौ' कहा है।

अन्त में 'रामायण'-गान के प्रभाव का वर्णन 'आयुष्यं पुष्टिजननं सर्वश्रुतिमनोहरम्' पंक्ति में व्यक्त है। 'सर्वश्रुतिमनोहरम्' का सम्बन्ध श्रोताओं के रंजन-पक्ष से है, परन्तु आयु और पुष्टिवर्धन का सम्बन्ध स्वास्थ्य से है। अर्थात्—गान्धर्व के श्रवण से सामान्य जनरंजन के अतिरिक्त आयु की वृद्धि और शरीर की पुष्टि होती है, यह सिद्धान्त उस काल में मान्य था।

उपर्युक्त 33वाँ श्लोक श्री राम के सम्मुख 'रामायण'-गान से सम्बन्धित है। 'रामायण' के अनुसार, ऋषियों से प्रशंसित हो, कुश-लव दोनों भाई अयोध्या की गलियों में 'रामायण' का गान करते हुए विचर रहे थे, तभी श्री राम ने उनका गान सुना और उन दोनों भाइयों को बुलाकर यथोचित सम्मान करते हुए अपने भाइयों और मन्त्रियों से उनके गान की प्रशंसा की तथा उनके गान को सुनने के लिए प्रेरित करते हुए गाने की आज्ञा दी।

इस विवरण में 'स्वचित्तायतनिःश्वसनम्' शब्दावली बहुत महत्त्वपूर्ण है। इसमें मनोनुकूल श्वास लेते हुए स्वाभाविकता से परिश्रमरहित गाने का संकेत है। इसका तात्पर्य यह है कि लव-कुश का कण्ठ इतना सुरीला और निर्विकार था कि इच्छानुकूल

मन्द्र, मध्य, तार के स्वरों में जाने से उन्हें किसी प्रकार की कठिनाई नहीं होती थी। इस गुण को प्राप्त करने के लिए गायक को प्रकृति-प्रदत्त मधुर कण्ठ के साथ-साथ दीर्घ साधना भी करनी पड़ती है। तभी श्रमरहित इच्छानुकूल निःश्वास लेना सम्भव होता है। इसे ही शास्त्रकारों ने 'आयत्तकण्ठः' और 'जितश्रमः' कहा है।

इस 'रामायण'-गान-श्रवण के श्रोताओं पर पड़नेवाले प्रभावों का वर्णन 34वें श्लोक में प्राप्त होता है—"उस गान को सुनकर श्रोताओं के समस्त अंगों में हर्षजनित रोमांच हो आया तथा उन-सबके मन-आत्मा में आनन्द की लहरें उठने लगीं।" उस जन-सभा में होनेवाला यह गान सबकी श्रवणेन्द्रिय को अत्यन्त सुखद प्रतीत होता था। अर्थात्—कुश-लव का 'रामायण'-गान श्रोताओं के समस्त अंगों को हर्ष देने तथा आत्मानन्द प्रदान करनेवाला था। इसी चौथे सर्ग के अन्त में इस 'रामायण'-गान को 'मार्ग-विधानसम्पदा' अर्थात् मार्गविधान से गाया जानेवाला कहा गया है। इससे यह प्रमाणित होता है कि गान्धर्व के नियमों से गाया जानेवाला गान उस काल में 'मार्गविधान' भी कहा जाता था। अर्थात्—गान्धर्व के लिए मार्ग शब्द का प्रयोग 'रामायण'-काल में किया जाने लगा था। इसी का अनुकरण मतंग, शार्ङ्गदेव, कल्लिनाथ आदि आचार्यों ने किया है।

बालकाण्ड, चतुर्थ सर्ग के अतिरिक्त उत्तरकाण्ड के 93वें व 94वें सर्ग में पुनः 'रामायण'-गान की चर्चा मिलती है, जिसके अनुसार महर्षि वाल्मीकि कुश-लव को वीणा प्रदान करते हुए कहते हैं—"ये तारों से युक्त वीणा है, इन तारों से सुमधुर ध्वनि उत्पन्न होती है, इनमें अपूर्व स्वरों का प्रदर्शन करने के लिए स्थान बने हुए हैं। इससे मूर्च्छना से युक्त सुमधुर स्वरों के काव्य का गान निश्चिन्त होकर करो।" (93/14) इस श्लोक में 'स्थान वापूर्वदर्शनम्' महत्त्वपूर्ण है। तन्त्री का तात्पर्य यहाँ वीणा है, परन्तु वह कौन-सी वीणा है, यह स्पष्ट नहीं है।

'रामायण' में वीणा, विपंची एवं वल्लकी का पृथक्-पृथक् उल्लेख मिलता है। कुश-लव की वीणा के लिए सभी स्थानों में 'तन्त्री' नाम का प्रयोग है। आचार्य अभिनवगुप्त ने 'नाट्यशास्त्र' के 29वें अध्याय, श्लोक 112 की टीका में वीणा के विविध प्रकारों की चर्चा की है। उस नामावली में वल्लकी एवं तन्त्री नामवाली वीणा भी है। (पृष्ठ 122) उनके कथनानुसार यह नामवाली 'सदाशिव आगम' के अनुसर है। 'नाट्यशास्त्र' में वल्लकी का उल्लेख नहीं है। विपंची को नवतन्त्री वाली वीणा बताया गया है। 'नाट्यशास्त्र' के 29वें अध्याय में प्रयुक्त 'वीणा' शब्द को स्पष्ट करते हुए अभिनवगुप्त ने कहा है कि वीणा शब्द के द्वारा यहाँ 'तन्त्री' कहा गया है—'वीणा शब्देनेह तन्त्री' (पृष्ठ 114)। इस दृष्टि से लव-कुश की वीणा तन्त्री नामवाली वीणा हो सकती है। उस वीणा में सारिका थी या नहीं थी, स्पष्ट नहीं है। 'स्थानं वापूर्वदर्शनम्' स्थान अर्थात् सप्तकों को व्यक्त करने के लिए उसमें स्थान बने हुए थे। इसके पश्चात् ही 'मूर्च्छयित्वा सुमधुरम्' शब्दावली है। इससे ऐसा प्रतीत

होता है कि वीणा के स्थान और मूर्च्छना में सम्बन्ध स्थापित किया गया है। सम्भवतः उस वीणा में स्थान के स्वरों को स्पष्ट करने के लिए तन्त्रियाँ लगी थीं। 'नाट्यशास्त्र' में वादन से सम्बन्धित 'करण' को समझाते हुए आचार्य अभिनवगुप्त ने विपंची वीणा को 'प्रत्यंग वीणा' बताया है। विपंची का उल्लेख 'रामायण' के सुन्दरकाण्ड में उपलब्ध है। इस वीणा में नाट्यशास्त्रानुसार 9 तन्त्रियाँ होती थीं—'विपंची नवतन्त्रिका'।

महर्षि वाल्मीकि द्वारा कुश-लव को वीणा प्रदान करते हुए वीणा में स्वरों एवं मूर्च्छनाओं के लिए बने स्थान का संकेत जिस प्रकार किया है, वह उसी तरह है, जैसे वर्तमान में कोई आचार्य अपने शिष्य को वीणा प्रदान करते हुए उसके स्वरों के स्थानों एवं तन्त्रियों आदि वीणा के अंगों का परिचय दे रहे हों।

उत्तरकाण्ड, 94वें सर्ग में, विभिन्न विषयों के विद्वानों की उपस्थिति में कुश-लव के द्वारा 'रामायण'-गान करने का उल्लेख मिलता है। जिस प्रकार आज नवोदित कलाकार को विद्वानों की सभा में योग्यता का प्रर्दशन करते हुए अपनी प्रामाणिकता स्थापित करनी पड़ती है, ठीक उसी प्रकार विद्वानों की सभा में कुश-लव द्वारा प्रस्तुत 'रामायण'-गान था; क्योंकि प्रथम बार विद्वानों से युक्त राज-सभा में वह गान प्रस्तुत किया जा रहा था। इसलिए गान के विभिन्न पक्षों के गुणावगुण की आलोचना के लिए वह सभा एकत्रित की गयी थी। महर्षि वाल्मीकि श्री राम को उनके ही पुत्र, प्रतिभाशाली बालकों के माध्यम से 'रामायण' के अलौकिक गान का श्रवण कराने के बहाने उनका वास्तविक परिचय देना चाहते थे।

उपस्थित विद्वानों में, जो श्री राम के बुलाने से एकत्रित हुए थे, मुनियों एवं राजाओं के अतिरिक्त पौराणिक, वैयाकरण, स्वरों-लक्षणों के ज्ञाता, हस्तरेखा-विशेषज्ञ, गान्धर्व विद्या में पारंगत, विविध छन्दों, ह्रस्व-दीर्घादि स्वरों, गुरु-लघु अक्षरों, वैदिक छन्दों के ज्ञाता, ज्योतिषी, धर्मशास्त्रज्ञ, चित्र-कला के विशेषज्ञ, गीत-नृत्य-विशारद शास्त्रज्ञ, नीतिज्ञ, दार्शनिकादि थे। इन-सबके सामने—पूर्वाचार्यों द्वारा निर्मित, अपूर्व पाठ्य अर्थात् पद एवं जातियों—षाड्जी आदि से अलंकृत, विविध प्रमाणों में आबद्ध, तन्त्री की लय से समन्वित वह गान था। यह गान 'गान्धर्वमतिमानुषम्' अर्थात्—अलौकिक गान्धर्व था, जिसे सुनकर किसी की तृप्ति नहीं हुई और सुनने की इच्छा रह गयी।

'प्रमाणैर्बहुर्भिबद्धां।' शब्दावली से यहाँ विविध तालों में गाये जाने का संकेत है। आचार्य अभिनवगुप्त के अनुसार—'प्रमाणमिति तालपरिच्छिनं गानम्' अर्थात् तालों में विभक्त गान (नाट्य०, अध्याय 32, पृ० 281)।

'रामायण' के बीस सर्गों का गान सुनने के बाद श्री राम ने भाई भरत को, कुश-लव को उपहार-स्वरूप अठारह हजार स्वर्ण-मुद्राएँ देने की आज्ञा प्रदान की, साथ-ही साथ यह भी कहा कि इनको यदि और किसी वस्तु की इच्छा हो तो उसे भी दिया जाए। परन्तु कुश-लव ने अपने गुरु महर्षि वाल्मीकि की आज्ञानुसार 'हम

बनवासी हैं, फल-मूल से ही हमारा निर्वाह हो जाता है, हमें स्वर्ण की आवश्यकता नहीं है' कहकर ग्रहण नहीं किया।

इस प्रसंग से यह ज्ञात होता है कि उस काल में किसी नवीन रचना को विद्वानों से मान्यता प्राप्त कराने के लिए उसे विद्वानों की सभा में प्रस्तुत किया जाता था। विभिन्न विषयों के विद्वान् उसमें वर्णित विषयवस्तुओं की आलोचना करते थे, तत्पश्चात् उसे मान्यता मिलती थी। 'रामायण' महाकाव्य महर्षि वाल्मीकि की नवीन कृति थी। उसमें रामचरित के माध्यम से साहित्य एवं संगीत से सम्बन्धित विभिन्न विषयों का प्रकाशन किया गया था। साथ ही उसकी ऐतिहासिक प्रामाणिकता के लिए जिस व्यक्ति के चरित्र का चित्रण किया गया था, उसी व्यक्ति के सामने उसे प्रस्तुत कराया गया। वास्तव में वह साहित्य और गान्धर्व के सम्पूर्ण गुणों से विभूषित अलौकिक कृति थी। श्री राम उस महाकाव्य की प्रामाणिकता और गान्धर्व की मधुरता एवं नियमबद्धता से आत्मविभोर हो गये तथा सम्पूर्ण सभासद् भी उस काव्य और संगीत के अपूर्व समन्वय को श्रवण करके विशेष आनन्द का अनुभव करने लगे। महर्षि के शब्दों में—'फिर तो मधुर संगीत का समाँ बँध गया। वह गान्धर्व अलौकिक था। गेय वस्तु की विशेषताओं के कारण सभी श्रोता मुग्ध होकर सुनने लगे। किसी की तृप्ति नहीं होती थी।' (श्लोक 12)

अबतक वीणायुक्त गान के साथ लय का उल्लेख तो किया गया है, परन्तु ताल का स्पष्ट उल्लेख नहीं है। उत्तरकाण्ड 94वें सर्ग के अन्त में—'इस प्रकार प्रथम दिन कतिपय सर्गों से युक्त, सुन्दर शब्दों से पूर्ण, ताल और लय से सम्पन्न तथा वीणा की लय की व्यंजना से युक्त वह काव्य-गान, जिसे कुश-लव ने गाया था, श्री राम ने सुना।' (श्लोक 32)

उपर्युक्त श्लोक की 'तत्ताललयोपपन्नम्' शब्दावली में ताल और लय का उल्लेख है, जिससे 'रामायण'-गान का तालयुक्त होना प्रमाणित होता है। परन्तु इस गान के साथ मृदंगादि किसी ताल-वाद्य के द्वारा संगति करने का उल्लेख नहीं है। 'जैमिनीयाश्वमेध' ग्रन्थ के अनुसार, कुमार लव इस गान के साथ हाथ से ताली दे रहे थे। (अ. 29, श्लो. 33) इस उल्लेख से 'रामायण'-काल में हाथ से ताली देकर गाने की प्रणाली प्रमाणित होती है। गान्धर्व में ताल देने का भी एक विशिष्ट नियम है। ताल देकर गान करने की प्रथा ध्रुवपद-गायकों में भी रही है। कुमार कुश के हाथ में वीणा सुशोभित थी और लव ताल दे रहे थे। श्लोक की दूसरी पंक्ति में 'तंत्रीलयव्यंजनयोगयुक्तम्' शब्दावली विशेष अर्थ को प्रकाशित करनेवाली है। यहाँ वीणा-वादन में लय के साथ 'व्यंजन' धातु के प्रयोग का संकेत है। उसका भावार्थ है—'वह वीणा-वादन लय एवं व्यंजन धातु के योग से युक्त था'। तन्त्रियों में विशिष्ट प्रहारों—अँगुलियों या कोण के प्रहारों से उत्पन्न ध्वनि-स्वर 'धातु' कहलाता है। (नाट्यशास्त्र, अध्याय 29, पृष्ठ 95)। वर्तमान में सितार-वादन की क्रिया में

जैसे—'दा रा दिर द्रि दाऽर' आदि बोल हैं, इसी प्रकार अँगुलियों एवं कोण के प्रहार से उत्पन्न ध्वनि 'धातु' कहलाते थे। नाट्यशास्त्रानुसार धातु के चार भेद हैं—विस्तार करण, आविद्ध और व्यंजन। व्यंजन धातु के प्रयोग से वीणा-वादन में विचित्रता उत्पन्न की जाती थी। व्यंजन के दस भेद हैं—'पुष्प, कल, तल, निष्कोटित, उन्मृष्ट, रेफ, अनुबन्ध, अनुस्वनित, बिन्दु, अवमृष्ट।' (अ० 29/50 व 63) इन व्यंजनों के दस भेदों के क्रियारूप नाट्यशास्त्रानुसार इस प्रकार हैं—"कनिष्ठिका एवं अंगुष्ठ की संयुक्त क्रिया के लिए 'पुष्प' संज्ञा है। जब दोनों अंगुष्ठों से तन्त्रियों को छेड़ा जाता है, तब 'कल' कहते हैं। वामांगुष्ठ से तन्त्री को छेड़ना और दक्षिण अंगुष्ठ से बोल निकालने की क्रिया को 'तल' कहते हैं। दक्षिण अंगुष्ठ से प्रहार करना 'निष्कोटित' कहलाता है। बाएँ हाथ की तर्जनी से प्रहार को 'उन्मृष्ट' कहते हैं। सभी अँगुलियों से जब तन्त्रियों को छेड़ा जाता है, तब 'रेफ' क्रिया कहलाती है। हस्ततल से छेड़ने की क्रिया 'अनुस्वनित', केवल गुरु अक्षरों के बजाये जाने को 'बिन्दु', दाहिने हाथ की कनिष्ठा और अंगुष्ठ से हाथ को अधोमुखी करते हुए जब तन्त्री में तीन प्रहार किये जाते हैं, तब 'अवमृष्ट' और इन सभी प्रकारों के सम्मिश्रण को 'अनुबन्ध' कहते हैं। इस प्रकार इन दस विधियों से व्यंजन धातु का प्रयोग वीणा में किया जाता है।" (श्लोक 64-69)

इसी व्यंजन धातु के योग से 'रामायण'-गान के सन्दर्भ में वीणा-वादन करने का उल्लेख महर्षि ने किया है।

श्री शत्रुघ्न द्वारा महर्षि वाल्मीकि के आश्रम में 'रामायण'-गान सुनने का उल्लेख उत्तरकाण्ड के 71वें सर्ग में मिलता है। यह घटना कुश-लव द्वारा श्री राम की सभा में 'रामायण'-गान सुनाने से पूर्व की है। श्री राम की आज्ञा से मधुरापुरी के लवणासुर का वध करके एवं वहाँ राजधानी स्थापित करके बारह वर्षों के पश्चात् अयोध्या लौटते समय श्री शत्रुघ्न एक रात्रि विश्राम के लिए महर्षि वाल्मीकि के आश्रम में ठहर जाते हैं। रात्रि में भोजन करने के बाद वहाँ उन्हें 'रामायण' का गान सुनाई देता है। यह किसके द्वारा गाया जा रहा था, इसका उल्लेख 'रामायण' में नहीं किया गया है। इससे ऐसा प्रतीत होता है कि वह 'रामायण'-गान का नियमित किया जानेवाला अभ्यास था। इस प्रसंग में 'रामायण'-गान के प्रभाव एवं विधान का वर्णन किया गया है, जिसमें गान्धर्व के कुछ विशिष्ट सिद्धान्तों की चर्चा की गयी है, जिसका शास्त्रीय दृष्टि से महत्त्व है—"नरश्रेष्ठ शत्रुघ्न ने भोजन किया और उस समय रामचरित का क्रमशः वर्णन सुना, जो वीणा की लय के साथ तीनों स्थानों एवं करण से युक्त, संस्कृत भाषा में निबद्ध, व्याकरण, छन्द काव्य के लक्षणों से युक्त समताल के साथ गाया गया था। वह रामचरित पूर्व में ही क्रमबद्ध कर लिया गया था।" (श्लोक 14-16) श्लोक 15 की प्रथम पंक्ति में 'त्रिस्थान करणान्वितम्' शब्दावली महत्त्वपूर्ण है। इसका अर्थ है—तीनों स्थानों और करण से युक्त (त्रिस्थान से तात्पर्य मन्द्र, मध्य

एवं तार स्थान है।) 'करण' धातु का एक प्रकार है, जिसका उल्लेख पूर्व में किया जा चुका है। व्यंजन के समान करण का सम्बन्ध भी वीणा-वादन से है। नाट्यशास्त्रानुसार 'करण' धातु के पाँच भेद हैं (अ० 29, श्लोक 59-60)—"रिभित, उच्चय, नीरिभित, ह्राद और अनुबन्ध वीणा-वाद्य में करण धातु के ये पाँच भेद हैं।" इनका स्पष्टीकरण इस प्रकार है—1. आदि के दो प्रहारों में लघु और तृतीय में गुरु 'रिभित' है, 2. चार लघु के बाद पाँचवाँ एक गुरु 'उच्चय' है, 3. छह लघु के पश्चात् सप्तम एक गुरु 'नीरिभित' है। 4. आठ लघु के बाद नवम् गुरु 'ह्राद' है। 5. जिसमें उपर्युक्त भेदों का अनुबन्ध न हो, अर्थात् सब का मिश्रण 'अनुबन्ध' है।

'रामायण'-गान के उक्त सन्दर्भ में वीणा-वादन के साथ करण का उल्लेख करते हुए महर्षि ने यही संकेत किया है कि तीनों स्थानों में करण धातु का प्रयोग वीणा-वादन में लय के साथ किया जा रहा था।

उत्तरकाण्ड, 94वें अध्याय के वर्णन में 'तन्त्रीलय व्यंजनयोगयुक्तम्' और उत्तरकाण्ड 71वें अध्याय के वर्णन में 'तन्त्रीलय समायुक्तं त्रिस्थानकरणान्वितम्' पंक्तियों से यही प्रमाणित होता है कि गान्धर्व के अन्तर्गत वीणा-वादन में प्रयुक्त धातुओं का विधानानुसार प्रयोग कुश-लव के 'रामायण'-गान में किया जा रहा था। अर्थात् उस काल में वीणा-वादन की शिक्षा 'नाट्यशास्त्र' के सिद्धान्तानुसार ही दी जाती थी। महर्षि वाल्मीकि ने कुश-लव को वीणा-वादन के विविध प्रयोगों में दक्ष बना दिया था। 'करण' धातु का सम्बन्ध लय के साथ अनिवार्यतः जुड़ा हुआ है, क्योंकि गुरु-लघु की प्रायोगिक भिन्नता से करण के पाँच भेद बनते हैं और गुरु-लघु लय पर आधारित हैं।

उक्त 15वें श्लोक की दूसरी पंक्ति में 'समताल समन्वितम्' कहा गया है। ताल के साथ ही सम का अपरोक्ष रूप में उल्लेख हो जाता है, क्योंकि ताल के दस प्राणों में 'ग्रह' के अन्तर्गत 'सम' का समावेश है। परन्तु महर्षि ने सम का यहाँ पृथक् उल्लेख किया है। इसका तात्पर्य यह है कि इस शब्द के माध्यम से कुछ विशिष्ट सिद्धान्तों की ओर उनका संकेत है।

नाट्यशास्त्रानुसार, सम के आठ भेद हैं—"सम के आठ प्रकार हैं—अक्षर सम, अंग सम, ताल सम, यति सम, ग्रह सम, न्यास सम, अपन्यास सम, और पाणि सम। गान में लघु-गुरु का जिस प्रकार प्रयोग किया जा रहा हो, उसी प्रकार वाद्य में भी प्रयोग करना 'अक्षर-सम' कहलाता है। ध्रुवाओं में ग्रहमोक्षादि का जैसा प्रयोग किया गया हो, उसी प्रकार वाद्य में भी करना 'अंग-राग' कहलाता है। गान में जिस प्रमाण में प्लुत, गुरु, लघु आदि कलाओं का प्रयोग किया जा रहा हो, उसी प्रमाण में वाद्य में भी प्रयोग किया जाना 'ताल-सम' कहलाता है। विलम्बित, मध्य, द्रुत लयों का गान में जैसा प्रयोग किया जा रहा हो, वैसा ही वाद्य में किया जाना 'लय-सम' कहलाता है। रागा, श्रोतोगता तथा गोपुच्छा यतियों का गान में जैसा प्रयोग हो रहा

हो, वैसा ही वाद्य में करना 'यति-सम' है। वाद्यों (तत, अवनद्ध, वंश) और गान में श्रुति-समानता 'ग्रह-सम' है। वाद्य और गान में न्यास की समानता 'न्यास-सम' और अपन्यास की समानता 'अपन्यास-सम' कहलाता है। समपाणि, अर्द्धपाणि, उपरिपाणि की वाद्य एवं गान में समानता 'पाणि-सम' कहा जाता है। (न्यास व अपन्यास-सम का सम्बन्ध स्वर से है, क्योंकि न्यास-अपन्यास, जाति दस लक्षणों के अन्तर्गत है।) (अध्याय 34, श्लोक 139-147)

इन सम-प्रकारों में वाद्यों के द्वारा गान की जिस प्रकार यथारूप संगति की जाती थी, उसका वर्णन है। तात्पर्य यह है कि 'रामायण'-गान और वीण-वादन में सभी साम्यों का प्रतिपालन किया जा रहा था। ये सिद्धान्त तत्कालीन संगीत-सिद्धान्त के परिचायक हैं।

महर्षि वाल्मीकि के द्वारा गान्धर्व में प्रयुक्त विभिन्न पारिभाषिक शब्दों का यथोचित प्रयोग उनकी गान्धर्व-मर्मज्ञता का द्योतक तो है ही, साथ ही 'रामायण'-गान की शास्त्रीय प्रामाणिकता भी इससे सिद्ध होती है।

निष्कर्ष

उपर्युक्त विवेचन से यह सिद्ध होता है कि 'रामायण' के रचना-काल में 'गान्धर्व' का विशेष प्रचार था। 'रामायण'-गान गान्धर्व के सिद्धान्तानुकूल किया गया था। 'रामायण' का गान्धर्व 'नाट्यशास्त्र' के गान्धर्व से पूर्ण समानता रखता है और गान्धर्व के लिए 'मार्ग' शब्द का भी प्रयोग किया जाता था। 'गान्धर्व' के अतिरिक्त 'नाट्यशास्त्र' में उल्लिखित 'गान' का संकेत भी 'रामायण' में पर्याप्त रूप में प्राप्त होता है, यद्यपि 'गान' शब्द का प्रयोग स्पष्ट रूप से 'रामायण' में उपलब्ध नहीं है। परन्तु ऐसे स्थलों के सांगीतिक वर्णन में महर्षि के द्वारा 'गान्धर्व' शब्द का प्रयोग नहीं किया गया है; जैसे—रावण के अन्तःपुर के सांगीतिक चित्रण में 'गान्धर्व' का उल्लेख नहीं है। इसका तात्पर्य यह है कि वहाँ केवल मनोरंजन के लिए संगीत का उपयोग किया जाता था। इनमें ऐसे तत्त्वों का भी समावेश किया जाता रहा होगा, जिन्हें बाद के आचार्यों ने 'देशी' के अन्तर्गत माना है। 'नाट्यशास्त्र' के 'गान' में भी रंजक तत्त्वों की प्रधानता थी, इसीलिए सैद्धान्तिक एवं क्रियात्मक दृष्टि से उसका रूप पृथक् हो जाता था। यद्यपि गान्धर्व में भी रंजक तत्त्वों की कमी नहीं थीं, तथापि गान का लोकानुकरण नाट्य के साथ चलता था, इसलिए लौकिक प्रसंगों को यथार्थ रूप प्रदान करने के लिए लौकिक तत्त्वों का समावेश उसमें आवश्यक था। गान्धर्व का प्रयोग भी लोकानुरंजन के लिए किया जाता था, परन्तु लोकनुरंजन के लक्ष्य से उसके रूपों, सिद्धान्तों में परिवर्तन नहीं किया जाता था; जैसे—जातियो का प्रयोग गान्धर्व में भी किया जाता था और गान में भी, परन्तु गान की जातियाँ पद-प्रधानता की ओर आगे बढ़ जाती थीं और गान्धर्व में स्वर-प्रधानता स्वीकार की जाती थी। गान में

पद-प्रधानता का कारण संगीत की रसानुकूल प्रस्तुति है। गान का लक्ष्य लोकानुरंजन था, परन्तु गान्धर्व का लक्ष्य लोकानुरंजन के अतिरिक्त प्रधान रूप से अभ्युदय-निःश्रेयस की प्राप्ति था। 'रामायण'-गान को इसीलिए 'गान्धर्व' कहा गया है कि उसका लक्ष्य केवल मनोरंजन नहीं है, क्योंकि उसके माध्यम से मर्यादा पुरुषोत्तम भगवान् श्री राम के चरित्र एवं उनकी भक्ति के स्वरूप को लोगों के समक्ष महर्षि ने प्रस्तुत किया था। उसमें माधुर्यादि गुणों की कमी नहीं थी, तथापि राग-द्वेषादि दोषों से शून्य, निर्मल हृदयवाले, पावन-चरित्र महर्षियों को भी आत्मविभोर करने की क्षमता थी। वह महाकाव्य गेय था, इसलिए उसमें पद की भी प्रधानता थी, क्योंकि श्रृंगार-वीरादि रसों से वह युक्त था। परन्तु गान्धर्व के सिद्धांतों से वह विलग नहीं था। नाट्यशास्त्रानुसार स्वर, पद, ताल से युक्त वह गान था। 'रामायण'-गान में किन तालों का प्रयोग किया गया था, इसका उल्लेख उपलब्ध नहीं है; परन्तु अनुमान से यह कहना सम्भव है कि गान्धर्व के चंचत्पुटादि तालों का ही प्रयोग किया गया होगा। वीणा-वादन एवं गान की समरसता का 'रामायण'-गान के सन्दर्भ में अनेक स्थानों पर उल्लेख मिलता है, परन्तु उसके साथ अवनद्ध वाद्य मृदंगादि के द्वारा संगति किये जाने की चर्चा उपलब्ध नहीं है। यद्यपि मृदंग—मुरजादि अवनद्ध वाद्यों के अनेक स्थानों पर उल्लेख 'रामायण' में उपलब्ध हैं। यह भी उल्लेखनीय है कि भारतीय इतिहास का आदिकाव्य गेय था और उसे गान्धर्व के विधि-विधानों से गाया जाता था तथा उसकी रचना एक तपोनिष्ठ महर्षि के द्वारा की गयी थी। प्राचीन संस्कृत-साहित्य महाभारत, पुराणादि के आधार पर रामचरित्र की गान-परम्परा अत्यन्त प्राचीन है, परन्तु ऐसा लगता है कि गान्धर्व की परम्परा के साथ महाकाव्य 'रामायण'-गान की परम्परा भी समाप्त हो गयी। गाथा-गान अश्वमेधादि यज्ञों का अनिवार्य अंग था। इन यज्ञों की परम्परा की समाप्ति के साथ गाथा-गान की परम्परा भी समाप्त हो गयी। 'रामायण'-गान की परम्परा समाप्ति में ये दो कारण प्रमुख प्रतीत होते हैं। धनुर्वेदादि अन्य उपवेदों के समान 'गान्धर्ववेद' भी आज उपलब्ध नहीं है। 'नाट्यशास्त्र' के अनेक सिद्धान्त भी प्रत्यक्ष क्रिया से सम्बन्ध रखने के कारण आज अबोध हो गये हैं। वीणा-वादन की 'नाट्यशास्त्र' में वर्णित परम्परा सर्वथा अबोध हो गयी है। तालों के सिद्धान्त लुप्त हो गये हैं। आचार्य अभिनवगुप्त के काल तक गान्धर्व लुप्त हो चला था, परन्तु उस समय तक उसके विधि-विधान को जाननेवाले आचार्य थे, इसीलिए अभिनवगुप्त को 'नाट्यशास्त्र' के रहस्यों का अध्ययन गुरु-परम्परा से करना सम्भव हो सका। वाल्मीकीय रामायण का स्थूल शाब्दिक रूप तो सुरक्षित रहा, परन्तु उसके गान की परम्परा का सांगीतिक रूप लुप्त हो गया। वास्तविकता यह है कि प्राचीन-काल में पौराणिकों की परम्परा में भी संगीत की शिक्षा दी जाती थी, परन्तु कालान्तर से यह परम्परा भी समाप्त हो गयी। इन्हीं अनेक कारणों से गान्धर्व की परम्परा से सम्बद्ध 'रामायण'-गान की परम्परा का मूलरूप सुरक्षित नहीं रह पाया। परन्तु उसकी गेयता

की परख तो आज भी किसी अनुकूल राग-ताल में निबद्ध कर प्रत्यक्ष गान के द्वारा की जा सकती है। महाकवि कालिदास-रचित रघुवंश भी महाकाव्य है, परन्तु उसकी रचना गेय रूप में नहीं की गयी है। 'रामायण' की छन्द-रचना एवं शब्दावली पूर्णतः सांगीतिक है। उसमें शब्द-माधुर्य भी है और स्वर-सौन्दर्य भी। तालानुकूल शब्द-संगठन भी है और सांगीतिक ध्वन्यात्मकता भी। उपर्युक्त समीक्षा का साररूप, निष्कर्ष के रूप में निम्नांकित है :—

1. महर्षि वाल्मीकि-कृत महाकाव्य 'रामायण' की रचना गेय रूप में की गयी थी। स्वतः महर्षि-रचित उसकी गान-शैली भी थी, जिसकी शिक्षा उन्होंने राजकुमार कुश-लव को दी थी।

2. 'रामायण' का गेय रूप गान्धर्व के सिद्धान्तानुकूल था।

3. उस काल में गान्धर्व-विधि को 'मार्गविधान' शब्द से भी अभिहित किया जाता था।

4. जनसामान्य से लेकर चक्रवर्ती सम्राटों तक को सामान्य शिक्षा के साथ गान्धर्व या संगीत की शिक्षा दिये जाने की परम्परा थी, क्योंकि वेदांग के अन्तर्गत उसकी गणना होती थी।

5. अन्य कलाओं एवं विद्याओं के समान गान्धर्व की शिक्षा भी गुरुकुल-परम्परा से ही दी जाती थी।

6. पुरुषों के अतिरिक्त स्त्रियाँ भी गीत, वाद्य, नृत्य, अभिनयादि कला में पारंगत थीं। नाटकादि के प्रदर्शन के लिए स्त्रियों की स्वतन्त्र संस्थाएँ भी थीं।

7. गान्धर्व के अनुकूल प्रतिभा एवं गुणवाले विद्यार्थियों को ही इसकी विशेष शिक्षा दी जाती थी। प्रतिभा-परीक्षण के लिए सिद्धान्तों का निर्धारण किया जा चुका था।

8. गान्धर्व व मार्ग के अतिरिक्त गीत, वाद्य, नृत्य के लिए 'सामूहिक संगीत' शब्द का भी प्रचार उस काल में था।

9. गान्धर्व-विद्या का उस काल में व्यापक प्रचार था तथा प्रत्येक सामाजिक, धार्मिक, सांस्कृतिक कार्यों में उसकी अनिवार्यता थी।

10. संगीत के व्यवसायी कलाकारों का वर्ग भिन्न था, परन्तु पारिवारिक परिवेश में भी नित्यप्रति सांगीतिक आयोजन होते थे।

11. 'रामायण' की तीन प्रमुख नगरी अयोध्या, किष्किंधा और लंका सदैव वीणादि वाद्यों की मधुर ध्वनियों से गूँजती रहती थीं।

12. 'रामायण'-गान सप्त शुद्ध जातियों पर आधारित था, जिससे यह प्रमाणित होता है कि उस काल में षड्ज-ग्राम एवं मध्यम-ग्राम का प्रचार था।

13. 'रामायण'-गान पूर्ण रूप से 'नाट्य-शास्त्र' के सिद्धान्त के अनुरूप किया गया था।

14. गान्धर्व में शास्त्रीय आलोचना की पद्धति का विकास हो चुका था, जिसके आधार पर गान, वाद्य एवं गायक-वादकों के गुण-दोषों की विवेचना की जाती थी।

15. गान के साथ वीणा-वादन की परम्परा की भी पूर्ण विस्तार हो चुका था, जिसमें सैद्धान्तिक परम्परा का निर्वाह पूर्ण रूप से किया जाता था।

16. गान एवं नृत्य की संगति के लिए वाद्यों के वादन-विधान का भी सिद्धान्त निश्चित किया जा चुका था।

17. 'रामायण'-गान में गान्धर्व के सिद्धान्तानुसार स्वर, ताल, पद के सामंजस्य पर विशेष ध्यान दिया जाता था, जिससे श्रोताओं पर उसका विशेष अनुकूल प्रभाव पड़ता था।

18. वीणा, वल्लकी, विपंची आदि वीणा के अनेक प्रकारों की शिक्षा-पद्धति निश्चित हो चुकी थी। 'रामायण'-गान के साथ जिस वीणा का प्रयोग किया गया था, उसका नाम 'तन्त्री' था। वीणा उस काल का सर्वाधिक लोकप्रिय वाद्य था।

19. 'रामायण'-गान तालयुक्त गान था, परन्तु उसके साथ किसी ताल-वाद्य के द्वारा संगति किये जाने का उल्लेख नहीं है। उसमें गान्धर्व के चंचत्पुटादि तालों का ही सम्भवतः प्रयोग किया गया होगा।

20. उस काल में गान्धर्व के अतिरिक्त गान का भी प्रचार अवश्य था।

21. 'रामायण' महाकाव्य के गायक श्री राम के दोनों पुत्र राजकुमार कुश और लव थे। कुश गान के साथ वीणा-वादन भी कर रहे थे एवं लव गान करने के साथ हाथ से ताल दे रहे थे।

22. गान्धर्व के पारिभाषिक शब्दों का जिस प्रकार सार्थक व अनुकूल प्रयोग 'रामायण' में किया गया है, उससे यह प्रमाणित होता है कि महर्षि वाल्मीकि गान्धर्व के विशेष तत्त्वज्ञ थे।

23. अयोध्या का सांगीतिक वातावरण सात्त्विक गुणसम्पन्न था, परन्तु लंका के संगीत में राजस व तामस गुणों की प्रधानता थी, क्योंकि वहाँ संगीत के साथ सुरा एवं सुन्दरी का सम्बन्ध घनिष्ठ रूप से जुड़ा था।

24. 'रामायण' के दोनों प्रधान व्यक्ति श्री राम एवं रावण—सामगान एवं गान्धर्व में पारंगत थे।

25. गान्धर्व के अन्तर्गत गीत एवं वाद्य के विषयों का ही समावेश था। गान्धर्व से अलग नृत्य का उल्लेख 'रामायण' में मिलता है।

उपर्युक्त विवेचना से यह निश्चित होता है कि राम-राज्य जिस प्रकार 'सर्वजनसुखाय, सर्वजनहिताय' कल्याणकारी राज्य था, उसी प्रकार उस काल का सांगीतिक इतिहास भी महत्त्वपूर्ण एवं शिक्षाप्रद है। 'रामायण' महाकाव्य के माध्यग से महर्षि वाल्मीकि ने जनकल्याण की दृष्टि से भगवान् श्री राम के चरित्र को जन-जन तक पहुँचाया और उसकी गान-शैली का निर्धारण करके यह सन्देश दिया

कि संगीत एवं साहित्य का जब सार्थक समन्वय होता है, तब उसका मंगलमय रूप सभी के लिए कल्याणकारी बन जाता है। संगीत व साहित्य का व्यसन के रूप में उपयोग विनाशकारी भी होता है, जिसका प्रत्यक्ष उदाहरण लंका का सांगीतिक वातावरण है। परन्तु उसका कल्याणकारी रूप स्त्री, पुरुष, राजा, प्रजा, बाल, युवा, वृद्ध, वीतराग महर्षियों—सभी के लिए उपादेय है। सामान्य जन उसे सुनकर आनन्द प्राप्त करते हैं और भगवद्-भक्ति में लीन रहनेवाले तपस्वी, महर्षि, भक्त, साधक परमानन्द, आत्मानन्द, ब्रह्मानन्द प्राप्त करते हैं। गान्धर्व का लक्ष्य क्षणिक आवेश या उत्तेजना नहीं, वरन् आयुष्य, तुष्टि, पुष्टि प्रदान करना है। लौकिक सुख के साथ अलौकिक—अर्थात् मोक्ष प्राप्त कराने में भी वह समर्थ है। परन्तु इसके साथ प्रतिज्ञा यही है कि वह महर्षि वाल्मीकि के 'रामायण'-गान के समान भगवद्-गुणानुवाद, भगवत्चरित्र से युक्त हो।

सन्दर्भ

1-2. 'वाल्मीकि रामायण', बालकाण्ड, सर्ग 1, श्लोक 2, 8।

जैन साहित्य में ध्वनि और शब्द

●

अभयप्रकाश जैन

द्रव्यकर्णेन्द्रिय के आधार से भावकर्णेन्द्रिय के द्वारा जो ध्वनि सुनी जाए, उसे शब्द कहते हैं। वह शब्द अनन्त परमाणुओं के पिण्ड (स्कन्ध) से ही उत्पन्न होता है। जब स्कन्धों का परस्पर संघर्षण होता है, तब शब्द उत्पन्न होता है। अनन्त परमाणुओं की पिण्ड, स्वभाव से ही उत्पन्न शब्द योग्य वर्गणाएँ इस लोक में सर्वत्र व्याप्त हैं। जहाँ-जहाँ शब्द के उत्पन्न करने योग्य बाह्य साधन मिल जाते हैं, वहाँ ये शब्दवर्गणाएँ स्वतः शब्द (नाद) रूप में परिणत हो जाती हैं। "आकाशगुणः काणादैरिष्टाः"। कुमारिल भट्ट : श्लोकवार्तिके। महर्षि कणाद शब्द को आकाश का गुण बताते हैं।

यदि वास्तव में शब्द आकाश का गुण होता तो कर्णेन्द्रिय द्वारा वह ग्रहण में न आता क्योंकि आकाश तो अमूर्तिक है। अमूर्तिक पदार्थ का गुण भी अमूर्तिक होना चाहिए। शब्द तो मूर्तिक है, इसीलिए वह मूर्तिक इन्द्रियों रेडियो, टेपरिकार्ड द्वारा पकड़ा जाता है। शब्द दो प्रकार का होता है—एक प्रायोगिक, दूसरा वैश्रसिक। जो शब्द पुरुष आदि के सम्बन्ध से उत्पन्न होता है, वह प्रायोगिक कहलाता है, जो मेघ आदि से उत्पन्न होता है, वह वैश्रसिक कहलाता है। शब्द के दो भेद हैं भाषा और अभाषा। उनमें भाषात्मक शब्द अक्षर-अनक्षर के भेद से दो प्रकार का है। प्राकृत, संस्कृत, आर्य मलेच्छादिक भाषारूप जो शब्द हैं, वे सब अक्षरात्मक हैं। जो इन्द्रियादिक जीवों के शब्द हैं तथा केवली भगवान् की जो दिव्य ध्वनि है, वह अक्षरात्मक और अनराक्षरात्मक है। अभाषात्मक के भी दो भेद हैं प्रायोगिक और वैश्रसिक। प्रायोगिक तो तत्-वितत्-घन-सुषिरादि रूप होते हैं। तत् शब्द उसे कहते हैं जो वीणादि से उत्पन्न होता है। वितत् शब्द ढोल, नगाड़े आदि से उत्पन्न होते हैं। झांझ, करताल आदि से उत्पन्न होनेवाले शब्द घन कहे जाते हैं और जो बाँसादि से उत्पन्न हों, वे शब्द सुषिर कहलाते हैं। ये समस्त प्रकार के ही शब्द पुदगल स्कन्धों (Matter) से उत्पन्न होते हैं।[1]

साक्षर एवं १७ वर्णसमूहान्नैव

विनार्थगतिर्जयतिस्मात्

महापुराण 23/73

सद्दो संधप्पभवो खंधो परमाणु संगसंधादो।
पुट्टेसु तेसु जायदि सद्दो उप्पादगो णियदो ॥

आचार्य कुंदकुंद पंचास्तिकाय 79

जितने भी भाषा रूप या अभाषा रूप शब्द लोक में होते हैं, उनका उपादान कारण ये भाषावर्गणाएँ हैं तथा इसके शब्द रूप परिणमन में निमित्त कारण स्थूल स्कन्धों का परस्पर मिलना (टकराना) है। जैसे ताली बजाना और तालु हिलाना, बाजा बजाना, धरती पर पग धरना, पानी का परस्पर धक्का होना, वायु का धक्का भीत आदि को लगना, मेघों का मिलना आदि। इस तरह अन्तरंग, बहिरंग कारणों से शब्द पैदा होते हैं। ये शब्द वहीं तक सुनाई देते हैं, जहाँ तक भाषावर्गणाएँ परस्पर एक-दूसरे को शब्दायमान करती हुई जा सकें। यह निमित्त कारण के बल के ऊपर निर्भर है। बहुत जोर से ओंठ, तालु हिलाने पर शब्द दूर तक जा सकेगा, यदि मंदता से ओंठ, तालु हिलाएँ तो बहुत कम-दूरी तक ही जा सकेगा। शब्द अमूर्तिक आकाश का गुण कभी नहीं हो सकता, क्योंकि अमूर्तिक के गुण अमूर्तिक तथा मूर्तिक के गुण मूर्तिक होते हैं। यदि शब्द अमूर्तिक होता तो कानों से न सुनाई देता, न यह किसी से रुक सकता। यदि हम अपने हाथों को मुँह के ऊपर लगाकर बोलें, तब हम देखेंगे कि शब्द रुककर निकल रहा है। श्लोकवार्तिक में शब्द मूर्तिक हैं, इनकी चर्चा इस प्रकार की गयी है—

प्रोक्ताशब्दादिमन्नस्तु पुद्गलास्कंधभेदतः ।
तथा प्रमाण सद्भावादन्मथा तदभावत् ॥

पुद्गल की परिभाषा इस प्रकार है। "परयन्ति गलन्ति इति पुद्गला।"

बृहद् जैन शब्दा. वि, पृ. 540

स्कन्ध रूप से परिणमन करनेवाले पुद्गल ही शब्दादि रूप होते हैं, यही बात प्रमाणसिद्ध है। इस प्रकार शब्द पुद्गल द्रव्य का पर्याय है।

पंचास्तिकाय, टीका न. शीतलप्रसाद (सूरत) पृ. 348

प्राकृते संस्कृते चापि स्वयंप्रोक्तः स्वयम्भुवा ॥

पाणिनि शिक्षा, 3

अकारः सर्ववर्णाग्ग्रः प्रकाराः परमः शिवः ।
आद्यमन्त्येन संयोगादह मित्येव जायते ॥

नन्दिकेश्वरकाशिका, 4

'अ' अक्षर समस्त वर्णाक्षरों में प्रथम है। यह शास्त्र के द्रव्यात्मक स्वरूप का जनक होने से प्रकाशात्मक है, पर उत्कृष्ट है तथा शिव है। इस आद्य 'अ' का संयोग वर्णमाला के अन्त्य अक्षर 'ह' के साथ कर देने से 'अहं' पद बनता है। अहं स्ववाचक आत्मबोधक शब्द है, अतः अक्षरों का सत्य आत्मलाभ-प्राप्ति में सहायक होना सिद्ध है।

सन्दर्भ

1. ततं वीणादिक ज्ञेयं विततं पटहादिकम्।
   घनं तु कांस्यतालादि सुषिरं वंशादिक विदुः ॥

ब्रहदकसंग्रह टीका 13, पृ० 51

'नैषध' का सांगीतिक अनुशीलन

आचार्य कामताप्रसाद त्रिपाठी 'पीयूष'

महाकवि हर्ष सुरभारती के आलंकारिक कवियों में सर्वाधिक सम्मान के अधिकारी हैं। उन्हें अपनी विद्वत्ता पर अतीव गर्व था। इस महान् व्यक्तित्व ने अपने महाकाव्य 'नैषध' (नैषधीयचरितम्) के सम्बन्ध में गर्वोक्ति की थी कि 'मैंने इसमें प्रयासपूर्वक कुछ ऐसी ग्रन्थियाँ लगा दी हैं, जो कि पंडितम्मन्य जनों से कदापि खुल नहीं सकतीं, अतः यहाँ खलों को खिलवाड़ करने का अवसर नहीं है। ग्रन्थियों की शिथिलता के लिए तो आराधित गुरु-चरणों की अनुकम्पा अनिवार्य है।'[1]

वास्तव में 'नैषध' की कलात्मक कमनीयता अपनी पराकाष्ठा को प्राप्त है। हर्ष विविध विद्याओं, अखिल कलाओं एवं समस्त शास्त्रों के मान्य मनीषी थे, यह तथ्य उनके महाकाव्य के सूक्ष्म अध्ययन से प्रमाणित होता है। इस प्रबन्ध के अन्तर्गत हर्ष के 'नैषध' में वर्णित तदातन संगीत का स्वरूप प्रतिबिम्बित है।

गंगा, यमुना तथा सरस्वती के पावन संगम-स्थल प्रयाग की भाँति 'संगीत' में भी गीत, वाद्य तथा नृत्य की समंजस अवस्थिति सर्वमान्य है। कवि ने इस संगीत के अर्थ में 'तौर्यत्रिक'[2] शब्द को व्यवहृत किया है—

विलास-वापी-तट-वीचि-वादनात्
पिकालिगोतेः शिखिलास्य लाघवात्।
वनेऽपि तौर्यत्रिकमारराध तं क्वभोगमाप्नोति
न भाग्यवान् जनः ॥ (नै. 1-120)

जिस समय नल दमयन्ती के पति उत्पन्न पूर्वराग की अतिशय व्यथा को शान्त करने के लिए वन-विहारार्थ गये, तो वहाँ भी क्रीड़ावापी की तटीय लहरों के वाद्य, कोकिल तथा मिलिन्दों के गीत एवं मयूरों के लास्य-लाघव (नृत्य-कुशलता) से 'तौर्यत्रिक' (त्रिविध संगीत) ने उनकी आराधना की। ठीक ही है, भाग्यवान् लोग

अपने उपभोग की सामग्री कहाँ नहीं प्राप्त कर लेते![3] अर्थान्तरन्यास के व्यंजक शब्दों में त्रिविध संगीत छविमान् है। 'वनेऽपि' (वन में भी)–ऐसा कहकर 'राजप्रासाद तो संगीत से गुंजित ही रहता था', इस ओर स्पष्ट संकेत किया गया है।

अब त्रिविध संगीत का पृथक्-पृथक् वर्णन अवलोकनीय है–

1. गायन

गायन से सम्बद्ध अनेक तथ्यों का प्रसंगतः वर्णन उपलब्ध है। गायन-कला मधुर कण्ठ में ही शोभा पाती है, अतः गायिकाओं के मधुर कण्ठ की श्लाघा बहुत की गयी है; यथा–

कण्ठः किमस्याः पिकवेणु-वीणास्त्रिस्रो
जिताः सूचयति त्रिरेखः।
इत्यंतरस्तूयत यत्र काऽपि नलेन बाला
कलमालषंती ॥ (6-59)

मधुर निस्वनों में आलापती हुई किसी गायिका की प्रशंसा में नल की आभ्यन्तरिक उत्प्रेक्षा है कि तीन रेखाओं से युक्त इसका कण्ठ वास्तव में यह सूचना देता है कि इसने पिक, वेणु और वीणा–तीनों की माधुरी को जीत लिया है।

'नैषध' की नायिका दमयन्ती भी अद्वितीय गायिका थी। उसके कण्ठ की मधुरिमा का अनुमान इस पद्य से लगाया जा सकता है–

भैमीमुपावीणयदेत्य यत्र
कलिप्रियस्य प्रियशिष्यवर्गः।
गंधर्ववध्वः स्वरमध्वरीणतत्कण्ठनालैक-
धरीणवीणः ॥ (6-65)

कलिप्रिय (नारद) द्वारा शिक्षित गन्धर्व-सुन्दरियाँ वीणा के माधुर्य को अपने मधुर कण्ठ से मात कर देनेवाले दमयन्ती के समक्ष वीणा बजाने में अपना गौरव मानती थीं, क्योंकि ऐसा करने से वे अपनी कला को और अधिक विकसित करने का उद्देश्य पूरा करती थीं। यहाँ विचारणीय बात यह है कि वे गन्धर्वों (संगीत-विद्या के मर्मज्ञों) की स्त्रियाँ थीं, उसपर भी नारद-जैसे महान् वीणा-वादक की (सामान्य नहीं) प्रिय शिष्याएँ थीं, फिर भी और अधिक कलात्मक विकास के लिए गन्धर्वलोक से उतरकर दमयन्ती के समक्ष वीणा बजाकर धन्य हो उठती थीं। यह दमयन्ती के मधुर कण्ठ की सटीक व्यंजना नहीं तो और क्या है?

यही नहीं, निम्नांकित पद्य में दमयन्ती की कलकण्ठ-कमनीयता की कोमल अभिव्यक्ति प्रकारान्तर से भी गयी है–

आकृष्य सारमखिलं किमु वल्लकीनां
तस्या मधुरस्वरमसर्जिनं कण्ठनालम्।
तेनान्तरं तरलभावमवाप्य वीणा
ह्रीणः न कोणममुचत किमुतालयेषु ॥

(21-1-128)

सम्भवतः दमयन्ती के कण्ठ की रचना वीणा के समस्त सार भाग को खींचकर (निकालकर) हुई थी। यही कारण है कि वह (वीणा) अपने अन्तस् को रिक्त पाकर द्रुत लय के समय लज्जित होकर कोण से अलग नहीं होती। यहाँ 'आलय'[4] और 'कोण'[5] शब्द दो-दो अर्थों के लिए श्लिष्ट हैं। 'आलय' का अर्थ 'विशेष लय' और 'घर' तथा 'कोण' का अर्थ 'मिजराब' और 'घर का एक कोना' होता है। लज्जित व्यक्ति घर के एक कोने में छिप जाता है। वीणा भी लज्जित होकर आलय में अपनी मूर्च्छनाओं के अवसर पर कोण को ही ग्रहण किये रहती है। द्रुत लय में की गयी मूर्च्छनाओं के समय वीणा के तारों से मिजराब प्रायः अलग नहीं होती, मिली ही रहती है—यह व्यावहारिक पक्ष संकेतित है।

दमयन्ती की कण्ठ-माधुरी से वीणा की पराजय का एक और चित्र देखिए—

सा यद्धृताऽखिल-कला-गुण-भूमिभूमी
भैमीकलाधिगतये स्वरसंगता यत्।
तं प्रागसाववितयं परिवादमेत्य,
लोकेऽधुनाऽपि विदिता परिवादिनीति ॥

(21-126)

अखिल कलाओं की अधिष्ठात्री-स्वरूपा दमयन्ती की समानता करने के अविनयपरक परिवाद के कारण ही तो वीणा आज भी 'परिवादिनी' कही जाती है। कवि की कल्पना रमणीय है। वैसे, सात तारों वाली वीणा को 'परिवादिनी' कहा गया है।[6] सम्भव है, इसी 'सप्ततार' वाली वीणा का स्वरूप और नाम विकसित होकर आज का प्रचलित वाद्य 'सितार' हुआ हो।

दमयन्ती के समक्ष गन्धर्व-वनिताओं ने गीत के पूर्व 'काकली'[7] का तथा उसके बाद वीणा मिलाते समय धीरे-धीरे मधुर तान का प्रयोग किया। इस गायन की प्रायोगिक विधा में कवि की उत्प्रेक्षा है कि मानो वीणा मधुर कण्ठवाली दमयन्ती के समक्ष प्रथमतः कुछ स्वर निकालने में लज्जा का अनुभव कर रही थी—

तासामभासत कुरंगदृशां विपंची
किंचित्पुरा-कलित-निष्कलकाकलीका।
भैमी तथा मधुरकण्ठलतोपकण्ठे
शब्दायितुं प्रथममप्रतिभावतीव ॥ (21-125)

इन वर्णनों से जहाँ महाकवि की नायिका गायन-कला में पारंगत सिद्ध होती है, वहीं गायन के पूर्व आलाप और वीणा को अनुकूल स्वरों में मिलाने आदि से सम्बन्धित अनेक व्यावहारिक पक्षों के प्रमाण उपलब्ध हो रहे हैं।

'नैषध' के धीरललित[8] नायक नल की संगीत आदि ललित कलाओं में प्रगाढ़ अभिरुचि स्वाभाविक ही है।

2. वाद्य

'नाट्यशास्त्र' आदि ग्रन्थों में चार प्रकार के वाद्यों का वर्णन है। श्री हर्ष ने यमक अलंकार की कलात्मक शैली में चारों वाद्यों की चर्चा की है–

तदा निसस्वनतमां घनं घनं
ननाद तस्मिन् नितरां ततं ततम् ।
अवापुरुच्चैः सुषिराणि राणिता
ममानमानदुधमियत्तयाध्वनीत् ॥

उस समय घन (कांस्य आदि से बने ताल-लय की मात्रा का बोध करानेवाले), तत (तन्त्री आदि तार-वाद्य), सुषिर (वंशी, वेणु आदि) तथा आनद्ध (मृदंग आदि अवनद्ध) वाद्य बजने लगे।

चारों वाद्यों के एकत्र उल्लेख में यह तात्पर्य निहित है कि कवि ने अनेक शास्त्रों के समान ही संगीत-शास्त्र का भी श्रद्धा के साथ अध्ययन किया था।

अनेक वाद्य जहाँ बजाये जा रहे हों, वहाँ वादकों को यह सावधानी रखनी पड़ती है कि किसी वाद्य की ध्वनि अन्य वाद्यों की ध्वनि में तिरोहित न हो। इस तथ्य का संकेत निम्नस्थ पद्य में सुन्दर ढंग से किया गया है–

विपंचिराच्छादित-वेणुभिर्नते
प्रणीत-गीतैर्न च तेपि झझरैः।
न ते हुडुक्केन न सोपि ढक्कया
न मर्दलैः सापि न तेपि ढक्कया ॥

वीणा से वंशी का स्वर, कण्ठ से निकली ध्वनि से वंशी का शब्द, झाँझरी नामक वाद्य से कण्ठ-गीत, हुडुक्का वाद्य से झाँझरी, डफले से हुडूक्का, मृदंग से डफला और डफले से मृदंग की ध्वनियाँ दब नहीं जाती थीं। इस प्रकार गायन-वादन की समन्वित कला का साधिकार निरूपण हुआ है।

वास्तव में जहाँ उपर्युक्त सभी वाद्य बज रहे हों और गायन भी हो रहा हो, वहाँ समस्त वाद्यों की अलग-अलग प्रतीत होनेवाली विशेषता में ही सार्थकता है। कवि को यह ज्ञात था कि किस वाद्य की ध्वनि में अन्य वाद्य की ध्वनि विलीन हो सकती है। इस वर्णन से एक बात यह भी स्पष्ट हो जाती है कि उस समय गायन के साथ

वाद्यवृन्द का सफल प्रयोग प्रचलित था। इससे संगतिकारों की अद्वितीय कुशलता का भी सहज ही अनुमान लगाया जा सकता है।

इस प्रकार 'नैषध' में चारों प्रकार के वाद्यों की झलक मिलती है। 'तत' के अन्तर्गत वीणा और उसके पर्यायवाची—विपंची, वल्लकी और परिवादिनी आदि—शब्दों का प्रयोग-बाहुल्य है[9]। अवनद्ध के अन्तर्गत मृदंग, हुडुक्का और ढक्का आदि वर्णित हैं[10]। सुषिर वाद्य के रूप में वेणु का उल्लेख है[11]। और, घन वाद्य भी चर्चित हैं[12]।

वीणा बजानेवाले को 'वैणिक'[13] कहा गया है। मृदंग[14] का प्रयोग तो नृत्य के लिए आवश्यक ही था।

3. नृत्य

नृत्य के 'ताण्डव'[15] और 'लास्य'[16], दोनों भेद प्रसंगानुसार वर्णित हैं। मयूरों के नृत्य में कवि को लास्य की कुशलता प्रतीत होती है, तो मांगलिक अवसरों पर पताकावाले घरों से ताण्डव-पाण्डित्य की कल्पना सूझती है। नृत्य में प्रायः मृदंग की थापों पर नर्तकी का अभिनय अनेक भावों की कलात्मक सृष्टि करता हुआ निरूपित है। 'नैषध' में पुत्तलिका-नृत्य[17] एवं कौतूहलपूर्ण नृत्यों की भी चर्चा है। कीर्ति को नर्तकी का उपमान देकर कौतुकमय वंशनृत्य[18] का वर्णन प्रायोगिक सूक्ष्मताओं को इंगित करता है; जैसे—नर्तकी पहले भूमि में, पुनः आकाश में नृत्य करती है। कीर्ति भी पहले भूमण्डल में व्याप्त होकर आकाश तक फैल गयी। इन नृत्यों में शास्त्रीय बन्धन उतना अधिक नहीं था, जितना कि ये स्वाभाविक लोक-रुचि की ओर झुके थे।

इस तरह त्रिविध संगीत का दृश्य 'नैषध' में दर्शनीय हो उठा है। श्री हर्ष को स्वरों के विकास के विषय में—

> **षड्जं मयूरो वदति चातको ऋषभन्तथा।**
> **अजो विरौति गांधांर क्रौचः क्वणति मध्यमम् ॥**
> **पुष्प-साधारणे काले पिकः कूजति पंचमम्।**
> **अश्वश्च धैवतं चैव निषादं चैव गजस्तथा ॥**

(संगीत-मकरंद)

इस मान्यता का ज्ञान था, तभी तो निषाद स्वर में हस्तिनी के बोल उठने की उपमा उनके द्वारा सम्भव हुई—

> **नादं निषादमधुरं ततमुज्जगार**
> **साभ्यासभागवनिभृतकुल-कुंजरस्य।**
> **स्तंबेरमीव कृतसश्रुतिमर्धकंपा**
> **वीणाविचित्रकरचापलमाभजंती ॥**

(21-126)

इस पद्य में नाद, श्रुति आदि शब्दों का साभिप्राय प्रयोग किया गया है। कवि को सात स्वरें के क्रमिक आरोह तथा अवरोह के लिए परिभाषित 'मूर्च्छता'[19] की मान्यता विदित थी।

उस काल में संगीत-शिक्षा का समुचित प्रबन्ध था। दमयन्ती स्वयं एक संगीत-शिक्षिका थी, जिससे गन्धर्व-कन्याएँ भी सांगीतिक ज्ञान प्राप्त कर धन्य हो उठती थीं। संगीत का राज-दरबार में पर्याप्त सम्मान था। गन्धर्व-कन्याएँ, जिन्हें दमयन्ती से संगीत की शिक्षा प्राप्त हुई थी, महाराज नल के समक्ष वीणा-वादन प्रस्तुत किया करती थीं।[20]

सम्पूर्ण राजप्रासाद संगीत की मधुर ध्वनियों से गुंजित होता रहता था। नल (प्रथम सर्ग में) दमयन्ती के पूर्वरागात्मक स्नेह से मुग्ध होकर दरबार के मध्य ही उसके नाम का उच्चारण कर बैठते हैं, किन्तु लज्जित होने से इसलिए बच जाते हैं कि उसी समय वहाँ वीणा-वादन द्वारा पंचम मूर्च्छता में बजाई गयी वीणा के स्वर गूँज रहे थे।[21] अन्यत्र विकट गीतियों[22] के सफलतम प्रयोग की निदर्शनाएँ उपलब्ध हैं।

इस विवेचन से 12वीं शताब्दी के सांगीतिक विकास का दृश्य दृष्टिसापेक्ष हो उठता है। श्री हर्ष अन्य शास्त्रों के साथ ही संगीत-शास्त्रीय सूक्ष्म तत्त्वों के मर्मज्ञ थे। उन्हें संगीत के प्रायोगिक पक्ष में कहाँ तक प्रवीणता प्राप्त थी, यह कह पाना कठिन है। किन्तु इतना तो सप्रमाण सिद्ध है कि वे विविध कलाओं के रससिद्ध समीक्षक थे।

सन्दर्भ

1. ग्रन्थ-ग्रन्थिरिह क्वचितृक्वचिदपिन्यासि प्रयत्नान्मया,
   प्राज्ञम्मन्यमना हठेन पठिती मास्मिन् खलः खेलतु।
   श्रद्धाराद्धगुरुश्लथीकृतहढग्रन्थिः समासदयत्वेतत्काव्य-
   रसोर्मि-मज्जन-सुख-व्यासज्जन सज्जनः ॥ (नै. 22-154)
2. तौर्यत्रिकं नृत्यगीतवाद्यं नाट्यमितित्रयम्। (अमर. 1-7-11)
3. सामान्यं वा विशेषो वा तदन्येन समर्थ्यते।
   यत्तु सोऽर्थांतरन्यासः साधर्म्येणेतरेण वा ॥ (का. प्र. द. उ., 109)
4. आलयः 'गृहम्', आ+लयः 'विशेष लय'।
5. वीणादिवादने कोणोऽप्येकदेशो गृहस्य च इति विश्वः।
6. (क) सप्ततंत्रीयुता वीणा परिवादिनी,
   (ख) परिवादः कलंके स्याद् वीणा-वादन-वस्तुति, विश्वः।
7. श्रुतिद्वये चेत् षड्जस्य निषादः संश्रयदसौ।
   सा काकली मध्यमस्य गांधारस्त्वंतरः स्वरः ॥
8. प्रथम गायनो गायन-प्रारम्भे काकलीमालपति, संगीतविद्याविदांगेय जातिः–'नारायणः'। (नारायण की टीका)

9. कण्ठः किमस्याः पिक-वेणुवीणाः (6-59)
वीणा मृदुक्वणन.......... (21-124)
......किमु वल्लकीनाम....(21-128)
लोके धुनापि विदिता परिवादिनीति (21-126)

10. उत्तुंगमंगलमृदंग-निनादभंगी.... (11-6)
तदा निसस्वानतमाम्...... (15-16)

11. कण्ठः किमस्याः पिक-वेणुवीणाः (6-59)

12. तदानिसस्वानतमां घनं घनम् (15-16)

13. समाज एवालपितासु वैणिकैः... (1-52)

14. उत्तुंग मंगल-मृदंग-निनाद-भंगी (11-6)

15. उत्तुंग-मंगल-मृदंग-निनाद-भंगी सर्वानुवाद-विधिबोधित-साधुभेधाः।
सौधस्रजः प्लुतपताकतयभिनिन्युर्मन्ये जनेषु निजाताण्डव-पण्डितत्वम् ॥

16. विलासवापीतट.....'शिखिलास्य लाघवात्' (1-120)

17. भित्तिगर्भगृह-गोपितैर्जनैर्यः कृताद्भुतकथादिकौतुकः।
सूत्रयंत्रजविशिष्टचेष्टायाश्चर्य-संजि बहुशाल-भेंजिकाः ॥ (18-13)

18. भुविर्भ्रमत्वानवलंबमंबरे विहर्तुमभ्यासपरम्परापरा।
अहो महावंशममुं समाश्रिता सकौतुकं नृत्यति कीर्ति-नर्तकी ॥ (12-16)
'नर्तक्यपि पूर्वम् भूमौ भ्रमित्वा निराश्रयं गगने नर्तितुमभ्यासपरा सती महांतं वेणुमाश्रित्य वेणोरुपरि सकौतुकं नृत्यति' (नारायण की टीका, पृ. 496)

19. क्रमात् स्वराणां सप्तानामारोहश्चावरोहणम्। मूर्च्छनेव्युच्यते.....('संगीत-रत्नाकर')
.....यत्पंचम मूर्च्छनासु च (नै० 1-52)

20. शिष्याः कलाविधिषु भूमिभुवो वयस्या वीणा मृदुक्वन-कर्मणि या प्रवीणा।
आसीनमेनमुपवीणयितुं ययुस्ता गंधर्वराजतनुजामनुजाधिराजम् ॥ (21-124)

21. शशाक निह्नोतुमयेन तत्प्रियामयं बभाषे यदलीक-वीक्षिताम्।
समाज एवलपितासु वैणिकैर्मुमूर्च्छ यत्पंचम-मूर्च्छनासु च ॥ (1-52)

22. किन्नरी विकगीति-झंकृतिः (18-19)
विकटाः षड्जादिस्वराणामारोहारोहरीत्या विषमा गीतिः ॥
(नारायण की टीका, पृ. 706)

भागवत महापुराण में श्रीकृष्ण एवं उनके वंशी-वादन का माहात्म्य

डॉ. राधेश्याम जायसवाल

श्रीमद्भागवत महापुराण एक अत्यन्त गोपनीय और रहस्यात्मक पुराण है। वस्तुतः यह भगवत्स्वरूप का अनुभव करानेवाला एवं समस्त वेदों का सार है। अज्ञानी व्यक्तियों के लिए ज्ञान को प्रकाशित करानेवाला यह ग्रन्थ अद्वितीय दीपक है। इस पुराण में भगवान् श्री कृष्ण एवं उनके वंशी-वादन के प्रभाव के अनेक प्रसंगों का उल्लेख मिलता है।

सम्पूर्ण जगत् के एकमात्र स्वामी परब्रह्म परमेश्वर ने धर्म की स्थापना के लिए तथा अधर्म के नाश के लिए षोडश कलाओं से युक्त श्री कृष्ण के रूप में अवतार लिया था। द्वापर के इस आप्तकाम श्री कृष्ण ने न केवल भारतीय, अपितु विदेशी जन-मानस पर भी अपनी एक अमिट छाप छोड़ी है। उनका चरित्र अद्भुत लीलाओं से युक्त है, जिसका कोई दूसरा उदाहरण सम्पूर्ण विश्व के इतिहास में नहीं मिलता। भारतीय साहित्य की निधि इस महामानव के चरित्र-चित्रण से भरी पड़ी है। भारतीय संगीत ने भी इनकी विविध लीलाओं का सम्बल लेकर अपनी निधि को सम्पन्न किया है। भारतीयों के अतिरिक्त विदेशी जनों में भी दिन-पर-दिन इनके अद्भुत चरित्र के प्रति आकर्षण बढ़ता ही जा रहा है। आखिर श्री कृष्ण के प्रति लोगों के आकर्षण का रहस्य क्या है? इस प्रश्न का उत्तर श्रीमद्भागवत महापुराण में स्पष्ट रूप से मिल जाता है। इस पुराण में श्री कृष्ण को साक्षात् परब्रह्म परमेश्वर मानते हुए कहा गया है—

स वै किलायं पुरुषः पुरातनो य एक आसीदविशेष आत्मनि।
अग्रे गुणेभ्यो जगदात्मनीश्वरे निमीलितात्मन्निशि सुप्तशक्तिषु ॥21॥
स एवं भूयो निजवीर्यचोदितां स्वजीवमायां प्रकृतिं सिसृक्षतीम्।

अनामरूपात्मनि रूपनामनी विधित्समानोऽनुससार शास्त्रकृत् ॥22॥
स वा अयं यत्पदमत्र सूरयो जितेन्द्रिया निर्जितमातरिश्वनः।
पश्यंति भक्त्युत्कलितामलात्मना नन्वेष सत्त्वं परिमार्ष्टुमर्हति ॥23॥
स वा अयं सख्यनुगीतसत्कथो वेदेषु गुह्येषु च गुह्यवादिभिः।
य एक ईशो जगदात्मलीलया सृजत्यवत्यत्ति न तत्र सज्जते ॥24॥
यदा ह्यधर्मेण तमोधियो नृपा जीवंति तत्रैष हि सत्त्वतः किल।
धत्ते भगं सत्यमृतं दयां यशो भवाय रूपाणि दधद्युगे युगे ॥25॥
अहो अलं श्लाव्यतमं यदोः कुलमहो अलं पुण्यतमं मधोर्वनम्।
यदेष पुंसामृषभः श्रियः पतिः स्वजन्मना चङ्क्रमणेन चाञ्चति ॥26॥

(प्रथम स्कंध, अध्याय-10)

भावार्थ—"ये वे ही सनातन परम पुरुष हैं, जो प्रलय के समय भी अपने अद्वितीय निर्विशेष स्वरूप में स्थित रहते हैं। उस समय सृष्टि के मूल तीनों गुण भी विद्यमान नहीं रहते। समस्त जीव उस जगदात्मा ईश्वर में लीन हो जाते हैं और समस्त शक्तियाँ अव्यक्त में सो जाती हैं। उन्होंने ही अपने नाम और रूपरहित स्वरूप में नाम तथा रूप के निर्माण की इच्छा की एवं अपनी काल-शक्ति से प्रेरित प्रकृति का अनुसरण किया और व्यवहार के लिए वेद आदि शास्त्रों की रचना की। इस जगत् में जिसके स्वरूप का साक्षात्कार जितेन्द्रिय योगी अपने प्राणों को वश में करके भक्ति से प्रफुल्लित निर्मल हृदय में किया करते हैं, ये वही साक्षात् परब्रह्म हैं। इन्हीं की भक्ति से अन्तःकरण की पूर्ण शुद्धि हो सकती है, अन्य वस्तुओं के द्वारा नहीं। ये वही हैं, जिनकी सुन्दर लीलाओं का गायन वेदों एवं दूसरे गोपनीय शास्त्रों में रहस्यवादी ऋषियों ने किया है। ये एक अद्वितीय ईश्वर हैं और अपनी लीला से जगत् की सृष्टि, पालन तथा संहार करते हैं, परन्तु उनमें आसक्त नहीं होते। जब तामसी बुद्धिवाले राजा अधर्म से जीवन जीते हैं, तब ये ही सत्त्वगुण को स्वीकार कर ऐश्वर्य, सत्य, ऋत, दया और यश प्रकट करते हैं तथा संसार के कल्याण के लिए युग-युग में अनेकों अवतार धारण करते हैं। यह यदुवंश परम प्रशंसनीय है, क्योंकि लक्ष्मीपति पुरुषोत्तम श्री कृष्ण ने जन्म लेकर इस वंश को सम्मानित किया है। वह पवित्र मधुवन भी अत्यन्त धन्य है, जिसे इन्होंने अपने शैशव एवं किशोर अवस्था में घूम-घूमकर सुशोभित किया है।"

इसी प्रथम स्कन्ध में ही एक अत्यन्त मार्मिक प्रसंग का उल्लेख हुआ है। श्री कृष्ण के गोलोकवासी होने के बाद अर्जुन द्वारका से लौटकर अपने अग्रज युधिष्ठिर को अति दुःखी मन से अपनी शक्ति के क्षीण होने का वर्णन करते हुए बतलाते हैं—

सोऽहं नृपेन्द्र रहितः पुरुषोत्तमेन सख्याप्रियेण सुहृदा हृदयेन शून्यः।
अध्वन्युरुक्रमपरिग्रहमङ्ग रक्षन् गोपैरसद्भिरबलेव विनिर्जितोऽस्मि ॥20॥

तद्वै धनुस्त इषवः स रथो ह्यस्ते सोऽहं रथी नृपतयो यत आनमंति।
सर्वे क्षणेन तदभूदसदीशरिक्तं भस्मन् हुतं कुहकराद्धमिवोप्तमूष्याम् ॥21॥

(प्रथम स्कंध, अध्याय-15)

भावार्थ–"जो मेरे सखा, प्रिय मित्र, सुहृद थे, उन्हीं पुरुषोत्तम से मैं रहित हो गया हूँ। उनकी पत्नियों को मैं द्वारका से अपने साथ ला रहा था, परन्तु मार्ग में दुष्ट गोपों ने मुझे एक अबला की तरह हरा दिया और मैं उनकी रक्षा नहीं कर सका। वही मेरा गांडीव धनुष है, वे ही मेरे बाण हैं, वही रथ है, वही घोड़े हैं और वही महारथी मैं हूँ, जिसके सामने बड़े-बड़े राजा नमन करते थे, किन्तु श्री कृष्ण के बिना ये सब एक ही क्षण में सारशून्य हो गये–उसी तरह से, जैसे भस्म में डाली हुई आहुति, कपटभरी सेवा और ऊसर में बोया हुआ बीज व्यर्थ चला जाता है।"

इस पुराण के द्वितीय स्कंध में भगवान् श्री कृष्ण की लीला-कथा के श्रवण के महत्त्व पर सुन्दर प्रकाश डालते हुए वर्णन किया गया है–

श्वविड्वराहोष्ट्रखरैः संस्तुतः पुरुषः पशुः।
न यत्कर्णपथोपेतो जातु नाम गदाग्रजः॥19॥
बिलेबतोरुक्रमविक्रमान् ये न शृण्वतः कर्णपुटे नरस्य।
जिह्वासती दार्दुरिकेव सत न चोपगायत्युरुगायगाथाः॥20॥
भारः परं पट्टकिरीटजुष्टेमप्युत्तमाङ्गं न नमेन्मुकुंदम्।
शावौ करौ नो कुरुतः सपर्याम् हरेर्लसत्काञ्चनकंकणौ वा॥21॥
बर्हायिते ते नयने नराणां लिङ्गानि विष्णोर्न निरीक्षतो ये।
पादौ नृणां तौ द्रुमजन्मभाजौ क्षेत्राणि नानुव्रजतो हरेर्यौ॥22॥

(द्वितीय स्कंध, अध्याय-3)

भावार्थ–"जिसके कान में भगवान् श्री कृष्ण की लीला-कथा कभी नहीं पड़ी, वह नरपशु कुत्ते, शूकर, ऊँट और गधे से भी गया-बीता है। जो मनुष्य भगवान् श्री कृष्ण की कथा कभी नहीं सुनता, उसके कान मात्र बिल के समान हैं। जो जिह्वा उनकी लीलाओं का गायन नहीं करती, वह मेंढक की जिह्वा के समान मात्र टर्र-टर्र करनेवाली है। जो सिर कभी उनके चरणों में झुकता नहीं, वह रेशमी वस्त्र से सुसज्जित और मुकुट से युक्त होने पर भी बोझमात्र है। जो हाथ उनकी सेवा-पूजा नहीं करते, वे सोने के कंगन से भूषित होने पर भी मुर्दे के हाथ के समान हैं। जो आँखें भगवान् का स्मरण करानेवाली मूर्ति, तीर्थ, नदी आदि का दर्शन नहीं करतीं, वे मयूरपंख में बनी हुई आँखों के चिह्न के समान निरर्थक हैं। जो पाद चलने की शक्ति रखने पर भी भगवान् श्री कृष्ण की लीला-स्थलियों की यात्रा नहीं करते, वे न चलनेवाले पेड़ों-जैसे ही हैं।"

तृतीय स्कंध में भगवान् श्री कृष्ण के प्रति भक्ति-योग के माहात्म्य पर चर्चा

करते हुए बतलाया गया है—

वासुदेवे भगवति भक्तियोगः प्रयोजितः।
जनयत्याशु वैराग्यं ज्ञानं यद्ब्रह्मदर्शनम् ॥23॥

(तृतीय स्कंध, अध्याय-32)

भावार्थ—"भगवान् वासुदेव के प्रति किया हुआ भक्ति-योग तुरन्त ही संसार से वैराग्य और ब्रह्मसाक्षात्कार-रूप ज्ञान की प्राप्ति करा देता है।"

वर्तमान काल में भगवान् श्री कृष्ण के चरित्र के सम्बन्ध में कुछ अज्ञानी टीका-टिप्पणी करते हैं अथवा शंका व्यक्त करते हैं। राजा परीक्षित ने भी इसी प्रकार की शंका करते हुए शुकदेव जी से पूछा था कि भगवान् श्रीकृष्ण धर्म-मर्यादा को सुरक्षित रखनेवाले महान् उपदेशक एवं जन-रक्षक थे तो फिर उन्होंने स्वयं धर्म के विपरीत पराई स्त्रियों का स्पर्श कैसे किया? इस पुराण के दशम स्कंध में राजा परीक्षित की उक्त शंका का समाधान शुकदेव जी के द्वारा इस प्रकार किया गया है—

धर्मव्यतिक्रमो दृष्ट ईश्वराणां च साहसम्।
तेजोयसां न दोषाय वह्नेः सर्वभुजो यथा ॥30॥
नैतत् समाचरेज्जातु मनसापि ह्यनीश्वरः।
विनश्यत्याचरन् मौढ्याद् यथा रुद्रोऽब्धिजं विषम् ॥31॥
ईश्वराणां वचः सत्यं तथैवाचरितं क्वचित्।
तेषां यत् स्ववचोयुक्तं बुद्धिमांस्तत् समाचरेत् ॥32॥
कुशलाचरितेनैषामिह स्वार्थो न विद्यते।
विपर्ययेण वानर्थो निरहंकारिणां प्रभो ॥33॥

(दशम स्कंध, अध्याय-33)

भावार्थ—"ईश्वर कभी-कभी धर्म का उल्लंघन और साहसिक काम करते हुए देखे जाते हैं। परन्तु जैसे अग्नि सब-कुछ खा जाने पर भी पदार्थों के दोष से लिप्त नहीं होता, वैसे ही इन तेजस्वी पुरुषों को उन कामों से दोष नहीं होता। सामान्य जन को मन से भी उस तरह से काम करने को नहीं सोचना चाहिए। यदि मूर्खतावश कोई ऐसा काम कर बैठे तो उसका नाश हो जाता है; जैसे—भगवान् शंकर ने हलाहल विष का पान कर लिया था, दूसरा कोई सामान्य व्यक्ति विष का पान करे तो उसका नाश हो जाएगा। इसलिए ईश्वर के वचन को ही सत्य मानना चाहिए और उसी के अनुरूप आचरण करना चाहिए। ईश्वर के आरचरण का अनुकरण तो कहीं-कहीं ही किया जाता है। बुद्धिमान् पुरुष को चाहिए कि ईश्वर के उपदेश के अनुकूल ही आचरण करे। वे ईश्वर अहंकार-रहित होते हैं। शुभ कर्म करने में उनका कोई सांसारिक स्वार्थ नहीं होता और इसीलिए अशुभ कर्म करने में उनका अनर्थ नहीं होता।"

दशम स्कंध के बत्तीसवें अध्याय में भगवान् श्रीकृष्ण ने स्वयं गोपियों से यह

भाव व्यक्त करते हुए कहा है कि 'तुमने मेरे लिए घर-गृहस्थी की उन बेड़ियों को तोड़ डाला है, जिन्हें बड़े-बड़े योगी भी नहीं तोड़ पाते। मुझसे तुम्हारा यह मिलन एवं आत्मिक संयोग सर्वथा निर्मल तथा निर्दोष है'—

न पारयेऽहं निरवद्यसंयुजां स्वसाधुकृत्यं विबुधायुषापि वः।
या माभजन् दुर्जरगेहशृंखलाः संवृश्च्य तद् वः प्रतियातु साधुना ॥22॥

महर्षि गर्ग ने बालक श्रीकृष्ण के सम्बन्ध में नन्द बाबा को बतलाया था—

य एतस्मिन् महाभागाः प्रीति कुर्वन्ति मानवाः।
नारयोऽभिभवंत्येतान् विष्णुपक्षानिवासुराः ॥21॥
तस्मान्नंद कुमारोऽयं नारायणसमो गुणैः।
श्रिया कीर्त्यानुभावेन तत्कर्मसु न विस्मयः ॥22॥

(दशम स्कंध, अध्याय-26)

भावार्थ—"नन्द बाबा! जो मनुष्य तुम्हारे इस बालक से प्रेम करते हैं, वे बड़े भाग्यवान् हैं; जैसे—विष्णु भगवान् की छत्रच्छाया में रहनेवाले देवताओं को असुर नहीं जीत सकते, वैसे ही इनसे प्रेम करनेवालों को कोई शत्रु नहीं जीत सकता। तुम्हारा यह बालक स्वयं भगवान् नारायण के ही समान गुणवाला है। अतः इस बालक के अलौकिक कार्यों को देखकर आश्चर्य नहीं करना चाहिए।"

श्रीमद्भागवत महापुराण में भगवान् श्रीकृष्ण के वेणु-वादन के सम्बन्ध में भी मनोरम चित्रण प्रस्तुत किया गया है—

गोप्यः किमाचरदयं कुशलं स्म वेणुर्दामोदराधरसुधामपि गोपिकानाम्।
भुङ्क्ते स्वयं यदवशिष्टरसं ह्रदिन्यो हृष्यत्त्वचोऽश्रुमुमुचुस्तर वो यथाऽऽर्याः ॥9॥
वृन्दावनं सखि भुवो वितनोति कीर्ति यद देवकीसुतपदाम्बुजलब्धलक्ष्मि।
गोविंदवेणुमनु मत्तमयूरनृत्यं प्रेक्षाद्रिसान्वपरतान्यसमस्तसत्त्वम् ॥10॥
धन्याः स्म मूढमतयोऽपि हरिण्य एता या नंदनंदनमुपात्तविचित्रवेषम्।
आकर्ण्य वेणुरणितं सहकृष्णसाराः पूजां दधुर्विरचितां प्रणयावलोकैः ॥11॥
कृष्णं निरीक्ष्य वनितोत्सवरूपशीलं श्रुत्वा च तत्क्वणितवेणुविचित्रगीतम्।
देव्यो विमानगतयः स्मरनुन्नसारा भ्रश्यत्प्रसूनकवरा मुमुहुर्विनीव्यः ॥12॥
गावश्च कृष्णमुखनिर्गतवेणुगीतपीयूषमुत्तभितकर्णपुटैः पिबंत्यः।
शावाः स्नुतस्तनपयः कवलाः स्म तस्थुर्गोविंदमात्मनि दृशाश्रुकलाः स्पृशंत्यः ॥13॥
प्रायो बतांब विहगा मुनयो बनेऽस्मिन् कृष्णेक्षितं तदुदितं कलवेणुगीतम्।
आरुह्य ये द्रुमभुजान् रुचिरप्रवालान् शृण्वंत्यमीलितदृशो विगतान्यवाचः ॥14॥

भावार्थ—"गोपियो! इस वेणु ने पूर्व-जन्म में न जाने कौन-सा भजन किया है कि हम गोपियों के दामोदर के अधरों की सुधा स्वयं ही इस प्रकार पिये जा रहा है

कि हम लोगों के लिए थोड़ा-सा भी रस शेष नहीं बचेगा। इस वेणु को अपने रस से सींचनेवाली ह्रदिनियाँ रोमांचित हो रही हैं और श्रेष्ठ पुरुषों के समान वृक्ष भी इसके साथ अपना सम्बन्ध जोड़कर आँखों से आनन्दाश्रु बहा रहे हैं। सखी! यह वृन्दावन बैकुंठलोक तक पृथ्वी की कीर्ति का विस्तार कर रहा है, क्योंकि देवकीनन्दन श्रीकृष्ण के चरणकमलों के चिह्नों से यह लक्षित हो रहा है। जब श्रीकृष्ण अपनी मुनिजनमोहिनी मुरली का वादन करते हैं, तब मयूर मतवाले होकर नृत्य करने लगते हैं। यह देखकर पर्वत की चोटियों पर विचरनेवाले सभी पशु-पक्षी शान्त होकर खड़े हो जाते हैं। जब श्रीकृष्ण विचित्र वेश धारण करके वेणु-वादन करते हैं, तब मूढ़ बुद्धिवाली ये हिरनियाँ भी अपने पति कृष्णसार मृगों के साथ उनके पास आकर प्रेमभरी आँखों से उन्हें देखने लगती हैं। स्वर्ग की देवियाँ शीलयुक्त श्री कृष्ण के स्वरूप को देखती हैं और वेणु पर उनके द्वारा बजाये गये विचित्र गीत को सुनती हैं तो अपने विमान पर ही सुध-बुध खो बैठती हैं। उन्हें इस बात का पता भी नहीं चलता कि उनकी चोटियों में गुँथें हुए फूल पृथ्वी पर गिर रहे हैं। उन्हें अपनी साड़ी का भी पता नहीं रहता कि वह कमर से खिसककर जमीन पर गिर जाती है। जब श्रीकृष्ण अपने मुख से वेणु-वादन करते हैं तो गायें भी अपने कान खड़े कर लेती हैं और उस अमृत-रस को पीने लगती हैं। जब उनके बछड़े दूध पीते हुए अचानक वंशी-वादन सुनते हैं, तब वे मुँह में लिया हुआ दूध का घूँट न निगल पाते हैं और न उगल पाते है। उनके हृदय में भी भगवान् का संस्पर्श होता है तथा उनके नेत्रों में आनन्द के आँसू छलकते हैं। उस वन के पक्षी, जो मुनि हैं, सुन्दर वृक्षों की डाली पर बैठ जाते हैं और निर्निमेष नयनों से उनकी रूप-माधुरी का अवलोकन करते हैं तथा उनके वेणु-वादन को सुनते रहते हैं।”

भगवान् श्रीकृष्ण एवं उनके वेणु-वादन की प्रशस्ति का वर्णन करनेवाले भागवत पुराण का भी महत्त्व कुछ कम नहीं है। इसके सम्बन्ध में बतलाया गया है—

अंतकाले तु येनैव श्रूयते शुकशास्त्रवाक्।
प्रीत्या तस्यैव वैकुण्ठं गोविंदोऽपि प्रयच्छति ॥40॥

(श्रीमद्भागवत-माहात्म्य, अध्याय-3)

भावार्थ—“जो मनुष्य अन्तकाल में श्रीमद्भागवत का वाक्य सुन लेता है, उस पर प्रसन्न होकर भगवान् श्रीकृष्ण उसे वैकुण्ठ धाम देते हैं।”

उपर्युक्त माहात्म्य के रहस्य को भी स्पष्ट किया गया है। जब गोविन्द परम धाम को पधारना चाहते थे तो कलियुग के दुष्प्रभाव से चिन्तित होकर उद्धव जी ने उनसे कहा था—

अतः सत्सु दयां कृत्वा भक्तवत्सल मा व्रज।
भक्तार्थं सगुणो जातो निराकारोऽपि चिन्मयः ॥58॥

त्वद्वियोगेन ते भक्ताः कथं स्थास्यंति भूतले।
निर्गुणोपासने कष्टमतः किंचिद् विचारय ॥59॥
इत्युद्धववचः श्रुत्वा प्रभासेऽचिंतयद्धरिः।
भक्तावलंबनार्थाय किं विधेयं मयेति च ॥60॥
स्वकीयं यद्भवेत्तेजस्तच्च भागवतेऽदधात्।
तिरोधाय प्रविष्टोऽयं श्रीमद्भागवतार्णवम् ॥61॥
तेनेयं वाङ्मयौ मूर्तिः प्रत्यक्षा वर्तते हरेः।
सेवनाच्छ्रवणात्पाठाद्दर्शनात्पापनाशिनी ॥62॥

भावार्थ—"इसलिए भक्तवत्सल आप दया करके यहाँ से मत जाइए। आपने निराकार और चिन्मात्र होकर ही भक्तों के लिए तो सगुण रूप धारण किया है। आपका वियोग होने पर वे भक्तजन इस पृथ्वी पर कैसे रह सकेंगे? निर्गुण उपासना में तो बहुत कष्ट है, इसलिए आप कुछ विचार कीजिए। प्रभास क्षेत्र में उद्धव जी के ये वचन सुनकर भगवान् सोचने लगे कि भक्तों के अवलम्बन के लिए मुझे क्या व्यवस्था करनी चाहिए। तब भगवान् श्री कृष्ण ने अपनी सारी शक्ति भागवत में रख दी और वे अन्तर्धान होकर इस भागवतरूपी समुद्र में प्रवेश कर गये। इसलिए यह हरि की साक्षात शब्दमयी मूर्ति है। इसके सेवन, श्रवण, पाठ अथवा दर्शन से ही सम्पूर्ण पाप नष्ट हो जाते हैं।"

अब विचारणीय बात यह है कि भगवान् श्री कृष्ण की लीलाओं का गुणगान करनेवाले भागवत पुराण का भी विशेष माहात्म्य है, किन्तु जिस वंशी ने भगवान् श्री कृष्ण के अधरों का पान अनेक वर्षों तक किया, जो वंशी भगवान् श्री कृष्ण ने जिस वंशी वाद्य का आश्रय लिया, क्या उस वंशी वाद्य का माहात्म्य नहीं है? निश्चित रूप से उसका भी माहात्म्य है। यह सर्वविदित है कि परब्रह्म परमेश्वर को अवतार लेने के लिए मनुष्य-योनि अधिक उपयुक्त मानी गयी है। मानवरूपी वह परमेश्वर समस्त प्राणियों पर विशेष प्रभाव डालने के लिए कुछ चुनी हुई उत्कृष्ट वस्तुओं का सहारा लेता है। वंशी वाद्य इन्हीं उत्कृष्ट वस्तुओं में से एक है, जिसका आश्रय भगवान् श्री कृष्ण ने विविध क्रीड़ाओं को सम्पन्न करने-हेतु लिया। अतः इस वंशी वाद्य का भी एक विशेष माहात्म्य अवश्य है।

अपने अनेकानेक गुणों के कारण वाद्यों में वंशी को सर्वश्रेष्ठ स्थान प्राप्त है। प्राचीन काल से अबतक संगीत में इस वाद्य को विशेष महत्त्व दिया जाता रहा है। यह मधुरतम वाद्य के रूप में सर्वमान्य तो है ही, किन्तु यह सर्वसुलभ, प्राकृतिक, सस्ता एवं सुविधासम्पन्न वाद्य भी है। यह अत्यन्त दुर्भाग्य की बात है कि इस देश में वंशी वाद्य के प्रशिक्षण वगैरह की समुचित सुविधा उपलब्ध नहीं है। महाविद्यालयों एवं विश्वविद्यालयों में जहाँ संगीत के पाठ्यक्रम चलते हैं, वहाँ इस मधुरतम वाद्य के प्रशिक्षण के लिए समुचित प्राध्यापकों के पदों का नितान्त अभाव है। संगीत के

एक विश्वविद्यालय ने तो कुछ वर्ष पहले वंशी के लेक्चरर पद को शहनाई के लेक्चरर पद में परिवर्तन कर अविवेकपूर्ण कार्य किया था, किन्तु दैवयोग से अब इस विवेकहीन कार्य को संशोधित कर लिया गया है।

परब्रह्म परमेश्वर के षोडश कलाओं से युक्त पूर्ण अवतार भगवान् श्रीकृष्ण के सच्चे आराधकों का यह परम पुनीत कर्तव्य है कि वे गोविन्द के इस पवित्र एवं मधुर वंशी वाद्य को जन-जन तक पहुँचाएँ और इस वाद्य के प्रशिक्षण की समुचित व्यवस्था उपलब्ध कराने में अपना सहयोग प्रदान करें।

महाकाव्य-काल में संगीत

●

विद्याशंकर अनलेश

वाल्मीकि-कृत 'रामायण' और व्यास-कृत 'महाभारत' ये दो बड़े महाकाव्य-ग्रन्थ हैं। 'वायुपुराण' के आधार पर रामायण लगभग 18150000 वर्ष पुराना महाकाव्य है, जैसा कि निम्नांकित श्लोक से विदित होता है–

त्रेतायुगे चतुर्विंशे रावणः तपसः क्षयात्।
रामम् दाशरथिं प्राप्य सगणा क्षयमीयात् ॥

(वायु-पुराण-उत्तरार्द्ध, अ० 9, श्लोक 48)

अर्थात्–चौबीसवें त्रेतायुग में रावण का तप (सामर्थ्य) क्षीण हुआ और दशरथ-पुत्र राम को (युद्ध में) प्राप्त होकर बन्धु-बांधवों-सहित मारा गया। चौबीसवें त्रेता को समाप्त हुए 18149087 वर्ष हो चुके हैं। यदि राम का त्रेता के अन्त में होना मानें, तब गणना से निम्नांकित समय निकलता है–

चौबीसवाँ द्वापर	864000	वर्ष
चौबीसवाँ कलियुग	432000	वर्ष
पच्चीसवीं चतुर्युगी	4320000	वर्ष
छब्बीसवीं चतुर्युगी	4320000	वर्ष
सत्ताईसवीं चतुर्युगी	4320000	वर्ष
अट्ठाइसवाँ सतयुग	1728000	वर्ष
अट्ठाइसवाँ त्रेता	1296000	वर्ष
अट्ठाइसवाँ द्वापर	864000	वर्ष
अट्ठाइसवाँ कलियुग (वर्तमान)	5087	वर्ष
योग	18149087	वर्ष

इस चतुर्युगी के त्रेता को भी समाप्त हुए 869087 वर्ष हो चुके हैं। निम्नांकित वर्णन से ज्ञात होगा कि भारतीय शास्त्रीय संगीत कितना प्राचीन है।

जब सीता जी वाल्मीकि ऋषि के आश्रम में रह रही थीं, तब वाल्मीकि जी ने नारद जी और सीता जी से रामचन्द्र जी के विषय में पूर्ण जानकारी करके 'रामायण' को संस्कृत-काव्य में लिखा और लव-कुश को कंठाग्र कराकर उसका राग व तालवद्ध-गान सिखाया, जिसे लव-कुश ने अयोध्या में जाकर राम, लक्ष्मण, भरत और शत्रुघ्न को भी सुनाया, जैसा कि निम्नलिखित श्लोकों से प्रकट है—

पाठ्ये गेये च मधुरं प्रमाणेस्त्रिभिरन्वितम्।
जातिभिः सप्तभिर्युक्त तन्त्रीलयसमन्वितम् ॥
रसः श्रृंगारकरुणहास्यरौद्रभयानकैः।
वीरादिनी रसेर्युक्तं काव्यमेतद गायताम् ॥

(वा.रा., बाल. चतुर्थ सर्ग, श्लोक 8-9)

अर्थात्—यह महाकाव्य पढ़ने और गाने में भी मधुर; द्रुत, मध्य और विलम्बित इन तीनों गतियों से अन्वित, षड्ज आदि सातों स्वरों से युक्त, वीणा बजाकर स्वर और ताल के साथ गाने-योग्य तथा शृंगार, करुण, हास्य, रौद्र, भयानक और वीर आदि सभी रसों से अनुप्राणित है। दोनों भाई कुश और लव इस महाकाव्य को पढ़कर इसका गान करने लगे।

यह भी लिखा है कि कुश और लव के वेदों में पारंगत होने के बाद ऋषि वाल्मीकि ने उन्हें पौलस्त्यवध (रामायण) का गान सिखाया था।

तौ तु गान्धर्व तत्त्वज्ञौ स्थानमूर्च्छनकोविदौ।
भ्रातरौ स्वरसम्पन्नौ गन्धर्वाविव रूपिणौ॥

(बाल. चतुर्थ सर्ग, श्लोक 10)

अर्थात्—वे दोनों भाई गान्धर्व-विद्या (संगीत-शास्त्र) के तत्त्वज्ञ, स्थान और मूर्च्छना के जानकार, मधुर स्वर से सम्पन्न तथा गन्धर्वों के समान मनोहर रूपवाले थे।

'स्थान' शब्द का तात्पर्य यहाँ मन्द्र, मध्य और तार-रूप त्रिविधि स्वरों की उत्पत्ति के स्थान से है। हृदय की ग्रन्थि से ऊपर और कपोल-फलक से नीचे जो प्राणों के संचार का स्थान है, उसी को 'स्थान' कहते हैं। इसके तीन भेद हैं—हृदय, कण्ठ और सिर। इसके भी पुनः तीन-तीन भेद होते हैं—मन्द्र, मध्य और तार, जैसा कि शाण्डिल्य का वचन है—

यदूर्ध्व हृदय ग्रन्थेः कपोलफलकादथः।
प्राण संचारण स्थानं स्थानमित्यभिधीयते ॥
उरः कण्ठःशिरश्चेति तत्पुस्त्रिधं भवेत्।
मन्द्र मध्यं च तारं च तत्पुस्त्रिधं भवेत् ॥

जहाँ स्वर पूर्ण होते हैं, उस स्थान को मूर्च्छना कहते हैं—

यत्रैव स्युः स्वराः पूर्णा मूर्च्छनासेत्युदाहृता।

'वैजयन्ती कोष' के अनुसार, वीणा आदि के वादन को मूर्च्छना कहते हैं—'वादने मूर्च्छना प्रोक्ता।'

लव और कुश ने ऋषि-मण्डली के समक्ष राग-रागिनियों में 'रामायण' का गान किया। ऋषियों ने उन्हें पारितोषिक दिये। इससे सिद्ध है कि वाल्मीकि जी ही नहीं, वरन् सभी ऋषि शास्त्रीय गायन जानते थे और अपने शिष्यों को भी सिखाते थे।

राम की आज्ञा से तपस्वी लव-कुश वीणा पर इस प्रकार गान करने लगे—

तौ चापि मधुरं रक्तं स्वचित्तायर्तानः स्वनम्।
संत्री लय वदत्यर्थे विश्रुतार्थमगायताम् ॥
ह्लादयत सर्व गात्राणि मनांसि हृदयानि च।
श्रोत्राश्चय सुखं गेयं तद्वभौ जनसंसदि ॥

(बाल., चतुर्थ सर्ग, श्लोक 33-34)

अर्थात्—आज्ञा पाकर वे दोनों भाई वीणा की लय के साथ, अपने मन के अनुकूल तार (उच्च) एवं मधुर स्वर में राग अलापते हुए रामायण-काव्य का गान करने लगे। उनका उच्चारण इतना स्पष्ट था कि सुनते ही अर्थ का बोध हो जाता था। उनका गान सुनकर श्रोताओं के समस्त अंगों में हर्षजनित रोमांच हो आया तथा उन सबके मन और आत्मा में आनन्द की तरंगें उठने लगीं। उस जन-सभा में होनेवाला वह गान सब श्रवणेंद्रियों को अत्यन्त सुखद प्रतीत होता था।

ततस्तु तौ रामवचः प्रचोदिता व गायतां मार्ग विधानसम्पदा।
स चापि रामः 'परिषदगतः शनैर्वभूषयासक्तमनावभूव ॥

(बाल., सर्ग 5, श्लोक 36)

अर्थात्—तदनन्तर श्रीराम की आज्ञा से प्रेरित हो वे दोनों भाई मार्गविधान की रीति से 'रामायण' का गान करने लगे। सभा में बैठे हुए भगवान् श्रीराम भी धीरे-धीरे उनका गान सुनने में तन्मय हो गये।

उपर्युक्त गान राम, लक्ष्मण, भरत, शत्रुघ्न आदि ने सुना था। इससे सिद्ध होता है कि वे सब शास्त्रीय गान जानते थे। क्योंकि जो इसे नहीं जानता, वह सुनने में रुचि नहीं लेता है। कुमार कुश और लव ने मार्ग-गान गाया था और वह भी वीणा पर।

दशरथ जी के शासन-काल में संगीत

वधूनाटकसंघेश्च संयुक्तां सर्वतः पुरीम्।
उद्यानाम्र वणोपेतां महतीं साल मेखलाम् ॥

(बाल., सर्ग 5, श्लोक 12)

अर्थात्—उस पुरी (अयोध्या) में ऐसी बहुत-सी नाटक-मण्डलियाँ थीं, जिनमें केवल स्त्रियाँ ही नृत्य एवं अभिनय करती थीं। उस नगरी में चारों ओर उद्यान तथा आमों के बगीचे थे। वह पुरी बहुत विशाल थी तथा साखू के वन उसे सब ओर से घेरे हुए थे।

मृदंगादि वाद्य और कुशल-वादक

दुंदुभीभिर्मृदङ्गैश्च वीणाभि पणवैस्तथा।
नादितां भृशमत्यर्थे पृथिव्यां तामनुत्तमाम् ॥

(बालकाण्ड, सर्ग 5, श्लोक 18)

अर्थात्—भूमण्डल की वह सर्वोत्तम नगरी (अयोध्या) दुंदुभि, मृदंग, वीणा, पणव आदि वाद्यों की मधुर ध्वनि से अत्यन्त गूँजती रहती थी।

इस श्लोक से प्रकट है कि उस समय मृदंग व वीणा के उत्तम वादक थे, जो मधुरध्वनि में वादन करते थे। इससे यह भी सिद्ध है कि संगीत की उच्च शिक्षा का भी प्रबन्ध था।

दशरथ-पुत्रों के जन्म-समय गान व नृत्य

जगुः कलं च गंधर्वाननृतुश्चाप्सरोगणाः।
देव दुंदभयो नेदुः पुष्पवृष्टिश्च खात् पतत् ॥

(बालकाण्ड, सर्ग 18, श्लोक 17)

अर्थात्—राम, लक्ष्मण, भरत और शत्रुघ्न के जन्म के समय गन्धर्वों ने मधुर गीत गाये। अप्सराओं ने नृत्य किया। देवताओं की दुंदुभियाँ बजने लगीं तथा आकाश से फूलों की वृर्षा होने लगी। इसी प्रकार बालकाण्ड, सर्ग 47 के 37वें श्लोक में राम के विवाह के समय गन्धर्वों का गान और अप्सराओं के नृत्य का वर्णन है।

सुग्रीव के महल में संगीत

जब लक्ष्मण जी सुग्रीव के महल में गये, तब उन्होंने संगीत की मीठी तान सुनी—

प्रविशिन्नेव सततं शुश्राव मधुर स्वनम्।
तंत्री गीत समाकीर्णे समतालपदाक्षरम् ॥

(कि.काण्ड, सर्ग 33, श्लोक 21)

अर्थात्—महल में प्रवेश करते ही लक्ष्मण के कानों में संगीत की मीठी तान सुनाई पड़ी, जो वहाँ निरन्तर गूँज रही थी। वीणा की लय पर कोई मीठे कण्ठ से गा रहा था। प्रत्येक पद और अक्षर का उच्चारण सम व ताल का प्रदर्शन करते हुए हो रहा था।

रावण के महल में मृदंग-वादन

नूपुराणां च घोषेण कांचीनां निः स्वनेन च।
मृदंगतलनिर्घोषैर्घोष वद्भिर्विनादितम् ॥

(सुन्दरकाण्ड, सर्ग 6, श्लोक 43)

अर्थात्—जब हनुमान सीता को खोजते हुए रावण के महल में पहुँचे, तब उन्होंने देखा कि नूपुरों की झंकार, करधनियों की खनखनाहट, मृदंगों और तालियों की मधुर ध्वनि तथा अन्य गम्भीर घोष करनेवाले वाद्यों से वह भवन मुखरित हो रहा था। रावण के यहाँ स्त्रियाँ सभी प्रकार के वाद्य बजाती थीं। हनुमान् जी ने रात्रि के समय रावण के महल में देखा—

काचिद्वीणां परिष्वज्य प्रसुप्ता संप्रकाशते।
महानदी प्रकीर्णेव नलिनी पोतमाश्रिता ॥

(सु.काण्ड, सर्ग 10, श्लोक 37)

अर्थात्—कोई स्त्री वीणा को छाती से लगाये हुए सुप्तावस्था में ऐसी जान पड़ती थी, मानों महान्दी में पड़ी हुई कमलिनी किसी नौका से सट गयी हो।

अन्या कक्षगतेनेव मड्डुकेनासितेक्षणा।
प्रसुप्ताभामिनी भाति बालपुत्रेव वत्सला ॥

(सु.का., 38)

कोई अन्य कजरारे नेत्रोंवाली भामिनी काँख में दबे हुए मड्डुक (लघुवाद्य-विशेष जो बगल में दबाकर बजाया जाता होगा) के साथ सो गयी थी। वह ऐसी प्रतीत होती थी, जैसे कोई पुत्रवत्सला जननी अपने छोटे-से शिशु को गोद में लिये सो रही हो।

पटहंचारुसर्वांगी न्यस्य शेते शुभस्तनी।
चिरस्य रमणं लब्ध्वा परिष्वज्येव कामिनी ॥

(सु.का., 39)

कोई सर्वांग सुन्दरी एवं रुचिर कुचोंवाली कामिनी पटह को अपने नीचे रखकर सो रही थी, मानों चिरकाल के पश्चात् अपने प्रियतम को अपने निकट पाकर उसे हृदय से लगाये सो रही हो।

काचिद्वीणापरिष्वज्य सुप्ता कमललोचना।
वरं प्रियतमं गुह्य सकामेवहिकामिनी ॥

(सु. काण्ड, 40)

कोई कमल-लोचना युवती वीणा का आलिंगन करके सोई हुई ऐसी जान पड़ती थी, मानों कामभाव से मुक्त कामिनी अपने श्रेष्ठ प्रियतम को भुजाओं में भरकर सो गयी हो।

विपंची परिगृह्यान्या नियता नृत्यशालिनी।
निंद्रावशमनुप्राप्ता सहकांतेव भाविनी ॥

(सु.का., 41)

नियमपूर्वक नृत्य कला से सुशोभित होनेवाली एक अन्य युवती विपंची (विशेष प्रकार की वीणा) को अंक में भरकर प्रियतम के साथ सोई हुई प्रेयसी की भाँति निद्रा के अधीन हो गयी थी।

अन्या कनक संकाशैर्मृदुपीनैर्मनोरमैः।
मृदंगपरिविद्ध्याङ्गैः प्रसुप्ता मत्तलोचना ॥

(सु.का., 42)

कोई मतवाले नयनोंवाली अन्य सुन्दरी अपने सुवर्ण सदृश गौर, कोमल, पुष्ट और मनोरम अंगों से मृदंग को दबाकर प्रगाढ़ निद्रा में सो गयी थी।

भुजपाशान्तरस्थेन कक्षगेन कृशोदरी।
पथवेन सहानिंद्या सुप्तामदकृतश्रमा ॥

(सु.का., 43)

नशे से थकी हुई कोई कृशोदरी अनिंद्य सुन्दरी रमणी अपने भुजपाशों के बीच में स्थित और काँख में दबे हुए पणव के साथ ही सो गयी थी।

डिंडिमं परिगृह्यान्या तथैवासक्त डिंडिमा।
प्रसुप्ता तरुणं वत्समुपगुह्येव भामिनी ॥

(सु.का., 44)

दूसरी स्त्री डिंडिम को लेकर उसी तरह उससे सटी हुई सो गयी थी, मानों कोई भामिनी अपने बालक पुत्र को हृदय से लगाये हुए नींद ले रही हो।

काचिदाडम्बरं नारीभुजसंभोगपीड़ितम्।
कृत्वा कमलपत्राक्षी प्रसुप्ता मदमोहिता ॥

(सु.का., 45)

मदिरा के मद से मोहित हुई कोई कमलनयनी नारी आडम्बर नामक वाद्य को अपनी भुजाओं के आलिंगन से दबाकर प्रगाढ़ निद्रा में निमग्न हो रही थी।

उपर्युक्त श्लोकों से स्पष्ट है कि रावण के यहाँ स्त्रियाँ नित्य रात्रि को वीणा, मड्डुक, पटह, विपंची, वीणा, मृदंग, पणव, डिंडिम और आडम्बर आदि वाद्यों को बजाती थीं। वर्तमान समय में वीणा और मृदंग का अल्प प्रचार है। मृदंग तो पुरुष ही बजाते हैं। श्लोक 36 से स्पष्ट है कि नर्तकियाँ नृत्य किया करती थीं। जब इतने

उच्च कोटि का नृत्य, गायन, वादन का प्रचार था, तो कलाकारों को उत्तम शिक्षा देने का भी प्रबन्ध होगा तथा रावण भी संगीत जानता था। 'रावण-हत्था' नामक वाद्य राजस्थान में अब भी बजाया जाता है, जो रावण का आविष्कार माना जाता है।

मुरजेषु मृदंगेषु चेलिकासु च संस्थिताः।
तथाऽऽस्तरण मुख्येषु संविष्टाश्चापराः स्त्रियाः ॥

(सु.का., सर्ग 11, श्लोक 6)

बहुत-सी स्त्रियाँ ढोल, मृदंग, और चेलिका नामक वाद्यों पर अपने अंगों को टेककर सो गयी थीं तथा दूसरी महिलाएँ अच्छे-अच्छे बिछौनों पर सोई हुई थीं।

प्रायः कलाकार रात्रि को अभ्यास करते-करते इसी प्रकार सो जाते हैं, जैसा कि उपर्युक्त श्लोकों में लिखा है। यह दृश्य गायन, वादन और नृत्य के दैनिक अभ्यास का अनुमान कराता है।

युद्ध-स्थल में वाद्य-वादन

रथनेमिस्वनस्तत्रधनुश्चापिघोरवत् ।
शंखभेरीमृदंगानां वभूव तुमुलः स्वनः ॥

(युद्धकाण्ड, सर्ग 53, श्लोक 22)

वहाँ रथ के पहियों की धरघराहट, धनुष की भयानक टंकार तथा शंख, भेरी और मृदंगों का शब्द एक होकर बड़ा भयंकर प्रतीत होता था। शंख आजकल के बिगुल की भाँति बजाया जाता था।

प्राचीन त्रेतायुग में संगीत

अगस्त्य जी ने रामचन्द्र जी को प्राचीन त्रेता का वर्णन सुनाया–

गायंति काश्चिद् रम्याणि वादयंति च तथापराः।
मृदंग वीणा पणवान् नृत्यंति च तथापरा ॥

(उत्तरकाण्ड, सर्ग 78, श्लोक 12)

उनमें से कुछ मनोहर गीत गा रही थीं। दूसरी वीणा, मृदंग और पणव आदि बाजे बजा रही थीं। अन्य बहुत-सी अप्सराएँ नृत्य कर रही थीं।

एक चतुर्युगी 4320000 वर्ष की होती है, अतः राम के त्रेता से पहले का त्रेता अब से दो करोड़ चौबीस लाख सत्तर हजार वर्ष पूर्व हुआ। इसमें राम के समय के त्रेता का समय शामिल नहीं है। उस समय भी स्त्रियाँ मृदंग, पणव और वीणा बजाती थीं। इससे भारतीय संगीत की प्राचीनता व महानता का पता चलता है।

सितार-वादन

इमास्तंत्रीः सुमधुराः स्थानं वापूर्वदर्शनम्।
मूर्च्छयित्वा सुमधुरं गायतां विगतज्वरौ ॥

(उत्तरकाण्ड, पृष्ठ 1651, श्लोक 14)

अर्थात्–वाल्मीकि ने कुश और लंव से कहा–"ये वीणा के सात तार हैं, इनसे बड़ी मधुर आवाज निकलती है। इसमें अपूर्व स्वरों का प्रदर्शन करनेवाले ये स्थान (पर्दे) बने हैं। इनके स्वरों को झंकृत करके अर्थात् मिलाकर सुमधुर स्वर में तुम दोनों भाई काव्य का गान करो और सर्वथा निश्चित रहो।"

लव-कुश का नियमबद्ध गान करना

प्रमाणैबर्हुमिर्बद्धां तंत्रीलय समन्वितताम्।
बालाभ्यां राघवःश्रुत्वा कौतूहल परोऽभवत् ॥

(वही, पृष्ठ 1652, श्लोक 3)

अर्थात्–बहुसंख्यक प्रमाणोध्वनिपरिच्छेद के साधनभूत द्रुत, मध्य और विलम्बित–इन तीनों की आवृत्तियों अथवा सप्तविध स्वरों के भेद की सिद्धि के लिए बने हुए स्थानों से बँधा और वीणा की लय से मिलता हुआ उन दोनों बालकों का वह मधुर गान सुनकर श्रीराम को बड़ा कौतूहल हुआ।

'स्थान' शब्द यहाँ सितार व वीणा के पर्दों के लिए प्रयुक्त हुआ मालूम होता है। सितार का प्राचीन नाम मुरयष्टि वीणा और सप्ततंत्री वीणा है। फारसी में 'सि' का अर्थ तीन होता है। हो सकता है, अमीर खुसरो ने सप्ततंत्री वीणा में से चार तार निकालकर केवल तीन तार लगाकर उसका नाम सितार रखा होगा, जो अब प्राप्त नहीं है।

उपर्युक्त श्लोक से ज्ञात होता है कि रामचन्द्र जी भी उच्चकोटि के संगीतज्ञ थे, तभी तो लव-कुश के संगीत की विशेषता को समझ सके। इसके बाद इसी सर्ग के 8 से 13 तक के श्लोकों में वर्णन है कि राम ने नृत्य और गान में प्रवीण व्यक्तियों के अतिरिक्त अनेक विषय के विद्वानों की सभा में लव-कुश का गान सुना। उस समय हनुमान् तो इतने बड़े संगीतज्ञ थे कि उनका हनुमत-मत संगीत में अबतक प्रचलित है। यदि वे संगीतज्ञ न होते हो रावण के महल के वाद्यों के नाम आदि का वर्णन किस प्रकार करते। रामायण-काल में मार्गी (सामगान) और देशी संगीत चर्मोत्कर्ष पर पहुँच चुका था।

महाभारत-काल

अब से लगभग सवा पाँच हजार वर्ष पूर्व महाभारत का युद्ध हुआ था। युद्ध की समाप्ति के बाद छत्तीस वर्ष युधिष्ठिर ने राज किया, फिर साठ वर्ष अभिमन्यु के पुत्र

परीक्षित ने, उसके बाद नब्बे वर्ष जन्मेजय ने राज किया। जन्मेजय ने व्यास जी को, जिनकी उम्र 300 वर्ष के लगभग थी, बुलाया और उनसे 'महाभारत' ग्रन्थ की रचना करवाई। इसके पढ़ने से इतिहास का ज्ञान होता है, क्योंकि यह ऐतिहसिक ग्रन्थ है। इस काल में भी संगीत का बहुत प्रचार था। श्रीकृष्ण का जीवन तो संगीतमय ही था। माता यशोदा ने बचपन से ही उन्हें संगीत की पूर्ण शिक्षा दिलवाई थी। वे गायन, वादन और नृत्य तीनों में बड़े निपुण थे। कहते हैं कि जब कृष्ण बालक थे, उस समय गोकुल में रात्रि को नित्य पहले नृत्य-गान (रास) आदि का अभ्यास होता था। उसके बाद कृष्ण व बलराम आदि को अस्त्र-शस्त्र-विद्या सिखाई जाती थी। श्रीकृष्ण के चार गुरुओं के नाम ज्ञात हो सके हैं, परन्तु यह नहीं ज्ञात हो सका कि उनको संगीत की शिक्षा किसने दी थी। उनके गुरु थे–1. श्री संदीपन जी, 2. श्री गौड़ापाधाचार्य जी, 3. श्री उपमन्यु जी तथा 4. श्री घोर अंगर्ष ऋषि।

श्रीकृष्ण मार्गी और देशी, दोनों प्रकार के संगीत का ज्ञान रखते थे। वे नव रसों में गायन व वादन करते थे। उनकी बाँसुरी का वादन सुनकर गोप और गोपियाँ अपना काम-धाम छोड़ देती थीं और सभी जन मन्त्र-मुग्ध होकर सुनते थे। जब वन में गायें चराने जाते तो बाँसुरी-वादन का अभ्यास करते और गायें चरती रहतीं, परन्तु जब सायंकाल को किसी राग-विशेष में कोई गत बजाते तब समस्त गौएँ घर लौटने को एकत्र हो जाती थीं।

श्रीकृष्ण ने संगीत की मधुर और प्रभावशाली शैली को जन्म दिया जो 'श्रीकृष्ण-मत' नाम से प्रख्यात है। श्रीकृष्ण-मत मार्गी संगीत के निकट हैं। इसके ज्ञाता डॉ. ताराशंकर 'राकेश' सामवेदी मोहल्ला सिंजई में, लक्ष्मी धर्म-काँटा के सामने निजी मकान में रहते हैं। श्रीकृष्ण का ताल-सम्बन्धी मत भी है। यथा–श्रीकृष्ण-मत में 'धमार ताल' को 'कराल मठ' ताल कहते है। इसकी मात्राएँ 28 ओर 6 तालियाँ है। इसका स्वरूप इस प्रकार है–ऽ ऽ । । 0 0 अर्थात् 8, 8, 4, 4, 2, 2 मात्राओं के विभाग होते हैं।

हनुमत-मत में धमार को 'शारदूलुदीच्छन' कहते हैं। इस मत में भी इसकी 28 मात्राएँ और 6 तालियाँ मानी गयी हैं, परन्तु स्वरूप भिन्न हं; यथा–0 0 । ऽ । ऽ अर्थात् 2, 2, 4, 8, 4, 8 मात्राओं के विभाग होते हैं।

श्रीकृष्ण के समय में राधा नृत्य-विषय में अति निपुण थीं, वे कृष्ण से आयु में बड़ी थीं और उन्हें नृत्य का बहुत अभ्यास था। कहते हैं कि जब वे रात्रि को नृत्य करती थीं तब मशालों में नौ मन तेल जल जाता था। इस विषय में एक कहावत प्रसिद्ध है–'न नौ-मन तेल होगा, न राधा नाचेगी।'

तीसरा उदाहरण अर्जुन का है। जुए में हारने के बाद जब पाण्डवों को तेरह वर्ष का वनवास हुआ, तब बारह वर्ष तो व्यतीत कर दिये, परन्तु तेरहवाँ वर्ष अज्ञात रूप से व्यतीत करना था। अर्जुन के कन्धे पर गांडीव रखने के कारण एक गाँठ पड़ गयी

थी, जिसके कारण वह पहचाना जा सकता था, इसलिए उसने स्त्री-रूप धारण किया और बृहन्नला नाम का 'जनखा' प्रसिद्ध हो गया। बृहन्नला राजा विराट के महल में रहकर उनकी पुत्री उत्तरा को नृत्य और गान सिखाता रहा। एक वर्ष पूरा होने पर जब उसने अपने को प्रकट किया तब विराट ने उत्तरा का विवाह अर्जुन से करना चाहा, परन्तु अर्जुन ने स्वीकार न किया। तब विराट ने अर्जुन के पुत्र अभिमन्यु से उत्तरा का विवाह किया। इस घटना से यह ज्ञात होता है कि वीर राजकुमार संगीत की शिक्षा भी ग्रहण किया करते थे।

ज्ञातव्य : रामायण के अवतरण (कुटेशन) गीता प्रेस से प्रकाशित ऋषि वाल्मीकि-रचित 'रामायण' से लिखे गये हैं तथा महाभारत-काल के संगीत का वर्णन हिन्दी की 'महाभारत' आदि के आधार पर लिखा गया है।

कालिदास की कृतियों में नृत्य-कला

●

डॉ. सुषमा कुलश्रेष्ठ

पुरा कवीनां गणनाप्रसंगे
कनिष्ठिकाधिष्ठितकालिदासा।
अद्यापि तत्तुल्यकवेरभावा-
दनामिका सार्थवती बभूव ॥

महाकवि कालिदास के ग्रन्थों में उनका विविध शास्त्र-विषयक पाण्डित्य परिलक्षित होता है। व्याकरण, दर्शन, आयुर्वेद, वनस्पति-शास्त्र तथा संगीत आदि ललित कलाओं में कवि परम निष्णात थे। **'गीत वाद्यं तथा नृत्यं त्रयं संगीतमुच्यते।'** संगीत के अन्तर्गत गायन, वादन तथा नृत्य, तीनों को परिगणित किया जाता है। नृत्य संगीत की तृतीय विधा है। गीत के अन्तर्गत केवल गायन भी हो सकता है तथा गीत वाद्यों के वादन से संयुक्त भी हो सकता है। वाद्य में वाद्यों का केवल वादन भी हो सकता है और वादन गीत से संयुक्त भी हो सकता है। नृत्य भी केवल नृत्य हो तो सकता है, किन्तु प्रायः नृत्य में गीत एवं वाद्य का समावेश अवश्य ही किया जाता है। गीत एवं वाद्य नृत्य के आवश्यक अंग-से बन गये हैं।

कालिदास संगीत एवं नृत्य-कला में उतने ही निष्णात थे, जितने काव्य-कला में। उनकी कृतियों में उपलब्ध नृत्य-सम्बन्धी उल्लेख इस तथ्य के स्पष्ट परिचायक हैं। कालिदास की कृतियों में नृत्य-कला के पग-पग पर दर्शन होते हैं। लगता है, उनके सभी स्त्री-पात्र नृत्य-कला में परम निष्णात थे। कालिदास के समय नृत्य-कला अपनी उन्नत अवस्था में थी और नृत्य के शास्त्रीय नियमों से नर्तक, नर्तकियाँ, कविगण तथा दर्शकगण सभी पूर्णतः परिचित थे। उनकी रचनाओं में इस कला के बहुविध उल्लेख प्राप्त होते हैं। तत्कालीन समाज में जन्म, विवाह आदि अनेक अवसरों पर नृत्य प्रस्तुत किये जाते थे, एक विद्या के रूप में इसका ज्ञान तथा अभ्यास

किया जाता था तथा वारस्त्रियाँ इस कला में विशेष निपुण हुआ करती थीं। कालिदास ने प्रकृति-चित्रण के प्रसंग में भी नृत्य-कला तथा तत्सम्बन्धी अनेक शास्त्रीय शब्दों का प्रयोग किया है। उपमा तथा रूपक के प्रसंग में भी इस कला को उपन्यस्त किया है।

'रघुवंश' में रघु के जन्मोत्सव पर मंगलतूर्य के वादन के साथ वारस्त्रियों के नृत्य का उल्लेख है। नृत्य के साथ वाद्यमान मंगलतूर्यों का निस्वन स्वर्ग तक पहुँच गया—

सुखश्रवा मंगलतूर्यानिः स्वना
प्रमोदनृत्यैः सह वारयोषिताम्।
न केवलं सद्मनि मागधीपतेः
पधि व्यजृंभंत दिवौकसामपि ॥3 ।19॥

यहाँ प्रयुक्त 'प्रमोद-नृत्य' इसका सूचक है कि जन्म आदि के अवसरों पर वारवनिताओं को समागत अतिथियों के मनोविनादार्थ प्रमोद-नृत्य प्रस्तुत करने के लिए निमन्त्रित किया जाता था।

'रघुवंश' के सम्पूर्ण एकोनविंश सर्ग में संगीत एवं नृत्य का उल्लेख है। राजा अग्निवर्ण के राज्य में अनेक नर्तकियाँ थीं। वे संगीत एवं नृत्य में विशेष रुचि रखते थे। अग्निवर्ण पुष्कर-वादन में इतने निपुण थे कि उनके पुष्कर बजाते रहने पर कुशल नर्तकियाँ नृत्य-नियमों को विस्मृत कर जाती थीं और इस प्रकार अपने गुरुओं के सामने ही राजा द्वारा लज्जित की जाती थीं—

स स्वयं प्रहतपुष्करः कृती
लोलमाल्यवलयो हरन्मनः।
नर्तकीरभिनयातिलंघिनीः
पार्श्ववर्तिषु गुरुष्वलज्जयत् ॥19 ।14॥

राजा अग्निवर्ण एक योग्य नृत्य-गुरु थे। उन्हें प्रयोग-निपुण बताया गया है। अग्निवर्ण अपनी शिष्याओं को नृत्य-सम्बन्धी तीनों प्रकार के आंगिक, सात्त्विक एवं वाचिक अभिनय में कुशल बनाकर उनका नृत्य प्रस्तुत करवाते थे और इस प्रकार अन्य नृत्य-प्रयोक्ताओं के साथ स्पर्द्धा करते थे—

अंगसत्त्ववचनाश्रयं मिथः
स्त्रीषु नृत्यमुपधाय दर्शयन्।
स प्रयोगनिपुणैः प्रयोक्तृभिः
संजघर्ष सह मित्रसन्निधौ ॥19 ।36॥

प्रमोद-नृत्य के अतिरिक्त युद्धस्थल में मृत्यु के भीषण नृत्य का भी कवि ने वर्णन किया है, जहाँ शत्रु की तलवार से छिन्न मस्तक कोई योद्धा वीरगति प्राप्त कर युद्ध में नाचते हुए अपने कबन्ध को देखता है—

कश्चिद्विषत्खंगहृत्तोत्तमांगः
सद्यो विमानप्रभुतामुपेत्य।
वामांगसंसक्तसुरांगनाः स्वं
नृत्यत्कबंधं समरे ददर्श ॥
(रघुवंश; 7।51)

रघुवंश में उपवन-लताओं का नर्तकी के साथ साम्य वर्णित है। उनके किसलय नर्तकी के पाणि हैं। वायु से किसलयों का हिलना नर्तकी के पाणि द्वारा ताल देकर हाव-भाव-प्रदर्शक अभिनय-विशेष को प्रस्तुत करना है। लता-रूप नर्तकी भ्रमर-गुंजन-रूप गीत पर नृत्य कर रही है–

श्रुतिसुखभ्रमरस्वनगीतयः
कुसुमकोमलदत्तरुचो बभुः।
उपवनांतलताः पवनाहतैः
किसलयैः सलयैरिव पाणिनिः ॥9।35॥

इस प्रकार इस एक ही पद्य में संगीत के गीत, वाद्य एवं नृत्य–तीनों को प्रस्तुत किया गया है।

शिव को ताण्डव नृत्य का प्रवर्त्तक माना जाता है। ताण्डव नृत्य में अंगों का संचालन अति शीघ्रता तथा अतिवेग से किया जाता है, तभी तो शिव के शरीर में लगा हुआ चिता-भस्म-रज नृत्याभिनयक्रिया में वेग के कारण गिर जाता है–

तदंगसंसर्गमवाप्य कल्पते ध्रुवं
चिताभस्मरजो विशुद्धये।
तथाहि नृत्याभिनयक्रियाच्युतं
विलिप्यते मौलिभिरंबरौकसाम् ॥5।79॥

'कुमारसम्भव' में कार्तिकेय के जन्मोत्सव पर गीत, वाद्य तथा नृत्य का अनेकशः उल्लेख उपलब्ध होता है। उस समय 'अंक्य', 'आलिंग्य' तथा 'ऊर्ध्वक' नाम की अनेक तुरहियाँ मधुर स्वर से बजने लगीं और भाव तथा रस-भरे सुन्दर छन्दों में निबद्ध गीत गाती हुई अप्सराएँ बड़े हाव-भाव से नृत्य करने लगीं–

ध्वनत्सु तूर्येषु सुमंद्रमंक्या-
लिंगयोर्ध्वकेष्वप्सरसो रसेन।
सुसंधिबंधं ननृतुः सुवृत्तगीतानुगं
भावरसानुविद्धम् ॥11।36॥

यहाँ भी एक ही पद्य में सुसन्धिबन्ध गीतों का गायन, अनेक प्रकार के तूर्यों का वादन तथा अप्सराओं का नृत्य सन्निविष्ट है।

अपनी प्रिय पत्नी पार्वती को आनन्दित करने के लिए भगवान् शंकर की प्रेरणा से गले में झूलती हुई खोपड़ियों की माला पहने हुए भयावने दाँतोंवाली कालिका के नृत्य का भी उल्लेख 'कुमारसम्भव' में है–

कंठस्थलीलोलकपालमाला
दंष्ट्राकरालाननमभ्यनृत्यत्।
प्रीतेन तेन प्रभुणा नियुक्ता
काली कलत्रस्य मुदे प्रियस्य ॥9।49॥

मनुष्य जाति के स्त्री-पुरुषों के नृत्य के उल्लेख के अतिरिक्त पशु-पक्षियों के नृत्य का भी कवि ने वर्णन किया है। 'कुमारसम्भव' में नन्दी नृत्यकालीन विकट चेष्टाओं को प्रदर्शित करता हुआ पार्वती के मनोविनोदार्थ नृत्य प्रस्तुत करता है–

चलच्छिखाग्रो विकटांगभंगः
सुदन्तुरः शुक्लसुतीक्ष्णतुण्डः।
भ्रुवोपदिष्टः स तु शंकरेण तस्या
विनोदाय ननर्त भृंगी ॥9।48॥

पशु-पक्षियों में मयूर अपने नृत्य के लिए विशेष प्रसिद्ध रहा है। 'ऋतुसंहार' में मयूरों के नृत्य का अनेकशः उल्लेख हुआ है–

प्रवृत्तनृत्यं कुलमद्य बर्हिणाम् ॥2।6॥
प्रवृत्तनृत्यैः शिखिभिः समाकुलाः
समुत्सुकत्वं जनयंति भूधराः।

'ऋतुसंहार' में एक स्थल पर वर्णन है कि नृत्य करते हुए मयूरों के पिच्छों में भ्रमरों की नीलकमल का भ्रम हो जाता है और वे विगतपत्रा कमलिनी को छोड़कर उनपर गिरने लगते हैं–

विपत्रपुष्पां नलिनीं समुत्सुका विहाय
भृंगाः श्रुतिहारिनिःस्वनाः।
पतंति मूढ़ाः शिखिनां प्रनृत्यतां
कलापचक्रेषु नवोत्पलाशया ॥2।14॥

रघुवंश में भी मयूर-नृत्य अनेकशः वर्णित है; यथा–

पुरोपकंठोपवनाश्रयाणां कलापिनामुद्धतनृत्यहेतौ।
प्रध्मातशंखे परितो दिगंतांस्तूर्यस्वने
मूर्च्छति मंगलार्थे ॥6।9॥

तथा–

अध्यास्य चांभः पृषतोक्षितानि
शैलेयगंधीनि शिलातलानि।
कलापिनां प्रावृषि पश्य नृत्यं
कांतासु गोवर्द्धनकंदरासु ॥6।51॥

कालिदास ने अपने सभी ग्रन्थों में नृत्य-शास्त्रीय पदावली का अनेकशः प्रयोग किया है। उनकी सभी नायिकाएँ भरातोक्त नायिकाएँ हैं, उनके प्रत्येक हाव-भाव 'नाट्यशास्त्र'-वर्णित आंगिक एवं सात्त्विक अभिनय है। अपनी नायिकाओं के वर्णन-प्रसंग में कवि ने उपमाएँ भी नृत्यशास्त्र-सम्बन्धिनी दी हैं तथा नृत्य-शास्त्रीय मुद्राओं का अनेकशः उल्लेख किया है। केवल 'कुमारसम्भव' से कुछ उद्धरण प्रस्तुत हैं। रेखांकित स्थल मुद्राविशेष का सूचक हैं–

1. उद्वेजयत्यंगुलिपार्ष्णिभागान्
मार्गे शिलीभूतहिमेऽपि यत्र।
न दुर्वहश्रोणिपयोधरार्त्ता मिंदंति
मंदां गतिमश्वमुख्यः ॥1।11॥

2. सा राजहंसैरिव सन्नतांगी
गतेषु लीलाञ्चितविक्रमेषु।
व्यनीयत प्रत्युपदेशलुब्धै-
रादित्सुभिर्नूपुरसिञ्जितानि ॥1।34॥

3. प्रवातनीलोत्पलनिर्विशेष-
मधीरविप्रेक्षितमायताक्ष्याः।
तया गृहीतं नु मृगांगनाभ्यस्ततो
गृहीतं नु मृगांगनाभिः ॥1।46॥

4. तस्याः शलाकाञ्जननिर्मितेव
कांतिर्भ्रुवोरायतलेखयोर्या।
तां वीक्ष्य लीलाचतुरामनंगः
स्वचापसौंदर्यमर्द मुमोच ॥1।47॥

5. पुनर्ग्रहीतुं नियमस्थया तया
द्वयेऽपि निक्षेप इवार्पितं द्वयम्।

लतासु तन्वीषु विलासचेष्टितं
विलोलदृष्टं हरिणांगनासु च ॥5।13॥

6. इति प्रविश्याभिहिता द्विजन्मना
मनोगतं सा न शशाक शंसितुम्।
अथो वयस्यां परिपार्श्ववर्तिनीं
विवर्तिताञ्जननेत्रमैक्षत ॥5।51॥

7. अथाग्रहस्ते मुकुलीकृतांगुलौ
समर्पयंती स्फटिकाक्षमालिकाम्।
कथंचिदद्रेस्तनया मिताक्षरं
चिरव्यवस्थापितवागभाषत ॥5।63॥

8. इति द्विजातौ प्रतिकूलवादिनि
प्रवेपमानाधरलक्ष्यकोपया।
विकुंचितभ्रूलतमाहिते तया
विलोचने तिर्यगुपांतलोहिते ॥5।74॥

9. तं वीक्ष्य वेपथुमती सरसाङ्गयष्टि-
निंक्षेपणाय पदमुद्धृतभुद्वहंती।
मार्गाचलव्यतिकराकुलितेव सिंधुः
शैलाधिराजतनया न ययौ न तस्यौ ॥5।80॥

'मेघदूत' में नृत्यकुशल वारस्त्रियों द्वारा महाकाल मन्दिर में देशिक नृत्य (**नृत्यसर्वस्वे–खंगकंदुकवस्त्रादिदंडिचामरस्रजः। वीणां च धृत्वा यत्कुर्युर्नृत्यं तद्देशिकं भवेत्॥**) के प्रस्तुत करने का वर्णन है। इस प्रसंग में 'पादन्यास' शब्द प्रयुक्त है, जो उस नृत्य में चरणों के अधिक प्रयोग (foot-work) का सूचक है। मेघ के वहाँ पहुँचकर जल-वर्षण करने पर नर्तकियाँ उसे कटाक्ष से देखेंगी। यह 'कटाक्ष' भी नृत्य की विशेष मुद्रा है। तदनन्तर मेघ शिव के ताण्डव नृत्य को देखेगा और इस नृत्य में अपने गर्जन-रूप मृदंग-ध्वनि को प्रस्तुत करेगा। नृत्य में गायन एवं वादन को परमावश्यक माना गया है। पशुपति के नृत्य में बाँस, अपने छिद्रों में वायु के प्रवेश करने से मधुर ध्वनि करते हैं और इस प्रकार वंशी-वादन प्रस्तुत करते हैं, किन्नरियाँ समवेत स्वर में त्रिपुर-विजय की कथा गीतों में गाती हैं और मेघ गर्जन-रूप मृदंग-ध्वनि प्रस्तुत कर नृत्य के लिए समुचित ताल एवं लय प्रदान करता है। इस

प्रकार नृत्य के लिए सम्पूर्ण 'आरकेस्ट्रा' तैयार हो जाता है—

शब्दायंते मधुरमनिलैः कीचकाः पूर्यमाणाः
संसक्ताभिस्त्रिपुरविजयो गीयते किन्नरीभिः।
निह्रादस्ते मुरज इव चेत्कंदरेषु ध्वनिः
स्यात्संगीतार्थे ननु पशुपतेस्तत्र भावी समग्रः ॥

(पूर्वमेघ, 59)

कालिदास के सभी नाटकों में नृत्य के उल्लेख उपलब्ध होते हैं, किन्तु 'मालविकाग्निमित्र' में कवि का नृत्यकला-ज्ञान अपनी चरम सीमा पर पहुँच जाता है, जहाँ मालविका के उच्च कोटि के शास्त्रीय नृत्य का अवलोकन दर्शक करता है।

'मालविकानिग्नमित्र' नाटक का आरम्भ बकुलावलिका के गुरु गणदास के पास मालविका के नृत्याभ्यासोन्नति के विषय में जानने के लिए गमन से होता है। नृत्य-कला के सम्बन्ध में आचार्य गणदास की सर्वप्रथम शास्त्रीय उक्ति है—

देवानामिदमामनंति मुनयः कांतं क्रतुं चाक्षुषं
रुद्रेणेदमुमाकृतव्यतिकरे स्वांगे विभक्तं द्विधा।
त्रैगुण्योद्भवमत्र लोकचरितं नानारसं दृश्यते
नाट्यं भिन्नरुचेर्जनस्य बहुधाप्येकं समाराधनम् ॥1।4॥

नृत्य एवं नाट्य के सम्बन्ध में गणदास का मत एक विद्वान् का मत है। उनके अनुसार नृत्य केवल जीविका का ही साधन नहीं है, अपितु एक कला है, जिसके अजस्र अभ्यास से व्यक्ति उस कला में उत्तरोत्तर निष्णात होता जाता है। एक योग्य गुरु के लिए एक योग्य शिष्य की प्राप्ति महती प्रसन्नता प्रदान करती है। मालविका की प्रशंसा करते हुए वे कहते हैं—

यद्यत्प्रयोगविषये भाविकमुपदिश्यते मया तस्यै।
तत्तद्विशेषकरणात्प्रत्युपदिशतीव में सा बाला ॥1।5॥

'मालविकाग्निमित्र' में बार-बार यह स्पष्ट किया गया है कि नृत्य एक प्रायोगिक विद्या (Practical Art) है। गणदास एवं हरदत्त में कौन अधिक योग्य गुरु है—यह परखने के लिए निर्णय होता है कि उनकी शिष्याओं का नृत्य-प्रदर्शन हो और फिर मालविका का नृत्य प्रारम्भ होता है। परिव्राजिका को निर्णायक-पद पर नियुक्त किया जाता है। नृत्य-प्रदर्शन प्रारम्भ होने के पूर्व कालिदास ने परिव्राजिका की कुछ उक्तियों को उपन्यस्त किया है, जिनसे तत्कालीन नृत्य-प्रदर्शन एवं नृत्य-सभाओं के सम्बन्ध में पर्याप्त ज्ञान प्राप्त होता है। परिव्राजिका का निर्देश है कि मालविका को कम-से-कम प्रसाधन एवं वेशभूषा में प्रस्तुत किया जाए, जिससे उसके प्रत्येक अंग के सौष्ठव की अभिव्यक्ति स्पष्ट हो सके—

परिव्राजिका–'निर्णयाधिकारे ब्रवीमि सर्वांग-
सौष्ठवाभिव्यक्तये विरलनेपथ्ययोः
पात्रयोः प्रवेशोऽस्तु।' (पृष्ठ 30)

परिव्राजिका की सम्मति में वही योग्य गुरु है, जो स्वयं विद्या-प्रदर्शन के साथ अपने शिष्य को भी योग्य बना सके–

शिष्टा क्रिया कस्यचिदात्मसंस्था
संक्रांतिरन्यस्य विशेषयुक्ता।
यस्योभयं साधु स शिक्षकाणां
धुरि प्रतिष्ठापयितव्य एव ॥1।16॥

और इसी की परख के लिए मालविका मंच पर प्रस्तुत होती है। उसके नृत्य प्रारम्भ करने के पूर्व पीछे से मृदंग-ध्वनि सुनाई देती है, जिसे सुनकर मयूरों को मेघ-गर्जन की भ्राँति होती है–

जीमूतस्तनितविशंकिभिर्मयूरै-
रुद्ग्रीवैरनुरसितस्य पुष्करस्य।
निह्राविन्युपहितमध्यमस्वरोत्था
मायूरी मदयति मार्जना मनांसि ॥1।21॥

मालविका शर्मिष्ठा-कृत एक 'चतुष्पदा' कृति को छलित नृत्य द्वारा प्रस्तुत करती है। मालविका उस कृति के पदों के अनुरूप एवं रसानुरूप भावाभिनय करती है। नृत्य की समाप्ति पर वह एक विशेष मुद्रा (आयत) में खड़ी हो जाती है। नर्तकी का खड़े होने का ढंग राजा को नृत्य की अपेक्षा अधिक आकृष्ट करता है–

नृत्तादस्याः स्थितमतितरां
कांतमृज्वायतार्द्धम् ॥2।6॥

निर्णायिका परिव्राजिका मालविका के नृत्य की प्रशंसा करती हुई कहती है–

अंगैरंतर्निहितवचनैः सूचितः सम्यगर्थः
पादन्यासो लयमनुगतस्तन्मयत्वं रसेषु।
शाखायोनिर्मृदुरभिनयस्तद्विकल्पानुवृत्तौ
भावो भावं नुदति विषयाद्रागबंधः स एव ॥2।8॥

'विक्रमोर्वशीय' में स्वर्ग की नर्तकी उर्वशी का उल्लेख आता है। कालिदास के अन्य नाटकों में मालविका के सुन्दर नृत्य की भाँति नृत्य-प्रदर्शन के उल्लेख प्राप्त नहीं होते, किन्तु काव्यों की ही भाँति उनके नाटकों में अनेक ऐसी उपमाएँ, रूपक एवं वर्णन प्राप्त होते हैं, जो कालिदास की नृत्यविद्याभिज्ञता तथा तत्कालीन समाज

की इस विद्या में अभिरुचि को प्रकट करते हैं।

इस प्रकार कालिदास की कृतियों में उपलब्ध नृत्य-कलापरक उल्लेखों पर दृष्टिपात कर यह स्पष्ट हो जाता है कि कालिदास गीत और वाद्य के साथ संगीत की तृतीय विधा नृत्य-कला के शास्त्रीय एवं प्रायोगिक उभय रूपों से भली-भाँति परिचित थे और उनका शोभन सन्निवेश उन्होंने अपनी कृतियों में किया।

कालिदास की कृतियों में सुषिर एवं घनवाद्य

डॉ. सुषमा कुलश्रेष्ठ

पुरा कवीनां गणनाप्रसंगे
कनिष्ठिकाधिष्ठितकालिदासा।
अद्यापि तत्तुल्यकवेरभावा-
दनामिका सार्थवती बभूव ॥

महाकवि कालिदास के ग्रन्थों में उनका विविध-शास्त्र-विषयक पाण्डित्य परिलक्षित होता है। व्याकरण, दर्शन, आयुर्वेद, वनस्पति-शास्त्र तथा संगीत आदि ललित कलाओं में कवि परम निष्णात थे। **'गीतं वाद्यञ्च नृत्यञ्च त्रयं संगीतमुच्यते।'** संगीत के अन्तर्गत गायन, वादन तथा नृत्य, तीनों को परिगणित किया जाता है। संगीत की इन तीनों विधाओं से कालिदास भली-भाँति परिचित थे। गायन, वादन तथा नृत्य, तीनों के अनेक उल्लेख कालिदास की कृतियों में प्राप्त होते हैं।

विभिन्न वाद्यों द्वारा उद्भूत स्वर तथा लय का आनन्द वाद्य-संगीत अथवा वादन द्वारा प्राप्त होता है। सांगीतिक वाद्य चार प्रकार के माने गये है। आचार्य भरत मुनि के अनुसार—

ततं तंत्रीकृतं ज्ञेयमवनद्धं तु पौष्करम्।
घनं तालस्तु विज्ञेयः सुषिरो वंश उच्यते॥

('नाट्यशास्त्र', 28।2)

कालिदास को इन चारों प्रकार के वाद्यों का पूर्ण ज्ञान था। उनकी कृतियों में इन चारों प्रकार के वाद्यों के अनेकविध उल्लेख प्राप्त होते हैं। प्रस्तुत लेख में इन चारों प्रकार के वाद्यों में से सुषिर एवं घनवाद्यों के उल्लेखों के आधार पर कालिदास के तद्विषयक ज्ञान के मूल्यांकन का प्रयास किया गया है।

सुषिर वाद्य

मुख की वायु द्वारा बजाये जानेवाले वाद्य 'सुषिर वाद्य' कहलाते हैं। कालिदास के ग्रन्थों में तूर्य, वंशी और शंख, इन तीन सुषिर वाद्यों का उल्लेख प्राप्त होता है।

तूर्य अथवा कर्नाटकीय नागस्वरम्

यह दक्षिण-भारत में मन्दिरों में उत्सव आदि के मंगल अवसरों पर बजाया जाता है। यह देखने में उत्तर-भारतीय शहनाई-जैसा प्रतीत होता है, किन्तु यह आकार में शहनाई से बड़ा होता है। प्राचीन काल में जन्मोत्सव आदि तथा युद्धादि के प्रसंग में तूर्य बजाये जाते थे, जिनके लिए 'मंगल-तूर्य' तथा 'युद्ध-तूर्य' शब्द प्रयुक्त होते हैं। याम (प्रहर) की सूचना देने के लिए 'याम-तूर्य' के वादन का भी कालिदास ने 'रघुवंश' में इन्दुमती-स्वयंवर में हेमांगद राजा के वर्णन-प्रसंग में उल्लेख किया है–

यमात्मनः सद्यनि सन्निकृष्टो
मंद्रध्वनित्याजितयामतूर्यः।
प्रासादवातायनदृश्यवीचिः
प्रबोधयत्यर्णव एव सुप्तम् ॥6।56॥

रघुजन्मोत्सव पर मंगलतूर्य इतनी तेजी से बजे कि उनकी ध्वनियाँ स्वर्ग तक पहुँच गयीं।[1]

'कुमारसम्भव' में भी वर्णन है–

ततो गणैः शूलभृतः पुरोगैरुदीरितो
मंगलतूर्यघोषः।7।40

युद्धकालीन तूर्य इतने उच्च स्वर से बजते थे कि युद्ध-प्रांगण में योद्धागण एक-दूसरे के वचनों को सुनने में असमर्थ होने के कारण अपने वंश की प्रसिद्धि को नहीं कहते थे, किन्तु बाणों पर लिखे हुए अक्षरों से ही अपने प्रसिद्ध नाम को बताते थे।[2]

ऐसा प्रतीत होता है कि कालिदास को विभिन्न वाद्यों के अनेक प्रकारों का भी सूक्ष्म ज्ञान था, क्योंकि 'कुमारसम्भव' में उन्होंने तूर्य अथवा तुरही के 'अंक्य', 'आलिंग्य' तथा 'ऊर्ध्वक', इन भेदों का भी उल्लेख किया है।[3]

कालिदास ने मंगलावसरों पर जब-जब तूर्य-वादन का उल्लेख किया है, तब-तब उसके साथ नृत्य का भी उल्लेख किया है। रघु के जन्मावसर पर वारस्त्रियाँ प्रमोद-नृत्य प्रस्तुत करती हैं और साथ में अत्युच्च स्वर में तूर्यों का वादन होता है–

सुखश्रवा मंगलतूर्यनिःस्वनाः
प्रमोदनृत्यैः सह वारयोषिताम्।
न केवलं सद्मनि मागधपतेः
पथि व्यजृम्भंत दिवौकसामपि ॥

('रघुवंश', 3।19)

'कुमारसम्भव' में भी विविध प्रकार के तूर्यों के बजने तथा अप्सराओं के नृत्य का एक साथ वर्णन किया गया है (11।36)।

इससे प्रतीत होता है कि नृत्य के साथ बजाये जानेवाले वाद्यों में तूर्य प्रधान था।

वंशी

वंशी से तात्पर्य बाँसुरी से है। महाकवि कालिदास ने 'कुमारसम्भव' में वंशी के जन्म-सम्बन्ध में एक सुन्दर कल्पना प्रस्तुत की है। उनके अनुसार भौंरों द्वारा छिद्रित वंशनालिका में वायु-प्रवेश के कारण उत्पन्न ध्वनि को सुनकर प्रभावित हुए किन्नरों ने उस छिद्रित वंशनालिका को वंशवृक्ष से पृथक् कर अपनी मुखवायु द्वारा उसका वादन किया और इस प्रकार उसे वाद्य के रूप में प्रचलित किया।[4] 'मेघदूत' में भी इसी प्रकार का वर्णन है।[5]

वे बाँस, जो भीतर से पोले होते हैं, उन्हीं में जब हवा भर जाती है, तब स्वर निकलता है। ऐसे बाँस 'कीचक' कहलाते हैं और कीचकों से ही वंशी बनती है, इसलिए जब-जब कवि ने वंशी के स्वर का उल्लेख किया है, तब-तब 'कीचक' शब्द का सार्थक प्रयोग किया है।[6] सूखे बाँस में हवा के प्रवेश से काफी ऊँची ध्वनि निकलती है। शुष्क वंश के पटु-निनाद का उल्लेख कवि ने 'ऋतुसंहार' में किया है—

ज्वलति पवनवृद्धः पर्वतानां दरीषु
स्फुटति पटुनिनादः शुष्कवंशस्थलीषु।
प्रसरति तृणमध्ये लब्धवृद्धिः क्षणेन
ग्लपयति मृगवर्गं प्रांतलग्नो दवाग्निः ॥
(1।25)

वंशी एक ऐसा वाद्य है, जिसका गीत के साथ प्रयोग अत्यधिक श्रुतिमधुर लगता है। हिमालय-निवासी किन्नर संगीत-निपुण हैं। हिमालय पर अनेक वंश-वृक्ष हैं। हिमायल पर स्थित वंश-वृक्षों में हवा भर जाने से वे सुमधुर ध्वनि प्रदान करते हैं। यह ध्वनि वंशी-वादन का कार्य करती है और इस वंशी-वादन द्वारा हिमालय किन्नरों के गायन प्रारम्भ करने के पूर्व के तान-प्रदायित्व का कार्य सम्पन्न करता है—

यः पूरयन् कीचकरंध्रभागान्
दरीमुखोत्थेन समीरणेन।
उद्गास्यतामिच्छति किन्नराणां
तानप्रदायित्वमिवोपगंतुम् ॥
('कुमारसम्भव', 1।8)

शंख

'संगीत-रत्नाकर', 'संगीत-पारिजात' तथा 'संगीतसार' आदि में शंख का विधिवत्

उल्लेख प्राप्त होता है। अहोबल तथा संगीतसारादिक के वर्णन से ऐसा प्रतीत होता है कि इसमें न केवल एक स्वर अपितु सम्पूर्ण राग का वादन सम्भव था। वस्तुतः शंख एक सामुद्रिक जीव का ढाँचा है, जो समुद्र से निकाला जाता है। इसकी दो जातियाँ हैं, जो 'दक्षिणावर्त' तथा 'वामावर्त' नाम से प्रसिद्ध हैं। युद्धावसरों तथा मंगलोत्सवों पर शंख बजाये जाने की प्रथा थी। आज भी पूजादि के अवसर पर शंख बजाये जाते हैं। कुमार कार्तिकेय के जन्मोत्सव पर शंख-ध्वनि का वर्णन करते हुए कालिदास कहते हैं—

गंभीरशंखध्वनिमिश्रमुच्चै-
गृहोद्भवा दुंदुभयः प्रणेदुः।
दिवौकसां व्योम्नि विमानसंघा
विमुच्य पुष्पप्रचयान्प्रसस्रुः ॥
('कुमारसम्भव', 11।38)

राजकुमारी इंदुमती के स्वयंवर-प्रसंग में भी कवि ने शंख-वादन का वर्णन किया है—

पुरोपकंठोपवनाश्रयाणां
कलापिनामुद्धतनृत्यहेतौ।
प्रध्मातशंखे परितो दिगंतां-
स्तूर्यस्वने मूर्च्छति मंगलार्थे ॥
('रघुवंश', 6।9)

प्रायः प्रसन्नता के अवसरों एवं मंगलोत्सवों पर शंख बजाये जाने की परम्परा रही है। शंखों के साथ अन्य वाद्यों के बजाये जाने का उल्लेख भी साहित्य में यत्र-तत्र मिलता है। कालिदास ने शंख के साथ दुंदुभि एवं तूर्य बजाये जाने का उल्लेख किया है।[7]

शंख धवलता के लिए प्रसिद्ध उपमान-रूप में साहित्य में प्रयुक्त होता है। साहित्य में अनेक बार ऐसे प्रयोग उपलब्ध होते हैं। मेघों की धवलता व्यक्त करने के लिए कवि कालिदास शंख से उपमा देते हुए कहते हैं—

व्योम क्वचिद्रजतशंखमृणालगौरै-
स्त्यक्तांबुभिर्लघुतया शतशः प्रयातैः।
संलक्ष्यते पबनबेगचलैः पयोदैः
राजेब चामरशतैरुपबीज्यमानः ॥
('ऋतुसंहार', 3।4)

आधुनिक काल के प्रचलित सुषिर वाद्य हैं—बाँसुरी, शंख, तूर्य, शहनाई,

नागस्वर, मुख-वीणा या छोटा नागस्वर, क्लारनेट, ट्रंपेट तथा सैक्सोफ़ोन आदि।

घनवाद्य (तालवाद्य)

वे वाद्य, जो ठोकर लगाकर बजाये जाते हैं, 'घनवाद्य' कहलाते हैं। ताल, कांस्यताल, घंटा, क्षुद्रघंटा (घुँघरू), मँजीरा तथा जलतरंग आदि की गणना घनवाद्यों में होती है। स्पष्ट रूप से कालिदास की कृतियों में घनवाद्यों का उल्लेख प्राप्त नहीं होता, किन्तु प्रकारान्तर से कुछ उदाहरण उपलब्ध हैं; यथा—'मेघदूत' में यक्षिणी द्वारा कंकण की मधुर झंकारों से युक्त करताल (तालियाँ) बजाकर मयूर के नचाये जाने का उल्लेख है—

तालैः शिंजावलयसुभगैर्नर्तितः कान्तया मे
यामध्यास्ते दिवसविगमे नीलकण्ठ सुहृद्धः।
(उत्तरमेघ, 19)

क्षुद्रघंटा अथवा घुँघरू की गणना भी घनवाद्यों में होती है। नायिकाधृत नूपुर भी घूँरुओं से मिलते-जुलते हैं। नूपुर-नाद का उल्लेख करते हुए कवि 'ऋतुसंहार' में कहते हैं—

काशांशुका विकचपद्ममनोज्ञवक्त्रा
सोन्मादहंसरवनूपुरनादरम्या।
आपक्वशालिरुचिरानतगात्रयष्टिः
प्राप्ता शरन्नववधूरिव रूपरम्या॥
(3।1)

जिस प्रकार नर्तकी के घुँघरुओं की सुमधुर ध्वनि चित्त को आह्लादित करती है, उसी प्रकार हंसरव का अनुकरण करनेवाली नायिका के नूपुरों की सुमधुर ध्वनि श्रोता के चित्त को सकाम बना देती है—

नितांतलाक्षारसरागरंजितै-
र्नितंबिनीनां चरणैः सनूपुरैः।
पदे-पदे हंसरुतानुकारिभि-
र्जनस्य चित्तं क्रियते समन्मथम्॥
('ऋतुसंहार', 1।5)

नुपूर की श्रुतिमधुर ध्वनि का कालिदास ने अनेक बार उल्लेख किया है।[8] उनकी सम्मति में नूपुरों की ध्वनि हंसों के स्वर से बहुत मिलती-जुलती है।[9] सुवर्ण-निर्मित कांची और मत्तहंस-रव भी मिलता-जुलता है। इस सम्बन्ध में कवि की उक्ति है—

असितनयनलक्ष्मीं लक्षयित्वोत्पलेषु
क्वणितकनककांचीं मत्तहंसस्वनेषु।

अधररुचिरशोभां बंधुजीवे प्रियाणां
पथिकजन इदानीं रोदिति भ्रांतचितः ॥
('ऋतुसंहार', 3।26)

इस प्रकार नूपुरों की ध्वनि और कांची के क्वणन में घुंघरुओं की झँकार का आनन्द प्राप्त किया जा सकता है।

अन्त में कहा जा सकता है कि कालिदास ने अपनी रचनाओं में अपने सुषिर एवं घनवाद्यों के कौशल को अतीव निपुणता से उपन्यस्त किया है। वस्तुतः कवि चारों प्रकार के वाद्यों तथा संगीत की तीनों विधाओं से अच्छी तरह परिचित थे। उनकी कृतियों में प्राप्त गायन, वादन एवं नृत्य-सम्बन्धी उल्लेख उनके संगीत-विषयक परम नैपुण्य के स्पष्ट निदर्शक हैं। संस्कृत के किसी भी अन्य कवि की कृतियों में संगीत की वह दक्षता परिलक्षित नहीं होती, जो कालिदास की कृतियों में उपलब्ध है। संगीत के सतत प्रयोग एवं माधुर्य ने कालिदास के साहित्य को और भी अधिक मनोरम चित्ताह्लादक एवं श्रुतिमधुर बना दिया है।

सन्दर्भ

1. सुखश्रवा मंगलतूर्यनिस्वनाः प्रमोदनृत्यैः सह वारयोषिताम्।
   न केवलं सद्मनि मागधीपतेः पथि व्यजृम्भंत दिवौकसामपि ॥ ('रघुवंश', 3।19)
2. नदत्सु तूर्येष्वविभाव्यवाचो नोदीरयंति स्म कुलोपदेशान्।
   बाणाक्षरैरेव परस्परस्य नामोर्जितं चापभृतः शशंसुः ॥ ('रघुवंश', 7।38)
3. ध्वनत्सु तूर्येषु सुमंद्रमंक्यालिंग्योर्ध्वकेष्वप्सरसो रसेन।
   सुसंधिबंधं ननृतुः सुवृत्तगीतानुगं भावरसानुविद्धम ॥ ('कुमारसम्भव', 11।36)
4. यः पूरयन्कीचकरंध्रभागान् दरीमुखोत्थेन समीरणेन।
   उद्गास्यतामिच्छति किन्नराणां तानप्रदायित्वमिवोपगंतुम् ॥ ('कुमारसम्भव', 1।8)
5. शब्दायंते मधुरमनिलैः कीचकाः पूर्यमाणाः। ('मेघदूत', पूर्वमेघ 60)
6. 'कुमारसम्भव' (1।8) तथा 'मेघदूत' (पूर्वमेघ, 60)
7. 'कुमारसम्भव' (11।38), 'रघुवंश' (6।9)
8. 'ऋतुसंहार' (1।5, 3।1, 3।20)
9. वही (1।5, 3।1, 3।27, 4।4)

कालिदास की कृतियों में सुषिर वाद्य

●

अमृत कौर

परिभाषा : जिन वाद्यों में वायु के दबाव को अल्पाधिक करके विभिन्न स्वरों को अभिव्यक्त किया जाता है, उन्हें 'सुषिर वाद्य' कहते हैं। 'भरतकोष' में इसकी परिभाषा इस प्रकार दी गयी है–

पवनेनाहते रंध्रे सुषिराणां ततस्ततः।
स्वरपाटात्मकाश्शब्दाः व्यक्तिमायांति सर्वशः ॥[1]

अर्थात्–सुषिर वाद्यों में वायु की सहायता से छिद्रों के आहत होने पर स्वरों को उभारने-वाली ध्वनि निकलती है।

भेद : आचार्यों ने इन वाद्यों की संख्या भिन्न-भिन्न बताई है। आचार्य कम्भ के अनुसार–वंश, पाव, पाविका, मुरली, मधुकरी, कहला, तुण्ड, किनी, भुक्का, शंख आदि इसके भेद हैं।[2] आचार्य वेम के अनुसार–वंश, पाव, पाविका, सुरुली, मधुकरी, काहला, डणुकिनी, शंखा, शृंग आदि इसके भेद हैं।[3] श्रीकण्ठ के अनुसार–वंश, पाव, पाविका, मुरली, मधुकरी, वक्रा, शंख, तित्तिरी, शृंग, काहल आदि इसके भेद हैं।[4]

उत्पत्ति : प्राचीन आचार्यों ने सुषिर वाद्यों की उत्पत्ति का एक पौराणिक वृत्त प्रस्तुत किया है–"एक बार अपने उद्यान में क्रीड़ासक्त इन्द्र ने कानों को मीठे लगनेवाले मधुर स्वर सुने। तब उन्होंने मुख ऊपर कर विस्मित होकर ऊपर देखा। बाग में कोयलों का मधुर स्वर था, पुष्प विकसित थे, मधु बरसानेवाली सारिकाएँ घूम रही थीं, पराग का समूह रेत पर बिछा हुआ था, वायु जैसे पंखा झल रहा था। वहाँ एक ओर इन्द्र ने अनेक वंश (बाँस) देखे। वायु के द्वारा उनके छिद्र भर जाते थे और वे मधुर ध्वनि करते थे। इन्द्र ने हर्ष और आश्चर्य से उस ध्वनि को सुना। उन्होंने अपने समस्त गायकों को बुलाया और कहा–

शृंणुध्वं मधुरस्निग्धमुच्चरत्स्वरमण्डलम्।
क्रियतां सुषिरातोद्यमिदमद्य मनोहरम् ॥

अर्थात्—इस मधुर, स्निग्ध स्वर-समूह को उच्चरित होता हुआ सुनो! इससे 'सुषिर' नामक मनोहर वाद्य का निर्माण करो!

इन्द्र का आदेश पाकर तुम्बुरु आदि आचार्यों की सहायता से गन्धर्वों ने इस वाद्य का निर्माण किया। बाद में भारत आदि मुनियों ने मर्त्यलोक में इसका प्रचार किया।"[5]

कालिदास की कृतियों में सुषिर वाद्य

कालिदास ने अनेक स्थानों पर सुषिर वाद्यों का प्रयोग किया है। इनका नामोल्लेख और संख्या इस प्रकार है–

1. **'तूर्य'** : इस शब्द का प्रयोग कवि ने बारह बार किया है।[6]
2. **'अंक्य'** : इस शब्द का प्रयोग कवि ने एक बार किया है।[7]
3. **'आलिंग्य'** : इस शब्द का प्रयोग कवि ने एक बार किया है।[8]
4. **'ऊर्ध्वक'** : इस शब्द का प्रयोग कवि ने एक बार किया है।[9]
5. **'वंश'** : इस शब्द का प्रयोग कवि ने दो बार किया है।[10]
6. **'वेणु'** : इस शब्द का प्रयोग कवि ने एक बार किया है।[11]
7. **'कीचक'** : इस शब्द का प्रयोग कवि ने तीन बार किया है।[12]
8. **'शंख'** : इस शब्द का प्रयोग कवि ने नौ बार किया है।[13]

तूर्य, अंक्य, आलिंग्य और ऊर्ध्वक—कालिदास ने तूर्य के ही भेद के रूप में अंक्य, आलिंग्य और ऊर्ध्वक को स्वीकार किया है—

ध्वनत्सु तूर्येषु सुमंद्रमंक्यालिंग्यो-
ध्र्वकेष्वप्सरसो रसेन।
सुसंधिबंधं ननृतुः सुवृत्तगीतानुगं
भावरसाविद्धम् ॥[14]

अर्थात्—वहाँ 'अंक्य', 'आलिंग्य' और 'ऊर्ध्वक' नामक अनेक प्रकार के तूर्य मधुर बज रहे थे और भाव-रस-भरे अच्छे-अच्छे छन्दों में बँधे हुए गाने गाती हुई अप्सराएँ बड़े हाव-भाव से नाच रही थीं। इससे स्पष्ट है कि अंक्य, आलिंग्य और ऊर्ध्वक तूर्य के ही प्रकार हैं।

'भरतकोष' में हमें कहीं 'तूर्य' शब्द का उल्लेख नहीं मिलता। लगभग पन्द्रह सुषिर वाद्यों के नाम वहाँ दिये हैं; जो 'कम्भ', 'वेम', 'हम्मीर', 'श्रीकण्ठ' आदि आचार्यों ने सुझाये हैं,[15] किन्तु इन नामों में 'तूर्य' शब्द नहीं है। न ही कालिदास द्वारा दिखाये गये अन्य भेद वर्णित हैं। 'संगीत-दामोदर' में 'तूर्य' शब्द अवश्य सुषिर वाद्यों के अन्तर्गत प्रयुक्त हुआ है।[16]

डॉ. लालमणि मिश्र ने 'तूर्य' को ही 'कर्नाटकीय नागस्वरम्' माना है। यह दक्षिण-भारत के देवालयों में उत्सव, शादी, जुलूस आदि मंगल-अवसरों पर बजाया जाता है।[17]

कालिदास ने भी 'तूर्य' का प्रयोग उक्त अवसरों पर ही किया है। इससे ज्ञात होता है कि तूर्य-वादन की समयनिबद्ध प्राचीन परम्परा आज भी उसी रूप में चली आ रही है। कुछ स्थानों पर कालिदास ने 'तूर्य' शब्द के साथ 'मंगल' शब्द का प्रयोग करके इस लोकमत को और भी स्पष्ट कर दिया है।[18] मल्लिनाथ भी कालिदास के 'तूर्य' शब्द को समझाते हुए लिखते हैं कि यह मंगल-वाद्य है।[19] जिन अवसरों पर कालिदास ने इनका प्रयोग किया है, वे भी विवेचनीय हैं।

उत्सव : पुत्र-जन्म, मंगल-कामना का सर्वोत्तम दिन है। पुत्र-जन्मोत्सव के दो प्रसंग ऐसे हैं, जहाँ यह वाद्य बजाया जाता है। एक कार्तिकेय के जन्म पर, जो कि शिव और पार्वती का पुत्र है[20] और दूसरा रघु के जन्म पर, जो कि दिलीप और सुदक्षिणा का पुत्र है।[21] कालिदास के साहित्य में ये दोनों ही अवसर अत्यन्त महत्त्वपूर्ण हैं। कार्तिकेय के जन्म से हारे हुए देवताओं को विजय मिलती है। दूसरी ओर, रघु भी दिग्विजय आदि करके पर्याप्त यश कमाते हैं। अतः इन दोनों के जन्म की मंगल-कामना के रूप में तूर्य-वादन किया गया। रघु के जन्म पर कालिदास लिखते हैं—"वह बालक तो संसार का कल्याण करनेवाला था, इसलिए उसके जन्म से केवल दिलीप के महलों में ही तूर्य-वादन और वेश्या-नर्तन आदि नहीं हुआ, अपितु आकाश में देवताओं के यहाँ भी नाच-गाना हो रहा था।"

सुखश्रवा मंगलतूर्यनिस्वनाः।
प्रमोदनृत्यैः सह वारयोषिताम्
न केवलं सद्मनि मागधीपतेः
पथि व्यजृंभंत दिवौकसामपि ॥[22]

युद्ध के अवसर पर : भारतीय विचारणा के अनुसार, युद्ध क्षत्रियों के लिए उत्सव माना गया है। भास के अनुसार, युद्ध इसलिए इतना महत्त्वपूर्ण है, क्योंकि जीतने पर यश मिलता है और मरने पर स्वर्ग।[23]

'रघुवंश' के अनुसार, स्वयंवर में अज के इन्दुमती को पा लेने के उपरान्त निराश राजाओं ने युद्ध छेड़ दिया। वहाँ इतना तूर्य-वादन हुआ कि कुछ और सुनाई नहीं देता था—

नदत्सु तूर्येष्वविभाव्यवाचो।[24]

इसी प्रकार कार्तिकेय और तारकासुर के युद्ध में जहाँ-तहाँ तूर्य-वादन हो रहा था—

नदत्सु तूर्येषु।[25]

अभिषेक : राज्याभिषेक का समय अत्यन्त हर्षोत्साह का अवसर होता है। ऐसे

समय में भी तूर्य-वादन स्वाभाविक है। कालिदास-साहित्य में इसके दो प्रसंग हैं—

कुश की मृत्यु के उपरान्त जब राजा अतिथि का राज्याभिषेक किया गया, तब तूर्य और नगाड़ों की मीठी और गम्भीर आवाज गूँज उठी, मानो यह सूचना दे रही हो कि राजा अतिथि का सदा कल्याण हो—

नदद्भिः स्निग्धगम्भीरं तूर्यैराहतपुष्करैः।
अन्वमीयत कल्याणं तस्याविच्छिन्नसंतति ॥[26]

रावण को जीतकर राम ने जब अयोध्या में प्रवेश किया, तो अन्य मंगल-सामग्री के साथ तूर्य-वादन भी प्रस्तुत किया गया। कालिदास के अनुसार, इस वादन को सुनकर नगर के लोग बहुत आनन्दित हुए—

तूर्यस्वनानंदितपौरवर्गः।[27]

विवाह : विवाह के एक अवसर पर कवि ने इस मंगल-वाद्य का वादन कराया है। शिव और पार्वती का विवाह है। पार्वती को विविध पारम्परिक रीतियों के अनुरूप स्नान कराया जा रहा है और साथ ही तूर्य-वादन भी प्रवर्तित है—

...सतूर्यमेनां स्नपयांबभूवुः।[28]

प्रातः उठना : एक राजा के वर्णन में प्रातः सोकर उठने के समय तूर्य की ध्वनि का समुद्र की लहरों की ध्वनि के समान होने का उल्लेख है,[29] जिसे सुनकर राजा प्रातः उठता था।

ऋतु-प्रसंग : वर्षा-ऋतु के समय कोयल की आवाज की उपमा कालिदास ने तूर्य-स्वर से दी है।[30] इससे तूर्य-स्वर का माधुर्य अनुभव किया जा सकता है।

वंश, वेणु और कीचक : वंश अत्यन्त प्राचीन वाद्य है। वैदिक युग से ही इसके अस्तित्व के प्रमाण मिलते हैं।[31] वंशी में कितने रन्ध्र होते थे, इसका उल्लेख कहीं प्राप्त नहीं होता। किन्तु यह निश्चयपूर्वक कहा जा सकता है कि जबसे साम-गान का प्रारम्भ हुआ तथा सप्त स्वरों का विकास हुआ, तभी से ऐसी वंशी बन चुकी थी, जिसमें सप्तक में प्रयुक्त होनेवाले सभी स्वर उत्पन्न होते थे। साम-गान के संगीत में वेणु तथा वीणा आवश्यक वाद्य थे। प्राचीन वैदिक ग्रन्थों में तो यहाँ तक वर्णन प्राप्त होता है कि वंशी के स्वरों का आधार लेकर ही वीणा के तार स्वरों में मिलाये जाएँ। 'नारदीय शिक्षा' में निम्नलिखित वचन वंशी की इसी महत्ता का द्योतक है[32]—

यः सामगानां प्रथमः स्वरः स वेणोर्मध्यमः।[33]

अर्थात्—साम गानेवालों का जो प्रथम स्वर है, वह वेणु (वंश) का मध्यम है। अन्यत्र वंश के उल्लेख में कालिदास ने एक कठिन प्रयोग हमें सुझाया है। यह प्रयोग वंश से पटुनिनाद स्वर निकालने का है। वंशों में जब वायु प्रविष्ट होगी, तब तो वे

बोलेंगे ही, उनके इन स्वरों से सभी परिचित हैं, किन्तु जब अग्नि भी प्रज्वलित की जाए और वंशों को अग्नि-मिश्रित वायु का सामना करना पड़े, उस समय कैसी ध्वनि होगी, सम्भवतः यह हमें ज्ञात नहीं है। किन्तु कालिदास ने इस ध्वनि को सुना है और इसे 'पटुनिनाद' शब्द दिया है। संगीतज्ञों के लिए वाद्ययन्त्र बनाने का यह एक नया मार्ग है, जो सर्वथा नवीन ढंग की ध्वनियाँ हमें देगा। यह एक कठिन और प्रयोगात्मक दिशा है, जिसकी ओर अभी तक कोई नहीं बढ़ा। यह विचित्र मार्गवाला कालिदास का श्लोक इस प्रकार है–

ज्वलति पवनवृद्धः पर्वतानां दरीषु
स्फुटति पटुनिनादः शुष्कवंशस्थलीषु।
प्रसरति तृणमध्ये लब्धवृद्धिः क्षणेन
ग्लपयति मृगवर्ग प्रांतलग्नो दवाग्निः ॥[34]

अर्थात्–पर्वतों की गुहा में पवन द्वारा बढ़ाई गयी यह दावाग्नि जल रही है, प्रान्त-भाग में लगी हुई तिनकों के बीच में वृद्धि को प्राप्त कर फैल रही है। पंछियों को जला रही है। जलने से शुष्क वंशस्थली में पटुनिनाद स्पष्ट सुनाई दे रहा है।

यहाँ यह स्पष्ट है कि पवन और अग्नि की विद्यमानता में ही शुष्क वंशस्थली में पटुनिनाद सुनाई दे रहा है। वंश का शुष्क होना, उसकी स्वरावली में विशेष सहायक होता है। यहाँ कवि का संकेत इस बात से और भी स्पष्ट हो जाता है कि तिनके, पंछी आदि सब जल रहे हैं, किन्तु पटुनिनाद वहाँ से नहीं आ रहा। यह सामर्थ्य तो केवल शुष्क वंशस्थली में ही है। अतः तिनके आदि के साथ कवि ने 'प्रसरति', 'ग्लपयति'-जैसी बातें कही हैं।

कालिदास ने 'वंश' और 'वेणु', इन दोनों शब्दों का प्रयोग किया है। अभिनवगुप्त के अनुसार, दोनों शब्द एक ही अर्थ के वाचक हैं–

पूर्व भगवन्महेश्वराराधनसाधनम्।
मतंगमुनिप्रभृतिभिः वेणुनिर्मितं,
ततो वंश इति प्रसिद्धम्।
वस्तुतः तु छिद्रात्मकसुषिराभिव्यक्तस्वरविशेष-
रूपतयैवास्योपयोगः खदिरादि निर्मितोप्यसौ
भवत्येव ॥[35]

अर्थात्–पहले मतंग आदि मुनियों ने महेश्वर (शिव) की आराधना के लिए 'वेणु' का निर्माण किया। बाद में इसी को 'वंश' कहा गया। वस्तुतः छिद्रात्मक सुषिर वाद्य से अभिव्यक्त स्वर-विशेष के कारण इसका उपयोग है। यह खदिर आदि से भी निर्मित किया जाता है।

एक स्थान पर 'वंश' शब्द का प्रयोग कालिदास ने संगति करने के लिए किया।

प्रसंग दिलीप के यशोगान का है। वन-देवियाँ दिलीप के लिए यहाँ गा रही हैं। कीचकों से वायु के कारण जो स्वर उभर रहे हैं, मानो वे इस गायन में वंशी की संगति-जैसे हैं।[36]

'वेणु' शब्द का प्रयोग कवि ने शृंगारिक पक्ष में किया है। वारांगनाएँ होंठों के घावयुक्त होने पर भी उनपर संगीतप्रियता के कारण वेणु रख लेती हैं। यह सब राजा अग्निवर्ण को बहुत अच्छा लगता है।[37]

इस सभी प्रसंगति में 'कीचक' शब्द का प्रयोग विशेष महत्त्वशाली और अनुसन्धान की अनेक सम्भावनाओं से भरा है। उपलब्ध संगीत-शास्त्र के ग्रन्थों में इसका प्रयोग नहीं मिलता, किन्तु कालिदास के टीकाकार मल्लिनाथ ने स्पष्ट कहा है कि यह एक 'वेणु-विशेष' है–

कीचकैः वेणुर्विशेषैः।[38]

अर्थात्–'कीचक' का अर्थ 'वेणुविशेष' है। डॉ. सुषमा कुलश्रेष्ठ ने इसका भ्रामक अर्थ 'संगीत' पत्रिका में किया है।[39]

'अमरकोष' (2/4/161) में भी 'कीचक' का अर्थ 'वेणु' माना गया है–

वेणवः कीचकास्ते स्युर्ये स्वनंत्यनिलोद्धताः।[40]

उक्त विवेचन से स्पष्ट है कि 'कीचक' भी एक प्रकार का वेणु है। कालिदास के वर्णनों से ज्ञात होता है कि इसका प्रयोग देवताओं में विशेषतः प्रचलित था। कालिदास ने इस शब्द का तीन श्लोकों में प्रयोग किया है। तीनों स्थल देवताओं से सम्बद्ध हैं। आगे का प्रतिपादन करने से पूर्व इन तीन महत्त्वपूर्ण श्लोकों को अर्थ-सहित जान लेना अपेक्षित होगा–

1. यः पूरयन्कीचकरंध्रभागांदरीमुखोत्थेन
समीरणेन।
उद्गास्यतामिच्छति किन्नराणां
तानप्रदायित्वमिवोपगंतुम् ॥[41]

अर्थात्–जो हिमालय-गुहा से उठी हुई वायु के द्वारा कीचक के छिद्रों को भरकर, ऊँचे (गान्धार-ग्राम में) गानेवाले किन्नरों के साथ संगति करने की इच्छा रखता है।

2. स कीचकैर्मारुतपूर्णरंध्रैः
कूजद्भिरापादितवंशकृत्यम्।
शुश्राव कुंजेषु यशः स्वमुच्चैरुद्गय्यमानं
बनदेवताभिः ॥[42]

अर्थात्–कूँजते हुए, हवा से जिनके छिद्र भर गये हैं, ऐसे कीचकों के द्वारा जिसमें वंशी का कार्य किया जा रहा है, उस अपने यश को वन-देवियों द्वारा कुंजों

में ऊँचे स्वर (गान्धार-ग्राम) में गाये जाते हुए राजा ने सुना।

3. शब्दायंते मधुरमनिलैः कीचकाः पूर्यमाणाः,
संसक्ताभिस्त्रिपुरविजयो गीयते किन्नरीभिः।
निर्हादस्ते मुरज इव चेत्कंदरेषु ध्वनि स्यात्
संगीतार्थो ननु पशुपतेस्तत्र भावी समग्रः ॥[43]

अर्थात्—वहाँ वायु से भरकर कीचक मधुर ध्वनि करेंगे। भक्ति-भाव से भरी किन्नरियाँ त्रिपुर-विजय का गीत गाएँगी। गुहाओं में तुम्हारी प्रतिध्वनि 'मुरज'-जैसे शब्द करेगी। इस प्रकार शिव जी के संगीत के सभी अर्थ वहाँ पूर्ण हो जाएँगे।

उक्त तीनों श्लोकों को पढ़ने से साधारण वंशी और कीचक में जो अन्तर दिखाई देता है, उसे के.वी. रामचन्द्रन् ने स्पष्ट करते हुए लिखा है—

"In all these verse the Kichakadry. bamboo is said to play the role of the flute with this difference, that while the flute was played by the human breath, the bamboo was played the breeze."[44]

इस विवेचन से यह स्पष्ट है कि कीचक को मनुष्य फूँक मारकर नहीं बजाता। श्लोकों से भी यह ज्ञात नहीं होता कि फूँक मारकर इसे बजाया जाता था। वहाँ केवल वायु के भरने से इसके बजने का उल्लेख है। अतः हम कह सकते हैं कि यह एक ऐसा वाद्य है, जो हवा के बहाव से बजता था। के०वी० रामचन्द्रन् ने इसे 'Aeolian Flute' कहकर लिखा है—

"...a wind instrument, fashioned by human hands but played upon by the breeze."[45]

डॉ. कुंस्ट के अनुसार, इस वाद्य की लम्बाई एक बाँस जितनी होती थी। यह वृक्ष पर ऊँचे रखा जाता था। इसमें विभिन्न स्वरों के छिद्र बना दिये जाते थे। वायु इन छिद्रों से प्रविष्ट होती हुई अत्यन्त मधुर ध्वनि उत्पन्न करती थी, जिसे दूर से सुना जा सकता था।[46]

उक्त श्लोकों में 'उद्गास्यताम्' और 'उद्गीयमानस' शब्द संगीत की दृष्टि से विशेष महत्त्वपूर्ण हैं। इनसे हमें यह पता चलता है कि कीचक को किस स्वर में मिलाया जाता था। उक्त दोनों शब्दों में 'उत्' उपसर्ग आया है, जो ऊँचे स्वर में गाये जाने का द्योतक है। टीकाकार मल्लिनाथ ने इस बात को स्पष्ट कर दिया है—"यह देव-योनि का होने के कारण ऊँचे गाने की बात कही गयी है। देवता गान्धार-ग्राम में गाते हैं, ऐसा विधान है।"[47] उक्त स्थलों में कीचक संगति करने के लिए प्रयुक्त है। अतः गायन के अनुरूप इसे भी मिलाना अपेक्षित है।

शंख : नान्यदेव ने सुषिर वाद्यों में शंख को प्रमुख माना है, क्योंकि प्रथमतः शंख ही सर्वत्र बजाया जाता है। मांगलिक, शान्ति, पौष्टिक आदि कार्यों में शंख का वादन होता है। कमलनेत्र विष्णु बाएँ हाथ में इसे धारण करते हैं। विष्णु इसे अपने ऐसे

मुख से चूमते हैं, जो लक्ष्मी के मुख का चुम्बन ले चुका है। तदनन्तर जो व्यक्ति इस शंख को चूमता है (मुख से लगाकर बजाता है), उसके गुणों का कोई वर्णन नहीं कर सकता। आज भी (वीर) युद्ध में इसका स्वर सुनना चाहते हैं।[48] अहोबल तथा संगीतसारादिक के वर्णन से ऐसा प्रतीत होता है कि इसमें न केवल एक स्वर, अपितु सम्पूर्ण राग का वादन सम्भव था।[49] कालिदास ने इस वाद्य की संगति, मांगलिकता, ध्वनि आदि पर विचार किया है–

संगति का रूप : लगता है, कालिदास इस प्रकार के शंख से परिचित थे, जिसमें केवल एक स्वर नहीं, बल्कि वादन के सभी स्वर थे। यदि ऐसा न होता, तो गन्धर्वों के गायन के समय वे शंख का ही उल्लेख न करते। अन्य भी कई वाद्य हैं, जो गायन के समय प्रयुक्त हो सकते थे। उन सबको छोड़कर केवल शंख को ही महत्त्व देने से ऐसा प्रतीत होता है कि पर्याप्त परिश्रम के अनन्तर संगीत-आचार्यों ने शंख में सभी स्वरों का संयोजन कर लिया था। इसकी वादन-कला इतनी विकसित हो चुकी थी कि शंकर के भक्ति-गीतों के साथ इसकी संगति की जाती थी। इससे भगवान् शंकर की प्रसन्नता भी अभिव्यक्त की गयी है–

व्यधुर्बहिर्मंगलगानमुच्चैर्वैतालिकाश्चित्र-
चरित्रचारु।
जगुश्च गंधर्वगणाः सशंखस्वनं प्रमोदाय
पिनाकपाणेः ॥[50]

मांगलिक रूप : 'शंख' का यह नाम इसलिए, पड़ा, क्योंकि यह अमंगल का नाश करता है।[51] भारतीय समाज की इस प्राचीन भावना को कालिदास ने शंख के साथ अभिव्यक्त किया है। कार्तिकेय के जन्म और इन्दुमती के विवाह के अवसर पर शंख-वादन होता है।[52] इन दोनों ही स्थानों पर मंगल की भावना निहित है। कालिदास ने स्वयं भी कहा है कि यह ध्वनि मंगलार्थ होती है।[53] शंख कालिदास के समय कितना मांगलिक था, इसका एक और प्रमाण हमें 'मेघदूत' में मिलता है। जब यक्ष मेघ को अपने घर की पहचान बताता हुआ कहता है–"हे सज्जन मेघ! यदि तुम मेरे बताये हुए ये चिह्न भली-भाँति स्मरण रखोगे और मेरे द्वार पर शंख और पद्म के चित्र बने देख लोगे, तो तुम मेरा घर अवश्य पहचान लोगे।"[54] इससे स्पष्ट है कि लोग मांगलिकता के लिए शंख को अपने गृह-द्वार आदि पर अंकित कराते थे।

उपमान और ध्वनि : 'ऋतुसंहार' में मेघों के गौर वर्ण की अभिव्यक्ति के लिए उपमान-रूप में भी कालिदास ने शंख का प्रयोग किया है।[55] यहाँ मेघ और शंख को निकट लाकर कवि ने मानो यह ध्वनित किया है कि इनकी आवाज एक-जैसी होती है। यहाँ शरद्-ऋतु के मेघ हैं; अतः शंख की हलकी आवाज से ही तात्पर्य समझना चाहिए। अन्यत्र कालिदास ने शंख की ध्वनि को मेघों की उस ध्वनि से जोड़ा है, जिसे सुनकर मोर भी नाच उठते हैं। ऐसा दृश्य इन्दुमती के विवाह के समय

नागरिकों ने देखा।[56]

युद्ध-विजय के अवसर पर : युद्ध के अवसर पर शंख-वादन प्राचीन साहित्य में बहुशः वर्णित है।[57] 'गीता' में कृष्ण, अर्जुन आदि की शंख-ध्वनियाँ सुनाई देती हैं। कालिदास ने भी अपने यशस्वी राजा अज के विजय-अवसर पर उसी के मुख से शंख-वादन कराया है।[58] सारी सेना अज की शंख-ध्वनि से इतनी परिचित है कि उसे सुनकर अज की विजय का निश्चय उसे हो जाता है और सभी लौट आते हैं।[59]

इस प्रकार हम देखते हैं कि सुषिर वाद्यों का बहुविध प्रतिपादन कालिदास की कृतियों में प्राप्त होता है, जो इस विषय में उनकी परिपक्वता का परिचायक है। वे जहाँ परम्परा से जुड़कर वाद्य-विशेष की प्रयोगात्मकता हमारे समक्ष प्रस्तुत करते हैं, वहाँ उसके शास्त्रीय आधारों का भी सांकेतिक या स्पष्ट उल्लेख करते हुए अपनी प्रौढ़ प्रतिभा से हमें प्रभावित करते हैं। कालिदास का इस विषय में ज्ञान हमारी अनुपम निधि है इसका प्रतिपादन हमें कला की समृद्धि और आह्लाद प्रदान करता है। हम अपने इस गौरव-गान को न भूलें।

सन्दर्भ

1. 'भरतकोष', पृष्ठ 734
2. वही
3. वही
4. वही
5. पूर्व किल निजोद्याने...........मनः प्रीतिकरानथ ॥ ('भरतकोष', पृष्ठ 734-735)
6. 'विक्रमोर्वंशीय' (4–12), 'कुमारसम्भव' (7–10), 'कुमारसम्भव' (11–36), 'कुमारसम्भव' (16–50), 'रघुवंश' (3–19), 'रघुवंश' (6–9), 'रघुवंश' (6–56), 'रघुवंश' (7–38), 'रघुवंश' (10–76), 'रघुवंश' (14–10), 'रघुवंश' (16–87), 'रघुवंश' (17–11)।

7-8-9. 'कुमारसम्भव' (11–36)।

10. 'रघुवंश' (2–12), 'ऋतुसंहार' (1–25)।
11. 'रघुवंश' (19-35)।
12. 'मेघदूत' (1–60), 'कुमारसम्भव' (1–8), 'रघुवंश' (2–12)।
13. 'रघुवंश' (6–9), 'रघुवंश' (7–63, 64), 'ऋतुसंहार' (1–25), 'विक्रमोर्वंशीय' (4–56), 'मेघदूत' (2–20), 'कुमारसम्भव' (9–32), 'कुमारसम्भव' (11–38), 'मेंघदेत' (1–34)।
14. 'कुमारसम्भव' (11–36)
15. 'भरतकोष', पृष्ठ 734

16-17. 'भारतीय संगीत-वाद्य' (डॉ. लालमणि मिश्र), पृष्ठ 100

18. ...मंगलतूर्य–'रघुवंश' (3–19)
19. तूर्य मंगलवाद्ययुक्तम्–'कुमारसम्भव' (सम्पादक : एम०आर० काले), पृष्ठ 118
20. 'कुमारसम्भव' (11–36)

21. 'रघुवंश' (3–19)
22. 'रघुवंश' (3–19)
23. 'कर्णभार' (1–12)
24. 'रघुवंश' (7–38)
25. 'कुमारसम्भव' (16–50)
26. 'रघुवंश' (17–11)
27. 'रघुवंश' (14–10)
28. 'कुमारसम्भव' (7–10)
29. यमात्मनः सद्यः संनिकृष्टो मंद्रध्वनिनित्याजितयामतूर्यः।
    प्रासादवातायनदृश्यवीचिः प्रबोधपत्यर्णव एव सुप्तम् ॥
30. वाद्यमानैः परभृततूर्यैः—'विक्रमोर्वशीय' (4–12)।
31. 'वैदिक इंडेक्स' (भाग 1), पृष्ठ 441
32. 'भारतीय संगीत-वाद्य' (डॉ. लालमणि मिश्र), पृष्ठ 102
33. 'नारदीय शिक्षा' (5–1)
34. 'ऋतुसंहार' (1–25)
35. 'भरतकोष', पृष्ठ 576
36. स कीचकैर्मारतपूर्णरंध्रैः कूजद्भिरापादितवंशकृत्यम्।
    शुश्राव कुंजेषु यशः स्वमुच्चैरुद्गीयमानं वनदेवताभिः ॥ —'रघुवंश' (2–12)
37. 'रघुवंश' (19–35)
38. 'रघुवंश' (सम्पादक : जी०आर० नन्दरगिकल), पृष्ठ 40
39. 'संगीत', मार्च, 1980, पृष्ठ 24
40. 'कालिदासकोशः', पृष्ठ 98
41. 'कुमारसम्भव' (1–8)
42. 'रघुवंश' (2–12)
43. 'मेघदूत' (1–60)
44. 'Journal of oriental research', Poona, (Vol. XVIII). Page. 118
45. 'Journal of oriental research conference' (Vol. XVII), Poona, Page. 118
46. 'Journal of oriental research conference' (Vol. XVII), Poona, Page. 118
47. उद्गास्यतां देवयोनित्वादुच्चैर्गांधारग्रामे गानं करिष्यताम्।
    —'कुमारसम्भव', टीका-भाग (सम्पादक : एम.आर. काले), पृष्ठ 4
48. सुषिरे स्वरपारारष्ये प्रधानं शंख उच्यते।
    यतः प्रथमतः शंखध्वनिः सर्वत्र साध्यते ॥
    पत्रासे मगले शान्तौ कर्मव्यपि च पौष्टिके।
    नीलजलसपलाश्श्यामलो हरिः। पुंडरेक्षणः सम्यक्शंख सव्येन पाणिना ॥
    —'भरतकोष', पृष्ठ 654
49. 'संगीत', मार्च, 1980, पृष्ठ 25

50. 'कुमारसम्भव' (9–32)
51. शमयति अमंगलं इति शंख। –'The Raghuvams of Kalidasa' (G. R. Nandergikal)—
Page 108
52. 'कुमारसम्भव' (11–38), 'रघुवंश' (6–9)
53. प्रध्मातशंखे.............मंगलार्थे ॥ –'रघुवंश' (6–9)
54. एभिः साधो! हृदयनिहितैर्लक्षणैर्लक्षयेथा
द्वारोपांते लिखितवपुषौ शंखपद्मौ च दृष्ट्वा। –'मेघदूत' (2–20)
55. 'ऋतुसंहार' (3–4)
56. 'रघुवंश' (6–9)
57. 'भरतकोष', पृष्ठ 654
58. 'रघुवंश' (7–63)
59. 'रघुवंश' (7–64)।

'हरिवंश' और कथक नृत्य की उत्पत्ति

डॉ. परमेश्वर सोलंकी

'कथक नृत्तम्' के लेखक और नृत्य कला के आचार्य डॉ. जयचन्द्र शर्मा का अभिमत है कि प्राचीन भारतीय शास्त्रों में 'कथक नृत्य' नाम का नृत्य कहीं भी उल्लिख़ित नहीं है। उनकी राय में यह मुगलकाल में पनपी नृत्य-विधा है, जो जयपुर के अश्वमेध-यज्ञ (1734 ई.) में संस्कारित होकर लोकरूढ़ हो गयी है।

डॉ. शर्मा के मत में यह तत्कार–ता, थै, तत् मूलतः शिव-साधना है, जो शृंगार-रस में डूबकर ताल-प्रधान नृत्य बन गयी, ठुमरी के रूप में भावप्रधान और नट-विद्या के साथ चमत्कार-प्रधान हो गयी। उनकी खोज के मुताबिक यह शिव-साधना नृत्य मागध-नरेशों के दरबार का नृत्य है, जो उनके पतन पर राठौड़ों के साथ मंडोर पहुँचा और वहाँ से बागड़ में शरण पाकर रणधवलों में जुझारू नृत्य के रूप में पनपा। ढोल पर तरह-तरह के बोल और ताल में आह्वान और रणोत्तेजना पैदा करना इसका प्रारम्भिक उद्देश्य था जो शान्ति काल में उत्सव और मांगलिक मौकों पर लास्य-प्रधान हो गया।

बागड़ में मेलूसर के सांवलदास रणधवल और जयपुर के पं. जनार्दन भट्ट के सुपुत्र भावभट्ट इस नृत्य के क्रमशः अभ्यास और सिद्धान्त के प्रस्तोता कहे जा सकते हैं। डॉ. शर्मा का कहना है कि जयपुर के अश्वमेघ यज्ञ (सन् 1734) में प्राचीन शास्त्रीय नृत्य, वाद्य और संगीत का पुनरुधार हुआ था। आम्बेर के जगत्शिरोमणि मन्दिर के चौक में बनी गरुड़ छतरी पर लगी वीणा-वादिनी की मनोहर मूर्ति और तत्सम्बन्धी अन्य विवरण इसके प्रत्यक्ष प्रमाण हैं।

इस प्रकार डॉ. शर्मा 'कत्थक' को मुगल शासन के बाद पनपी नृत्य-विधा कहते हैं और दूसरी ओर उसकी व्याख्या क=कृष्ण त्थ=ताल क=कला। अर्थात् कृष्णलीला का ताल में कलापूर्ण प्रदर्शन बताकर उसे प्रकृति का नृत्य भी कहते हैं। उन्हीं के शब्दों में–"कथक नृत्य ही एक ऐसा नृत्य है, जिसके द्वारा प्रकृति की विभिन्न

स्थितियों को ठीक उसी रूप में दिखाने की चेष्टा की जाती है। उसका प्रमुख ध्येय भी यही है कि उसमें एक ऐसी लय का आभास हो जो ब्रह्माण्ड में व्याप्त लय के सूक्ष्म से सूक्ष्म स्वरूप को प्रस्तुत करे। क्योंकि यह लय मानव चरित्र और उसके आध्यात्मिक जीवन से घनिष्ठ सम्बन्ध रखती है।"

इस ऊहापोह को नजरअंदाज करना कठिन है। शृंगार के विलासितापूर्ण वातावरण में पनपी नृत्य-थिरकन प्रकृति नटी के नृत्य की अनुकृति नहीं हो सकती। सांख्यकार ने जहाँ प्रकृति नटी की तुलना रंग नर्तकी से की है, वहाँ उसे कुलवधू भी बताया है, जो एकबार देख लिये जाने के बाद पुनः पुरुष के सामने नहीं आती। इसलिए 'कथक' का मूल प्राचीन भारतीय वाङ्मय में ही शोधना होगा—

रगस्य दर्शयित्वा निवर्त्तते नर्त्तकी यथा नृत्यात्।
पुरुषस्य तथात्मानं प्रकाश्य विनिवर्त्तते प्रकृतिः ॥

x x

प्रकृतेः सुकुमारतरं न किञ्चिदस्तीति
मे मतिर्भवति।
या दृष्टाऽस्मीति पुनर्न दर्शनमुपैति पुरुषस्य ॥

हरिवंश पुराण में नृत्य-नाट्य सम्बन्धी कतिपय प्रसंग हैं, जो स्पष्टतया भरत मुनि के नाट्यशास्त्र से पूर्ववर्ती परम्परा के द्योतक हैं। नाट्यशास्त्र में नाटक का पूर्वरंग सम्मिलित वाद्य—'कुतप' तथा 'मार्गासारित' है। वहाँ प्रत्याहार, अवतरण, आरम्भ, आश्रवणा, वक्त्रपाणि, परिघट्टना, संघोटना, मार्गासारित और आसारित—ये पूर्वरंग के नौ अंग बताये गये हैं, जिनमें 'प्रत्याहार' में वाद्ययन्त्रों को सजाना, 'अवतरण' में पात्रों का आगमन, 'आरम्भ' में गीत गाना शुरू करना, 'आश्रवणा' में संगीत को गाने के अनुकूल बजाना, 'वक्त्रपाणि' में वाद्यों की श्रेणी, 'परिघट्टना' में उनके तार और 'संघोटना' में उनका अभ्यास होता तार और 'संघोटना' में उनका अभ्यास होता है। जबकि उन सबका सम्मिलित वादन 'मार्गासारित' है।

'हरिवंश' में नाटक के पूर्वरंग के रूप में वाद्ययन्त्रों का वादन, छालिक्य, लयताल के साथ गंगावतरण गान, आसारित, नान्दी वादन और पुनः अभिनय सहित गंगावतरण—यह क्रम है। आसारित का प्रयोग कृष्ण और यादवों की जलक्रीड़ा और कौबेररम्भातिसार प्रकरण में किया गया है—

आगांधारग्रामरागं गंगावतरणं तथा।
विदधमासारितं रम्यं जगिरे स्वरसम्पदा ॥

इस प्रसंग में, कौबेररम्भातिसार प्रकरण में, नाटक के पूर्व का विधान विशिष्ट है। घन, सुषिर, मुरज, आनक और तन्त्री वाद्यों का एकसाथ वादन, तदुपरान्त द्वारका

की वारांगनाओं द्वारा छालिक्य गायन और ताल और लय में गान्धार ग्राम के साथ गंगावतरण गान का संगीतक, संगीतक के बाद प्रद्युम्न, गद और साम्ब द्वारा नान्दीवादन और नान्दी के बाद गंगावतरण का श्लोक-पाठ और तदनन्तर 'नाटकंननृतुस्ततः' अथवा 'एतत्प्रकरणं वीरा न नृतुर्य दुनन्दनः'—आदि वाक्यों द्वारा 'कौबेररम्भातिसार' को नर्तन करना बताया है, जबकि 'रामायण' के अभिनय के लिए हरिवंश में, 'नाटकीकृतम्' प्रयोग है। इस रम्भातिसार के अन्त में नाटक के पात्रों द्वारा पादोद्धार नृत्य से दानवों को सन्तुष्ट करने का भी उल्लेख है—

पादोद्धारेण नृत्येन तथैवाभिनयेन च।
तुष्टुवुर्दानवा वीरा भैमानामतितेजसाम् ॥

हरिवंश में रामायण नाटक को 'उद्देश्य' संज्ञा दी गयी है, जबकि कौबेर-रम्भातिसार को 'प्रकरण' कहा गया है। इसी प्रकर वहाँ नटकर्म को 'सुनाट्य' लिखा है। कृष्ण के अश्वमेध-प्रसंग में भद्र नामक नट द्वारा अपने नाट्य से महर्षि को प्रसन्न करने का और समस्त पृथ्वी पर अवध्य होकर अप्रतिहत रूप में विचरण का वरदान पाने का उल्लेख है—

तत्र यज्ञे वर्त्तमाने सुनाट्येन नटस्तदा।
महर्षीष्तोषयामास भद्र नामेति नामतः ॥

वज्रनाभ की अनुमति से वज्रपुर में कालोत्सव के अवसर पर नर्तन किया गया, 'रम्भातिसार कौबेर' भी नटवेषधारी प्रद्युम्न आदि यादवों ने अभिनीत किया है। वहाँ नलकूबर का अभिनय प्रद्युम्न, विदूषक का साम्ब, रावण का शूर और रम्भा का मनोवती नामक वारिवनिता अभिनय करती है।

हरिवंश में 'आसारित' के साथ छालिक्य गान्धर्व नामक एक और नृत्य का विवरण द्वारकावासियों की जलक्रीड़ा-प्रसंग में है। वहाँ कृष्ण के आदेश से छालिक्य गान्धर्व होता है। समुद्रतट पर उपस्थित नारद, कृष्ण, अर्जुन तथा अप्सराएँ विविध वाद्यों का सामूहिक वादन करते हैं और अभिनय में चतुर रम्भा, उर्वशी, हेमा, मिश्रकेशी, तिलोत्तमा और मेनका गीत, अभिनय एवं नृत्य प्रस्तुत करती हैं। इस प्रसंग में सर्वप्रथम अकेली रम्भा का अभिनय होता है, तदुपरान्त सामूहिक नर्तन है। यहाँ छालिक्य क्रीड़ा को देव, गन्धर्व और महर्षियों द्वारा प्रतिष्ठित कहा गया है और इस नृत्य के प्रवर्त्तन का श्रेय स्वयं कृष्ण को दिया गया है—

छालिक्यगांधर्वगुणोदयेषु
ये देवगंधर्वमहर्षि संघाः।
निष्ठां प्रयान्तीत्यवगच्छ
बुद्ध्या छालिक्यमेवं मधुसूदनेन ॥

'हरिवंश' में ही एक अन्य प्रसंग रासलीला का है, जो 'हल्लीसक क्रीडनम्' नाम से वर्णित है। यह क्रीडन पौराणिक रासलीला नहीं है, किन्तु 'अमरकोष' की परिभाषा के अनुसार हाथ-पैरों के परिचालन की क्रिया-विशेष है। 'हरिवंश' का टीकाकार भी उसे—**'चक्रवालैः मण्डलैः हल्लीस क्रीडनम्। एकस्य पुंसो बहुभिः स्त्रीभिः क्रीडनं सैव रासक्रीड़ा ॥'**—एक पुरुष के साथ बहुत-सी स्त्रियों का क्रीड़न बताता है। 'अमरकोष' में उसका लक्षण निम्न प्रकार है—

पृथुं सुवृत्रं मसृणं वितरिन्त
मात्रोन्नतं, कौविनिखन्यशंकुम्।
आक्रम्य पद्भ्यामितरेतरं तु
हस्तैर्भ्रमोऽयं खलु रासगोष्ठी ॥

'हरिवंश' में 'हल्लीसक' का विधान दिया हुआ है। यह नृत्य दो-दो गोपिकाओं के द्वारा मण्डल बनाकर कृष्णचरित्र-गान के साथ होता है और कृष्ण गोपिकाओं के मण्डल के बीच शोभित होते हैं—

तास्तु पंक्तीकृताः सर्वा रमयन्ति मनोरमम्।
गायंत्यः कृष्णचरितं द्वन्द्वशो गोपकन्यकोः ॥

x x x x

एवं स कृष्णो गोपीनां चक्रवालैरलंकृतः।
क्षारदोषु सचन्द्रासु विश्वसु मुमुदे सुखी ॥

'हरिवंश' के बाणासुर-वृत्तान्त में भी हास्य-विनोदपूर्ण अभिनय का एक आख्यान दिया गया है। वहाँ शिव-पार्वती, शिव के गण, अप्सरा और उषा आदि को क्रीड़ा करते हुए दिखाया गया है। चित्रलेखा नाम की अप्सरा पार्वती का वेश धारण करके शिव को प्रसन्न करने की चेष्टा करती है और उसके अनुकरण पर अन्य अप्सराएँ भी पार्वती का वेश बनाती हैं। इस पर शिव के गण भी शिव का स्वाँग करते हैं और शिव और पार्वती को विस्मित कर देते हैं।

ये सभी प्रसंग भरत मुनि के 'नाट्यशास्त्र' से अनुप्राणित नहीं हैं। सम्भवतः ये पाणिनि की अष्टाध्यायी (4.3.110-111) में उल्लिखित नटसूत्रों से अनुप्राणित हैं और भरत मुनि से पूर्ववर्ती परम्परा के परिचायक हैं। ऊपर वर्णित छालिक्य गान्धर्व, जिसे स्वयं श्रीकृष्ण द्वारा प्रवर्तित कहा गया है, विशेष रूप से द्वारका-क्षेत्र की देन है। वहाँ लिखा है कि कृष्ण और प्रद्युम्न ने विशेष प्रयास करके इस 'गान्धर्व' को भूलोक में प्रचारित किया है। यह संगीतक परम मांगलिक और आयुवर्द्धक भी लिखा गया है। सम्भवतः यह नृत्य द्वारका-प्रलय के साथ तिरोहित हो गया।

कवि कालिदास ने अपने 'मालविकाग्निमित्र' में 'छलिक' नाम से एक नृत्य दिया है, जो शर्मिष्ठा द्वारा रचा गया है। गणदास नामक संगीताचार्य की देख-रेख

में मालविका छलिक नाट्य करती है और नाटक की पात्री परिव्राजिका छलिक नाट्य की उत्कृष्टता प्रतिपादित करती है। यह प्रसंग निम्न अनुसार है–

1. मालविका 0.1

बकुलावलिका–अचिरप्रवृत्तोपदेशं छलिकं नाम नाट्यम्।

2. मालविका 0.1

परिव्राजिका–देव! शर्मिष्ठायाः कृतिं चतुष्पदोत्थं छलिकं दुष्प्रोज्यमुदाहरंति।

3. मालविका 02.6

वामं संधिस्तिमितवलयं न्यस्य हस्तं नितम्बे कृत्वा श्यामाविटपसदृशं सुस्तमुक्तं द्वितीयम्। पादांगुष्ठालुलितकुसुमे कुट्टिमे पातिताक्षं नृत्रादस्याः स्थितमतितरां कान्तमृज्वायतार्धम।

4. मालविका 2.8

अंगैरन्तर्निहितवचनैः सूचितः सम्यगर्थः पादन्यासो लयमनुगतस्तन्मयत्वं रसेषु। शाखायोनिर्मृदुरभिनयस्तद्विकल्पानुवृत्तो, भावोभावंनुदति विषयाद्रागबंधः स एव ॥

हमारे विनम्र सुझाव में हरिवंश का छालिक्य गान्धर्व ही शर्मिष्ठा की छलिक नृत्य-कृति है। कवि ने छलिक नाट्यलीन मालविका का शब्द-चित्र दे दिया है कि निश्चल कंकणवाला बायाँ हाथ कमर पर और दायाँ हाथ श्यामावृक्ष की भाँति लटका हुआ, शरीर का ऊपरी भाग सीधा, पर पैर के अँगूठे के आघात से बिखरे फूलों को भूमि पर देखते हुए मनोहर दृश्य बन पड़ा है। नाटक की पात्री परिव्राजिका भी छल्कि नृत्य की समाप्ति पर कह उठती है कि पाद-विक्षेप लय के अनुरूप हुआ, भाव-भंगिमा रस के अनुसार हुई। अभिनय में गति-परिवर्तन के अनुसार हाथों का परिचालन और एक भाव के बाद दूसरे भाव को स्थान देते हुए नर्तकी ने प्रधान रस को अपने में एकाकार कर लिया है।

अधिकारी विद्वान् इन प्रसंगों को देखें और परखें। हमें विश्वास है कि इन प्रसंगों से भारतीय नाट्य की प्राचीन परम्पराएँ उद्घाटित होंगी और कथक का अभिनव रूप भी मुगलकाल की देन न हो कर प्राचीन नाट्य-परम्परा का ही पुनः प्रकटीकरण उद्भासित हो जाएगा।

शूद्रक-कृत 'मृच्छकटिकम्' में संगीत-तत्त्व

महावीरप्रसाद मुकेश

'मृच्छकटिकम्', जिसका शाब्दिक अर्थ है—'मिट्टी का छकड़ा', संस्कृत भाषा का एक प्रसिद्ध प्रकरण (रूपक की एक शैली) है। इसके रचयिता शूद्रक माने जाते हैं, जिनका प्रामाणिक परिचय अभी तक इतिहासकार नहीं दे पाये हैं। 'कोई इन्हें एक आभीरवंशीय राजा के रूप में स्थापित करता है, तो कुछ विद्वान् शूद्रक को केवल एक कल्पित व्यक्ति ही मानते हैं। 'मृच्छकटिकम्' की प्रस्तावना के अनुसार, शूद्रक एक द्विजश्रेष्ठ (ब्राह्मण) नृपति थे। इनकी चाल हाथी के समान, नेत्र चकोर के समान तथा मुख चन्द्रमा के समान सुन्दर था। ये 'ऋग्वेद', 'सामवेद', गणित, हस्ति-शिक्षा, वाणिज्य एवं नृत्य-संगीत आदि चौंसठ कलाओं में पारंगत थे। 'स्कन्दपुराण', 'कादम्बरी', 'कथासरित्सागर', 'बेतालपंचविंशति', 'हर्षचरित', 'राजतरंगिणी', 'दशकुमारचरित' आदि ग्रन्थों में विभिन्न शूद्रकों के सम्बन्ध में उल्लेख मिलते हैं। इनमें से किस शूद्रक का सम्बन्ध प्रस्तुत नाटक 'मृच्छकटिकम्' से है, यह निश्चयात्मक रूप से नहीं कहा जा सकता। भारत के प्रख्यात सन्-संवत्-काल-निर्धारण के विशेषज्ञ पं. चन्द्रकान्त बाली के अनुसार, भारतीय इतिहास में 'शूद्रक' नाम के तीन राजा हुए हैं। प्रथम, राजा शूद्रक 1156 ई. पूर्व में हुआ, जिसका उल्लेख यल्लयार्य के 'ज्योतिष-दर्पण' में पाया जाता है। द्वितीय, राजा शूद्रक 456 ई. पूर्व में हुआ। इसका उल्लेख भी उसी ग्रन्थ में देखा गया है। इसका समर्थन 'स्कन्दपुराण' से भी हो जाता है। इन दोनों के बारे में सतर्क भाषा में कुछ अधिक कहना कठिन है। श्री बाली जी के मतानुसार, तृतीय राजा शूद्रक के पिता का नाम महेंद्रादित्य है तथा भर्तृहरि और विक्रमादित्य (साहसांक) उनके दो भाई हैं। इन्हीं शूद्रक के अन्य विविध नाम इस प्रकार मिलते हैं—इन्द्राणीगुप्त, अग्निमित्र, विक्रमांक। 'कादम्बरी' का चरितनायक यही राजा शूद्रक है और इनकी पत्नी का नाम विनयवती है। इनका पूरा परिवार साहित्यकार माना जाता है। भर्तृहरि 'शतकत्रय' के प्रणेता हैं तथा

विक्रमादित्य की दो रचनाएँ प्रसिद्ध हैं—1. 'संसारावर्त' और 2. 'गन्धमादन'। शूद्रक, द्वारा रचित 'मृच्छकटिकम्' अभीष्ट आलोच्य विषय है ही। पूर्वकथित शूद्रकों की भाँति इस शूद्रक का चलाया संवत् भी है, जिसे 'शूद्रक-संवत्' न कहकर 'शक-संवत्' कहते हैं, जो 78 ई. से गिना जाता है—अर्थात् आजकल 1902 शक-संवत् है। अतः शूद्रक का समय ईसवी सन् 60 से 80 तक माना गया हैं। हाल और वासुदेव शूद्रक के समकालीन हैं तथा कालिदास इनका सभा-कवि है, जैसा कि प्रसिद्ध है—**'व्याख्यातः किल कालिदासकविना श्रीविक्रमांको नृपः'**।

'मृच्छकटिकम्' संस्कृत-साहित्य में महाकवि शूद्रक की एक अनुपम रचना है। यह दस अंकों का एक अति महान् रूपक है। इसका सम्पूर्ण कथानक यथार्थवादी दृष्टिकोण पर आधारित है, जो केवल राजमहल की चारदीवारी में ही सीमित न रहकर सामाजिक जीवन के अधिक निकट है। अतः इसके प्रत्येक पात्र में जीवनी शक्ति विद्यमान है, जो पाठक-दर्शक की बौद्धिक सीमाओं और सम्भावनाओं के अन्तर्गत है। चरित्र-चित्रण की दृष्टि से यह प्रकरण अत्यधिक महत्त्वपूर्ण है। काव्यात्मक रस-निष्पत्ति और भावनिरूपण इसमें पूर्णतया सफल सिद्ध हुए हैं। नाटकीय दृष्टि से 'मृच्छकटिकम्' की भाषाशैली रोचक, सरल व प्रसादगुणमंडित है। इसमें संस्कृत, प्राकृत व अपभ्रंश भाषाओं का सुन्दर व औचित्यपूर्ण प्रयोग किया गया है। शूद्रक की गद्यात्मक व पद्यात्मक शैली सुबोध एवं प्रवाहयुक्त है, जो भावों के मार्मिक चित्रण के सर्वथा अनुकूल है। उन्होंने इसीलिए बड़े-बड़े छन्दों का प्रयोग बहुत ही कम किया है। स्थान-स्थान पर पद्यात्मक गेय संवाद उस काल की संगीतात्मक अभिरुचि का बोध कराते हैं।

शूद्रक-कृत 'मृच्छकटिकम्' में कलाओं के संगम-स्थान अवंतिपुर (उज्जयिनी) के दरिद्र द्विज युवक चारुदत्त और उसके साथ वसन्त-सुषमा-सी सुन्दरी 'वसन्तसेना' नामक गणिका की प्रणय-कथा है। चारुदत्त अपने औदार्य, सौजन्य, संवेदनशीलता आदि गुणों के कारण समाज में हर श्रेणी के व्यक्ति के लिए आदर और आकर्षण का पात्र है। वसन्तसेना भी उसके गुणों पर ही अनुरक्त थी। उस काल में ब्राह्मणों का स्थान समाज में ऊँचा था और गणिकाएँ भी उत्कृष्ट कलाओं को जाननेवाली होती थीं, जिनको समाज में सम्मानित स्थान प्राप्त था। तभी तो श्रेष्ठ व्यक्तित्व का धनी धीरप्रशान्त नायक एक नर्तकी के साथ प्रणय-लीला को चरम लक्ष्य तक निभाता है और ब्राह्मण मैत्रेय को भी गणिका-गृह नन्दन वन-सा प्रतिभासित होता है। साथ ही उस समय के नितान्त प्रदूषित शासन के कारण राजनीतिक व सामाजिक अवस्था दयनीय होने से परिस्थितियों में दुराचरणयुक्त निरूपता भी समस्त नाटक में व्याप्त है। अतः प्रदोष-बेला (रात्रि के प्रथम प्रहर) में गणिकाएँ, कामी अनुचर, भृत्य और राजवल्लभ पुरुष प्रायः राज-मार्ग में घूमते-फिरते हैं और राजा का श्याल (साला) शकार अनाचारपूर्ण मनमानी करता हुआ खलनायक के रूप में नाटक को गतिमान रखता है।

संस्कृत-नाटकों में संगीत का महत्त्व प्रतिपादित करते हुए श्री उमेश जोशी ने 'भारतीय संगीत का इतिहास' में लिखा है कि "'मृच्छकटिक' के रचयिता शूद्रक... आदि महान नाटककार थे। उन्होंने अनेक मौलिक कृतियाँ देश को प्रदान कीं। और, इनके नाटक भी प्रायः संगीतप्रधान होते थे, क्योंकि वे सब संगीत का जीवन के लिए यथार्थ महत्त्व समझते थे। इसीलिए इनके नाटकों में संगीत प्रधान रहा। इन नाटकों में संगीत के मौलिक तथ्यों की पूर्ण रक्षा की गयी है।" अतः 'मृच्छकटिकम्' से भी हमें यही स्पष्ट अनुभूति होती है कि उसके समय में कलाएँ समुन्नत अवस्था में थीं। गायन शास्त्रीयता पर आधारित उच्च कोटि का था। वीण, मृदंग आदि अनेक स्वर-ताल-वाद्यों का विकसित रूप में प्रचलन था। विशाल रंगशालाओं द्वारा नाटकों को प्रदर्शित किया जाता था।

जैसा कि यह प्रामाणिक तथ्य है कि भारतीय संगीत में गायन की प्रमुखता रही है, हम प्रस्तुत कृति में भी श्रेष्ठ गायन की झाँकी स्थान-स्थान पर पाते हैं। नाटक के प्रारम्भ में नाट्यकला के आदर्श महादेव नटराज की आराधना के रूप में नान्दी-पाठ (मंगलात्मक श्लोक का गायन) प्रस्तुत किया गया है। इसके अनन्तर तुरन्त ही सूत्रधार के प्रवेश और इस कथन से कि नाटक के प्रति दर्शकों की जिज्ञासा को ध्यान में रखते हुए मंगल-पाठ बन्द किया जाए, लक्ष्य विषय का महत्त्व प्रतिपादित किया गया है। साथ ही इससे यह भी परिलक्षित होता है कि प्रारम्भिक संगीतमय स्तुति मधुर व आकर्षक होने पर भी परम्परागत होने के कारण केवल औपचारिक-मात्र बनकर रह गयी थी, जिसके प्रति दर्शकों का कोई लगाव न था। इसी समय सूत्रधार इधर-उधर देखकर यह भी कहता है कि **'अरे हमारी 'संगीतशाला' में ऐसा सूनापन (सन्नाटा) क्यों है? 'कुशीलव'** (नट, चारण आदि गायक अभिनेता–अमरकोष) **न जाने कहाँ चले गये!'** इस उक्ति से जहाँ नाटक में संगीत-पक्ष की प्रतीति होती है, वहाँ नाटक के दरिद्र नायक चारुदत्त की दयनीय परिस्थिति का पूर्वाभास भी मिलता है कि निर्धन के लिए सब-कुछ सूना-ही-सूना है। तत्पश्चात् सूत्रधार उपस्थित दर्शक-समाज के समक्ष नाटक की भूमिका संगीतबद्ध करके प्रस्तुत करता है, जैसा कि अन्त में उसके यह कहने से विदित होता है–**"कृतं च संगीतक मया, अनेन चिरसंगीतोपासनेन ग्रीष्मसमये प्रचड-दिनकर...।"** अर्थात्–**"मैं संगीत** (गायन, वादन आदि) **का कार्य तो कर चुका। संगीत में लगे-लगे तो प्रचंड सूर्य की किरणों से सूख गये कमल के बीज-सी मेरी आँखें भूख से विचलित हो गयी हैं। ...देर तक गाने से भूख के मारे अपना शरीर सूखे कमल के डंठल की तरह हो गया है।"**

उज्जयिनी का 'रेभिल' नामक व्यापारी (चारुदत्त का मित्र) मंच पर न आनेवाला एक पात्र है, जो एक विशिष्ट गायक है और सम्भवतः गणिकाओं का गुरु भी। एक दिन चारुदत्त विदूषक के साथ रेभिल का गायन सुनकर आते हुए मार्ग में प्रशंसा करता है–**"अहो, अहो, साधु, साधु...सुष्ठु भावरेभिलेन गीतम्"**, अर्थात्–**"वाह,**

वाह, रेभिल महोदय द्वारा कितना उत्तम व विशुद्ध गायन किया गया।" इस प्रकार बार-बार कहने पर भी विदूषक चारुदत्त की बात का खण्डन करते हुए कहता है–**"मम तावद् द्वाभ्यामेव हास्यं जायते। स्त्रियां संस्कृतं पठंत्या मनुष्येश च काकलीं गायता। स्त्री तावत् संस्कृतं पठंति, दत्तनवनस्येव गृष्टिः अधिकं सूसूशब्दं करोति। मनुष्योऽपि काकलीं गायन् शुष्कसुमनोदामवेष्टितो वृद्धपुरोहित इव मन्त्रं जपन् दृढं न रोचते।"** अर्थात्–**"मुझे तो इन दो बातों से ही हँसी उत्पन्न होती है–एक तो संस्कृत पढ़ती हुई स्त्री से और दूसरे, मधुर एवं सूक्ष्म ध्वनि** (जनानी **आवाज) में गाते हुए पुरुष से। स्त्री तो संस्कृत पढ़ती हुई नवीन रज्जु (नाथ)-डाली एक बार प्रसूता गाय की भाँति अधिक 'सू-सू' शब्द करती है। शुष्क पुष्पमाला धारण किए मन्त्र जपते हुए वृद्ध पुरोहित की भाँति मनुष्य भी कलकण्ठ** (पतली और ऊँची आवाज) **में गाता हुआ मुझे बिल्कुल भी अच्छा नहीं लगता।"** विदूषक को इस प्रकार असन्तुष्ट देखकर चारुदत्त शास्त्रीय व्याख्या करते हुए पूजनीय रेभिल के गीत को श्रेष्ठतम प्रमाणित करता है–

रक्तं च नाम मधुरं च समं स्फुटं च
भावन्वितं च ललितं च मनोहरं च।
किंवा प्रशस्तवचनैर्बहुभिर्मदुक्तै–
रंतर्हिता यदि भवेद्वनितेति मन्ये ॥

अपि च!
तं तस्य स्वरसंक्रमं मृदुगिरः श्लिष्टं च तन्त्रीस्वनं
वर्णानामपि मूर्च्छनांतरगतं तारं विरामे मृदुम्।
हेलासंयमितं पुनश्च ललितं रागद्विरुच्चारितं
यत्सत्यं विरतेऽपि गीतसमये गच्छामि शृण्वन्निव ॥"

अर्थात्–**"भावरेभिल का वह गीत वाद्य-स्वरों के साथ पूर्णतया मेल-सहित राग की शुद्धता से परिपूर्ण, स्वर-भाव के अनुकूल होने से मधुर, सामंजस्ययुक्त स्वर तथा लय आदि की समतावाला, भाषा-व्याकरण आदि की दृष्टि से स्पष्ट रूप से अभिव्यक्त, भाव-रस से युक्त, लालित्यपूर्ण एवं मन को आकर्षित करनेवाला था। या मेरे कहे बहुत-से प्रशंसा के वचनों से क्या! ऐसा लगता है कि रेभिल के रूप में स्त्री छिपी हुई हो।"** और भी–**"वर्णों की मूर्च्छना (विशिष्ट स्वर-प्रयोग द्वारा निर्मित क्रमिक स्वरावली) के अन्तर्गत आरोह के समय अत्युच्च, विराम के समय कोमल और फिर आंगिक हाव-भाव द्वारा व्यवस्थित, सौन्दर्यपूर्ण तथा रागों में दो बार उच्चारण की हुई उस रेभिल की कोमल वाणी की उस समीचीन स्वर-योजना को एवं उसके साथ संगति में अभिन्न रूप से मिली हुई वीणा की ध्वनि को–सत्य है कि गाने का समय बीत जाने पर भी मैं सुनता-सा जा रहा हूँ।"**

अतः इससे प्रकट है कि प्राचीन काल में गायन की संगति के लिए तन्त्री

(वीणा) का प्रयोग होता था और शास्त्रोक्त रीति से प्रस्तुत गायन (राग-गायन) उत्कृष्ट माना जाता था। कदाचित् गणिकाओं का गुरु होने से और तार-स्वरों में अधिक गाते रहने से रेभिल का गीत नारी कण्ठ की विशेषता लिए हो। वैसे, विदूषक के कथनानुसार, आज भी हम पुरुष-ध्वनि में तो अवश्य ही, स्त्री-कण्ठ में भी जवारीदार गम्भीर गायन को अधिक मान देते हैं।

नाटक में आगे चलकर विदूषक वसंतसेना के भवन में अति मधुर और उत्तम गीत गाती हुई गणिका-बालाओं को नृत्य करते देखता है (**प्रगीता गणिकादारिका नर्त्तन्ते**)। एक अन्य स्थल पर एक चेट (दास) हँसकर कहता है—**"गीतं गायामि गर्दभस्यानुरूपं को मे गाने तुंबुरुर्नादरो वा।"** अर्थात्—**"मैं गधे के समान गीत गाता हूँ। मेरे गाने के सामने तुंबुरु (देव-सभा का गन्धर्व-विशेष) और नारद (वीणा-वादन-विशारद देवमुनि) कौन हैं?"** और यहाँ तक कि दुश्चरित्र शकार भी अपने विट (अनुचर) के समक्ष गाने की लालसा प्रकट करता है—**"आत्मनो विनोदननिमित्तं किमपि गास्यामि...भाव, श्रुतं त्वया यन्मया गीतम्!"** अर्थात्—**"अपने मनोरंजन के लिए कुछ गाना चाहता हूँ...भाव, तुमने सुना, जो मैंने गाया!"** इस पर विट कहता है कि आप तो गन्धर्व हैं। फिर शकार स्वयं को मधुर स्वर बनाने के नुस्खों का ज्ञाता होने का उल्लेख भी करता है। तात्पर्य यह कि प्राचीन काल में स्त्री और पुरुष, गुणी कलाकार व गणिकाएँ, श्रेष्ठीजन और जनसाधारण—सभी में 'गान्धर्वम्' (गीत-संगीत) का व्यापक प्रभाव पाया जाता है।

शूद्रक के समय में गीत के समान वाद्य-वादन-क्रिया भी पूर्ण परिष्कृत रूप में विद्यमान थी। तत, आनद्ध, सुषिर और घन—सभी प्रकार के वाद्यों का प्रचार विकसित अवस्था में था। भारतीय संस्कृति के अद्वितीय आविष्कार तत-वाद्य वीणा का प्रचलन में सर्वोपरि स्थान था। सम्पूर्ण नाटक में वीणा के लिए वीणा, तन्त्री, सप्तन्त्री वीणा (**वीणां बादयामि सप्ततंत्रीं नदंतीम्**) और संगीत-वीणा—इन शब्दों का प्रयोग किया गया है; अर्थात् वीणा किसी विशिष्ट संज्ञा से उल्लिखित नहीं है। भरत मुनि के अनुसार, प्राचीन काल के प्रमुख तत-वाद्य चित्रा और विपंची वीणाएँ हैं और **'सप्ततंत्री भवेच्चित्रा'** (नाट्यशास्त्र) के अनुसार चित्रा वीणा में सात तन्त्रियाँ होती थीं। आतः प्रस्तुत नाटक की सप्ततंत्री वीणा का चित्रा वीणा होना सम्भाव्य है। नायक चारुदत्त संगीतज्ञ रेभिल के गायन के साथ बजायी गयी प्रभावशाली वीणा (**श्लिष्टं तंत्रीस्वनं**) से अभिभूत होकर वीणा की श्रेष्ठता और महत्ता प्रकट करते हुए कहता है—

वीणा हि नामासमुद्रोत्थितं रत्नम्। कुतः—
उत्कंठितस्य हृदयानुगुणा वयस्या
संकेतके चिरयति प्रवरो विनोदः।
संस्थापना प्रियतमा विरहातुराणां
रक्तस्य रागपरिवृद्धिकरः प्रमोदः ॥

अर्थात्–"वीणा तो वास्तव में बिना समुद्र से निकला हुआ रत्न है। क्योंकि यह उत्कंठित व्यक्ति की मनचाही सखी है। संकेत (वायदा) करनेवाले प्रेमी के देर कर देने पर एक उत्कृष्ट मनोरंजन है। विरह-पीड़ितों को अत्यंत प्रिय समाश्वासन देनेवाली है। यह मनोरंजन (वीणा-वादन) प्रेमी के अनुराग को बढ़ानेवाला है।"

अन्य स्थान पर चारुदत्त संगीत-वीणा की उपमा देकर वर्षा का सुन्दर वर्णन करता है–

तालीषु तारं विटपेषु मंद्रं
शिलासु रूक्षं सलिलेषु चंडम्।
संगीतवीणा इव ताड्यमाना-
स्तालानुसारेण पतंति धाराः ॥

अर्थात्–"प्रहार द्वारा झंकृत संगीत-वीणा के समान वर्षा की धाराएँ ताल-वृक्षों पर उच्च स्वर से, वृक्ष की शाखाओं पर गम्भीर, शिलाओं पर कर्कश एवं जल में तुमुल ध्वनि से ताल के अनुसार गिर रही हैं। स्वर की रूक्षता, गम्भीरता, तारता व तीव्रता से युक्त जैसे ताल के अनुसार वीणा-वादन होता है, इसी प्रकार वर्षा की धाराएँ गिर रही हैं।"

विदूषक जब वसंतसेना के विशाल भवन के चतुर्थ प्रकोष्ठ में वाद्यवृन्द के साथ अभिनयात्मक गायन-वादन-नतृन करते हुए गणिका-बालाओं को देखता है, तो चकित होकर कहता है–

"आश्चर्यम् भोः, इहापि चतुर्थे प्रकोष्ठे युवतिकरताडिता जलधरा इव गम्भीर नदंति मृदंगाः, क्षीणपुण्या इव गगनात्तारका निपतंत्ति कांस्यतालाः, मधुकरविरुतमिव मधुरं वाद्यते वंशः। इयमपरेर्ष्याप्रणयकुपितकामिनीवांकारोपिता कररुहपरामर्शेन सार्यते वीणा। इमा अपनाः कुसुमरसमत्ता इव मधुकर्योऽतिमधुरं प्रगीता गणिकादारिका यर्त्यंते, नाट्य पाठ्यंते सश्रृंगारम् ।"

अर्थात्–"अरे, आश्चर्य! यहाँ चतुर्थ प्रकोष्ठ में भी युवतियों के हाथ से बजाये गये मृदंग बादलों के समान गम्भीर शब्द कर रहे हैं। पुण्य क्षीण होने पर आकाश से गिरनेवाले तारों के समान कांस्यताल (एक प्रकार का झाँझ) गिर रहे हैं (ऊपर से नीचे टकराकर बजाये जा रहे हैं।) भ्रमर-गुंजन की भाँति बाँसुरी मधुरता से बजाई जा रही है। अन्य स्त्री की ईर्ष्या के कारण प्रणयकुपित कामिनी के समान गोद में रखी हुई वीणा नख के स्पर्श से बजाई जा रही है। दूसरे, ये पुष्प-रस के पान करने से मत्त भ्रमरियों के समान अति मधुर गाती हुई गणिका-बालाएँ नचाई जा रही हैं और उन्हें श्रृंगारयुक्त अभिनय सिखाए जा रहे हैं।"

इन पंक्तियों से यह स्पष्ट है कि उस काल में वीणा नाखून के स्पर्शाघात से बजायी जाती थी। इसी प्रकार का एक संकेत नाटक में पहले भी मिलता है–"विटजननखघट्टितेव वीणा", अर्थात्–"विट लोगों ने नख से घर्षित वीणा के

समान"। वीणा-वादन का प्रचार स्त्री-पुरुषों में समान था। आधुनिक झाँझ, झालर आदि के सदृश कांस्यताल महत्त्वपूर्ण घनवाद्य के रूप में प्रयुक्त होता था। वीणा, वंशी आदि के अतिरिक्त मृदंग-जैसा गम्भीर वाद्य भी युवतियाँ बड़ी निपुणता से बजाती थीं।

'शर्वलिक' नामक मदनिका का प्रेमी एक साहसी ब्राह्मण, जो चौर्य-विद्या में निपुण था, अपनी प्रेमिका को भेंट देने के लिए आभूषणों की चोरी करने के उद्देश्य से एक घर में घुसता है और देखकर कहता है–

"...अये, कथं मृदंग। अयं दर्दुरः। अयं पणवः। इयमपि वीणा। एते वंशाः अमी पुस्तकाः। कथं नाट्याचार्यस्य गृहमिदम्। अथवा भवनप्रत्यायत्प्रविटोऽस्मि। तत्किम् परमार्थदरिद्रोऽयम्,...बीजं प्रक्षियामि...अये परमार्थदरिद्रोऽयम्।"

अर्थात्–**"अरे, क्या मृदंग? यह दर्दुर! यह पणव! यह वीणा! ये बाँसुरियाँ! पे पुस्तकें है! क्या यह नाट्याचार्य का घर है? या भवन के विश्वास** (घर की बाहरी शोभा) **से प्रविष्ट हुआ हूँ, तो क्या यह वास्तव में दरिद्र है...अच्छा, बीज फेंकता हूँ...अरे, यह तो वास्तव में दरिद्र है। (अच्छा, जाता हूँ।)"**

केवल इन कुछ शब्दों से कई तथ्य उजागर होते हैं। प्राचीन युग में संगीत-गुरु को 'नाट्याचार्य' कहा जाता था। तब भी कला-साधकों की आर्थिक स्थिति नगण्य होती थी। मृदंग, दर्दुर और पणव प्रमुख अवनद्ध वाद्य होते थे। तत वाद्यों में वीणा का और सुषिर वाद्यों में वंशी का मुख्य स्थान था। महर्षि भरत के मतानुसार भी इन वाद्यों की गणना अंग-वाद्यों (प्रधान वाद्यों) में की गयी है। नाटक में एक स्थान पर चेट कहता है–**"वंशं वादयामि सप्तछिद्रं सुशब्दं"**, अर्थात्–"सात छेदवाली तथा सुन्दर ध्वनिवाली बाँसुरी को बजाता हूँ।" इससे उस समय की वंशी के आकार-प्रकार का कुछ बोध होता है।

'मृच्छकटिकम्' के समय में व्यवहृत गौण अवनद्ध वाद्यों की जानकारी के लिए नाटक के कुछ अंशों का अवलोकन भी विषयानुकूल होने से आवश्यक है। नगर-रक्षक वीरक अपने साथी से व्यंग्य-रूप से बात करते हुए कहता है–

जातिस्तव विशुद्धा माता भेरी,
पितापि ते पटहः।
दुर्मुख, करटक भ्राता त्वमपि सेनापतिर्जातः ॥

अर्थात्–**"तुम्हारी जाति सचमुच बड़ी पवित्र है। भेरी माता है, पटह पिता है, करटक भाई है। तुम चर्मकार होकर भी सेनापति हो गये।"**

अन्तिम नवम-दशम अंकों में वसंतसेना की तथाकथित हत्या के मिथ्याभियुक्त नायक को ढिंढोरा पीटते हुए वध-स्थल की ओर ले जाने के प्रसंग में शोधनक, चांडाल, शकार आदि के द्वारा 'डिंडिम', 'वध्यडिंडिम' तथा 'पटह' शब्दों का प्रयोग सामान्य ढोल-नगाड़े के अर्थ में हुआ है और इन्हें शंखल (बाँस का टुकड़ा) से बजाने

का उल्लेख भी है। अंत में संयोगवश पुनर्जीवित वसंतसेना द्वारा समय पर पहुँचने के कारण स्थिति बदल जाती है और चारुदत्त को वही वध्यपटह ध्वनियाँ विवाहपटह ध्वनियों के समान होती हुई लगती हैं। इस प्रकार हम देखते हैं कि भेरी, पटह, करटक (करटा ?) और डिंडिम (डिङ्डिङ् ?) को प्रत्यंग (गौण) वाद्यों के रूप में बरता जाता था। उपयुर्क्त सभी वाद्यों के विस्तृत एवं तुलनात्मक परिचय-हेतु डॉ. लालमणि मिश्र-लिखत 'भारतीय संगीत-वाद्य' नामक ग्रन्थ का अध्ययन अपेक्षित है।

नेहरू जी महान् नाटककार शूद्रक तथा उस वक्त की नाटकीय स्थिति के सम्बन्ध में लिखिते हैं–**"कालिदास से शायद बहुत पहले एक और मशहूर नाटक रचा गया था–शूद्रक का 'मृच्छकटिक'। यह कोमल और एक हद तक कृत्रिम नाटक है, फिर भी इसमें कुछ ऐसी असलियत है कि उसका हम पर असर होता है और इससे हमें उस जमाने की तहजीब और विचारों की झाँकी मिलती है।"** शूद्रक के 'मृच्छकटिकम्' का एक अनुवाद सन् 1924 में न्यूयार्क में रंगमंच पर खेला गया। 'नेशन' पत्र के नाटक-समालोचक मि. जोजेफ उडक्रच ने इसे यथार्थपूर्ण व विशेष कोमलता पर आधारित पूर्व के सच्चे ज्ञान का स्रोत और विशुद्ध नाटक-कला का सच्चा नमूना बताया है।

श्री उमेश जोशी ने संस्कृत-नाटकों को उच्च कोटि का बताते हुए लिखा है कि 'उनमें कितना व्यापक जीवन का संगीत और जीवन के गीत भरे हुए हैं। नाटक संगीत के परे की वस्तु नहीं है। संगीत का विकास नाटकों के रूप में हुआ। संगीत को समझने के लिए हमें संस्कृत का गहन अध्ययन करना। पड़ेगा, क्योंकि जितनी भी कृतियाँ रची गयीं, वे सब संस्कृत अथवा प्राकृत भाषा में ही पायी जाती हैं।'

कुलनारी के सदृश व्यवहार करनेवाली, बुद्धिमती कलाकुशल विदुषी, उज्जयिनी की वैभवशालिनी गणिका वसंतसेना और गणिका से प्रेम करते हुए भी चरित्रवान्, कलाप्रिय, शान्तस्वभाव व्यक्ति चारुदत्त की प्रणय-गाथा 'मृच्छकटिकम्' भावरस-परिपूर्ण प्रभावान्विति का एक सजीव उदाहरण है। शृंगार-रस की प्रधानता होने से इसमें मुख्यतया कैशिकी वृत्ति का प्रयोग किया गया है। कैशिकी वृत्ति कोमल वृत्ति है। इसमें नृत्य, गीत, विलास आदि शृंगारिक चेष्टाएँ हुआ करती हैं। अतः प्रस्तुत नाटक में संगीत-तत्त्व कथानक को अनुप्राणित करते हुए उस काल की सांगीतिक अवस्था का सफल दिग्दर्शन कराते हैं।

भारतीय सूफी और संगीत

स्वामी वाहिद काज़मी

आज से अनेक शताब्दियों-पूर्व, बल्कि यह कहना अधिक उपयुक्त प्रतीत होता है कि अरब में पैगम्बर हजरत मुहम्मद द्वारा इस्लाम-धर्म-प्रवर्तन के पहले से ही, निस्पृह दरवेशों और फकीरों का एक वर्ग विद्यमान चला आ रहा था, जो 'सूफी' कहलाता था। आचार्य परशुराम चतुर्वेदी ने सूफियों के बारे में अपनी पुस्तक की भूमिका में लिखा है–"ये लोग परमेश्वर की उपलब्धि को ही अपना एकमात्र ध्येय मानते थे और इस प्रकार धन-वैभव अथवा गृह-परिवारादि के प्रति उदासीनता-भाव रखते हुए केवल उसी के ध्यान और चिन्तन में लगे रहना अपना कर्तव्य समझते थे। परमेश्वर के साथ निर्बाध मिलन तथा उसके प्रति सच्चे अनुराग में ही कालयापन करना उनके जीवन का सर्वोच्च आदर्श था।"[1] 'सूफी' शब्द 'सूफ' से बना है, जिसका अर्थ है 'ऊन या मोटा पशमीना'। और, यह शब्द प्रथमतः केवल उन्हीं व्यक्तियों के लिए प्रयुक्त होता था, जो अपने पहनने के वस्त्रों द्वारा अपना सादा जीवन और सन्तोषीवृत्ति प्रदर्शित करते हुए लोगों का ध्यान आकर्षित करते थे, क्योंकि उनके वस्त्र बावजूद साधारण होने के एक खास ढंग के होते थे।[2] वस्तुतः वह चीज, जिसे 'सूफीमत' अथवा 'तसव्वुफ' कहा जाता है, वास्तव में प्रभुप्राप्ति का एक साधनागत मार्ग है। डॉ. ताराचन्द के शब्दों में–"तसव्वुफ वास्तव में गहन पवित्रता, उपासना, तल्लीनता एवं आत्मसमर्पण का धर्म है। मुहब्बत उसका आवेग है। काव्य, संगीत, नृत्य उसकी साधना और लौकिक अवस्था से गुजरकर खुदा से मिल जाना उसका लक्ष्य है।"[3] अतः सूफियों के यहाँ भक्ति-संगीत (इसके लिए एक पारिभाषिक शब्द है 'समाअ') का दस्तूर भी रहा। इस्लाम-उदय के बाद अरब ही नहीं, ईरान, फारस, बगदाद आदि में भी, जो उन दिनों इस्लामी प्रगति एवं संस्कृति के प्रसिद्ध केन्द्र थे, सूफियों की महफिलों के साथ ही साज व नगमा भी बड़ी शान से प्रवेश पा चुके थे। भक्ति-संगीत के अन्तर्गत जुड़नेवाली उन तत्कालीन सभाओं को उन दिनों भी आज की तरह

'महफिले-समाअ' ही कहा जाता था और गायकों को प्रायः मुगन्नी, मुतरिब व गोयंदा। फारसी के प्रसिद्ध ईरानी सूफी मौलाना जलालुद्दीन रूमी ने अपनी पुस्तक 'मसनवी-मअनवी' के प्रथम शेर में ही रूह (आत्मा) की उपमा, जो खुदा से अलग हो गयी है, नै (अर्थात बाँसुरी) से दी है। इसके अलावा मौलविया शाखा के सूफी साधक अपनी साधना-पद्धति में संगीत को एक आवश्यक चीज़ मानते हैं और बाँसुरी को ही अपना पवित्रतम साज समझते हैं।[4] सूफियों के एक वर्ग में एक विशिष्ट ढंग का नृत्य भी उनकी साधना का एक अंग माना जाता है। उसका प्रचलन यद्यपि भारत में तो शायद ही हो, किन्तु बाहर अवश्य है।

इस्लामी कर्मकाण्ड के आलिमों का एक वर्ग (जिसे 'फकीह' कहते हैं) समाअ को वर्जित भी ठहराता रहा है। सो भी इस सीमा तक कि सूफी सन्तों और फकीहों में यह एक ऐसी बहस का मुद्दा बना हुआ है कि आज तक सुलझ नहीं पाया है। आलिमों व सूफियों में आज भी इस बात पर मतभेद पाया जा सकता है। सूफियों के अलावा हदीस (हजरत मुहम्मद का वचनामृत-संकलन) के विद्वानों में भी एक ऐसा वर्ग है, जो इस मुद्दे पर फकीहों से सहमत नहीं है। इसकी पुष्टि में इमाम नूरी और इमाम सखावी के इस आशय के कथन बतौर प्रमाण प्रस्तुत किये जाते हैं कि समाअ की उपेक्षा तथा निरादर के बारे में कोई हदीस दुरुस्त नहीं है। इसके अतिरिक्त शैख अबूतारिक मक्की, शैख शहाबुद्दीन सुहरवर्दी व हजरत इमाम गजाली जैसे जगविख्यात इस्लामी मनीषियों ने अपने ग्रन्थों में समाअ के औचित्य पर एक नहीं, अनेक अध्याय लिखे हैं। और, कई विद्वान ऐसे भी हैं, जिन्होंने हजरत मुहम्मद व उनके निकटवर्ती इष्ट-मित्रों (सहाबा) के वचनों के विस्तृत उद्धरण देकर समाअ को जायज ठहराया है। बगदाद के ही एक प्रसिद्ध सूफी ख्वाजा जुनैद बगदादी (निधन : संवत् 946 वि.) ने समाअ की महफिलों के अदब-आदाब और उनमें सम्मिलित होने के नियमादि का उल्लेख बहुत विस्तार से किया है, जिसके तहत महफिले-समाअ में शरीक होनेवालों की पात्रता-अपात्रता पर गहरी दृष्टि रखना और उन्हें ठीक से परख लेना आवश्यक बताया है। कुछ ऐसा ही प्रयास अल-हुज्विरी (निधन : संवत् 1128 वि.) ने भी किया है।

लोगों को प्रायः ही एक बड़ी भारी भ्रान्ति यह भी रही है कि भारत में उत्तर की ओर से बाकायदा प्रवेश कर यहाँ रहने-बसने के बाद यहाँ के सूफियों में, यहाँ के भक्ति-संगीत की देखा-देखी नगमा और संगीत के प्रचलन का प्रारम्भ हुआ। क्योंकि यहाँ भी जलवायु और वातावरण ही ऐसा था कि उन्हें भी अपने यहाँ संगीत को प्रचलन देने की प्रेरणा मिली। यही नहीं, वे भारत-आगमन तो क्या, अरब व अन्य बाहरी देशों में बहुत पहले से आध्यात्मिक संगीत की एक विधिवत् फलती-फूलती और बड़ी पुष्ट परम्परा रखते थे। उसके साथ ही उन्होंने भारत में प्रवेश किया था। यहाँ एक दिलचस्प बात प्रसंगवश और भी निवेदन करूँ। सामान्यतः यही समझा

और माना जाता है कि अरब में इस्लाम उदय होने के सदियों बाद ही भारत में सूफियों का प्रवेश प्रारम्भ हुआ। पर यह सत्य नहीं है। और, इसका कारण यही है कि अरब में इस्लाम उदय होने के सदियों बाद ही जो प्रसिद्ध सूफी दरवेश भारत आकर बस गये थे, हमें केवल उन्हीं के बारे में मालूम है और इससे बहुत पहले जो सूफी जल-मार्गों द्वारा व्यापारियों के साथ, भारत के समुद्र-तटों पर उतरे और इर्द-गिर्द बस गये, उनके बारे में जानकारी प्रायः नहीं है, जबकि वास्तविकता यह है कि 'अरब, फिलस्तीन और मिस्र से भारत का प्राचीनतम सम्बन्ध था। भारत और पश्चिम के बीच व्यापारिक सम्बन्ध में अरब सौदागरों का काफी हाथ था। अरब सौदागरों का पहला बेड़ा भारतीय तट पर सन् 636 ई. में आया था, इसका प्रमाण मिलता है। सिन्ध पर मुहम्मद बिन कासिम की चढ़ाई सन् 712 ई. में हुई। किन्तु भारत के पश्चिमी तट पर अरब सौदागर बहुत पहले से आ रहे थे और मोपला लोगों ने तभी इस्लाम कुबूल किया था। किन्तु ये धर्म-परिवर्तन प्रायः स्वेच्छा से किये गये थे, जबरदस्ती के कारण नहीं।'[5] मेरा विचार है कि यही एक प्रमाण पर्याप्त रहेगा।

उक्त भ्रान्तिवश यह भी मान लिया गया कि भारत में सूफी संगीत अर्थात् समाअ को प्रचलित करने का श्रेय सूफियों के चिश्तिया वर्ग को है, यानी चिश्तिया सिलसिले के सूफियों ने ही भारत में सर्वप्रथम समाअ का प्रारम्भ किया। चिश्तिया सिलसिले के भारतीय सूफियों में हजरत ख्वाजा मुईनुद्दीन चिश्ती (सम्वत् 1199-1293 वि.) सर्वाधिक प्रसिद्ध बुजुर्ग हैं (जो अजमेरवाले ख्वाजा उर्फ़ 'गरीब-नवाज' के नाम से जगप्रसिद्ध हैं। इसीलिए सूफियों के यहाँ अजमेर को 'चिश्तियों का मक्का' भी कहा जाता है), किन्तु हदीस के अप्रतिम विद्वान् शैख अब्दुलहक मुहद्दिस देहलवी ने अपने ग्रन्थ 'अखबारुल-अखयार' में काजी हमीदुद्दीन नागौरी (जिनका सिलसिला शैख सुहरवर्दी से मिलता है) के वृत्तान्त में लिखा है कि उनके पथ में वज्द (उन्मादना) और समाअ, दोनों का खूब रिवाज था। वे संगीत के ऐसे प्रेमी थे कि उस जमाने में समाअ का उनके बराबर कोई शौकीन नहीं था। यहाँ तक कि मौलवियों ने उनके लिए महजर (आज की भाषा में चार्जशीट) तैयार किया था। उनके बाद हजरत निजामुद्दीन औलिया ने इस रिवाज को जारी रखा। बादशाह तुगलक शाह के जमाने में उनके लिए भी एक ऐसा ही महजर जारी किया गया। उधर काजी हमीदुद्दीन नागौरी के खिलाफ उठाया गया कदम बढ़ता ही गया। किन्तु जब बादशाह अल्तमश को यह विदित हुआ कि ख्वाजा कुतुबुद्दीन बख्तियार काकी (उर्फ कुतुब साहब) भी समाअ की महफिलों में शरीक होते हैं तो सारा विरोध समाप्त हो गया। क्योंकि अल्तमश खुद भी कुतुब साहब का शिष्य था। इन तमाम बातों का विस्तार से उल्लेख देहली के प्रसिद्ध विद्वान् ख्वाजा हसन निजामी ने अपनी पुस्तक 'निजामी बंसरी' में किया है। परशुराम चतुर्वेदी ने भी लिखा है कि 'हजरत वख्तियार काकी (संवत् 1243-1294 वि.) अपने फिरके के उत्सवों में समाअ अर्थात् संगीत-मंडलियों को

बहुत महत्त्व देते थे।'[6]

इस सम्बन्ध में हजरत निजामुद्दीन के एक शिष्य शैख फकरुद्दीन जरादी ने समाअ का औचित्य साबित करने के विषय पर एक पुस्तक 'इबादतुल-समाअ' के नाम से लिखी, जिसमें सर्वाधिक महत्त्वपूर्ण और विशेष बात यह है कि इसमें लीक से हटकर, सबसे पहले और बहुत खुलकर यह बात कही गयी कि सूफियों का एक पृथक् और विशिष्ट वर्ग ऐसा है, जो वैचारिक एवं सैद्धान्तिक धरातल पर मौलवियों, आलिमों तथा कर्मकाण्ड-मात्र के पक्षधरों से सर्वथा अलग है।[7] यह बड़ी क्रान्तिकारी बात थी। अर्ज केवल यह करना है कि यहाँ समाअ प्रारम्भ करने का सेहरा केवल चिश्तियों के सर नहीं बाँधा जा सकता। पर हाँ, यह सही है कि चिश्तिया सिलसिले के सूफी साधकों में समाअ को उनकी साधना के एक अंग के रूप में बहुत अधिक मान्यता प्राप्त रही है। और, उन्होंने अपने व्यवहार से इसे साबित भी कर दिखाया, इसलिए उन्हें विरोध भी सहना पड़ा। मीर गुलामअली आजाद के अनुसार—"समाअ को चिश्ती सूफियों की साधना में बड़ा महत्त्वपूर्ण स्थान प्राप्त था। इस प्रश्न पर वे कट्टर आलिमों तथा राज्य के अधिकारियों तक से टक्कर लेने में भी नहीं डरते थे। यद्यपि शैख शहाबुद्दीन सुहरवर्दी तथा हुज्विरी ने अपनी पुस्तक में समाअ के नियम निर्धारित कर दिये थे और बाद के सूफियों ने भी उन नियमों के पालन करने तथा कराने का प्रयास किया, किन्तु भावावेश में किसी नियम का पालन करना तथा कराना कठिन है। अमीर खुसरो ने हिन्दी रागों का आविष्कार किया और प्रचलित रागों में भी संधोधन किये। इस प्रकार समाअ में भी हिन्दी गानों को प्रविष्ट कर दिया गया। कभी-कभी हिन्दी राग तो फारसी गजलों से भी अधिक प्रभावशाली हो जाते थे। 'कुरआन' की आयतें भी हिन्दी रागों में गायी जाने लगी थीं।"[8] यहाँ मैं यह और जोड़ना चाहूँगा कि हिन्दी रागों में 'कुरआन' की आयतें गाने की यह परम्परा आज भी सूफियों से ज्यादा सामान्य गायकों में जारी है, जो निश्चय ही बहुत उत्तम बात है। अस्तु, वह ऐसा समय था, जब ध्रुपद तथा विष्णुपदों को सबसे अधिक प्रसिद्धि और सम्मान प्राप्त था। सैयद अतहर अब्बास रिज्वी ने लिखा है—"श्रीकृष्ण तथा राधा की प्रेम कथाएँ सूफियों को भी अलौकिक रहस्य से पूर्ण ज्ञात होती थीं। इन कविताओं को समाअ में गाया जाना आलिमों को तो अच्छा लगता ही न होगा। कदाचित् कुछ सूफी भी इन हिन्दी गीतों की कटु आलोचना करते होंगे, अतः इन कविताओं का आध्यात्मिक रहस्य बताना भी परमावश्यक हो गया है। अब्दुल वाहिद सूफी के 'हकायके-हिन्दी' में उन्हीं शब्दों के रहस्य की बड़ी गूढ़ व्याख्या है, जो उस समय हिन्दी गानों में प्रयोग में आते थे।"[9] और, यह तथ्य है कि सूफियों ने श्रीकृष्ण जी के अलौकिक व्यक्तित्व को जिस रहस्यमय अर्थ में लिया और बयान किया, उसका प्रभाव कृष्ण-भक्त कवियों की रचनाओं पर भी पड़ा। डॉ. माजिदा असद अपने शोध-प्रबन्ध द्वारा यह साबित कर चुकी हैं कि रसखान की भक्ति-भावना का बाहरी

स्वरूप भारतीय है। किन्तु आत्मा सूफी साधना से रंजित है।"[10]

सूफी साधना के अन्तर्गत एक पारम्परिक चीज चली आती है, जिसे 'जिक्र' कहते हैं। मोटे तौर पर इसे स्मरण, गुण-कथन, कीर्तन आदि की तरह स्पष्ट किया जा सकता है। सूफी साधना के लिए जो बातें अनिवार्य हैं, 'जिक्र' उनमें से एक है। जिक्र करते-करते वे अलौकिक रहस्य में इतने लीन हो जाते हैं कि उन्हें अपनी सुध-बुध नहीं रहती। इसे ही शायरी में 'बेखुदी' कहा जाता है। अर्थात् अहंभाव से रहित उन्मनी अपस्था। जिक्र में खुदा व रसूल के नाम-स्मरण, चिंतन, कीर्तन के अलावा प्रायः इस्लाम के पाँच अनिवार्य कर्तव्यों (कलमा, नमाज, रोजा, हज और जकात यानी दान) का भी वर्णन रहता है। ऐसा भी देखने में आ सकता है कि किसी जिक्र में इन पाँचों में से किसी एक पर विशेष बल दिया गया हो। खुदा और रसूल पर आस्था बढ़ाने के लिए इनमें नाम, जप, ध्यान, (मुराकिबा) के अलावा पीरो-मुर्शिद का गुणगान भी रहता है। जिस सूफी-परम्परा में जो भी जिक्र प्रचलित हों, उनमें उस परम्परा की खूबियों का वर्णन भी रहता है। अतः जिक्र चूँकि सूफी साधना का एक अनिवार्य अंग है, इसलिए यह गेय रचनाओं के रूप में सूफी संगीत में शामिल है। ऐसी गेय रचनाओं को सुविधा के लिए 'जिक्र-गीत' कहा जा सकता है। और, यह भारत में भक्ति-आन्दोलन से बहुत पहले की सूफियाना चीज हैं। जिक्र-गीतों का प्रचलन केवल सुन्नियों में ही नहीं, शियों में भी रहा है। शिया सूफियों के यहाँ एक और चीज भी जन्मी और फली-फूली, वह है—जारी ('जारी' का शाब्दिक अर्थ है—रुदन, गिड़गिड़ाना, कातर, पुकार आदि), इसलिए शायरी में आहो-जारी वे गिरिया-ओ-जारी प्रचलित हैं)। कुछ ऐसे फकीर हैं, जिन्होंने जिक्र व जारी, दोनों किस्म की गेय रचनाएँ प्रस्तुत की हैं। कालान्तर में जब हिन्दू-मुस्लिम-संस्कृतियों का मेलजोल घनिष्ठता प्राप्त कर गया, तब ऐसी रचनाएँ भी मिलने लगीं, जिनमें वैष्णवों का भक्ति-मार्ग, नाथ एवं सिद्धों का योग-मार्ग और सूफियों का प्रेम-मार्ग दुग्ध-शर्करा-समान घुलमिल गये, किन्तु लक्ष्य वही धर्म-प्रचार रहा। रसखान के यहाँ जो ऐसी भक्तिभावपूर्ण पंक्तियाँ पग-पग पर मिलती हैं—**'स्रवन करीरतन दरस नहिं जो उपजत सोई प्रेम'** या **'बैन वही, उनको गुन गाइ औ' कान वही उन बैन सों सानी'**, इन्हें डॉ. माजिदा असद जिक्र का ही एक रूप मानती हैं। वे लिखती हैं—"यहाँ कीर्तन से अभिप्राय जिक्र से है। रसखान ने श्रीकृष्ण के माध्यम से अलौकिक रहस्य का जिक्र किया है।"[11]

जिक्र-गीतों का प्रचलन समूचे भारत में रहा है। और, ये इतने लोकप्रिय रहे हैं कि इनका रंग धर्म से ज्यादा लोक-गीतों पर चढ़ा रहा है। इसलिए जिक्र-गीतों का मूल स्वर यदि क्षीण भी होता गया तो भी किसी-न-किसी रूप में ये लोक-गीतों में जीवित और प्रचलित रहे और जिनके नाम भी विभिन्न प्रदेशों की ध्वन्यात्मक विशेषताओं के प्रभाव से जिकिर, जिकर, जिकरी, जकरी, जक्करि, जगड़ी या झकरी

आदि कुछ-के-कुछ होते चले गये। असम में एक मुसलमान फकीर हुए हैं, जो आज भी उधर 'अजान या आजान पीर' के नाम से प्रसिद्ध और पूजित हैं। उनका जीवनकाल अनुमानतः सत्रहवीं शती ईसवी का उत्तरार्द्ध और निवास वर्तमान शिवसागर का समीपवर्ती कोई स्थान था। अजान पीर ने असमी भाषा में जिक्र व जारी-गीतों की रचना कर उधर इस परम्परा को बहुत अधिक सुदृढ़ व समृद्ध किया। किन्तु वे गीत सिर्फ मौखिक परम्परा द्वारा ही उधर के मुसलमान गायकों में चले आ रहे हैं। असम के एक प्रसिद्ध कथाकर श्री सैयद अब्दुल मलिक ने बड़ी मेहनत और खोज के बाद उन गीतों का संकलन किया। अजान पीर के उन गीतों में योग-मार्ग के निरंजन-पुरुष, इड़ा-पिंगला-सुषुम्ना, त्रिकुटी आदि के साथ-साथ वेदान्त के मायावाद का भी उल्लेख तो मिलता है, किन्तु उनकी रचनाओं का मुख्य प्रतिपाद्य कलमा है।[12] खोजने पर ऐसे और भी पीर-फकीर मिल सकते हैं, जिन्होंने ऐसी रचनाएँ की हों, किन्तु हम उनके नाम भी न जानते हों। दिल्ली को आम तौर पर 'बाईस ख्वाजाओं की चौखट' कहा जाता है। मगर बुजुर्गाने-दीन के जीवन-वृत्तान्त और इतिहास उठाकर देखिए तो ज्ञात होगा कि यहाँ तीस सूफी बुजुर्ग चिर-निद्रा में विश्राम कर रहे हैं। ग्वालियर में चालीस के लगभग सूफी बुजुर्ग[13] और लगभग इतने ही आगरा में अबदी नींद सो रहे हैं। इनमें से शायद ही कोई ऐसा रहा होगा, जो सगाअ का प्रेमी न रहा हो। किन्तु अब बहुतों के तो मजारों का भी अता-पता नहीं मिलता। समय के उलटफेर ने बहुत-सी बातें छीन लीं। किन्तु किसी भी बुजुर्ग के मजार पर होनेवाले उर्स में कव्वाली गाया जाना अभी जारी है। यह भी गनीमत है।

संक्षेप में, उपयुर्क्त तमाम तथ्य निवेदन करने से मेरा आशय केवल इतना है कि सूफी बुजुर्गों ने अपनी साधनागत सांगीतिक परम्परा का निर्वाह करते हुए बड़ी महत्त्वपूर्ण सेवा की है। और, किसी बाह्य कारण से नहीं, अपनी प्रकृति और मिजाज के कारण की है। सूफी-जीवन में संगीत का ऐसा स्थान था कि जब दो बुजुर्ग मिलते थे तो अतिथि-सत्कार के तौर पर खाने के साथ-साथ समाअ की भी दावतें दी जाती थीं।[14] किन्तु खेद की बात यही है कि शायद ही कभी कोई ऐसा बाकायदा प्रयास किया गया हो कि एक ही स्थान पर उन बुजुर्गों के बारे में कुछ जानकारी मिल सके, जिनका किसी-न-किसी रूप में संगीत को कुछ-न-कुछ योगदान रहा। वह चाहे सांगीतिक रचनाओं के रूप में हो, संगीत-विषयक ग्रन्थों के रूप में या संगीतकार की हैसियत से हो। इस विषय पर अध्ययन के दौरान जिन बुजुर्गों के जीवन-वृत्तान्त सामने आये, उनका यहाँ परिचय देना इस लेख का एकमात्र उद्देश्य है। स्थानाभाव को दृष्टिगत रखते हुए रचनाओं के केवल ऐसे उद्धरण देना पर्याप्त समझा है, जिन्हें मै दुर्लभ मानता हूँ या जिनका प्रकाशन उचित रूप से नहीं हो पाया है।

निजामुद्दीन औलिया : आपका जन्म सं. 1295 वि. में बदायूँ (उ.प्र.) में हुआ। पच्चीस वर्ष की आयु में, गयासुद्दीन बलबन के जमाने में दिल्ली आये और गयासपुरा

(जो अब 'बस्ती हजरत निजामुद्दीन' कही जाती है) में आबाद हो गये। अपने समय के प्रसिद्ध सूफी धर्माचार्य हजरत फरीदुद्दीन 'गंजेशकर' उन दिनों अयोध्या में थे। आपने वहीं जाकर उनका शिष्यत्व ग्रहण किया। आपने कभी किसी शाही दरबार में न जाने की प्रतिज्ञा की हुई थी, इसिलए गयासुद्दीन तुगलक ने बंगाल-विजय से लौटते हुए मदान्ध होकर जब आपको देहली छोड़ने का आदेश दिया, तो आपने उसे कहला भेजा—"देहली हनोज दूरस्त!" (अर्थात् दिल्ली अभी दूर है) और ऐसा विश्वास किया जाता है कि इसी के फलस्वरूप वह अभी दिल्ली में प्रवेश भी न कर पाया था कि अपने भतीजे मुहम्मद बिन तुगलक द्वारा रचे षड्यन्त्र का शिकार होकर मर गया। तभी से यह वाक्य 'दिल्ली अभी दूर है' लोकोक्ति के रूप में सदा के लिए प्रसिद्ध हो गया। आपने जिस सूफी-पंथ की स्थापना की, उसे 'निजामी' कहते हैं। 'सुल्तानुलमशायख' और 'मेहबूबे-इलाही' आपके लकब हैं। दिल्ली के लोग आपको 'सुल्तान जी' कहते हैं। संवत् 1381 वि. में आपने इस संसार से प्रयाण किया। दिल्ली में आपके मजार पर प्रतिवर्ष एक बड़े भारी उर्स का आयोजन होता है। आप अरबी, फारसी के उच्च कोटि के विद्वान्, प्रसिद्ध सूफी सन्त और वली कामिल माने जाते हैं। ऐसा उल्लेख मिलता है कि यदा-कदा हिन्दी में काव्य-रचना भी करते थे। आपके नाम से एक पद बड़ा प्रसिद्ध है, जो ये है—

परबस बाँस मँगाव मेरे बाबुल,
नीके मँडवा छाव रे!
सोना दीन्हा, रूपा दीन्हा,
बाबुल दिल दरयाव रे!
हाथी दीन्हा, घोड़ा दीन्हा,
बहुत-बहुत मन चाव रे!
डोलिया फँदाये पिया लै चलिहैं,
अब संग नहिं कोई आव रे!
गुड़िया खेलन माँ के घर रह गयी,
नहिं खेलन को दाँव रे!
'निजामुद्दीन औलिया' बहियाँ पकरि चले,
धरिहौ वाके पाँव रे![15]

यह बताया जा चुका है कि विरोध सहकर भी आपने अपने पंथ में समाअ का दस्तूर जारी रखा और उसे समृद्ध कर आगे बढ़ाया। महमूद अख्तर रशीद ने 'तारीखे-हिन्दी' के हवाले से लिखा है कि आपकी खानकाह (आश्रम) में तीन हजार विद्वान् और विद्यार्थी तो रहते ही थे, आपके शिष्य कव्वालों की तादाद भी दो सौ थी, जिनकी जीवनयापन के समस्त साधन आपकी ओर से प्राप्त रहते थे।[16]

अमीर खुसरो : आपका पूरा नाम अबुलहसन खिताब 'अमीर' और उपनाम

'खुसरो' है, किन्तु प्रसिद्ध अमीर खुसरो के नाम से हैं। उत्तर-प्रदेश के गाँव पटियाली (जिला एटा) में सन् 1254 ई. में पैदा हुए। बारह वर्ष की अल्पायु से कविता करना शुरू कर दिया था। हर प्रकार की शिक्षा-दीक्षा हजरत सुल्तान जी के चरणों में बैठकर पूर्ण हुई। अरबी, फारसी, हिन्दी, तुर्की आदि भाषाओं के विद्वान् एवं साहित्यकार थे। इन भाषाओं में लिखे गद्य व पद्य के 99 ग्रन्थों का उल्लेख मिलता है, जिनमें से अब केवल बाईस उपलब्ध हैं। गुलाम, खिलजी एवं तुगलक तीनों वंशों के शासन-काल आपने देखे। दिल्ली में सन् 1325 ई. में इहलोक से प्रयाण किया। सुल्तान जी के मजार के सन्निकट आपका भी मजार है। बड़ा भारी उर्स होता है।

हजरत अमीर खुसरो प्रसिद्ध सूफी, मनीषी, कवि, शायर, इतिहासकार और बहुभाषाविद्, भारत व भारतीयता के आशिक और उच्च कोटि के संगीतज्ञ थे। भारतीय संगीत में उनका अप्रतिम योगदान अविस्मरणीय है। कव्वाली-विधा खास उन्हीं की ईजाद है।[17] जनाब मैकश अकबराबादी ने लिखा है—"हजरत अमीर खुसरो ने कव्वाली के जमन में जो ईजादें की थीं, वो 'कौल', 'कल्वाना' और 'नक्शे-गुल' के नाम से मशहूर हैं। 'कौल' के अलावा 'कल्वाना' और 'नक्शे-गुल' के नाम तो बाज अहले-फन से सुने हैं, मगर किसी ने यह नहीं बताया कि ये हैं क्या! हिन्दुस्तान के मशहूर उस्तादेमौसीकी मियाँ मुशताकहुसैन खाँ साहब रामपुरवाले ने मुझे यह भी बताया कि सोहा, शाहाना, सगराई, हुवा, साजगीरी, वसंत और बहार भी हजरत अमीर खुसरो की ईजादें हैं और राग-पोथी से अलहदा हैं। सुना हैं, दरबारी भी हजरत अमीर की ईजाद है।"[18] प्रसिद्ध साहित्यकार जनाब इम्तियाजअली 'अर्शी' ने लिखा है—"हजरत खुसरो ने ईरानी और फारसी मौसीकी के अन्दाज पर हिन्दुस्तानी में कौल, कल्वाना, तराना और नक्शे-गुल वगैरह ईजादें कीं, जिनकी तादाद बारह बताई जाती हैं। इसी तरह चौताला, तीव्रा, रूपक वगैरह तालों की जगह खमसा, जूबहर और फरोदस्त तालों की जगह चौताला, तीव्रा, रूपक वगैरह तालों की जगह खमसा, जूबहर और फरोदस्त वगैरा तालें करार दीं।" 'बादशाहनामा' में खयाल को भी उन्हीं की ईजाद करार दिया गया है।[19] 'राग-दर्पण' में हजरत अमीर खुसरों द्वारा आविष्कृत बारह रागों की सूची दी हुई है, जिसे उर्दू के प्रसिद्ध विद्वान् और शायर अल्लामा शिबली ने अपनी पुस्तक में नकल किया है।[20] डॉ. सैयद रगीबहुसैन ने लिखा है—"अमीर खुसरो ने हिन्दी-ईरानी रागों के मिलाप से जो नये राग पैदा किए थे, उनमें से सिर्फ चन्दक ही बाकी रह गये हैं। बाकी के नामों से भी कोई वाकिफ नहीं। चुनाँचे नवाब वाजिदअली शाह अपनी पुस्तक 'सौतुलमुबारक' में खुसरो को बजाये ध्रुपद के नायके खयाल मानते थे। उनका खयाल था कि अमीर खुसरो तराना, छन्द, पंद, कौल, कल्वाना और नक्शे-गुल के मुवज्जिद (अर्थात् आविष्कर्ता) थे।[21] अन्यान्य विद्वानों के विचार उद्धृत न कर इतना ही कहना पर्याप्त होगा कि हजरत अमीर खुसरो का व्यक्तित्व जैसे अन्य ज्ञान एवं विधाओं के लिए एक संस्था ही था, वैसे

ही संगीत के लिए भी था, जिसपर विद्वानों ने बहुत-कुछ लिखा है। मिर्जा मुहम्मद वहीद ने अपनी शोध-पुस्तक[22] मे उनके सांगीतिक योगदान को ही अपना विषय बनाकर काफी विस्तार से लिखा है। फिर भी अभी बहुत-कुछ लिखा जा सकता है।

शैख बहाउद्दीन जकरिया[23] : आपका जन्म मुलतान में सं. 1239 वि. में हुआ। सूफी-जगत् के प्रसिद्धतम धर्माचार्यों में आप एक अनन्य विभूति हैं। आप न केवल एक वली कामिल और धर्माचार्य, बल्कि सिद्ध संगीतज्ञ भी थे। हजरत अमीर खुसरो की भाँति आपकी भी भारतीय संगीत को महत्त्वपूर्ण देन रही है। आपका संगीत-ज्ञान सूफियों के खास भक्ति-संगीत (समाअ) तक सीमित नहीं था, अपितु भारतीय एवं ईरानी संगीत, दोनों के ही मर्मज्ञ थे और राग-रागिनियों की रचना में निष्णात। भारतीय एवं ईरानी संगीत को मिलाकर आपने कई नवीन राग-रागिनियों की सृष्टि की थी।[24] वे कौन से राग थे, यह खोज का विषय है। मेरा अपना ऐसा अनुमान है कि भारतीय व ईरानी संगीत को मिलाकर हजरत खुसरो ने जो नये राग बनाये थे, सम्भव है, उनके मूल में कहीं-न-कहीं आपकी रचनाओं से प्राप्त प्रेरणा भी सक्रिय रही हो। आप शैख शहाबुद्दीन सुहरवर्दी के शिष्य थे। अतः उक्त पन्थ के प्रचार-प्रसार में आपका बहुत महत्त्वपूर्ण स्थान रहा है। कई चमत्कार आपके बारे में प्रसिद्ध हैं। सं. 1324 वि. में आपका देहावसान हुआ। मुलतान में ही मजार है। आपकी औलादों में सबसे अधिक प्रसिद्ध शैख बहाउद्दीन मुफ्ती थे, जो शैख शम्सुद्दीन के पुत्र थे। बाबर के समय में आगरा में आकर आबाद हुए। उनके पुत्र थे शैख जुनैद मुफ्ती। वे भी अपने पिता की भाँति बहुत बड़े आलिम और एक प्रसिद्ध विभूति थे। इसी वंश-परम्परा में कुछ और भी प्रसिद्ध बुजुर्ग गुजरे हैं। एक हैं शाह मीर सामान; दूसरे, उनके पट्टशिष्य मौलाना फरीद। गौसिया पन्थ के प्रसिद्ध दरवेश शैख मुहम्मद गौस ग्वालियरी के पुत्र शैख जयाउल्लाह साहब इन्हीं मौलाना फरीद के शिष्य थे। ये सब-के-सब बुजुर्ग समाअ के बहुत बड़े प्रेमी, प्रचारक और संगीत की बारीकियों को समझनेवाले गुजरे हैं।[25]

अमीरहसन सिज्जी : आप दिल्ली में जन्मे और पले-बढ़े, किन्तु मुहम्मद तुगलक ने जब दिल्ली के बजाये दौलताबाद को राजधानी बनाया था तो वहाँ जा बसे। हजरत अमीर खुसरो के आप गुरुभाई थे और उन्हीं की तरह फारसी व ब्रजभाषा-मिश्रित काव्य-रचना में निष्णात थे। फारसी के उच्च कोटि के शायर थे। आपका फारसी-कलाम भारत के बाहर भी अत्यधिक लोकप्रिय रहा। मौलाना अब्दुर्रहमान 'जामी'-जैसे प्रसिद्ध सूफी व शायर जब किसी महफिले-समाअ में शरीक होते तो कव्वालों से आपका ही कलाम सुनाने की फरमाइश करते। जामी (निधन : सं. 1549 वि०) ने आपको 'भारत का सादी' कहकर बड़ी सराहना की है।[26] हजरत खुसरो की भाँति आपकी संगीत-विषयक रचना-प्रतिभा का तो उल्लेख नहीं मिलता, पर तत्कालीन संगीत-क्षेत्र में आपका कलाम गाया खूब जाता था।

शैख फरीद : आपका जन्म-स्थान दीपालपुर के निकट 'कोठीवाल' नामक स्थान (पंजाब) माना जाता है, किन्तु जन्म-वर्ष की सही जानकारी नहीं मिलती है। डॉ. मैकालिफ ने 'खुलासत्तुतवारीख' के आधार पर आपका निधन-वर्ष सन् 1553 ई. माना है। आप गुरु नानकदेव के समकालीन थे और दो बार उनसे आपकी भेंट भी हुई थी। आपके मुरीदों में सबसे अधिक प्रसिद्ध हजरत शैख सलीम चिश्ती हैं, जिनका मजार फतहपुर सीकरी (आगरा) में है। शैख सलीम के आशीर्वाद से ही अकबर को पुत्र-रत्न (जहाँगीर) प्राप्त हुआ था। शैख फरीद की रचनाएँ जिस ग्रन्थ में संकलित हैं, उसका नाम 'आदिग्रन्थ' बताया जाता है, जो अधिकतर पद एवं सलोक (दोहा) शैली में है। पंजाब की खास भाषा एवं संस्कृति में आपकी गेय रचनाओं को आज भी पर्याप्त लोकप्रियता प्राप्त है।[27] कव्वाल भी शौक से गाते हैं।

बुल्लेशाह : जिला लाहौर के पिंडोल नामक कस्बे में संवत् 1737 वि० में आपका जन्म हुआ। पिता का नाम मुहम्मद दरवेश था। आप सूफी इनायतशाह के शिष्य हैं। इस आधार पर कादिरीशत्तारी-पन्थ के बुजुर्ग ठहरते हैं। आमरण ब्रह्मचारी जीवन व्यतीत किया और कसूर नामक स्थान पर कठिन तपस्या व साधनाएँ कीं। वहीं देहावसान हुआ और मजार आज भी विद्यमान है। पंजाबी भाषा के रस एवं माधुर्य में पगी आपकी रचनाओं का एक संकलन कसूर से ही प्रकाशित भी हुआ था। यों तो रचनाएँ सी-हर्फी, अठवारा, बारहमासा और दोहरा आदि शैलियों में भी हैं; किन्तु काफियों का जवाब नहीं। आज भी वे इतनी अधिक लोकप्रिय हैं कि पंजाब में काफी-गायन का जिक्र हो और बुल्लेशाह का नाम न आये, यह सम्भव नहीं है।[28] मुनव्वरअली खाँ साहब इनकी काफियाँ गाने में निष्णात हैं।

यारी साहब : आपका पूरा नाम यार मुहम्मद और उपनाम 'यारी' है। दिल्ली के निवासी थे और किसी शाही घराने से भी कुछ सम्बन्ध रहा था। पहले आप किसी अन्य पन्थ में थे, किन्तु बाद में बावरी साहिबा के शिष्य वीरु साहब के प्रभाव में आ गये थे, अतः बावरी-पन्थ के प्रमुख प्रचारक माने जाते हैं। आपका जीवन-काल विक्रम की अठारहवीं शती के पूर्वार्ध में अनुमान किया गया है। दिल्ली में ही निधन हुआ, जहाँ आपका मजार भी बताया गया है। आपके शिष्यों में कवि केशवदास (शृंगार के आचार्य कवि नहीं) के अतिरिक्त बुल्ला अथवा बूला साहब प्रसिद्ध रहे हैं। आपकी शिष्य-परम्परा बहुत लम्बी है, आगे चलकर उसी में भीखा शाह साहब और पलटू साहब-जैसे जाने-माने सन्त-कवि गुजरे हैं। आपकी रचनाएँ 'बानी' के नाम से प्रसिद्ध रही हैं। 'रत्नावली' शीर्षक से एक संकलन प्रकाशित है, जिसमें साखी, भजन, झूलने, होली आदि गेय-रचनाएँ भी हैं।[29]

मस्ता साहब : आपका पूरा नाम शाह अब्दुलसमद उर्फियत 'रनमस्त खाँ' है। सम्भव है 'रनमस्त' उपनाम से उर्दू या फारसी में काव्य-रचना करते हों। किन्तु हिन्दी-रचनाओं में 'मस्ता' व 'मस्तसखी' बतौर उपनाम प्रयुक्त किये हैं। आपकी

रचनाओं का एक लघुकाय संकलन, कोई सौ वर्ष पूर्व, फारसी-लिपि में छपा था। उसी से लेकर आचार्य परशुराम चतुर्वेदी ने अपनी पुस्तक 'सूफी-काव्य-संग्रह' में कुछ रचनाएँ दी हैं। पुराने छपे संकलन में आपके रचित भजन, पद, होली आदि गेय-रचनाएँ भी सम्मिलित हैं। कहीं-कहीं सखी-सम्प्रदाय के कवियों-जैसी भावना भी मुखरित हुई है; उदाहरणार्थ—**हमको मिलत नहीं मोहन नगरी। कैसे करूँ अब, कहु मोरी सजनी, बीती जात मोरी हैल सगरी ॥ पिया मिलन के होत सगुन हैं, कागा बोलें निसदिन नगरी। 'मस्त-सखी' ज्यों जल बिन मछरी, बेग खबर लो प्रीतम हमरी ॥**[30]

मीर अबुलूउलाई : सूफियों के चिश्तिया पन्थ में तो भक्ति-संगीत अर्थात् समाअ खूब फला-फूला। किन्तु नक्शबन्दिया पन्थ में पहले-पहल इसकी मनाही थी। इस पन्थ में भी उसे विधिवत् प्रारम्भ कर परवान चढ़ाने का श्रेय जिस बुजुर्ग को है, वे हैं मीर अबुलूउलाई साहब। दिल्ली के निकट नरेला (जो अब दिल्ली-प्रदेश में सम्मिलित है) में सन् 1582 ई. में पैदा हुए। बाद को आपके पिता आगरा के पास फतहपुर सीकरी में आकर बस गये थे। शिक्षा-दीक्षा नाना के संरक्षण में हुई, जो राजा मानसिंह कछवाहा के मातहत बर्दवान (बंगाल) के फौजदार थे। नाना के निधनोपरान्त उसने उनके स्थान पर आपको नियुक्त कर तीनहजारी मनसबदार बना दिया। किन्तु थोड़े ही दिनों बाद वह शाही पद त्याग कर फकीरी अपना ली और वर्षों तक देश की प्रसिद्ध दरगाहों का भ्रमण करने के बाद अपने चचा मीर सैयद अब्दुल्लाह अहरारी के मुरीद हो गये, जो नक्शबन्दी-सिलसिले के बुजुर्ग थे। उन्होंने आपसे अपनी पुत्री का विवाह कर दिया और इस फिरके का खलीफा भी बना दिया। चूँकि समाअ से आपको हार्दिक लगाव पैदा हो गया था और संगीत आपको अभिभूत कर देता था, किन्तु नक्शबन्दी-फिरके में इसकी मनाही थी, अतः आपने नक्शबन्दी-फिरके की एक अलग शाखा बनाई, जिसे 'अबुलूअलाई' कहते हैं। इसमें नक्शबन्दी और चिश्तिया, दोनों पन्थों की उपासना-साधना-पद्धति मिली हुई है। दोनों ही के 'जिक्र' भी प्रचलित हैं और संगीत का भी नियम है। शाही जमाने में आगरा में एक पूरा मुहल्ला सूफीपुरा के नाम से आबाद था, वहीं आपका निवास था। सन् 1650 ई. में इहलोक से प्रयाण किया।[31] आगरा में मजार है। आपने एक बहुत बड़ा व शानदार समाअखाना भी बनवाया था, जो आपकी दरगाह में कुछ वर्ष पूर्व तक विद्यमान था। अब का पता नहीं। बहरहाल उर्स तो अब भी होता है।

मीरमुहम्मद सालेह 'कश्फी' : अकबर व जहाँगीर के शासन-काल में खत्ताती (कलात्मक लिपि-अंकन-कला) के एक उस्ताद थे—मीर अब्दुल्लाह 'वस्फी' साहब। सूफी भी थे और शैख फैजुल्लाह साहब सहारनपुरी के शिष्य थे। उनके दो पुत्रों में से एक थे मीरमुहम्मद सालेह 'कश्फी'; जो पहले फकीराना जीवन व्यतीत करते थे, किन्तु बाद को उनके गुणों से प्रभावित होकर शाहजहाँ ने अपना मनसबदार बना

लिया था। कश्फी साहब समाअ के प्रेमी ही नहीं, अपितु संगीत की बारीकियों के मर्मज्ञ विद्वान् भी थे। संगीत के विषय पर उन्होंने एक बड़ी महत्त्वपूर्ण पुस्तक भी लिखी थी, जिसकी एक हस्तलिखित पांडुलिपि कुतुबखाना मुहम्मदिया, आगरा में मौजूद बताई जाती है।[32] सन् 1649 ई. मे देहावसान हुआ। वहीं मजार है।

मीर मुहम्मद मोमिन 'अर्शी' : आप कश्फी साहब के छोटे भाई थे। फारसी के उच्च कोटि के शाइर और खत्ताती में निस्तालीक शैली के माने हुए उस्ताद थे। शाहजहाँ के समय में शाहजादा सुलैमान शिकोह के शिक्षक भी रहे। बाद में गोशानशीन होकर जीवन गुजारा। सन् 1680 ई. में देहावसान हुआ। समाअ के ऐसे प्रेमी थे कि महफिले-समाअ में सूफियाना कलाम सुनते हुए घण्टों वज्द की हालत में रहते थे।[33] इस खानदान में जितने भी उल्लेखनीय बुजुर्ग हुए, वे सभी संगीत-प्रेमी थे।

तोराब शाह : जिस प्रकार सूफियों के चिश्ती-पन्थ का सबसे बड़ा और पवित्र स्थान अजमेर है, उसी प्रकार कलन्दरिया पन्थ का सबसे बड़ा केन्द्र उत्तर-प्रदेश का काकोरीनगर है, जहाँ हजरत काजिमअली शाह कलन्दर ने 'खानकाहे-काजिमिया' नाम से एक बड़े आश्रम की स्थापना की थी, जो आज तक मौजूद है, प्रसिद्ध है। इन्हीं शाह काजिम की शिष्य-परम्परा में शाह तोराबअली कलन्दर एक बड़े दरवेश हुए हैं, जो सूफी दरवेश होने के अलावा कवि भी थे। ब्रजभाषा में ऐसी कविता करनेवाले कम ही सूफी हुए हैं। सन् 1882 ई. में नवलकिशोर प्रेस, कानपुर से 'दीवान शाह तोराबअली कलन्दर' छपा था, जिसमें आपकी सर्वाधिक रचनाएँ संकलित थीं। गजल-संकलन में सूफी साधना एवं सिद्धान्तों के प्रतिपादन-विषयक गजलें, आशिक-ओ-सनम में एक परम्परागत सूफी-प्रेमाख्यान अर्थात् मसनवी और ठुमरी-संकलन में आपके द्वारा रचित मेहँदी, बन्ने, बाबुल आदि लोकगीतों की परम्परानुसार रचनाओं के अलावा होली-पद व ठुमरियाँ भी हैं। एक होली नमूने के लिए प्रस्तुत है—**आयो बसंत भई मतवारी उमगि चली सब बारी-कुँवारी, कोउ अबीर लिए भर झोरी कोउ बनावे री पिचकारी। अबहिं सो ब्रज में धूम मची है, होरी खेलत हैं श्याम बिहारी, आप बहुरि हैं सबको रंग में, को है 'तुराब' अस चतुर खिलारी।**[34] शहाना—**देउ नवी को मुबारकबादी नीक सलौना पाया बन्ना, चाल सुहानी-सुहानी चलत है बन्नी का मनभाया बन्ना। कुछ तो बनी ने किया है टोना, बिन देखे जो लुभाया बन्ना, देख 'तोराब' हुआ सो तेरा, कैसा भला बन आया बन्ना।**[35] बाबुल का एक अंश—**सैयाँ बुलाबत जैहौं सासुरे जल्दी से म्हारी डोलिया कस रे, नैहर के सब लोग घुटत हैं काह करूँ अब नहिं कुछ बस रे।**[36] इनकी सांगीतिक रचनाओं के विषय पर एक स्वतन्त्र लेख दिया जा सकता है।

शैख जमाली : बादशाह हुमायूँ के शासन-काल में इनका मौजूद होना बताया गया है। वर्षों तक पंजाब में निवास करने के फलस्वरूप इनकी काव्य-भाषा फारसी में पंजाबी क्रियापदों की अच्छी सुगन्ध है। इनकी गेय-रचनाएँ फारसी-मिश्रित हिन्दी

व पंजाबी में बतायी गयी हैं।[37]

शाह हुसैन : सं. 1596 वि. में लाहौर में जन्मे शाह हुसैन बाल्यावस्था से ही अति कुशाग्रबुद्धि व मेधावी थे। चंयोट के सूफी बुजुर्ग बहलोल खाँ इनके गुरु थे। प्रेम-काव्य के समीक्षकों ने इन्हें 'विरह का कवि' बताया है। ब्रजभाषा एवं सरल उर्दू में रची इनकी रचनाएँ विविध राग-रागिनियों में निबद्ध बतायी जाती हैं।[38]

बाबा लाल : जिला लाहौर के कसूर नामक स्थान में सं. 1647 वि० में इनका जन्म हुआ बताया गया है। जन्मजात वैराग्यवृत्ति के कारण इन्होंने फकीरी अपना ली थी। दाराशिकोह से इनका विचार-विनिमय हुआ था, ऐसा उल्लेख मिलता है। दोहा, चौपाई और साखी के अलावा इनकी रचनाएँ गीतों के रूप में भी मिलती हैं, जिनमें संस्कृत, फारसी एवं खड़ी बोली के शब्द भी घुले-मिले रहते हैं।[39] 'लाल' शब्द से कुछ ऐसा संकेत भी मिलता है कि सम्भवतः ये सूफियों के 'लालशाह वाजिया' पन्थ के होंगे, जिसके संस्थापक हजरत जकरिया के एक प्रमुख शिष्य सैयद लाल शाहनाज थे।[40]

करग अली शाह : इनका जन्म बटाला के निकट किसी स्थान पर हुआ बताया जाता है। पीरो-मुर्शिद का नाम हुसैन (?) बताया गया है। संगीत के बहुत अच्छे ज्ञाता और सांगीतिक रचनाएँ करते थे, इसलिए इनकी रचनाएँ रागों के रूप में मिलती हैं। काव्य-भाषा ब्रजभाषा है। इनकी एक रचना रसिया की प्रारम्भिक पंक्तियाँ मुलाहिजा कीजिए—"नैनन की झिड़क न दे रसिया। हम तो तुम्हारे दरस के प्यासे जो चाहे सो ले रसिया, पकड़ कटारिया हाथ में अपने मेरे धर दे आन गले रसिया।"[41]

मीराँ शाह : मीरन व मीराँ शाह नाम के कई और भी सूफी बुजुर्ग हुए हैं। पर आप चिश्ती पन्थ के थे। जालंधर के निकट कोई स्थान इनकी जन्मभूमि बताया गया है। पिता का नाम वलीमुहम्मद था, जिनका मजार जालंधर में मौजूद है। इनका ग्रन्थ 'गुलिस्ताने-मीराँ शाह' एक प्रसिद्ध ग्रन्थ कहा जाता है,[42] जिसमें इनकी काव्य-रचनाएँ संकलित हैं। इनके रचे विष्णुपद भी मिलते हैं, जो काफी लोकप्रिय रहे हैं। एक नमूना देखें—**'प्रेम नगरिया धूम पड़ी मनमोहन रूप दिखायो री। सकल अँधेरा मिट गयो साधो, किशनमुरारी आयो री। मुख चन्दन पर मुकुट बिराजे, जगमग जोत भई तिरलोकी। दया करत जब पद को प्याला मोको आन पिलायो री। 'मीराँ शाह' तब चैन पड़ी, जब महामूरत का मेल हुआ। सोवत-जागत एक हुआ, जब मन में एक समायो री।'**[43]

हजरत कायमुद्दीन : गुजरात-प्रदेश के आप एक प्रसिद्ध बुजुर्ग हुए हैं। चिश्तिया पन्थ के अग्रणी बुजुर्गों में से थे। कड़ीशाम के निवासी थे। प्रसिद्ध सूफी धर्माचार्य शैख फरीद गंजेशकर के आप प्रपौत्र थे। अनेक भाषाओं के जानकार थे। सन् 1169 हिजरी में आपने अपना काव्य-संकलन 'नूरे-रौशन' पूर्ण किया, जिसमें गुजराती भाषा के स्वाभाविक प्रवाह के साथ-साथ अरबी, फारसी, हिन्दी, दक्खिनी, उर्दू, हरियाणवी, गूजरी, राजस्थानी आदि विविध भाषाओं के शब्दों का प्रयोग भी खूब हुआ है। आपकी

शिष्य-परम्परा में उक्त ग्रन्थ कोई सौ वर्ष पूर्व तक अनछपा ही रहा। तदुपरान्त एक सूफी कमालशाह ने अपनी एक विस्तृत भूमिका के साथ फारसी-लिपि में सन् 1305 हिजरी के लगभग प्रकाशित करा दिया। इस ग्रन्थ के एक बड़े भाग में तो साखी, दोहरा, कवित्त, बैत, ककहरा नामक पद-शैली की रचनाएँ ही संकलित हैं, जिन्हें रेख्ता, झूलना, राशा, मंगल, रवैनी और गरबा कहा गया है। रेख्ता, झूलना, रवैनी, मंगल आदि किस्म के पद तो कबीर आदि सन्त कवियों के यहाँ भी मिल जाते हैं, किन्तु राशा व गरबा नामक रचनाएँ इसी ग्रन्थ में देखी हैं। गरबा गुजरात की एक लोकप्रिय और पारम्परिक नृत्यशैली सर्वविदित है। उस (नृत्य) से इन गरबा (रचनाओं) का क्या सम्बन्ध है, फिलहाल कुछ नहीं कहा जा सकता। शाह कायमुद्दीन साहब चूँकि चिश्तिया सिलसिले के बुजुर्ग हैं और इस सिलसिले का संगीत-प्रेम जगजाहिर है, अतः इनका भी इसके प्रति हार्दिक लगाव स्वाभाविक है। स्वर-संगीत के अन्तर्गत शास्त्रोक्त रागों पर आधारित इनकी गेय रचनाएँ भी इसी ग्रन्थ में संकलित हैं। इस किस्म की रचनाओं के रागों की संख्या 21 है। ये हैं–राग भैरव, राग प्रभात, राग मल्लार, राग गौरी, राग पूर्वी, राग मारू, राग कहरवा, राग केदारा, राग जयजयवंती, राग बैराग, राग मुरज (?) राग रामकली, राग बिलावल, राग धनाश्री, नाग तोड़ी, राग बसंत, राग आसावरी, राग कल्याण, राग काफी, राग नट और राग सारंग। जाहिर है कि इतने रागों का ज्ञाता और उनमें सांगीतिक रचनाएँ करने में दक्ष व्यक्ति संगीत-शास्त्र एवं कला का बहुत ऊँचा ज्ञाता ही हो सकता है। इसमें सन्देह की कुछ गुंजाइश नहीं है। यद्यपि इस प्रकार की सांगीतिक रचनाओं में भी योग-क्रियाओं एवं साधनागत शब्दों का पुट है।[44] इनकी ऐसी रचनाओं का रसास्वादन कराने-हेतु दो नमूने प्रस्तुत करता हूँ–राग पूर्वी–**पिया मेरे घर आओ मैं बलि जाऊँ। जिस घर पिया सोही सेज रसे उसके पूरे भाग, जा घट परगट तू ही बसे उसे पूरा सुख साज।** राग बसंत–**तुम्हारे मिलन का रे चाव मुझको आओ पिया घर मेरे। चुन-चुन कलियाँ सेज बिछाई फेर किया सिंगार। चोवा चन्दन अँग लगाया रूप सँवारा सार, सेजे आव रंगरलिया कीजे तो जिवु को होवे उद्धार।**[45] जैसा कि पहले अर्ज कर चुका हूँ कि 'कुरआन' की आयत भी रागों में गाई जाती थीं; शाह साहब ने भी इस परम्परा का निर्वाह किया है। कुछ और भी ऐसे नमूनों के अलावा राग भैरव की एक रचना में कलमा भी बड़ी सुन्दरता के साथ पिरोया है। ऐसी रचनाओं पर किसी स्वतन्त्र लेख में विचार किया जा सकता है।

शाह बुरहानुद्दीन 'जानम' : आप दक्षिण-भारत के किसी स्थान के निवासी थे, ऐसा आपकी काव्य-भाषा (दक्खिनी हिन्दी) से प्रकट है। आपका जीवन-काल सोलहवीं शती के उत्तरार्ध में बताया गया है। रचना-काल है सन् 1582 ई.। सूफी बुजुर्ग होने के साथ-साथ उच्चकोटि के कवि भी थे। फारसी रचनाओं में 'जानम' उपनाम रखते थे। हिन्दी में आपकी जो रचनाएँ हैं, उन्हें तत्कालीन भाषा एवं शैली

के विचार से एक उदाहरण माना जा सकता है। शाह साहब की सांगीतिक प्रतिभा भी बढ़ी-चढ़ी थी। इनकी सांगीतिक रचनाओं के उल्लेख मिलते हैं।[46] 'मुसलमान और भारतीय संगीत' के हवाले से श्री सौभाग्यवर्द्धन वृहस्पति ने शाह साहब की एक खयाल-रचना अपने लेख में दी है।[47] उसे पुनः यहाँ उद्धृत करना पिष्टपेषण मात्र होगा।

शैख बहाउद्दीन 'बाजन' : बुरहानपुर के निवासी एक सूफी बुजुर्ग थे। (जीवन-काल सन् 1388-1506 ई.) 'बाजन' शब्द न तो उपनाम लगता है न लकब। किन्तु इतना प्रमाण अवश्य देता है कि संगीत से इनका घनिष्ठ सम्बन्ध था। हो सकता है वादन यानी बजाने से यह उनके साथ जुड़ा हो। श्री सौभाग्यवर्द्धन के अनुसार—"इन्होंने एक विशेष प्रकार के गेय-प्रबन्ध की रचना की, जो विभिन्न रागों में गाये जाते थे। इन प्रबन्धों का नाम इन्होंने 'जिकरी' रखा। कव्वाल जिकरियाँ गाते थे।"[48] लेकिन इससे भी सदियों पूर्व "गुजरात में अमीर खुसरो के समकालीन, काजी मेहमूद दरियाई वीरपुरी (निधन : सन् 1340 ई.) जिकरियों की रचना कर चुके थे। इन्होंने बिलावल, धनाश्री, मलार, केदारा, कल्याण, बिहागड़ा, सारंग, रामकली, तोड़ी और आसावरी-जैसे रागों में 'जिकरियाँ' कही हैं तथा रागों को परदः कहा है।"[49]

मियाँ मौज : आपके पूरे नाम की कुछ भी जानकारी नहीं मिल सकी। 'मौज' उपनाम है। आप आगरा (मुहल्ला ताजगंज) के निवासी थे। प्रसिद्ध सूफी कवि 'नजीर' अकबराबादी (निधन : सन् 1830 ई.) आपके काव्य-गुरु थे और दिल्ली के प्रसिद्ध बुजुर्ग हजरत शाह बेदार आपके धर्म-गुरु थे। बेदार साहब हजरत मौलाना फखरुद्दीन के मुरीद भी थे और उस पंथ के खलीफा भी। मियाँ मौज शाइर होने के अलावा गायक भी उच्चकोटि के थे। विशेष रूप से कव्वाली-गायन में आपका नाम बड़ा प्रसिद्ध था। एक विशेष प्रकार का साज भी आप बजाते थे, जिसका नाम सुरन्दह बताया जाता है। 'मसनबी-तोहफ-ए-तेहरान' में मौलाना फखरुद्दीन साहब से आपकी भेंट होने और उन्हें गायन सुनाने का उल्लेख है। मियाँ मौज के बाद भी उनके वंश में कव्वाली के अच्छे-अच्छे गायक हुए, जिनमें आपके प्रपौत्र मियाँ अच्छन का नाम विशेष उल्लेखनीय है। जब तक मियाँ अच्छन जीवित रहे आगरे के किसी भी उर्स में महफ़िले-समाअ का शुभारम्भ उन्हीं के गायन से होता था। अब उनका कोई वंशज शायद ही मौजूद हो। कव्वाली के अन्य प्रसिद्ध सूफी-गायकों का उल्लेख कव्वाली-विषयक अपने एक लेख में कर चुका हूँ।[50]

अनवर साहब : आपका नाम अनवर खाँ उपनाम 'अनवर' है। मशहूर हकीम थे और ग्वालियर के महाराज सिधिंया के यहाँ अफसरुल अतब्बा (आज की भाषा में चीफ मेडीकल ऑफीसर) के पद पर थे, किन्तु स्वभाव एवं आचरण से सूफी थे। अरबी, फारसी, हिन्दी, उर्दू चारों भाषाओं में गद्य एवं पद्य-रचना में परम समर्थ थे। धर्म, दर्शन, अध्यात्म, सूफी मत आदि के विविध प्रसंगों को लेकर आपने हिन्दी में

चार सौ के लगभग कुंडलियों की रचना की (रचना-वर्ष सं. 1908 वि.)। उक्त संकलन 'शाह गमगीन एकेडमी, ग्वालियर' में हस्तलिखित पांडुलिपि के रूप में मौजूद है।[51] सूफियाना रंग के कवि होने के अलावा आप संगीत-कला के ज्ञाता व प्रेमी भी थे। विविध राग-रागिनियों पर आधारित ठुमरी, दादरे, झूला, कजरी, होली, सावन आदि की भी आपने रचना की। अनवर साहब के वंशज और ग्वालियर के बहुत अच्छे शाइर सैयद इनायतअली हैदरी 'सायल' ग्वालियरी ने उक्त सांगीतिक रचनाओं की संख्या तीन सौ के लगभग बताई है, जो उनके पास सुरिक्षत भी थी।[52] लश्कर में ग्वालियर पॉटरीज कारखाने के ठीक सामने अनवर साहब का मजार है। यहीं उनका सपरिवार निवास भी था।

हाजी औघट शाह[53] **:** चिश्तिया सिलसिले की एक शाख है—वारिसिया। जिसकी स्थापना देवाशरीफ (जिला बाराबंकी, उ.प्र.) के एक प्रसिद्ध सूफी दरवेश हाजी सैयद वारिस अली शाह (जीवन-काल सन् 1238-1323 हिज्री) ने की थी। उन्हीं के प्रमुख शिष्य व खलीफा थे औघट शाह साहब। आपकी रचनाओं का एक संकलन प्रथम बार सन् 1327 हिज्री में प्रकाशित हुआ था; जो 'जमजम-ए-कव्वाली' (अर्थात् कव्वाली राग) के नाम से बहुत प्रसिद्ध हुआ। नाम से ही उसका महत्त्व प्रकट है। एक शेर देखिए—**'औघट' जोगी बनके निकलना, अहमद नाम की सुमिरन जपना, लिखना अपनी लौहे-जबीं पर सल्ललाहों अलैहे-वस्सलम।**[54]

बाबा राजा शाह : आपका पूरा नाम हसनरजा शाह है, 'रजा' उपनाम है। आपका सम्बन्ध जिला सुल्तानपुर (उ.प्र.) से था और जन्म-वर्ष सन् 1859 ई है।[55] आपके कलाम का एक संकलन सन् 1965 ई. में प्रकाशित हुआ था;[56] जो अब प्रायः अनुपलब्ध है। नमूनार्थ एक अंश प्रस्तुत है—**देवानगर में धूम मची है, दूल्हा बने हैं वारिसे-पाक। हिलमिल सब सखी सेहरा गाएँ, झूमत है सगरा संसार। चलोरी गुइयाँ वारिसअली के द्वार।**

बेदम शाह : आपका पूरा नाम सिराजुद्दीन था। सन् 1876 ई. में इटावा (उ. प्र.) में पैदा हुए। प्रेम-रंग में रँगा कलाम कहनेवाले बहुत उत्तम शाइर है और आगरा के सुप्रसिद्ध शाइर 'निसार' अकबराबादी के काव्यशिष्य। 'बेदम' उपनाम है, जो इस पन्थ में सम्मिलित होने पर बेदम शाह वारिसी हो गया और अबतक आप इसी नाम से जाने जाते हैं। काव्य-जगत् से कहीं अधिक आपका कलाम संगीत-जगत् में लोकप्रिय है। शायद ही कोई ऐसा कव्वाल हो, जो आपका कलाम न गाता हो। सन् 1936 ई. में, लखनऊ में निधन हुआ और देवाशरीफ की दरगाह में दफन हुए। आपकी एक चीज आज भी कव्वाल गाते हैं; किन्तु बरेली की दरगाह से सम्बद्ध रहे नामी कव्वाल मुरली उसे गाकर गाने का हक अदा कर गये। बोल हैं—**किरपा करो महाराज मुईनुद्दीन**। वारिसी-सिलसिले की शिष्य-संख्या आज भी बहुत विशाल है। भारत में ही नहीं, विदेशों में भी उल्लिखित तीनों बुजुर्ग इस पन्थ के तीन इमामों की

हैसियतवाले दरवेश हैं। इस पन्थ के दरवेशों का लिबास गेरुवाबाना होता है और सन्देश–प्रेम केवल प्रेम! देवाशरीफ इस पन्थ का सबसे बड़ा केन्द्र है। हैदराबाद के मशहूर कव्वाल मरहूम अजीज अहमद खाँ वारिसी इसी पन्थ से जुड़े थे।

प्रस्तुत लेख-रूप में इन तमाम बातों को सामने रखने से अभिप्राय यही है कि यह वड़ा व्यापक और महत्त्वपूर्ण विषय है और अब तक इस ओर समुचित ध्यान शायद नहीं दिया गया है। रुचिबान् और लगनशील शोधार्थियों-हेतु यह एक उँगलि-संकेत भी है। मुझे यह भी एहसास है कि (स्थानाभाववश) अपनी बात संक्षेप में ही कह पाया हूँ। तथापि इसे उन बुजुर्ग विभूतियों का एक पुनीत स्मरण और उनके प्रति इस अदना फकीर की हार्दिक श्रद्धांजलि मानते हुए अपनी बात यहीं समाप्त करता हूँ। वकौल मियाँ मौज–**क्या-क्या तजल्लियाँ तेरें मुखड़े ने पाइयाँ। शस्म-ओ-कमर में ऐसी कहाँ रोशनाइयाँ ॥ क्या वस्फ मुर्शिदानेतरीकत बयाँ करूँ। छोटों के मुँह से कब हों बड़ों की बड़ाइयाँ ॥**

सन्दर्भ

1. 'सूफी काव्य-संग्रह', लेखक–परशुराम चतुर्वेदी, प्रकाशक–हिन्दी साहित्य-सम्मेलन, प्रयाग; पृष्ठ 16
2. हाफिज ओड्स–के.बी. ईरानी एण्ड डी.जे. ईरानी (प्रीफेस), ब्रिटिश इंडियन प्रेस, बम्बई; पृष्ठ 26
3. 'इन्फ्लूएंस ऑफ इस्लाम ऑन इंडियन कल्चर', लेखक–डॉ. ताराचन्द्र, प्रकाशक–इंडियन प्रेस, इलाहाबाद; पृष्ठ 83
4. 'मीरासे-इस्लाम, मूल–सर टॉम्स आर्नल्ड, अनु.–अब्दुलमजीद सालिक, प्रकाशक–मज लिसे-तरक्की-ए-अदब, लाहौर; पृष्ठ 324
5. 'संस्कृति के चार अध्याय', लेखक–डॉ. रामधारी सिंह 'दिनकर', प्रकाशन–उदयाचल, आर्यकुमार रोड, पटना; पृष्ठ 272
6. 'सूफी काव्य-संग्रह', सम्पादक–परशुराम चतुर्वेदी, प्रकाशक–हिन्दी साहित्य-सम्मेलन, प्रयाग; पृष्ठ 52
7. मैकश अकबराबादी का लेख 'कव्वाली'–मा० 'आजकल' (मौसीकी नम्बर), अगस्त, 1956; पृष्ठ 31
8. 'मआसिरुलकराम', लेखक–मीर गुलामअली आजाद, सम्पादक–अब्दुलखालिक और शैख मुहम्मद, कुतुबखाना आसिफिया, हैदराबाद; पृष्ठ 39
9. 'हकायके-हिन्दी', लेखक–वाहिदअली बिलग्रामी, अनु.–अतहर अब्बास रिज्वी, प्रकाशक–नागरी-प्रचारिणी सभा, काशी; पृष्ठ 22
10. 'रसखान : काव्य तथा भक्ति-भावना' (प्रथम संस्करण, 1968), लेखक–डॉ. माजिदा असद, प्रकाशक–साहित्य-सदन, देहरादून; पृष्ठ 312
11. वही, पृष्ठ 323

12. श्री वापचन्द्र महंत्त का लेख–'साम्प्रदायिक संप्रीति के साधक अजान फकीर', त्रै० 'सन्दर्भ-भारती' (कलकत्ता), अप्रैल-जून, 1981; पृष्ठ 117-22
13. प्रस्तुत लेखक ने सूची अपनी शीघ्र प्रकाश्य पुस्तक 'अनवर और उनकी कुण्डलियाँ' की भूमिका में दी है।
14. 'सैरे-देहली', लेखक–सैयद शाह मुहम्मद अकबर, प्रकाशक–मुहम्मद इनायत खाँ मतबारिवाजुलहिंद, आगरा; पृष्ठ 70
15. 'सूफी काव्य-संग्रह', सम्पादक–परशुराम चतुर्वेदी, प्रकाशक–हिन्दी साहित्य-सम्मेलन, इलाहाबाद; पृष्ठ 224
16. 'दिल्ली के कदीम औलिया-ए-कराम'–दिल्ली कॉलेज कॉलेज मैगजीन (दिल्ली नम्बर); पृष्ठ 34
17. प्रस्तुत लेखक का लेख–'खुसरो रैन सुहाग की...', त्रै. 'विश्वभारती' (कलकत्ता), अप्रैल-जून, 1976; पृष्ठ 15-20
18-19. मा. 'आजकल' (मौसीकी नम्बर), अगस्त, 1956; पृष्ठ 33-34 व 102
20. 'शेर-उलू-अजम', लेखक–अल्लामा शिबली, प्रकाशक–अनवारुल मताबे, लखनऊ; पृष्ठ 107
21. मा. 'आजकल' (मौसीकी नम्बर), अगस्त 1956; पृष्ठ 54-58
22. 'लाइफ एण्ड वर्क्स ऑफ खुसरो'
23. सही उच्चारण 'जकर्रिया' है। हजरत जकरिया एक प्रसिद्ध पैगम्बर हुए हैं। उन्हीं के सिलसिले के बजुर्ग आपना नराबी परिचय देने के लिए 'जकरिया' लिखते हैं।
24. 'मध्यदेशीय भाषा', लेखक–हरिहरनिवास द्विवेदी, प्रकाशन–विद्यामन्दिर प्रकाशन, मुरार (ग्वालियर), पृष्ठ 74
25. 'मुरक्क-ए-अकबराबाद', लेखक–मौ० सईदअहमद मारहेरवी, प्रकाशक–सैयद रियाजुद्दीन, इलेक्ट्रिक अबुलूअलाई प्रेस, आगरा, पृष्ठ 82
26. प्रस्तुत लेखक का लेख–'बुजुर्ग हस्तियों का हिन्दी कलाम', सा० 'कान्ति' (दिल्ली), 7-13 मई 1978, पृष्ठ 6
27. प्रस्तुत लेखक की शीघ्र प्रकाश्य पुस्तक 'सूफी-काव्य-प्रसून', पृष्ठ 62-63 व 34-38
28. वही,
29. प्रस्तुत लेखक का लेख–'यारी साहब का हिन्दी कलाम', त्रैमासिक 'हिन्दुस्तानी' (इलाहाबाद), भाग 43, अंक 2, पृष्ठ 56-62
30. प्रस्तुत लेखक का लेख–'मस्ता साहब के पद', त्रैमासिक 'ब्रजभारती' (मथुरा), वर्ष 29, अंक 3, जनवरी, 1975, पृष्ठ 15-16
31. मुरक्क-ए-अकबराबाद–मौ० सईदअहमद मारहेरवी–इलेक्ट्रिक अबुलूउलाई प्रेस, आगरा, पृष्ठ 134-35
32. वही, पृष्ठ 145
33. वही
34. प्रस्तुत लेखक का लेख–'शाह तोराब की आध्यात्मिक होली', मासिक 'राष्ट्रधर्म'

(लखनऊ), मार्च, 1981, पृष्ठ 21

35-36. प्रस्तुत लेखक का लेख–'श्रेष्ठ सूफी कवि', साप्ताहिक 'कान्ति' (दिल्ली), 3 जून, 1978, पृष्ठ 9

37-38-39. श्री सत्यपाल गुप्त का लेख–'पंजाब में रचित हिन्दी सूफी काव्य', मासिक 'पंजाब सौरभ' (पटियाला), मार्च, 1987, पृष्ठ 31-38

40. प्रस्तुत लेखक की शीघ्र प्रकाश्य पुस्तक 'ऐनशाह-कृत ऐन विहार', पृष्ठ 13

41. श्री सत्यपाल गुप्त का लेख–'पंजाब में रचित हिन्दी सूफी काव्य', मासिक 'पंजाब सौरभ' (पटियाला), मार्च, 1987, पृष्ठ 38

42. ईरान के सुप्रसिद्ध सूफी शाइर शैख सादी का ग्रन्थ 'गुलिस्ताँ' विश्व-प्रसिद्ध है। हजरत सादी का जीवन-काल तेरहवीं शती ईसवी में पड़ता है।

43. श्रीसत्यपाल गुप्त का लेख–'पंजाब में रचित हिन्दी सूफी-काव्य', मासिक 'पंजाब सौरभ'

44. प्रस्तुत लेखक का शोध-लेख–'एक दुर्लभ सूफी ग्रन्थ और उसका प्रणेता', त्रैमासिक 'हिन्दुस्तानी' (इलाहाबाद), भाग 40, अंक 3, पृष्ठ 27-36, (पटियाला), मार्च 1987, पृष्ठ 38

45. 'दीवान-नूरेरौशन'–सन्त सूफी कमाल शाह, प्रकाशक : फजलुद्दीन देहली पंच प्रेस, लाहौर, पृष्ठ 205

46. प्रस्तुत लेखक का लेख–'बुजुर्ग हस्तियों का हिन्दी कलाम', साप्ताहिक 'कान्ति' दिल्ली, 6 मई, 1978, पृष्ठ 6

47-48-49. मासिक 'संगीत' (हाथरस), अप्रैल, 1986, पृष्ठ 9-10

50. मासिक 'संगीत' (हाथरस) दिसम्बर, 1985, पृष्ठ 18-23

51. प्रस्तुत लेखक का लेख–'एकता के कट्टर समर्थक : मरहूम अनवर खाँ', मासिक 'सरस्वती' (इलाहाबाद), अक्तूबर, 1969, पृष्ठ 311-15

52. मखजन-उल्-असरार–सम्पादक सैयद शाहरजा मुहम्मद हजरतजी, प्रकाशकः शाहगमगीन एकेडमी, फकीर मंजिल, ग्वालियर, पृष्ठ 215-16

53. संस्कृत का 'अवघट' हिन्दी में औघट है। जिसका अर्थ पीसने का कोई उपकरण, ताँता (लंबी कतार) के अलावा विकट और कठिन भी होता है। किन्तु शाह साहब के इस उपनाम का क्या रहस्य है, नहीं कहा जा सकता। ऐसी भी सम्भावना नहीं है कि 'औघड़' का 'ड़' या औघर' का 'र', 'ट' में बदल गया हो।

54. पैगम्बर हजरत मुहम्मद के नाम के साथ सम्मान एवं श्रद्धासूचक प्रयुक्त की जानेवाली अरबी शब्दावली, जिसका अर्थ है–आप पर अल्लाह की रहमत व सलामती हो।

55. इस सूचना के लिए मैं अपने मित्र मुहम्मद फारुक खाँ 'विनय' सुल्तानपुरी का आभारी हूँ।

56. रजा वारिसी प्रेम कुटी मिशन, कलकत्ता।

भारतीय संगीत-परम्परा के विकास में मध्यकालीन सूफी-सन्तों का योगदान

●

कु. सुनीता द्विवेदी

स्व. भातखण्डे जी ने अनेक स्थानों पर लिखा है कि मुसलमानों ने भारतीय संगीत की परम्परा को बहुत प्रभावित किया है। यह इस बात का संकेत है कि इस्लाम के साथ संगीत का किसी-न-किसी रूप में सम्बन्ध अवश्य रहा है। इस्लाम को जन्म देनेवाले अरब देश का सातवीं शताब्दी का इतिहास काफी रक्तरंजित रहा। पूज्य हजरत मुहम्मद की मृत्यु (632 ई.) के बाद लगभग पचास वर्ष तक उनके उत्तराधिकार के प्रश्न को लेकर काफी झगड़े और हत्याएँ होती रहीं। आठवीं शताब्दी में पूर्व शताब्दी की अपेक्षा यद्यपि शान्ति रही, फिर भी सामाजिक एवं सांस्कृतिक विकास का कार्य नवीं शताब्दी में प्रारम्भ हुआ। सांस्कृतिक विकास के मार्ग का सूत्रपात आठवीं शताब्दी के उत्तरार्ध में विद्यानुरागी खलीफा हारूँ रशीद ने कर दिया था। दूसरे देशों से सम्पर्क करके वहाँ की विद्या और कला को जानने और उसे अपने देश में प्रसारित करने के प्रयत्नों को खलीफा ने काफी प्रोत्साहन दिया। नवीं शताब्दी से तो अरबों का भारत से सम्बन्ध काफी तेजी से बढ़ा। भारतीय दर्शन, आयुर्वेद, गणित एवं ज्योतिष आदि के विद्वान् भारत से अरब देशों को गये और वहाँ के विद्वान् भारत आये।

इसी युग में 'कुरान' की व्याख्या को लेकर इस्लाम मतावलम्बियों में मतभेद उभरे। एक वर्ग मुल्ला और मौलवियों का था, जो मुहम्मद साहब के चरित्र का स्मरण और 'कुरान' के पठन-पाठन को ही इस्लाम धर्म का मूल आधार मानता था। दूसरा वर्ग, धार्मिक चिन्तन करनेवाले सन्तों का था, जो 'कुरान' के अनुवर्ती होते हुए भी वैयक्तिक साधना और अनुभूतियों के आधार पर रूढ़िवादी धर्माचरण को छोड़कर 'प्रेम' के सहारे परमानन्द का मार्ग जनसाधारण में प्रचारित कर रहे थे। शासक वर्ग

रूढ़िवादी मौलवियों के साथ था। ये विद्रोही, किन्तु स्वतन्त्रचेत्ता सन्त 'सूफी' कहलाये। सूफियों के दर्शन पर भारत के वेदान्त तथा भागवत् धर्म का प्रभाव स्पष्ट रूप से दिखाई देता है, किन्तु कालान्तर में सूफी सन्तों की साधना-पद्धति का यथेष्ट प्रभाव भारतीय भक्ति-आन्दोलन पर भी पड़ा। रूढ़िवादी मौलवी इन सूफियों की प्रेमाधारित अध्यात्म-साधना और भाव-विभोर होकर नाचने-गाने की प्रवृत्ति की निन्दा करते थे और इसे इस्लाम-विरोधी बतलाते थे। तत्कालीन शासकों और मौलवियों के इसी दृष्टिकोण के कारण 819 ई. में स्वतन्त्र चिन्तक एवं रहस्यवादी साधक हुसैन बिन मंसूर (हल्लाज़) को फाँसी दे दी गयी।

इस्लामी रहस्यवाद के समालोचक प्रो. मैकडोनाल्ड के मतानुसार, रूढ़िवादी इस्लामी विचारधारा से पृथक् वैयक्तिक साधना एवं अनुभूतियों पर आधारित 'सूफी' साधना-पद्धति का दर्शन आठवीं शताब्दी में सन्त राबिया (717-831 ई.) के व्यक्तित्व में होता है। भक्ति एवं ज्ञान की प्रतिमूर्ति इस नारी ने ईश्वर के समर्पण और प्रेम का रास्ता (तवक्कुल) अपनाया और प्रार्थना के विशुद्ध वैयक्तिक, भावात्मक एवं अनौपचारिक स्वरूप को प्रतिष्ठित किया। इस साधना-पथ को शेख जुनैद बगदादी (मृत्यु : सन् 911 ई.) ने प्रशस्त किया और सन् 922 ई. में हुसैन बिन मंसूर (हल्लाज़) की शहदत ने इसे मजबूत किया। अलग़ज़ाली ने (सन् 1055-1111ई) इस आध्यात्मिक पद्धति को साहित्यिक रूप दिया और बाद में फरीदुद्दीन अतार (सन् 1119-1229 ई.), जलालुद्दीन रूमी (सन् 1207-1273 ई.), और शेख सादी (1184-1263 ई.) ने साहित्यिक माध्यमों द्वारा इसे जनजन तक प्रसारित कर दिया। साधक और साहित्यकार हफीज़ (सन् 1300-1388 ई.) और जामी (1414-1492 ई.) के प्रयत्नों से इस साधना-पथ को और अधिक सामाजिक स्वीकृति और प्रतिष्ठा प्राप्त हुई।

सूफी-सन्तों की परम्परा में भाव-साधना द्वारा निर्मल एवं पवित्र आत्म-स्थिति को प्राप्त करने में संगीत एक सरल एवं सहज साधन माना गया है। इस सन्दर्भ में 'भागवत्-धर्म' में निर्देशित भक्त-लक्षण भी सूत्र-रूप में द्रष्टव्य है—

श्रण्वन् सुभद्राणि रथाङ्गपाणेर्जन्मानि
कर्माणि च यानि लोके।
गीतानि नामानि तदर्भकानि,
गायन विलज्जो विचरेत् अलंगः ॥

इसी 'भागवत-धर्म' की बेलि मध्य-युग के वैष्णव सन्त-कवियों की वाणी में पल्लवित और पुष्पित हुई। सन्त-शिरोमणि बल्लभाचार्य के अनुयायी (अष्टछाप) कवियों का इस युग की संगीत-परम्परा के विकास में अद्वितीय योगदान रहा है। मध्य-युग के कृष्ण और राम भक्ति-शाखा के सन्त-कवियों ने भगवत-प्रेम-पूरित हृदय से राम और कृष्ण की लीलाओं का वर्णन विभिन्न प्रकार की पदावलियों में

किया और उन्होंने स्वयं अथवा उस युग के संगीतज्ञों ने उन्हें विभिन्न राग-रागिनियों में स्वरबद्ध करके भजन-कीर्तन के माध्यम से जन-जन तक पहुँचाया। ठीक इसी प्रकार इस्लाम की सूफी-परम्परा के अन्तर्गत सन्तों और फकीरों की खानकाहों और मजारों पर 'सोज' और 'समा' की परम्परा विकसित हुई। किसी सूफी-सन्त के निर्वाण-दिवस पर मनाया जानेवाला उत्सव 'उर्स' कहलाता है। 'उर्स' के अवसर पर 'समा' का आयोजन आवश्यक माना जाता है। सूफियों में ऐसी मान्यता है कि मृत्यु के द्वारा सन्त की पवित्र आत्मा सीमित शरीर-बन्धन को तोड़कर शाश्वत और असीम परमात्मा के साथ एकाकार होकर अनन्त दाम्पत्य-सूत्र-बन्धन में बँध जाती है। अस्तु, इस प्रेम-सगाई के अवसर पर सन्त के अनुयायी भक्तगण मंगलोत्सव-हेतु संगीत-गोष्ठी का आयोजन करते हैं।

इस्लाम धर्म के अन्तर्गत भारत में सूफी विचारधारा एवं साधना-पद्धति का विधिवत् प्रचार सन् 1186 ई. में शेख मुइनुद्दीन चिश्ती द्वारा प्रारम्भ हुआ। वे मुहम्मद गोरी की सेना के साथ दिल्ली आये थे तथा लाहौर और दिल्ली की यात्रा करते हुए अजमेर में जाकर बस गये। इनका एकमात्र उद्देश्य संगीत का सहारा लेकर भारत में इस्लाम धर्म का प्रचार करना था। शेख मुइनुद्दीन चिश्ती से पूर्व सन् 1005 ई. में शेख इस्माइल लाहौर में, शाह सुलतान रूमी, अब्दुल्लाह (सन् 1065) और दाता गंजबख्श (सन् 1072) भारत में आकर बस चुके शे और प्रेम व गानवता के सद्गुणों द्वारा यहाँ के लोगों का दिल जीत रहे थे।

तत्कालीन मुस्लिम-जगत् में सूफी दार्शनिकों एवं साधकों के चार प्रमुख सम्प्रदाय थे–

1. **चिश्ती-सम्प्रदाय** : प्रवर्तक–ख्वाजा अबू ईशाक सामी।
2. **कादिरी-सम्प्रदाय** : प्रवर्तक–अब्दुलकादिर गिलानी।
3. **सुहरावर्दी-सम्प्रदाय** : प्रवर्तक–जियाउद्दीन नजीब सुहरावर्दी।
4. **नक्शबन्दी-सम्प्रदाय** : प्रवर्तक–ख्वाजा बहाउद्दीन नक्शबन्दी।

इन चार प्रमुख सम्प्रदायों के अन्तर्गत अनेक भेद पाये जाते हैं। इनमें से चिश्ती-सम्प्रदाय संगीत को आध्यात्मिक साधना का सर्वाधिक उपयुक्त साधन मानता है। भारत में चिश्ती-सम्प्रदाय का ही अधिक प्रभाव और प्रचार रहा। यद्यपि अन्य सम्प्रदाय के सूफी-सन्त भी अपने-अपने सीमित क्षेत्रों में प्रेमाधारित आध्यात्मिक साधना (इबादत) का प्रचार करते रहे।

भारत में मुस्लिम-शासन की स्थापना के बाद अनेकों सूफी-सन्त विभिन्न क्षेत्रों में इस्लाम धर्म का प्रचार करते हुए घूमते रहे। शासकों की मदद से इन सन्तों ने विभिन्न स्थानों पर खानकाहों (आश्रम) की स्थापना की और जिन स्थानों पर उनकी मृत्यु हुई, वहाँ उनकी कब्रों पर वार्षिक 'उर्स' होने लगे। इस श्रेणी के सूफियों में प्रभाव एवं प्रतिष्ठा के आधार पर निम्न मुख्य हैं–

चिश्ती-सम्प्रदाय

1. शेख मुईनुद्दीन चिश्ती, अजमेरी (मृत्यु : 1235 ई.)।
2. कुतुबुद्दीन बख्तियार काकी, दिल्ली (मृत्यु : 1236 ई.)।
3. निजामुद्दीन औलिया, दिल्ली (मृत्यु : 1325 ई.)।
4. अमीर खुसरो, दिल्ली (मृत्यु : 1325 ई.)।
5. नसीरुद्दीन चिराग, दिल्ली (मृत्यु : 1356 ई.)।
6. मीर सैयद मुहम्मद गेसूदराज, दक्षिण भारत (मृत्यु : 1422 ई.)।
7. शेख सलीम चिश्ती, फतेहपुर-सीकरी (मृत्यु : 1568 ई.)।

कादिरी-सम्प्रदाय

1. सैयद मुहम्मद गौस, झंग (मृत्यु : 1517 ई.)।
2. अल्ला बाश गिलानी, बंगाल (मृत्यु : 1586 ई.)।
3. मियाँ मीर वाला पीर, लाहौर (मृत्यु : 1635 ई.)।
4. दाराशिकोह, दिल्ली (मृत्यु : 1660 ई.)।

सुहरावर्दी-सम्प्रदाय

1. सैयद नूरुद्दीन मुबारक, दिल्ली (मृत्यु : 1249 ई.)।
2. जियाउद्दीन रोमी, दिल्ली (मृत्यु : 1323 ई.)।
3. शाह अब्दुल्लाह कुरैशी, दिल्ली (मृत्यु : 1494 ई.)।

नक्शबन्दी-सम्प्रदाय

1. ख्वाजा मुहम्मद बकी बिल्लाह 'बेरंग', दिल्ली (मृत्यु : 1603 ई.)।
2. शाह गुलशन, दिल्ली (मृत्यु : 1742 ई.)।

आज भी जिन सूफी-सन्तों की मजारों पर वार्षिक 'उर्स' बड़े ही हर्षोल्लास के साथ मनाया जाता है, उनमें से—1. अजमेर के मुइनुद्दीन चिश्ती, 2. ग्वालियर के मुहम्मद गौस, 3. फतेहपुर सीकरी के शेख सलीम चिश्ती, 4. मकनपुर के जिंदा शाहमदार, 5. देवाशरीफ के वाजिदअली शाह, और 6. हैदराबाद के लंगर साहब बहुत प्रसिद्ध हैं।

चिश्ती-सम्प्रदाय के सूफी-सन्तों के खानकाहों में संगीत का प्रचलन तो था ही और इन सन्तों की मजारों पर 'उर्स' के दिन बड़े पैमाने पर संगीत का आयोजन होता रहा है, किन्तु अन्य सम्प्रदाय के सूफियों में, यद्यपि संगीत निषिद्ध माना जाता रहा है, किन्तु कालान्तर में उर्स के अवसर पर मजार के चारों ओर 'कुरआनशरीफ' का परम्परागत पाठ होता है और मजार से कुछ दूर विभिन्न स्थानों से एकत्र हुए मुरीद अपनी-अपनी परम्परागत संगीत-शैलियों में ईश्वर तथा इन पीरों के गुणगान करते हैं।

तेरहवीं शताब्दी में, जहाँ एक ओर मुसलमानों का शासन दिल्ली में स्थापित हो

चुका था और उनकी छत्रच्छाया में सूफी-सन्त इस्लाम धर्म का प्रचार कर रहे थे, वहीं हिन्दू धर्म में भागवत् अथवा वैष्णव धर्म की पुनर्स्थापना हो रही थी। उत्तर-भारत में जैन व बौद्ध धर्म के प्रादुर्भाव और परिणाम-स्वरूप वैदिक कर्मकाण्ड और ईश्वर के प्रति बढ़ी हुई अनास्था को समाप्त करने के लिए दक्षिण-भारत के आचार्य दार्शनिक स्तर पर अद्वैत वेदान्त की स्थापना कर चुके थे। जैन व बौद्ध धर्म का प्रभाव समाप्तप्राय था, किन्तु शुष्क तर्क पर आधारित निर्गुण अद्वैत-तत्त्व का भार सामान्य मानवीय बुद्धि के लिए दूभर हो रहा था। जनता के लिए हृदयग्राही रसानुभूति की कोई बात ये आचार्य तथा तत्कालीन निर्गुण सन्त न दे सके। सामान्य जनता के हृदय में पैठकर उसके जीवन को उन्नत करने का राज-मार्ग प्रशस्त किया—आचार्य रामानुज, निम्बार्क, बल्लभाचार्य, महाप्रभु चैतन्य तथा अन्य वैष्णव सन्तों ने। इस युग में वैष्णव सन्तों ने लोक-भाषा में संगीत का सहारा लेकर जो भक्ति रस की गंगा बहाई, उसमें मज्जन करके सामान्य जनता आनन्द-विभोर हो गयी। भक्तिकाल के उत्कर्ष के इस युग में सूफियों ने ईरानी संगीत-पद्धति का सहारा लेकर जन-भाषा के माध्यम से प्रेम-भक्ति की जो धारा प्रवाहित की, उसका स्थान-स्थान पर वैष्णवों की रस-गंगा से मिलन होता रहा, जिसके परिणामस्वरूप न केवल भारतीय और ईरानी संगीत-पद्धतियों के मेल से एक नयी संगीत-परम्परा का विकास हुआ, बल्कि हिन्दी, उर्दू और ब्रजभाषा का साहित्य भी समृद्ध हुआ। सूफियों और वैष्णवों की आध्यात्मिक साधना-पद्धतियों के पारस्परिक सम्पर्क में आने के फलस्वरूप न केवल धार्मिक कट्टरता कम हुई, वरन् सामाजिक और सांस्कृतिक सम्बन्धों में भी उदारवादी दृष्टिकोण विकसित हुआ।

भारत में 1192 ई. में 'दासवंश' की स्थापना हुई। इसके बाद क्रमशः खिलजी, तुगलक, सैयद तथा लोदी वंश का शासन रहा। 1192 ई. से 1526 ई. तक का समय 'सल्तनत काल' के नाम से जाना जाता है। इस युग में हुए शासकों पर सूफी-सन्तों का प्रभाव था। यद्यपि शासक सूफियों के विरोधी मौलवियों को भी रुष्ट नहीं करते थे। ऐबक, इल्तुतमिश, बलबन, कैकुबाद, अलाउद्दीन खिलजी, मुहम्मद तुगलक, सिकन्दर लोदी आदि शासकों पर संगीत-प्रेमी सूफियों का विशेष प्रभाव था। 'गुलाम-वंश' के संस्थापक कुतुबुद्दीन ऐबक के हृदयासन पर कुतुबुद्दीन बख्तियार 'काकी' राज्य कर रहे थे। इसी समय धारवाड़ में महमूद-जैसे कव्वालों के सहयोग से हमीदुद्दीन नागौरी तथा शेख मुईनुद्दीन चिश्ती अजमेर में चिश्ती-परम्परा का प्रचार कर रहे थे। ये समस्त सूफी संगीतानुरागी थे। कहा जाता है कि कुतुबुद्दीन बख्तियार 'काकी' का स्वर्गवास भक्तिपरक संगीत सुनते-सुनते ही हुआ था।

इल्तुतमिश के शासन-काल में संगीत के महान् ग्रन्थ 'संगीत-रत्नाकर' की रचना हुई थी। यह ग्रन्थ शार्ङ्गदेव ने देवगिरि के यादववंशीय नरेश सिंहण के राज्याश्रय में लिखा था।

इल्तुतमिश की पुत्री रजिया के कार्य-काल में निजामुद्दीन चिश्ती का जन्म (1238 ई.) बदायूँ में हो चुका था। 1261 ई. में बाबा फरीदुद्दीन गंजशकर के खलीफा होकर दिल्ली आये। उस समय बलबन महामन्त्री था। अमीर खुसरो-जैसे महान संगीतज्ञ इसी समय में हुए। वे निजामुद्दीन चिश्ती के मुरीद थे। निजामुद्दीन ने अपने मुरीद ख्वाजा सैयद मुहम्मद मूसा, हसन संजरी, अमीर खुसरो आदि को हिन्दी में गीत लिखने के लिए प्रेरित किया। इस प्रकार निजामुद्दीन चिश्ती बलबन के राज्य-काल में ही अमीर खुसरो–जैसे महान् संगीतज्ञ और प्रचारकों के निर्माण कर चुके थे। अमीर खुसरो ने बलबन के भतीजे किशली खाँ के यहाँ नौकरी कर ली तथा अलाउद्दीन खिलजी के समय में दरबार में गजलें गाने लगे थे। इन गजलों का जहाँ एक ओर दरबार में शृंगारपरक अर्थ होता था, वहीं दूसरी ओर खानकाहों की कव्वाली की गोष्ठियों में भक्तिपरक। इसी प्रकार निजामुद्दीन चिश्ती ने लगभग सात सौ प्रचारकों को पूरे भारत में प्रचार के लिए यत्र-तत्र भेजा। ये भावुक सूफी 'साहबे हाल' (ईश्वरीय प्रेम में मगन होकर नाचनेवाले) जहाँ भी गये, वहाँ-वहाँ कव्वाली का प्रचलन हो गया, क्योंकि इनके प्रचार का माध्यम कव्वाली ही थी। कव्वालों की श्रेणी में महमूद, मुहम्मद मूसा बहुत जन-प्रिय गायक हुए।

अलाउद्दीन खिलजी की मृत्यु के बाद उसका पुत्र 'मुबारक कुतुबुद्दीन खिलजी' के नाम से शासक बना। वह एक अच्छा नर्तक एवं गायक था। वह अमीर खुसरो का सम्मान करता था।

'तुगलक-वंश' के संस्थापक गयासुद्दीन तुगलक की श्रद्धा शेख बहाउद्दीन जकरिया के प्रति सर्वाधिक थी तथा निजामुद्दीन चिश्ती-जैसे दरवेशों के प्रति अच्छे विचार नहीं थे। वह नहीं चाहता था कि दिल्ली में निजामुद्दीन रहें, जबकि गयासुद्दीन के पुत्र अलगू खाँ (मुहम्मद तुगलक) तथा अहमद अयाज (जो निजामुद्दीन का मुरीद था) के द्वारा एक षड्यन्त्र में गयासुद्दीन की मृत्यु हो गयी और मुहम्मद तुगलक शासक बन गया। तुगलक-वंश का शासन-काल चिश्ती-परम्परा के विकास के लिए उपयुक्त न रहा और न ही संगीत के लिए। 1325 ई. में निजामुद्दीन चिश्ती का स्वर्गवास हो गया। कुछ दिनों बाद अमीर खुसरो भी स्वर्गवासी हो गये। मुहम्मद तुगलक ने निजामुद्दीन की मृत्यु के बाद उनके खलीफा नसीरुद्दीन चिराग दिल्ली तथा मौलाना शम्सुद्दीन याह्या को चिश्ती-परम्परा के प्रचार के बहाने दक्षिण-भारत भेज दिया, किन्तु फिरोज तुगलक ने फिर से अपने व्यवहार द्वारा इन सूफियों को सन्तुष्ट कर लिया। नसीरुद्दीन चिराग दिल्ली के कृपापात्र कुतुबुद्दीन मुनव्वर पर फिरोज की विशेष रूप से श्रद्धा थी। कुतुबुद्दीन मुनव्वर संगीत के शौकीन थे तथा फिरोज तुगलक भी संगीत-प्रेमी सम्राट् था। फिरोज के शासन में संगीत को काफी प्रोत्साहन मिला। सिकन्दर लोदी लोदी-वंश के शासकों में योग्य तथा संगीत-प्रेमी था। उसके दरबार में मियाँ ताहा, सैयद नूरुल्लाह–जैसे संगीतकार थे, जिन्हें शासक की ओर

से प्रोत्साहन मिलता था। सन् 1526 ई. में इब्राहीम लोदी को परास्त करके सूफियों का परम भक्त तथा महान संगीत-प्रेमी बाबर सुलतान बना। इब्राहीम लोदी को पराजित करने के बाद बाबर ने शेख निजामुद्दीन चिश्ती तथा कुतुबुद्दीन बख्तियार 'काकी' की दरगाहों पर जाकर प्रदक्षिणा की थी। बाबर शेख अदहन तथा शेख घूरन का परम भक्त था। संगीत में बाबर की विशेष रुचि थी। बाबर के दरबार में शेखी नाई, शाहकुली, गुलाम सादी, ख्वाजा अब्दुल्लाह मारवारीद आदि संगीतज्ञ थे। बाबर के समान हुमायूँ भी संगीतानुरागी सम्राट् था। यद्यपि संगीत-विरोधी सूफी शेख मुहम्मद गौस हुमायूँ के श्रद्धापात्र थे। हुमायूँ के पुत्र अकबर का शासन-काल संगीत की दृष्टि से बड़ा ही उत्कृष्ट रहा। अकबर के दरबार में—तानसेन, रामदास, चाँद खाँ, मियाँ चाँद, शहाब खाँ, सुरज्ञान खाँ, चरजू, घोंघू-जैसे संगीतज्ञों को संरक्षण प्राप्त था। गायक तानसेन ने 'संगीत-रत्नाकर'—जैसे ग्रन्थों को अकबरी दरबार में चिन्तन का विषय बनाया। तानसेन ने अपने गायन से शेख सलीम चिश्ती को मोह लिया था। शेख सलीम चिश्ती के आशीर्वाद के फलस्वरूप पुत्र होने पर अकबर ने उसका नाम सलीम रखा। इससे अकबर की सूफियों के प्रति श्रद्धा प्रकट होती है। चिश्ती-परम्परा के सूफी शेख अहमद 'इमाम रब्बानी' ने अकबर द्वारा चलाये गये धर्म 'दीने इलाही' का विरोध किया तथा अबुलफज्ल के प्रतिस्पर्धी होने के कारण बाद में शेख अहमद ने नक्शबन्दिया-सम्प्रदाय ग्रहण कर लिया था, जिसमें संगीत त्याज्य है। जहाँगीर के दरबार में तानसेन के पुत्र बिलास खाँ, छत्तर खाँ, खुर्रमदाद, मक्खू, उ० मुहम्मद जैसे संगीतज्ञ कलाकार थे। 'शौकी' नामक प्रसिद्ध कव्वाल एवं गजल-गायक था, जिसे सम्राट् ने प्रसन्न होकर 'आनन्द खाँ' की उपाधि दी थी। जहाँगीर के पुत्र शाहजहाँ के बारे में कहा जाता है कि वह शेख अहमद 'इमाम रब्बानी' का शिष्य बन गया था, किन्तु उसकी चिश्ती-परम्परा के शेख हसन मुहम्मद के पुत्र अहमद आजम के प्रति भी श्रद्धा थी। वह संगीत का शौकीन था। उसके दरबार में जगन्नाथ शाहजहानी-जैसे ध्रुवपद के रचयिता एवं गायक थे। बिलास खाँ के दामाद लाल खाँ, जिन्हें प्रसन्न होकर सम्राट् ने 'गुनसमन्दर' की उपाधि दी थी। लाल खाँ के पुत्र खुशहाल खाँ, उनके भाई रसबैन और बिसराम खाँ-जैसे महान् संगीतज्ञ भी हुए। शाहजहाँ के बाद के शासकों पर सूफियों का प्रभाव कम होने लगा था। औरंगजेब महान् कूटनीतिज्ञ था। वह संगीत-प्रेमी मुहीउद्दीन, याह्या मदनी के प्रति जहाँ श्रद्धा रखता था, वहीं संगीत के विरोधी नक्शबन्दिया-सम्प्रदाय ख्वाजा मुहम्मद का भी भक्त था तथा काजियों को इतने अधिकार दे दिये, जिनका कि वे अनुचित प्रयोग करने लगे, किन्तु औरंगजेब का भाई दाराशिकोह स्वयं सूफी था। औरंगजेब को पूर्ण रूप से 'संगीत-द्रोही' नहीं कहा जा सकता, क्योंकि उसका यौवन अन्तःपुर में बीता था, जहाँ संगीत का माहौल रहता था; परन्तु अपने पिता शाहजहाँ के द्वारा संगीत में मग्न होकर एक आदेश-पत्र पर हस्ताक्षर कर दिये जाने से वह संगीत के अत्यधिक प्रभाव

के प्रति सचेत हो गया, जिससे वह भी कहीं अनुचित कृत्य न कर बैठे। अतः उसने दरबार में संगीत बन्द कर दिया था।

बहादुरशाह प्रथम के दरबार में नेमत खाँ 'सदारंग'-जैसे संगीतकार और महाकवि देव—जैसे महान् आचार्य थे। बहादुरशाह प्रथम का पोता मुहम्मद शाह 'रँगीला' 1719 ई. में सम्राट् बना। 'रँगीले' के राज्यकाल में सदारंग—जैसे महान् संगीतकार के अनुज खुसरो खाँ ने सितार को जन्म दिया तथा खुसरो खाँ के पुत्र फिरोज खाँ 'अदारंग' ने फिरोजखानी गतों का निर्माण किया। मुहम्मदशाह 'रँगीले' के राज्याश्रय में आलम और घनानन्द-जैसे कवि थे। सदारंग की संगीत-प्रतिभा में देव और घनानन्द-जैसे महाकवियों का योगदान था। महाकवि घनानन्द की काव्य-रचनाओं में सूफियों का यथेष्ट प्रभाव दिखाई पड़ता है। उनकी प्रारम्भिक रचनाएँ लौकिक प्रेम पर आधारित हैं, परन्तु बाद की समस्त रचनाएँ आध्यात्मिक प्रेम से ओत-प्रोत हैं।

उत्तर-भारत में मुगल आक्रमणकारियों से पीड़ित होकर कुछ सूफी लोग दक्षिण-भारत चले गये थे। दक्षिण में, 1347 ई. में हुए बहमनी साम्राज्य की स्थापना के पूर्व कुतुबुद्दीन बख्तियार 'काकी' के खलीफा फरीदुद्दीन गंजशकर-जैसे सूफी चिश्ती-परम्परा का प्रचार कर रहे थे। किन्तु जब बहमनी साम्राज्य स्थापित हुआ तो मुहम्मद तुगलक—जैसे सुलतानों से त्रस्त सूफीजन अत्यन्त प्रसन्न हुए। सन् 1398 ई. में नसीरुद्दीन चिराग दिल्ली के खलीफा बन्दानवाज गेसूदराज गुजरात होते हुए गुलबर्गा पहुँचे। इसी समय तैमूरलंग का दिल्ली पर आक्रमण हुआ था। अहमद शाह बहमनी के राज्यकाल (1422-35 ई.) में गेसूदराज के पौत्र अब्दुल्लाह अलहुसैनी चिश्ती-परम्परा का प्रचार कर रह थे।

गुजरात में मुहम्मद गौरी के आक्रमण से पूर्व सन् 1065 ई. में सूफी अब्दुल्लाह ने चिश्ती-परम्परा की विचारधारा का प्रचार प्रारम्भ किया था। इसके बाद कुतुबुद्दीन बख्तियार काकी के खलीफा शेख महमूद व शेख हामिदुद्दीन को गुजरात में प्रचार-कार्य का भार दिया गया। फिर इस कार्य में निजामुद्दीन के मुरीदों—शेख सैयदहसन, शेख बारिकुल्लाह आदि सूफीजनों ने अपना योगदान दिया।

सन् 1200 ई. में शेख जलालुद्दीन तबरेजी ने बंगाल में सूफियों की संगीतप्रिय सुहरावर्दी-परम्परा का प्रचार प्रारम्भ किया। वे शेख अबूसईद तबरेजी के मुरीद थे। बंगाल में चिश्ती-परम्परा का प्रचार कुतुबुद्दीन बख्तियार काकी के मुरीद शाह अब्दुल्लाह किरमानी ने किया। बाद में मुहम्मद तुगलक के समय में निजामुद्दीन के खलीफा शेख सिराजुद्दीन यह कार्य कर रहे थे।

जौनपुर में शेख अदहन संगीत के माध्यम से प्रचार कर रहे थे। उनका शिष्य बंझू एक कुशल गायक था, जिसे अकबरी दरबार में सम्मानित किया गया था। जौनपुर के सुलतान हुसैन शर्की महान संगीतज्ञ थे। इन्होंने कई रागों की रचना की।

कैप्टन विलयर्ड ने सुलतान हुसैन शर्की को 'खयाल का आविष्कारक' कहा है।

ग्वालियार के प्रसिद्ध महाराज मानसिंह तोमर 1486 ई. में राज्यासीन हुए। संगीत के क्षेत्र में इन्हें 'युग-प्रवर्तक' कहा जाता है। भारतीय जनता पर जमाये हुए सूफियों के वर्षों के प्रभाव को इन्होंने अपने महान् कृत्य से धूमिल कर दिया। सूफियों की लौकिक और अध्यात्म-प्रेमपरक गजलों का प्रभाव जनमानस पर पड़ा और सूफियों का दरबार सभी के लिए एकसमान होने के कारण समस्त पीड़ित हिन्दू जनता उधर ही बढ़ती जा रही थी। मानसिंह तोमर के समय में, समस्त भारत में चिश्ती-परम्परा का प्रचार प्रचुर मात्रा में हो चुका था तथा शिक्षित व जन-साधारण पर सूफियों ने अपना प्रभाव जमा लिया था। मानसिंह तोमर ने दरबार में गाई जानेवाली शृंगारपरक गजलों के जवाब में ध्रुवपदों को जन्म दिया, जिसको दरबारी गायन-शैली का स्थान मिला। ये ध्रुवपद ब्रजभाषा में होते थे। सूफियों की आध्यात्मिक गजलों के जवाब में भक्तिपरक विष्णुपदों की रचना हुई।

इस प्रकार समस्त भारत में सूफियों ने अपना एकाधिपत्य स्थापित कर लिया था। मुहम्मद गोरी के समय से ही संगीत-प्रेमी चिश्ती-परम्परा के सूफियों का प्रभाव सम्राटों पर बना रहा। सूफियों द्वारा ही दरबार में संगीत को स्थान मिला। सूफियों के प्रचार का माध्यम जिकरी, नुक्तः, खयाल थे, इनके अतिरिक्त गजल और कव्वाली का सहारा मिला। इन शैलियों के जवाब में ही कीर्तन और ध्रुवपदों का जन्म और विकास हुआ।

उपर्युक्त विवेचन से यह स्पष्ट होता है कि भारतीय संगीत अपनी वर्तमान समृद्धि के लिए जहाँ एक ओर मध्य-युग के उदार मुसलमान शासकों तथा वैष्णव सन्तों का ऋणी है, वहीं दूसरी ओर वह इस्लाम धर्म के अनुयायी सूफी-सन्तों के योगदान से भी उपकृत है। आवश्यकता इस बात की है कि मध्य-युग में भारतीय संगीत-परम्परा के विकास के सम्बन्ध में गहराई से शोध-कार्य किया जाए, जिससे आज के भारतीय संगीत-शास्त्र को समृद्ध करनेवाले विभिन्न धर्मों एवं सम्प्रदाय के व्यक्तियों के योगदान को आँका जा सके और संगीत के माध्यम से दो दिलों के जोड़ने का कार्य सम्पन्न किया जा सके, जो भारतीय राष्ट्र और समाज की सर्वोपरि आवश्यकता है।

भारत में भजन-गायन की परम्परा

●

कृष्णस्वरूप

हमारे यहाँ कीर्तन की परम्परा काफी पुरानी है, लेकिन इसका रूप एक तरह से सामूहिक ही रहा है। इसमें एक बात और भी रही है कि ये कीर्तनकार अधिकतर सन्त ही हुए हैं; चाहे वे चैतन्य महाप्रभु, सन्त तुकाराम, नामदेव या नरसी मेहता रहे हों। इन कीर्तनकारों ने भक्ति-रस की ऐसी धारा बहायी कि अपने साथ एक युग को समेटकर ले चले, जो आज तक कायम है। इन लोगों ने अपनी ही रचनाएँ (पद) लोगों के सामने प्रस्तुत कीं। ये स्वयं भक्ति-रस से ओतप्रोत थे और संगीत का इन्हें पूरा ज्ञान था। यह भक्ति-आन्दोलन का काल था, जिसमें मीरा, सूर तथा तुलसीदास-जैसे लोग हमारे सामने आये। अकबर के समय में ही भक्त सूरदास तथा मीरा के भक्ति-सम्बन्धी पदों के गायन द्वारा जनता में संगीत के प्रति रुचि देखी गयी। मुगल-काल तो भारत में संगीत-कला का स्वर्ण-युग कहा जाता है। सिर्फ औरंगजेब को छोड़कर उन दिनों भारतीय संगीत को राज्याश्रय भी मिला।

अठारहवीं शताब्दी के उत्तरार्द्ध के बाद मुसलमानों की शक्ति कम होने लगी और धीरे-धीरे अंग्रेजों का राज्य स्थापित होने लगा। संगीत को प्राप्त राज्याश्रय समाप्त होने लगा। केवल कुछ रियासतों में संगीत पलने लगा और यहीं संगीत की एकान्तिक साधना भी अधिक चली, जिसकी वजह से इस काल को भारतीय संगीत का साधना-काल कहा गया है। लेकिन इसी समय एक बात और हुई कि संगीत-कला कुछ बुरे हाथों में भी जा पड़ी, जिसके फलस्वरूप सभ्य समाज उसे घृणा की दृष्टि से देखने लगा।

राम-भक्ति की धारा : संगीत का प्रचार-काल

सन् 1900 से पहले उत्तर हिन्दुस्तानी संगीत की दशा शोचनीय-सी हो रही थी; लेकिन जयपुर, ग्वालियर, बड़ौदा, रामपुर आदि रियासतों तथा लखनऊ, दिल्ली,

बनारस आदि कुछ जगहों में, गायक-वादकों के कुछ खानदानों में संगीत-साधना जारी थी। लेकिन संगीत-शिक्षा का कोई सार्वजनिक अथवा वैज्ञानिक ढंग नहीं था। पूर्ण सुधार का प्रयत्न सन् 1900 के बाद हुआ। इसीलिए इसे संगीत का प्रचार-काल कहा गया है। संगीत का उद्धार, विकास तथा प्रचार करने का श्रेय मुख्यतः दो महान् संगीतज्ञों को जाता है—स्व. पं. विष्णुदिगम्बर पलुस्कर और स्व. पं. विष्णुनारायण भातखंडे। पं. विष्णुदिगम्बर ने क्रियात्मक संगीत का प्रचार किया तथा भातखंडे जी ने संगीत-शास्त्र का उद्धार किया, जिसके कारण संगीत का चतुर्दिक विकास हो सका और स्कूल-कॉलेजों में संगीत का पाठ्यक्रम बन सका। स्वयं विष्णुदिगम्बर जी शास्त्रीय संगीत में पारंगत थे और उन्होंने भजन-गायकी की एक परम्परा कायम की।

पं. विष्णुदिगंबर ने संगीत-उद्धार के लिए सारे भारत में भ्रमण किया। इस कार्य के लिए वे सन् 1896 में घर से निकल पड़े ओर सभ्य समाज में संगीत-प्रेम उत्पन्न किया। सबसे पहले उन्होंने लाहौर में 5 मई, 1901 को 'गान्धर्व महाविद्यालय' की स्थापना की। आगे चलकर इस महाविद्यालय का मुख्य केन्द्र बम्बई हो गया। उन्होंने कई जगहों पर संगीत के जलसे किये। इसका फल यह हुआ कि आम जनता में भी संगीत के प्रति दिलचस्पी बढ़ने लगी।

सन् 1920 के बाद पण्डित जी कुछ विरक्त होने लगे और राम-भक्ति की धारा उनके हृदय में उमड़ने लगी। सन् 1922 में उन्होंने नासिक में 'राम-नाम-आधार आश्रम' खोला और भजनों द्वारा राम-नाम कीर्तन तथा राम-कथा का प्रचार करने लगे। उन्होंने देश-भर में संगीत का एक पवित्र वातावरण पैदा किया तथा अपने भजनों द्वारा एक तीव्र जागृति उत्पन्न की। उनके कई भजन, जैसे 'रघुपति राघव राजा राम' तथा 'जोगी, मत जा, मत जा, मत जा', अभी तक उनके शिष्य लोग गाते हैं। हालाँकि उनके मूल शिष्य अब नहीं रहे—जैसे पं. ओंकारनाथ ठाकुर, विनायकराव पटवर्धन तथा नारायणराव व्यास, लेकिन उनके भजन-गायन की परम्परा अब तक कायम है। यह भजन-गायन की परम्परा उन्हीं की देन है।

पण्डितजी की मृत्यु के बाद भी, जब कहीं शास्त्रीय संगीत का कार्यक्रम होता था, खासकर उनके शिष्यों द्वारा, तो बिना भजन के संगीत का समापन नहीं होता था। आज भी कोई हिन्दू गायक शास्त्रीय संगीत प्रस्तुत करता है, तो उससे समापन पर भजन गाने की फरमाइश की जाती है, चाहे वह किसी भी घराने का हो। इसी सिलसिले में, मैं यह कहना चाहूँगा कि स्व. बड़े गुलामअली खाँ, जो पटियाला-घराने के सशक्त गायक थे, से भी भजन गाने की फरमाइश की जाती थी। उनका प्रिय भजन था—'हरि ओम् तत्सत', जिसे ते बड़ी भक्ति से गाते थे। बड़े गुलामअली खाँ के एक शागिर्द से बात करने पर पता चला कि खाँ साहब का कहना था कि जब वे 'हरि ओम् तत्सत्' भजन गाते थे तो उनके सामने कोई 'ॐ' की-जैसी आकृति आ जाती थी। वे मुस्लिम अवश्य थे, लेकिन भारतीय संस्कृति के अधिक निकट थे।

विभाजन के बाद पाकिस्तान गये, लेकिन जल्द ही वापस आ गये और शेष उम्र यहीं रहे।

इस सन्दर्भ में , मैं कहना चाहूँगा कि सन् 1930 के बाद सवाक् फिल्मों में भी भजन गाये गये, जिन्होंने भजन-गायकी में अपना योगदान दिया। स्व. कुन्दनलाल सहगल ने भजन गाये—'सुमिरन कर सिया-राम नाम, दिन नीके बीते जाते हैं' या 'सुनो-सुनो, है कृष्ण काला' जिन्हें आज भी हम याद करते हैं। इसके अलावा के. सी. डे, जूथिकाराय इत्यादि ने भी कितने ही भजन गाये। और, आज तो भजन-गायन का अपना एक अलग अस्तित्व बन गया है। अनूप जलोटा, हरिओमशरण, सुधा मल्होत्रा इत्यादि गायकों ने भजन सुनने वालों की एक जमात खड़ी कर दी है। इसमें यह बात नहीं है कि भजन सुननेवाले श्रोता सब भगवान के भक्त ही हैं या किसी सम्प्रदाय के अनुयायी हैं। जैसा कि ऊपर बताया है, भजन-गायन का एक अस्तित्व बन गया है। यह भी एक विधा है, संगीत का रूप है, जिसका अलग ही रस है।

जोगी मत जा...

पं. ओंकारनाथ ठाकुर, जो पं. विष्णुदिगम्बर पलुस्कर के शिष्य थे, भजन-गायकी की अपनी एक छाप छोड़ गये हैं। भैरवी पर आधारित उनका भजन 'जोगी, मत जा, मत जा, मत जा' बहुत ही सशक्त तथा प्रभावशाली था। इस भजन में जब वे कहते थे—'जोत से जोत मिला जा' तो ऐसे भाव से कहते थे, जैसे मिन्नत कर रहे हों, जिसमें एक जबरदस्त माँग हो कि 'जोगी, मत जा, मैं तेरे बिना नहीं रह सकता! अगर जाना ही है तो जोत से जोत मिलाकर ही जा।' ऐसा भाव आजकल के भजन-गायन में कम ही देखने को मिलता है। भजन-गायन के क्षेत्र में कुमार गन्धर्व को अलग नहीं रखा जा सकता। उन्होंने अपना अलग रास्ता निकाला है; ओंकारनाथ ठाकुर की भी कुछ छाप है—खासकर जब वे तान लेते हैं। उनकी शैली राजस्थान तथा मालवा के लोक-गीतों से प्रभावित है, खासकर 'माँड' से। कबीर, सूरदास तथा मीरा के पद उनके भजनों के आधार हैं।

भीमसेन जोशी जब भजन गाते हैं तो उनकी तन्मयता देखते ही बनती है। उनकी आवाज की सीमा साढ़े तीन सप्तक की है। उनका भजन 'जो भजे हरि को सदा' अपना अलग ही मुकाम रखता है। मेवाती-घराने के पं. जसराज ने अपने भजन में एक नयी जान पैदा कर दी है। ऐसे संगीतज्ञों के हाथ में पड़कर भजन का रूप पुष्ट तथा उज्ज्वल होता जा रहा है। भजन-गायकी में भी नयी-नयी जगहें बनती जा रही हैं, साथ ही नये-नये भजन-रचनाकार भी सामने आ रहे हैं। अब ऐसा नहीं है कि सूर, तुलसी या मीरा के भजन ही गाये जाएँ। भजन का भविष्य अवश्य ही उज्ज्वल है; इसमें दो राय नहीं है।

गुरमति संगीत के विकास में गुरु साहिबान और सन्त भक्तों का योगदान

●

डॉ. गुरमानसिंह व डॉ. हरजस कौर

सिक्ख धर्म के इष्टगुरु 'गुरुग्रन्थ साहिब' हैं। इस ग्रन्थ में अलग-अलग गुरु साहिबान के अलावा मध्यकालीन धार्मिक परम्पराओं से सम्बन्धित या सन्त-भक्तों की वाणी दर्ज है। गुरु साहिबान के अलावा ये सन्त-भक्त कवि भी अपनी वाणी के कीर्त्तन के लिए संगीत का इस्तेमाल करते थे, पर इनके यत्न इकले-दुकले और व्यक्तिगत थे।

इसीलिए इसके संगीत-प्रयोग में किसी संगीत-परम्परा के सिद्धान्त या विधान को खोजना कठिन प्रतीत होता है, पर 'श्री गुरु ग्रन्थ साहिब' का सांगीतिक संकलन और इससे प्रकट होनेवाला संगीत-प्रबन्ध एक महान् संगीत-परम्परा का आधार अपने में लिये बैठा है, जिसको 'गुरुमति संगीत' कहा जाता है। गुरमति संगीत-परम्परा इन गुरु साहिबान और सन्त-भक्तों के योगदान द्वारा ही विकसित और सम्पूर्ण होती है। इसलिए इस परम्परा में इनका योगदान गुरमति संगीत के सम्बन्ध में हमारी समझ को और भी मजबूत करेगा।

गुरमति संगीत में गुरु साहिबान का योगदान

श्री गुरु नानकदेव जी : सिक्ख धर्म के प्रथम गुरु श्री गुरु नानकदेव जी का जन्म 1469 ई. में पिता महिता कालू और माता त्रिपता के 62 तलवण्डी (पाकिस्तान) में हुआ, जिसको आजकल 'ननकाणा साहिब' कहा जाता है। श्री गुरु नानकदेव जी ने धर्म के प्रचार और विकास के लिए शब्द और संगीत को संयुक्त और सम्मिलित रूप में प्रयुक्त किया है। श्री गुरु नानकदेव जी ने वाणी की प्रस्तुति के लिए भाई मरदाने को अपना संगी बनाया। भाई मरदाना गुरमति संगीत-परम्परा

के प्रमुख आचार्य रहे हैं। भाई मरदाना, जहाँ उच्चकोटि के रबाब-वादक थे, वहाँ खानदानी गायक भी थे। श्री गुरु नानकदेव जी जब शबद का गायन करते तो भाई मरदाना रबाब द्वारा उनकी संगति करते। श्री गुरु नानकदेव जी ने गाँव भैरोआणा (कपूरथला) के भाई फिरन्दा (जो भाई 'फेरू' के नाम से भी प्रसिद्ध थे) को आदेश देकर गुरमति संगीत के प्रचार के लिए रबाब तैयार कराया। श्री गुरु नानकदेव जी का भाई मरदाने को एक साथी चुनना और भाई मरदाने के लिए एक विशेष प्रकार का रबाब तैयार कराना इस बात का प्रत्यक्ष प्रमाण है कि श्री गुरु नानकदेव जी ने शबद और संगीत द्वारा इस लोकाई को शोधने की प्रक्रिया आरम्भ की। जनम साखियों में दर्ज़ श्री गुरु नानकदेव जी की सिरजन-प्रक्रिया और संगीत के गहरे सम्बन्ध के अनेक प्रमाणों से स्पष्ट है कि श्री गुरु नानकदेव जी की वाणी के अवतरण के समय संगीत एक माध्यम के रूप में स्वयं ध्वनित होता है। गुरु नानक साहिब कहंते थे—"मरदानियाँ, रबाब छेड़ वाणी आयी है" तो भाई मरदाना रबाब छेड़ते और गुरु नानक साहिब धुर की वाणी का गायन करते। यहाँ शबद और संगीत अलग-अलग नहीं दिखाई देते, बल्कि इस वाणी-रूप शबद और संगीत की संयुक्त प्रस्तुति से प्रभु-कीर्त्तन जैसे मूर्तिमान हो रहा है।

श्री गुरु नानकदेव जी ने जैसे भारतीय धर्म-दर्शन के क्षेत्र में एक नवीन पथ की सर्जना की, उसी तरह उन्होंने अपने धर्म के प्रचार और विकास के लिए नवीन संचार युक्तियों का इस्तेमाल भी किया। आपने वाणी की प्रस्तुति के लिए सुनिश्चित विधिपूर्वक प्रबन्ध की सर्जना की। इस विधान को 'गुरमति संगीत प्रबन्ध' कहा जाता है। उनके द्वारा सृजित संचार का यह विलक्षण प्रबन्ध वैज्ञानिक विशिष्टताओं सहित उजागर होता हुआ विलक्षण रूप में विकसित हुआ। इस संचार-प्रबन्ध की केन्द्रीय और मूल जुगत संगीत पर ही आधारित थी। इसके अधीन भारतीय संगीत के नवीन तत्त्वों को मौलिक प्रयोग का धारणी बनाकर नवीन अर्थ दिये गये हैं। इस संगीत-प्रबन्ध के अधीन प्रयोग में आनेवाले विभिन्न सांगीतिक तत्त्व राग, रहाओ, अंक, धरु आदि गायक का मार्गदर्शन करते हैं। 'श्री गुरुग्रन्थ साहिब' के शब्द के ऊपर सांगीतिक तत्त्वों का उल्लेख प्रस्तुतिकार के लिए शब्द को निर्धारित प्रबन्ध के अनुसार गायन करने का निर्देश है।

श्री गुरु नानकदेव जी ने संगत-स्रोत श्रेणी के लिए मानसिकता को मुख्य रखकर संचार के निमित्त भिन्न-भिन्न रागों का प्रयोग किया, जो इस प्रकार हैं—

मुख्य राग : श्री, माझ, गऊड़ी, आसा, गूजरी, देवगन्धारी, बिहागड़ा, वडहंस, सोरठि, धनाश्री, तिलंग, सूही, बिलावल, रामकली, मारू, तुखारी, भैरऊ, बसन्त, सारंग, मल्हार, प्रभाती।

मिश्रित राग : गऊड़ी, गुआरेरी, गऊड़ी चेती, गऊड़ी बैरागणि, गऊड़ी दीपकी, गऊड़ी पूरबी दीपकी, गऊड़ी पूरबी, आसा काफ़ी, सूही काफ़ी, मारू काफ़ी, बसन्त

हिण्डोल, प्रभाती विभास।

दक्षिणी राग : गऊड़ी दक्षिणी, वडहंस दक्षिणी, बिलावल दक्षिणी, रामकली दक्षिणी, मारू दक्षिणी, प्रभाती दक्षिणी।

उपरोक्त रागों से ही पता लग जाता है कि श्री गुरु नानकदेव जी ने प्रचलित रागों के अलावा अप्रचलित रागों को भी वाणी के गायनार्थ प्रयोग किया, जिससे श्री गुरु नानकदेव जी की संगीत-सम्बन्धी सूक्ष्म सूझ का अन्दाज़ा लगाया जा सकता है। श्री गुरु नानकदेव जी ने उक्त रागों के अधीन अष्टपदी, पद, छन्द, वार गायन-शैलियों का प्रयोग किया।

श्री गुरु नानकदेव जी ने संगीत के विकास के लिए करतारपुर साहिब (जो आज पाकिस्तान में है) को कीर्त्तन-केन्द्र बनाया। इसकी महिमा के सम्बन्ध में 'श्री गुरुग्रन्थ साहिब' में फ़रमान है–

करतारपुरि करता गसै सन्तन कै पासि[1]

करतारपुर स्थान पर सुबह-शाम गुरवाणी कीर्त्तन किया जाता था। जिसके बारे में भाई गुरदास जी ने भी कहा है–

सोदरु आरती गावीये
अंम्रित वेले जापु उचारा।[2]

श्री गुरु अंगददेव जी : श्री गुरु नानकदेव जी की दूसरी गद्दी ज्योति श्री गुरु अंगददेव जी (भाई लहिणा) का जन्म 31 मार्च, 1504 ई. को गाँव मते की सराँ में हुआ। आप बचपन से ही धर्म-कर्म में विश्वास रखते थे और देवी के भक्त थे। श्री गुरु नानकदेव जी के दर्शन-उपरान्त आप गुरुजी के शिष्य बन गये। आपकी सेवा और भक्ति-भावना से खुश होकर श्री गुरु नानकदेव जी भाई लहिणा को 'अंगद' कहा करते थे। इससे ही आपका नाम 'गुरु अंगद' प्रसिद्ध हुआ। 1538 ई. में आपने सिक्खों के दूसरे गुरु के रूप में गद्दी सम्भाली।

श्री गुरु अंगददेव जी ने श्री गुरु नानकदेव जी द्वारा चलायी कीर्त्तन परम्परा का अनुकरण ही नहीं किया बल्कि खुद भी वाणी की रचना की। आपकी वाणी श्लोकों के रूप में श्री, माझ, आसा, सोरठि, सूही, रामकली, मारू, सारंग, मल्हार रागों में 'श्री गुरुग्रन्थ साहिब' में अंकित है।

आपने श्री गुरु नानकदेव जी द्वारा चलायी कीर्त्तन परम्परा को पूर्ण निष्ठा और लगनपूर्वक कायम किया और प्रचारार्थ दूसरा कीर्त्तन केन्द्र 'खडर साहिब' में स्थापित किया। जिसके बारे में 'श्री गुरुग्रन्थ साहिब' में दर्ज भाई सत्ता और बलवंड का फ़रमान है–

फेरि वसाया फेरु आणि सतिगुरि खाडूरु।[3]

इसकी साख भाई गुरदास जी ने भी भरी है—

गुर नानक हंदी मोहर हथ गुर
अंगद दी दोही फिराई।
दिता छड करतार पुरि बैठ
खडूरे जी जोति जगाई ॥[4]

श्री गुरु अंगददेव जी के दरबार में भाई मरदाने का पुत्र भाई सज़ादा जिसको रबाब की शिक्षा अपने पिता से प्राप्त हुई, के अलावा भाई सादू, भाई बादू, भाई रज़ादा, भाई सत्ता और बलवंड सुबह-शाम गुरवाणी कीर्त्तन की परम्परा को क़ायम रख रहे थे।

श्री गुरु अमरदास जी : सिक्खों के तीसरे गुरु श्री अमरदास जी का जन्म 4 मई 1479 ई. को बासरके नामक गाँव में हुआ। इनके पिता का नाम तेजभान था। आपने अपना आरम्भिक जीवन सच्चे गुरु की खोज करने में ही बिताया। गुरु अंगददेव जी की सुपुत्री बीबी अमरो से गुरु नानकदेव जी की वाणी सुनकर वह इतने प्रभावित हुए कि श्री गुरु अंगददेव जी के दर्शन करने के लिए खडूर साहिब गये और गुरु जी के शिष्य बन गये। श्री गुरु अमरदास जी ने अपनी वृद्धावस्था में वाणी की रचना की जो आपका 'गुरमति संगीत' के प्रति उल्लेखनीय योगदान है। आपकी वाणी 'श्री गुरुग्रन्थ साहिब' में श्री, माझ, गऊड़ी, गुआरेरी, गऊड़ी बैरागणि, गऊड़ी पूर्वी, आसा, आसा काफ़ी, गूजरी, बडहंस, सोरठि, धनाश्री, सूही बिलावल, रामकली, मारू, भैरव, बसन्त, बसन्त हिंडोल, सारंग, मल्हार, प्रभाती, विभास रागों में अंकित है। श्री गुरु अमरदास जी ने श्रृंगार रस की वाणी के लिए सूही राग का प्रयोग किया। मौसमों के चित्रण के लिए बसन्त और मल्हार जैसे रागों का इस्तेमाल किया। जिससे स्पष्ट है कि आप गुरवाणी की रचना और संगीत के सुमेल की सूक्ष्म सूझ रखते थे। श्री गुरु अमरदास जी ने उपरोक्त रागों के अधीन पद, अष्टपदी, छन्द, सोलहे, वार गायन शैलियों के अन्तर्गत वाणी का गायन किया। रामकली राग में 'अनन्द साहिब' की रचना महान् रचना है जो सिक्ख धर्म में नितनेम की वाणियों में से एक है और प्रत्येक समागम के अन्त में इसके गायन करने की प्रथा है।

श्री गुरु अमरदास जी ने 'गुरमति संगीत' के प्रचार के लिए 'मंजी प्रथा' चलायी। मंजी से गुरु नानकदेव जी के भाव तथा संगीतमय उपदेशों का प्रचार करने के लिए किसी उच्च जीवन वाले सेवक की नियुक्ति करनी थी। इस तरह श्री गुरु अमरदास जी ने गुरमति और संगीत के 22 विद्वानों द्वारा पंजाब के अलग-अलग स्थानों में 22 मंजियाँ स्थापित कीं। श्री गुरु अमरदास जी ने गुरवाणी कीर्त्तन का तीसरा केन्द्र 'गोंइदवाल साहिब' में बसाया।

फेर बसाया गोंइदवाल अचरज
खेल न लखिया जाई।[5]

श्री गोंइदवाल साहिब की महिमा को 'श्री गुरुग्रन्थ साहिब' में इस तरह बताया गया है–

गोबिंद वालु गोबिंद पुरी सम,
जलहम तीरि बिपास बनायऊ।
गयऊ दुखु दूरि बरखन को सु,
गुरु मुखु देखि गरू सुखु पायऊ ॥[6]

श्री गुरु अमरदास जी के दरबार में भाई सत्ता और बलवंड के अलावा ढला स्थान के निवासी भाई पांधा और बूला रबाबी गुरवाणी का कीर्त्तन करते थे।

'क़ानूने मौसीक़ी' पुस्तक के रचयिता ने पृष्ठ 306 पर इसका उल्लेख किया है कि तीसरी पातिशाही श्री गुरु अमरदास जी ने 'सारंदा' साज का निर्माण किया।[7]

श्री गुरु रामदास जी : गुरु नानक गद्दी के चौथे वारिस श्री गुरु रामदास जी का जन्म 1534 ई. को चूना मण्डी लाहौर में श्री हरिदास जी के घर हुआ। आपका बचपन का नाम जेठा था। एक बार आप सिक्ख साथियों के साथ गुरु अमरदास जी के दर्शन करने के लिए गोंइदवाल साहिब गये तो गुरु सेवा के लिए आप वहीं रह गये। आपके गुरु-घर से अत्यन्त प्यार और श्रद्धा से प्रभावित होकर गुरु अमरदास जी ने अपनी सुपुत्री बीबी भानी जी के साथ आपका विवाह कर दिया। श्री गुरु अमरदास जी ने सिक्ख गुरुओं द्वारा चलायी गुरवाणी कीर्तन परम्परा को और विकसित किया। आपकी वाणी श्री, माझ, गऊड़ी, गऊड़ी गुआरेरी, गऊड़ी बैरागणी, गऊड़ी पूर्वी, गऊड़ी माझ, आसा, आसा काफ़ी, आसावरी, गूजरी, देवगांधारी, बिहागड़ा, वडहंस, सोरठि, धनाश्री, जैतश्री, टोड़ी, बैराड़ी, तिलंग, सूही, बिलावल, रामकली, नटनारायण, नट, गौड़मल्हार, मारू, दरबारी, केदार, भैरऊ, बसन्त, सारंग, मल्हार, कान्हड़ा, कलियान, कलियानभूपाली, प्रभाती, प्रभाती विभास रागों में 'श्री गुरुग्रन्थ साहिब' में दर्ज है।

श्री गुरु रामदास जी की वाणी सनातनी और लोक काव्य रूपों की धारणी है, जो अपना-अपना गायन रूप रखते हैं। श्री गुरु रामदास जी ने वाणी की रचना के लिए जहाँ शास्त्रीय संगीत की शैलियों, पदों, अष्टपदियों का प्रयोग किया, वहाँ थोड़ीयाँ, छन्द, वार लोक काव्य रूपों, लोक गायन शैलियों का भी प्रयोग किया। श्री गुरु रामदास जी ने 'पड़ताल' नामक शास्त्रीय शैली, जो ताल पर आधारित है, को जन्म दिया। भारतीय संगीत में पड़ताल गायन शैली का प्रभाव दृष्टिगोचर नहीं होता। पड़ताल गायन शैली गायन के अनुसार शब्द की स्थाई की तुक में एक ही ताल का प्रयोग किया जाता है और अलग अलग अन्तरों में अलग-अलग तालों के प्रयोग होने के बावजूद राग एक ही रहता है। पड़ताल शैली 'गुरमति संगीत' के लिए ही नहीं, बल्कि भारतीय संगीत में भी महानता और विलक्षणता की प्रतीक है। श्री गुरु रामदास जी की 7 रागों के अधीन 19 पड़तालाँ 'श्री गुरुग्रन्थ साहिब' में दर्ज हैं। लोक काव्य

रूप छन्द श्री गुरु रामदास जी की वाणी में विशिष्ट उत्तमता का धारणी है, जिनका बाद में 'आसा की वार' में गायन किया जाने लगा।

श्री गुरु रामदास जी ने गुरवाणी संगीत का व्यावहारिक रूप में प्रचार करने के लिए रामदास जी पुरा या चक गुरु की नींव रखी, जिसको बाद में 'अमृतसर' कहा जाने लगा। श्री गुरु रामदास जी ने कहा है—

बैठा सोडी पातिसाहु
रामदास सतिगुरु कहावै।
पूरन ताल खटाया
अमृतसर विचि जोति जगावै ॥[8]

यह महान् कीर्त्तन-केन्द्र 'श्री हरिमंदर साहिब' और 'दरबार साहिब' के नाम से भी प्रसिद्ध है। 'गुरमति संगीत' में चौकियों के अनुसार कीर्त्तन करने की परम्परा 'श्री हरिमंदर साहिब' में ही शुरू हुई थी। 'गुरमति संगीत' में चौकी चार सिक्खों के जत्थे को कहा जाता है। गुरवानी कीर्त्तन में आसा की वार की चौकी, बिलावल की चौकी, सो दरु की चौकी, आरती की चौकी, ये चार चौकियाँ प्रचलित हैं। इन चौकियों के अन्तर्गत अलग-अलग समय से सम्बन्धित रागों में कीर्त्तन किया जाता था। 'श्री हरिमंदर साहिब' के अन्दर चौकियों के अनुसार गुरवाणी कीर्त्तन की निरन्तर ध्वनियाँ आज भी उसी तरह ही चल रही हैं।

श्री गुरु रामदास जी के दरबार में भाई सत्ता और बलवंड प्रसिद्ध रबाबी कीर्त्तनकार सुबह-शाम कीर्त्तन करते थे।

श्री गुरु अर्जुनदेव जी : सिक्ख लहर के पाँचवें गुरु श्री अर्जुनदेव जी का जन्म 15 अप्रैल 1563 ई. को गोंइदवाल में हुआ। आप सिक्खों के चौथे गुरु श्री रामदास जी के पुत्र थे। घर में सिक्खी माहौल होने के कारण आपका पालन-पोषण पूर्ण सिक्ख मर्यादा के अनुसार हुआ। श्री गुरु अर्जुनदेव जी बचपन से ही असाधारण प्रतिभा के मालिक और गम्भीर विचारों के धारणी थे। श्री गुरु अर्जुनदेव जी ने श्री, माझ, गऊड़ी गुआरेरी, गऊड़ी, गऊड़ी चेती, गऊड़ी बैरागणि, गऊड़ी पूर्वी, गऊड़ी माझ, गऊड़ी मालवा, गऊड़ी माला, आसा, आफा काफ़ी, आसावरी, गूजरी, देवगांधारी, देवगांधार, बिहागड़ा, सोरठि, वडहंस, धनाश्री, जैतश्री, टोड़ी, बैराड़ी, तिलंग, सूही, बिलावल, गौड़, रामकली, नटनारायण, नट, मालीगऊड़ी, मारू, दरबारी, तुरवारी केदार, भैरवी, बसन्त, सारंग, मल्हार, कान्हड़ा, कल्याण, प्रभाती, प्रभाती विभास, रागों में वाणी का उच्चारण किया जो 'श्री गुरुग्रन्थ साहिब' में दर्ज है। श्री गुरु अर्जुनदेव जी ने सभी गुरु साहिबान से ज़्यादा वाणी की रचना की। वाणी के गायन के लिए सबसे ज़्यादा राग और गान शैलियों का प्रयोग किया। आपने वाणी के लिए छन्द, वार, सोहले, अंजुलियाँ लोक काव्य रूपों के अलावा पद, अष्टपदी जैसे सनातनी रूपों का भी प्रयोग

किया। आपने पड़ताल गायन शैली का भी खूब प्रचार किया। आपकी 36 पड़तालें 'श्री गुरुग्रन्थ साहिब' में दर्ज हैं।

वर्तमान समय के 'गुरुग्रन्थ साहिब' का सम्पादन श्री गुरु अर्जुनदेव जी की महान् देन है। 'श्री गुरुग्रन्थ साहिब' के सम्पादन का आधार रागात्मक है, जो विश्व के धार्मिक ग्रन्थों में विलक्षणता का धारणी है।

श्री गुरु अर्जुनदेव जी ने गुरवाणी संगीत के संस्थागत प्रचलन के लिए 'तरनतारन साहिब' की स्थापना की और 'श्री हरिमंदर साहिब' (अमृतसर) को पूरा कराया। 'आसा की वार' का सम्पूर्ण गायन श्री गुरु अर्जुनदेव जी के समय ही शुरू हुआ। श्री गुरु अर्जुनदेव जी के दरबार में भाई सत्ता और बलवंड के अलावा भाई किदार, झांझू और मुकन्द जैसे प्रसिद्ध रागी रबाबियों ने गुरवाणी संगीत द्वारा शास्त्रीय संगीत का खूब प्रचार किया। गुरु अर्जुनदेव जी के समय ही किसी कारण भाई सत्ता और बलवंड गुरु साहिब से नाराज़ हो गये। इससे श्री अर्जुनदेव जी ने साधारण सिक्ख संगत को कीर्त्तन करने का आदेश दिया। श्री गुरु अर्जुनदेव जी ने स्वयं भी कीर्त्तन करने में उत्साह दिखाया, जिससे साधारण सिक्ख संगत का कीर्त्तन की तरफ रुझान हुआ। इससे अशिक्षित साधारण सिक्ख-संगत ने लोक संगीत के तौर पर गुरवाणी का गायन शुरू किया।

इस तरह गुरु अर्जुनदेव जी के सगय गुरवाणी कीर्त्तन में क्रियात्मक तौर पर रागी, रबाबी, क़सबी लोग यानी शिक्षित लोग और अशिक्षित साधारण सिक्ख संगत का दो वर्गों में प्रवेश हुआ। गुरवाणी कीर्त्तन की (शास्त्रीय+लोक संगीत) दोनों परम्पराएँ उस समय से लेकर अब तक उसी तरह चली आ रही हैं।

गुरु अर्जुनदेव जी के समय गुरुवाणी के कीर्त्तन के लिए सारन्दा व तबला (जोड़ी) साजों का प्रयोग किया जाने लगा। इससे पहले रबाब, मध्यम वीणा (सितार) और तम्बूरे का प्रयोग ज़्यादा होता था।[9] श्री गुरु अर्जुनदेव जी सारन्दा में विशेष महारत रखते थे।

श्री गुरु हरिगोविन्द जी : श्री गुरु नानकदेव जी की छठी ज्योतिश्री गुरु हरिगोविन्द जी, गुरु अर्जुनदेव जी के संगोत्र थे। आपने जुल्म का विरोध करने के लिए सिक्ख-धर्म में वीरता का प्रवेश कराया। श्री हरिगोविन्द जी ने चली आ रही सिक्ख कीर्त्तन परम्परा को उसी तरह क़ायम रखा।[10] आपके बारे में कहा जाता है कि आपने 'श्री गुरुग्रन्थ साहिब' में अंकित नौ वारों पर धुनों के शीर्षक लिखे।[11] 'श्री गुरुग्रन्थ साहिब में अंकित धुनों के शीर्षकों के अनुसार वाराँ का गायन गुरु हरिगोविन्द साहिब के समय किया जाता था।

श्री गुरु हरिगोविन्द साहिब ने गुरुवाणी कीर्त्तन के प्रचार और प्रसार के लिए 'कीरतपुर साहिब' की स्थापना की, जहाँ सुबह-शाम परप्मरा के अनुसार कीर्त्तन किया जाता था।

श्री गुरु हरिगोविंद साहिब के समय गुरुवाणी कीर्त्तन परम्परा के साथ ढाड़ी परम्परा गुरु-दरबार में आयी। भाई नत्था और अब्दुल्ला गुरु हरिगोविंद साहिब के दरबार के प्रसिद्ध ढाड़ी और रबाबी थे। इन्होंने सिक्ख सेना में जोश पैदा करने के लिए, वीररस प्रदान करने के लिए योद्धियाँ की वाराँ का गायन करके गुरुघर की खुशी प्राप्त की। भाई बाबक गुरु हरिगोविन्द साहिब के दरबार में रबाबी के साथ-साथ महान् योद्धा भी थे, जिन्होंने अमृतसर की जंग में बहुत वीरता दिखाई।

श्री गुरु हरिगोविंद साहिब के समय ही वाराँ के गायन के लिए, वीररस प्रदान करने के लिए सारंगी साज का गुरु-दरबार में प्रवेश हुआ। आपको ताऊस साज का निर्माता माना जाता है।[12]

श्री गुरु हरिराय जी-श्री गुरु हरकिशन जी : श्री गुरु हरिराय जी और श्री गुरु हर-किशन जी परिस्थिति अनुकूल न होने के कारण वाणी की रचना नहीं कर सके, पर इन्होंने श्री गुरु नानकदेव जी द्वारा चलायी गयी कीर्त्तन की रहु रीति को बहुत प्यार और सत्कार से क़ायम रखा।

श्री गुरु तेग़बहादुर : श्री गुरु तेग़बहादुर जी गुरु हरिगोविंद जी के सुपुत्र थे। आप सिक्खों के नौवें गुरु बनकर गुरुगद्दी पर विराजमान हुए। गुरु तेग़बहादुर ने गुरमति और संगीत की प्रथा को, जो लीहाँ पहले गुरुओं ने पायी, उसको और भी मजबूत किया। आपने गउड़ी, आसा, देवगांधार, बिहागड़ा, सोरठि, धनासिरी, जैतसिरी, तिलंग, काफ़ी तिलंग, बिलावल, रामकली, मारू, बसन्त, बसन्त हिंडोल, सारंग और जयजयवन्ती रागों में वाणी का उच्चारण किया। 'श्री गुरुग्रन्थ साहिब' में राग जयजयवन्ती में केवल श्री गुरु तेग़बहादुर की रचना उपलब्ध है। श्री गुरु तेग़बहादुर ने उपरोक्त विभिन्न रागों में पद, अष्टपदी आदि गायन-शैलियों का प्रयोग किया। आपने श्री आनन्दपुर साहिब में रहकर गुरुवाणी का सन्देश संगीत के द्वारा दूर-दूर तक पहुँचाया। श्री गुरु तेग़बहादुर ने अपने से पूर्व गुरु साहिबानों द्वारा चलाई कीर्त्तन परम्परा को क्रियात्मक तौर पर सुरक्षित ही नहीं रखा, बल्कि व्यक्तिगत योगदान द्वारा विकसित भी किया।

श्री गुरु गोविन्दसिंह : लासानी प्रतिभा के मालिक व गुरु गोविन्दसिंह का जन्म 26 दिसम्बर, 1666 ई. को पटना में हुआ। इनके पिता गुरु तेग़बहादुर और माता का नाम गूजरी था। बचपन में आपका पालन-पोषण मामा क्रिपाल ने किया। आपके बचपन के खेलों में ही असाधारण, इनक़लाबी चिह्न दिखाई देते थे। छह वर्ष पटना में रहने के बाद आप आनन्दपुर में आ गये। आनन्दपुर साहिब में ही आपकी हर तरह की शिक्षा का प्रबन्ध किया गया। 1675 ई. में आप सिक्खों के नौवें गुरु बन कर गुरु नानक गद्दी के वारिस बने। श्री गुरु गोविन्द सिंह की वाणी रचना का संग्रह 'दशमग्रन्थ' है। सिक्ख धर्म में आदि ग्रन्थ 'श्री गुरुग्रन्थ साहिब' के बाद दूसरा विस्तरित ग्रन्थ 'दशम ग्रन्थ' है, परन्तु श्री ग्रन्थ साहिब की प्रामाणिकता जितनी पुष्ट

है, दशम् ग्रन्थ की प्रामाणिकता उतनी ही सन्देहास्पद है। श्री गुरु गोविन्दसिंह जी सन्त, कवि और संगीतकार के साथ-साथ एक महान् योद्धा भी थे, जिन्होंने अनेक कठिनाइयों का सामना करते हुए सिक्ख कौम और संगीत को नयी शक्ति प्रदान की। उन्होंने सिक्खों को सिंह शब्द से अलंकृत कर विलक्षण व्यक्तित्व का मालिक बनाया। 'श्री दशम् ग्रन्थ' के वर्तमान रूप में निम्नलिखित वाणी क्रमवार संगृहीत है–

1. जापु साहिब, 2. अकाल उस्तति, 3. बचित्र नाटक, 4. चंडी चरित्र, 5. वार श्री भगऊती जी की, 6. ग्यान प्रबोध, 7. चौबीस अवतार, 8. ब्रह्मा अवतार, 9. रुद्रावतार, 10. शब्द हजारे, 11. सवैये, 12. खालसा महिमा, 13. शास्त्र नाममाला, 14. चरित्रों पाखिआन, 15. जफ़रनामा।

श्री गुरु गोविन्दसिंह जी की रचनाओं के अध्ययन से सहज ही अनुमान लगाया जा सकता है कि आप संस्कृत, अरबी, फारसी, ब्रज और पंजाबी आदि भाषाओं के महान् विद्वान् थे, साथ ही महान् धार्मिक अग्रगामी और संगीत नेता थे। आपने सांगीतिक शब्दों को अकाल पुरख की महिमा के लिए सुन्दर ढंग से प्रयोग किया है। उदाहरण के तौर पर वाणी जापु साहिब की कुछ तुकें इस प्रकार हैं–

नमो गीत गीते ॥ नमो तान ताने ॥
नमो नरित निरतै ॥ नमो नाद नादे ॥
नमो पान पाने ॥ नमो बाद बादे ॥

'दशम ग्रन्थ' की शेष रचनाएँ बचित्र नाटक का ही अंग हैं। ये रचनाएँ संगीत और साहित्य के पक्ष में 'गुरमति संगीत' में विशेष महानता के साथ-साथ भारतीय परम्परा में भी श्रेष्ठतम स्थान रखती हैं।

सरब लोह ग्रन्थ : श्री गुरु गोविन्दसिंह की महान् रचना में 'सरब लोह ग्रन्थ' एक अद्वितीय रचना है। इसमें वाणी के गायन के लिए प्रयुक्त किये गये रागों का अनमोल ख़ज़ाना है। 'श्री सरब लोह ग्रन्थ' में प्रयोग किये गये राग और राग-प्रकारों की सूची इस प्रकार है–

राग	पृ.	राग	पृ.
सारंग	1	धनासरी	27
गऊरी	4	बिलावल	28
भैरऊ	18	सूही	30
रामकली	20	तेलंग	31
गूजरी	20	श्री राग	31
देवगान्धारी	22	माझ	32
प्रभाती	25	गऊरी पूरबी	32

भऊरा	397	जगला	615
सन्धूर	394	दरबारीपुरनयांकी	615
सरस	401	काफ़ी	616
अहीरी गंध्रवी	399	ताल फ़ाखता	618
अहीरी हिन्दवी	402	भोपाली	619
अहीरी गूजरी	401	चऊताला ध्रुपद	624
अहीरी गुआरेरी	405	बिभास तिताला	632
बिसनुपद देवकी	403	खंभायच	641
कछेली	410	ब्रिध खंभायच	645
पटमंजरी	408	रसालू	652
कामोदी	416	भीखक	655
कालंका	412	भ्रिंगरा	658
कुन्तल	417	कुसमी जीत	660
भास्कर	417	देवपलासी	667
चन्द्र बिम्ब	421	ललित के	667
सरसबान	420	ललित फिरंगी	670
कमल	426	गुणवन्ती	683
कमल बियोगी	421	उतोला झंझोटी	689
राग चम्पक	433	सुर बंगली	692
मंगलन	432	खसुर राग	700
कुसम	437	बडहंस	736
सयाम	435	शंकर बिभास	750
जलधारा	453	चन्द्र प्रकास	752
बैराधर	449	सिंध बरगी	757
सुरमानन्द	471	मित्र बरनी	758
गजधर	459	संकर सुजाती	758
कमोद	498	म्रिग लोचन	766
रामा	481	शंकर गान्धारी	832
सिंधवी	532	शंकर मयन धव्जी	839
मेघराग	514	हँस धव्जी	830
जबलीधर	532	गतस धव्जी	839
हिंढोल बिसाली	544	मकर धव्जी	839
दादरा	610	माल धव्जी	839
तेताला आड़ा	610	सपरन धव्जी	839

श्री सरब लोह ग्रन्थ में प्रयुक्त राग प्रकार

मेघराग दूजी तरह	523	धनासरी	691
जबलीधर दूजी तरह	539	बिराग भोपाली	692
बिसाली हिंडोल	546	पूरबी धूर बंगाली	692
हिंडोक धनासरी	584	बडहंस दक्खणी	692
हिंडोक दादरा	610	बडहंस करखा	736
धुनासरी दादरा	610	बडहंस दूजी तरह	736
कनड़ी धुनाबली	610	प्रभाती संकर	751
आड़ा तेताला	612	चन्द्र सेस	752
यमन धुनाबली	614	चन्द्र भास	752
जंगला यमन धुनाबली	615	संकर हरिपदी	758
ताल खखता दूजी तरह	618	संकर महादीव	760
भोपाली एकतालीसम	619	जलचर मुखी	760
कलिसट खम्भाबक	641	पुरहुती	842
राज कुसमी	663	निरंजनी	842
भीम पलासी	663	परंजनी	843
चन्द्र पलासी	664	भ्रित अंजुली	843
गज पलासी	664	अमोध रूपी	843
राज पलासी	666	अनन्त धबी	843

श्री गुरु गोविन्दसिंह ने अपने से पूर्व गुरु साहिबान की तरह गुरमति संगीत प्रबन्ध के अन्तर्गत रामकली, सोरठि, कल्याण, तिलंग, काफ़ी, बिलावल, देवगान्धरी आदि रागों में वाणी का उच्चारण किया। आपने वाणी-रचना के लिए वर्तमान समय के भारतीय संगीत की प्रचलित महत्त्वपूर्ण ख़याल-गायन-शैली का भी इस्तेमाल किया। ख़याल-गायन-शैली के आविष्कार के बारे में विद्वानों में मतभेद पाये जाते हैं। कुछ विद्वान् जौनपुर के बादशाह सुलतान हुसैन शर्की को ख़याल-शैली का आविष्कारक मानते हैं। अधिकांश इतिहासकारों के अनुसार इस शैली का आविष्कार अमीर खुसरो ने किया। पर इनकी तरफ से ख़याल-शैली की ईजाद के बारे में कोई सबूत किसी ग्रन्थ में उपलब्ध नहीं है। प्रो. तारासिंह जी के अनुसार, गुरुग्रन्थ साहिब की सारी रचना में 'ख़याल' शबद शैली के रूप में प्रयुक्त कहीं नहीं मिलता और ना ही इस काल के किसी गायक, भक्त, सन्त कवि या किसी सूफ़ी फ़क़ीर ने 'ख़याल' का प्रयोग अपनी रचना में किया है। इसलिए भारतीय संगीत में ख़याल-शैली की ईजाद गुरु गोंविन्द सिंह ने ही की। इस बात की पुष्टि के लिए गुरु गोंविन्दसिंह-रचित ख़याल 'मितर प्यारे नू' काफ़ी प्रसिद्ध है। ख़याल-गीत की रचना संक्षिप्त होती है। इसमें स्थायी और अन्तरा दो ही भाग होते हैं। इस पक्ष में गुरु गोंविन्दसिंह जी के उपरोक्त ख़याल की रचना बहुत प्रसिद्ध है।

श्री गुरु गोविन्दसिंह जी की सांगीतिक प्रतिभा और परम्परा के अनुसार गुरुजी ने अपने दरबार में बावन कवि रखे थे, जो गुरमति के अनुसार कविता की रचना करते थे। इनके अलावा भाई मदू और सदू रबाबी जो कि दोनों भाई थे, 'आंसा की वार' का कीर्त्तन करते थे।

श्री आनन्दपुर साहिब, जो गुरमति-संगीत के प्रचार-केन्द्र के साथ सिक्ख-शक्ति का केन्द्र बना, उसमें चली आ रही सुबह-शाम गुरवाणी कीर्त्तन की रीति को जारी रखा गया। श्री गुरु गोविन्दसिंह जी ने युद्ध के समय भी कीर्त्तन की परम्परा के साथ-साथ वार-गायन की परम्परा को भी कायम रखा। श्री गुरु गोविन्दसिंह जी लाख तुरकानी फौज के साथ आनन्दपुर साहिब के किले में घिरे रहे, परन्तु वहाँ भी अमृत (प्रातः) समय 'आंसा की वार' और शाम के समय कीर्त्तन दरबार में जाते रहे।[14] आपने गुरमति संगीत परम्परा में पूर्व प्रचलित रबाब, ताऊस, सारन्दा आदि साजों के साथ तानपूरे का भी प्रचलन किया।[15]

गुरमति संगीत में भक्तों का योगदान

भक्त जयदेव : बंगाल के प्रसिद्ध भक्त कवि और महान् संगीतकार जयदेव जी का जन्म 1201 ई. को बीरभूमि ज़िले के गाँव कांदली में पिता भोजदेव के घर माता बामदेवी की कोख से हुआ। आपके जन्म-स्थान और यादगारी के तौर पर मन्दिर बनाया गया है और प्रत्येक वर्ष माघ की संक्रान्ति के दिन मेला लगता है। भक्त जयदेव जी की रचना 'गीत-गोविन्द', जहाँ काव्यपक्ष से उत्तम है, वहाँ सांगीतिक पक्ष से भी उच्चतम है। 'गीत-गोविन्द' में दर्ज भगवान् कृष्ण की उपमा के सम्बन्ध में उचारे, गाये गये गीत प्राचीन समय में प्रचलित प्रबन्ध-गायन-शैली का उत्तम नमूना है। भक्त जयदेव की स्तुति श्री गुरु अर्जुनदेव जी ने भी की है, जो 'गुरुग्रन्थ साहिब' में भी दर्ज है—'जयदेव तिआगउ अहंमेव'।

भक्त जयदेव जी के शबद राग मारू और राग गूजरी में 'श्री गुरुग्रन्थ साहिब' में क्रमवार पृष्ठ 1106 और 526 पर दर्ज हैं।

भक्त त्रिलोचन जी : वैष्णव-कुल के भक्त त्रिलोचन जी का जन्म 1325 ई. को हुआ। आप जिला शोलापुर के निवासी थे। 'श्री गुरुग्रन्थ साहिब' में दर्ज फ़रमान—'नामा माया मोहिआ कहै त्रिलोचन मीता' से स्पष्ट है कि भक्त त्रिलोचन जी भक्त कबीर के समकालीन थे। आपने अपनी वाणी के गायन के लिए श्री, गूजरी, धनासिरी रागों का प्रयोग किया, जो 'श्री गुरुग्रन्थ साहिब' के पृष्ठ 92, 525 और 695 पर क्रमवार अंकित हैं।

भक्त सधना जी : भक्त सधना जी जाति के कसाई थे। पर प्रभु के प्रेम ने आपको भक्त बना दिया। आप सिंध के इलाक़े सेहवान के निवासी थे। भक्त जी की एक रचना शबद के रूप में 'त्रिप कनिया के कारनै इकु भईआ भेखधारी' राग

बिलावल में 'श्री गुरुग्रन्थ साहिब के पृष्ठ 858 पर दर्ज़ है।

भक्त बेणी जी : 15वीं सदी के भक्त बेणी जी पढ़े-लिखे दूरदर्शी विद्वान् थे। आपने अपने समय में प्रचलित मत-मतान्तरों का खण्डन किया। बेणी जी के प्रभु प्रेम और भक्ति से खुश होकर परमात्मा ने राजा का रूप धारण करके आपकी आर्थिक जरूरतें पूरी कीं, इस बारे में भाई गुरदास जी ने दसवीं वार में लिखा है। 'श्री गुरुग्रन्थ साहिब' में दर्ज कल्य भट्ट जी का कथन आपकी शख़्सियत को पूरी तरह उजागर करता है–

भगत बेणि गुण खै,
सहजि आतम रंगु माणै।
जोग धिआनि गुर गिआनि,
बिना प्रभु अवरु ना जाणै ॥[16]

भक्त बेणी जी की वाणी सिरी राग में और 'श्री गुरुग्रन्थ साहिब' के पृष्ठ 93 और रामकली राग में पृष्ठ 974 पर अंकित है।

भक्त कबीर जी : भक्ति-लहर के प्रमुख भक्त कबीर जी का जन्म 15, संवत् 1455 ई. को हुआ। भक्त जी जुलाहे जाति के और बनारस के बाशिन्दे थे। काशी में भक्त कबीर जी को मानने वाली 'कबीर पंथ' नाम का एक सम्प्रदाय भी है और इसका ग्रन्थ 'कबीर बीजक' है। भक्त कबीर के नाम पर और भी वाणी मिलती है, पर उसमें विद्वानों के मतभेद पाये जाते हैं। 'श्री गुरुग्रन्थ साहिब' में दर्ज भक्त कबीर की वाणी प्रामाणिक मानी जाती है। 'श्री गुरुग्रन्थ साहिब' में दर्ज भक्तों की वाणी में भक्त कबीर जी की सबसे ज़्यादा वाणी है। आपने वाणी की प्रस्तुति के लिए सिरी, गउड़ी, गउड़ी चेती, गउड़ी बैरागणि, गउड़ी पूरबी, गउड़ी गुआरेरी, गउड़ी भी, सोरठि भी, आसा, गूजरी, सोरठि, धनासरी, तिलंग, सूही, सूही ललित, बिलावल, गौढ़, रामकली, मारू, केदारा, भैरऊ, बसन्त, बसन्त हिंडोल, सारंग, प्रभाती, प्रभाती बिभास रागों को प्रयोग में लिया।

भक्त नामदेव जी : महाराष्ट्र के प्रसिद्ध भक्त कवि नामदेव जी का जन्म ज़िला सतारा के गाँव नरसीबामनी में 1290 ई. को पिता दमसेती के घर माता गोनाबाई की कोख से हुआ। भक्त जी पहले भगवान् विष्णु के पुजारी थे। फिर विशोभा खेचर और ग्यान देव आदि की संगत में रहकर आपको आत्म-ज्ञान की प्राप्ति हुई। आपकी रचना मराठी और सन्त दोनों भाषाओं में मिलती है। मराठी भाषा में आपके पद 'अभंग' नाम से प्रसिद्ध हैं और ग्रन्थ 'नामदेव गाथा' में संकलित हैं। इन पदों का महाराष्ट्र में आमतौर से गायन किया जाता है। 'श्रीगुरुग्रन्थ साहिब' में भी भक्त नामदेव जी की वाणी आसा, गउड़ी चेती, गूजरी, सोरठि, धनासरी, जैतसरी, तिलंग, बिलावल, गौंढ, रामकली, मालीगउड़ी, मारू, भैरऊ, बसन्त, सारंग, मल्हार, कान्हड़ा,

प्रभाती रागों में अंकित हैं।

भक्त रविदास जी : काशी के भक्त रविदास जी रामानन्द जी के शिष्य थे। आपका जन्म नीच कुल में होने के बावजूद आपको आत्म-ज्ञानी की पदवी प्राप्त थी। हिन्दी साहित्य में कुछ विद्वानों ने भक्त जी को 'रैदास' भी लिखा है। 'रैदास जी की वाणी' नामक पुस्तक में आपकी रचनाएँ उपलब्ध हैं। उसके अलावा 'श्री गुरुग्रन्थ साहिब' में आपकी रचनाएँ शबद के रूप में सिरी, गऊड़ी, गऊड़ी पूरबी, गऊड़ी बैरागणि, आसा, गूजरी, सोरठि, धनासरी, जैतसरी, सूही, बिलावल, गौंढ़, मारू, केदारा, भैरऊ, बसन्त, मल्हार, रागों के अन्तर्गत अंकित हैं।

भक्त पीपा जी : भक्त पीपा जी का जन्म 1483 ई. में हुआ। आप गगरौन के सरदार थे। पीपा जी पहले दुर्गा माता के पुजारी थे, फिर बैरागी सम्प्रदाय के रामानन्द जी के शिष्य बन गये। भक्त जी का एक शब्द धनासरी राग में 'कायऊ देव काईअऊ देवल काइअऊ जंगम जानी', 'श्री गुरुग्रन्थ साहिब' के पृष्ठ 695 पर दर्ज है।

भक्त सैण जी : भक्त सैण जी नाई जाति के थे। आपके जीवनकाल से सम्बन्धित कोई हवाला नहीं मिलता। भक्त सैण जी प्रसिद्ध कवियों में से एक थे, जो 'श्री गुरुग्रन्थ साहिब' में दर्ज फ़रमान से स्पष्ट है–

नामदेव कबीर तिलोचन
सधना सैनु तरै।
कहि रविदास सुनहु रे संतहु
हरि जीऊ ते सभै सरै ॥

(रविदास, 'आदि ग्रन्थ', पृष्ठ 1106)

भक्त सैण जी का एक शबद 'धूप दीप घृत साजि आरती' राग धनासरी में 'श्री गुरुग्रन्थ साहिब' में पृष्ठ 695 पर दर्ज है।

भक्त धन्ना जी : भक्त धन्ना जी का जन्म राजस्थान में टोंक के इलाके धुआन गाँव में हुआ। भक्त जी पहले मूर्ति पूजक थे, फिर निरगुणवादी होकर जगन्नाथ परमात्मा के उपासक बन गये। आपकी वाणी दो रागों आसा और धनासरी के अन्तर्गत 'श्री गुरुग्रन्थ साहिब' में उपलब्ध है। आपकी वाणी के अध्ययन से स्पष्ट है कि आपने आर्थिक जरूरतों का बयान किया और प्रभु की आरती की जगह 'आरता' उतारा।

भक्त फ़रीद जी : चिश्ती ख़ानदान के सूफ़ी सन्त शेख फ़रीद जी का जन्म गाँव कोठीवाल, जिला मुलतान में शेख़ जमालुद्दीन के घर बीबी मरियम की कोख से 1173 ई. को हुआ। आप ख़्वाजा कुतुबुद्दीन बख़्तियार काकी के मुरीद थे। फ़रीद जी ने अपने आत्मिक प्रभावों से अनेक लोगों को बन्दगी के रास्ते पर लगाया। भक्त फ़रीद

जी की वाणी राग आसा में 'श्री गुरुग्रन्थ साहिब' के पृष्ठ 488 और राग सूही में पृष्ठ 747 पर उपलब्ध है।

भक्त सूरदास जी : मदनमोहन ब्राह्मण बादशाह अकबर का अहलकार अवध के इलाके संदील का हाकिम था, जो बाद में सूरदास जी के नाम से प्रसिद्ध हुआ। भक्त सूरदास जी का जन्म 1586 ई. को हुआ। आप संस्कृत, हिन्दी, फारसी के पूर्ण विद्वान् थे। 'श्री गुरुग्रन्थ साहिब' में राग सारंग में एक शबद रचना 'हरि के संग बसे हरि लोक' पृष्ठ 1253 पर उपलब्ध है।

भक्त रामानन्द जी : रामानुजाचार्य के पैरोकार रामानन्द जी को भक्ति-लहर का प्रथम प्रचारक माना जाता है। भक्त जी का जन्म कान्यकुब्ज ब्राह्मण भूरिकरमा के घर माता सुशीला की कोख से संवत् 1423 में हुआ। भक्त जी पहले सगुणवादी वैश्य थे। बाद में निर्गुणवादी हो गये थे। इसीलिए सगुण और निर्गुण, दो भक्ति-भेद होने के कारण रामानन्द जी के शिष्य दो शाखाओं में बाँटे गये। सगुणवादी भक्तों को 'वैरागी' और निर्गुणवादी भक्तों को 'सन्त' नाम से पुकारा जाता था। वैरागी शाखा में भगवान् राम की सगुण भक्ति की जाती थी। रामानन्द जी के शिष्य वैरागी या सगुण भक्ति अनुसार अनन्तानन्द, सुखानन्द, योगानन्द आदि के अलावा तुलसीदास जी का नाम भी प्रसिद्ध है, जिनकी काव्य और सांगीतिक महानता विशेष है। 'सन्त' भक्तजनों में राम की निर्गुण भक्ति की जाती है, जिसका प्रचार कबीर व रविदास आदि ने किया। भक्त रामानन्द जी की एक रचना शबद के रूप में राग बसन्त में 'कत जाईऐ रे घर लागो रंगु', 'श्री गुरुग्रन्थ साहिब' के पृष्ठ 1195 पर दर्ज है।

भक्त परमानन्द जी : जिला शोलापुर बारसी के निवासी भक्त परमानन्द जी अपने सद्गुणों के कारण प्रसिद्ध महात्यागी और भक्त थे। अवनी वाणी के पदों में आप अपनी छाप के तौर पर 'सारंग' शब्द का इस्तेमाल करते थे। आपके जीवनकाल से सम्बन्धित कोई विशेष हवाला उपलब्ध नहीं होता। 'श्री गुरुग्रन्थ साहिब' में राग सारंग में एक शबद 'तै नर किआ पुरानु सुनि कीना' पृष्ठ 1253 पर अंकित है।

सत्ता और बलवंड : गुरु घर के रबाबी भाई सत्ता और बलवंड 'गुरमति संगीत' के प्रसिद्ध कीर्तनकार हुए हैं। गुरु घर में आपका बहुत सत्कार था। आसा की वार की चौकी का प्रारम्भ सत्ता और बलवंड ने खूब निभाया। यह आपके सत्कार और विशेष स्थान का ही प्रतीक है कि इनके द्वारा रची गयी रामकली की वार 'श्री गुरुग्रन्थ साहिब' मे दर्ज है। इस वार का शीर्षक 'रामकली की वार राडे बलवंढि तथा सतै डूमि आखी' है, जो 957 पृष्ठ पर अंकित है।

भट्ट : 'श्री गुरुग्रन्थ साहिब' में भट्टों के सवैये दर्ज हैं, जिनमें पाँच गुरुओं की महिमा का वर्णन किया गया है। राज-दरबारों में राजा और योद्धाओं की काव्य-रूप पुस्तक पढ़ने और गायन करने वाले को भट्ट कहा जाता था। गुरु घर में इन भट्टों ने सवैये रूप में गुरुओं की महिमा का जो वर्णन किया, वह 'श्री गुरुग्रन्थ साहिब'

में पृष्ठ 1385 पर भट्टों के सवैये शीर्षक से दर्ज है। इन भट्टों के नाम इस प्रकार हैं—

कलसहार, जालप, कीरत, भिखा, सल्ल, भल्ल, नल्ल, मथुरा, बल्ल, गयंद, हरिबंस, दास, कल्ल, जल्ल, जल्लन, टल्ल, सेवक, सदरंग, परमानन्द, पारथ, नल्ल ठाकुर, गंगा।

उक्त विचार से 'श्री गुरुग्रन्थ साहिब' के सन्दर्भ में समूह गुरु साहिबान और सन्त भक्तों का भरपूर योगदान भली भाँति स्पष्ट है। गुरु साहिबान और सन्त-भगत से सम्बन्धित और सुन्दरतर खोज हमें और अधिक सार्थक निष्कर्ष की प्राप्ति करवाने में समर्थ होगी। इसीलिए अभी 'गुरमति संगीत' के विकास से सम्बन्धित अधिक गहरे और वैज्ञानिक अध्ययन की आवश्यकता है।

सहायक ग्रन्थों की सूची

1. बिलावल महला 4, 'आदि ग्रन्थ', पृष्ठ 910
2. 'भाई गुरदास की वाराँ', वार 38वीं, पउड़ी 9
3. 'आदि ग्रन्थ', पृष्ठ 911
4. 'भाई गुरदास की वाराँ', वार पहली, पउड़ी सोलहवीं
5. वही, वार पहली, पउड़ी 46वीं
6. सवैये महले चऊथे के, 'आदि ग्रन्थ', पृष्ठ 1400
7. प्रो. तारासिंह, भूमिका श्री गुरु अमरदास, राग रत्नावली
8. सलोक महला 4, 'आदि ग्रन्थ', पृष्ठ 9824
9. डी.एस. नरूला, 'गुरु नानक संगीतज्ञ', पृष्ठ 148
10. 'गुरमति संगीत विच वरतींदे साज', प्यारासिंह स्मृति ग्रन्थ, अदूति गुरमति संगीत सम्मेलन, 1991
11. भाई जोधसिंह, 'श्री करतारपुर बीड़ के दर्शन', पृष्ठ 72
12. 'स्मृति ग्रन्थ, अदूति गुरमति संगीत सम्मेलन' 1991, पृष्ठ 89
13. 'वादन कला', पृष्ठ 288-89
14. ए.एस. गोयल, 'सिक्ख धर्म और संगीत', पृष्ठ 76
15. 'स्मृति ग्रन्थ, अदूति गुरमति संगीत सम्मेलन', 1991, पृष्ठ 42
16. 'आदि ग्रन्थ', पृष्ठ 1390।

गुरमति संगीत की विलक्षणता

डॉ. गुरनाम सिंह

श्री गुरु नानकदेव जी एवं उनसे पूर्व की भिन्न-भिन्न संगीत परम्पराओं के अध्ययन से यह तथ्य भलीभाँति स्पष्ट हो जाता है कि श्रीगुरु नानकदेव जी के समय तक भारतीय संगीत की एक विशाल एवं महान् परम्परा मौजूद थी। अलग-अलग धार्मिक सम्प्रदायों और सन्त-भक्त कवियों द्वारा संगीत के प्रयोग से भक्ति-संगीत की एक अलग परम्परा नजर आने लगी है। श्री गुरु नानकदेव जी ने जैसे भक्ति धर्मदर्शन के क्षेत्र में एक नवीन पथ का सृजन किया, उसी तरह उन्होंने अपने धर्म के प्रचार एवं विकास के लिए नवीन संचार साधनों का इस्तेमाल भी किया। उनके द्वारा निर्मित संचार का यह विलक्षण प्रबन्ध वैज्ञानिक विशेषताओं सहित उजागर होता हुआ विचित्र रूप में विकसित हुआ। इस संचार प्रबन्ध का केन्द्रीय और मूल माध्यम संगीत पर ही आधारित था।

'शबद-कीर्त्तन' की इस परम्परा में भक्ति-संगीत के विभिन्न तत्त्वों को मौलिक प्रयोग का धारणी बनाते हुए नवीन अर्थ दिये गये हैं। इस नवीनता के कारण यह परम्परा अपनी समकालीन धार्मिक और संगीत की परम्पराओं से सहज रूप से ही अलग हो जाती है। इस विभिन्नता का मुख्य कारण गुरु साहिबान और विशेषकर श्री गुरु नानकदेव जी द्वारा वाणी (शबद) की प्रस्तुति के सुनिश्चित प्रबन्ध का सृजन है। गुरु साहिबान द्वारा दर्शायी गयी 'श्री गुरुग्रन्थ साहिब' के संगीत-प्रबन्ध पर 'शबद कीर्त्तन' की इस प्रस्तुति की सैद्धान्तिक एवं व्यावहारिक परम्परा को 'गुरमति संगीत' कहा जाता है। गुरमति संगीत की केन्द्रीय इकाई 'शबद' है। गुरु साहिबान ने शबद को जनमानस तक संचार करने के लिए संगीत को माध्यम के रूप में अपनाया। शबद की प्रस्तुति के लिए जिस विधान का सृजन किया गया, उस समूचे प्रबन्ध को 'गुरमति संगीत प्रबन्ध' कहा जाता है। इस संगीत-प्रबन्ध के अधीन प्रयोग में आनेवाले विभिन्न सांगीतिक तत्त्व राग, गायन-शैलियाँ, रहाऊ, अंक और अन्य

संगीत की विलक्षणता को जानने के लिए और गुरुवाणी के अन्तर्निहित परम सत्य के बोध के लिए इसके संगीत-प्रबन्ध की विभिन्न इकाइयों के साथ समन्वय अत्यन्त ज़रूरी है।

राग : शबद की प्रस्तुति का एक महत्त्वपूर्ण और मुख्य तत्त्व राग है। 'श्री गुरुग्रन्थ साहिब' की गेय रचनाएँ अधिकतर चौताल एवं धमार ताल में गाई-बजाई जाती थीं, परन्तु चर्चरी ताल, एकताल, झप ताल, रूपक ताल व ध्रुव ताल का भी प्रचलन था।

इन भक्त गायकों ने गायकी से अधिक भाव को स्थान दिया। संगीत और जीवन को पृथक्-पथृक् नहीं समझा, इसलिए इन्होंने संगीत के विकास हेतु अलग से कोई प्रयास नहीं किया, जिसके अभाव में हमें आज उनकी गेय रचनाओं की स्वरलिपि से वंचित रहना पड़ा है, जिनमें उनकी आत्मा की सच्ची झलक रही होगी।* जो भी हो, उनकी संगीत-शिक्षण की परम्पराएँ साधकों एवं श्रोताओं को अलौकिक आन्नदानुभूति करा सकती थीं और उनमें युग-परिवर्तन की क्षमता निहित थी।

वाद्यों के विभिन्न प्रकारों का प्रचार था; जैसे—तत, वितत, घन, सुषिर, अवनद्ध आदि। जिन वाद्यों का उल्लेख इन कवियों ने स्थान-स्थान पर किया है, उनमें वीणा, रबाब, स्वरमण्डल, किन्नरी, सारंगी, कठताल, मंजीरा, शहनाई, वेणु, मुरली, मुँहचंग, शंख, शृंगी, पखावज, मृदंग, नगाड़ा, दुन्दुभि, डफ, ढोल, दमामा इत्यादि हैं। इनके रास के पदों में 'ताथेई, ततथेई, तिगदाथेई, ततथो, थेईततथेई, तकिट, तकाकिट, थोथुंऽग-जैसे नृत्य के अनेक बोल तथा पारिभाषिक शब्दावली भी मिलती है।

किसी भी कला के शिक्षण की समुचित व्यवस्था होने के बाद ही उसका प्रचार-प्रसार हुआ करता है। उपर्युक्त वाद्यों व रास-नृत्य का प्रचार-प्रसार होना स्पष्ट करता है कि विशेषज्ञों द्वारा उनकी शिक्षा का उचित प्रबन्ध था, जिसकी परम्परा का अंश आज भी दृष्टिगोचर है।

---

*'ए शॉर्ट हिस्टोरिकल सर्वे ऑफ दि म्यूजिक ऑफ अपर इंडिया' (भातखंडे)।

गुरमति संगीत-परम्परा व प्रशिक्षण-पद्धति

कु. निवेदिता सिंह

तेरहवीं शताब्दी के लगभग इस्लामी सत्ता के प्रवेश ने भारतीय सभ्यता, संस्कृति एवं कला को गहरी कालिमा से आवृत्त कर उसके निजत्व व शुद्धता को नष्ट कर दिया। संगीत मन्दिरों से निकलकर दरबारों गें जा पहुँचा। बादशाहों व हाकिमों की चंचल भावनाओं की पूर्ति के लिए श्रृंगारमय व लौकिक भावनाओं की प्रबलता हो गयी तथा संगीत अपने पवित्र, वैदिक एवं अलौकिक उद्देश्य से भटक गया।

ऐसी नाजुक स्थिति में सौभाग्य से सन् 1469 में भी गुरु नानकदेव जी के अवतार-धारण से संगीत-इतिहास में नये युग का पदार्पण हुआ। उन्होंने भटके हुए सांसारिक जीवों को नया पथ दिखाने के लिए मुख्य माध्यम संगीत को चुना। उनका जन्म संगीत व संगीत-जगत् के लिए अत्यन्त कल्याणकारी सिद्ध हुआ। गुरु नानक गुरुमत संगीत-पद्धति अथवा गुरुवाणी-संगीत के उत्पादक व संस्थापक थे। गुरुमत-संगीत अर्थात् गुरु द्वारा चलाया गया संगीत प्रचलित भारतीय संगीत-पद्धति से भिन्न नहीं, बल्कि भारतीय संगीत का ही एक अंग है व इसका मूल आधार भी भारतीय संगीत ही है। परन्तु एक अलौकिक आत्मा व महापुरुष द्वारा रचित इस संगीत की कुछ मौलिक और विलक्षण विशेषताओं के कारण इसने केवल भारतीय संगीत में ही नहीं, बल्कि विश्व-संगीत में उत्तम स्थान प्राप्त किया है।

गुरु जी द्वारा रचित इलाही-वाणी ईश्वरीय मण्डलों से उठाकर स्वच्छ तथा निर्मल गुरु-हृदय में उच्च काव्य तथा सांगीतिक भाषा के रूप में अवतरित हुई। फिर इसे उन्होंने रांगीत के अमिट रंग में रँगकर अमर कर दिया, क्योंकि गुरु जी को यह ज्ञात था कि आहत नाद द्वारा ही मन आनन्द व एकाग्रता प्राप्त कर अनाहत नाद का अनुभव कर सकता है, जो परमानन्द है।

प्रसिद्ध संगीत-विद्वान् व गुरुमत संगीत-पद्धति के आचार्य प्रो. तारा सिंह के

शब्दों में गुरुमत-संगीत की परिभाषा इस प्रकार है—"गुरु व संगत की उपस्थिति में कीर्तनकार जब तन्त्र-वाद्यों के साथ निर्धारित रागों में गुरुवाणी का स्वर-तालबद्ध आस्वादपूर्ण अखण्ड कीर्तन करते हैं, जिसमें 'रहाओ' व पदों के अंकों का विशेष ध्यान रखा जाता है तथा जो प्राणी-मात्र के चित्त को नाम-सिमरन द्वारा सहज अवस्था में उस परमात्मा के साथ जोड़ता है, उसे 'गुरुमत-संगीत' अथवा 'गुरुवाणी-संगीत' की संज्ञा दी जा सकती है।" इस संगीत-पद्धति की विलक्षणता यह है कि मुख्य रूप में गुरुवाणी के रचयिता गुरुजनों ने अपनी भावनात्मक, कलात्मक व आध्यात्मिक आवश्यकताओं की पूर्ति को मुख्य रखकर इसका सृजन किया। इतिहास इस बात का साक्षी है कि लगभग सभी गुरुजन केवल संगीत-प्रेमी ही नहीं, बल्कि उच्च कोटि के गायक-वादक भी थे।

गुरुमत संगीत-पद्धति के संस्थापक श्री गुरु नानकदेव (1469-1539 ई.) एक दैवी पुरुष व संगीत के महान् ज्ञाता थे। ऐसा जान पड़ता है कि उन्हें स्वयं परमात्मा ने संगीत में पारंगत कर भूमि पर भेजा। अपने विशाल देश-देशाटन तथा यात्राओं के दौरान उन्होंने स्थान-स्थान का संगीत सुना व उसका परिचय प्राप्त कर उसे अपनी सांगीतिक सूझ-बूझ द्वारा अपनी रचनाओं में प्रयोग कर भारतीय संगीत में एक नवीन धारा को प्रवाहित किया। क्रियात्मक रूप में सर्वप्रथम भारतीय संगीत की दोनों पद्धतियों का एकीकरण करने का प्रयत्न करनेवाले गुरु नानक ही थे, जिन्होंने इन प्रयत्नों के अधीन छह दक्षिणी रागों—'गऊड़ी दक्खणी' (भाव-दक्षिणी), वडहंस-दक्खणी, बिलावल-दक्खणी, रामकली-दक्खणी, मारु-दक्खणी तथा प्रभाती-दक्खणी को गुरुवाणी-गायन के लिए प्रयोग किया। राग-रागिनी-पद्धति को भी समाप्त करनेवाले सर्वप्रथम व्यक्ति गुरु जी ही थे, जिन्होंने प्रत्येक 'शब्द' (पद) पर राग ही अंकित कर उस समय में प्रचलित तथाकथित रागिनियों को राग-नाम प्रदान किया। उनके द्वारा प्रयुक्त कई रागों का स्वरूप उनके समकालीन ग्रन्थों व भारतीय संगीत में प्रचलित घरानों में प्राप्त नहीं होता। इन रागों में हैं—गऊड़ी गुआरेरी, गऊड़ी दीपकी, गऊड़ी पूर्वी-दीपकी, गऊड़ी बैरागण, तुखारी, माँझ इत्यादि। इससे यह प्रतीत होता है कि गुरु नानक ने बहुत-से मौलिक रागों की भी रचना की।

संगीत के इतने महान् ज्ञाता होते हुए भी गुरु जी को एक अच्छे संगीतज्ञ साथी व संगीतकार की आवश्यकता अनुभव हुई। सम्भव है कि वे एक ऐसा साथी चाहते हों, जो संगीत के मधुर स्वरों की झंकार छेड़कर वातावरण स्थापित करे, ताकि उनकी स्वयं मुखरित वाणी को संगीत में स्वरबद्ध करने में उन्हें सहायता मिले। संयोग से उन्हें एक ऐसा ही संगी मिल भी गया। ये थे उनके बाल-सखा—'भाई मरदाना'। जाति के मिरासी, खानदानी संगीतकार, तलवंडी के निवासी मरदाना संगीत के संस्कार लेकर ही इस संसार में आये। इन्हें विधिवत् प्रशिक्षण दिलवाने के लिए गुरु जी स्वयं चलकर उस समय के महान् संगीताचार्य पंजाब के कपूरथला जिले के

भैंरोवाल गाँव के 'भाई फिरंदा' के पास मरदाने को लेकर गये व उनसे प्रार्थना की कि मेरे इस मित्र को आप रबाब-वादन का विधिवत् प्रशिक्षण दीजिए। यहीं से गुरुमत संगीत-पद्धति में शिक्षा-प्रणाली का उद्गम होता है। इस प्रकार यह स्पष्ट सिद्ध होता है कि गुरुमत-संगीत की शिक्षा में प्रारम्भ से ही बाकायदा तालीम व अभ्यास का प्रबन्ध है। यदि ऐसा न होता तो गुरु जी मरदाना को प्रशिक्षण प्राप्त करने के लिए क्यों भेजते? इतिहासकारों का मत है कि गुरु नानक लगभग साढ़े बारह वर्ष सुल्तानपुर लोधी रहे तथा इस अवधि में मरदाना भाई फिरंदा से शिक्षा प्राप्त करता रहा। इसके बाद रबाब बजाने में वह पारंगत हो गया तथा रबाब-वादन के क्षेत्र में अब उसका कोई सानी न था। इस बात की पुष्टि 'भाई गुरुदास'[1] ने भी कि है—**'भला रबाब बजाएंदा, मजलस मिराशी।'**

मरदाना एक उत्तम कलाकार ही नहीं, एक सच्चा मित्र भी था। जीवन के अन्तिम क्षणों तक उसने अपने पीर-मुरशिद, आध्यात्मिक गुरु तथा सबसे बढ़कर अपने मित्र गुरु नानक देव का साथ निभाया। अपनी यात्राओं के दौरान जहाँ-जहाँ भी गुरु जी गये, मरदाना ने उनका साथ दिया। मरदाने की रबाब की मधुर झंकार द्वारा स्थापित संगीतमय वातावरण में ही गुरु जी के मधुर कण्ठ से गुरुवाणी का अवतरण होता था। जब भी उन्हें 'शब्द' का उच्चारण करना होता तो वे कहते—"मरदानिया! छेड़ रबाब, वाणी आयी है।" गुरु जी-जैसी महान् व असाधारण आत्मा को तो वाणी का उस महाप्रभु ईश्वर द्वारा अन्तर्बोध होता था। अतः वे 'वाणी आयी है' वाक्य का प्रयोग करते थे। कुछ विद्वानों का मत है कि मरदाना गुरु जी का कीर्त्तन में भी साथ देता था। सम्भव है कि उसे स्वयं गुरु जी ने गायन-कला की शिक्षा भी दी हो। मरदाने को गुरु जी द्वारा बहुत स्नेह व सम्मान प्राप्त था। एक अद्वितीय सम्मान उसे यह प्राप्त हुआ की गुरु जी ने उसके प्रति अपना स्नेह प्रकट करने के लिए दो श्लोक उच्चारण कर उसे समर्पित कर दिये। उनके अन्त में 'नानक' शब्द का प्रयोग किया, जिसे प्रयोग करने का अधिकार केवल गुरुजनों को ही प्राप्त था। ये दो श्लोक 'बिहागड़े की वार' शीर्षक के अन्तर्गत पवित्र-पावन ग्रन्थ 'श्री गुरुग्रन्थ साहब' में अंकित हैं। 54 वर्षों की अटूट सेवा-सुश्रूषा द्वारा उसने अपने भाग्य इतने अच्छे बना लिये थे कि उसका अन्तिम संस्कार गुरु जी ने अपने हाथों से अफगानिस्तान में कूरम नगर के कूरम दरिया के तट पर किया, जहाँ सन् 1534 में उसकी मृत्यु हुई।

भाई[2] मरदाना गुरु नानक देव जी द्वारा उद्धृत संगीत-परम्परा का प्रमुख संगीताचार्य हुआ है। परन्तु खेद की बात है कि गुरुमत संगीत-पद्धति के इस प्रथम संगीतकार के बारे में अन्य कोई विशेष तथ्य प्राप्त नहीं होते। रबाब गुरुमत-पद्धति का आधार-वाद्य रहा है, किन्तु आजकल के कीर्तनकारों को इसके स्वरूप तक का बोध नहीं। सिक्खों ने इस महान् कलाकार को उचित सम्मान नहीं दिया तथा अनेकों

सिक्ख विद्वानों व ग्रन्थकारों ने उसे एक 'डूम मिरासी' के अतिरिक्त और कुछ नहीं समझा व कहीं-कहीं उस पर व्यंग्य भी किया है। यह सब बाद में विधिपूर्ण शिक्षा-प्रणाली के नष्ट हो जाने के फलस्वरूप ही हुआ, जिसका इस लेख में आगे वर्णन किया जाएगा।

रबाब-वादन के कारण भाई मरदाना के नाम के साथ 'रबाबी' शब्द भी जुड़ गया। इसके पश्चात् कीर्तनकारों को 'रबाबी' एवं 'रबाबिए' कहा जाने लगा। मरदाने के वंश तथा सम्प्रदाय से सम्बन्ध रखनेवाले कीर्तनकारों को आज भी 'रबाबिए' कहा जाता है, हालाँकि उन्हें अब इस वाद्य के बारे में कुछ भी ज्ञात नहीं। गुरु नानक ने करतारपुर नामक स्थान पर जीवन-यात्रा के अन्तिम क्षणों में निवास किया। यही स्थान उस समय कीर्तन के प्रशिक्षण का केन्द्र रहा।

भाई मरदाना के पश्चात् उनके दो पुत्र 'रजादा' तथा 'शहजादा' गुरु नानक के दरबार में कीर्तन करते रहे व भोर तथा साँझ समय की कीर्तन-चौकियाँ[3] भरते रहे। उन्होंने रबाब-वादन तथा कीर्तन की शिक्षा अपने पिता से ही प्राप्त की। इनके उपरान्त सिक्ख-इतिहास में दो अत्यन्त प्रसिद्ध रबाबियों के नाम प्रदीप्त होते हैं। ये थे—भाई बलवंड तथा भाई सत्ता, जो भाई मरदाना के पौत्र थे। कुछ इतिहासकारों के मतानुसार, भाई सत्ता, भाई बलवंड के पुत्र थे। इन्होंने कीर्तन की शिक्षा अपने पिता से ही प्राप्त की। दोनों कीर्तनकार द्वितीय गुरु श्री गुरु अंगददेव जी से लेकर पंचम गुरु श्री गुरु अर्जनदेव जी तक नियमित रूप से उनके सम्मुख दरबार में रागों द्वारा शब्द-कीर्तन करते रहे। गुरु अंगददेव जी के समय 'खडूर-साहब' नामक स्थान कीर्तन-प्रशिक्षण का केन्द्र रहा। जो स्थान गुरुजनों का निवास-स्थान होता था, वहीं कीर्तन-प्रशिक्षण का केन्द्र होता था।

तृतीय गुरु श्री गुरु अमरदास जी ने 'सारंदा' नामक एक वाद्य का आविष्कार कर भारतीय संगीत के तन्त्र-वाद्यों को एक महान देन दी। 'कानून-ए-मौसिक़ी' नामक ग्रन्थ (जिसके रचयिता रामपुर के नवाब सादिकअली थे) के पृष्ठ 306 पर यह स्पष्ट शब्दों में अंकित है कि 'सारंदा' गुरु अमरदास जी का आविष्कार है।[4] इस वाद्य की अन्य वाद्यों से विलक्षणता व उत्तमता का कारण यह था कि यह गजवाला साज था, जो गायकी की हू-ब-हू संगति करने में समर्थ था; अर्थात् गायक के कण्ठ से निकलनेवाली मीड़, कण, मुर्की, आलाप के न्यास इत्यादि इसके द्वारा ठीक उसी प्रकार बजाये जा सकते थे, जैसे कि गायक उनका उच्चारण करता था। भारतीय वाद्य-संगीत के इतिहास में यह एक क्रान्तिकारी कारनामा था। इसके आविष्कार के पश्चात् रबाब की लोकप्रियता पहले से कुछ कम हो गयी तथा कीर्तनकार सारंदा को प्राथमिकता देने लगे। गुरु अमरदास जी के समय भाई पाँधा तथा भाई बूला, जो 'डल्ला' गाँव के निवासी थे, प्रसिद्ध कीर्तनिए रहे। भाई गुरुदास जी की ग्यारहवीं वार में इनका जिक्र इस प्रकार आया है—**'पाँधा बूला जाणिऐ, गुरुवाणी गायन लिखारी।**

डल्ले वासी संगत भारी ॥'

गुरु अमरदास जी के समय 'गोइंदवाल साहब' कीर्तन-शिक्षा का मुख्य केन्द्र रहा।

चतुर्थ गुरु श्री रामदास जी की रचनाओं तथा वाणी से यह भली-भाँति ज्ञात हो जाता है कि वे संगीत एवं काव्य-कला में असाधारण प्रतिभा के स्वामी थे। उनकी रचनाओं में रागात्मक अंश बहुत थे, जिनकी लय श्रोताओं को मग्न कर देती थी। इसी के आधार पर उन्होंने एक नवीन शैली 'पड़ताल' का आविष्कार किया, जो गुरुवाणी-संगीत की अद्वितीय गायन-शैली है। पड़ताल का शाब्दिक अर्थ है—'परत ताल'। अर्थात्—जिस शब्द-रीति में प्रत्येक पंक्ति अथवा अन्तरे के पश्चात् ताल परिवर्तित होती रहे, उसे 'पड़ताल' की संज्ञा दी जाती है। गुरु रामदास जी की बिलावल, नटनारायण, नट, सारंग, मल्हार, कान्हड़ा तथा प्रभाती-विभास रागों में रची उन्नीस पड़तालें उपलब्ध हैं। इस शैली का सृजन कर गुरुदेव ने भारतीय संगीत के विकास में जो महान् योगदान दिया है, उसका उदाहरण मिलना कठिन है। काव्य-रचना में भी यह दूसरे शब्द-पदों से भिन्न होती है। गुरु रामदास जी द्वारा रचित पड़तालों की लम्बी पंक्तियाँ तथा अन्त में तिहाई इस बात का प्रमाण हैं। उनके द्वारा कान्हड़ा राग में रचित एक पड़ताल की कुछ पंक्तियाँ प्रस्तुत हैं—

जाको भाग तिन लीयो री सुहाग
हर हर हरे हरे गुण गावै गुरुमत
हौं बल बले हौं बल बले
जन नानक हर जपि भई निहाल-निहाल-निहाल

चतुर्थ व पंचम गुरु के समय अमृतसर नगर कीर्तन का प्रशिक्षण-केन्द्र रहा, जिसे गुरु रामदास जी ने ही बसाया था। गुरु अर्जनदेव जी ने गुरु रामदास जी के पदचिह्नों पर चलते हुए अपनी सांगीतिक प्रतिभा के प्रयोग से छत्तीस और पड़तालों की रचना कर इनकी संख्या में वृद्धि की। जैसा कि पहले बताया जा चुका है, गुरु अर्जन देव के दरबार के प्रसिद्ध रबाबिए भाई सत्ता व भाई बलवंड थे, जिन्होंने संगीत की शिक्षा अपने पूर्वजों से प्राप्त की। भाई मरदाना के पश्चात् ये दो ऐसे कीर्तनकार हुए हैं, जिन्हें सिक्ख-इतिहास में गुरु व संगत दोनों द्वारा अत्यन्त मान-सम्मान प्राप्त हुआ है। किन्तु कहा जाता है कि इस अत्यन्त सम्मान द्वारा वे अभिमानी हो गये। किसी परस्पर मनमुटाव के कारण उन्होंने गुरु साहब के प्रति कुछ अपशब्द कह दिये तथा कीर्तन-चौकी भरने से इनकार कर दिया। गुरु जी अत्यन्त सहनशीलता के स्वामी थे। अतः वे इस बात को भी अनदेखा कर स्वयं चलकर उन्हें लिवाने के लिए उनके घर गये, परन्तु दोनों ने वहाँ भी गुरु को बुरा-भला कहा। इतना ही नहीं, उन्होंने गुरु नानक के बारे में भी कटु वचन कहे। अपने पूजनीय गुरु के बारे में ऐसे शब्द गुरु अर्जन सहन न कर सके व उन्होंने विवश होकर शाप दिया कि तुम्हें कुष्ठ रोग

हो जाए और ऐसा ही हुआ। इस विवाद के पश्चात् उनका अहंकार व एकाधिकार तोड़ने के लिए गुरु अर्जनदेव जी ने साधारण जनता को कीर्तन-संगीत की शिक्षा प्रदान की तथा दरबार में गाने की आज्ञा दी। गुरुमत-संगीत एवं कीर्तन-परम्परा के इतिहास में यह एक महत्त्वपूर्ण परिवर्तन था, जिससे इसके शिक्षण-स्वरूप में भी अन्तर आ गया।

इससे पूर्व के इतिहास का अध्ययन करने पर पता चलता है कि प्रत्येक को नहीं, वरन् कुछ विशेष व्यक्तियों को ही गुरुमत-संगीत की शिक्षा प्राप्त होती थी तथा उनमें से केवल कुछ पारंगत व्यक्तियों को ही गुरुजनों के दरबार में अथवा अन्य स्थानों पर कीर्तन की आज्ञा होती थी। ये लोग अधिकतर खानदानी संगीतकार होते थे, जिनका पीढ़ी-दर-पीढ़ी यही कार्य होता था। सर्वप्रथम पंचम गुरु अर्जनदेव जी ने इस रीति में थोड़ा परिवर्तन किया व साधारण जनता को भी कीर्तन करने का शिक्षण प्रदान किया। यहीं से रबाबी के साथ-साथ 'रागी' परम्परा अंकुरित हुई, जिसने आगे चलकर महत्त्वपूर्ण स्थान ग्रहण किया। एक ओर तो खानदानी मिरासी संगीतकारों (जो विशेषतः भाई मरदाने के कुल से सम्बन्ध रखते थे) की परम्परा चलती रही, दूसरी ओर साधारण लोग अपने-अपने 'जत्थे' अथवा समूह बनाकर कीर्तन करने लगे तथा रागों में कीर्तन का गायन करने के कारण ही 'रागी' कहलाये।

गुरु अर्जनदेव जी के काल में भाई सत्ता व बलवंड के अतिरिक्त कुछ प्रसिद्ध कीर्तनकारों के नाम इस प्रकार हैं—भाई झाँझू, भाई मुकन्द, भाई केदार, जिनके सम्बन्ध में भाई गुरदास जी ग्यारहवीं वार[5] की अठारहवीं पउड़ी[6] में फरमाते हैं—

झाँझू अते मुकन्द है, कीर्तन करे हजूर केदारा।
साध संगत प्रगट पहारा ॥

छठे गुरु श्री गुरु हरगोविन्द जी के समय में सिक्खों पर मुगलों द्वारा अत्याचार बढ़ने लगे। यूँ उन्होंने सताना तो बहुत पहले से ही शुरू कर दिया था, किन्तु मुगल बादशाह जहाँगीर द्वारा पंचम गुरु श्री गुरु अर्जनदेव जी को अनेक कष्ट देकर मौत के घाट उतारने के पश्चात् यह द्वन्द्व स्पष्ट रूप में सामने आ गया। गुरु हरगोविन्द जी भक्ति के साथ-साथ शक्ति का अभ्यास करने में भी क्रियाशील हो गये थे। उनका ध्यान मुगलों के अत्याचारों का सामना करने की ओर भी था। इसलिए इन्हें वाणी-रचना के लिए ज़्यादा समय न मिला, किन्तु कीर्तन की परम्परा में कोई विघ्न नहीं पड़ने दिया। कीर्तन सुबह-शाम अपने निर्धारित समय पर निर्धारित रागों में, समूहों में होता था। इनके समय में भाई नत्था व अब्दुल्ला, भाई माया लम्बो, भाई बाबक, भाई बनवाली तथा परसराम जी इत्यादि प्रसिद्ध संगीतकार हुए। इनके अलावा गुरु जी के दरबार में 'ढाड़ी-परम्परा' को भी प्रोत्साहन मिला, जिसमें गायक 'ढड्ड'[7] व 'सारंगी' द्वारा योद्धाओं की वीर-गाथाओं का गायन कर जनता में जागृति

व जोश उत्पन्न करते थे। इन्हीं के दरबारी गायक भाई बाबक (जो एक महान् योद्धा भी थे) का सन् 1642 में कीरतपुर में देहान्त होने के पश्चात् आपके द्वारा ही संगीत में सुशिक्षित आपके पुत्र भाई चतरा तथा भाई मौज दरिआए गुरु-घर में कीर्तन करते रहे।

सप्तम् गुरु हरराय जी तथा अष्टम गुरु हरकिशन जी बहुत अल्प आयु में ही गुरु बन गये तथा अल्पावधि के लिए गुरुगद्दी सँभालने के पश्चात ही परलोक सिधार गये। छठे व सातवें गुरु ने कीरतपुर नामक स्थान को अपना निवास-स्थान रखा। इसी स्थान पर उस समय कीर्तन-प्रशिक्षण चलता रहा व कीर्तन सीखने के इच्छुक इसका प्रशिक्षण पारंगत कीर्तनकारों से लेते रहे।

नवम् गुरु श्री तेगबहादुर उच्च कोटि के कवि, विद्वान् व संगीत-मर्मज्ञ थे। इन्होंने अट्ठावन शब्द-पदों की सोलह रागों में रचना की। ये रचनाएँ इनकी सांगीतिक सूझ-बूझ व आध्यात्मिक पवित्रता का प्रमाण हैं। आपने कीर्तन-गायन व इसके प्रशिक्षण की ओर विशेष ध्यान दिया। जब आप मालवा व अन्य देशों की ओर गये तो अपने साथ प्रसिद्ध कीर्तनकारों को भी ले गये। सिक्ख-इतिहास ने इनमें से भाई गुलाबराय, भाई राजा, भाई बहल, भाई मनसूद व भाई गुरुबख्श जी का परिचय दिया है। सम्भव है, गुरु जी के साथ यात्रा करने के दौरान ये कीर्तनकार कीर्तन-शिक्षण प्राप्त करने की आकांक्षा रखनेवाले को इसका प्रशिक्षण देते हों व गुरु-उपदेश का कीर्तन द्वारा लोगों में प्रसार करते हों। जौनपुर के निवासी भाई गुरुबख्श जी मृदंग की लय के साथ अत्यन्त मधुर कीर्तन करते थे। एक बार गुरु जी जौनपुर गये। वहाँ वे रागी गुरुबख्श के घर कुछ समय ठहरे व उन्हें कीर्तन के लिए एक मृदंग भेंट किया। यह मृदंग जौनपुर-स्थित गुरुद्वारा 'संगति-मृदंगावली' में आजतक सम्मान-सहित सुरक्षित है।

दशम् गुरु श्री गोविन्दसिंह जी अलौकिक महापुरुष, सन्त, सिपाही व संगीत तथा काव्य-कला के महान् ज्ञाता थे। बालपन में ही शास्त्र-शस्त्र के साथ-साथ इनके लिए संगीत-प्रशिक्षण का प्रबन्ध भी किया गया। उन्होंने स्वयं इस बात का अपनी वाणी में अनुमोदन किया है—

कीनी अनिक भाँत तन रच्छा,
दीनी भाँत-भाँत की सिच्छा।
('बचित्र नाटक')

अर्थात् उन्हें भिन्न-भिन्न क्षेत्रों में शिक्षा प्रदान की गयी, जिनमें से निश्चय ही संगीत को उच्च स्थान प्राप्त रहा होगा। उनके द्वारा रचित वाणी इसका स्पष्ट प्रमाण है। गुरु गोविन्दसिंह के दरबार में भाई मद्दू तथा सद्दू रबाबी गाई थे, जिनके सम्बन्ध में सिक्ख विद्वान् भाई संतोख सिंह 'गुरप्रताप सूर्यम्' नामक ग्रन्थ में लिखते हैं—

सद्दू मद्दू आसा वार, कीर्तन करते राग सुधार।

इनके समय तक गुरुमत-संगीत की प्रशिक्षण-पद्धति व कीर्तन-परम्परा अत्यन्त सुनियोजित वे निरन्तर ढंग से चलती रही व दूसरी ओर श्रद्धावान् साधारण जनता को भी कीर्तन की शिक्षा मिलती रही। ये कीर्तनकार पहले कीर्तनकारों से सीना-ब-सीना शिक्षण लेते थे व 'गुरु-ग्रन्थ' में आये सभी शब्द-पदों की शिक्षा उसी स्वरूप में लेते थे, जिस स्वरूप में उनके उस्ताद व पूर्वज उनका गायन करते थे।

गुरु गोविन्दसिंह जी महान् संगीतज्ञ थे। इनकी रचनाओं में संगीत के अनेकों पारिभाषिक शब्द व सांगीतिक भाषा का प्रयोग इस बात के सूचक हैं कि उन्हें मात्र परिचय ही नहीं, बल्कि संगीत का गहन अध्ययन था। फागुन-ऋतु में होली खेलने को उन्होंने 'खेलत धमार' कहकर प्रचलित गायन-शैली 'धमार' की विषयवस्तु व स्वरूप का बोध कराया है। उनका कथन है—

माघ बीतत भई रुत फागुन
आये गई सब खेलत होरी,
खेलत स्याम धमार अनूप
महामल सुन्दर साँवल गोरी।

—'कृष्णावतार'[8]

'जाप साहब'[9] में उन्होंने संगीत के तीनों रूपों को उस अकाल प्रभु की उपमा के लिए जिस आलंकारिक ढंग से प्रयोग किया है, उसका साहित्य में उदाहरण मिलना कठिन है—

नमो गीत गीते। नमो तान ताने॥
नमो नृत नृते। नमो नाद नादे॥
नमो पान पाने। नमो बाद बादे॥

'अकालउस्तति'[10] में गुरु गोविन्दसिंह जी ने अकाल-पुरुष के परमस्वरूप का वर्णन बड़ी संगीतमयी कविता में किया है—

झालर ताल मृदंग उपंग,
रबाब लिये सुर साज मिलावै।

इसी प्रकार गुरु गोविन्दसिंह जी की कृति 'दशम् ग्रन्थ' में भारतीय संगीत के वाद्य-प्रकारों का परिचय बड़े अलौकिक रूप में मिलता है—

तत्त बित घन सुखरस बाजै,
सुन मन रागं गुनि गुन लाजै।

सो, 'दशम् ग्रन्थ' की रचनाओं से पाठक सहज ही अनुमान लगा सकते हैं कि उसमें भारतीय संगीत की कितनी महान् निधि निहित है। जैसे-जैसे इसका पाठ किया जाए, वैसे-वैसे पाठक अपने-आपको नादसागर की विशाल सांगीतिक गहराइयों

में उतरते हुए अनुभव करता है।

गुरु गोविन्दसिंह जी के देहान्तोपरान्त सिक्ख जाति पर मुगल अत्याचारों का कहर टूट पड़ा। इनके लिए खुलकर जीवन व्यतीत करना भी दूभर हो गया। सिक्ख छिप-छिपकर जंगलों में निवास करने लगे व छिन्न-भिन्न हो गये। मुगल तो इनके खून के प्यासे थे। उन्होंने इनके सिरों का मूल्य रखा हुआ था तथा जो-कोई भी इनका सिर काटकर ले जाता, उसे इनाम देकर सम्मानित किया जाता। ऐसी स्थिति में संगीत-शिक्षण कैसे हो पाता! अतः गुरुमत संगीत-शिक्षा-प्रणाली व परम्परा भी अस्त-व्यस्त हो गयी।

गुरु गोविन्दसिंह के पश्चात् बन्दा बहादुर ने मुगल राजाओं से लोहा लिया व अपना अधिक-से-अधिक समय युद्ध में बिताया। बन्दा बहादुर के पश्चात् खालसा-पंथ का कोई योग्य नेता न रहा। कोई अगवानी करनेवाला सुयोग्य व सुघड़ व्यक्ति न होने के कारण इनमें आपस में दरारें पड़ गयीं तथा सारे सिक्ख 12 भिन्न-भिन्न समूहों में बँट गये, जिन्हें 'मिसलों' का नाम दिया जाता है। सभी मिसलें अपने-अपने ढंग से मुगलों के अत्याचारों का वीरता से सामना करने लगीं।

ऐसी अशान्त व अस्थिर अवस्था में भी उन्होंने कीर्तन-रीति में किसी प्रकार की कोई कमी न आने दी तथा चार चौकियों की महत्ता को उसी प्रकार कायम रखा। स्वयं महान् योद्धा बाबा दीपसिंह दमदमा साहब में सारंदा के साथ कीर्तन करते थे और नवाब जस्सासिंह आहलूवालिया उच्च कोटि के कीर्तनकार थे। शिक्षण-पद्धति का पक्ष इस अवधि में अत्यन्त धुँधला रहा व एक प्रकार से नियमित शिक्षण लगभग समाप्त ही हो गया।

फिर पंजाब-अंचल को एक अत्यन्त कुशल, नीतिवान् व चरित्रवान् राजा की प्रजा बनने का सौभाग्य प्राप्त हुआ। ये थे शेर-ए-पंजाब महाराजा रणजीत सिंह। महाराजा गुरुमत-संगीत की कीर्तन-प्रथा के बहुत बड़े सरपरस्त व संगीत-प्रेमी थे। वे स्वयं शास्त्रीय-संगीत से अनभिज्ञ थे, परन्तु कीर्तन-चौकियों का सब गुरुद्वारों व ड्योढ़ियों में प्रवाह जारी रखना उनके महान् संगीत-प्रेम को दर्शाता है। उनके समय में एक प्रसिद्ध कीर्तनकार भाई मनणसिंह रागी हुए हैं, जो दिन-रात संगीत-साधना में लीन व कीर्तन में विलीन रहते थे। कहते हैं कि महाराजा के बुला भेजने पर भी ये अपनी कीर्तन-साधना छोड़कर नहीं गये व स्वयं महाराजा को इनके दर्शनों के लिए आना पड़ा था, क्योंकि इनके विचार में कीर्तन से बढ़कर अन्य कुछ न था। इस कथा से यह स्पष्ट ज्ञात होता है कि गुरुमत-संगीत-पद्धति में प्रारम्भ से ही कठिन साधना पर बहुत बल दिया जाता है व संगीत को पूजा-अर्चना की वस्तु माना गया है।

महाराजा रणजीतसिंह के पश्चात् सिक्ख-राज्य का पतन हो गया। जैसा पहले बताया जा चुका है, मुगल सम्राटों के जब्र-जुल्म से बचने के लिए ये लोग इधर-उधर बिखर गये थे। धीरे-धीरे पंजाब में भी ब्रिटिश साम्राज्य की स्थापना हो गयी। मिरासी,

रबाबी व अन्य संगीत-प्रेमी संगीत-शिक्षा प्राप्त करने की अभिलाषा से कुछ घरानेदार उस्तादों के पास पहुँचे। अधिकतर रबाबी कीर्तनकार मिरासी जाति से होने के कारण मुस्लिम-संप्रदाय से सम्बन्धित थे, इसलिए ये अपनी सन्तान को संगीत-विद्या दिलवाने के लिए मुसलमान उस्ताद गायकों के पास भेजते थे। इस प्रकार गुरुमत संगीत-शिक्षण-पद्धति में शास्त्रीय संगीत के प्रशिक्षण की प्रथा भी रही तथा प्रचलित शास्त्रीय गायन-शैलियों का प्रभाव भी इस पर पड़ता रहा। जब भारतीय संगीत में ध्रुपद की प्रधानता थी तो कीर्तनकार भी ध्रुपद-शैली में ही कीर्तन करने को प्राथमिकता देते थे। फिर खयाल-शैली का आगमन हुआ तथा इसके साथ-साथ ही कीर्तन-परम्परा पर भी इस शैली की छवि पड़ने लगी। जो लोग शान्त प्रदेशों से, खानदानी संगीतज्ञों से शिक्षित होकर आये, अन्य रबाबी कीर्तनकारों ने उनकी शागिर्दी कर ली। सुनियोजित प्रशिक्षण का अन्त हो जाने के कारण रबाबी व कीर्तनकारों में सृजनात्मक शक्ति का अभाव हो गया था। शबद-गायन करने की प्राचीन व परम्परागत धुनें घोर युद्धों द्वारा उत्पन्न हुए चीत्कार में पहले ही खो गयी थीं। अतः शबद-गायन की किसी विशेष रीति व कीर्तनकारों में रचनात्मक अंश का अभाव होने के कारण इन लोगों ने भारतीय शास्त्रीय संगीत में उस समय जो बन्दिशें प्रचलित थीं, उन्हीं में गुरुवाणी के पदों को ढालना आरम्भ कर दिया। फलस्वरूप 'गुरुग्रन्थ साहब' में निर्धारित रागों में कीर्तन करने की वर्षों पुरानी परम्परा नष्ट-भ्रष्ट हो गयी। जिन ख्याल-गीतों अथवा अन्य बन्दिशों पर इनका गायन किया जाता था, शबद उस वजन व बहर के नहीं होते थे, अतः उनके काव्य-स्वरूप को बिगाड़कर प्रचलित बन्दिश पर उसे ढालना पड़ता था। उदाहरण-स्वरूप काफी राग की एक पुरानी बन्दिश है—**'छाडो-छाडो छैला मोरी बैयाँ।'** सिक्ख कीर्तनकारों ने इसी बन्दिश पर कबीर जी द्वारा उच्चारित पद 'पाती-पाती तोरै मालनी' का गायन किया है, जो 'गुरुग्रन्थ साहब' में आसा राग के अधीन अंकित है। दिल्ली-घराने के प्रसिद्ध वाग्गेयकार 'कुँवर-श्याम' की राग बहार में एक अत्यन्त मनोहर रचना के बोल हैं—**'सकल बन गगन पवन चलत पुरवाई।'** कीर्तनकारों ने इस पर **'कवन गुन प्रान पति मिलो मेरी माई'**—इस शबद को ढाल लिया, जो मूल रूप में 'गऊड़ी पूर्वी' में निवद्ध था। इस प्रकार के अनेकों उदाहरण खोजने पर मिलेंगे। इन सबका विश्लेषण करने के पश्चात् इस निष्कर्ष पर पहुँचा जाता है कि केवल शास्त्रीय बन्दिशों पर ही नहीं, बल्कि उपशास्त्रीय, फिल्मी तथा प्रचलित गैर-फिल्मी नगमों की धुनों पर भी गुरुवाणी का गायन शुरू कर दिया गया था, जो एक घोर अपराध करने के समान है। यह सब व्यवस्थित प्रशिक्षण के अभाव के फलस्वरूप ही था।

केवल इतना ही नहीं, इस प्रकार गुरुवाणी-गायन करने की शिक्षा भी जनता को छपे हुए गुटकों[11] व पोथियों द्वारा मिलने लगी थी। लाहौर के 'पंजाब सेंट्रल बुक डिपो' के रायसाहब मुंशी गुलाब एंड सन्ज ने सन् 1913 में शबदों के एक ऐसे ही

संग्रह का प्रकाशन किया, जिसमें उस समय में प्रचलित गीतों की धुनों के आधार पर शबद बैठाये गये हैं, व शबद की एक पंक्ति लिखकर सामने उस गीत की पंक्ति दी हुई है, जिस पर उसे ढालकर उसका गायन करना है। उदाहरण-स्वरूप कुछ पंक्तियाँ प्रस्तुत हैं–

शबद का निर्धारित राग व पंक्ति	**गीत की पंक्ति**
1. **रामकली महला 5** इस पानी ते जिन तू घरिया, माटी काले देहुरा करिया।	1. देखो रे इक बाला जोगी
2. **तोड़ी महला 5** सतिगुर आयो सरण तिहारी।	2. लैदे दुपट्टा दरेश दा।
3. **तिलंग महला[12] 9** हर जस रे मना गाए लै।	3. लाहौर शहर बँगला पवादे ठाणेदारा।

समयानुसार राजनीतिक अवस्था में कुछ स्थिरता आयी। कीर्तनकारों में पुनः प्रशिक्षण-प्रणाली का प्रादुर्भाव हुआ। कुछ राजाओं ने भी इन्हें अपने दरबारों में आश्रय देकर इनकी कला को पनपने का अवसर दिया। 'चीफ खालसा दीवान', 'सिंह-राभा-लहर' इत्यादि संस्थानों के प्रचार में आने से पुनः सिक्ख जनता में कीर्तन व गुरुवाणी के प्रति चेतनता उत्पन्न हुई। यद्यपि कीर्तन-प्रशिक्षण की वह पुरातन परम्परा तो पुनः स्थापित न हो सकी, पर शास्त्रीय संगीत का कुछ प्रचार वढ़ जाने से इनका रुझान भी उधर हो गया। इस समय के प्रमुख रागी व रबाबी कीर्तन-कला में निपुण होने के साथ-साथ शास्त्रीय संगीत के भी अच्छे ज्ञाता थे, क्योंकि उनमें से अधिकांश कीर्तनकारों ने शास्त्रीय संगीत के माहिरों से प्रशिक्षण प्राप्त किया था। इसी प्रशिक्षण के आधार पर ये कीर्तन-गायन करते थे। प्रशिक्षण-प्रणाली की पुनः स्थापना से निर्धारित रागों में कीर्तन की प्रथा फिर से आरम्भ हो गयी। आधुनिक युग के रबाबी भाई गुरमुख सिंह फक्कर ने, जो पटियाला-दरबार के रागी थे, भाई मोती, भाई लाल, भाई बूड़ा, भाई संत हीरासिंह इत्यादि रबाबियों के अलावा उ. फतेहअली, उ. आशिकअली व मियाँ कादिरवख्श से भी तालीम हासिल की। इसी प्रकार भाई मिहरसिंह तान ने उस्ताद अलीबख्श से गायन-कला की शिक्षा ग्रहण की। प्रसिद्ध रागी भाई धर्मसिंह जख्मी ने भाई दर्शनसिंह कोमल से कीर्तन-शिक्षा ली। वर्तमान समय के प्रसिद्ध रागी भाई दिलबाग सिंह-गुलबाग सिंह, जो शास्त्रीय संगीत में भी पारंगत हैं, जालंधर के प्रो. बलबीर सेठ से प्रशिक्षण ग्रहण करते रहते हैं।

तलवंडी-घराने के प्रसिद्ध ध्रुपद धमार-गायक व आलापिए उ. मौलादाद खाँ के शिष्य भाई उत्तम सिंह, इनके शिष्य भाई सम्पूर्ण सिंह व दिलीपचन्द्र वेदी हुए हैं, जो प्रारम्भ में कीर्तन किया करते थे। भाई सम्पूर्ण सिंह के शागिर्दों में से भाई अमरीक

सिंह व प्रो. तारा सिंह के नाम विशेषतः उल्लेखनीय हैं। गुरुमत-संगीतार्य प्रो. तारा सिंह समकालीन समय में गुरुमत-संगीत के माहिर व उच्च कोटि के विद्वान् हैं। आपने गुरुमत-संगीत की प्राचीन रीतियों व शिक्षण-पद्धति के पुनः स्थापन का भरसक प्रयत्न किया है, जो अत्यन्त सफल हुआ है। 'गुरुग्रन्थ' में उपलब्ध लगभग समस्त वाणी को गुरुजनों द्वारा निर्धारित रागों में स्वरलिपिबद्ध कर आपने गुरुवाणी-प्रेमियों व श्रद्धालुओं पर महान् उपकार किया है। 'गुरुग्रन्थ साहब' में अंकित अनेक ऐसे राग हैं, जो वर्तमान समय में किसी भी संगीत-पद्धति में प्रचलित नहीं। आपने अनेक ऐसे विलुप्त रागों व 'पड़ताल'-जैसी गायन-शैली की पुनः स्थापना की है। प्रो. तारा सिंह जी ने अपने जीवन-काल में बहुत-से शिष्यों को कीर्तन-प्रशिक्षण दिया है व अब भी वे प्रतिदिन दस घण्टे इसका प्रशिक्षण देते हैं।

इस सदी के प्रसिद्ध कीर्तनकारों में से कुछेक के नाम इस प्रकार हैं—ब्रह्मज्ञानी बाबा शाम सिंह, जिनकी अवधि सौ वर्षों से ऊपर थी तथा जिन्होंने सारंदे के साथ लगातार अठहत्तर वर्ष तक श्री हरिमन्दिर साहब गुरुद्वारा (अमृतसर) में कीर्तन की सेवा निभायी तथा इस कालावधि में एक दिन की भी अनुपस्थिति न आने दी। अन्य रागियों, रबाबियों में पं. भास्करराव के शिष्य भाई लाल, इनके शिष्य भाई चाँद, जिन्हें ऐतिहासिक रबाबी परम्परा का अन्तिम चाँद कहा जाता है, भाई साईं दित्ता, इनके शिष्य प्रसिद्ध रागी भाई सन्ता सिंह व भाई सुर्जन सिंह, भाई समुन्द सिंह, भाई जवाला सिंह, सरगोधे के भाग सिंह तथा इनके पुत्र हीरा सिंह के नाम उल्लेखनीय हैं। भाई जवाला सिंह जी की सन्तान ने भी आगे अपने पिता की कीर्तन-परम्परा को कायम रखा। उनके पुत्र भाई अवतार सिंह वर्तमान समय के प्रसिद्ध रागी हैं।

किन्तु सही व खरी बात तो यह है कि इन गिने-चुने रागियों के नाम लेकर इसे कीर्तन-प्रथा व प्रशिक्षण-प्रणाली नहीं कहा जा सकता। बहुत दुःख के साथ कहना पड़ता है कि वर्तमान समय में कोई ऐसा प्रशिक्षण-केन्द्र नहीं, जहाँ गुरुवाणी-गायन की विधिवत् व नियम-पूर्वक रीति से शिक्षार्थियों को शिक्षा मिलती हो। 'शिरोमणि गुरुद्वारा प्रबन्धक कमेटी' व 'चीफ खालसा दीवान' की ओर से एक-दो स्थानों पर कीर्तन-विद्यालयों का संचालन हो रहा है, किन्तु केवल नाम-मात्र को।

गुरुवाणी संगीत-प्रशिक्षण-प्रणाली अपनी किन-किन विशेषताओं के कारण अन्य पद्धतियों से भिन्न है व इसके प्रमुख लक्षण क्या हैं, इसका विवरण इस प्रकार है—

1. गुरुमत-संगीत की प्रकृति व विधि के अनुसार ही इसका प्रशिक्षण प्रशिक्षार्थियों को दिया जाता है। क्योंकि यह शबद-प्रधान गायकी है, अतः शिक्षण इस प्रकार का दिया जाता है कि संगीत गुरुवाणी के शबद-पदों में आये भावों, संकल्पों व रहस्यों को उभारने व व्यक्त करने में सहायक हो, न कि उसके विचारों अथवा उपदेशों पर हावी हो जाए। गुरुमत-संगीत-प्रशिक्षण-प्रणाली के अधीन संगीत के समस्त पक्षों का परिचय शिक्षार्थी को दिया जाता है, परन्तु उनका प्रयोग गायकी में केवल उतना ही

किया जाता है, जितने से शबद में आये भावार्थों को अभिव्यक्त करने में सहायता मिले तथा श्रोताओं की अन्तरात्मा में गुरुवाणी के भावों का संचार होने लगे। गुरुमत-संगीत में आलाप, बोल, बाँट, तान पलटे, कण, मुर्की, मीड़, गमक इत्यादि सभी का प्रयोग यथासम्भव किया जाता है, परन्तु संगीत में कला-कौशल दिखलाने-हेतु नहीं, अपितु शब्द में आये विचार को अधिक स्पष्टता से दर्शाने के लिए ही इनका प्रयोग होता है। स्वर, ताल व संगीत की आलंकारिक स्वरावलियों को शब्द के अधीन रखा जाता है।

2. 'गुरुग्रन्थ साहब' में शब्दों पर अंकित रागों अथवा गुरुजनों द्वारा निर्धारित रागों में ही उस शब्द का गायन करने का प्रशिक्षण दिया जाता है। इस प्रकार 'गुरुग्रन्थ' में अंकित समस्त रागों का प्रशिक्षण देने की रीति इस प्रणाली में है।

3. शिक्षार्थी पूर्व-स्थापित कीर्तनकारों से तथा खानदानी कीर्तनकार अपने पूर्वजों से सीना-ब-सीना प्रशिक्षण लेते आये हैं। यह प्रथा जब तक कीर्तन की परम्परा निर्विघ्न चलती रही, तब तक भली प्रकार प्रचलित रही, किन्तु शनैः-शनैः इसका ह्रास हो जाने पर पीढ़ी-दर-पीढ़ी प्रशिक्षण का रिवाज कम होने लगा।

4. गायन के समय 'रहाओ' की पंक्ति को स्थायी बनाकर उस पर बार-बार ठहराव किया जाता है।

5. शबद-पदों में दिये गये अंकों द्वारा ही अन्तरों का विभाजन किया जाना अनिवार्य है, क्योंकि एक अंक में सम्पूर्ण अन्तरा होता है व गुरुवाणी-संगीत की गायन-मर्यादानुसार इसके उपरान्त पुनः स्थायी की ओर लौटकर रहाओ की पंक्ति की पुनरावृत्ति होनी चाहिए।

6. केवल प्रामाणिक वाणी अथवा 'गुरुग्रन्थ साहब' में दर्ज शबदों का गायन करने की आज्ञा है। इसके अलावा शबद की पंक्तियों में कोई घटाव या बढ़ाव भी नहीं किया जा सकता।

7. गुरुवाणी संगीत-प्रशिक्षण-प्रणाली में गायन के साथ-साथ तन्त्री तथा अवनद्ध वाद्यों की शिक्षा भी दी जाती है। इस प्रणाली में प्रथम व प्रमुख वाद्य रबाब है। इसके पश्चात् गुरु अमरदास जी ने गुरुवाणी-गायन की संगति के लिए सारंदे का आविष्कार किया। आधुनिक काल में कुछ कीर्तनकारों ने ताऊस, दिलरुबा, सितार तथा हारमोनियम को भी अपनाया है। ताल की संगति के लिए मृदंग, पखावज अथवा तबले का प्रयोग किया जाता है। भारतीय संगीत की तरह इसमें स्वतन्त्र अथवा मुक्त वादन को कोई स्थान प्राप्त नहीं। वादन सदैव गायन की सहायता के लिए रहता है।

गुरुवाणी-संगीत में प्राचीन मार्गी संगीत के तत्त्व विद्यमान हैं, जिसका मुख्य उद्देश्य ईश्वरोपासना है। जिस प्रकार मार्गी संगीत में कोई परिवर्तन नहीं हो सकता, उसी प्रकार गुरुबाणी-संगीत के शब्द-पदों व रागों में कोई परिवर्तन करना निषिद्ध है।

उपर्युक्त सभी विचारों से यही निष्कर्ष निकाला जा सकता है कि गुरुमत-संगीत अथवा गुरुवाणी-संगीत ने मूल रूप में भारतीय मार्गी संगीत के शुद्ध स्वरूप को अपने में सुरक्षित ही नहीं रखा, अपितु इसके द्वारा भारतीय संगीत के इतिहास में एक महान् गुणात्मक व कलात्मक परिवर्तन भी हुआ है। यद्यपि इस भक्ति-संगीत-परम्परा के स्वरूप व प्रशिक्षण की सारी विशेषताओं के बारे में अभी खोज होनी शेष है, किन्तु फिर भी यह सांगीतिक कौशल के प्रदर्शन हेतु नहीं, बल्कि एक भक्त, याचक, जिज्ञासु की उपासना, भावनाओं व साधना के रूप में सामने आया है।

आज इस महान् व पवित्र पद्धति में सुव्यवस्थित प्रशिक्षण का अत्यन्त अभाव है। ऐसा कहना चाहिए कि प्रशिक्षण-प्रणाली का तो पूरी तरह अन्त हो चुका है। इधर-उधर से सुन-सुनाकर, कुछ अपना दिमाग़ लगाकर रागी कीर्तन-गायन करना शुरू कर देते हैं; उन्हें विधिवत् शिक्षण प्राप्त नहीं होता। प्रो. तारा सिंह जैसे विद्वान् सज्जनों ने इस दिशा में कुछ सफल क़दम बढ़ाये हैं। आज आवश्यकता है उन-जैसे गुणीजनों को प्रोत्साहन देकर संगीत व काव्य-कला की इस महान् धरोहर को सँभालने व पुनः प्राचीन शुद्ध रूप में स्थापित करने की। यह कार्य सही व नियमित प्रशिक्षण द्वारा ही सम्भव हो सकता है।

सहायक पुस्तक-सूची

1. प्रो. तारा सिंह कृत 'वादन-कला', पंजाबी विश्वविद्यालय, पटियाला (1972)

2. बलवीर सिंह (डॉ.) इत्यादि कृत 'गुरुमत-संगीत पर हुण तक मिली खोज', चीफ खालसा दीवान, अमृतसर (सन् 1948)

3. गुरनाम सिंह कृत 'आदि ग्रन्थ राग कोश' पवित्र प्रामाणिक प्रकाशन, पटियाला (वर्ष नहीं दिया।)

4. भाई अरदमन सिंह बागड़ियाँ कृत 'सिक्ख-संगीतकार', कौमी एकता (मई, 1976)

5. जागीर सिंह (डॉ.) कृत 'रबाबी कीर्तनिए', कौमी एकता (दिसम्बर, 1982)

6. प्रो. तारा सिंह कृत 'गुरुमत-संगीत व भारतीय संगीत पद्धतियों का तुलनात्मक अध्ययन', चौथी पंजाबी विकास कांफ्रेन्स, पंजाबी विश्वविद्यालय, पटियाला (सन् 1985)

[इस लेख में दी जा रही बहुत-सी तथ्यक सामग्री के लिए लेखिका प्रो. तारा सिंह जी की आभारी है।]

सन्दर्भ

1. भाई गुरुदास गुरु अमरदास जी के भतीजे व गुरु अर्जुनदेव जी के मामा थे। संस्कृत, ब्रज, फारसी व गुरुमुखी के विद्वान् थे। इन्होंने कुल 39 वारों तथा कवित्तों की रचना

की। इनकी वाणी को 'गुरुग्रन्थ साहब' की 'कुंजी' (चाबी) कहा जाता है। इनकी भावमय वाणी 'गुरुग्रन्थ साहब' के रहस्यों के स्पष्टीकरण में सहायक होती है। गुरु अर्जुनेदव जी द्वारा सम्पादित 'गुरुग्रन्थ' के लेखन का कार्य इन्होंने ही किया था।

2. सिक्ख-सम्प्रदाय में रबाबी कीर्त्तनकारों व 'रागियों' के लिए 'भाई' शब्द सत्कार व सम्मान के प्रतीक स्वरूप प्रयोग किया जाता है।
3. चार कीर्तनकारों द्वारा मिलकर गुरुवाणी का गायन करने को श्री गुरु अर्जुनदेव जी ने 'चौकी' की संज्ञा दी थी। सिक्खों के कीर्तन में चार प्रमुख चौकियों का प्रचलन है–'आसा दीवार' की चौकी, 'बिलावल' की चौकी, 'सोदर' की चौकी, 'कीर्तन सोहिले' की चौकी। चौकी में दो गायक तथा दो वादक होते हैं।
4. 'चीफ खालसा दीबान' की ओर से प्रकाशित 'गुरुमत संगीत-पद्धति पर हुण तक मिली खोज' नामक पुस्तक के पृष्ठ 31 पर अंकित।
5. ये काव्य के रूप हैं।
6. वही।
7. डमरु से मिलता-जुलता एक अवनद्ध वाद्य, जिसका पंजाब से बाहर प्रचार कम ही है।

8-9-10. गुरु गोविन्द सिंह जी की रचनाएँ हैं।

11. गुटका शबद-पदों का छोटा संग्रह होता है, जिसमें 'गुरुग्रन्थ' में से कुछ शब्द दिये जाते हैं।
12. गुरुजनों ने स्वयं को महिला (स्त्री) मानकर प्रभु को अपना इष्टदेव (पति) माना है। महिला के साथ दिया गया अंक इस बात का संकेत है कि यह दस गुरुओं के क्रम में से किस गुरु की वाणी है।

'वसुदेवहिंडी' में वर्णित 'विष्णुगीत' और उसकी शिक्षण-परम्परा

●

डॉ. श्रीरंजन सूरिदेव

जैन आचार्य संघदासगणिवाचक (अनुमानतः ईसा की तृतीय-चतुर्थ शती) भारतवर्ष के प्रमुख कूटस्थ गद्यकारों में अन्यतम हैं। उनकी उल्लेखनीय प्राकृतभाषा-निबद्ध गद्यात्मक कथाकृति 'वसुदेवहिंडी' की उपलब्धि इसलिए महत्त्वपूर्ण घटना है कि इससे महाकवि गुणाढ्य की पैशाची-भाषा में परिगुम्फित 'बृहत्कथा' ('बड्ढकहा') के अज्ञात मूल स्वरूप पर प्रकाश पड़ता है। गवेषणापटु विद्वानों में अग्रगण्य डॉ. ऑल्सडोर्फ (हैम्बर्ग यूनिवर्सिटी, पं. जर्मनी के प्राच्यविद्या-विभागाध्यक्ष, अब स्वर्गीय) ने इसे 'बृहत्कथा' का जैन रूपान्तर कहा है। यह सुनिश्चित है कि संघदासगणी ने जो 'वसुदेवहिंडी' लिखी, उसमें उन्होंने गुणाढ्य की 'बृहत्कथा' को ही आधार बनाया है। सुदुर्लभ कथाशक्ति से सम्पन्न इतिवृत्त-कथक होने के नाते उन्होंने अपनी साहित्यिक प्रतिभा, कला-चेतना और सारस्वत श्रम के विनियोग द्वारा 'वसुदेवहिंडी' के शिल्प-संधान और अन्तरंग प्रतिमान में अनेक परिवर्तन किये, जिससे कि 'बृहत्कथा' से उद्‌गत मूल स्रोत को नयी दिशा की ओर मुड़कर स्वतन्त्र कथाधारा के रूप में संज्ञित होने का अवसर मिला। चूँकि 'वसुदेवहिंडी' भारतीय संस्कृति का महार्णव है, इसलिए इसमें ललित कलाओं में श्रेष्ठ संगीत-कला के तत्त्व भी यथाप्रसंग वर्णित हैं।

'वसुदेवहिंडी' से इस बात की सूचना मिलती है कि जिन-पूजा के अवसर पर, राजोचित ढंग से संगीत का आयोजन किया जाता था, जिसमें विभिन्न वाद्यों के अलावा वीणा की भी प्रधानता रहती थी। 'पुंड्रालम्भ' की कथा (पृष्ठ 212) है कि वसुदेव ने अष्टाहिक (आठ दिनों का) जिनोत्सव मनाया। उस उत्सव में सभी कला-कुशल व्यक्तियों को आमन्त्रित किया गया। नगर के गोष्ठिक जन भी पधारे।

उसके बाद मित्र-सहित वीणादत्त के साथ वसुदेव भी जिन-जागरणोत्सव में उपस्थित हुए। वहाँ नागरजन संगीत-गान और वाद्य वादन करते हुए अपनी संगीत-कला का प्रदर्शन कर रहे थे। उस संगीत-सभा में कूर्पासक (सूती वस्त्र की कमीज) से आवृत्त देवकुमार के समान मनोहरशरीर राजा बैठा था। सभा में उपस्थित वसुदेव के साले अंशुमान् ने अपनी आर्यिका फुआ के प्रति अतिशय आदर-भावना के कारण वीणादत्त के गीत को अपने स्वर से ततोऽधिक विशिष्ट बना दिया। राजा के सान्निध्य में गाने का क्रम आने पर वीणादत्त ने वसुदेव से कहा—"आर्यज्येष्ठ! राजा के लिए प्रस्तुत किए जानेवाले संगीत में आप कृपया वीणा बजाएँ या गान करें।" वसुदेव ने 'जिन-पूजा' मानकर वीणादत्त का आग्रह स्वीकार कर लिया और श्रुतिमधुर गीत प्रस्तुत किया। इस क्रम में वसुदेव ने 'नागराग' और 'किन्नरगीतक' का प्रयोग किया। संघदासगणी के 'नागराग' की तुलना बृहत्कथा-श्लोकसंग्रह' के लेखक बुधस्वामी की 'नाग-मूर्च्छना' से की जा सकती है—

यदि च ग्राहयेत्किञ्चित्त्वां नागाधिपतिस्ततः।
सनागमूर्च्छना ग्राह्या वीणा घोषवती त्वया॥
('बृहत्कथाश्लोकसंग्रह', 5/140)

उपर्युक्त सन्दर्भ से कथाकार संघदासगणी की भारतीय संगीत-शास्त्र में गहरी पैठ का सहज ही अनुमान होता है। यहाँ ज्ञातव्य है कि कलाओं की संख्या की भाँति प्राचीन भारतीय संगीत की राग-रागिनियों की संख्या भी अनिश्चित है। हालाँकि, भारतीय संगीत-शास्त्र में छह प्रसिद्ध रागों तथा छत्तीस रागिनियों को ही प्रातिनिधिक महत्त्व प्राप्त है। छह प्रमुख रागों (भैरव, श्री, मालकोश, दीपक, मेघ और हिंडोल) के नामों में भी भिन्नता मिलती है। पौराणिक कथा है कि रागों की उत्पत्ति शिव और पार्वती के संयोग से हुई है। महादेव के पाँच मुखों से पाँच और पार्वती के मुख से एक—इस प्रकार कुल छह रागों का आविर्भाव हुआ है। महादेव के 'सद्योजात' मुख से श्री राग, 'वामदेव' मुख से बसन्त राग, 'अघोर' मुख से भैरव राग, 'तत्पुरुष' मुख से पंचम् राग, 'ईशान' मुख से मेघ राग तथा पार्वती के मुख से 'नट्टनारायण' राग उत्पन्न माने जाते हैं।[1]

संघदासगणी द्वारा चर्चित 'नागराग' और 'किन्नरगीत' का उल्लेख उनके पूर्ववर्त्ती भरत के 'नाट्यशास्त्र' में नहीं मिलता है और परवर्त्ती संगीत-शास्त्रियों ने भी 'नागराग' और 'किन्नरगीत' की चर्चा नहीं की है। ऐसी स्थिति में संघदासगणी के आधारस्रोत का ठीक अनुमान सम्भव नहीं है और यह संगीताचार्यों के लिए महत्त्वपूर्ण विवेचनीय विषय है। फिर भी, इतना कहा जा सकता है कि भरतप्रोक्त राग (अंश के प्रसंग में उल्लिखित)[2] जातियों[3] के अत्यन्त मनोहर संघटित रूप को कहते हैं। सिंह (शिंग) भूपाल ने भी कहा है—'जाति सम्भूतवादो रागाणाम्।'[4] राग का विशेष

गुण यह है कि यह असाधारण रूप से आकर्षक होता है तथा उसमें शब्दों द्वारा अनिर्वचनीय आनन्द देने की शक्ति रहती है ('रज्यते यस्मात्स रागः' या 'रञ्जयति यः स रागः')। दूसरे शब्दों में, राग जातियों के रमणीक संघटन से उत्पन्न आनन्द का अनुभव है। संघदासगणीप्रोक्त 'नागराग' अनुमानतः नागजाति (गन्धर्व जाति के समकक्ष नागराज धारण) के मुख से उत्पन्न आनन्ददायक रागविशेष से सम्बद्ध कोई अपूर्व राग रहा होगा और 'किन्नरगीत' स्पष्ट ही किन्नरों द्वारा गायी जानेवाली विशिष्ट गीतविधा होगी। यों, संघदासगणी ने गीत की जो परिभाषा प्रस्तुत की है, उसमें नृत्य और नाट्य का भी समावेश हो जाता है और इस प्रकार वह **'गीतं नृत्यं तथा वाद्यं त्रयं संगीतमुच्यते'** के समर्थक जान पड़ते हैं। उन्होंने लिखा है कि 'परस्पर समागम के अभिलाषी स्त्री-पुरुष, एक-दूसे के क्रुद्ध होने पर प्रसन्न करने के निमित कुशल व्यक्तियों के चिन्तन से प्रसूत तथा जातियों (प्रकारों) में निबद्ध शरीर, मन और वचन की जिस क्रिया का प्रयोग करते हैं, वह 'गीत' कहलाती है।'[5] गीत की प्रस्तुत परिभाषा में शरीर-क्रिया का उल्लेख नृत्य-नाट्य का ही संकेतक है।

उक्त 'किन्नरगीत' के अलावा, संघदासगणी ने 'ध्रुवगीति' और 'विष्णुगीत' का भी उल्लेख किया है। 'वसुदेवहिंडी' में कथा है कि नमुचित पुरोहित के कहने पर विष्णुकुमार ने तीन पग भूमि नापने के पूर्व 'ध्रुवा' पढ़ी, उसके बाद उनका दिव्य शरीर क्रमशः बढ़कर विशाल होता चला गया ('तेण धुओ पट्ठिओ, खणेण य दिव्वरूवो संबुत्तो', पृष्ठ 130)। नाट्य में प्रयुक्त ध्रुवागीति का तात्पर्य ध्रुवपद या ध्रुपदगान से भी सम्भव है। हालाँकि डॉ. वासुदेवशरण अग्रवाल ने इसे भ्रान्त कहा है।[6] किन्तु कल्लिनाथ-कृत 'संगीत-रत्नाकर' के आधार पर आचार्य कैलासचन्द्रदेव बृहस्पति ने ध्रुव-प्रबन्ध में नियोजित पद को ही 'ध्रुवपद' कहा है।[7] इसलिए, कदाचित् संघदासगणी ने 'ध्रुव' (प्रा० धुओ) का उल्लेख किया है। डॉ. राघवन्[8] के अनुसार, 'ध्रुवा' एक विशेष प्रकार की गीति या सांगीतिक संगठन थी। ध्रुवागीतियाँ प्रायः प्राकृत भाषा में होती थीं। इसके पाँच भेद थे—प्रावेशिकी, नैष्क्रामिकी, आक्षेपिकी, आन्तरा और प्रासादिकी। आन्तरा ध्रुवागीति विषण्णता, विस्मृति, क्रोध, सुप्तावस्था, मत्तावस्था, हृद्गत भाव की अभिव्यक्ति, गम्भीर भाव का अवसाद, मूर्च्छा, पतन और दोष-प्रच्छादनकाल में गायी जाती थी।[9] भरतमुनि ने ध्रुवागीति के सम्बन्ध में अपने 'नाट्यशास्त्र' में विस्तार से विचार किया है। भरत के ध्रुवागीति-विषयक यथाविवेचित भेद के अनुसार, यह स्पष्ट है कि विष्णुकुमार ने आन्तरा-संज्ञक ध्रुवागीति पढ़ी थी; क्योंकि उसका वह क्रोध-काल था ('ततो रोसवसपज्जलियो मिणिउकामो विउव्वियसरीरी पवड्ढिओ उक्खित्तो य चलणो', पृष्ठ 129)।

संघदासगणी द्वारा चर्चित 'विष्णुगीत' उनकी स्वतन्त्र सांगीतिक उद्भावना है। इस सन्दर्भ में उन्होंने एक रोचक कथा की अवतारणा की है, जिसमें कहा गया है कि इस विष्णुगीत के प्रवर्त्तक संगीतशास्त्र के प्रसिद्ध आचार्य तुम्बुरु और नारद थे।

इसे तुम्बुरु और नारद के अतिरिक्त हाहा, हूहू और विश्वावसु-जैसे इंन्द्र-सभा के सुविख्यात संगीतज्ञों ने तिलोत्तमा, रम्भा, मेनका और उर्वशी-जैसी देवलोक की प्रख्यात अप्सराओं के नृत्य के साथ विष्णु के लिए गाया था। इस विष्णुगीत में सप्तस्वरतन्त्री (सात तारोंवाली वीणा)-जैसे तत-वाद्यों का प्रयोग किया गया था। इसे सप्तस्वरतन्त्री से निस्सृत गान्धारग्राम में गाया गया था। यह विष्णुगीत शिक्षण-परम्परा द्वारा नारद और तुम्बरु से मर्त्यवासी विद्याधरों को प्राप्त हुआ था। नारद और तुम्बरु गन्धर्व जाति के देवविशेष थे, इसलिए इनसे उत्पन्न होने के कारण संगीत की अपर संज्ञा 'गान्धर्व' भी है। भरत ने भी 'नाट्यशास्त्र' में इसका समर्थन किया है।[10]

भरत के अनुसार, सप्तस्वरतन्त्री वीणा का नाम 'चित्रा' था ('सप्ततन्त्री भवेच्चित्रा', 'नाट्यशास्त्र' 29/114) और इसे केवल अँगुलियों से बजाया जाता था ('चित्रा चांगुलिवादना', उपरिवत्)। स्पष्ट है कि 'विष्णुगीत' में चित्रा वीणा का प्रयोग किया गया था। इसी क्रम में ज्ञातव्य है कि चम्पानगरी में संगीताचार्य सुग्रीव ने संगीत-शिक्षा के क्रम में वसुदेव से पहले तुम्बुरु और नारद की पूजा करायी। उसके बाद उन्हें जो वीणा सीखने के लिए दी गयी, उसके साथ चन्दनकाष्ठ से निर्मित 'कोण' (वीणावादन-दंड : आधुनिक यथाप्रयुक्त शब्द 'मिजराब') भी दिया गया था—**'ततो अप्पिया मे वीणा चंदनकोणं च'** (पृष्ठ 127); भरत ने 'नाट्यशास्त्र' में लिखा है कि विपंची वीणा कोण से बजायी जाती थी, जो नौ तारोंवाली होती थी।[11] इससे स्पष्ट है कि सुग्रीव ने संगीत-शिक्षा के क्रम में वसुदेव को विपंची वीण ही बजाने को दी थी।

संगीत-शास्त्र में सात स्वरग्राम प्रसिद्ध हैं—निषाद, ऋषभ, गान्धार, षड्ज, मध्यम, धैवत और पंचम। ग्रामों की भी, प्रत्येकशः सात मूर्च्छनाएँ होती हैं। सातों स्वरों के उतार-चढ़ाव को 'मूर्च्छना' कहते हैं और प्रत्येक राग का स्वतन्त्र मूर्च्छना-चक्र होता है। पुनः मूर्च्छनाओं में प्रत्येक के तीन भेद माने गये हैं—अन्तर-गान्धार, काकली-निषाद और गान्धार-काकली-निषाद। इस प्रकार गान्धार-ग्राम की भी सात मूर्च्छनाएँ होती हैं—नन्दा, विशाला, सुमुखी, चित्रा, चित्रावनी, सुखा और आलापा। रागों की उत्पत्ति में ग्राम और मूर्च्छना का बड़ा महत्त्व है; क्योंकि संगीत के महत्त्वपूर्ण आधार श्रुति से ही स्वर, स्वरों से ग्राम, ग्रामों से मूर्च्छना, मूर्च्छना से जाति और जाति से रागों की उत्पत्ति होती है।[12] स्वरग्राम या सरगम की दृष्टि से गान्धार का स्वर-संकेत 'ग' है और संगीतज्ञों ने इसे कोमल स्वर माना है; इसलिए कोमल स्वर की प्रमुखता के कारण विष्णुकुमार की क्रोध-शान्ति के लिए 'विष्णुगीत' में गान्धार-ग्राम का प्रयोग नारद और तुम्बरु ने किया था। इससे संघदासगणी के संगीत की समयज्ञता में ततोऽधिक नैपुण्य की सूचना मिलती है।

इसी सुकुमार विष्णुगीत[13] को वसुदेव ने गन्धर्वदत्ता के साथ गान्धार-ग्राम और उसकी मूर्च्छना तथा त्रिस्थन और करण से शुद्ध एवं ताल और लयग्रह की समता

के साथ गाया था एवं सप्तस्वरतंत्री नाम की उत्तम वीणा पर उसे बजाया भी था। तभी तो गीत की समाप्ति पर नागरों ने घोषणा की थी–"ओह! (गीत-वाद्य) की समता (मेल) और सुकुमारता के साथ बजाया और गाया गया" ('ओह! समं सुकुमालं च वाद्यं गीयं च त्ति।') ब्रह्मा के पुत्र भरतमुनि ने 'ध्रुवा' के सन्दर्भ में ही स्थान (स्थिति), करण (नृत्यगतिविशेष या अंगहार=अंगाभिनय), ताल और लय का विशद विवेचन किया है।[14] इससे यह स्पष्ट है कि विष्णुगीत भी ध्रुवागीति या ध्रुवा का ही विशिष्ट भेद था।

इस प्रकार संघदासगणी ने 'वसुदेवहिंडी' में नृत्य, नाट्य और वाद्य-संगीत के विविध तत्त्वों को बड़ी सूक्ष्मता के साथ समाविष्ट किया है। साथ ही उन्होंने संगीत, नृत्य और चित्र कलाओं का प्रायः समेकित रूप में ही उल्लेख किया है–**"रमामि हं गंधव्वे नट्टे आलेक्खे च"** (पृष्ठ 141)। इससे स्पष्ट है कि उस महान् कथाकार ने भारतीय ललित कलाओं का गम्भीर और समग्रात्मक अनुशीलन किया होगा, साथ ही वह वैदिक (सामवैदिक) और वैदिकोत्तर भारतीय शास्त्रीय संगीत-कला के शास्त्रकारों की संगीत-विद्याओं के बहुश्रुत अधीती रहे होंगे। भरतमुनि ने नारद को वाद्य-संगीत का प्रामाणिक शास्त्रकार माना है[15] तदनुसार संघदासगणी ने भी नारद और तुम्बुरु को विष्णुगीत का आविष्कर्त्ता माना है और लिखा है कि उन्हीं दोनों संगीतकारों से विद्याधरों को शिक्षण-परम्परा से प्राप्त संगीत-शिक्षा का इस मर्त्यभूमि पर प्रचार-प्रसार हुआ।

सन्दर्भ

1. विशेष विवरण के लिए द्रष्टव्य–'कला-विवेचन' (डॉ. कुमार विमल), पृष्ठ 104
2. स्वरसाधारणमतास्तिस्रो ज्ञेयास्तु जातयः।
   मध्यमा पञ्चमी चैव षड्जमध्या तथैव च॥
   ग्रहस्तुसर्वजातीनामंश एव हि कीर्तितः।
   यस्मिन्वसंति रागस्तु यस्माच्चैव प्रवर्तते॥ –'नाट्यशासत्र', 28।36, 71, 72

3/4. 'स्वतंत्र कलाशास्त्र' (डॉ. कांतिचंद्र पांडेय), पृष्ठ 551-552

5. "तहेव इत्थीपुरिसो वा अण्णोण्णसमागमाहिलासी कुवियपसायणनिमित्ते जातो कायमण-वाइगीओ किरियाओ पउंजियाओ कुसलजणचिंतियाओ विविहजाइनिबद्धाओ गीयं ति वुच्चइ।" पृष्ठ 166
6. 'हर्षचरित : एक सांस्कृतिक अध्ययन', पृष्ठ 19 तथा 124 (शुद्धि-पत्र)
7. 'ध्रुवपद और उसका विकास' (बिहार-राष्ट्रभाषा-परिषद्, पटना), अध्याय 1, पृष्ठ 38
8. 'परिषद्-पत्रिका', वर्ष 1, अंक 4 (जनवरी, 1962 ई.), पृष्ठ 44
9. 'नाट्याशास्त्र', 32।331-340
10. "अत्यर्थमिष्टं देवानां तथा प्रीतिकरं पुनः। गंधर्वाणमिदं यस्मात्तस्माद् गांधर्वमुच्यते॥" 'नाट्यशास्त्र', 28/9

11. विपंची नवतंत्रिका। विपञ्ची कोणवाद्या स्यात्। —'नाट्यशास्त्र', 28/9
12. विशेष विवरण के लिए द्रष्टव्य—'कला-विवेचन', पृष्ठ 109
13. संघदासगणी नें विष्णुगीत की पंक्तियाँ गाथा में इस प्रकार रखी हैं (पृष्ठ 131) :
    उवसम साहुवरिट्ठया! न हु कोवो वण्णिओ जिणिंदेहिं।
    हुंति हु कोवणसीलया, पावंति बहूणि जाइयव्वाहं॥ गीतिका॥
14. 'नाट्यशास्त्र', अध्याय 33
15. गांधर्वमेतत् कथितं मया हि पूर्व यदुक्तं त्विह नारदेन।
    कुर्याद्य एवं मनुजः प्रयोगं सम्मानमग्र्यं कुशलेष गच्छेत्॥—'नाट्यशास्त्र', 32।484।

गुरमति संगीत में राग गउड़ी : एक परिचय

प्रो. प्रीतइन्द्र कौर

'गुरुग्रन्थ साहिब' (आदि ग्रन्थ) सिक्खों का एक प्रमुख धार्मिक ग्रन्थ है, जिसका समस्त विश्व में महत्त्वपूर्ण स्थान है। इस ग्रन्थ से जहाँ समस्त प्राणीमात्र को अमन, शान्ति, मेल-मिलाप एवं मैत्री भाव आदि का सन्देश मिलता है, वहीं इस ग्रन्थ में अंकित समस्त गुरुओं की वाणी को निर्धारित रागों में गायन करने का भी आदेश दिया गया है। इससे विदित होता है कि विश्व के सभी ग्रन्थों में से यह एक ऐसा ग्रन्थ है, जिसमें शास्त्रीय संगीत तथा धर्म का समन्वय है।

'श्री गुरुग्रन्थ साहिब' में 31 प्रमुख रागों का वर्णन मिलता है, जो इस प्रकार हैं—सिरी, माझ, गउड़ी, आसा, गुजरी, देवगन्धारी, बिहागड़ा, बड़हंस, सोरठि, धनासरी, जैतसिरी, टोड़ी, बैराड़ी, तिलंग, सूही, बिलावल, गोड़, रामकली, नटनारायण, मालीगउड़ा, मारू, तुखारी, केदारा, भैरउ, बसन्त, सारंग, मल्हार, कानड़ा, कल्याण, प्रभाति, जैजैवन्ती। इसके अतिरिक्त 'आदि ग्रन्थ' में ही निम्नलिखित मिश्रित रागों का भी वर्णन उपलब्ध है। जैसे—गउड़ी गुआरेरी, गउड़ी, दखिणी, गउड़ी बैरागण, गउड़ी चैती, गउड़ी दीपकी, गउड़ी पूर्वी दीपकी, गउड़ी पूरबी, गउड़ी माझ, गउड़ी मालवा, गउड़ी माला, गउड़ी सोरठि, आसावरी, आसावरी सुधंग, आसा काफ़ी, देवगन्धार, बड़हंस दखिणी, तिलंग काफ़ी, सूही काफ़ी, सूही ललित, बिलावल दखिणी, बिलावल गोड़, रामकली दखिणी, नट, मारू काफ़ी, मारू दखिणी, बसन्त हिंडोल, कल्याण भोपाली, प्रभाति विभास, विभास प्रभाति, प्रथाति दखिणी।

उपरोक्त विवरण से भली भाँति ज्ञात हो जाता है कि 'आदि ग्रन्थ' में राग गउड़ी को महत्त्वपूर्ण स्थान प्राप्त है। 'आदि ग्रन्थ' में सबसे अधिक गउड़ी के 12 मिश्रित प्रकारों के नाम मिलते हैं। 'श्री गुरुग्रन्थ साहिब' में गउड़ी ही एक ऐसा राग है, जिसमें सबसे अधिक वाणी है। भक्त कबीर जी की सबसे अधिक वाणी भी इसी राग में है। गुरु अर्जुनदेव जी ने 'आदि ग्रन्थ' में गउड़ी राग के विषय में लिखा है—

गउड़ी राग सुलखणी जे खसमे चित करेई। भाणै चलै सतिगुरु के ऐसा सिंगार करें॥

उपरोक्त गुरुवाणी संगीत में गउड़ी राग के परिप्रेक्ष्य में विचार करने के बाद हम कह सकते हैं कि 'आदि ग्रन्थ' में हमें 'गउड़ी' के ग्यारह प्रकारों का उल्लेख मिलता है, यथा–1. गउड़ी गुआरेरी, 2. गउड़ी दखिणी, 3. गउड़ी बैरागण, 4. गउड़ीचैती, 5. गउड़ी दीपकी, 6. गउड़ी पूर्वी दीपकी, 7. गउड़ी पूर्वी, 8. गउड़ी माझ, 9. गउड़ी मालवा, 10. गउड़ी माला, 11. गउड़ी सोरठि।

'आदि ग्रन्थ' में गउड़ी राग का विस्तृत वर्णन होने से हमें ज्ञात होता है कि पुरातन समय के भारतीय संगीत में भी गउड़ी राग का महत्त्वपूर्ण स्थान रहा होगा। इसका प्रमाण हमें प्राचीन ग्रन्थों पर एक नजर डालने से मिलता है। गउड़ी राग का प्राचीन नाम गौरी, गउरी, गवरी आदि था। 'गौरी' राग का उल्लेख 14-वीं सदी के प्रकांड विद्वान् कवि लोचन ने अपने ग्रन्थ 'राग तरंगिणी' में किया। आपने गौरी को 12 थाटों में से एक थाट माना जो आधुनिक संगीत पद्धति के अनुसार भैरव थाट के समान है। 16-वीं सदी में पुण्डरीक विट्ठल ने भी अपने ग्रन्थ 'सद्रागचन्द्रोदय' में गउड़ी राग को मालव गौड़ मेल से बताया है। विट्ठल ने ही गउड़ी को श्री राग की पाँच रागनियों में तथा 'राग मंजरी' में 20 मेल या थाटों में शामिल किया। उपरोक्त कथन से ऐसा प्रतीत होता है कि गौरी राग को गउड़ी नाम से सबसे पहले विट्ठल ने ही सम्बोधित किया। 17-वीं सदी के ग्रन्थकार पं. हृदयनारायण देव ने अपने लिखे ग्रन्थों 'हृदय कौतुक' तथा 'हृदय प्रकाश' में 12 थाटों में से गौरी राग को एक थाट स्वीकार किया है। 16-वीं सदी के 'रस कौमुदी' ग्रन्थ में श्रीकण्ठ ने गउड़ी को मालव गौड़ थाट का जन्म राग माना है। यही नहीं 17-वीं सदी के ग्रन्थकार भावभट्ट ने अपने ग्रन्थ 'अनूपविलास' में केवल गौरी राग का वर्णन किया है। मध्यकाल में दक्षिण भारत के किसी भी ग्रन्थ में राग गउड़ी का वर्णन उपलब्ध नहीं है। केवल 17-वीं सदी के 'राग विबोध' ग्रन्थ में पंडित सोमनाथ ने चैती गउड़ी राग की उत्पत्ति मालव गौड़ मेल से मानी है। उपरोक्त ऐतिहासिक प्रमाणों से यह स्पष्ट होता है कि गउड़ी राग पुरातन समय में केवल उत्तर भारत में ही प्रचलित था। इसे गौरी अथवा गउड़ी दोनों नामों से सम्बोधित किया जाता था। पुरातन समय की गउड़ी का सम्बन्ध आधुनिक भैरव के स्वरों से था। आधुनिक संगीत में जो गउड़ी राग प्रचलित है, वह गौरी के नाम से जाना जाता है। इसकी विशेष स्वर-संगति है–'रे ग रे स, नि़ स ध़ स नि़', जो गौरी अंग के रूप में सर्वमान्य है।

निष्कर्ष रूप में यह बात कही जा सकती है कि गउड़ी एक अप्रचलित एवं प्राचीन राग है, परन्तु सतिगुरु राचले गातशाह ने इस राग को अपनी रसना द्वारा पवित्र करके इसका विकास किया। अलग-अलग गुरु साहिबान ने गउड़ी के मिश्रित प्रकारों का उल्लेख निम्नलिखित ढंग से किया है–

1. **महला** 1–गउड़ी, गउड़ी गुआरेरी, गउड़ी दखिणी, गउड़ी चैती, गउड़ी बैरागण,

गउड़ी पूर्वी दीपकी, पूर्वी दीपकी।

2. **महला** 3—गउड़ी गुआरेरी, गउड़ी बैरागण, गउड़ी पूर्वी।
3. **महला** 4—गउड़ी, गउड़ी गुआरेरी, गउड़ी बैरागण, गउड़ी पूरबी, गउड़ी माझ।
4. **महला**
5. **महला** 4—गउड़ी।

॥ 1ओं सतिगुरु प्रसादि ॥

आसा महला 4. छंत घरु 4

हरि अंमृत भिंने लोएण मनु प्रेमिं रतंना राम राजे ॥
मनु रामि कसवटी लाएगा कंचनु सोविंना ॥
गुरमुखि रंगि चलूलिआ मेरा मनु तनो भिंना ॥
जनु नानकु मुसकि झकोलिआ सभु जनमु धनु धंना ॥

('आदि ग्रन्थ', पृष्ठ 448)

1ओं सतिनामु करता पुरखु निरभऊ निरवैर अकाल मूरति अजूनी सैभं गुर प्रसादि॥

आसा महला 1

वार सलोका नालि सलोक भी महले पहिले के लिखे टुंडे असराजे दी धुनी ॥

सलोकु महला 1

बलिहारी गुर आपणे दिउहाडी सद वार।
जिनि माणस ते देवते कीऐ करत न लागी वार ॥1॥
मः 2 जे सउ चंदा उगवहिं सूरज चड़हि हजार ॥
ऐते चानण होदिआं गुर बिनु घोर अंधार ॥2॥
मः 1 नानक गुरु न चेतनी मनि आपने सुचेत ॥
धुटे तिल बुआड़ जिओं सुंझे अंदरि खेतु ॥
खेतै अंदरि छुटिआ कहु नानक सउ नाह ॥
फलीअहि फुलीअहि बपुडे भी तन विचि सुआह ॥3॥

॥ पउड़ी ॥

आपीनै आपु साजिउ आपीनै रचिउ नाउ ॥
दुयी कुदरति साजीऐ करि आसुण डिठो चाउ ॥
दाता करता आपि तूं तुसि देवहि करहि पसाउ ॥
तूं जाणोई सभसै दे लैसहि जिंदु कवाउ ॥
करि आसणु डिठो चाउ ॥1॥

1. राग आसा

एकताल

×		0		2		0		3		4	
ध	पध	संनि	प	प	ग	-	रे	स	रे	रे	स
हरि	अंऽ	ऽऽ	मृ	त	भिं	ऽ	ने	ऽ	लो	ए	णा
स	रे	म	म	-	-	प	-	-	-	ध	-
म	नु	प्रे	मि	र	तंना	रा	ऽ	म	रा	जे	ऽ
ध	पध	संनि	ध	प	ग	-	रे	स	रे	रे	स
मनु	राऽ	ऽऽ	मि	ऽ	क	स	व	टी	ला	ए	आ
स	रे	म	म	-	-	प	-	-	-	ध	-
कं	ऽ	च	नु	सो	ऽ	विं	ना	ऽ	ऽ	ऽ	ऽ
धं	पध	संनि	ध	प	ग	-	रे	स	रे	रे	स
गु	रुऽ	ऽऽ	मु	खि	रं	ऽ	गि	च	लू	लि	आ
स	रे	म	म	-	-	प	-	-	-	ध	-
मे	रा	म	नु	त	नो	भिं	ऽ	ना	ऽ	ऽ	ऽ
ध	पध	संनि	ध	प	ग	-	रे	स	रे	रे	स
जनु	नाऽ	ऽऽ	न	कु	मु	स	कि	झ	को	लि	आ
स	रे	म	म	-	-	प	-	-	-	ध	-
स	भु	ज	न	मु	ध	नु	ऽ	धं	ना	ऽ	ऽ

सलोकु और पउड़ी

सं - - - - - - - - - - - - - -

1ओंस ति ना मु क र ता पु र खु नि र भ ऊ

- - रे नि सं नि ध प म - - - - - -

नि र वै र ऽ ऽ ऽ ऽ अ का ल मू र ति अ

म - - - - - - - - ध - - - - -

जू नी सै भं गु र प्र सा दि आ रा म ह ला प

- - - - - - - - - प - - - -

ह ला वा र स लो का ना लि स लो क भी म ह

- - - - - ध प म ग ग रे स म - -

ले प हि ले के लि खे ऽ ऽ ऽ ऽ ऽ टुं डे अ

- - - - ध म ग स रे ग रे रे रे स -

स रा जे दी धु ऽ नी स लो कु म ह ला प हि

- सं - - - - - - - - नि ध - - -

ला ब लि हा री गु र आ प णे ऽ ऽ दि उ हा

- - - - - प - - - - - - - - -

डी स द वा र ऽ ऽ ऽ जि नि मा ण स ते दे

- - - ध प म ग रे स - रे म ग रे स

व ते की ऐ ऽ ऽ ऽ ऽ क र त न ला ऽ गी

स रे ग रे स म - - - - - - - - -

वा ऽ ऽ र ऽ म ह ला दू जा जे́ स उ चं दा

- - - म - - - - - - - - - प -

उ ग व हि सू र ज च ड हि ह जा र ऐ ते

- - - - - - - - - - - - - - -

चा न ण हो दि आं गु रु बि नु घो र अं धा र

- - - - - - ध - - - - - - - -

म ह ला प हि ला ना न क गु र न चे त नी

- - - ध - - प ध सं नि ध प ध ध सं

म नि आ प ने सु चे ऽ ऽ ऽ ऽ त ऽ ऽ ऽ

सं - - - - - - सं - - - - - - -

छु टै ति ल बु आ ड़ जि ओं सुं झे अं द रि खे

- नि - - - - - सं - - - - - - -

तु खे तै अं द रि छु टि आ क हु ना न क स

- - - रें - - - रें - - - सं - -

उ ना ह फ ली अ हि फु ली अ हि ब पु डे

2. राग आसा

ताल पउड़ी

1	2	3	4	1	2	3	4	1	2	3	4	1	2	3	
				सं	-	-	-	सं	सं	धनि	पध	सं	सं	-	-
				भी	तन	विचि	सुआह	पउड़ी,आ	पी	नैऽ	आपु	सा	जिउ	ऽ	ऽ
सं	सं	सं	ध	-	-	धनि	पध	सं	सं	-	-				
आ	पी	नै	ऽ	ऽ	ऽ	रऽ	चिउ	ना	उ	ऽ	ऽ				

(शेष पंक्तियाँ इसी तरह ही गायी जाएँगी।)

(इसका मुकाअ विशेष तिहाई के साथ)

सं	सं	सं	रेंसं	ध	-	सं	निध	सं	सं	-	सं	निध	सं	सं	-
करि	आ	स	णुऽ	ऽ	ऽ	डि	ठोऽ	चा	उ	ऽ	डि	ठोऽ	चा	उ	ऽ
सं	नि	ध	सं	सं,											
डि	ठो	ऽ	चा	उ,											

राग बसंत, महला 4, घरु 1

गुरु सेवऊ करि नमसकार ॥ आजु हमारै मंगलचार ॥
आजु हमारै महा अनन्द ॥ चिंत लथी भेटे गोबिन्द ॥
आजु हमारै ग्रिहि बसंत ॥ गुन गाए प्रभु तुम बेअंत ॥1॥ रहाओ।
आजु हमारै बने फाग ॥ प्रभु संगी मिलि खेलन लाग ॥
होली कीनी सन्त सेव ॥ रंगु लागा अति लाल देव ॥

(शेष 'आदिग्रन्थ', पृष्ठ 1180)

ताल चंचल

×			2				0			3			
										प	-	-	-
										गु	रु	से	ऽ
रे	-	-	-	-	-	-	-	-	-		ग	रें	सं
वऊ	ऽ	ऽ	क	ऽ	रि	ऽ	ऽ	ऽ	ऽ	न	ऽ	म	स
नि	सं	-	नि	सं	रें	ग॒	रें	सं	-	नि॒	ध	प	म
का	ऽ	ऽ	र	ऽ	ऽ	ऽ	ऽ	ऽ	ऽ	आ	ऽ	जु	ह

प ध - | नि - सं - | - - - | निध नि ध प
मा ऽ ऽ | रै ऽ ऽ ऽ | ऽ ऽ ऽ | मंऽ ऽ ग ल

प - - | - - - - | - - - | प - - -
चा ऽ ऽ | र ऽ ऽ ऽ | ऽ ऽ ऽ | आ ऽ जु ह

रें - - | - - - - | - - - | - गं रें सं
मा ऽ ऽ | रै ऽ ऽ ऽ | ऽ ऽ ऽ | म ऽ हा अ

नि सं - | नि सं रें गं | रें सं - | नि ध प म
नं ऽ ऽ | द ऽ ऽ ऽ | ऽ ऽ ऽ | चिं ऽ त ल

प ध - | नि - सं - | - - - | निध नि ध प
थी ऽ ऽ | भे ऽ ऽ ऽ | ऽ ऽ ऽ | टेऽ ऽ गो ऽ

प - - | - - - - | - - - | प - - ध
बिं ऽ ऽ | द ऽ ऽ ऽ | ऽ ऽ ऽ | हो ऽ ली ऽ

नि - - | सं - - - | - - - | प - - ध
की ऽ ऽ | नी ऽ ऽ ऽ | ऽ ऽ ऽ | हो ऽ ली ऽ

नि - - | सं - - - | - - - | प - - -
की ऽ ऽ | नी ऽ ऽ ऽ | ऽ ऽ ऽ | हो ऽ ली ऽ

नि - - | सं - रें - | सं नि - | ध - प -
की ऽ ऽ | नी ऽ ऽ ऽ | सं ऽ ऽ | ऽ ऽ त ऽ

म - - | म ग म ग | म - - | - - - -
से ऽ ऽ | व ऽ ऽ ऽ | ऽ ऽ ऽ | रं गु ला ऽ

प - - | ध - नि - | - - - | नि - ध ध
गा ऽ ऽ | अ ऽ ति ऽ | ऽ ऽ ऽ | ला ऽ ऽ ल

प - - | - - - - | - - - | प - - ध
दे ऽ ऽ | व ऽ ऽ ऽ | ऽ ऽ ऽ | हो ऽ ली ऽ

नि - - | सं - रें - | सं नि - | ध - प -
की ऽ ऽ | नी ऽ ऽ ऽ | सं ऽ ऽ | ऽ ऽ त ऽ

म - - | म ग म ग | म - - | - - - -
से ऽ ऽ | व ऽ ऽ ऽ | ऽ ऽ ऽ | रं गु ला ऽ

प	-	-	ध	-	नि	-	-	-	-	नि	-	ध	-
गा	ऽ	ऽ	अ	ऽ	ति	ऽ	ऽ	ऽ	ऽ	ला	ऽ	ऽ	ल
प	-	-	-	-	-	-	-	-	-	-	-	-	-
दे	ऽ	ऽ	ऽ	ऽ	ऽ	ऽ	व	ऽ	ऽ	ऽ	ऽ	ऽ	ऽ

रागु वडहंसु, महला 1, घरु 5, अलाहणीआ

धंन सिरन्दा सचा पातिसाहु, जिनि जगु धंधै लाएआ ॥
मुहलति पुन पाई भरी, जानीअड़ा, घति चलाएआ ॥
जानी घति चलाएगा लिखिआ आएआ, रुंने वीर सवाए ॥
काएआ हंस थीआ वेछोड़ा, जा दिन पुने मेरी माए ॥
जेहा लिखिआ तेहा पाएगा, जेहा पुरबि कमाएआ ॥
('आदिग्रन्थ', पृष्ठ 578-79)

ताल सूलफ़ाख्ता

×				2		3			
स	रे	रे	ग	रे	रे	स	स	नि	स
धं	न	ऽ	सि	रं	ऽ	दा	ऽ	ऽ	ऽ
ध	स	स	स	स	रे	रे	ग	रे	स
स	चा	ऽ	ऽ	पा	ति	सा	ऽ	ह	ऽ
स	रे	रे	म	म	ग	ग	रे	रे	ग
जि	नि	ज	गु	धं	ऽ	धै	ऽ	ऽ	ऽ
रे	-	स	-	-	-	-	-	-	-
ला	ऽ	ए	आ	ऽ	ऽ	ऽ	ऽ	ऽ	ऽ
								प	-
								जा	नी
प	-	प	म	म	ध	प	ध	म	म
ध	ऽ	ति	च	ला	ऽ	ए	आ	ऽ	ऽ
म	ग	रे	ग	म	म	म	म	म	म
लि	खि	आ	ऽ	आ	ऽ	ए	आ	ऽ	ऽ
रे	-	-	-	-	-	-	-	-	ग
रुं	ऽ	ने	ऽ	वी	ऽ	ऽ	र	ऽ	स

रे - स - | - - | - - - -
वा ऽ ए ऽ | ऽ ऽ | ऽ ऽ ऽ ऽ

स रे रे ग | रे रे | स स नि़ ध़
जे ऽ ऽ हा | लि खि | आ ऽ ऽ ऽ

ध स स स | स रे | रे ग रे स
ते ऽ हा ऽ | पा ए | आ ऽ ऽ ऽ

रे - स - | - - | - - - -
जे ऽ ऽ हा | ऽ पु | र बि ऽ क

रे - स - | -, |
मा ऽ ए आ | ऽ, |

मुंदावणी, महला 5

थाल विचि तिनि वसतू पईओ सतु संतोखु वीचारो ॥
अंमृित नामु ठाकुर का पएओ जिसका सभसु आधारो ॥
जे को खावै, जे को भूँचै, तिसका होए उधारो ॥
ऐह वसतु तजी नह जाई, नित-नित रखु उरिधारो ॥
तम संसार चरन लगि तरीऐ सभु 'नानक' ब्रह्म पसारो ॥1॥

('आदिग्रन्थ', पृष्ठ 1429)

निसं सरें | रें सं - | निसं सरें | रें सं- नि
थाऽ ऽल | वि चि तिनि | वस तूऽ | प ईऽ ओ

निसं सरें | रें सं - | निसं सरें | रें सं- नि
सतु संऽ | तो खु ऽ | वीचा ऽऽ | रो ऽऽ ऽ

निसं सरें | रें सं - | निसं सरें | रें सं- नि
अंऽ मृित | ना मु ऽ | ठाकु रका | प एऽ ओ

निसं सरें | रें सं - | निसं सरें | रें सं- नि
जिस काऽ | स भ सु | आधा ऽऽ | रो ऽऽ ऽ

निसं सरें | रें सं - | निसं सरें | रें सं- नि
जेऽ कोऽ | खा ऽ वै | जेऽ कोऽ | भूँ ऽऽ चै

निसं	सरें	रें	सं	-	निसं	सरें	रें	सं-	नि
तिस	काऽ	हो	ऽ	ए	उधा	ऽऽ	रो	ऽऽ	ऽ
निसं	सरें	रें	सं	-	निसं	सरें	रें	सं-	नि
ऐऽ	हऽ	व	स	तु	तजी	नह	जा	ऽऽ	ई
निसं	सरें	रें	सं	-	निसं	सरें	रें	सं-	नि
नित	नित	र	खु	ऽ	उरि	धाऽ	रो	ऽऽ	ऽ
निसं	सरें	रें	सं	-	निसं	सरें	रें	सं-	नि
तम	संऽ	सा	र	ऽ	चर	नल	गि	तरी	अै
निसं	सरें	रें	सं	-	निसं	सरें	रें	सं-	नि
सभु	नान	क	ब्र	ह्म	पसा	ऽऽ	रो	ऽऽ	ऽ

आसा, महला 4, छंत घरु 4

जिथै जाए बहै मेरा सतिगुरु, सो थानु सुहावा राम राजे ॥
गुरसिखी सो थानु भालिआ, लै धूर मुखि लावा ॥
गुरसिखा की घाल थाए पई, जिन हरि नामु धिआवा ॥
जिन 'नानकु' सतिगुरु पूजिआ, तिन हर पूज करावा ॥

	नि	ग	रे	नि	स	ग	रे
	जि	थै	ऽ	जा	ए	ब	है
रे	स	स	स	नि	नि	स	स
ऽ	मे	रा	ऽ	स	ति	गु	रु
-	नि	ग	रे	नि	स	ग	रे
ऽ	सो	ऽ	ऽ	था	नु	सु	हा
रे	स	-	-	नि	नि	स	स
ऽ	वा	ऽ	ऽ	रा	म	रा	जे

(छंत की शेष पंक्तियाँ इसी तरह ही गायी जाएँगी।)

राग सारंग

करत केल बिखै मेल चन्द्र सूर मोहे ॥
उपजता बिकार दुंदरन उपरी झुनंतकार सुंदर अनिग भाउ,
फिरत फिरत बिनु गोपाल धोहे ॥

तीनि भउने लपटाए रही काचि करमनि जात सही ॥
उनमत अंधधंध रचित जैसे महासागर होहे ॥
उधरे हरि संत दास, काटि दीनी जम की फास ॥
पतित पावन नामु जाको, सिमरि, 'नानक' ओहे ॥

● स्थायी — एकताल (द्रुत लय)

×		0		2		0		3		4	
1	2	3	4	5	6	7	8	9	10	11	12
प	रें	सं	रें	नि	सं	नि	सं	रें	नि	-	प
क	र	त	के	ऽ	ल	बि	खै	ऽ	मे	ऽ	ल
नि	-	प	निनि	पम	प	सं	-	निसं	रेंसं	निप	मप
चं	ऽ	द्र	सूऽ	ऽऽ	र	मो	ऽ	हेऽ	ऽऽ	ऽऽ	ऽऽ
म	प	प	नि	प	नि	सरें	निसं	सं	नि	प	प
उ	प	ज	ता	ऽ	बि	काऽ	ऽऽ	र	दुं	द	र
म	म	म	प	प	प	मरे	रे	रे	स	स	स
नउ	प	री	झसु	नं	त	काऽ	ऽ	र	सुं	द	र
रे	म	म	प	—	प	रे	म	नि	प	—	प
अ	नि	ग	भा	ऽ	उ	क	र	त	फि	र	त
म	प	नि	सं	-	सं	पनि	सरें	निसं	रेंसं	निप	मप
बि	नु	गो	पा	ऽ	ल	धोऽ	ऽऽ	हेऽ	ऽऽ	ऽऽ	ऽऽ

● अन्तरा– 1 — ताल धमार

×					2		0			3			
1	2	3	4	5	6	7	8	9	10	11	12	13	14
म	-	प	नि	प	नि	नि	सं	सं	नि	सं	-	-	-
ती	ऽ	नि	भउ	ने	ल	प	टा	ए	र	ही	ऽ	ऽ	ऽ
रें	रें	मं	रें	सं	सं	रें	नि	सं	सं	नि	-	प	-
का	चि	क	र	म	नि	ऽ	जा	त	सं	ही	ऽ	ऽ	ऽ

आड़ा चारताल

×	0	2	0	3	0	4
मम प	प नि	- प	नि -	सं रेंसं	नि नि	प प
उन म	त अं	ऽ ध	धं ऽ	ध रऽ	चि त	जै से
म रे	प म	रे स	रेम पनि	मप निसं	रेंसं निसं	निप मप
म हा	ऽ सा	ग र	होऽ ऽऽ	ऽऽ ऽऽ	हेऽ ऽऽ	ऽऽ ऽऽ

● **अन्तरा– 2**

ताल रूपक

×	2	3	×	2	3
म प -	निनि पम	प प	मप निसं नि	सरें निसं	- सं
उ ध ऽ	रेऽ ऽऽ	ह रि	संऽ ऽऽ त	दाऽ ऽऽ	ऽ स
मप निसं रें	रें -	रें -	सरें मं रें	सं रें	नि सं
काऽ ऽऽ टि	दी ऽ	नी ऽ	जऽ म की	फा ऽ	ऽ स

एकताल (द्रुत लय)

×	0	2	0	3	4
सं सं	सं नि	प प	रे -	म प	- प
प ति	त पा	व न	ना ऽ	मु जा	ऽ को
पम रेम	प रे	रे स	रेम पनि	सरें निसं	निप मप
सिऽ मऽ	रि ना	न क	ओऽ ऽऽ	हेऽ ऽऽ	ऽऽ ऽऽ

वर्तमान संगीत शास्त्र और वर्ण

●

सुश्री लता भागचन्दानी

वर्ण शब्द की परिभाषाएँ हिन्दुस्तानी संगीत की दूसरी पुस्तक तथा 'संगीत विशारद' नामक ग्रन्थों में पढ़ने को मिली। पढ़कर विचार हुआ कि शब्द को गलत रूप में समझा गया। संगीत के विद्यार्थियों को परम्परा से यही गलत स्वरूप सिखाया जाता रहा और विद्वानों के सामने विचारार्थ वर्ण का निरूपण किया जाता रहा है। उपरोक्त ग्रन्थों में भी संशोधन कर दिया जाए तो उत्तम रहेगा।

वर्ण का विकृत रूप : हिन्दुस्तानी संगीत की दूसरी पुस्तक में स्वर्गीय पूज्यपाद श्री भातखण्डे जी लिखते हैं कि 'एक ही स्वर बार-बार कहना, यह स्थायी वर्ण का उदाहरण होता है।' इस स्थायी वर्ण को पूज्य लेखक ने स्पष्ट नहीं किया।

इसी प्रकार 'संगीत विशारद' नामक ग्रन्थ के रचयिता माननीय श्री विश्वम्भर सहाय भी स्थायी वर्ण की परिभाषा में कहते हैं कि 'एक ही स्वर बारम्बार ठहर-ठहर कर बोलने या गाने की क्रिया को स्थायी वर्ण कहते हैं। जैसे—'स स स स, रे रे रे रे, ग ग ग ग'। स्थायी वर्ण का अर्थ हुआ ठहरा हुआ।

वर्ण का शुद्ध स्वरूप : 'संगीत पारिजात' नामक ग्रन्थ में अहोबल पंडित लिखते हैं कि—

गान क्रियोच्यते वर्ण सः चतुर्धानिरूपितः।
स्थाय्यारोहावरोही च संचारीत्यथ लक्षणाय ॥
(119)

अर्थात्, गायन की प्रत्यक्ष क्रिया को वर्ण कहते हैं। वर्ण चार प्रकार से निरूपित होता है, जिसे स्थायी, आरोह, अवरोह तथा संचारी लक्ष्यों द्वारा व्यक्त करते हैं।

स्थायी वर्ण में स्वर का स्थायी भाव बनाने का विधान भी 'पारिजात' में स्पष्ट लिखा है। एक ही स्वर को बार-बार कहना जिसे 'संगीत विशारद' के विद्वान् लेखक ने उदाहरण देकर 'स स स स, रे रे रे रे अथवा ग ग ग ग' कहा है, स्थायी वर्ण नहीं

है; अपितु यह तो आरोह वर्ण का गात्र वर्ण नामक अलंकार है। भला स्थायी वर्ण में आरोह वर्ण के अलंकार को कैसे थोपा जा सकता है, अतः निश्चित रूप से स्थायी वर्ण को समझने में भूल की गयी है।

आइए देखें 'संगीत पारिजात' में अहोबल पंडित स्थायी वर्ण को कितना स्पष्ट समझा रहे हैं–

स्थित्वा स्थित्वा प्रयोगः स्यादेकस्मिन स्वरे पुनः।
स्थायी वर्णः से विजेयः परावन्वर्थनाम कौ ॥

(220)

अर्थात्, एक स्वर से प्रारम्भ होकर पुनः उसी स्वर में स्थिर हो जाने को स्थायी वर्ण कहते हैं।

येजाभाघन्त योरेकस्वास्ते स्थायिवर्णगाः।
प्रसन्नादिः प्रसन्नन्तः प्रसन्नाघन्त संज्ञक ॥

(222)

अर्थात्, जिसके आदि और अन्त में एक ही स्वर हो, वह स्थायी वर्ण होता है। उनकी प्रसन्न आदि, प्रसन्न अन्त और प्रसन्न आदि-अन्त संज्ञा होती है। स्थायी वर्ण के सात अलंकार होते हैं, जिन्हें क्रमशः 1. भद्र, 2. नन्द, 3. जित, 4. सोम, 5. ग्रीवा, 6. भाल, 7. प्रकाश।

1. भद्र : अलंकार में स्वर का स्थायी भाव इस प्रकार रहता है, सरेस, रेगरे, गमग, मपम, पधप, धनिध, निसंनि, सरेंसं'।

प्रत्येक स्वर समुदाय का आदि और अन्त का स्वर एक ही है, इसे स्थायी वर्ण का भद्र अलंकार कहते हैं।

2. नन्द : अलंकार में स्वर का स्थायी भाव इस प्रकार रहता है। 'ससरेरेसस, रेरेगगरेरे, गगममगग, ममपपमम, पपधधपप, धधनिनिधध, निनिसंसंनिनि, संसरेंरेंसंसं'।

इस अलंकार में प्रत्येक स्वर को दो-दो बार कहा गया है, किन्तु प्रत्येक स्वरसमुदाय का आदि और अन्त का स्वर एक ही है। इसे स्थायी वर्ण का नन्द अलंकार कहते हैं।

3. जित : अलंकार में स्वर का स्थायी भाव इस प्रकार रहता है–'सगरेस, रेमगरे, गपमग, मधपम, पनिधप, धसंनिध, निरेंसंनि, संगरेंसं'।

इस अलंकार में मुख्य आधार स्वर का तीसरे स्वर पर जाकर अवरोह करते हैं, जैसे–'स ग रे स' का आदि स्वर षड्ज है तो दूसरा स्वर ऋषभ तथा तीसरा स्वर गान्धार है आदि में 'स' तथा इसमें तीसरे नम्बर पर गान्धार है तो 'सग' स्वर आये।

अब अवरोह करने हेतु 'रे' स्वर रहा। षड्ज का स्थायी भाव तभी बनेगा जब आदि और अन्त में षड्ज हो। अर्थात् अलंकार का स्वरूप बना 'सगरेस'। इसी को क्रम से बढ़त करके पूरा अलंकार बनाया जाता है।

4. सोम अलंकार : यह स्थायी वर्ण का चौथा अलंकार है। उपर्युक्त अलंकार के स्वरूप के प्रत्येक स्वर को दो-दो बार कह देने से सोम अलंकार बनता है। अर्थात् जिनमें 'सगरेस' तो सोम में होगा। 'ससगगरेरेसस, रेरेममगगरेरे, गगपपममगग, ममधधपपमम, पपनिनिधधपप, धधसंसंनिनिधध, निनिरेंरेंसंसंनिनि, संसंगंगंरेंरेंसंसं'।

इस अलंकार में भी आदि और अन्त में स्वर का स्थायी भाव क़ायम रखा गया है।

5. ग्रीवा अलंकार : यह स्थायी वर्ण का पाँचवाँ अलंकार है। इसमें आदि स्वर से तीसरे स्वर पर जाकर दूसरे स्वर पर आते हैं, फिर पुनः तीसरे स्वर पर जाकर एक स्वर आगे अर्थात् चौथे स्वर पर जाते हैं, क्रमशः तीन, दो, एक का अवरोह करते हैं, जैसे—'ससरेगमगरेस, रेमगमपमगरे, गपमपधपमग, मधपधनिधपम, पनिधनिसंनिधप, धसंनिसंनिधपम, निरेंसंरेंगंरेंसंनि, संगंरेंगंसंगंरेंसं'।

इस प्रकार प्रत्येक स्वर-खण्ड का आदि और अन्त एक ही स्वर है। स्थायी वर्ण का यह पाँचवाँ अलंकार हुआ।

6. भाल अलंकार : यह स्थायी वर्ण का छठा अलंकार है। इस अलंकार में आदि स्वर में तीसरे स्वर का एक तक जाकर पुनः दूसरे स्वर पर आकर चौथे स्वर पर जाते हैं तथा चौथे स्वर से ही क्रमशः चार स्वरों का अवरोह करते हैं। जैसे—'सगरेममगरेसा, रेमगपपमगरे, गपमधधपमग, मधपनिनिधपम, पनिधसंसंनिधप, धसंनिरेंरेंसंनिध, निरेंसंगंगंरेंसंनि, संगंरेंमंमंगंरेंसं'।

इसमें भी आदि और अन्त में एक स्वर पर आकर स्वर का स्थायी भाव कायम रहा है।

7. प्रकाश अलंकार : यह स्थायी वर्ण का सातवाँ अलंकार है। इस अलंकार में आदि स्वर में क्रमशः आगे दो स्वर तक दो-दो बार तथा चौथे स्वर से तीन-तीन स्वर क्रमशः एक-एक मात्रा में कहकर पुनः आदि स्वर में आकर मिलते हैं, जैसे—सस रेरे गग मगरे गरेस, रेरे गग मम गमग मगरे, गग मम पप धपम पमग, मम पप धध निधप धपम, पप धध निनि संनिध निधप, धध निनि संसं रेंसंनि संनिध, निनि संसं रेंरें गरेंसं, रेंसंनि, संसं रेंरें गंगं मंगंरें गरेंसं'। इस अलंकार में भी प्रत्येक स्वर-खंड में आदि और अन्त में एक स्वर पर आकर ही स्वर का स्थायी भाव कायम रखा गया है।

भक्त संगीतज्ञ मधुरअली की रचनाएँ

तुलसीराम देवांगन

युगुल हिंडोल लीला

मधुरअली की रचना 'युगुल हिंडोल लीला' में श्री सीता-राम को माध्यम बनाकर स्वयं को सखी रूप में प्रस्तुत करते हुए रचनाकार ने वर्षा-ऋतु के मनोहारी सौन्दर्य का वर्णन करते हुए हिंडोला झूलने का 109 पदों के माध्यम से सरस चित्रण किया है। बिना कथानक के संक्षिप्त विषय पर इतने गीतों की रचना करना रचनाकार की रचनात्मक प्रतिभा का प्रत्यक्ष प्रमाण है। पदों में सांगीतिक लालित्य के साथ साहित्यिक सौन्दर्य की छटा स्थान-स्थान पर छिटक रही है। बत्तीस रागों में पदों का विभाजन करते समय ऋतु की अनुकूलता को ध्यान में रखा गया है, जिसे संगीतज्ञ रचनाकार ही कर सकता है। प्रयुक्त रागों के नाम हैं—1. देवगिरीमल्हार, 2. गौड़गिरीमल्हार, 3. नटमलारी, 4. जाजमल्हार, 5. भूपाली का माँझ, 6. भूपाली, 7. झिंझोटी, 8. तिलंग, 9. देशसारंग, 10. बहार, 11. हरषन, 12. देशमल्हार, 13. इमनी, 14. धूरियामल्हार, 15. सूरमल्हार, 16. गौड़गिरी, 17. जंगला, 18. सारंगदेश, 19. भामिनीमल्हार, 20. बिहारी, 21. पीलू, 22. कुकुभीमल्हार, 23. जाजवंतीमल्हार, 24. भूपसाख, 25. देश, 26. मेघमल्हार, 27. गौरीमल्हार, 28. इमनीभूपाली, 29. कालिंगड़ा, 30. सावन, 31. बिहाग, 32. ईमन। इनके अतिरिक्त कुछ रेख़्ता, कजरी और ग़ज़ल भी हैं। इस सूची में मल्हार के ऐसे अनेकों प्रकारों के नाम हैं, जिनका आज प्रचार नहीं है। कवि का इन रागों से घनिष्ठ सम्बन्ध प्रतीत होता है। रचनाओं की गेयता और सरसता तो निर्विवाद है, जिससे यह प्रमाणित होता है कि रचयिता गायन-कला का विशेष मर्मज्ञ रहा है। इस ग्रन्थ में पद-क्रम 109 में उपलब्ध कजरी का स्वरबद्ध रूप निम्नांकित है—

कजरी

धीरे-धीरे से झुलावो हो अवध प्यारे।
अति सुकुमारी सिय प्यारीजू, डरपति अति भूपति के बारे ॥
सुनि मुसिकाय दिहे गलबाहीं, तकि तिरछी जनु शर मारे।
'मधुरअली' बाँकी छटा छबीली, रतिपति देखत हिय हारे ॥

- **स्थायी**

कहरवा ताल

× × × ×

| स स
| धी रे

- निृस -रे ग | सरे रेप म म | ग गरे स निृ | स - स स
ऽ धीरे ऽसे झु | लाऽ वोऽ हो अ | व धऽ प्या ऽ | रे ऽ धी रे

- **अन्तरा. 1**

× × × ×

रेरे -म म | प - प - | - पप -प - | मध पध म ग
अति ऽसु कु | मा ऽ री ऽ | ऽ सिया ऽप्या ऽ | रीऽ ऽऽ जू ऽ

ध
रे रेरे -म म | पधनि- धनि प - | - पप -प - | मध पध म ग
ऽ अति ऽसु कु | माऽऽऽ ऽऽ री ऽ | ऽ सिया ऽप्या ऽ | रीऽ ऽऽ जू ऽ

ग स
रे मम -म म | ग म रे - | स रे निृ - | निृस -निृ सग रे
ऽ डर ऽप त | अ ति भू ऽ | प ति के ऽ | बाऽ ऽऽ रेऽ ऽ

-रे मग रेस निृ | स - स स |
ऽअ वध ऽप्या ऽ | रे ऽ धी रे |

- **अन्तरा. 2**

× × × ×

मप -नि नि | सं - सं - | -सं नि- -सं रें | (नि)- नि ध
सुनि ऽमु स | का ऽ य ऽ | ऽदि हेऽ ऽग ल | बा ऽ हीं ऽ

प निनि -नि नि | ध नि धप प | - मम -,पध प | म ग रे रे
ऽ तकि ऽति र | छी ऽ जऽ नु | ऽ सर ऽ,माऽ ऽ | रे ऽ हो अ

म	गरे	-स	निं़	स	-	स	स
व	धऽ	ऽप्या	ऽ	रे	ऽ	धी	रे

- **अन्तरा. 3**

×				×				×				×			
	रेरे	-स	म	प	-	प	प	-	मध	-ध	ध	पध	नि	धप	-
	मधु	ऽर	अ	ली	ऽ	वाँ	की	ऽ	छटा	ऽऽ	छ	बीऽ	ऽ	लीऽऽ	
-	निनि	-नि	नि	धनि	संनि	धप	प	-	पम	-प	धप	म	ग	रे	-
ऽ	रति	ऽप	ति	देऽ	ऽऽ	खऽ	त	ऽ	हिय	ऽहा	ऽऽ	रे	ऽ	हो	ऽ
-रे	मग	रेस	नि	स	-	स	स								
ऽअ	वध	ऽप्या	ऽ	रे	ऽ	धी	रे								

युगुल बसंतबिहार लीला

श्री सीता-राम की बसंतबिहार लीला पर आधारित ग्रन्थ 'युगल बसंतबिहार लीला' है। इस ग्रन्थ में 59 पद हैं, जिन्हें सोलह रागों में विभाजित किया गया है। काफी राग में सबसे अधिक रचनाएँ हैं, जिससे यह ध्वनित होता है कि रचयिता को यह ज्ञात है कि काफी, होरी-गीत का प्रमुख राग है। काफी में परम्परागत धुन पर कुछ रचनाएँ हैं और अन्य धुनों पर भी। विशेष उल्लेखनीय है कि पूर्वोक्त दोनों ग्रन्थों में काफी राग पर केवल एक पद मिलता है। इससे यह प्रमाणित होता है कि मधुरअली उत्तर भारतीय संगीत की परम्परा से सम्पृक्त रहे हैं। इस ग्रन्थ की रचनाएँ सरस, सांगीतिक एवं भाव-प्रधान हैं। कुछ रचनाओं के स्वर-रूप निम्नांकित हैं। सर्वप्रथम परम्परागत होरी की धुन पर एक रचना प्रस्तुत है। यह पद मूल ग्रन्थ में क्र. चौदह पर उपलब्ध है।

काफी

होरी खेलन को आई अलिन लैके जनक किशोरी!
सो सुनि उठत लाल रघुनंदन अनुज सखा सब जोरी।
हँसत कहत मणिमहल चलत भे प्रेम प्रमोद न थोरी, लिहे भरि अबिरन झोरी ॥1॥
लखि मुखचंद पिया को प्यारी, जंत्र बजावत दोरी।
सुमन छड़ी कर कमल सबन के सखी समर सहजोरी, हाँकि हरि को पकरो री ॥2॥
अब न चलत काबू काहू को, बंधु-सखा मुख मोरी।
लै तिय वेष बनाय लाल को, बाल बजाय हँथोरी, कहें सिय के पाँय परो री ॥3॥
तब मुसक्याय ढाँपि मुख अंचल लली ताकि तृण तोरी।
'मधुरअली' पीतम तुम नागर आज भयो कस गोरी, हमै आचरज बहोरी ॥4॥

• स्थायी **दीपचंदी ताल**

2				0			3				×		
				म									
स	-	रे	रे	ग	ग	-	रेग	मप	म	-	प	-	-
हो	ऽ	री	खे	ल	न	ऽ	कोऽ	ऽऽ	ऽ	ऽ	आ	ऽ	ऽ
प	-	-	प	प	ध	-	म	-	प	ध	नि	सं	-
ई	ऽ	ऽ	अ	लि	न	ऽ	ऽ	ऽ	लै	कै	ज	न	ऽ
-	-	नि	ध	प	म	-	प	नि	ध	प	ग	रे	ग
ऽ	ऽ	क	कि	शो	ऽ	ऽ	री	ऽ	ऽ	ऽ	ऽ	ऽ	ऽ

• अन्तरा

2				0			3				×		
											सं		
रें	-	रें	रें	रें	गं	-	रेंसं	-	-	-	नि	नि	-
सो	ऽ	सु	नि	उ	ठ	ऽ	तऽ	ऽ	ऽ	ऽ	ला	ल	ऽ
				सं									
ध	प	प	-	ध	सं	-	ध	सरें	मंगं	-	-	-	-
र	ऽ	घु	ऽ	नं	ऽ	ऽ	द	नऽ	ऽऽ	ऽ	ऽ	ऽ	ऽ
रें	रें	सं	रें	निं	नि	ध	म	-	प	-	नि	-	-
अ	नु	ज	स	खा	ऽ	ऽ	स	ऽ	ब	ऽ	जो	ऽ	ऽ
-	-	-	-	सं	-	-	-	-	-	-	-	-	-
ऽ	ऽ	ऽ	ऽ	री	ऽ	ऽ	ऽ	ऽ	ऽ	ऽ	ऽ	ऽ	ऽ
सं	सं	सं	नि	सं	सं	-	सं	-	सं	-	नि	नि	-
हं	स	त	ल	स	त	ऽ	म	ऽ	णि	ऽ	म	ह	ऽ
सं	-	रें	-	नि	नि	-	ध	नि	ध	प	-	-	-
ल	ऽ	च	ऽ	ल	त	ऽ	भे	ऽ	ऽ	ऽ	ऽ	ऽ	ऽ
नि	-	नि	नि	सं	-	-	सं	-	सं	रें	नि	-	-
प्रे	ऽ	म	प्र	मो	ऽ	ऽ	द	ऽ	न	ऽ	थो	ऽ	ऽ
नि	-	ध	प	ध	म	-	प	-	ध	-	प	पध	निसं
री	ऽ	ऽ	लि	हे	ऽ	ऽ	भ	ऽ	री	ऽ	अ	बिऽ	ऽऽ

-	-	नि	ध	ध	म	-	प	नि	ध	प	ग	रे	ग
ऽ	ऽ	र	न	झो	ऽ	ऽ	री	ऽ	ऽ	ऽ	ऽ	ऽ	ऽ

स	-	रे	रे	ग	ग	-	रेग	मप	म	-	प,
हो	ऽ	री	खे	ल	न	ऽ	कोऽ	ऽऽ	ऽ	ऽ	आ,

(अन्य अंतरों को स्वतंत्र धुन में भी गाते हैं और पहले अंतरे की धुन पर भी।)

शहाना

(यह पद मूल ग्रन्थ में क्र. 23 पर उपलब्ध है।)

साँवरो रंग डारो सम्हारिकै।
जो मोरि सारी में रंग परैगो, तौ भिजउब तोरी पाग पकरिकै ॥
सुनि सखि बोल लाल मुसक्याने केसर की पिचकारी भरिकै।
'मधुरअली' उर बिच तकि मार्त्यो, राजकुँवर नहिं नेकौ डरिकै ॥

दीपचंदी ताल

• स्थायी

×			2				0			3			
			नि	ध	नि	प	ध	म	-	प	-	प	-
			साँ	ऽ	ऽ	व	रो	ऽ	ऽ	रं	ऽ	ग	ऽ
												म	
सं	-	-	नि	प	प	म	प	प	-	पम	निप	ग	-
डा	ऽ	ऽ	रो	ऽ	ऽ	स	म्हा	रि	ऽ	कैऽ	ऽऽ	ऽ	ऽ
					म								
म	-	-	प	-	ग	म	रे	-	-	स	-	स	-
ऽ	ऽ	ऽ	जो	ऽ	मो	री	सा	ऽ	ऽ	री	ऽ	में	ऽ
												म	
स	-	-	म	-	-	म	प	-	-	मप	निप	ग	-
रं	ऽ	ऽ	ग	ऽ	ऽ	प	रै	ऽ	ऽ	गोऽ	ऽऽ	ऽ	ऽ
म	-	-	नि	ध	नि	प	ध	म	-	प	-	प	-
ऽ	ऽ	ऽ	तौं	ऽ	भि	ज	उ	ब	ऽ	तो	ऽ	री	ऽ
												म	
सं	-	-	नि	ध	नि	प	म	प	प	मप	निप	ग	-
॥	ऽ	ऽ	ग	ऽ	ऽ	ऽ	प	क	रि	कैऽ	ऽऽ	ऽ	ऽ

म	-	-	॥	ध	-	नि	सं	॥	नि	प	-	॥	निनि	पम	प	-
ऽ	ऽ	ऽ	॥	साँ	ऽ	ऽ	व	॥	रो	ऽ	ऽ	॥	रंऽ	ऽऽ	ग	ऽ

- **अन्तरा**

2					0			3					×		
म	प	नि	प	॥	नि	सं	-	॥	सं	-	-	-	॥	नि	सं	-
सु	न	स	खि	॥	बो	ऽ	ऽ	॥	ल	ऽ	ऽ	ऽ	॥	ला	ल	ऽ
रें	-	सं	-	॥	नि	सं	-	॥	नि	ध	नि	प	॥	-	-	-
मु	ऽ	स	ऽ	॥	क्या	ऽ	ऽ	॥	ने	ऽ	ऽ	ऽ	॥	ऽ	ऽ	ऽ
प	-	प	प	॥	ध	म	-	॥	प	-	प	-	॥	सं	-	-
के	ऽ	स	र	॥	की	ऽ	ऽ	॥	पि	ऽ	च	ऽ	॥	का	ऽ	ऽ
नि	ध	नि	प	॥	म	प	-	॥	मप	निप	ग	-	॥	म	-	-
री	ऽ	ऽ	ऽ	॥	भ	रि	ऽ	॥	कैऽ	ऽऽ	ऽ	ऽ	॥	ऽ	ऽ	ऽ
म	प	ग	म	॥	रे	-	-	॥	स	-	स	-	॥	स	स	-
म	धु	र	अ	॥	ली	ऽ	ऽ	॥	उ	ऽ	र	ऽ	॥	बि	च	ऽ
म	-	म	-	॥	प	-	-	॥	मप	निप	ग	-	॥	म	-	-
त	ऽ	कि	ऽ	॥	मा	ऽ	ऽ	॥	स्योऽ	ऽऽ	ऽ	ऽ	॥	ऽ	ऽ	ऽ
म	प	नि	सं	॥	गं	गं	मं	॥	रें	-	सं	-	॥	सं	-	-
रा	ऽ	ज	कुँ	॥	व	र	ऽ	॥	न	ऽ	हिं	ऽ	॥	ने	ऽ	ऽ
नि	प	प	-	॥	म	प	-	॥	मप	निप	ग	-	॥	म	-	-
कौ	ऽ	ऽ	ऽ	॥	ड	रि	ऽ	॥	कैऽ	ऽऽ	ऽ	ऽ	॥	ऽ	ऽ	ऽ
नि	ध	नि	प	॥	ध	म	-	॥	प	-	प	-	॥	सं	-	-
साँ	ऽ	ऽ	व	॥	रो	ऽ	ऽ	॥	रं	ऽ	ग	ऽ	॥	डा	रो	ऽ

काफी

(मूल ग्रंथ क्र. 18 में उपलब्ध है।)

रँगीले रंगमहल में खेलि रहे दोऊ फाग।
दशरथ सुत अरु जनकनंदिनी, उमँगि-उमँगि अनुराग ॥
भीजि गई सिय की सिर सारी, नवल लाल की पाग।
'मधुरअली' तृन तोरि बिलोकति, सरसत सरस सुहाग ॥

• **स्थायी**

दीपचंदी ताल

×			2				0			3			
						प	ध	म	-	पध	निसं	सं	-
						रँ	गी	ऽ	ऽ	लेऽ	ऽऽ	ऽ	ऽ
-	-	-	नि	-	ध	प	म	प	-	(ग)ग	-	रे	ग
ऽ	ऽ	ऽ	रं	ऽ	ग	म	ह	ल	ऽ	में	ऽ	ऽ	ऽ
सरे	स	-	स	-	रे	नि	रा	-	-	रे	-	स	रे
ऽऽ	ऽ	ऽ	खे	ऽ	लि	र	हे	ऽ	ऽ	दो	ऽ	ऊ	ऽ
प	-	-	प	-	-,	प							
फा	ऽ	ऽ	ग	ऽ	ऽ,	रँ	गीले रंगमहल में...।						

• **अन्तरा**

×			2				0			3			
			म	म	म	म	प	प	-	नि	-	नि	-
			द	श	र	थ	सु	त	ऽ	अ	ऽ	रु	ऽ
सं	सं	-	सं	-	-	नि	सरें	मंगं	रेंगं	रें	-	सं	-
ज	न	ऽ	क	ऽ	ऽ	नं	ऽऽ	ऽऽ	ऽऽ	दि	ऽ	नी	ऽ
-	-	-	नि	नि	नि	नि	सं	सं	-	सं	-	रें	-
ऽ	ऽ	ऽ	उ	मँ	गि	उ	मँ	गि	ऽ	अ	ऽ	नु	ऽ
(नि)	-	-	ध	-	-,	प							
रा	ऽ	ऽ	ग	ऽ	ऽ,	रँ	गीले रंगमहल में...।						

• संचारी

×			2				0			3			
			प	-	म	प	मग̲	रे	ग̲	स	-	रे	-
			भी	ऽ	ज़ि	ग	ईऽ	ऽ	ऽ	सि	ऽ	य	ऽ
प	-	-	प	-	म	-	पध	सां	धनि̲	ध	-	प	-
की	ऽ	ऽ	सि	ऽ	र	ऽ	साऽ	ऽऽ	ऽऽ	री	ऽ	ऽ	ऽ
-	-	-	म	प	नि	-	सं	-	नि	सं	-	सं	रें
ऽ	ऽ	ऽ	न	व	ल	ऽ	ला	ऽ	ल	की	ऽ	ऽ	ऽ
(नि̲)	-	-	ध	-	प,	प	ध	म	-	पध	नि̲सं	-,	
पा	ऽ	ऽ	ग	ऽ	ऽ,	रँ	गी	ऽ	ऽ	लेऽ	ऽऽ	ऽ,	

• आभोग

×			2				0			3			
			म	प	नि	सं	रें	-	-	रें	-	रें	-
			म	धु	र	अ	ली	ऽ	ऽ	तृ	ऽ	न	ऽ
सरें	मंग̲ं	-	रें	-	-	ग̲ं	सं	रें	-	सं	-	सं	-
तोऽ	ऽऽ	ऽ	र	ऽ	ऽ	बि	तोऽ	ऽ	ऽ	क	ऽ	ति	ऽ
-	-	-	नि	नि	नि	नि	सं	सं	नि	सं	-	-	रें
ऽ	ऽ	ऽ	स	र	स	त	त	र	ऽ	स	ऽ	ऽ	सु
(नि̲)	-	-	ध	-	-,	प	ध	म	-	पध	नि̲सं	-,	
हा	ऽ	ऽ	ग	ऽ	ऽ,	रँ	गी	ऽ	ऽ	लेऽ	ऽऽ	ऽ,	

सिधभैरवी

(मूल ग्रन्थ में क्र. 29 पर यह पद राग भैरवी में उपलब्ध है।)

अबिर गुलाल मसकि मुख मारे, अब न खेलौं ऐसी होरी, सखी री!
मैं अपने मग चली जात थी, धरि बहियाँ झकझोरी, सखी री!
रसबस करि मोतिन लर टोरयो, पुनि दृग सों दृग जोरी, सखी री!
'मधुरअली' पिय नेक न मान्यो, राजमहल की खोरी, सखी री!

• स्थायी **दीपचंदी ताल**

×			2				0			3			
			प	प	प	प	प	-	-	ध	-	प	ध
			अ	बि	र	गु	ला	ऽ	ऽ	ल	ऽ	ऽ	म
म	प	—	(ग)	—	रेस	—	सरे	—	स	रे	म	—	—
स	लि	ऽ	मु	ऽ	खऽ	ऽ	माऽ	ऽ	ऽ	रे	ऽ	ऽ	ऽ
—	—	—	प	प	न	प	निध	संनि	धनि	ध	—	प	ध
ऽ	ऽ	ऽ	अ	बि	र	गु	लाऽ	ऽऽ	ऽऽ	ल	ऽ	ऽ	म
म	प	—	(ग)	—	रेस	—	स	—	रे	ग	म	—	—
स	लि	ऽ	मु	ऽ	खऽ	ऽ	मा	ऽ	ऽ	रे	ऽ	ऽ	ऽ
—	—	—	प	ध	प	म	गरे	मग	—	रेस	—	सं	—
ऽ	ऽ	ऽ	अ	ब	न	खे	लौंऽ	ऽऽ	ऽ	ऐऽ	ऽ	सी	ऽ
					स								
स	—	—	स	रे	नि	—	स	ग	—	सग	मप	गम	—
हो	ऽ	ऽ	री	ऽ	स	ऽ	खी	ऽ	ऽ	रीऽ	ऽऽ	ऽऽ	ऽ
ग	—	—	प	ध	प	म	गरे	मग	रेग	रेस	—	स	—
ऽ	ऽ	ऽ	अ	ब	न	खे	लौंऽ	ऽऽ	ऽऽ	ऐऽ	ऽ	सी	ऽ
स	—	—	स	—	—	—							
हो	ऽ	ऽ	री	ऽ	ऽ	ऽ							

• अंतरा

×			2							3			
			म		नि								
			ग	म	ध	नि	सं	—	—	सं	—	सं	—
			मैं	ऽ	अ	प	ने	ऽ	ऽ	म	ऽ	ग	ऽ
										नि			
—	—	—	नि	नि	सं	—	सं	संनि	गंसं	ध	—	प	—
ऽ	ऽ	ऽ	च	ली	ऽ	ऽ	जा	ऽऽ	तऽ	थी	ऽ	ऽ	ऽ

—	—	—	नि	नि	नि	नि	ध	म	—	प	—	—	सं
ऽ	ऽ	ऽ	ध	रि	ब	हि	याँ	ऽ	ऽ	झ	ऽ	ऽ	क
(नि) ध	—	—	प	—	—	ध	(प) म	प	—	(म) ग	—	म	—
झो	ऽ	ऽ	री	ऽ	ऽ	स	खी	ऽ	ऽ	री	ऽ	ऽ	ऽ
ग	—	—	प	ध	प	म							
ऽ	ऽ	ऽ	अ	ब	न	खे	लौं ऐसी होरी, सखी री!						

- **संचारी**

×			2				0			3			
			ग	ग	म	ग	प	प	—	प	—	—	—
			र	स	ब	स	क	रि	ऽ	मो	ऽ	ऽ	ऽ
प	ध	—	नि	—	सं	—	प	नि	—	(नि) ध	—	प	—
ति	न	ऽ	ल	ऽ	र	ऽ	टो	ऽ	ऽ	स्यो	ऽ	ऽ	ऽ
—	—	—	प	ध	नि	सं	निसं	रेंगं	—	(सं)	—	निध	पध
ऽ	ऽ	ऽ	पु	नि	दृ	ग	सोंऽ	ऽऽ	ऽ	दृ	ऽ	गऽ	ऽऽ
सं	—	—	सं	—	—	—	निसं	रेंसं	निसं	(नि) ध	—	प	—
जो	ऽ	ऽ	री	ऽ	ऽ	ऽ	ऽऽ	ऽऽ	ऽऽ	ऽ	ऽ	ऽ	ऽ

- **आभोग**

×			2				0			3			
			प	प	नि	सं	रें	—	—	रें	—	रें	—
			म	धु	र	अ	ली	ऽ	ऽ	पि	ऽ	य	ऽ
सरें	गं	—	रें	—	—	गं	रेंसं	रें	—	सं	—	—	—
नेऽ	ऽ	ऽ	क	ऽ	ऽ	न	माऽ	ऽ	ऽ	न्यों	ऽ	ऽ	ऽ
—	—	—	प	—	ध	ध	नि	ध	म	प	—	सं	—
ऽ	ऽ	ऽ	रा	ऽ	ज	म	ह	ल	ऽ	की	ऽ	ऽ	ऽ

नि										म			
ध	—	—	प	—	—	ध	पम	म	—	ग	—	म	—
खो	ऽ	ऽ	री	ऽ	ऽ	स	खोऽ	री	ऽ	मैं	ऽ	ऽ	ऽ
ग	—	—	प	ध	प	मग	सरे	मग	—	रेस	—	स	—
ऽ	ऽ	ऽ	अ	ब	न	खेऽ	लौंऽ	ऽऽ	ऽ	ऐऽ	ऽ	सी	ऽ
सरे	ग	—	रेस	नि	नि	नि	स	ग	—	सग	मप	गम	—
होऽ	ऽ	ऽ	रीऽ	ऽ	ऽ	स	खी	ऽ	ऽ	रीऽ	ऽऽ	ऽऽ	ऽ
ग	-	-	प	ध	·प	म	गरे	ग	-	रेस	स	स	-
ऽ	ऽ	ऽ	अ	ब	न	खे	लौंऽ	ऽ	ऽ	ऐऽ	ऽ	सी	ऽ
सं	-	-	स										
हो	ऽ	ऽ	री										

'युगुल बसंतबिहार लीला' के 59 पदों की बहार, इमनीभूपाली, काफी, झिंझोटी, गारा, सारंग, शहाना, परज, भैरवी, देश कालिंगड़ा, भूपाली की माँझ, भूपाली, खमाज, बिहाग; इन पन्द्रह रागों में विभाजित किया गया है। बसंतबिहार की सरसता तो प्रसिद्ध ही है, परन्तु मधुरअली की सरस, सरल एवं सांगीतिक अभिव्यक्ति के माध्यम से उसकी सरसता और बढ़ गयी है।

'युगुल विनोद कवितावली'

इस रचना में 101 घनाक्षरी एवं सवैयों का संग्रह है। श्रीराम-सीता के विविध रूपों के सौन्दर्य का सरस वर्णन इन काव्यों की प्रमुख विशेषता है। घनाक्षरी सवैयों को विविध रागों में गाने की भी प्राचीन परिपाटी है। सूर एवं तुलसी की अनेक रचनाएँ इन छन्दों में ध्रुवपंक्ति जोड़कर पद-रूपों में प्रस्तुत की गयी हैं। वास्तव में ये गेय काव्य ही हैं। इन छन्दों में रचित रचनाओं में मधुरअली के द्वारा रागों के नाम नहीं दिये गये हैं। परन्तु इनकी शब्दावली में सरसता एवं सांगीतिकता पूर्ण रूप से विद्यमान है। उदाहरणार्थ—श्री सीताजी के रूप-सौन्दर्य का वर्णन करनेवाला एक छन्द यहाँ प्रस्तुत है—

जनककिशोरी मोरी के सर-सी रंगबोरी, भूषण सुदेश अंग अंगन प्रकाशमान।
राजै राज मंदिर में दीप की शिखा-सी खासी बदन मयंक मानो सुख को निधान जान ॥
मंजुअली नैनबान भृकुटी कमान ऐसी, देखि रति-रंभा को गयो है भुलाय मान।
सुषमा समेटि सब शोभित सिया के पास, शोभा है अपार कवि रावुचि करत बखान ॥

संयोग, वियोग, रूप-सौन्दर्य, राज-समाज, ऋतु-वर्णन, हिंडोला झूलन, शिवभक्ति,

होरी-खेलन, बालरूप-वर्णन, रामनाम-महिमा, उपदेश आदि विषयों के माध्यम से इसमें अनेक सरस काव्यों का संकल्न है, जिन्हें गाया भी जा सकता है और पाठ भी किया जा सकता है।

'युगुल-विनोद फुटकर पदावली'

इस संग्रह में उपर्युक्त नामांकित संग्रहों के अतिरिक्त मधुरअली की अन्य रचनाओं को संगृहीत कर 'फुटकर पदावली' नाम दिया गया है। इनमें अनेकों में राग-नाम दिये गये हैं और अधिकांश राग-नामविहीन हैं, परन्तु सब गेय हैं। कवि की सरस सांगीतिक शैली इन सभी रचनाओं में अपनी सौन्दर्य-छटा बिखेरती हुई चलती है। इन्हें विभिन्न रागों में सरलता से बाँधा जा सकता है। उदाहरणार्थ–एक रचना प्रस्तुत है–

मधुवन्ती

तेरे नैना है जुलुम सिकारी रे!
मानो सैफ सान अंजन धरि, कतल करत नर नारी रे ॥
ऐसो छैल छली तू रसिया, बाँका अवधबिहारी रे।
ऐसो हाल करत निशिबासर, 'मधुरअली बलिहारी रे ॥

• स्थायी **तीनताल**

0				3				×				2			
														स	स
														ते	रे
						मं				मं					
सग॒	रे	सनि़	नि़	नि़	स़ा	ग॒	मं	प	-	ग॒	मं	ग॒	-,	रेस	स
नैऽ	ना	ऽऽ	हैं	जु	लु	म	सि	का	ऽ	री	ऽ	रे	ऽ,	तेऽ	रे
मं							मं								
ग॒	-	मं	-	प	-	प	ग॒	-	मं	प	नि	धप	ध	प	प
मा	ऽ	नो	ऽ	सै	ऽ	फ	सा	ऽ	न	अं	ऽ	जऽ	न	ध	रि
												मं			
प	नि	सं	रें	सं	निध	प	प	मं	-	पध	मंप	ग॒	-,	रेस	स
क	त	ल	क	र	तऽ	न	र	ना	ऽ	रीऽ	ऽऽ	रे	ऽ,	तेऽ	रे

• **अन्तरा**

0				3				×				2			
				म											
स	-	प	-	ग॒	-	मं	मं	प	-	नि	-	सं	नि	सं	-
ऐ	ऽ	सो	ऽ	छै	ऽ	ल	छ	ली	ऽ	तू	ऽ	र	सि	या	ऽ
												नि			
नि	-	सं	ग॒	रें	रें	सं	सं	नि	-	सरें	निसं	ध	-	प	-
बाँ	ऽ	का	ऽ	अ	व	ध	बि	हा	ऽ	रीऽ	ऽऽ	रे	ऽ	ऽ	ऽ
				प		प				मं					
प	-	प	-	ध	-	मं	मं	मं	प	ग॒	ग॒	मं	-	प	प
ऐ	ऽ	सो	ऽ	हा	ऽ	ल	क	र	त	नि	शि	बा	ऽ	स	र
												मं			
प	नि	सं	रें	सं	निध	प	प	मं	-	पध	मंप	ग॒	-,	रेस	स
म	धु	र	अ	ली	ऽऽ	ब	लि	हा	ऽ	रीऽ	ऽऽ	रे	ऽ,	तेऽ	रे

उपर्युक्त मधुरअली की रचनाओं की समीक्षा एवं प्रत्यक्ष राग-तालबद्ध रचनाओं के माध्यम से यह निर्विवाद सिद्ध होता है कि मधुरअली प्रतिभाशाली भक्त, संगीतज्ञ, रचनाकार थे। इनकी रचनाओं में श्रेष्ठ रचना के सम्पूर्ण गुण विद्यमान हैं।

सिख-धर्म और कीर्तन-संगीत

●

गुरमीत सिंह मनकान

संगीत काव्य रचनाओं से अवश्य ही कहीं न कहीं जुड़ा रहता है पूर्ण रूप से नहीं तो आंशिक रूप से, वह किसी धर्म या जाति के बन्धन को नहीं मानता, क्योंकि संगीत का अपना कोई धर्म या जाति नहीं होती। परन्तु जो संगीत को आत्मसात् कर लेता है वह अमर हो जाता है।

विषय प्रवेश से पूर्व हम इतिहास के गर्भ में झाँक कर भक्ति काल का संक्षेप में अध्ययन करेंगे।

हिन्दी साहित्य के इतिहास को विद्वानों ने चार भागों में विभक्त किया है—

आदिकाल (वीर गाथा काल) सन् 743 से 1343 तक

पूर्व मध्य काल (भक्ति काल) सन् 1343 से 1643 तक

उत्तर मध्य काल (रीति काल) सन् 1643 से 1843 तक

आधुनिक काल सन् 1843 से वर्तमान काल तक।

आदि काल के समाप्त होते-होते देश में राजनैतिक, सामाजिक एवं धार्मिक परिस्थितियाँ परिवर्तित होने लगी थीं। इसी परिवर्तन की लहर में भक्ति भावना का उदय हुआ।

14वीं शताब्दी में हिन्दी काव्य को भक्ति भावना ने मुख्य रूप से प्रभावित किया और आगे चलकर इसी ने भक्ति आन्दोलन का रूप ले लिया। इसी भक्ति आन्दोलन की लहर में अनेक साधु-सन्तों ने अपनी रचनाओं को संगीतबद्ध कर अपनी विचारधारा को आमलोगों में प्रचारित किया। इस परम्परा का मुख्य उद्देश्य जन-साधारण को अध्यात्म का उपदेश देना था। इस परम्परा का साधु-सन्तों ने जात-पात, भेदभाव, ऊँच-नीच तथा तीर्थ-व्रत इत्यादि आडम्बरों के विरोध स्वरूप में प्रयोग किया।

इस परम्परा में कबीर, सूर, तुलसी, जयदेव, मीराबाई, मलूकदास, धर्मदास,

सुन्दरदास आदि का प्रमुख योगदान है।

इसी भक्ति काल में सिख-धर्म के प्रर्वत्तक गुरु नानकदेव जी ने 1469 में अवतार लिया।

कीर्तन की परिभाषा

यदि व्यापक दृष्टि से देखा जाय तो प्रत्येक धर्म में संगीत के माध्यम से प्रभु-प्राप्ति का मार्ग सुझाया गया है।

की + र = कीरतन

पंजाबी भाषा में 'की' का अर्थ 'क्या' होता है। अतः कीर्तन का अर्थ हुआ कि इसके सामने रत्न भी क्या है। सिख-धर्म के कीर्तन को कितना महत्त्व दिया गया है इसका अन्दाजा निम्न पंक्तियों द्वारा लगाया जा सकता है।

कलिजुग महि कीरतन प्रधाना,

अर्थात् कलयुग में केवल कीर्तन द्वारा ही ईश्वर की प्राप्ति की जा सकती है।

कीरतन निरमोलक हीरा,

अर्थात् कीर्तन रूपी हीरे की कोई कीमत नहीं चुका सकता।

भलो-भलो रे कीरतनिया

अर्थात् कीर्तन करने वाला व्यक्ति ही भला है। अन्य पंक्तियाँ जैसे—

ऐसा कीरतन कर मन मेरे,
ईहां ऊहां जो काम तेरे।
हरि दिन रैनि कीरतन गाइये,
बहुड़ि न जोनी पाइये।
जो-जो कथै सुनै हरि कीरतन,
ताकि दुरमति नास।
साधो गोबिन्द के गुन गावो,
मानस जनम अमोलक पायो।
बिरथा काहे गवावो ॥
सो असथान बतावहु मीता,
जाकै हरि-हरि कीरतन नीता।
जागना जागन **नीका,**
हरि कीरतन महि जागना।

इस प्रकार अनेकों पंक्तियों द्वारा कीर्तन की महानता को दर्शाया गया है।

सिख-धर्म में कीर्तन का प्रचलन

प्रारम्भ में सिख धर्म में कीर्तन करने का प्रचलन नहीं था। पहले गुरु साहिबान अपने दरबार में कीर्तन करने वालों को नियुक्त करते थे जो कि सुबह-शाम सिख सेवकों को कीर्तन सुनाते थे तथा बाद में गुरु जी स्वयं उपदेश देते थे।

एक बार गुरु अर्जुनदेव जी (पाँचवें गुरु) के समय में प्रसिद्ध कीर्तनकार भाई सत्ता और बलवंड जी ने कीर्तन करने से मना कर दिया। तब गुरु जी ने सिख सेवकों को निर्देश दिया कि आज से स्वयं ही कीर्तन करना शुरू करें। तभी से सिख-धर्म में कीर्तन का प्रचलन आरम्भ हुआ।

कीर्तन तथा अन्य गुरु साहिबान

गुरु नानकदेव जी ने चार बार यात्राएँ कीं जिन्हें उदासी कहा जाता है। गुरु जी अपने साथ एक उच्चकोटि के गायक एवं रबाब वादक भाई मरदाना जी (मुस्लिम) को अपने साथ रखते थे। एक संगीताचार्य भाई फिरंदा (जो कि कपूरथला के निवासी थे।) ने भाई मरदाना जी के लिए सफ़र की मुश्किलों को ध्यान में रखते हुए एक साज़ (रबाब) का निर्माण किया।

गुरु नानकदेव जी लोगों को अपनी ओर आकषित करने तथा उन्हें उपदेश देने के लिए सरल ईश्वरीय वाणी और मधुर संगीत का प्रयोग करते थे।

गुरु नानकदेव जी के बाद उनके शिष्य गुरु अंगददेव जी ने अपने दरबार में सुबह-शाम कीर्तन की परम्परा का सूत्रपात किया। जिसमें भाई मरदाना जी के सुपुत्र भाई शहजादा जी ने कीर्तन परम्परा का निर्वाह किया।

सिखों के तीसरे गुरु अमरदास जी ने 'सारंदा' नामक वाद्य का आविष्कार किया। जिसका उल्लेख 'कानूने मौसिकी' के कर्ता ने अपनी पुस्तक में किया है। इनके समय से कीर्तन में सारंदा भी शामिल हो गया।

गुरु रामदास जी ने नयी कीर्तन गायकी 'पड़ताल' का आविष्कार किया। 'पड़ताल' की रचना को 5 तालों में तालबद्ध कर एक ही राग में गाया जाता था। इसका प्रचलन न के बराबर रह गया है। गुरु रामदास जी ने 7 रागों में 19 पड़तालों की रचना की थी।

सिखों के छठे गुरु हरगोविन्द जी ने नयी वार-गायकी की (वीरतापूर्ण) परम्परा का सूत्रपात किया। इस गायकी के लिए इनके समय में भाई नत्था और भाई अब्दुला प्रसिद्ध गायकों में से थे।

कीर्तन चौकियाँ

सिख-धर्म में कीर्तन करने की 5 चौकियाँ (समय) का निर्धारण किया गया है–

1. आसा दी वार की चौकी (सुबह–सूर्योदय से पहले)

2. बिलावल की चौकी (सूर्य चढ़ने के बाद)
3. चरन कमल की चौकी (सूर्य चढ़ने के बाद)
4. सादर की चौकी (शाम को)
5. कल्याण की चौकी (रात को)

कीर्तन का सिख-धर्म में महत्त्व

सिख-धर्म के प्रत्येक परिवार के एक या दो सदस्य तो अवश्य ही कीर्तन से जुड़े होते हैं तथा उनमें कीर्तन सीखने की इच्छा भी होती है। सिख-धर्म में खुशी या गमी का कोई भी अवसर क्यों न हो प्रत्येक अवसर पर कीर्तन का कार्यक्रम अवश्य रखा जाता है। इसी प्रकार गुरु साहिबानों के प्रकाश उत्सव (जन्म दिन) गद्दी नशीनी, जोति-जोत (स्वर्गवास) आदि अवसरों पर बड़े-बड़े कीर्तन दरबार आयोजित किये जाते हैं तथा प्रसिद्ध कीर्तनकारों (रागी जत्थों) को निमन्त्रण दिया जाता है।

सिख-धर्म में कीर्तन के प्रचलन ने रोजगार भी उपलब्ध करवाए हैं, क्योंकि प्रत्येक शहर तथा विदेशों में गुरुद्वारे स्थापित हैं, इन सभी गुरुद्वारों में सुबह-शाम कीर्तन करने के लिए रागी जत्थों (जिसमें 2 हारमोनियम वादक तथा एक तबला वादक) को मासिक वेतन पर नियुक्त किया जाता है। इस प्रकार हज़ारों व्यक्ति गुरुद्वारों में ईश्वरी वाणी को संगीतबद्ध कर कीर्तन संगीत के प्रचार-प्रसार में कार्यरत हैं।

इस प्रकार सिख-धर्म में कीर्तन के प्रचलन ने सामाजिक एवं आर्थिक स्तर को सुधारने में भरपूर सहयोग दिया है।

कीर्तन में प्रयुक्त होने वाले वाद्य

गुरु साहिबानों के समय में तथा उनके कुछ समय बाद तक रबाब, ताऊस, सारंदा, दिलरुबा तन्त्र वाद्यों का बखूबी प्रयोग होता था, परन्तु आज के समय में हारमोनियम के प्रचार ने तन्त्र वाद्यों का प्रयोग न के बराबर कर दिया है। अपवाद स्वरूप कोई-कोई रागी जत्था अपने साथ तन्त्र वाद्य का प्रयोग अवश्य करता है। ताल वाद्य के लिए प्राचीन समय में मृदंग, पखावज का प्रयोग किया जाता था परन्तु अब ताल देने के लिए केवल तबला ही प्रमुख ताल वाद्य बन गया है। तबले को पंजाब में 'जोड़ी' भी कहा जाता है।

प्राचीन कीर्तनकारों के नाम

जिन्हें मिरासी या ढाड़ी भी कहा जाता था उनमें—भाई मरदाना, भाई शहज़ादा, भाई सत्ता और बलवंड, भाई बादू सादू, भाई झांझ, भाई केदार, भाई मुकंद, भाई नत्था और अब्दुला (वार गायक) तथा बाबा दीपसिंह जी जैसे नाम प्रमुख हैं।

आधुनिक काल के कीर्तनकार

इनमें भाई हीरासिंह, भागसिंह, सन्तासिंह, मंछासिंह, सुधसिंह, प्रधान सिंह, सुरजन सिंह, भाई चाँद (जो कि बँटवारे के बाद पाकिस्तान चले गये थे) तथा धरमसिंह ज़ख्मी इत्यादि प्रमुख हैं।

वर्तमान के कीर्तनकार

इनमें भाई दिलबाग सिंह, गुलबाग सिंह, गोपाल सिंह, राजिन्दर सिंह, गुरमेल सिंह, प्रो. दर्शन सिंह (जत्थेदार अकाल तख़्त) चरनजीत सिंह आदि अनेकों उच्चकोटि के कीर्तन करने वाले हुए हैं।

कीर्तन संगीत शिक्षा केन्द्र

सिख धार्मिक संस्थाओं ने कीर्तन के प्रचार एवं प्रसार हेतु अनेकों संस्थाओं एवं विद्यालयों का गठन किया है जैसे दिल्ली में रकाबगंज गुरुद्वारा, गुरुद्वारा बालासाहिब अमृतसर, यमुनानगर (हरियाणा) ऋषिकेश आदि अनेक संस्थाएँ कीर्तन की शिक्षा दे रही हैं।

कीर्तन संगीत का बदलता स्वरूप

प्राचीन समय में कीर्तन पूर्ण रूप से शास्त्रीयता पर आधारित होता था। जिस राग में शब्द (काव्य) की रचना की गयी है, उसे उसी राग में निबद्ध कर गाया जाता था। परन्तु आज के आधुनिक युग में कीर्तन करने वाले दस-बारह अच्छी धुनें याद कर अपनी कीर्तन मंडली (रागी जत्था) बना लेते हैं। परन्तु उन्हें शास्त्रीयता से कोई सरोकार नहीं होता है।

परन्तु इस बदलाव की जिम्मेदारी कीर्तन करने वाले तथा गुरुद्वारों के प्रबन्धकों पर आती है। इस स्थिति से बचने के लिए सिख धार्मिक संस्थाओं को आगे आना होगा तथा हाल में ही अकाल तख्त से जारी हुकुमनामा जो कि कीर्तन संगीत की शास्त्रीयता के पक्ष में था, को लागू करना होगा, तभी हम कह सकेंगे–

कथा कीर्तन राग नाद धुनि ऐहु बनियो सुआओ।
नानक प्रभु सो प्रसन्न भऐ, बांछत फल पाओ ॥

सन्दर्भ ग्रन्थ :
1. संगीत निबन्ध–विनय कुमार अग्रवाल
2. 'संगीत' मासिक–हाथरस
3. गुरवाणी संगीत–शिरोमणि गुरुद्वारा प्रबन्ध कमेटी, अमृतसर
4. 'सूरा' मासिक–अमृतसर, जुलाई 1993
5. भारती संगीत दा इतिहास–बचित्तर सिंह
6. सिख-धर्म प्रश्नोत्तरी–सिख मिशनरी कॉलेज
7. काव्य संकलन।

सखि, मैं भई न बिरज की मोर

स्वामी वाहिद काज़मी

ब्रजभाषा का काव्य-साहित्य हिन्दी की एक गौरवपूर्ण और अति मूल्यवान चीज है, जो ब्रजभाषा व काव्य के मर्मज्ञ एवं रसिक जनों को आह्लादित करनेवाली है। किन्तु ब्रजभूमि में रचित काव्य के अतिरिक्त वहाँ की स्थानीय बोली-ठोली में एक और चीज की बड़ी खूबसूरत और सुपुष्ट परम्परा रही आयी है, जो सुकवि जनों द्वारा रचित सुदीर्घ काव्य-परम्परा से कहीं अधिक प्राचीन भी है। वह है—लोक-गीत। जो खास गाँव-देहात की बोली का रस एवं माधुर्य लिये जन-जीवन से सीधे जुड़े हैं। उन्हीं में ब्रज के सामान्य जन-जीवन की धड़कनें सुनाई पड़ती हैं और लोक-संस्कृति का सुस्पष्ट प्रतिबिम्ब झलकता है। इन्हीं गीतों में ब्रज की वास्तविक संस्कृति के स्वर मुखरित होते हैं। यह अलग बात है कि इनका बहुत बड़ा भाग पुस्तक-रूप में प्रकाशित नहीं है। किन्तु वह उससे कहीं अधिक जीवन्त तथा प्राणवान् है, जो काव्य प्रकाशित है। ब्रजभूमि अपनी वह समस्त भाव-सम्पदा, जो उसने अपने में न जाने कितने युगों से संचित कर रखी है, मौखिक रूप से गाये जानेवाले गीतों की परम्परा में बड़े जतन से और इस प्रकार सँभालकर रखे हुए है कि आज भी ताजा है, सुगन्धित है। वह पुस्तकों से भरी अलमारियों में कैद नहीं है। ब्रज के गाँव-देहात के नर-नारियों के कण्ठ में ऐसे मौजूद है, जैसे सीने में साँसें और दिल में धड़कनें। इसलिए ब्रज की सर्वाधिक और संक्षिप्ततम कोई व्याख्या यदि सम्भव है तो वह तीन शब्दों में आ जाती है—गीतों का देश। उसी की एक झाँकी इस समय प्रस्तुत करना अभीष्ट है। देखिएगा कि गीतों के देश की मूल-संस्कृति में किस-किस अन्दाज से गीतों की घुलावट रची-बसी है।

भगवान् भुवन-भास्कर की सुकुमार रश्मियों से अलंकृत उषा ने प्राची का घूँघट खोल, अभी अपने गुलाबी मुख के दर्शन भी न कराये होते हैं कि वृक्षों से उठते विहग-गान के साथ ही मन्द-मधुर स्वरों में ग्राम की गृहलक्ष्मी के कण्ठ से फूटते गीत,

चक्की की घरघराहट से संयुक्त हो वातावरण में गूँजने लगते हैं।

जागिए ब्रजराज कुँअर भोर भयौ अँगना।
बाट के बटोही, चाले पंछी चाले चुगना,
हम चले सिरी जमना।

ब्रज के भोर को सवाक् बनाते ये स्वर सुनते ही करवटें बदलते पुरुष और आँखें मलते बाल-गोपाल अपनी शय्या त्यागकर नित्यकर्मों में संलग्न हो जाते हैं। अब उधर किसी जनी ने झाड़ू सम्हाल ली और आँगन बुहारते हुए गा उठी—

उठौ री सुहागिन नारि, बुहारी दै लेउ अँगना।
धीअ मेरी सासु कें बहू मेरी बाप कें,
कोंन बुहारै मेरौ बासौ घर अँगना।

तो इधर कोई माँ अपने लाड़ले का मुँह धुलाने लगती है। आँख-नाक साफ करती है तो बालक के पिनपिनाने पर उसका वात्सल्य यों मुखरित होता है—

कीची-कीची कौआ खांइ, दूध-बतासे लल्लू खाइ।

लो, वही लल्लू, जो अभी मुँह बिसूरे रो रहे थे, तोतली आवाज में माँ के साथ गीत के शब्द दोहराने लगे। माँ का दिल झूम उठा! पुरुष अपने प्यारे बैलों को पुचकारते हुए खेतों की ओर चल पड़ते हैं और वहाँ पहुँचकर पुरहा (परोहा)[1] द्वारा कुआँ चलाते हुए खेतों को सींचने लगते हैं। कुएँ के हौज में गिरती जलधार की छरि-छरि के साथ उसके होंठों से गीत फूटने लगते हैं, जिनमें उसके दुःख-सुख के साथ धर्म-भावना भी घुली रहती है। मसलन—

राम बढ़ाए सबु बढ़े, बलु करि बढ़्यौ न कोइ,
बलु करिकै रामनु बढ़्यौ, छिन में डार्‌यौ खोइ।

और शृंगारिक भावनाएँ भी—

जलु आढ़ें कामिनी खड़ी, करि केसन की छाँह,
भूलेनु डगरु बताइ दै, नेंकु करि ऊपर कूँ बाँह।
गाम-पिछाई[2] पीपरी[3], वाकी सीतलु छाँह,
म्याँ[4] हैकें तेरी गैल है, सो मेरी दूखे बाँह।

क्वार के महीने में शुक्ल-पक्ष की प्रतिपदा से नवमी तक लड़कियाँ 'न्यौरता' खेलती हैं। उसे गौरी-पूजन या देवी-पूजन का ही एक रूप समझिए। होता यह है कि घर की दीवार के सहारे एक न्यौरता बनाया जाता है। आस-पास की लड़कियाँ एकत्र होकर उस पर मिट्टी की गौरें चढ़ातीं और गीत गाती जाती हैं। यह कार्य भी सूर्योदय से पूर्व ही कर लिया जाता है। लड़कियाँ गाती हैं—

गौरी रे गौरी, खोलि किवरिया,
बाहिर ठाड़ी तेरी पूजनहारी।

इन गीतों में लड़कियाँ अपने भावी दाम्पत्य जीवन की कामनाएँ गौरी को गा-गाकर सुनाती हैं।

इसी, क्वार के महीने में विजयादशमी के दिनों में लड़के 'टेसू' खेलते हैं और लड़कियाँ 'झाँझी'। जरा ठहरिए! टेसू और झाँझी का परिचय दे दूँ। हमारे बचपन में टेसू का जो रूप होता था, वह यह कि बाँस की तीन मजबूत खपच्चियों को बीचोबीच से बाँधकर तिकड़ी-जैसा बना लेते थे। मध्य-भाग में दीपक रखने का स्थान बनाकर एक खप्च्ची के ऊपर मिट्टी से बना दाढ़ी-मूँछोंवाला मानव-चेहरा, दो पर हाथ और नीचे की खपच्चियों पर पैर बनाए जाते थे। बस, यही थे जनाब टेसू महाराज। दिया-बत्ती के बाद टेसू उठाये-उठाये द्वार-द्वार पहुँचना और कुछ परम्परागत तो कुछ अपनी स्वनिर्मित तुकबन्दियाँ समवेत सुरों में गा-गाकर पैसे माँगना ही 'टेसू खेलना' कहा जाता था। इसकी समाप्ति एक मजेदार आयोजन के साथ होती थी। यानी टेसू के साथ बालकों का एक समूह मैदान में पहुँचता, माँगकर जमा किये पैसों से आतिशबाजी छूटती, मिठाई-विठाई बँटती और औंधा करके टेसू जी को ताबड़तोड़ तोड़-फोड़ दिया जाता। इसे 'टेसू का ब्याह' कहते थे। इसके बाद फागुन मास में जब पलाश के वृक्ष लाल फूलों से लद जाते तो कहा जाता टेसू हँस रहा है (पलाश का एक पर्याय टेसू है) स्वनिर्मित तुकबन्दियाँ प्रायः बड़ी लम्बी होती थीं, तो कभी अति संक्षिप्त भी; जैसे—

मेरौ टेसू झैंई[5] अड़ा, खाबे को माँगे दही-बड़ा,
दह-बड़ा में पन्नी, धर दो झैं[6] अठन्नी।

लड़कियाँ कुम्हार के यहाँ से मिट्टी की एक कच्ची हँड़िया ले आतीं। उसमें चारों ओर छोटे-छोटे छिद्र कर लिये जाते। भीतर एक जलता हुआ दीपक रखा जाता। यही झाँझी या झिंझिया थी। सन्ध्या के बाद झाँझी लिये लड़कियाँ घर-घर जातीं और किसी धूल-भरे स्थान पर झाँझी को रखकर हाथों से जमीन थपथपाती हुई गीत गातीं। दीपक के प्रकाश की सीध में धूल-कणों की तीर-सी सीधी रेखाएँ चमकने लगतीं। इसे 'झाँझी का हँसना' कहते थे। कोई आठ-दस दिन यही क्रम चलता और फिर टेसू के साथ उसका भी ब्याह होता, यानी उसी कपालक्रिया द्वारा वह भी सद्‌गति को प्राप्त होती, लड़कियाँ भी स्वनिर्मित तुकबन्दियाँ सुनातीं; जैसे—

आगरा की गैल में छोकरी सुनार की,
लंबे-लंबे बार, बाकी हँसुली हजार की।

अब परम्परागत गीतों की बानगी प्रस्तुत है। ये लड़कों द्वारा गाया जानेवाला टेसूराइ का गीत है। इसमें जो-कुछ कहा गया है, वह सच है, सच के सिवा कुछ नहीं है—

इमिली की जर में तेंउड़ी पतंग,
नौ सै मोती नौ सै जंग।
जंग-जंग मैंने खीर पकाई,
खीर जु मैंने मोरा ऐ चटाई।
मोरा भइया पंखा दै,
पंखा ने मोइ हाती दियौ।
हाती ने मोइ कुतवाल[7] दियौ,
कुतवाल ने मोइ बजाज दियौ।
बजाज ने मोइ धोवती[8] दई,
फारि तोरि लँगोटी भई।

बजाज की इस कीमती भेंट को सिर्फ लँगोटी तक सीमित करनेवाली इस शेखी का जवाब लड़कियों के इस झाँझी-गीत में सुनिए—

तुम सुखवार कै हम सुखवार!
इमिली की जर में तें निकरी पतंग,
ताकी हवा लगी मेरे अंग।
जौ नाँ देती झपटि किवार,
तौ उड़ि जाती कोस हजार।
तुम सुखवार कै हम सुखवार!
एक मिलौ खसखस कौ दानौ,
नौ दिन कूटौ दस दिन छानौ।
ताकी मैंने राँधी[9] खीर,
नौ दिन मरी पेट की पीर।
तुम सुखवार कै हम सुखवार!

ऐसा ही एक और चटपटा नमूना—

भावी ने देवर ललकार्‌यौ,
गारी दई और गुलचा मार्‌यौ।
जाइ भइया पै करी पुकार,
भइया बोल्यौ अरे गँमार।
तू कहा जानें भावी की सार,
कीयौ होगौ तो पै प्यार।
एक लात मोऊ[10] में दई,
सरँम के मारें मैं ना कही।
आ भइया, उठि वै मेरे प्यारे,
हम-तुम दोनों हुंगे न्यारे।

क्वार के अलावा चैत्र-मास भी देवी के गीतों से ब्रज के घर-आँगन को गुंजायमान कर देता है। क्वार के महीने में नौदुर्गा (नौदेवी या नवरात्रि) के व्रत रखे जाते हैं। घर-घर पूजा होती है। चैत्र की अष्टमी को देवी जालपा (जिसकी उधर बहुत प्रतिष्ठा है) के गीत और 'लाँगुरिया' गाये जाते हैं। कन्या-लाँगुर न्योते जाते हैं। जिनके गीत बहुत और लम्बे होते हैं। नमूने के लिए पहले एक जालपा-गीत की प्रारम्भिक पंक्तियाँ पेश हैं–

चलि पीया दोऊ मिलि जाँइ,
परसें देवी जालिपा ऐ, ओ माई!
घर घोड़ी, घर भैंसि,
दोऊन चालें नाँ बनैं, ओ माई!
घोड़ी तौ देउ घुड़सारें,
भैंसि ग्वारिअँन सौंपिए, ओ माई!

और लाँगुरिया-गीत का यह रंग–

मेरौ चिलम-भरत दिनु जाइ,
लँगुरिया बड़ौ पिबैया गाँजे कौ।
कै बीघा गाँजौ बऔ, कै बीघा बइ दइ भाँग,
लँगुरिया बड़ौ पिबैया गाँजे कौ।
हाँ, दस बीघा गाँजौ बऔ, नौ बीघा बइ दई भाँग,
लँगुरिया बड़ौ पिबैया गाँजे कौ।

मेले-ठेले सजते हैं। किशोरियाँ सज-धजकर जाती हैं। 'पाँच आना की पाव जलेबी बैठ सड़क पर' खाती हैं। रेंहट झूलती जाती हैं। गाती जाती हैं–'चक्कर पहिया पै ते राम ने बचाइ दई, लाँगुरिया'। देवी के स्थान पर ढोक देने जाती हैं और स्वर गूँजते हैं–'माता बैठी भवन में, लाँगुरा ढौरे बयार'। कभी पूछती हैं–'भैया लँगुरा रे, अपनी जाति बताउ'।

फाल्गुन मास में एक होली तो पूरे गाँव की ओर से नियम स्थान पर बड़ी भारी जलाई जाती है। जिसे 'पंचायती होली' कह लीजिए। उसी समय एक और होली, जो लघुकाय होती है, जलाई जाती है। जिसे 'घरघुली' (कहीं-कहीं घरगुली भी) कहते हैं। इसके लिए फाल्गुन सुदी दौज के दिन आँगन में भट्ठी-जैसी आकृति खोदी जाती है। गोबर की गूलरियों से उसे भरा जाता है। ये गूलरियाँ गोबर की टिकुलियाँ-सी बनाकर बीच में उँगली से छेद कर बनाई जाती हैं, जो रोजाना नियमपूर्वक बनाई जाती हैं और निश्चित दिवस पर, गाँव की होली से अग्नि लाकर इस ग्रह-होली को भी जलाया जाता है। प्रति सन्ध्याकाल में घरघुली को आटे आदि से सजाते समय घर की स्त्रियाँ गाती हैं–

राजा बलि के द्वार मढ़ी ऐ होरी, राजा...।
कौन के हाथ रँगीलौ ढपु सोहै,
कौन के हाथ गुलाब की छड़ी। राजा...।
किस्न के हाथ रँगीलौ ढपु सोहै,
दाऊजी के हाथ गुलाब की छड़ी। राजा...।

ब्रज के खास होली व रसिया-गीतों के जिक्र से पहले कुछ और चर्चा जरूरी है। जैसे कि नमूने पेश किये गये इस प्रकार के देवी-गीत स्त्रियाँ ही गाती हैं। पुरुष-समाज देवी की 'भेंटें' गाये जाने के लिए सारी रात के जागरण का आयोजन करते हैं। वह जागरण आज के 'जय माता दी' ब्रांड शोर-शराबे भरे जागरण सा जगराता से सर्वथा भिन्न होता है, जिसमें पारम्परिक कर्णप्रिय देवी-गीतों व लोक-धुनों का ही समावेश रहता है। आज की फैशनी, भदेस, फिल्मी धुनों पर गढ़ ली गयी तुकबन्दियाँ नहीं होती हैं। देवी की भेंटें गाने के लिए कभी एक विशेष गायक-वर्ग भी रहता था, जिसे 'भ़गतिए' कहते थे। ये अपने तान-तमूरों के साथ धाराप्रवाह गीतों से रस-वर्षा करते थे। देवी के जागरण के तहत प्रायः 'लव-कुश जन्म', 'सीता-ब्याहुलौ', 'जगदेव कौ पमारौ', 'अमरसिंग कौ साको' आदि कला-प्रधान लम्बे गीतों का गायन होता था, जो पहरों चलता। श्रावण-मास में नागपंचमी पड़ती है। इस अवसर पर जाहरवीर (जहार या झार वीर) की भेंटें गाकर भी रात्रि-जागरण का आयोजन होता है।

प्रत्येक पूर्णिमा के अवसर पर ब्रज की परिक्रमा करना परम्परा से चला आता एक सुकर्म है। हर आयु की स्त्रियाँ इस परिक्रमा-हेतु समूहों में निकलती हैं और पद-यात्रा करती हुई समवेत स्वरों में गाती चलती हैं। इन्हें 'परिक्रमा-गीत' कह सकते हैं। अधिकतर इनमें ब्रज-भूमि का माहात्म्य गाया जाता है। और किसी-किसी गीत में तो उन सभी महत्त्वपूर्ण स्थलों का बयान आ जाता है, जहाँ की परिक्रमा आवश्यक है, 'बारह वन और बारह उपवन' इन गीतों में समा जाते हैं। मिसाल के लिए नन्दगाँव की परिक्रमा के समय गाये जानेवाले एक गीत का यह अंश देखिए—

ब्रज-वनिता बँन करिबे धाँईं।
मधुबन, ताल, कँमोद, बौहलाबल,
शांतुनकुंड जो न्हाई।
राधाकुंड कुंड की मैहमाँ कुछ बरनी नहिं जाई।

इस पूरे गीत में, आगे चलकर कोई चौबीस स्थलों के नाम आ जाते हैं। कुछ जरूरी नहीं कि पूर्णिमा के अवसर पर परिक्रमा को जब स्त्रियाँ निकलें, तभी गीत गाएँ। कहीं की तीर्थयात्रा को या गंगा-स्नान-हेतु प्रस्थान कर रही हों, तब भी उनकी आस्था वहाँ पहुँचने से पूर्व, यहीं से, गीतों के रूप में बहने लगती है। भला, जब ऐसे गीत हों तो यात्रा की थकान क्या खाकर पास फटकेगी—

कान्हाँ! बरसाँने में आइ जइयो,
बुलाइ गई राधा प्यारी।
जो कान्हाँ, तोइ गैल न पावै,
राधा-बागि में है कै आइ जइयो;
बुलाइ गई राधा प्यारी।
कोरी-सी हँड़िया में दही जमायौ,
गरज परै तो खाइ जइयो;
बुलाइ गई राधा प्यारी।

नहीं जी! जब गीत गाने की उमंग दिल में हो तो तीर्थयात्रा या गंगा-स्नान के लिए जाने तक की प्रतीक्षा भी क्यों की जाए और कैसे की जाए! कार्तिक मास तो हर वर्ष आता ही है और इसमें भोर की वेला में स्नान करने का भी कुछ कम पुण्य नहीं है, तो इस मास में अगर आप ब्रज के किसी गाँव या देहात में हों और हाड़ कँपा देनेवाली भीषण शीत-लहर भी क्यों न चल रही हो—ऐसी कि मुँह तो क्या उँगली भी मोटी रजाई से बाहर निकालने की हिम्मत नहीं पड़ती हो—फिर भी सौभाग्यकांक्षिणी धर्मप्राणा गृह-स्वामिनियाँ किसी नदी, किसी सरोवर, किसी बावड़ी या किसी कुएँ की ओर कार्तिक-नहान-हेतु चल पड़ती हैं और मधुर सुरों में गाती जाती हैं। ब्रज का तो कौआ भी बड़भागी है, क्यों? अजी साहब, 'काग के भाग कहा कहिए, हरि हाथ सों ले गयो माखन-रोटी'। फिर मोर का तो कहना ही क्या! भावनाओं की सुकुमारता व सुन्दरता देखिए—

सखि, मैं भई न बिरज की मोर।
उड़ि-उड़ि पंख गिरै धरती पै, बीनत नन्दकिसोर।

एक और नमूना पेश है—

बनि गयौ बैद आप बनवारी।
गली-गलीन में कान्हाँ डोलै, निरखत डोलै-नारी,
बनि गयौ...।
इत्तें आई कुँमरि राधिका, लै देखौ नबज हमारी,
बनि गयौ...।

यह भी—

पग हौलें धरौ रे धनुषधारी।
आगें-आगें राम चलत हैं,
पीछें लछिमन बलधारी।
बीच-बीच में चलें सियाजी,
सोभा लगै अधिक प्यारी।

कितने ही पौराणिक व धार्मिक प्रसंग आते हैं और गीतों में बँध जाते हैं। जाहिर है, ऐसे गीतों में कुछ बड़े लम्बे भी चलते हैं, जिनमें कोई-न-कोई कथा-प्रसंग गाया जाता है। इनमें 'गंगाजी कौ ब्याहु', 'राइ दमोदर' आदि उल्लेखनीय हैं। भला, कौन ऐसी सुहागिन होगी, जो पति की मंगल-कामना-हेतु करवा-चौथ का व्रत न रखे, जो कार्तिक मास में ही पड़ता है। जब अर्घ्य दिया जाता है तो नारी-कण्ठ से ऐसे गीत स्वतः फूट पड़ते हैं—

मैं तो बरतु रही ऊँ करबा-चौथि
दहीन के अरघ दीए,
मैंने माँग्यौ ऐ अजुध्या कौ राजु
ससुर राजा जसरथ[11] से।

चैत्र-मास में जब फसल काट ली जाती है तो पौधों से झड़ गयी कुछ पकी बालियाँ या अन्न-कण खेत में पड़े रह जाते हैं, जिन्हें 'सिला' कहते हैं। स्त्रियाँ उन्हें बीन लेती हैं और बीनते समय गाती भी रहती हैं। एक ऐसे ही गीत का नमूना प्रस्तुत है—

धनि-धनि री कौसल्या की कोंख,
जिन जाए रामचन्द्र से लाल, माँग सुहाग-भरी।
बैठी ऐ रानी तखतु बिछाइ,
धीअ[12]-बहू संग लिएँ, माँग सुहाग-भरी।

मतलब यह कि छोटी-से-छोटी बात भी गीतों के बिना अधूरी है, उसे पूर्णता प्राप्त कराते हैं गीत। दैनिक जीवन की शायद ही कोई ऐसी बात हो, जो ब्रज में गीतों के माध्यम से बयान न होती हो।

भारतीय जन-जीवन में दो संस्कार सबसे प्रमुख हैं। वे हैं जन्म और विवाह। इन दोनों के लिए ही कदम-कदम पर विधि-विधान हैं, रीति-रिवाज हैं। सो भी ऐसे कि अनुष्ठान कहें तो ज्यादा सही होगा। लिहाजा प्रत्येक रस्म के लिए कोई-न-कोई गीत भी मिल जाएगा। आज के व्यस्त-त्रस्त, तनावपूर्ण और निपट भौतिकवादी युग में इन अवसरों पर घंटों, पहरों गीत गाया जाना भले ही समय नष्ट करना या बहुत ही 'तरक्कीयाफ्ता' लोगों की दृष्टि में पिछड़ापन प्रतीत होता हो, किन्तु गहराई से विचारें तो पता चलेगा कि उन गीतों से मंगल और कल्याण की मानवीय भावनाएँ इतनी मजबूती से जुड़ी हैं कि उनका गाया जाना अन्यान्य धार्मिक अनुष्ठानों की भाँति अनिवार्य तो होता ही है, न गाया जाना अमंगल का लक्षण समझा जाता है। यहाँ ऐसे गीतों के कुछ अंश प्रस्तुत किये जा रहे हैं, जिनको शिशु-जन्म के बाद से आगे भी कई दिनों तक गाये जाने का रिवाज है। उनसे सम्बन्धित कुछ रीति-रस्मों को स्पष्ट करना इसलिए उचित लगा, ताकि मालूम हो कि वे किस प्रकार पूरी की जाती हैं।

सौभाग्यवती स्त्री को गर्भधारण किये जब पूरे छह महीने सकुशल गुजर जाते हैं, तो सातवें मास के प्रारम्भ में सबसे पहले जो संस्कार किया जाता है, उसे 'साधु पुजाना' या कहीं-कहीं 'साध-पूजना' भी कहते हैं। तदुपरान्त नौ महीने पूरे होने पर जब सकुशल प्रसव होकर पुत्र-जन्म हो जाता है तो घर-बाहर की स्त्रियों के कंठ से गीत फूटने लगते हैं, जो 'सोवर या सोभर के गीत' कहलाते हैं। ब्रज में इसके लिए 'सोहिल' शब्द भी है। (उर्दू में इन गीतों को 'ज़चगीरियाँ' कहते हैं) क्योंकि वह स्थान, जहाँ नवजात शिशु और प्रसूता कमस्कम छह दिन तक रहते हैं, 'सोवर' कहा जाता है।

तो लीजिए जनाब, उधर जच्चारानी ने शिशु को जन्म दिया, इधर स्त्रियों ने पुलकित होकर गीतों की स्वर-लहरियाँ बिखेरना शुरू किया—'आजु महलौं के बीच जच्चा ने सोर कियौ ऐ'। बस, तमाम करीबी लोगों का आवाहन किया जाने लगा कि वे आएँ और अमुक-अमुक ड्यूटी बजाएँ, यानी—

आवौ-आवौ जिठानी मेरी आवौ,
नेंक भीतरि पलंगु बिछावौ।
आवौ-आवौ ससुर मेरे आवौ,
दरवाजे पै थैली खुलावौ।

इसी चहल-पहल में किसी चुलबुली की नस जो फड़की तो जच्चारानी की अच्छी-खासी खबर ली जाने लगी—

जच्चा मेरी भोरी-भारी रे!
स्याँपै[13] मारि बगल में सोवै, बीछी[14] धरि सिरहाँने,
जच्चा मेरी मच्छर से डरपी[15] रे!
चारि कनस्तर[16] घी के खाइगई, द्वै बोरी मेवा[17],
जच्चा मेरी खानौं न जानै रे!
सासु-ननद के लहँगा फारै, बड़ी[18] जिठानी को,
फरिआ[19], जच्चा मेरी लड़नौं न जानै रे!

सोवर-स्थान के दो दीवारों से बने कोने में ननद स्वस्तिक अर्थात् साँतिए रखती है और सासजी मिट्टी के घड़े या बड़ी हाँड़ी पर पाँच साँतिए गोबर के रखती है। यह मांगलिक घट सोवर में ही हमेशा आग पर रखा रहता है, पानी भरा रहता है। पूरे दस दिन तक जच्चा को इसी घड़े का पानी पिलाया जाता है। इस संस्कार को 'चरुआ-साँतिया' कहते हैं। इस अवसर पर जो गीत गाया जाता है, उसका प्रारम्भ यूँ है—

धरहुँ सुहद्रा[20] साँतिए, अपने बिरँन[21] दरबार,
बधाई बाजी नन्द कें।

गीतों का जो यह सिलसिला शुरू होता है तो छह दिन तक जारी रहता ही है। छटी के गीतों की बहार रहती है। इन गीतों का एक क्रम भी है कि पहले कौन-सा गीत गाया जाएगा, उसके बाद कौन-सा। बहरहाल कुछ बानगियाँ अंशतः प्रस्तुत हैं—

तेरे हाथ झुँझुना लाल रे!
बाबा के प्यारे खेलि रे, ताऊ के प्यारे खेलि रे!
तेरे हाथ झुँझुना लाल रे!

× × ×

टोडरमल झूलें पालना।
काए की तेरी चंदन-पलकिया[22],
काए के बान[23] बुनाइ।
काए की अदमाइनि[24] दीजिए,
टोडरमल झूलें पालना।
जसरथ के चंदन-रूख[25] कटाइए,
चंदन-पलकिया ढुकाइए।

लहक-लहक जच्चारानी को सुनाया जाता है—

बिलगु[26] मति माँनें री जच्चा,
जि तौ भंगी कौ लला।
बिलगु मति माँनें री जच्चा,
जि तौ चमार कौ लला।

फिर जब कोली, कुम्हार, खटीक, धोबी भी समेट लिये जाते हैं, तब बताया जाता है—

सब जग झूठौ री जच्चा,
जि तौ रामजी कौ लला।

ये गीत गानेवाली औरतें अब अपने-अपने घरों को जाने लगती हैं तो दूसरी स्त्रियाँ यह सूचना भी गाकर ही देती है। जरा सुनिए—

सोऔ कै जागौ हुरिल[27] के बाबा-ताऊ,
गाँमनहारी[28] राजे घर चलीं।
गाँमनहारिन के लेहँगा-लुगरा[29] लेउ उतारि,
करौ हुरिल की गड़तनी।
नए-नए देउ पहराइ,
पुराँनेन[30] की करि लेऊ गड़तनी[31]।

इस सिलसिले के 'कुठला', 'लपसी', 'दमोदरिया', 'जगमोहन-लुगरा' आदि बड़े लम्बे गीत होते हैं। घंटों जारी रहते हैं।

छह दिन बाद जब प्रसूता पहली बार स्नान करती यानी छटी नहाती है, तो फिर गोबर के साँतिए रखे जाते हैं और यह गीत गाया जाता है—

धरती के दरबार नौहबति[32] बाजि रही ऐ,
बाजि रही ऐ घनघोरि।
फूलि रही ऐ फुलवारी, चंपा मौरि[33] रही ऐ,
मरुअरौ[34] मैहँकि रह्यौ ऐ।

छटी-नहान के सम्पन्न हो जाने के बाद, पूर्णतः शुचि हो जाने पर प्रायः दसवें दिन पुत्र का नामकरण-संस्कार होता है। उधर ब्रज के गाँवों में इसे 'तगा[35] बाँधना' कहा जाता है। क्योंकि इसी दिन शिशु के हाथों, पैरों और कमर में काले रंग का अभिमन्त्रित धागा बाँधा जाता है। इस दिन गाये जानेवाले गीत का एक अंश—

ए पिया, मेरे मन भाई ऐ चूँदरी[36],
ए धँन[37] अपने बिरँन पै[38] माँगि।
ए भैना, काँहर[39] के छीपीअरा[40] बुलाऊँ,
काँहर बैठि रँगाइऐ।
ए भैया, नेंहनी-नेंहनी[41] बँधनि बँधाइए,
पँचरगौ डोबु लगाइऐ।

प्रसवोपरान्त से ही जच्चा का सामान्य भोजन से परहेज रखा जाता है। विशिष्ट पौष्टिक व्यंजन ही खाने को दिये जाते हैं। घी, बूरा, अजवाइन, सोंठ आदि मसाले, ढेरों मेवा डालकर एक अति सुस्वादु व सुगन्धित खाद्य-पदार्थ बनता है। इन लड्डुओं को उधर 'केवकौ' कहते हैं। कही-कहीं यह तरल भी होता है, जिसे 'अछवानी' कहते हैं। औरतें तो औरतें, मर्द भी उसके लिए लार टपकाते हैं और भगवान् झूठ न बुलवाएँ, चुरा-चुराकर खाते हैं, क्योंकि वह सिर्फ इन्हीं दिनों में बनता है। एक गीत में जच्चा अपने पति से पीली चुनरी, खिचड़ी, लड्डू आदि माँगती है तो वह जवाब में बताता जाता है कि ये चीज़ें तो उसे भाई, भावज, माँ आदि से माँगनी चाहिए और 'हम पर केवकौ माँगिऐ' शब्दावली आती है, तब उसमें डाले जानेवाले पदार्थों का अता-पता भी बताया जाता है, यानी—

ए पिया, धनियाँ, धनौली ते लाइऐ।
अजमाइनि[42] अजमेर ते लाइऐ,
जीरौ[43] जिरौली ते लाइऐ।

अब वे फरमाते हैं—'ए धँन, हम पै इतनौ न होइ'। फट से कहा जाता है—'तौ होरिलु

कैसे खिलाइऐ'।

पुत्र-जन्म के उपलक्ष्य में जच्चा के मायके से, माता-पिता या भाई-बाँधवों द्वारा जो सामग्री भेजी जाती है, उसमें कुछ कपड़े-लत्ते, गहने-पाते, मिठाइयाँ, बच्चे के लिए खिलौने आदि भी होते हैं। बतौर बधाई के आयी इस सामग्री को 'छोछक', कहीं-कहीं 'भेली' भी कहते हैं। जब छोछक को घर में लिया जाता है, यानी स्वीकार किया जाता है, उस समय स्त्रियाँ जो गीत गाती हैं, उसका एक अंश–

उड़ि-उड़ि काग सुलाकने[44],
उड़ि मेरे पीहर[45] जाउ।
मेरी कहिऔ माइ समझाइ,
धीअरि माँगै लाडुए[46]।
मेरे कहिऔ बबुल[47] समझाइ,
बेटी तौ माँगै खीचरी[48]।
मेरे कहिऔ बिरँन समझाइ,
भैना तौ माँगै पीअरो[49]।

उधर के परिवार-नियोजनीय जवाब भी देखिए–

बेटी, नित उठि जनमोगीं पूत,
कहाँ ते लाऊँ लाडुए।
लाली, नित उठि जनमोगीं पूत,
कहाँ ते लाऊँ खीचरी।
बीबी, नित उठि जनमोगीं पूत,
कहाँ ते लाऊँ पीअरी।

आगे भी ये सवाल-जवाब काफी मजेदार चलते हैं। ऐसे ही गीत का एक और नूमना–

सीता ठाड़ी पछिताए कुस[50] बन में भए।
जो घर होतीं, सास कुसल्या[51] चरुए देतीं धरवाइ,
जो घर होंते ससुर हमारे नौबति देंते धरवाइ।

जन्म के बाद जिस संस्कार का महत्त्व सबसे अधिक है, वह है– विवाह। इस शुभ-अवसर पर तो गीतों की बाढ़-सी आयी रहती है। जब लड़के-लड़की का सम्बन्ध पक्का होकर विधिवत् सगाई हो जाती है, तभी से गीतों का सिलसिला प्रारम्भ हो जाता है। बस औरतें हैं और उनके सुकंठ–

हाथ गडरुआ[52] लेउ वाके बाबा, सतुआ[53] बाँधौ
डेढ़ सेर–बरु[54] ढूँढ़न कूँ नीकरे।[55]

अग्गिम ढूँढ़्यौ लाड़ो,[56] पच्छिम ढूँढ़्यौ,
ढूँढ़ीं है सब गुजराति। तिहारी जोड़ी कौ बरु
नाँ मिले (यहाँ कई नगरों के नाम लिये जाते हैं)
एकु न ढूँढ़्यौ अगिलास[57],
तिहारी जोड़ी की बरु ना[58] मिलै।

लड़कीवालों की ओर से पिछौरा आदि छोटे वस्त्रों तथा मांगलिक सामग्री के साथ कुछ नकद राशि लड़केवालों को भेजी जाती है। दरवाजे पर गाँव-बिरादरी के लोग एकत्र होते हैं, और जो-जो चीजें आयी होती हैं, उनकी घोषणा की जाती है, इसे लगुन कहते हैं। भीतर स्त्रियाँ गाती हैं—

हाथ डंडा, मुख बाँसुरी, औरु खेलत ऐं
चौहाँन[59], मनोहर साँमरे[60]।
घर आऔ न लाल लड़ाइतै लगुनाइति[61]
ऊबें द्वार, मनोहर साँमरे।

फिर बधाई-गीतों (बधाया) के स्वर बुलन्द होते हैं, यथा—

राम आए अजुध्या, अँनंद भए,
अँनंद भए माई, सुख-चैन भए।

× × ×

आई-आई नंदजू की पौरि[62],
बधाई लाई मालिनियाँ।

× × ×

आजु की घड़ी मेरें अँनंद-बधाए जी राज।

लगभग उसी दिन से रात्रि-जागरण का सिलसिला प्रारम्भ हो जाता है। यानी विवाह के सम्बन्ध में कुछ विशेष क्रियाएँ करने हेतु गली-मुहल्ले की स्त्रियाँ एकत्र होकर रात-भर गाती-बजाती रहती हैं। रात के सन्नाटे में ढोलक की थाप पर गीतों के स्वर एक अजीब समाँ बाँधते हैं। ये गीत सूर्योदय होने से पूर्व यानी रात्रि के पिछले प्रहर तक चलते हैं। विवाह के खास गीत बन्नी (बरनी) और बन्ना (बरना) गाये जाते हैं। रतजगे के गीतों में से एक का यह अंश मुलाहिजा करें—

तेरौ तौ भैया अलबेलौ, बारी[63] नँनदी,
गुरु[64] चोरी की खाइ।
बरज्यौ[65] जाइ बरजि लै नँनदी,
तेरौ भैया पर-घर जाइ।

घर की खीर किरकिरी लागे भाभी,
पर-घर की महेरी[66] खाइबे जाइ।

रतजगे के दूसरे दिन से जो स्त्रियोचित, क्रिया-कलाप शुरू होते हैं, उनमें मेहँदी रचाना और 'तेल चढ़ाना' खास हैं। लड़की के बदन पर हल्दी, तेल, बेसन, छड़ीला आदि से निर्मित उबटन कई दिन तक मली जाती है। उस समय के गीत भाभी, दो बहनें या बुआ के द्वारा गाये जाते हैं। इनके लिए गाँव में एक विशिष्ट शब्द है—'हथलग'। बधाई-स्वरूप और प्रसन्नता व्यक्त करने के लिए बुआ अथवा बहनें जो उपहारादि लाती हैं, उसके लिए भी एक खास शब्द है—'चावा'। अस्तु, हथलग-गीतों के दो अंश नमूनार्थ पेश हैं—

तेलिन बिटिया तेल मेरौ,
रामचमेली कौ तेल ऐ।
बहू सीता तेल चढ़ाइऐ,
बेटी रामेसुरी तेल चढ़ाइऐ।
तेलिन बिटिया तेल मेरौ,
भैया-बैंहन[67] तेल चढ़ाइऐ।

× × ×

अलबेली तमोलिन, मेरी लाड़ी[68] कूँ पान चबवाइ।
जब मेरी लाड़ी ने हरदी सँजोई,
रोरी पै अजब बहार।
जब मेरी लाड़ी ने गहनौं सँजोयो,
कपड़ा पै अजब बहार।

हल्दी चढ़ने के बाद मुख पर रोली के टीके लगाये जाते हैं। यह क्रिया 'रोली-मरुअट' कही जाती है। जिस प्रकार इधर लड़कीवालों के यहाँ गीतों की धूम रहती है, उधर लड़केवालों के यहाँ जरा और भी धूम रहती है। इधर बन्नी तो उधर बन्ने गाये जाते हैं। प्रस्तुत है एक अंश—

अवधपुरी में बरनाँ गाँमें[69]।
नाँहिन[70] नगर बुलाए देंति,
लगुन राम-घर धरवाँमें।
सबु सखियाँ जुरिमिलके आँमें[71],
कौसल-भँमन[72] भरति आँमें[73]।
चंचल नारि नचत अँगनाँ में,
झँनर-झँनर नेवर[74] बाजें।

लड़के के मामा आदि मंगल-सामग्री के साथ जो ढेरों कपड़े, गहने आदि भेंट लेकर आते हैं, उसे 'भात' कहते हैं और भात देने या पहनानेवालों को 'भतइया'। जब भात दिया जा रहा होता है तो बड़े लम्बे गीत चलते हैं, क्योंकि यह सिलसिला देर तक चलनेवाला होता है। एक गीत की प्रारम्भिक पंक्तियाँ देखिए–

भैंनि[75] चली ऐ बीर कें रे,
चौपटि चादरि ओढ़ि, राजा भातई रे।
एक बन नाँखौ[76], दूसरौ रे,
तीजे बन पहुँची है जाइ, राजा भातई रे।

लीजिए जनाब, वह शुभ दिन भी आ पहुँचा जब दुल्हनियाँ लाने के लिए दूल्हे राजा सज-धज के घर से निकले। सिर पर मौर और कमर पर तलवार या कटार बाँधें, आगे-आगे दूल्हे राजा उन पर लाल रंग की शॉल या चादर की मांगलिक छाया, पीछे-पीछे गाती चलती सजी-धजी स्त्रियों का समूह। गाँव छोड़ने से पूर्व पूरे गाँव की प्रदक्षिणा की जाती है, जिसे 'निकरौसी' कहते हैं। गीत का नमूना प्रस्तुत है–

रघबर की निकरौसी कींनी,
मौहरु[77] राँम पै बँधवाँमें।
पिता जु जसरथ लिऐं सँग में,
थैली ऊपर लुटवाँमें।
राजा जसरथ कौ नामु बड़ौ ऐ
नेग[78] चुकाइ के घर अइयों।
सारी[79]-सरहज[80] ठठ्ठा करिंगी
सबुके आगें हँसि जइयों।

एक और नमूना–

बरनाँ धीरें चलौ ससुराल गलियाँ,
तिहारी पैचें[81] सँभारेंगी बेई सखियाँ।
जिनके लम्बे-लम्बे केस, सलोनीं अँखियाँ,
म्बाँ[82] तो सोइ रहे स्याँम बनाइ बतियाँ।
बरनाँ धीरें चलौ ससुराल गलियाँ!

गाँव छोड़ने के पूर्व एक बड़ी मजेदार रस्म पूरी की जाती है। लड़के की माँ किसी कुएँ के जगत पर एक पैर कुएँ में लटका के बैठ जाती है और कहती है–'मैं कुएँ में गिरती हूँ'। लड़का कहता है–'गिर मत, मैं तेरे लिए बहू लेकर आऊँगा'। फिर लड़के को कुआँ झँकवाया जाता है। इसके बाद लड़का ससुरालवाले गाँव की दिशा में रखी कच्ची मिट्टी की सरैयों (सरबों) पर पैर रखता और उन्हें फोड़ता आगे बढ़ता

है। अब उस पर दो 'प्रतिबन्ध' कस जाते हैं। एक तो यह कि पीछे मुड़कर घर की ओर देख भी नहीं सकता। दूसरे, बिना बहू लाये लौट नहीं सकता। गाँव की सीमा पर माँ, चादर की ओट में, उसे स्तनपान कराती है और बरातियों के साथ दूल्हा प्रस्थान करता है।

कन्या-पक्ष के दरवाजे पर बारात पहुँची। मंगल-गान के साथ द्वाराचार होने लगा। किसी चंचलनयनी ने दूल्हे को ताका, किसी चुलबुली ने सहेली के कान में सरगोशी की। गीत फूट पड़े—

सिर तेरे ककरेजी चीरा[83] बरनाँ,
पेचों[84] से लागी अँबर-बेल[85] चमेली कौ तेल।
बरनीं कौ राजा बरनाँ,
तेरी उमेद[86], मैंने सच्चे मोती पिरोए बरनाँ।

जब बरात खात्रा खा रही होती है तो जो गीत गाये जाते हैं, उनमें दो खास हैं—ज्योनार और गाली। ज्योंनार का एक प्रारम्भिक अंश—

जेठ जौ उतर्यौऐ असाढ़ जी लाग्यौ,
इंदरु सूखा डारी, रँग बरसैगौ;
हाँ-हाँ, राम रँग बरसैगौ।

आगे इसमें सीता के जन्म का पूरा वर्णन आ जाता है, एक और गीत है—

राजा जनक करैं ज्यौनांर जुगत सों परसों री।

इस गीत के माध्यम से दर्जनों मिठाइयाँ, दसियों साग-सब्जियाँ, ढेरों मेवे के अलावा सात पवित्र नदियों का जल भी पत्तलों में परस दिया जाता है। समधी-समधिन, दूल्हा और उसके भाई-बाँधवों ही नहीं, नजदीकी मित्रों तक को बाकायदा हर एक का नाम ले-लेकर गीतों के सुरीले सुरों में मुँह भर-भरकर जो मन में आये 'बातें' सुनाने की बड़ी पुरानी परम्परा है। इन गीतों में अश्लील से अश्लील और खुले से खुले वर्णन भी वर्जित नहीं होते। वर्जित होता है बुरा मानना। अपेक्षतया एक शालीन नमूना—

समधिन तेरी घोड़ी चनां के खेत में,
समधिन तेरी घोड़ी....।
चना में लगिगए कौआ, समधिन कौं लै गयौ
बरात कौ नौआ[87], चनां के खेत में।

किन्तु 'गारी-गीतों' का स्वस्थ, शालीन, हँसी-मजाक भरा रूप भी है, यथा—

जनक के अँगनाँ भीर भई भारी,
जुरि आई सब नारी।

चार्यौं[88] भूप बराबरि बैठे,
कहा परस्यौ मैहतारी।
जौ कंगन की गाँठि न खूँटै[89],
बोलि लेउ मैहतारी जी।
अँचर-ओट सिया मुसिक्यानी, चौं[90]
सकुचौ तुम नारी जी।
तोरत धनुस पलक ना लाग्यौ,
कंगन-गाँठि कहा भारी जी।

आँगन में जहाँ भाँवरें पड़ती हैं, वहाँ वेदी के ऊपर आम्र-पल्लवों, रंग-बिरंगी झंडियों आदि से सजी एक छोटी-सी छप्परनुमा छान छवाई जाती है। चारों कोनों पर केले के पत्ते, मंगलघट आदि रखे होते हैं। इसे मड़वा, मंडवा या मंडप कहते हैं। सारे अनुष्ठान यहीं सम्पन्न होते हैं। भाँवरों के लिए जब वर-वधू प्रस्तुत होकर पटे पर बैठते हैं तो पंडित जी हवन-पूजन में लग जाते हैं, स्त्रियाँ गाने में। पेश है एक ही पटा-गीत का प्रारम्भिक अंश–

ए अब बोलि न हरे-हरे सुअना[91],
लाड़ी चौक बैठी।

अब इधर भाँवरें पड़ती होती हैं, उधर पौर से स्त्रियों के गीत गूँजते हैं। एक नमूना प्रस्तुत है–

हरे-हरे गोबर अँगन[92] लिपाए,
मोतिन चौक पुराए।
कुंभ[93]-कलस-इमिरित[94] भरि लाए,
चंपे की डारि झकोरि।
आज मेरी सीता ऐ रघुबर ब्याहन[95] आए।
आज मेरी सीता ऐ रघुनन्दन ब्याहन आए।

भाँवरों के समय एक खास व्यंजन खिलाया जाता है 'घीआबाती'। इस समय जो चटपटे गीत गाये जाते हैं, उन्हें 'दूधाबाती' कहते हैं। पेश है उसका एक रोचक नमूना–

खा मेरे दूल्हा घीआबाती।
भूँखी को जायो ऐ, लप-लप लै गयौ[96]।
अघाँनी की जाए ऐ, जोरति जाँति ऐ[97]।
बँन बीनत जायो ऐ, कारौ खेंकरौ[98]।
मेरी मरमँन जाई ऐ, गोरी दमदमी।

बँन-ओटतु जायौ री, कि छीमत गिरि पर्‌यौ[99]।
मँहलन बेटी री जाई, री कि नच-कूदनी[100]।

विवाह से पूर्व, मंडप के दिन, वर-वधू के हाथों में विशेष पूजा और विधिपूर्वक कंगना या 'कंकन' बाँधा जाता है। कहीं-कहीं भाँवरें पड़ चुकने पर श्वसुरालय में ही और कहीं घर आने के बाद 'कंगना-खोलने' की रस्म अदा की जाती है। दूल्हा-दुल्हन का और दुल्हन दूल्हे का कंगन खोलती है। इस अवसर पर स्त्रियाँ गीत गाती हैं और सखी-सहेलियाँ हँसी-मजाक करती हैं। पेश है सिर्फ दो, किन्तु बड़ी मजेदार पंक्तियाँ—

कंगन-गाँठि खुलै हति नाऐं[101],
सखियाँ हँसैं दै-दै तारी।
कंगन-गाँठि खुलै हति नाऐं,
एक माइ द्वै बाप री।

इस तमाम गहमा-गहमी और व्यस्तताओं से गुजरकर अन्ततः वह घड़ी आ जाती है, जब बेटी को विदा किया जाता है। यह दृश्य बड़ा करुण होता है। दुल्हन बनी लड़की सबसे गले मिल-मिलकर रोती है। स्त्रियाँ आँखों में आँसू लिये भरे कंठ से विदाई-गीत गाती हैं। सिर्फ एक अंश—

काए कूँ[102] धाए परदेस रे, सुनि बाबुल मेरे।
हम तौ रे बाबुल तेरी अँगनाँ की चिरियाँ[103],
रुगि-चुगि कें उड़ि जाँइ रे, सुनि बाबुल मेरे।
हम तौ रे बाबुल, खूँटा की गइयाँ[104]
जित हाँकी हँकि जाँइ रे, सुनि बाबुल मेरे[105]।

गाँव-देहातों में प्रायः छोटी उम्र में विवाह हो जाते हैं। सयानी होने पर लड़की का गौना होता है। यानी लड़का दूसरी बार लड़की को विदा कराने ससुराल आता है। इस अवसर पर स्त्रियाँ जो गीत गाती हैं, उनके कुछ अंश—

कोकिला बनि जइयौ नँनदिया।

जइयौ नँनदिया, बधाई लैकैं अइयौ नँनदिया।

× × ×

हरे-हरे गोबरु अँगनु लिपायौ, रँग मैहल में।
अरी, चूँनन[106] चौक पुराए री माई,
अरी आजु तौ बधाई बाजी, रँग। मैहल में।

× × ×

आज बड़ी कौ औसरौ[107] रे,
अरे रस भौंरा रे।
रुचि-पचि[108] कियौ ऐ सिंगारु[109],
अरे रस भौंरा रे।

बीच में बड़े झंझट खड़े होते हैं और सजने-सँवरने का कुछ नतीजा नहीं निकलता। किन्तु अन्ततः—

आई धँन रहसी री[110] फूली,
ब्वा की[111], द्यौर[112] जिठाँनी पूछैं बात।
सेजनिरा[113] फुलवा परे,
कोउ पिउ पै उड़त गुलाल।

यहाँ यह स्पष्ट कर देना उचित होगा कि पुत्र-जन्म और विवाह-संस्कार के अवसर पर जो गीत गाये जाते हैं, उनकी दो किस्में हैं। एक तो रीति-रस्म या विशेष अनुष्ठानों के जिन्हें गाना अनिवार्य होता है। किन्तु रीति-रस्मों में कुछ बहुत अधिक समय नहीं लगता, न विवाहादि के उत्सव दिन-दो-दिन में समाप्त हो जाते हैं। अतः दूसरे प्रकार के गीत वे होते हैं, जिन्हें आनुष्ठानिक गीतों के बाद सुविधा एवं समय के अनुसार गाया जाता है। यानी अब स्त्रियाँ चाहे जैसे गीत गा सकती हैं। ये 'खेल के गीत' कहलाते हैं, इस प्रकार के गीतों के दो नमूने—

पिया आँवन कहि गए परसों,
कब आवैगी बैरिन परसों।
मन चाहत लोग-संग जाइ मिलौं मैं,
मोपै उड़ौऊ न जाए बिना पर सों।

× × ×

तेरे दरस की प्यासी रे कृष्णा।
चलि कृष्ण हम मंदिर में चलिंगे,
तुम पुजारी हम पुजारिन बनिंगे।
दोनों मिलि पूजा करिंगे कृष्णा,
तेरे दरस की प्यासी रे कृष्णा।

जैसा कि पहले ही अर्ज किया गया, ब्रज के ग्राम्य-जीवन में गीतों की भरमार है। विवाह या जन्म ही नहीं, जब कोई भी ऐसा करनी-कारज हो, जिसमें दस-पाँच जनी मिल बैठें तो गीत स्वतः होंठों पर आ जाते हैं। तो, ऐसे गीत हैं, जो चाहे जब गाये जा सकते हैं। उनके लिए कोई खास समय या अवसर नहीं है। बस 'मूड' होना चाहिए और सुरीले गलेवाली कोई स्त्री, जो गीत 'उठा' दे, ऐसे गीतों के सिर्फ दो अंश पेश हैं—

काँन्हा गागरिया मति फौरै, मेरी सासु लड़ैगी रे।
सासु डकुरिया[114] मोरी खोटी,
गारी देइ न देगी रोटी।
नन्द[115] बड़ी छरछंदी[116] मेरी,
सुवा धरैगी रे, कान्हा...।
द्वै की चारि, चारि की सोलह,
कहि-कहि झूठ पिया ते बोले।
सौति बड़ी खेहारी, पिया के काँन भरैगी रे,
कान्हा गागरिया मति फौरै मेरी सासु लड़ैगी रे।

× × ×

सैयाँ मिले मन-घुँमना, हाइ मेरौ ऐसौ नसीब।

सुनिए, मार-मार के पानी को भेजा तो गगरी फोड़ के रस्सी समेट लाये। हल चलाने भेजा तो जुवा तोड़-ताड़कर बीज बखेर आये। ससुराल भेजा तो नाता तोड़कर इन्हें लिवा लाये। पर यहाँ भी तो–

मारि-मारि मैंने सेजों पौढ़ाए[117],
तोरि आए पलिका[118], ढकेलि आए मोइ।

सावन-भादों के महीनों में गीतों की रंगीनी चारों ओर बिखर जाती है, जिधर देखिए–

परे रे हिंडोला नौलखा बाग में जी,
एजी कोई झूलत रानी राज-कुमारि।

की मधुर तानें सुनाई पड़ती हैं। झूलती हुई ब्रज-बालाओं के रंग-बिरंगी चुनरी-फरिआ झूले की लम्बी-लम्बी पेंगों से फरफराती हुई सुहाना समाँ रचती हैं। सावन के गीतों में परम्परागत मल्हार, हिंडोला के अलावा 'मनिहार', 'चन्द्रावल', 'मोरा' आदि घंटों चलनेवाले कला-गीत भी होते हैं। इन गीतों में संयोग, वियोग, शृंगार, उलाहने, परदेसी प्रीतम को चिठ्ठियाँ, कजरारे आँसू, मेघों की गर्जन, रंगीन मौसम, दमकती दामिनी, सिसकती विरहिणी, बूँदों की फुहार, खिलता हरसिंगार न जाने कितने प्रसंग सिमट आते हैं। उन गीतों के नमूने इसलिए नहीं दे रहा कि वे प्रायः सभी ने सुने होंगे। हाँ, एक बात अवश्य स्पष्ट कर दूँ कि सावन के गीतों में पति-पत्नी या प्रियतम-प्रेयसी के प्रेम को ही नहीं, भाई-बहिन के स्नेह को भी बड़ी खूबी से बाँधा जाता है। भाई की याद, भाई-बहिन का परिहास भी वर्णित होता है। मसलन–

रुँमझुँम-रुँमझुँम[119] मेहा बरसे
जि[120] पाँनी कित जाइ जी।

आधौ पाँनी नदी किनारे,
आधे में मेरो भइया न्हाइ जी।
आप कूँ घोड़ा, बाप कूँ घोड़ा,
माँ कूँ जोड़ा लाइ जी।
भैंन की चुंदरी भूलि आए तो,
सौ-सौ नाम धराइ जी।

श्रावण मास में हरियाली तीज, हरियाली मावस, नाग-पंचमी, रक्षा-बंधन आदि पर्व पड़ते हैं। भाद्रपद में जहारपीर के जागरण, श्रीकृष्ण-जन्माष्टमी, अनन्तचौदस, चट्टाचौथ पर्व मनाये जाते हैं। इन सबमें गीतों के स्वर बिखरते हैं। ये स्त्रियों के गीतों का जिक्र हुआ। अब उधर दृष्टिपात कीजिए तो फुरसत के समय गाँव की चौपालों पर लोगों का जमाव जुड़ा है और 'आल्हा' या 'ढोला' की तानें सुनने को मिलेंगी। जो एक बार प्रारम्भ होकर पहरों तक जारी रहती हैं। श्रोता भी खाना-पीना भूल जाते हैं, सुनते हैं और झूमते हैं। वर्षा-ऋतु के अलावा भी जब भी मौका मिले पुरुष-गायकों के कंठ से गीत बहने लगते हैं; जिकड़ी के भजन, चौबौले, निहालदे आदि चाहे जब गाये-गवाये जा सकते हैं। वैसे, चैत्र-फाल्गुन में इन चीजों पर बहार आती है।

वर्षाकालीन गीतों के अलावा ब्रज की दो चीजें खास हैं—होली और रसिया। बल्कि उन्हें ब्रज की खास पहचान कहना ज्यादा सही होगा। इन गीतों की न जाने कितनी किस्में आपको मिल जाएँगी। इन गीतों के शब्द नहीं उनका स्वर और लय-विधान ऐसा होता है, जिसमें फगवा की मादक मस्ती घुली रहती है। गाने तो स्त्रियाँ भी गाती ही हैं, पर होली व रसिया तो पुरुषों द्वारा गाये गये ही भले लगते हैं। 'रजपूती होली' बड़ा लम्बा और प्रसिद्ध गीत है। इसके नमूने इसलिए नहीं दिये जा रहे कि अधिकतर लोगों ने सुन रखे हैं। लोक-गीतों में रुचि रखनेवाला भला कौन ऐसा व्यक्ति होगा, जिसके कानों में ब्रज के होली व रसिया-गीत न पड़े हों।

मुझे इस बात का एहसास है कि जिस ब्रज-लोक और उसके वातावरण में रचे-बसे जैसे गीतों का गुंजन यहाँ पेश किया है, वह अधिकतर आज दिखाई-सुनाई नहीं पड़ता। किन्तु यह भी सत्य है कि वह अमिट है, अमर है, भले ही कितने ही परिवर्तन आ गये हों। मान लिया कि विसंगतियाँ या विकृतियाँ भी पैदा हुई हों, पर वह आज भी जीवन्त है और कल भी जीवन्त रहेगा। क्योंकि ब्रज-लोक का सच्चा गायक केवल स्वरकार ही नहीं रचनाकार व शब्दकार भी होता है। वह कहीं-न-कहीं, आज भी नये-नये खयाल, होली, रसिया, भजन, जिकड़ी आदि की रचना में संलग्न रहता है। इसीलिए कुछ दशक पूर्व के अतीत की यह गीतों-भरी चर्चा करते हुए मेरी लेखनी उस अतीत को भी वर्तमान महसूस करती रही है। क्योंकि किसी आँखवाले और भावुक कवि-हृदय से पूछिए तो वह कहेगा 'दिल के आइने में है तस्वीरें-यार' अर्थात्—

दिव्य दृष्टि सों देखिए, ब्रज कौ वैभव मीत,
वही स्याँम-वृषभाँनुजा, वही प्रेम की रीत।
वही मोर-सुक-सारिका, वही मधुप-गुंजार,
वह पावस मन-मोहना, वही हिंडोल मलार।

तो, फिर कौन ऐसा पत्थर-दिल होगा, जिसके भीतर यह हूक न उमड़ पड़े कि–

'सखी, मैं भई न बिरज की मोर'।

सन्दर्भ

1. मोटे चमड़े से बना बड़ा भारी डोल-जैसा होता है, जिसे कुएँ से दो बैल खींचते हैं।
2. पीछे।
3. पीपल का छोटा पेड़।
4. वहाँ, उधर।
5. यहाँ।
6. यहीं।
7. कोतवाल।
8. धोती।
9. पकाई।
10. मुझे।
11. दशरथ
12. बेटी, लड़की।
13. साँप को।
14. बिच्छू।
15. डर गयी, डरी।
16. बड़ा टिन, पीपा।
17. पाठा.-दो मन पक्का जीरा री!
18. पाठा.-आये-गये की चूनर री!
19. रंगीन ओढ़नी।
20. सुभद्रा–तात्पर्य बहिन से है।
21. बीरन–भाई।
22. छोटी-सी खाट, खटोला।
23. मूँज के बान, जिनसे चारपाई बुनी जाती है।
24. चारपाई के पैंताने लगनेवाली पतली रस्सी, अदबान।
25. चंदन के पेड़।

26. बुरा।
27. नवजात शिशु के लिए लाड़-भरा शब्द।
28. गानेवालियाँ।
29. कपड़े-लत्ते।
30. पुराने।
31. शायद शिशु के गदेले-पोतड़े आदि से अभिप्राय है।
32. पुराने वक्तों में बजनेवाली आठ वाद्यों पर आधारित नौबत।
33. खिल रही, फूल रही।
34. छोटा-सा झाड़ीनुमा पौधा होता है, जिसकी टहनी, पत्ती, फूल सब सुगन्धित होते हैं। नन्हें-नन्हें काले बीज गर्मियों में शीतलता प्रदान करने हेतु पिये जाते हैं। फारसी में इन्हें 'तुख्मेबालंगा' कहते हैं।
35. धागा-तागा-तगा।
36. चुनरी।
37. पत्नी, स्त्री।
38. से।
39. कहाँ।
40. कपड़े छापनेवाले अर्थात् छीगी।
41. नन्हीं-नेंहनी।
42. अजवाइन।
43. जीरा।
44. शुभलक्षणों-वाला, सुलक्षण।
45. पितृ-गृह।
46. लड्डू।
47. बाबुल-बबुल यानी पिता।
48. खिचड़ी।
49. पीला यानी मांगलिक वस्त्र।
50. लव और कुश।
51. कौशल्या।
52. बड़ा लोटा।
53. सत्तू।
54. वर।
55. निकले।
56. लड़की के लिए लाड़-भरा शब्द।
57. वह गाँव जहाँ वर मिला।

58. वहाँ।

59. शाही समय में घोड़ों पर बैठकर खेला जानेवाला एक खेल–चौगान, आज जिसे 'पोलो' कह सकते हैं।

60. साँवरे।

61. लगुन लानेवाले या उसमें शरीक व्यक्ति।

62. देहलीज।

63. छोटी।

64. गुड़।

65. मना करना, डाँटना।

66. छाछ से बनाया गया एक ठेठ देहाती खाद्य पदार्थ, जो गुड़ और चावल डालकर पकाया जाता है; बुंदेलखंड में इसे 'रावड़ी' कहते हैं।

67. बहिन, यहाँ लड़की का नाम लिया जाता है।

68. लाड़ो का पर्याय।

69. गावें।

70. नाइन।

71. आवें।

72. भवन।

73. आवें।

74. नूपुर, घुँघरू।

75. बहन।

76. लाँघना, पार करना।

77. सिर पर धारण किया जानेवाला मौर।

78. किसी संस्कार में विविध कार्य करनेवालों के उनके अधिकार-रूप में जो कुछ दिया जाता है, उसे नेग कहते हैं। इसके अतिरिक्त करीबी नाते की स्त्रियाँ भी नेग की हकदार होती हैं। भाभी, बहिन, सालियों की तो चाँदी हो जाती है।

79-80. छोटी व बड़ी सालियाँ।

81. खुशनुमा टाई, यहाँ अभिप्राय बालों के पेचोखम से है।

82. वहाँ।

83. काकरेजी यानी ऊदे रंग का लहरियादार वस्त्र।

84. यहाँ वस्त्र की सुन्दर सलवटों से आशय है।

85. अमरबेल जो बहुत नाजुक होती है।

86. उम्मीद, आशा।

87. नाई।

88. चारों।

89. खुले।

90. क्यों।

91. सुआ यानी तोता।

92. आँगन।

93. कुंभ यानी घड़ा।

94. अमृत।

95. ब्याहने-हेतु।

96. मरभुक्खी का जना हुआ है जो ऐसी जल्दी चट कर गया।

97. अघाई हुई की जनी है जो खाती नहीं, जोड़ती जाती है।

98. कपास बीनते समय जना है, काला केंकड़ा।

99. कपास से बिनौले निकालते हुए पैदा किया है या छूते ही गिर पड़ा।

100. घर में बेटी पैदा की है या कोई नाचने-कूदनेवाली।

101. कंगन की गाँठ खुलती नहीं।

102. क्यों, किसलिए।

103. चिरैयाँ, चिड़ियाँ।

104. गायें।

105. तुलना–हजरत अमीरखुसरो-रचित गीत 'काहे को ब्याही बिदेस सुन मोरे बाबुल'।

106. आटा।

107. अवसर, बारी।

108. ध्यानपूर्वक, सँभलकर।

109. श्रृंगार।

110. आनंद मनाकर आयी स्त्री।

111. उसकी।

112. द्यौरानी-देवरानी।

113. सेज के ऊपर।

114. बुढ़िया।

115. ननद।

116. कपटी, धूर्त।

117. सुलाना, लिटाना।

118. पलंग।

119. रिमझिम-रिमझिम।

120. यह।

मीरा के पदों में छन्द तथा ताल

रुद्रमणि देवांगन

'पद' संगीतमय भाषा में रचित ऐसी कृति है, जिसमें छन्द और लय का अन्तर्भाव स्वाभाविकतः होता है। पदात्मक लय ही छन्द की ह्रस्व-दीर्घ मात्रा के पथ से चलकर अनेकविध संगीतात्मक तालों का सृजन करती है और पद के शब्दों की ध्वन्यात्मकता उसमें मनोहारिता और प्रभविष्णुता उत्पन्न कर संगीत के स्वरों में प्राण फूँक देती है। पद में निहित काव्यत्व और संगीतत्व की तदाकारिता सहृदय श्रोताओं को आत्मविस्मृत कर देती है।

'पद' शब्द का अर्थ किसी श्लोक या छन्द का चतुर्थांश, श्लोकपाद, कोई विशेष अर्थ रखनेवाला शब्द या शब्द-समूह अथवा ईश्वर-भक्ति-सम्बन्धी गीत या भजन होता है।[1] पद-साहित्य के इतिहास का अध्ययन करने से स्पष्ट होता है कि सन्त-साहित्य की परम्परा में 'पद' का अभिप्रेत अर्थ ईश्वर-भक्ति-सम्बन्धी गीत या भजन लिया जाना समीचीन है। विशुद्ध पदों की यह विशेषता परिलक्षित होती है कि उनमें अपने रचनाकारों की अभिव्यंजना उनके किसी इष्टदेव के प्रति समर्पित होती है। उनका प्रतिपाद्य विषय धार्मिक तथा रचना-शैली में संगीत का पुट होता है। उनमें (पदों में) न तो गीतों-सा स्वर-माधुर्य के प्रति एकांगी आग्रह लक्षित होता है, न वैसा संगीत की शास्त्रीयता का अक्षरशः अनुसरण ही दीख पड़ता है। उनमें गीत-काव्यों-सा भाव-सौन्दर्य के लिए किया गया सजग प्रयास भी नहीं किया जाता, जिनका उद्देश्य मुख्यतः पदलालित्य का समावेश करना है।[2] अतः 'पद' काव्य की ऐसी विधा है, जो तन्मयता की अवस्था में अभिव्यंजित, कविता के छन्द एवं संगीत के स्वर-ताल से गुम्फित रसात्मक अनुभूति करानेवाली सहज एवं गत्यात्मक रचना है, जिसमें काव्य एवं संगीत का मधुर, स्निग्ध एवं घनिष्ठ सम्बन्ध होता है।

भारतीय वाड्मय में पद-रचना की परम्परा आदिकाल से ही है, उस समय से, जबकि हिन्दी भाषा अपभ्रंश रूप में थी। बौद्ध सिद्धों द्वारा रचित पद 'चर्यापद'

कहलाता है। 'चर्यापद' संस्कृत के वर्णवृत्तों में न होकर प्रधानतः पंभ्फटिका, पद्धड़ी एवं चौपाई छन्द में पाये जाते हैं। चर्यापदों में लय का पूरा-पूरा ध्यान रखते हुए उनमें राग-निर्देश भी पाये जाते हैं। प्राचीन तमिल में 'पद्म' शब्द का प्रयोग भी मिलता है। बौद्ध सिद्धों के काल से लेकर पद-रचना की यह परम्परा भक्तिकालीन कवियों तक निरन्तर प्रचलित रही। बौद्धकालीन चर्यापदों की रचना-शैली में नाथपंथी योगियों ने भी पदों की रचना की। राग-निर्देश दोनों प्रकार के पदों में मिलते हैं। दोनों में मूल अन्तर यह है कि चर्यापदों की दूसरी पंक्ति में जहाँ 'ध्रु' अथवा 'ध्रुवक' रखा गया है, उसके स्थान पर नाथपन्थियों के पदों में 'टेर' अथवा 'टेक' का उपयोग हुआ है। सिद्धों एवं नाथों की पद-रचना-पद्धति में कुछ परिवर्तन के साथ मराठी में नामदेव आदि तथा हिन्दी में कबीर, रैदास आदि सन्त-कवियों ने पद-रचना-परम्परा को आगे बढ़ाया। पद-रचना की यह शैली सिद्धों की पद्धति कहलाती है।

तेरहवीं शताब्दी के भक्ति-कवि जयदेव के प्रसिद्ध गीति-काव्य 'गीत-गोविन्द', जो हिन्दी में न होकर संस्कृत में है—के आदर्श पर मैथिली में विद्यापति, गुजराती में नरसी तथा बंगाली में चंडीदास द्वारा पद-रचनाएँ की गयीं। "विद्यापति के पदों में उतना संगीत का स्वरमाधुर्य नहीं, जितना काव्य पद-लालित्य एवं भाव-सौन्दर्य है।"[3] विद्यापति के सभी पदों में राग-निर्देश और 'टेक' भी नहीं मिलता, इसलिए इनकी बहुत-सी रचनाएँ 'शुद्ध पद' की श्रेणी में नहीं आतीं, क्योंकि उनमें काव्य-सुलभ सौन्दर्य के लिए जितना आग्रह है, संगीत के लिए नहीं। पद-रचना की यह परम्परा 'वैष्णव की पद्धति' कहलाई।

पद-रचना के इतिहास के परिप्रेक्ष्य में कुछ ऐसे हिन्दी पदकार भी मिलते हैं, जिन्होंने पद-रचना-शैली में नवीनता पैदाकर कुछ भिन्न-रचना-शैली का मार्ग प्रशस्त किया। ऐसे लोगों में अमीर खुसरो का नाम उल्लेखनीय है। देसी और ईरानी संगीत के सम्मिश्रण से इन्होंने पद-रचना में नयी शैली को जन्म दिया, जो मध्ययुगीन गायकों द्वारा अपनायी गयी। इस तरह एक ओर जहाँ कबीर-जैसे सन्त-कवि बौद्ध सिद्धों तथा नाथ-योगियोंवाली पुरानी पद-रचना-शैली को अपना रहे थे, वहाँ दूसरी ओर मध्ययुगीन गायक अमीर खुसरो की संगीत-पद्धति से प्रभावित पद-रचना को महत्त्व दे रहे थे। इन दोनों पद्धतियों के मध्य 'वैष्णवों की पद्धति' के आदर्श पर सूर, तुलसी, मीरा आदि भक्त-कवियों ने अपने पदों मे काव्यतत्त्व एवं संगीततत्त्व के सामंजस्य से ऐसे पदों का सृजन किया, जो भारतीय संगीत में अपना अनूठा स्थान रखते हैं।

उत्तर-भारतीय संगीत में जो पद रागों और तालों में निबद्ध कर गाये जाते हैं, उनमें मध्यकालीन हिन्दी-पदों का ही प्राधान्य है। इनमें सर्वाधिक महत्त्वपूर्ण पद भक्तिकालीन कवियों के हैं। कबीर के गीत भावों की गहराई एवं भाषा की ओजस्विता की दृष्टि से यद्यपि सुन्दर हैं, तथापि भाषा की परिमार्जिता एवं संगीत की दृष्टि से

आदर्श गीत नहीं हैं, सूर और तुलसी के गीत सगुण भक्ति-भाव एवं काव्य-सौन्दर्य लिए हुए हैं। मीरा के गीतों में तीव्रतम भगवद्विरह व्यक्त हुआ है। इसी से इन सभी भक्तों के गीत भारतीय जनता की अमूल्य निधि हैं।[4] अतः आध्यात्मिक भावना से परिपूर्ण तथा संगीत-प्रधान होने के कारण भारतीय जनमानस को भक्ति-गंगा की संगीतमयी धारा से आप्लावित करने मे भक्तियुगीन कवियों के पद अद्वितीय हैं; जैसे शुद्ध भावनामय इन कवियों के पद हैं, वैसा ही तन्मयकारी इनका संगीत भी है।[5]

पदों का संगीत से घनिष्ठ सम्बन्ध है और इन पदों को राग-विशेष में गाने की परम्परा का निरन्तर विकास होता रहा। विकास की इस शृंखला में कृष्ण-भक्तिकालीन पदों का स्वरूप अधिक समुन्नत दिखाई देता है। कृष्ण-भक्तिकालीन पदों में काव्यत्व की दृष्टि से सूर का स्थान श्रेष्ठ है, जबकि संगीतत्व की दृष्टि से मीरा सबसे बड़ी गायिका हैं। अतः पद-रचना की परम्परा में मीरा की पदावली का सर्वाधिक सांगीतिक महत्त्व है। "मीरा की पदावली शुद्ध गीति-तत्त्वों से सम्पन्न है। बिना किसी आलंकारिक आडम्बर के सीधे शब्दों में हृदय की स्वच्छ एवं पवित्र भावना की अभिव्यक्ति में मीरा के पद अद्वितीय हैं। इनके पद अपने भावों के प्रभाव एवं गेयत्व के कारण आज भी जनवाणी में मुखरित हैं।"[6] मीरा के भजन गेयता, सरसता, सरलता और माधुर्य की दृष्टि से समस्त पद-साहित्य में अजर-अमर हैं। पगों में घुँघरू बाँधकर उन्मुक्त भाव से अपने घायल हृदय की वेदना को संगीत के स्वर एवं लय में अभिव्यंजित करनेवाली मीरा अपने पदों से अरसिक को भी रसलीन बनाने की क्षमता रखती हैं और यही कारण है कि उनके पद संगीतज्ञों को सर्वाधिक प्रिय हैं।

मीरा के पदों के अध्ययन से पता चलता है कि उनकी रचना पिंगल अथवा काव्यशास्त्र के नियमादि को ध्यान में रखकर नहीं की गयी थी, अपितु उनके हृदय के उद्गार संगीत के माधुर्य एवं तरलता में बहकर पदों के रूप में सामने आये, क्योंकि मीरा ने काव्यशास्त्र का अध्ययन नहीं किया था, इसलिए कोई भी पद पिंगल की कसौटी में खरे नहीं उतरते। किसी में मात्राएँ बढ़ जाती हैं, तो किसी में यति-भंग दोष दिखाई देता है, फिर भी उनकी पदावली में प्रयुक्त छन्द संगीत की लय एवं ताल का निर्वाह इस सहज गति से करते हैं कि गायक सुगमतापूर्वक पदों को गा लेते हैं। भावातिरेक में संगीत में प्रयुक्त 'आकार' के द्वारा मात्राओं को घटा-बढ़ाकर पदों को गाया जा सकता है। "भिन्न-भिन्न राग-रागिनियों के अनुसार पंक्तियों की लय ठीक करने अथवा भिन्न-भिन्न तालों के अनुसार उनके विराम आदि के स्थलों का संशोधन कर देने से पिंगल के बहुत-से नियम ठीक-ठीक नहीं लग पाते...किसी ह्रस्व को दीर्घ और दीर्घ को ह्रस्व भी, ऐसी दशा में बहुधा कर दिया जाता है।"[7] इसका प्रमुख कारण यह है कि मीरा के पदों की रचना भावोन्माद में गा-गाकर हुई है, इसलिए उनमें गेयत्व अधिक पाया जाता है तथा काव्यशास्त्रीय छन्दों के कठोर नियमों का पालन नहीं हो पाया है।

मीरा के पदों में मुख्य रूप से सार, सरसी, विष्णुपद, उपमान, शोभन, समान सवैया, ताटंक, दोहा, कुंडल आदि मात्रिक छन्दों तथा कवित्त, मनहर आदि वर्णिक छन्दों का प्रयोग हुआ है। वर्णिक छन्दों के केवल दो उदाहरण पाये जाते हैं, उनके पदों में मात्रिक छन्दों का उपयोग अधिक पाया जाता है। मात्रिक छन्दों के अधिक उपयोग ने पदों को संगीत के अत्यधिक निकट लाकर खड़ा कर दिया है तथा पदों में हृदय-पक्ष अधिक प्रबल हो गया है। पदों में प्रयुक्त छन्द, संगीत की तालों को किन-किन रूपों में प्रदर्शित करते हैं, कतिपय उदाहरण द्रष्टव्य हैं–

1. सरसी छन्द

इस छन्द का उपयोग मीरा के पदों में अधिक हुआ है। इसमें सोलह एवं ग्यारह के विराम से सत्ताईस मात्राएँ होती हैं–

स्थायी–

।।। ।। ।।ऽ ऽऽ ऽ।
तनक हरि चितवा म्हारी ओर। टेक। = 16 मात्राएँ

अन्तरा–

।। ।।ऽ ऽ ।।ऽ ऽ ।।
हम चितवा थे चितवा ना हरि = 16 मात्राएँ
।।ऽ ।ऽ ।ऽ।
हिरदो महा कठोर = 11 मात्राएँ

इस छन्द में रचित पदों को तीनताल में निबद्ध कर ताल की चौथी मात्रा से प्रारम्भ कर गाया जा सकता है। अन्तरा प्रारम्भ करने के लिए 'टेक' की प्रथम पाँच मात्राओं के पश्चात् अन्तरा गाने से ताल के खंडों का निर्वाह स्वाभाविक रूप से हो जाता है, साथ ही अन्तरा की दूसरी अर्द्धाली, जो ग्यारह मात्राओं की होती है, उससे 'टेक' की पाँच मात्राएँ मिलकर ताल का सम पकड़ने में सहायता प्रदान करती हैं। कुछ पदों में 'रे', 'री', 'नी', 'छैजी' आदि के अधिक प्रयोग से छन्द-दोष आ गये हैं–

रे साँवलिया म्हारे आज रँगीली गणगौर (छैजी)
ऽ।। ऽ। ।ऽऽ ऽऽ
दादुर, मोर, पपीहा बोले = 16 मात्राएँ
ऽ।। ।। ।ऽ ऽ।
कोयल कर <u>रही</u> सोर (छैजी) = 12 मात्राएँ

रेखांकित 'ही' का दीर्घ के स्थान पर ह्रस्व का प्रयोग लय की दृष्टि से सुविधाजनक है, ऐसा करने से छन्द-दोष भी दूर हो जाता है। 'छैजी' का प्रयोग यद्यपि

अतिरिक्त हुआ है, तथापि लोक-गीतों के लयात्मक सौन्दर्य-बोध कराने में ऐसे पद सक्षम हैं एवं 'कहरवा'- जैसी चपल तालों के लिए उपयुक्त हैं।

2. सार छन्द

इसमें सोलह और बारह मात्राओं के विराम से अट्ठाईस मात्राएँ होती हैं, अन्त में दो गुरु होते हैं–

स्थायी–

ऽऽ ऽ।। ऽ ।।ऽऽ
होरी खेलत हैं गिरधारी = 16 मात्राएँ

अन्तरा–

।।ऽ ऽ। ।।। ।।ऽऽ
मुरली चंग बजत डफ न्यारी = 16 मात्राएँ

ऽ। ।।। ।।ऽऽ
संग जुवति नर न्यारी = 12 मात्राएँ

× × ×

स्थायी–

भज मन चरनकँवल अविनासी। टेक। = 16 मात्राएँ

अन्तरा–

या देही से गरब न करना = 16 मात्राएँ
माटी मा मिल जासी = 12 मात्राएँ

इस छन्द में रचित पद तीनताल के लिए उपयुक्त है। पद का प्रारम्भ ताल के दूसरे विभाग (पाँचवीं मात्रा से) अत्यन्त सरलतापूर्वक होता है। अन्तरे का दूसरा दल बारह मात्राओं का होता है, अतः तीनताल की सोलह मात्राओं की पूर्ति-हेतु गीत की प्रारम्भिक चार मात्राएँ 'टेक' होती हैं। 'मीरा-पदावली' के लगभग एक तिहाई पद इसी छन्द में हैं। 'रे', 'री', 'हो', 'जी', 'ए माय', 'हो माई', 'लुभावना', 'सतावना' आदि के अतिरिक्त प्रयोग के कारण छन्द सदोष हो गये हैं। यह प्रयोग सम्भवतः गायिका की भाव-विह्वलता एवं विरहजनित उद्वेग के फलस्वरूप हुआ है, जिसके कारण पदों में संगीत की अविरल माधुर्य-धारा प्रवाहित होती-सी जान पड़ती है।

3. ताटंक छन्द

यह तीस मात्राओं का छन्द है। सोलह एवं चौदह मात्राओं में यति होती है। अन्त में 'मगण' होता है, किन्तु मीरा के पद में इस छन्द के सभी उदाहरण प्रायः

एक गुरु वाले हैं–

स्थायी–

I I S I I I S S S I I S
बरसा री (रि) बदरिया सावन री = 16 मात्राएँ
S I I S I I S I I S
सावन री, मनभावन री = 14 मात्राएँ

अन्तरा–

I I I I I I I I S S S S
उमड़-घुमड़ घण मेघा आया = 16 मात्राएँ
S I I I I I I S I I S
दामण घण झर लावन री = 14 मात्राएँ

यह छन्द भी तीनताल के लिए उपयुक्त है। कुछ पदों में 'री' का प्रयोग हुआ है, किन्तु ऐसे पद चपल होकर दादरा अथवा कहरवा प्रभृति तालों के स्वरूप को सहजात अभिव्यंजित करने में समर्थ हैं और इनमें मीरा के प्रेम की मस्ती प्रकट हुई है–

रंग भरी, रंग भरी रंगसूँ भरी री,
होली आई प्यारी, रंगसूँ भरी री। टेक।
उड़त गुलाल लाल भए बादल,
पिचकारिन की लगी झरी री ॥[8]

4. उपमान छन्द

तेरह और दस मात्राओं के विराम से यह तेईस मात्राओं का होता है, अन्त में दो गुरु होते हैं–

स्थायी–

S I I S S I I S S
साजण म्हारे धरि आया (हो) टेक = 14 मात्राएँ
(एक मात्रा अधिक)

अन्तरा–

I S I S S S I S
जुगा-जुगा री जोवँता = 13 मात्राएँ
I I I I I I S S
विरहिण पिव पावा (हो) = 10 मात्राएँ

उपयुर्क्त छन्द में 'हो' का अतिरिक्त प्रयोग संगीत की सुविधा के लिए हुआ है। स्थायी की पंक्ति (अर्थात् टेक) में एक मात्रा अधिक होकर छन्द-दोष आ गया है। इसके बावजूद भी इसका उपयोग तीनताल एवं कहरवा ताल में आसानी से किया जा सकता है।

5. शोभन छन्द

चौदह एवं दस मात्राओं के विराम से निर्मित छन्द, जिसके अन्त में 'जगण' (लघु, गुरु, लघु) होता है, 'शोभन' कहलाता है। यदि अन्त में लघु-गुरु हों, तो इसे 'रूपमाला' कहते हैं। कुछ पद ऐसे भी हैं, जिनमें शोभन एवं रूपमाला, दोनों का मिश्रित प्रयोग मिलता है। ये पद रूपक ताल के लिए उपयुक्त हैं–

स्थायी–

।। ।। ऽ।ऽ ।। ।ऽ
माई मेरी मोहन मन हर्‌यौ (टेक) = 14 मात्राएँ

अन्तरा–

ऽ। ऽऽ ऽ। ।।।।
दासि मीरा लाल गिरधर = 14 मात्राएँ
ऽ। ऽ ।। ।ऽ
लाने ये वर वर्‌यो = 10 मात्राएँ

रेखांकित वर्णों का उच्चारण ह्रस्व करने से छन्द-दोष दूर हो जाता है एवं ताल के साथ समुचित रूप से संगति भी बैठ जाती है। ऐसे पद जिनकी रचना शोभन अथवा रूपमाला के ढंग पर तो हुई है, पर अन्त में न 'जगण' है, न 'लघु-गुरु' का प्रयोग है, वरन् 'नगण' आया है; ऐसे छन्द रूपक अथवा तीव्रा ताल के लिए सर्वथा उपयुक्त हैं–

स्थायी–

।। ऽ ।।। ।। ऽ ।।।
मण थे परस हरि के चरण (टेक) = 14 मात्राएँ

अन्तरा–

।।। ऽ।। ।।। ऽ।।
सुभग शीतल कँवल कोमल = 14 मात्राएँ
।।। ऽऽ ।।।
जगत ज्वाला हरण = 10 मात्राएँ

6. समान सवैया

इस मात्रिक छन्द में सोलह एवं सोलह के विराम से बत्तीस मात्राएँ होती हैं। इसकी रचना चौपाई के समान होती है–

स्थायी–

S। ।S ।।S।। SS
डारि गयो मनमोहन पासी। टेक। 16 मात्राएँ

अन्तरा–

।।। S SS S ।। SS
बिरह की मारी मैं बन डोलूँ = 16 मात्राएँ

S। ।S ।।।। S SS
प्राण तजूँ करवत ल्यूँ कासी = 16 मात्राएँ

('की' के ह्रस्व उच्चारण से छन्द-दोष दूर होता है)

यह छन्द तीनताल के लिए पूरी तरह उपयोगी है। गीत का प्रारम्भ ताल की तेरहवीं, नवीं अथवा चौथी मात्राओं से करने पर 'सम' स्थान की स्वाभाविकता बनी रहती है।

7. विष्णुपद

छब्बीस मात्राओं के इस छन्द में सोलहवीं एवं दसवीं मात्राओं पर यति होती है, अन्त में लघु-गुरु आते हैं–

स्थायी–

।।। ।। SS SS ।S
करम गति टाराँ नाहीं टराँ। टेक। 16 मात्राएँ

अन्तरा–

।।SS ।।SS SS
सतवादी हरिचंदा राजा = 16 मात्राएँ

।। ।। S। ।S
डोम घर नीरा भराँ = 10 मात्राएँ

('डो' एवं 'रा' का उच्चारण ह्रस्व)

तीनताल की चौथी मात्रा से शुरुआत करने से इस पद का कलात्मक सौन्दर्य बढ़ जाता है। कुछ पदों में 'री' का अधिक प्रयोग मिलता है–'म्हारो मण साँवरो णाम रट्यो' (री)।

मीरा के पदों में प्रयुक्त साहित्यिक छन्द एवं संगीतात्मक तालों के विश्लेषण

से निम्नांकित निष्कर्ष प्राप्त होते हैं—

1. मीरा के पद 'पद-साहित्य की परम्परा' में वैष्णव-पद्धति से प्रभावित हैं तथा भक्तिकालीन पदों में संगीत की दृष्टि से महत्त्वपूर्ण हैं।

2. पद-रचना में टेक-शैली अपनायी जाने के कारण समस्त पद संगीत की विशिष्ट विधा 'भजन-कीर्तन' की प्रतिनिधि रचनाएँ हैं।

3. विभिन्न छन्दों में निर्मित पदों को देखने से पता चलता है कि 'टेक' वाली प्रथम पंक्ति तथा अन्तरे के प्रथम दलों की मात्राएँ समान हैं। विष्णुपद, सरसी, सार, ताटंक, उपमान, शोभन के अन्तरे के द्वितीय दल की मात्राएँ क्रमशः 12, 11, 12, 14, 10 एवं 10 हैं। ताल की मात्राओं के अनुसार शेष मात्राओं की पूर्ति के लिए 'टेक' को ऐसे स्थान से ग्रहण किया जाता है कि 'सम-स्थान' सरलता से प्राप्त हो जाता है। 'टेक' की कुछ मात्राएँ लेकर अन्तरा प्रारम्भ करने से ताल के खण्डों का निर्वाह भी सहज रूप से होता है तथा लय-सौन्दर्य भी बना रहता है।

4. लय पर नियंत्रण एवं पदों के नाद-सौन्दर्य की अभिवृद्धि में 'तुक' अथवा 'अन्त्यानुप्रास' का अधिक महत्त्व है। मीरा के समस्त पदों में विविध अन्त्यानुप्रासों का प्रयोग हुआ है। "जो स्थान ताल में सम का है, वही स्थान छन्द में तुक का है, जिस प्रकार अपने आरोह-अवरोह में राग, वादी स्वर में बार-बार ठहरकर अपना रूप-विशेष व्यक्त करता है, उसी प्रकार वाणी का राग भी तुक की पुनरावृत्ति से स्पष्ट तथा परिपुष्ट हो जाता है।"[9] अतः मीरा के पदों में प्रयुक्त 'तुक' संगीत की धारा को नियन्त्रित करने में सहायक हैं तथा 'सम' के स्वरूप को स्पष्ट करते हैं।

5. 'री', 'रे', 'अरी', 'एरी', 'हो', 'एमाय', 'छैजी' आदि का प्रयोग छन्दों में अतिरिक्त हुआ है। इनके प्रयोग से पदों में पदलालित्य एवं सुकुमारता के साथ-साथ लय एवं ताल में ऋजुता उत्पन्न हो गयी है। भावानुकूल संगीतात्मक रसानुभूति कराने में इन शब्दों का मीरा के पदों में विशेष महत्त्व है, यद्यपि इनके प्रयोग से छन्द-दोष परिलक्षित होता है, तथापि ताल-गति में व्यवधान उत्पन्न नहीं होता।

6. मीरा के पदों में तालों के निर्देश नहीं पाये जाते। छन्दों के विभिन्न रूपों से स्पष्ट होता है कि उनमें लोकग्राह्य तालों (जैसे—तीनताल, कहरवा, धुमाली, रूपक, दादरा आदि) का अन्तर्भाव स्वाभाविक रूप से हो गया है। कठिन लयों पर आधारित बुद्धिगम्य तालों का प्रयोग नहीं है। 'होरी' के कुछ पद धमार तथा दीपचंदी तालों में भी निबद्ध कर गाये जा सकते हैं।

अतः पद-रचना-परम्परा में मीरा के पदों का स्थान विशिष्ट है। "भाव जितना गहन होता जाता है, लय उतनी ही विशिष्ट और सुनिश्चित हो जाती है"—जॉन स्टुअर्ट के इस कथन के परिप्रेक्ष्य में मीरा के पदों की गहनता एवं भाव-तन्मयता, विशिष्ट लय पर आधारित छन्दों का रूप लेकर संगीतात्मक तालों के लयात्मक सौन्दर्य को व्यंजित करने में पूर्णतः सक्षम है।

सन्दर्भ

1. 'प्रामाणिक हिन्दी-कोश' : सम्पादक—रामचन्द्र वर्मा, प्रकाशक : साहित्यरत्न-माला कार्यालय, बनारस।
2. 'मीरा पदावली' : सम्पादक—आचार्य परशुराम चतुर्वेदी, पृष्ठ 252
3. वही, पृष्ठ 248
4. 'निराला', सम्पादक—पद्मसिंह शर्मा 'कमलेश', (प्रकाशक : राधाकृष्ण-प्रकाशन, दिल्ली), पृष्ठ 99
5. 'सूर-संगीत' (प्रथम भाग), प्राक्कथन—पं० ओमूकारनाथ ठाकुर, पृष्ठ 4
6. 'मध्यकालीन हिन्दी-साहित्य एवं तुलसीदास'—शोध की दिशाएँ—डॉ. भगीरथ मिश्र, पृष्ठ 29
7. 'मीरा-पदावली', सम्पादक—परशुराम चतुर्वेदी, पृष्ठ 58
8. 'मीरा-संगीत अंक' (संगीत कार्यालय, हाथरस), पृष्ठ 58
9. 'पल्लव'—सुमित्रानंदन पंत, पृष्ठ 40

सिख-सम्प्रदाय के भक्ति-संगीत (गुरुद्वारों) में शास्त्रीय संगीत का स्थान

●

कु. रजनी श्रीवास्तव

सिख-धर्म में गुरुद्वारों का महत्त्व देवालयों, मस्जिदों तथा गिरजाघरों-जैसा ही है। इनमें 'गुरुग्रन्थ साहब' की स्थापना और उनका नित्य-पाठ अनिवार्य है। गुरुद्वारे में सामूहिक रूप से ईश्वरीय उपासना (भजन) तथा धार्मिक उत्सव मनाया जाता है। जिनके द्वारा 'गुरुग्रन्थ साहब' का पाठ एवं व्याख्या तथा आचरण-सम्बन्धी व्याख्यान किया जाता है, उन्हें 'ग्रन्थी' कहा जाता है तथा जो लोग 'गुरुग्रन्थ साहब' का (रागों में) कीर्तन करते हैं, उन्हें 'रागी' कहते हैं। इनका एक जत्था होता है, जो प्रत्येक गुरुद्वारे में रखा जाता है। सभी 'रागियों' के संगीत-ज्ञान की परीक्षा सिख संगीतज्ञों के सामने होनी अनिवार्य होती है। इसमें प्रत्येक रागियों की गुरुवाणी की शुद्धता, राग की निपुणता तथा स्वर, ताल, लय की शुद्धता की परीक्षा ली जाती है। यही रागी-जत्थों की गूँजती हुई कीर्तन-ध्वनि अनायास ही सुननेवालों के लिए मोक्षप्राप्ति का कारण भी बन जाती है। अतः यही गुरुद्वारे सिख-समाज में संगीत-विद्या के रक्षक एवं प्रचारक हैं। सिख-हृदयों में संगीत के प्रेमानुराग उत्पन्न करने के पावन कार्य का श्रेय इन्हीं गुरुद्वारों को है।

कीर्तन का महत्त्व गुरु नानकदेव के समय से ही गुरुद्वारों में है। लेकिन पाँचवें पातशाह (बादशाह) श्री गुरु अर्जुनदेव के समय से कीर्तन को एक विशेष समय-निर्धारण करके गायन का नियम रखा गया। इसके पहले समय-विशेष पर कोई नियन्त्रण नहीं था, कीर्तन चौबीसों घंटे किया जाता था, परन्तु गुरु अर्जुनदेव ने चौबीस घंटों में चार बार ईश्वरीय उपासना का नियम रखा। आज भी गुरुद्वारों में इस नियम का पालन उसी प्रकार किया जाता है। यदि इस प्रकार का नियम न होता, तो शायद सिख भी सांसारिकता में फँसे रहकर कीर्तन के प्रति सतर्क न रहते। इस प्रकार समय का

नियन्त्रण एक विशेष उद्देश्य की पूर्ति करता है। अतः इन चार समयों के अतिरिक्त पूर्ण स्वन्तत्रता के साथ मुनष्य किसी भी समय अपनी मुक्ति के लिए कीर्तन कर सकता है। सिख कीर्तन के इन चार समय-चक्रों को 'चौकियों' के नाम से जानते हैं। साथ ही इन चार 'चौकियों के अन्तर्गत गुरु जी ने 'गुरुग्रन्थ साहब' के रागों को भी समय के अनुसार चार वर्गों में विभाजित किया, जिनका वर्णन इस प्रकार है–

1. 'आसा की वार' की चौकी

इसमें समय की दृष्टि से रात्रि के दो बजे से शुरू होनेवाली अमृत-बेला में निम्नलिखित रागों का समावेश किया जाता है–राग भैरव, तिलंग, रामकली, सोरठ, प्रभाती, आसा इत्यादि।

2. 'चरणकमल' की चौकी (बिलावल की चौकी)

इसका समय दिन के प्रथम प्रहर के बाद प्रारम्भ होता है। इसमें प्रयुक्त होनेवाले राग इस प्रकार हैं–तोड़ी, गूजरी, बिलावल, देवगान्धारी, सारंग, सूही, बड़हंस आदि।

3. 'सोदरु' की चौकी

इसके अन्तर्गत सन्धिप्रकाश रागों का प्रयोग किया जाता है; जैसे–श्री, जैतश्री, गउड़ी, धनाश्री, मालीगौड़ा, मारु, बैराड़ी आदि।

4. 'कलिआण' की चौकी

इसका समय रात्रि के प्रथम प्रहर के अन्तिम समय से प्रारम्भ हो जाता है। इसमें रागों का प्रयोग इस प्रकार है–कल्याण, नटनारायण, बिहागड़ा, केदारा, गौड़, कानड़ा, माँझ, मलार, बसन्त आदि।

गुरु अर्जुनदेव ने 'गुरुग्रन्थसाहब' में प्रयुक्त इकत्तीस रागों में से अपनी वाणी का गायन केवल उनतीस रागों में ही किया है। इनमें भी बारह रागों में अधिक शबदों की रचना की है। वे राग इस प्रकार हैं–गौड़ी, आसा, सोरठ, धनाश्री, देवगान्धारी, सूही, बिलावल, रामकली, मारु, भैरव, सारंग और कानड़ा।

'गुरुग्रन्थसाहब' में कुछ ऐसे भी राग हैं, जिन्हें पंजाबी उच्चारण से पुकारा जाता है; जैसे–गउड़ी या गौड़ी, कलिआण आदि। 'गुरुग्रन्थसाहब' में प्रयुक्त इकत्तीस रागों के अन्तर्गत छह राग ऐसे हैं, जिनके नाम हिन्दुस्तानी संगीत-पद्धति के अन्दर नहीं प्राप्त होते है; जैसे–बैराड़ी, सूही, गौड़, मारु, तुखारी और प्रभाती।

इन रागों में से आसा और तुखारी के अलाया शेष पाँच रागों के स्वरूप के राग भारतीय शास्त्रीय संगीत-पद्धति में भिन्न नामों से प्रचलित हैं; जैसे–बैराड़ी को वराटी, सूही को सूहा, गौंड को गौड़, मारु को मारवा एवं प्रभाती को प्रभात नाम से शास्त्रीय संगीत-पद्धति में जाना जाता है। चूँकि आसा और तुखारी राग को छोड़कर बाकी पाँच

रागों का स्वरूप हिन्दुस्तानी संगीत में आसानी से प्राप्त हो जाता है, अतः केवल आसा एवं तुखारी राग का स्वरूप सिख संगीतज्ञों के अनुसार इस प्रकार है–

सिख-सम्प्रदाय के संगीतज्ञों में 'आसा' राग को विशेष महत्त्व प्राप्त है। इस राग का ज्ञान प्रायः सभी रागियों को होना आवश्यक होता है। इस राग को प्राचीन मानते हुए सिख संगीतज्ञों का कहना है कि इसका निर्माण गुरु नानकदेव जी ने किया तथा श्री गुरु अंगददेव ने प्रातः समय इस राग में गुरु नानकदेव के सामने कीर्तन करना प्रारम्भ किया, जिसे 'आसा की वार' का कीर्तन कहा गया। वैसे, इसे सन्धिप्रकाश राग भी संगीतज्ञ कहते हैं तथा प्रातः एवं सायं, दोनों समय इसका गायन किया जाता है। प्रातः में 'आसा की वार' का कीर्तन तथा सायं में 'सोहदर की चौकी' का कीर्तन के नाम से इसे सम्बोधित करते हैं। आसा राग को बिलावल ठाठ का मानते हुए 'रे' वादी तथा 'प' संवादी रखते हैं और षाडव-सम्पूर्ण जाति के अनुसार इसके आरोह में निषाद को वर्जित करते हैं, साथ ही आरोह में गान्धार भी दुर्बल रखते हैं। सभी स्वर शुद्ध हैं। स्वर, वादी, संवादी एवं ठाठ से सम्बन्धित इसमें विद्वानों के अनेक मतभेद हैं। परन्तु प्रचलित आसा राग उपर्युक्त लक्षणों से ही युक्त है, जो कि बिलावल ठाठ के माँड राग से मिलता है। इस राग की प्रकृति क्षुद्र एवं स्वरूप वक्रता को प्राप्त है। 'गुरुमत संगीत' के अनुसार भी यह मेघ राग की एक रागिनी है।

आरोहावरोह : सा रे म प, म प, ध सां; सां नि ध प, म ग, रे सा, ग रे सा।

मुख्य अंग : रे म प, ध सां, नि ध प।

हिन्दुस्तानी संगीत में भी 'आसा' नाम से एक राग मिलता है। वह भी बिलावल ठाठ से उत्पन्न माना जाता है, परन्तु उसे औडव-सम्पूर्ण जाति का राग मानते हुए उसमें 'मा' वादी तथा 'सा' संवादी स्वर मानते हैं तथा गायन-समय केवल रात्रि का दूसरा प्रहर मानते हैं, जबकि सिख संगीतज्ञ आसा राग को षाडव-सम्पूर्ण मानते हुए 'रे' वादी तथा 'प' संवादी स्वर मानते हैं और गायन-समय प्रातः एवं सायं का रखते हैं।

हिन्दुस्तानी संगीतज्ञ आसा राग के आरोह में निषाद एवं गान्धार, दोनों स्वर वर्जित करते हैं। परन्तु सिख संगीतज्ञ आसा राग के आरोह में गान्धार को दुर्बल स्वर करके प्रयोग कर लेते हैं। हिन्दुस्तानी संगीत के आसा राग का आरोहावरोह इस प्रकार है–

आरोहावरोह : सा रे म प ध सां; सां नि ध प म ग रे सा।

राग तुखारी

राग तुखारी आधुनिक समय में एक अप्रचलित राग माना जाता है। परन्तु इसका उल्लेख प्राचीन संस्कृत एवं हिन्दुस्तानी संगीत के ग्रन्थों में नहीं मिलता है। यदा-कदा सिख संगीतज्ञ इस राग को गाते हुए दिखाई देते हैं।

तुखारी सम्पूर्ण जाति का राग है। भैरव, रामकली और तोड़ी मिलकर यह राग बनता है तथा इसका गायन-समय प्रातःकाल है।

आरोहावरोह इस प्रकार है—सा रे प, म ग मं, म ध म प, ध नि सां; सां नि ध प, म ध ग म, ग म प, रे सा।

पंजाब के आधुनिक संगीतज्ञ 'रागी' अपने तुखारी राग में गान्धार कोमल, दोनों निषाद तथा मध्यम और जाति सम्पूर्ण मानते हैं। 'प' वादी एवं 'सा' संवादी स्वर मानते हैं। आरोहावरोह में शुद्ध और केवल अवरोह में कोमल 'नि' का प्रयोग करते हैं।

बड़े गुरुद्वारों में, विशेषकर अमृतसर के दरबार साहब (हरि मन्दिर), दिल्ली के शीशगंज और तरनतारन आदि में रात्रि के छह घंटों को छोड़कर चौकी के नियम-पालन के साथ शेष अठारह घंटों में अनवरत कीर्तन होता रहता है। कीर्तन का आरम्भ ब्राह्म मुहूर्त में 'तीन बजे से होता है और 'आरती' का शबद-गायन करके रात्रि के नौ बजे कीर्तन की समाप्ति होती है। नित्यप्रति ग्रन्थसाहब का 'प्रकाश' करके ही कीर्तन का आरम्भ करते हैं (अमृतसर में 'प्रकाश' के पहले से ही कीर्तन प्रारम्भ कर देते हैं)। पहले 'ग्रन्थी' अरदास (विनती) करता है। फिर 'गुरुग्रन्थसाहब' को हाथों में लेकर 'वाहे गुरु' का नाम लेते हुए बीच से खोलता है। इस क्रिया को 'गुरुग्रन्थसाहब' का 'प्रकाश' कहते हैं। इस प्रकाश के होने पर दाहिने पृष्ठ में जो अन्तिम शबद होता है, वही उस दिन के लिए गुरु का आदेश माना जाता है। तत्पश्चात् 'सुखवाणी साहब का पाठ' होता है और फिर रागी-जत्था 'आसा की वार' से कीर्तन का शुभारम्भ करते हैं। जब किसी भी समय कोई रागी कीर्तन प्रारम्भ करते हैं, तो मंगलाचरण के समान एक वन्दना गाते हैं, जो राग में निबद्ध होती है। वह वन्दना इस प्रकार है—

डंडउति बंदन अनिक बार सरब कला समंरथ,
डोलन ते राखहु प्रभू 'नानक' दे करि हथ।29।

(गुरुग्रन्थसाहब गउड़ी 'बाबन अखरी' महला 5 श्लोक, पृष्ठ 256)

इस वन्दना को अधिकतर विलम्बित ठेके पर ही गाया जाता है। वन्दना के बाद विभिन्न रागों एवं तालों में निबद्ध शब्दों का गायन करते हैं। उदाहरण-स्वरूप राग में निबद्ध कुछ शबद ताल व स्वरलिपि-सहित प्रस्तुत हैं—

राग बड़हंस

मिलि जलु जलहि खटाना राम, जोती जोत मिलाना राम!
रांगाई पूरन पुरख करते आदि आगहि जाणिऐ,
तह सुनि सहजि समाधि लागी एकु-एकु बखाणिऐ।
आपि गुपता, आपि मुकता, आपि-आपु बखाना,
'नानक' भ्रम में गुण विनासे मिलि जलु जलहि खटाना।

(गु.ग्रं.सा. महला 5 'छंत', धरु 4 पृष्ठ 578)

• स्थायी **दादरा ताल / मध्य लय**

×			0			×			0		
ऩिऩि	ऩि	ऩि	ऩिसा	रेरे	-सा	ऩिसा	ऩिसा	रेसा	ऩि	प़	म़प़
मिलि	ज	लु	जऽ	लहि	ऽख	टाऽ	ऽऽ	नाऽ	रा	ऽ	ऽम
प	-	पम	नि॒प	म	मप	म	रेसा	रेसा	रेम	-	-प
जो	ऽ	तीऽ	जोऽ	त	मिऽ	ला	ऽऽ	नाऽ	राऽ	ऽ	ऽम

• अन्तरा

×			0			×			0		
मम	म	प	नि॒	प	नि	सां	सां	नि	सांसां	सां	-
संमा	ऽ	ई	पू	र	न	पु	र	ख	कर	ते	ऽ
ऩि	-	पम	प	मम	मप	म	रेसा	रेसा	रेम	-	-
आ	ऽ	दिऽ	आ	पहि	ऽऽ	जा	ऽऽ	णीऽ	ऐऽ	ऽ	ऽ

(भाई ज्ञानसिंह-रचित 'गुरवाणी-संगीत' से प्राप्त)

दूसरा उदाहरण—

राग आसा

कबीर हरि का सिमरन जो करै, सो सुखीआ संसारि।
इत-उत कतहि न डोलई जिस राखै सिरजनहारि ॥206॥

(श्लोक कबीर जी)

• स्थायी **सवारी पाँच ताल / विलम्बित लय**

2				3				4		5		×		
										म				
ध़ध़	सा	रेरे	रेरे	ग	गसा	रेम	पधध	पसां	धप	गसा	रेग	ग	रेसा	सासा
हरि	का	सिम	रन	जो	ऽक	रैऽ	पिआरे	सोऽ	सुखी	आऽ	संऽ	सा	रिक	बीर
										म				
ध़ध़	सा	रेरे	रेरे	ग	गसा	रेम	पधध	पसां	धप	गसा	रेग	ग	रेसा	सासा
हरि	का	सिम	रण	जो	ऽक	रैऽ	पिआरे	सोऽ	सुखी	आऽ	संऽ	सा	ऽर	ऽऽ

• **अन्तरा**

2	3	4	5	×
	रें		म	
गं- पध सां- सां-	धसां रेंगं सां धध	पसां धप	गसा रेग	ग रेसा -
इत उत कत हिन	डोऽ ऽल ई जिस	राऽ खेऽ	सिर जन	हा ऽर ऽ

(भाई ज्ञानसिंह-कृत 'गुरवाणी संगीत' से प्राप्त)

इस प्रकार शबदों का रागों एवं तालों में निबद्ध गायन करने के पश्चात् राग रामकली में 'आनन्द साहब की पउड़ियों' को गाकर 'रागी' कीर्तन को समाप्त करते हैं। तत्पश्चात् अरदास के बाद परशाद-वितरण कर दीवान ('गुरुग्रन्थसाहब') का विसर्जन करते हैं।

सिख-धर्म के नवें गुरु श्री गुरु तेगबहादुर की 'गुरुग्रन्थसाहब' में निहित वाणी की संख्या एक सौ पन्द्रह है, जिसमें शबद एवं श्लोक सम्मिलित हैं। आपने पन्द्रह रागों में अपनी वाणी का उच्चारण किया, जो इस प्रकार हैं—बिलावल, तोड़ी, तिलंग, सारंग, रामकली, बसन्त, मारू, जैतश्री, गौड़ी, जयजयवन्ती, देवगान्धारी, सोरठ, आसा, बिहागड़ा एवं धनाश्री। सिख-सम्प्रदाय के दसवें गुरु श्री गुरु गोविन्दसिंह हैं, जो महान् योद्धा, साहित्यकार तथा संगीत-निपुण के रूप में प्रसिद्ध हैं। इनका एक पृथक् ग्रन्थ 'दशम् ग्रन्थ' के नाम से जाना जाता है। गुरु जी के पदों में केवल इन उन्नीस रागों के नाम मिलते हैं—1. काफी, 2. बिलावल, 3. कल्याण, 4. परज, 5. सोरठ, 6. तिलंग-काफी, 7. रामकली, 8. तिलंग, 9. मारू, 10. केदारा, 11. देवगान्धारी, 12. धनाश्री, 13. गौरी, 14. बसन्त, 15. भैरव, 16. सूही, 17. खिआल, 18. सारंग एवं 19. अड़ाना।

'दशम् ग्रन्थ' में हिन्दू धर्म की देवी चंडी तथा भगवती की स्तुतियाँ भी निहित हैं। साथ ही गुरु गोविन्दसिंह के पदों में श्रीकृष्ण से सम्बन्धित अनेकानेक रचनाएँ भी हैं। इन्होंने कृष्ण की मुरली पर अनेक रचनाएँ रचीं और उन रचनाओं की विशेषता यह है कि उनमें विभिन्न रागों के नामों का उल्लेख भी किया गया है। उदाहरणार्थ—

बाजत 'बसंत' अरु 'भैरव' 'हिंडोल' राग,
बाजत है ललता के साथ है 'धनासरी'।
'मालवा' 'कल्याण' अरु 'मालकंस' 'मारू' राग,
बन में बजावे कान्ह मंगल निवास री।
सुरी अरु आसुरी अउ पन्नगी जे हुती तहाँ,
धुन के सुनत पै न रही सुध जास री।
कहै इउ दासरी सु ऐसी बाजी बाँसुरी,
सुमेरे जाने यामें सम राग को निवास री।

('दशम् ग्रन्थ', कृष्णावतार, कवित्ता 332, पृष्ठ 140)

सिखों के अनेक पर्वों तथा विशेष अवसरों पर राग-संगीत-प्रतियोगिताएँ तथा कीर्तन-दरबारों आदि का आयोजन किया जाता है, जिनमें पूरे भारतवर्ष के उच्च कोटि के रागी सम्मिलित होते हैं। 'गोंदवाल साहब' के गुरुद्वारे में गुरु अमरदास के तथा दिल्ली के 'शीशगंज' गुरुद्वारे में गुरु तेगबहादुर के शहीदी दिवस आदि पर कीर्तन-दरबारों का विशेष आयोजन किया जाता है। प्रायः सभी शहरों के गुरुद्वारों में इसी तरह के सूक्ष्म 'राग-दरबार' भी आयोजित किये जाते हैं तथा विशिष्ट 'रागी' के आगमन पर विशेष सभा का आयोजन किया जाता है। प्रत्येक वर्ष एक विशाल सभा का आयोजन सिख साहित्यिक संस्था 'चीफ-खालसा दिवान' के नेतृत्व में भी किया जाता है। इसमें साहित्यिक चर्चा के साथ-साथ संगीत-प्रतियोगिताओं को भी रखा जाता है। रागियों द्वारा एक विशेष राग का प्रदर्शन ही इस प्रतियोगिता की मुख्य विशेषता है। इस राग का चयन 'गुरुग्रन्थसाहब' एवं 'दशम् ग्रन्थ' से ही होता है। प्रत्येक प्रतियोगी रागी समयबद्ध होकर किसी भी विलम्बित और द्रुत ताल में दो शबदों का गायन करता है। सफल रागियों को पुरस्कार वितरण कर सम्मानित किया जाता है। इसके अतिरिक्त इस प्रकार की कान्फ्रेंस में संगीत-सम्बन्धी विभिन्न विषयों पर विचार-विमर्श भी होता है। सिख-सम्प्रदाय में, संगीत के प्रचार में 'चीफ-खालसा दीवान' ने महान् योग दिया है।

गुरुद्वारों में महीने में एक बार, विशेषकर प्रतिष्ठित रागियों के पधारने पर 'महावारी दीवान' नाम की एक विशेष प्रकार की सभा लगती है तथा 'रैण-सभाई' (रात्रि-सभा) के नाम से प्रसिद्ध एक अन्य प्रकार की सभा भी लगाई जाती है, जिसमें सम्पूर्ण रात्रि तक रागों में बद्ध कीर्तन करते हैं। इसमें अनेक रागी एक-दूसरे के बाद अपनी इच्छानुसार (समयानुसार) राग में शबद गाकर अपनी विद्वत्ता का परिचय देते हैं। इस प्रकार की संगीत-सभाओं में प्रायः अप्रचलित राग भी कुछेक रागियों के मुख से सुनने को मिल जाते हैं। इसमें रागी अपनी इच्छानुसार शबदों को ध्रुपद तथा खयाल गायन-शैली पर गायन के लिए पूर्ण स्वतन्त्र रहता है। उच्च कोटि के संगीतज्ञ रागी पहले 'नोम्-तोम्' अथवा 'आ'कार में राग का आलाप करते हैं। तत्पश्चात् विलम्बित खयाल-शैली पर गायन में बोल-आलाप, बोलतान, गमक आदि का प्रयोग कर गायन को सुन्दर बनाते हैं तथा छोटे खयाल की शैली के समान द्रुत लय में शबद को विभिन्न प्रकार की तानों एवं पलटों से सजाते हुए गायन करते हैं और ध्रुपद-धमार-शैली में शास्त्रीय संगीत की भाँति ही डेढ़गुन, दुगुन, चौगुन, आड़, कुआड़ आदि अनेक प्रकार की लयकारियों द्वारा शबदों का गायन प्रस्तुत करते हैं।

शास्त्रीय संगीत में 'रागमाला' के समान ही रागी-जत्था एक विशेष प्रकार की 'रीत' का गायन करते हैं, जिसे 'गुलदस्ता' कहते हैं। इनमें वे अनेक प्रकार के रागों एवं तालों का प्रयोग करते हैं, जिसे कुशल रागी ही प्रस्तुत कर सकने में समर्थ होते हैं। उदाहरणस्वरूप यहाँ सिख रागियों के 'गुलदस्ता' के कुछ अंश प्रस्तुत हैं—

राग भैरव

राम हम पाथर निरगुनीआ रे!
कृपा-कृपा करि गुरु मिलाए, हम पाहन शबदि गुरतारे ॥रहाउ॥
सतिगुर नामु पिड़ाए अति मीठा मैलागरु मलगारे।
नामै सुरति वजी है दह दिसि हरि मुसकी मुसक गंधारे ॥1॥
तेरी निरगुण कथा कथा है मीठी गुरि नीके बचन समारे।
गावत-गावत हरि-गुन गाए गुन गावत गुरि निसतारे ॥2॥
बिबेकु गुरु-गुरु समदरसी तिसु मिलिऐ संक उतारे।
सतिगुर मिलिऐ परम पदु पाइआ हउ सतिगुर के बलिहारे ॥3॥
('गुरुग्रन्थसाहब', नट अष्टपदियाँ, पृष्ठ 981)

• स्थायी — **रूपक ताल / विलंबित लय**

0			2		3		0			2		3	
													सा
													रा
							नि						
गम	म	-	म	ग	म	प	ध	-	पप	म	म	ग	गम
ऽऽ	म	ऽ	ह	ऽ	ऽ	म	पा	ऽ	थर	नि	र	ऽ	गुनी
म	-	ग	रे	-	सा	सा							
आ	ऽ	ऽ	रे	ऽ	ऽ	रा							

• अन्तरा — **सूलफाक (सूल ताल) / द्रुत लय**

×		0		2		3		4	
		नि़							
सा	नि़	ध	नि़	सा	-	-	सा	-	रे
कृ	पा	ऽ	कृ	पा	ऽ	ऽ	क	ऽ	र
					ग				
ग	रे	ग	म	ग	रे	-	सा	-	सासा
गु	रु	ऽ	मि	ला	ऽ	ऽ	ए	ऽ	हम

प नि
सा - | ग म | प प | प ध | - रें
पा ऽ | ह न | श ब | द गु | ऽ र

रूपक ताल / विलम्बित लय

0 2 3 0 2 3

नि म
सां ध प | मप ग | म म | ध - पप | म म | ग गम
ता रे रा | ऽऽ म | ह म | पा ऽ थर | नि र | ऽ गुनी

ग
म - ग | रे - | सां, सा |
आ ऽ ऽ | रे ऽ | ऽ, रा |

राग देसकर / तिन्नताल / मध्य लय

3 × 2 0

प
ग प ध प | ग - सा सा | सा सा प ग | प ध प -
स त गु र | ना ऽ म पि | ड़ा ए अ त | मी ऽ ठा ऽ

प सां
ग - प ध | सां सां सां सां | प ग पध प | ग रे सा -
मे ऽ ला ऽ | ग र म ल | गा ऽ ऽऽ ऽ | रे ऽ ऽ ऽ

प
ग प ध प |
स त गु र |

राग भैरवी / तिन्नताल / मध्य लय

× 2 0 3

नि नि
सां - ध ग | म ध - नि | सां - सां - | निसारें सां - -
हा ऽ ऽ ना | मे ऽ ऽ ऽ | सू ऽ र ऽ | ऽऽऽ त ऽ ऽ

			सां	सां									नि		
-	-	-	नि	नि	सां	-	-	-	-	रें	नि	सां	ध	ध	पप
ऽ	ऽ	ऽ	व	जी	है	ऽ	ऽ	ऽ	ऽ	ऽ	द	ह	दि	स	हर

राग भैरव / रूपक ताल / विलम्बित लय

0			2		3		0			2		3	
										म	ग		
सां	सां	रें	सां	नि	ध	प	म	-	प	ग	रें	सा	सा
मु	स	की	मु	स	क	गं	धा	ऽ	ऽ	रे,	ऽ	ऽ	रा

				प			
गम	म	-	म	ग	म	प	
ऽऽ	म	ऽ	ह	ऽ	ऽ	म	फिर पाथर निरगुनीआ रे...।

कीर्तन के समाप्त होने पर कभी-कभी सिख रागी शास्त्रीय संगीत के तराने के समान ही एक बन्दिश गाते हैं, जिसे 'संगीतात्मक छन्द' कहते हैं। यह 'दशम् ग्रन्थ' में संकलित है। संगीत-गायन में 'पटियाला-घराने' में जो विशेषताएँ पायी जाती हैं, सिख-गायकी की भी वही विशेषताएँ हैं। खुली आवाज का जोरदार गाना, भली प्रकार सजी हुई छोटी गीत की बन्दिश, आलाप में छोटी-छोटी तानों तथा सशक्त वक्र तानों का वैचित्र्य एवं कला को चमत्कृत बनाने के लिए राग की शुद्धता को छोड़कर थोड़े समय के लिए समप्रकृति रागों द्वारा सम तथा विषम रूपों में लगाते हुए पुनः मूल राग में वापस आना, जिससे प्रभावित होकर श्रोता मुग्ध हो उठते हैं तथा इनमें मुर्कियों, गमक की तानों और सपाट तानों का एक विशेष ढंग होता है।

कीर्तन-सभाओं में प्रायः रागी-जत्थे को जनरुचि का भी ध्यान रखना पड़ता है। जहाँ शास्त्रीय संगीत के ज्ञाता कम होते हैं, वहाँ पर अक्सर रागी सरल शास्त्रीय संगीत में कव्वाली, गज़ल, ठुमरी, टप्पा आदि की शैलियों में निबद्ध शबदों का गायन करते हैं तथा जनरुचि को देखते हुए रागी लोक-संगीत के आधार पर प्रायः निबद्ध धुनों का भी शबद-गायन करते हैं। इस प्रकार साधारण जनता भी संगीत का आनन्द उठाने में सफल होती है।

सिख-सम्प्रदाय में रागियों को अत्यन्त सम्मान की दृष्टि से देखा जाता है, क्योंकि ये संगीतमय कीर्तन द्वारा श्रोताओं को गुरुओं एवं सन्तों की आत्मा के दर्शन कराते हैं। रात्रि के सभी राग-दरबार, कीर्तन-दरबार, विशेष दीवान आदि के बाद रागी धनाश्री राग में 'आरती' गाकर कीर्तन समाप्त करते हैं। इसके उपरान्त 'ग्रन्थी' अरदास करते हैं और 'ग्रन्थसाहब' का सवेरे की भाँति आदेश सुनाकर 'कीर्तन सोहले' का पाठ पढ़ते हैं। इसके अन्तर्गत गौड़ दीपकी, आसा, धनाश्री एवं गौड़ी-पूर्वी

रागों के पाँच शबद सम्मिलित होते हैं। संगीत का ज्ञान रखनेवाले ग्रन्थी 'कीर्तन सोहले' का पाठ गाकर ही सुनाते हैं। तत्पश्चात् प्रसाद-वितरण होता है फिर सभी संगत आसा राग में एक विशेष शबद—

जिथे जाई बहे मेरा सतिगुरु सो थानु सुहावा राम राजे।
गुरसिखी सो थानु भालिआ लै धूरि मुखि लावा ॥

('गुरुग्रन्थ साहब', पृष्ठ 450)

का गायन करते हुए 'श्रीगुरुग्रन्थसाहब जी' की सवारी को सुख-आसन (निवास-स्थान) पर ले जाते हैं। अन्त में ग्रन्थी द्वारा अन्तिम अरदास के साथ गुरु जी से आज्ञा लेकर दीवान एवं दरबारों का विसर्जन किया जाता है। इस कीर्तन में सिद्ध स्त्रियाँ भी भाग ले सकती हैं। वे लोक-धुनों के आधार पर तथा शास्त्रीय संगीत के द्वारा भी कीर्तन करने में निपुण होती हैं।

इस प्रकार यह कहने में कोई संकोच नहीं कि सिख-सम्प्रदाय के भक्ति-संगीत के पृष्ठ में उत्तर-भारतीय शास्त्रीय संगीत की-सी पैठ है। इसी कारण उनके पदों के गायन में राग का प्रमुख स्थान है और रागों के अन्तर्गत ही उन भक्ति-गीतों की रचना की गयी है। यह और बात है कि सभी गायक शास्त्रीय संगीत के ज्ञानी न हों, किन्तु समवेत स्वरों में भक्ति-भाव से जब गायन-प्रक्रिया प्रारम्भ होती है, तो वही राग सरल रूप धारण करके कंठों में व्याप्त हो जाता है, जिसे सुनकर, चाहे गाकर सभी आनन्दित होते हैं। साथ ही इनके संगीत में रागों को देखते हुए, जैसे—भैरव, भैरवी, रामकली, बिलावल, सारंग आदि सवेरे एवं दोपहर के रागों को अधिक महत्त्व प्राप्त है। अतः निर्णयात्मक रूप में सिख-गुरुद्वारों में कीर्तन आदि के द्वारा शास्त्रीय एवं सुगम संगीत को एक विशेष, सुन्दर एवं पावन स्थान प्राप्त है।

अष्टछाप के कवि और संगीत

●

डॉ. कौशलनन्दन गोस्वामी

सगुण भक्ति-धारा का अधिकांश काव्य भगवान् कृष्ण की माधुर्य-भक्ति से अनुप्राणित है। कृष्ण-काव्य के प्रसंग में यद्यपि वेदव्यास-प्रणीत 'श्रीमद्भागवत', जयदेव-कृत 'गीतगोविन्द' तथा विद्यापति की 'पदावली' मुख्यतया उल्लेखनीय हैं, तथापि पुष्टिमार्ग के प्रवर्तक वल्लभाचार्य से अभिप्रेरित भक्त-कवियों का श्रीकृष्ण-काव्य-सृजन विशिष्ट है। निस्सन्देह कृष्ण-भक्ति को साम्प्रदायिक रूप प्रदान करने वाले वल्लभाचार्य ही थे। इन्हीं के सुपुत्र गोस्वामी विट्ठलनाथ ने कृष्ण-भक्ति की अजस्र धारा को तीव्रतर बनाने-हेतु चार अपने और चार पिताश्री के शिष्यों को लेकर 'अष्टछाप' की स्थापना की। ये कवि थे—सूरदास, कृष्णदास, परमानन्ददास, कुम्भनदास, चतुर्भुजदास, नन्ददास, गोविन्दस्वामी और छीतस्वामी। ये महान् गायक और संगीत-कला के आचार्य भी थे। इन भक्त-कवियों ने पुष्टिमार्गीय 'अष्टयाम' की सेवा में सहयोग देते हुए, भगवत्-अनुग्रह प्राप्त करने-हेतु, श्रीकृष्ण-भक्ति-सुरसरि को द्रुतगति से प्रवाहित किया, जो जनरंजन और आनन्दानुभूति कराने लगी। भक्ति-साधना में इन्होंने संगीत को उपादान बनाया, जिससे ये जहाँ अपने इष्टदेव के सान्निध्य की अनुभूति कर सके, वहीं प्राणीमात्र को सुखानुभूति कराने में सक्षम हुए। वस्तुतः अष्टछाप के कवियों के काव्य का प्राण ही संगीत बन गया। संभवतः इन्हें सांगीतिक प्रयोग ही भक्ति-रस की महत् अनुभूति कराने में अधिक सहायक प्रतीत हुआ।

संगीत की दृष्टि से अष्टछाप के कवियों का काव्य निस्सन्देह उच्च कोटि का है, क्योंकि इनका ध्यान लय और संगीत पर सतत बना रहा है। इनकी राग-रागिनियों के स्वर-ताल में बँधी हुई शब्दावली सामान्य पदावली की अपेक्षा सरस भाव-व्यंजना में अधिक सक्षम है। वस्तुतः वर्णमैत्री और संगीतात्मकता इनकी ब्रजभाषा के अलंकरण हैं। ये कवि संगीतांग—गायन, वादन और नृत्य—के साथ-साथ संगीत-तत्त्व,

वाद्ययन्त्र एवं राग-रागिनियों के स्वरूप और प्रकृति से भी भली-भाँति परिचित थे। अतः इन्हें 'संगीतशास्त्र-मर्मज्ञ' और 'नृत्यकला-विशारद' कहना अत्युक्ति न होगी।

अष्टछाप के इन आठों कवियों में 'पुष्टिमार्ग के जहाज' सूरदास का स्थान मूर्धन्य है, जैसा कि आचार्य रामचन्द्र शुक्ल ने भी कहा है—"आचार्यों की छाप लगी हुई जो आठ वीणाएँ श्रीकृष्ण की प्रेम-लीला-कीर्तन करने उठीं, उनमें सबसे ऊँची, सुरीली और मधुर झंकार अन्धे कवि सूरदास की वीणा की थी।" नाभादास ने तो सूर-काव्य की प्रशंसा में यहाँ तक कह दिया—'सूर कवित सुनि कौन कवि, जो नहिं सिर चालन करै'। वस्तुतः सूर के संगीतनिबद्ध पदों को सुनकर श्रोताओं का सिर सम और ताल के साथ स्वतः हिल जाता है।

सूरदासेतर अष्टछाप के कवि भी संगीत-कला में सिद्धहस्त थे। जहाँ ध्रुवदास और नाभादास ने परमानन्ददास की गान-कुशलता की मुक्त कंठ से प्रशंसा की है, वहाँ हरिराय जी के शब्दों में भी—"परमानन्ददास गानविद्या में परम चतुर हैं।" हरिराय जी ने कुम्भनदास के सुन्दर कंठ और कीर्तन-गायन तथा कृष्णदास के रासादिक कीर्तन को भी अद्भुत और अद्वितीय बताया है। नाभादास जी ने—'भक्तिरस-गान उजागर' कहकर नन्ददास को सुप्रसिद्ध गायक सिद्ध किया है, जिनके गायन के प्रभाव से सम्राट् अकबर भी अछूता नहीं रह सका। चतुर्भुजदास पर तो अपने पिताश्री कुम्भनदास की संगीत-साधना का प्रभाव पूर्ण रूप से था। गोविन्दस्वामी संगीत-कला के पारखी ही नहीं, पंडित भी थे। इनके गायन ने राजा आसकरन और सम्राट् अकबर को ही प्रभावित नहीं किया, अपितु संगीत-सम्राट् तानसेन को भी मन्त्रमुग्ध कर दिया, जिससे वह गोविन्दस्वामी का शिष्य बनकर संगीत की शिक्षा ग्रहण करने लगा। गोविन्दस्वामी का गायन इतना दैवीय था कि तानसेन को अपना गायन 'मखमल के आगे टाट'—जैसा लगा। अन्य कवियों के समान ही छीतस्वामी में भी संगीत-प्रतिभा विद्यमान थी। अस्तु, अष्टछाप के कवियों के महान् संगीत-साधक होने में कोई सन्देह नहीं।

इन वाग्गेयकारों की पदावली न केवल भाव सौन्दर्य से मंडित है, अपितु इसमें संगीत-लहरी अपने नूतन मार्दव से झूम उठी है। इनके पदों में संगीत-तत्त्व—श्रुति, सप्तस्वर, छह राग-छत्तीस रागिनी, तीन ग्राम, इक्कीस मूर्च्छना, उनचास तानों—का उल्लेख अनूठा है। कतिपय उद्धरण द्रष्टव्य हैं—

सुर, श्रुति, तान बंधान,
अमित अति सप्त अतीत अनागत आवत।
(सूरदास)

सारंग राग सरस नँदनंदन,
सजि सप्तक सुर गावहुँ।
(चतुर्भुजदास)

गोपवृंद संग निर्त्तत रंग,
स रि ग म प ध नि अलाप करत,
उपजत तान तरंग।
(गोविन्दस्वामी)

भाव-प्रकृत्यनुरूप राग-रागिनियों की योजना भी अभूतपूर्व और अश्रुतपूर्व है। सूर ने 77, कुम्भनदास ने 36, परमानन्ददास ने 44, कृष्णदास ने 50, गोविन्दस्वामी ने 38, छीतस्वामी ने लगभग 33, चतुर्भुजदास ने 37 तथा नन्ददास ने 29 रागों का उल्लेख किया है। ये कवि रागों के गायक ही नहीं, आविष्कारक भी थे। सूर-सृजित 'सूरदासी मल्हार' तो आज भी प्रचलित है। दिन और रात्रि की संधिवेला में गेय 'पूर्वी' और 'गौरी'-जैसे 'सन्धिप्रकाश' राग भी इनकी रचनाओं में उपलब्ध हैं। इसके साथ ही सारंग हिंडोल, नट, मल्हार, आसावरी, ललित, भैरव, बसन्त, केदार और कान्हरो रागों का प्रयोग प्रचुर मात्रा में प्राप्त होता है। उदाहरणार्थ—

मंद-मंद सुर पूरत मोहन,
राग 'मलार' बजावत।
(सूरदास)

आज नीकौ बन्यौ राग 'आसावरी'।
(परमानन्ददास)

बन तैं आवत गावत 'गौरी'।
(नन्ददास)

इन संगीतज्ञ कवियों ने रागों के 'समय-सिद्धान्त' और 'ऋतु-सिद्धान्त' का भी पालन किया है। 'समय-सिद्धान्त' की योजना में प्रार्थना, गोचारण, कलेऊ, गोपाष्टमी, प्रबोधिनी तथा छाक-सम्बन्धी पदों में प्रातर्गेय भैरव, भैरवी, विभास, बिलावल, रामकली आदि रागों का प्रयोग किया गया है। प्रातःकाल श्रीकृष्ण को जगाने के लिए 'भैरव' राग में निबद्ध गोविन्दस्वामी का पद द्रष्टव्य है—

उठु गोपाल भयो प्रात, देखों मुख तेरो,
पाछे गृह काज करों, नित्त नेम मेरो।

इसी प्रकार छीतस्वामी द्वारा कलेऊ के पद में राग 'रामकली' का प्रयोग कितना सटीक है—

करत कलेउ मोहनलाल!
माखन-मिसरी-दूध-मलाई-मेवा परम रसाल।

ऋतु के अनुरूप रागों का उल्लेख भी 'ऋतु-सिद्धान्त' की सफल योजना का द्योतक है। पावस के वर्णन में राग 'मल्हार' और वसन्त-वर्णन में राग 'वसन्त' का प्रयोग कितना भावाभिव्यंजक तथा साभिप्राय है। ब्रजांगनाओं की विरहानुभूति के चित्रण में सूरदास द्वारा प्रयुक्त राग 'मल्हार' कितना उपयुक्त है–

देखो माई, नैनन सों घन हारे!
बिन ही ऋतु बरसत निसि-वासर,
सदा सजल दोऊ तारे।

इसी प्रकार गोविन्दस्वामी के वसन्तोत्सव-संबंधी पद में 'वंसत' राग का प्रयोग समीचीन है–

रितु वसंत विहरन ब्रज सुंदरि
साज सिंगार चली।

इस कवियों को संगीत की गायन-शैलियों में ध्रुपद-धमार-शैली ही अधिक प्रिय थी। 'चारताल' में गेय नन्ददास का एक ध्रुपद देखिए–

प्रातकाल नन्दलाल पाग बनावत,
बाल दिखावत दर्पन रह्यौ लसि।

इसी प्रकार गोविन्दस्वामी की 'धमार ताल' में गेय 'धमार' अवलोकनीय है–

सुन्दर सुभग तरनि तनया तट,
खेलत हैं हरि होरी हो।

इसके अतिरिक्त इन्हें संगीत की तालों और वाद्ययन्त्रों का भी विशिष्ट ज्ञान था। इनके पदों में–'इकताल', 'रूपक ताल', 'चर्चरी ताल', 'अठताल' आदि का उल्लेख मिलता है; यथा–

सारंग रागै सरस अलापति,
सुधर मिलत 'इकतालै'।
(कुम्भनदास)

नाचति कुँवरि मिले 'झप ताल'। (सूरदास)

इन कवियों ने डफ, झाँझ, मृदंग, बाँसुरी, चंग, उपंग, शहनाई, सारंगी आदि वाद्ययन्त्रों के प्रयोग से सांगीतिक वातावरण की सृष्टि की है; यथा–

बाजत ताल मृदंग, झाँझ, डफ,
मुरली, मुरज, उपंग।
(परमानन्ददास)

सुर सहनाई, सरस सारंगी,
उपजत तान तरंग
(सूरदास)

अष्टछाप के कवि नृत्य-कला में भी पारंगत थे। इनके काव्य में जहाँ 'रास' और 'तांडव' नृत्य का उल्लेख मिलता है, वहीं 'तत्त तत्त थेई थेई' तथा 'गिड़ि-गिड़ि'-जैसे नृत्य के बोलों का प्रयोग बड़ा स्वाभाविक है; यथा—

नृत्तति सुधंग अंग रंग संग राधिका,
गिड़ि-गिड़ि ता तत्त थेइ-थेइ 'रास' रंगिनी।
(कृष्णदास)

उरप-तिरप 'तांडव' करे,
ता थेई रचि उघटि तान।
(कुम्भनदास)

गिड़-गिड़ता, गिड़-गिड़ता,
त त्त त्त त्त त्त थेई-थेई गति लीने।
(छीतस्वागी)

अस्तु, इनके काव्य में नृत्य-सौन्दर्य अद्‌भुत है। जब इनके इष्टदेव रासेश्वर श्रीकृष्ण संगीत और नृत्यकला-विशारद थे और रासेश्वरी श्री राधा ताल और स्वर में प्रवीण थीं, तो इनका विमर्श इनके कृपा-पात्रों में क्यों नहीं होता? निस्सन्देह इनकी भावमयी स्वर-लहरी के साथ ही शब्दों का प्रस्फुरण हुआ है।

इनके काव्य में ब्रजभाषा का माधुर्य, पद-शैली और टेक-विधान जहाँ संगीतोपयोगी है, वहीं 'रे', 'री', 'अरी', 'एरी'-जैसे शब्दों का प्रयोग 'नाद-सौन्दर्य' और 'माधुर्य' की श्रीवृद्धि में सहायक है; यथा—

रे मन, समुझि सोच-विचार।
(सूरदास)

मेरी मन कमल हर्‌यो री नागर!
(परमानन्ददास)

एरी!- यह फेंटा ऐंठवा सीस धारे।
(कुम्भनदास)

अरो! हौं स्याम रूप लुभानी।
(छीतस्वामी)

संक्षेप में यह है कि अष्टछाप के सभी कवि संगीत-मर्मज्ञ ही नहीं, आचार्य भी थे। ये सब महानुभाव कृपा-पात्र भगवदीय थे, जो अहर्निश रस में भीगे रहते। इसी कारण उनके हृदय की सरसता नाद और अर्थ में फूट पड़ी तथा संगीत का चरम आनन्द और साहित्य का परम रस उनकी वाणी से झर-झर झरने लगा। संगीत-तत्त्व, वाद्ययन्त्र, नृत्योल्लेख, राग-ऋतु और समय-सिद्धान्त के अभूतपूर्व संयोग से उनकी अनुभूति साकार हो उठी है। इन कवियों ने संगीत-शास्त्र के नियमों को अपनाकर काव्य और संगीत के समन्वय की धारा को वेगवती बनाया है। संगीत का प्राधान्य ही इनकी लोकप्रियता का आधार है। इनका एक-एक पद संगीत की कसौटी पर खरा उतरा है। इसीलिए इनका संगीतमय काव्य परवर्ती कवियों की प्रेरणा का स्रोत ही नहीं है, अपितु संगीत-समाज में कलावन्तों का कंठहार बना हुआ है तथा इनकी भाव-भरित भक्ति से उसमें कुछ अनोखी भंगिमा आ गयी है। अतः संगीत का जैसा मोहक रूप अष्टछाप के कवियों में है, वैसा अन्यत्र कहीं नहीं!

स्वर और साहित्य का समन्वय : हवेली संगीत

●

नवीन शर्मा

जहाँ अनादिकाल से ही मनुष्य संघर्षरत रहकर कठोर श्रम करता रहा है, वहाँ थकान मिटाने तथा शक्ति-संचय के लिए अवकाश के क्षणों में उसे ऐसे मनोरंजक साधनों की भी तलाश रही है, जिनके द्वारा वह तन्मय होकर स्वयं को भूल सके, लौकिक आनन्द को पाकर तृप्त हो सके। संसार को भूल सके तथा आत्मा को पा सके।

आनन्द-प्राप्ति के प्रयासों में मानव ने आमोद-प्रमोद के जितने भी साधनों का आविष्कार किया, उनमें संगीत और काव्यकला सर्वश्रेष्ठ हैं। संगीत इस भूतल की बस्तु नहीं, यह तो देवलोक की अनुपम देन है। सात स्वरों को पाकर मनुष्य ने मानो लोकों को पा लिया। संगीत और नाट्य तो बैकुंठ-लोक की सहज संपत्ति हैं। जिसके जीवन में संगीत उतरता है, वह निहाल हो जाता है।

लोक में दो प्रकार का संगीत प्रचलित रहा है—एक लोक-संगीत, दूसरा शास्त्रीय संगीत। लोक-संगीत हृदय से फूटता है। अनेक कंठों के माध्यम से यह लोक-भावना को व्यक्त करता हुआ जन-जन को आच्छादित कर देता है। किन्तु शास्त्रीय संगीत कुछ विशिष्ट व्यक्तियों तक ही सीमित रहता है। यही कारण है कि शास्त्रीय संगीत के श्रोता कम ही होते हैं।

शास्त्रीय संगीत की अनेक विधाओं में ध्रुपद और धमार की गायन-शैली ही अति प्राचीन है। खयाल, ठुमरी, टप्पा, दादरा एवं ग़ज़ल का विकास तो बाद में हुआ है।

ध्रुपद और धमार की गायन-पद्धति को जीवित रखने का श्रेय हवेली संगीत को है। हवेली संगीत से तात्पर्य है पुष्टिमार्गीय मन्दिरों में गाया जानेवाला संगीत। पुष्टिमार्ग के प्रवर्तक महाप्रभु बल्लभाचार्य ने भगवत् सेवा को ही वैष्णवों का प्रधान कर्तव्य बताया। मन्दिरों में कृष्ण के दिव्य विग्रह की पूजा, अर्चना तथा अष्टयाम की सेवा का प्रचलन हुआ। भोग और शृंगार के साथ राग का भी घनिष्ठ सम्बन्ध स्थापित हुआ। मुखिया जी ने जब शंख-नाद करके बालकृष्ण लाल को जगाया, तो

तानपूरा के स्वरों की दिव्य झंकार के साथ कीर्तनिया जी ने भी भैरव में आलाप आरम्भ कियां और गाया—'मोहन जागि, हौं बलि गयी'।

श्रीनाथ जी में वीणा बजाकर ही श्रीकृष्ण को जगाया जाता है। इसी प्रकार समय-समय पर ऋतु-विशेष में जैसा शृंगार होता है, उसी भाव का कीर्तन भी गाया जाता है। वे सब कीर्तन ब्रजभाषा के कवियों द्वारा ही अन्तरात्मा की प्रेरणा द्वारा लिखे गये हैं। ये 'अष्टछाप के कवि' कहलाते हैं। अन्य ब्रज के भक्त कवियों की रचनाएँ भी गायी जाती हैं। इन सभी कवियों का हृदय ब्रजभाषा के प्रति, ब्रजभूमि के प्रति तथा कृष्ण के प्रति अत्यन्त अनुराग की भावना से ओत-प्रोत है।

हवेली संगीत में भाव की प्रधानता है। यहाँ कला, कला के लिए नहीं, किन्तु भगवत् प्राप्ति के लिए है। हवेली संगीत में शब्दों का शुद्ध उच्चारण और पद-भाव के साथ राग का चयन भी होना अपेक्षित है। इन पदों को भाव-विभोर होकर गाना चाहिए, जिससे श्रोता की अन्तरात्मा में भी उसी भाव का संचार हो सके, जिस भाव की अनुभूति गायक को हुई है। यहाँ का संगीत और काव्य अनुभूति-प्रधान है। हवेली संगीत की विशेषता ही यह है कि इस स्वरावली के साथ ऐसे साहित्य का रसास्वादन होता है, जिससे मानव-जीवन सार्थक हो जाता है। दिव्यानन्द की प्राप्ति हो जाती है। मन की स्थिति उच्च-से-उच्च अवस्था को प्राप्त करती जाती है।

खयाल की गायकी में जैसे स्वरों का विस्तार किया जाता है और तानों के अन्धाधुन्ध प्रयोग से शब्द दब जाते हैं, हवेली संगीत में ऐसा नहीं होता।

प्राचीन काल में बीन पर संगति होती थी। राधा-कृष्ण के दिव्य संगीत अर्थात् कृष्ण के वंशी-वादन और राधारानी के बीन-वादन का इस प्रकार ब्रज-भाषा में उल्लेख किया गया है—

'बैठ हरि राधा-संग, कुंज-भवन अपने रंग,
कर मुरली अधर धरे सारंग मुख गाई।
मोहन अति ही सुजान, परम चतुर गुननिधान,
जान-बूझ एक तान चूकके बजाई ॥'

राधारानी ने देखा कि कृष्ण चूक गये। यद्यपि राधारानी को उकसाने के लिए ही उन्होंने जान-बूझकर ऐसा किया था, किन्तु प्यारी को बीन पर उसी तान को सुधारकर बजाने के लिए बाध्य होना पड़ा—

'प्यारी जब कह्यो बीन, सकल कला-गुनप्रबीन,
अति नवीन रूप-सहित तान वो सुनाई।'

इस पर प्रसन्न होकर श्यामसुन्दर ने दाद दी और गले की माला दी—

'बल्लभ' गिरधरन लाल, रीझ हुई अंक पाल,
कहत भले-भले लाल, सुन्दर सुखदाई।'

ब्रजभाषा के अतिरिक्त इस प्रकार के साहित्य का अन्यत्र सर्वथा अभाव है।

यद्यपि ध्रुपद और धमार की गायकी में मीड़, सूत व लय-बाँट की ही प्रधानता है और तान वर्जित है, तथापि बीन में छोटी-छोटी तानें भी ली जाती थीं। हवेली संगीत के गायकों ने सैकड़ों वर्षों से राग के स्वरूप को अक्षुण्ण बनाये रखा। मन्दिरों में गाये जानेवाले राग परम्परानुसार ही गाये जाते रहे, अतः वे विकृत नहीं हुए। हाँ, यह अवश्य सम्भव है कि कालान्तर में उनके स्वरूप में थोड़ा-बहुत परिवर्तन हो गया हो। यदि किसी गायक ने अपनी सूझ-बूझ से किसी राग के नियमों के घेरे को तोड़कर उसमें जान-बूझकर या अनजाने ही किसी विशेष स्वर को प्रयोग कर दिया और उस स्वर के लगने से उस राग में चमत्कार पैदा हो गया, तो दूसरे गायक भी उस राग में उस स्वर का प्रयोग करने लगे और इस प्रकार उस राग के स्वरूप में थोड़ा-बहुत परिवर्तन आ गया।

आधुनिक गायकों द्वारा गाये जानेवाले रागों तथा मन्दिरों में गाये जानेवाले रागों में थोड़ा-बहुत अन्तर अवश्य है। उदाहरण के तौर पर हम कह सकते हैं कि राग ललित में गायक कोमल धैवत का प्रयोग करते हैं, किन्तु हवेली संगीत में तीव्र धैवत का प्रयोग होता है। इसी प्रकार अन्य रागों के सम्बन्ध में भी समझना चाहिए। मन्दिरों में गानेवाले गायक कीर्तन की आधुनिक गायन-प्रणाली को आश्चर्य से देखते हुए आज भी परम्परानुसार ही उन रागों को गा रहे हैं। इन कीर्तनकारों में ऐसे भी कीर्तनकार हुए हैं, जिन्होंने पर्याप्त धन और यश की प्राप्ति की; जैसे—चन्दन चौबे, भूरी स्वामी आदि।

आज के भौतिकवादी युग में ब्रज की इस धरोहर को सुरक्षित रखने के लिए आवश्यकता है ऐसे विद्यालय की, जिसमें सभी विधाओं के विद्यार्थी तुलनात्मक रूप से अध्ययन कर सकें और अच्छे कलाकार बन सकें।

ब्रजभाषा की शब्द-रचना और संगीत

●

डॉ. (कु.) राकेशबाला सक्सेना

ऐतिहासिक, सांस्कृतिक, आध्यात्मिक व साहित्य की दृष्टि से भारतीय संस्कृति में ब्रज का महत्त्वपूर्ण योगदान है। संस्कृत भाषा के पश्चात् भारत में यदि कोई भाषा सर्वप्रिय हुई, तो वह ब्रजभाषा ही थी, जैसा कि श्री राधाचरण गोस्वामी के कथन से स्पष्ट है—

> **ब्रजभाषा भाषा ललित, कलित कृष्ण की केलि।**
> **या ब्रज-मंडल में उगी, ताकी घर-घर बेलि ॥**
> **ह्यहीं सों चहुँदिश विस्तरी, पूरब-पच्छिम देस।**
> **उत्तर-दक्षिण लौं गई, ताकी छटा असेस ॥**

पूर्व में असम के शंकरदेव-माधवदेव, पश्चिम में गुजरात के आदि कवि नरसी मेहता तथा उनके शिष्य विष्णुदास आदि, महाराष्ट्र के नामदेव, भानुदास आदि भक्त ब्रजभाषा के भंडार को भरते रहे हैं। पंजाब-प्रदेश में वहाँ के गुरुओं, अनुयायियों एवं प्रचारकों ने ब्रजभाषा को साहित्य का आधार बनाया; जिनमें गुरु गोविन्दसिंह, गुलाबसिंह, नारायण स्वामी आदि के नाम उल्लेखनीय हैं। चैतन्य-सम्प्रदाय का यद्यपि बंगाल से उद्भव हुआ, परन्तु साहित्यिक दृष्टि से इस सम्प्रदाय के शास्त्रीय रूप, विधि-विधान एवं भक्त्यात्मक सिद्धान्तों का विकास बंगाल में न होकर वृंदावन में गोस्वामियों द्वारा किया गया, जिनमें श्री जीव गोस्वामी का प्रथम स्थान है। दक्षिण-भारत में भी समय-समय पर ब्रजभाषा के माध्यम से साहित्य की रचना होती रही। तमिलनाडु में 'राधावंशीधरविलास' तथा 'विश्वातीत विलास', इन दो यक्षगानों की रचना ब्रजभाषा में ही प्राप्त है। कर्नाटक में अली आदिलशाह द्वितीय की रचनाओं में ब्रजभाषा का अत्यधिक प्रभाव है। 'कुलियात शाही' की रचना का एक उदाहरण—

> **बड़े बड़े नैनन तें, थोड़े-थोड़े सैनन सों, भरे-भरे बैनन तें, कहै मोसों बात है।**
> **खड़े-खड़े देखन में, चल-चल केनन सों, हँसि-हँसि लाज करे, मुड़ि-मुड़ि जाति है ॥**

इसी प्रकार केरल और आंध्र प्रदेश ने भी ब्रजभाषा को अपनाया। उदाहरण-स्वरूप स्वाति तिरुनाल की एक रचना ब्रजभाषा में इस प्रकार है—

भई लो पिया चाँदनी रात, अब रहियो मेरे साथ।
बिजनी-सी पौन डुलावूँ, भुज में भुजहिं मिलाऊँ ॥

तात्पर्य यह कि ब्रजभाषा उत्तर-भारत की साहित्यिक भाषा तो बनी ही, साथ-ही-साथ भारत के अन्य भागों में भी इसका विस्तार हुआ और फलस्वरूप इस समृद्ध, विकसित, प्रौढ़ एवं सशक्त साहित्यिक भाषा को सार्वदेशिक स्नेह प्राप्त हो गया। व्यवस्थित रूप से ब्रजभाषा का प्रयोग सोलहवीं शताब्दी के लगभग आरम्भ हुआ। सूरदास व अष्टछाप के अन्य भक्त कवियों ने तथा श्री हितहरिवंश जी, श्री हरिराम व्यास, ध्रुवदास जी, चाचा वृंदावनदास जी, हरिदास जी, विहारिनदेव जी, रसिकबिहारी, मीरा एवं हरिव्यास जी आदि अनेक भक्त कवियों ने जिस परिष्कृत, मनोरम, पुनीत, मधुर एवं आह्लादकारी वाणी द्वारा लोक-मानस को उल्लसित एवं प्रेम-रस की धारा से सबका हृदय आप्लावित किया, वह कोमलकान्त पदावली ब्रजभाषा में ही है, जो सरस, सहजल, मृदुल, मधुर एवं सुसम्बद्ध है। संगीतात्मकता की दृष्टि से इनकी पदावली का कलेवर पूर्णतः सुगठित है।

काव्य में जब-जब नाद सौन्दर्य के साधन—लय, तुक, यति, गति, छन्द इत्यादि परस्पर यथास्थान मिलते हैं, तब-तब सहज ही सगीतोर्मि प्रवाहित होती जाती है। संगीत में प्रयुक्त किसी भी भाषा के स्वीकृत शब्द-रूपों में साधारणतः नाना प्रकार के परिवर्तन अथवा विकार दिखाई देते हैं, जो सम्भवतः अनायास ही हो जाते हैं। क्योंकि संगीतज्ञ स्वरयुक्त ध्वनियों की साधना करते हैं तथा उन ध्वनियों का सन्तुलन बनाये रखने के लिए किन्हीं शब्दों के उच्चारण में ध्वनि-सम्बन्धी परिवर्तन यथास्थान कर लेते हैं। अतः सांगीतिक दृष्टि से रसाभिव्यक्ति एवं भावाभिव्यक्ति के लिए शब्दों के रूप-निर्माण में अधिक कोमलता लाने के लिए कुछ लचीलापन अपेक्षित है। ब्रज-साहित्य में भी शब्दरूप-निर्माण में इसी प्रकार का लोच यत्र-तत्र दिखाई देता है, वहाँ शब्द की बनावट को अवसर-अनुसार कहीं सिकोड़कर, कहीं फैलाकर प्रयोग किया गया है।

ब्रजभाषा में एक शब्द-रूप के अनेक रूप प्राप्त होते हैं; यथा—कृष्ण को 'कन्हैया', 'कान्हा', 'किसन'; पानी को 'पनियाँ'; मोहन को 'मोहना'; मुरली को 'मुरलिया'; मटकी को 'मटुकिया'; माँह को 'महियाँ'; बाँह को 'बहियाँ' आदि। यहाँ एक लोक-गीत की कुछ पंक्तियाँ प्रस्तुत की जा रही हैं, जिसमें कृष्ण के लिए 'कन्हैया' एवं मटकी के लिए 'मटुकिया' शब्द प्रयोग किया गया है—

तेरो री कन्हैया बल को भैया जसोदा मैया मेरे घर आयो।
दधि मेरो खायो, मटुकिया फोरी, रह्यो-सह्यो ढरकायो ॥

× × ×

गोकुल की पनिहारी पनियाँ भरन चली।

वाणी को नाद-सौन्दर्य से अलंकृत कर अधिक कोमल एवं मृदुल बनाने-हेतु ब्रजभाषा के शब्दों में कर्कश एवं संयुक्त अक्षरों का प्रयोग लगभग नकारात्मक रूप में ही है। इसलिए अधिकतर 'ड़' का स्थान 'र' ने, 'श' का स्थान 'स' ने और 'ण' का स्थान 'न' ने ले लिया है; यथा—'मुड़ि' को 'मुरि' ('मुरि-मुरि चितवत नन्द-गली'), 'निशि' ('निसिदिन बरसत नैन हमारे') तथा 'भूषण' को 'भूसन' आदि।

संयुक्त अक्षरों के अन्तर्गत 'दर्शन' को 'दरसन', 'मार्ग' को 'मारग', 'पूर्ण' को 'पूरन', 'अमृत' को 'इमरत' तथा 'प्यारे' को 'पियारे' आदि उच्चरित किया गया है—

जहर का प्याला राणा भेज्या, इमरत दियो बनाय।

× × ×

दरसन देहो आज पियारे।

ब्रजभाषा में भक्त कवियों ने किन्हीं स्थलों पर अनुस्वारयुक्त दीर्घ स्वरों के प्रयोग से संगीत की श्रुति-मधुरता को द्विगुणित कर दिया है; यथ—'तै', 'हौं', 'सौं', 'ज्यौं', 'लैं', 'नैकहुँ', 'वारौं', 'साँवरे', 'स्यामहिं' आदि—

या साँवरे सौं मैं प्रीत लगाई।
कल-कलंक तैं नाहिं डरूँगी, अब तौ करौं अपनी मन भाई ॥
ऊधौ, कहँ की प्रीत हमारैं।
छिदि-छिदि जात बिरह सिर मारैं, पुरि-पुरि आवत अवधि विचारैं ॥

ब्रजभाषा का सांगीतिक पक्ष और भी अधिक प्रबल हो जाता है, जब एकाएक हमारी दृष्टि श्री हितहरिवंश जी द्वारा रचित ग्रन्थ 'श्रीहितचौरासी' पर जाती है। निस्सन्देह वे संस्कृत भाषा के प्रकांड पंडित थे और संस्कृत भाषा में ही उन्होंने 'श्रीराधासुधानिधि' ग्रन्थ की रचना भी की है, परन्तु जो माधुर्य व भाव-व्यंजकता का गेय रूप हमें ब्रजभाषा में रचित 'श्रीहितचौरासी' ग्रन्थ में प्राप्त होता है, वह 'श्रीराधासुधानिधि' ग्रन्थ में खोजने से भी प्राप्त नहीं होता। कारण यही है कि हितहरिवंश जी ने इसमें संस्कृत के 'तत्सम' और 'तद्भव' शब्दों के प्रयोग के साथ-साथ हृदय की कोमलतम वृत्तियों, सूक्ष्मतम भावनाओं और सरलतम उद्गारों की तरलतम अभिव्यंजना के लिए समर्थ, सहज एवं माधुर्ययुक्त सांगीतिक ब्रजभाषा का प्रयोग किया है। संगीत में शब्दालंकारों के अन्तर्गत अनुप्रासों के उपयोग से शब्द-संगीत की सृष्टि सहज ही हो जाती है, जो 'श्रीहितचौसी' ग्रन्थ में यत्र-तत्र देखने को मिलती है; यथा—

मंजुल कल कुंज देश, राधा हरि विशद वेश, राका नभ कुमुद बंधु शरद् जामिनी।
साँवल दुति कनक-अंग, विहरत मिलि एक संग, नीरद मणि नील मध्य लसत दामिनी ॥

इन पंक्तियों में नादात्मक सौन्दर्यजन्य शब्द-संगीत ने ही भाव-सौन्दर्य को उभारा है। हितहरिवंश जी-कथित छन्दोबद्ध कुछ अन्य पंक्तियाँ सहज ही गेय हो उठी हैं–

चरत रुनित नूपुर कटि किंकनि, कंकन करतल ताल।
मनु तिय-तनय समेत, सहज सुख मुखरित मधुर मराल ॥

यहाँ अनुप्रास अलंकार के उपयोग से शब्द-संगीत की सृष्टि सहज ही हो गयी है। मात्राओं की पूर्ति व नाद-सौन्दर्य तथा सरलतापूर्वक ताल एवं लय में बद्ध करने के लिए ब्रजभाषा में 'री', 'ए', 'जी', 'एरी', 'रे', 'अरी', 'हो' आदि शब्दों का बाहुल्य है–

ए हो लाल, झूलिए नैंकु धीरे-धीरे।

× × ×

एरी मैं तो प्रेम-दिवानी, मेरा दरद न जाने कोय।

ब्रज के लोक-गीतों में भी इन शब्दों का पर्याप्त प्रभाव दृष्टिगोचर होता है। ब्रज में गाये जानेवाले देवी-गीतों में एक प्रकार है–'लाँगुर', जिसको 'लाँगुरिया' भी कहा जाता है। लाँगुर के प्रत्येक गीत में 'लाँगुर' अथवा 'लाँगुरिया' शब्द 'टेक' के रूप में प्रयुक्त होता है–

वृंदावन खेलै सार री, मेरौ भूरी लटन कौ लाँगुरिया।
परबत पै करै किलोल री, मेरौ भूरी लटन कौ लाँगुरिया ॥

ताल और लय ही संगीत के प्राण हैं। लय किसी भी काव्य की भाषा को स्वाभाविक रूप से संगीतात्मकता प्रदान करती है और अपनी इस किंचित् संगीतमयता के कारण माधुर्य और सरसता तो भावों के साथ लाती ही है, साथ ही एक प्रवाह-शक्ति तथा लोच भी उत्पन्न करती है। ब्रज-भूमि के देवालयों में रास-चित्रण के पदों में ब्रजभाषा द्वारा इतनी अधिक संगीतमय शब्द-योजना है कि शब्दों के उच्चारण से ही ऐसा प्रतीत होता है कि नूपुर की झंकार स्पष्ट झंकृत हो रही है। मथुरा में गोकुलनाथ जी के देवालय में कीर्तनिया श्री श्यामलाल जी द्वारा राग मालव में गाया हुआ रास का पद इस बात की पुष्टि करता है–

तीनताल

×				2				0				3			
								सां	सां	-	सां	ध	-	प	प
								अ	ला	ऽ	ग	ला	ऽ	ग	नि

ग ग ध प | ग रे सा सा | प - ग ग | - पप -ध ध
उ र प ति | र प स चु | ना ऽ च ति | ऽ ब्रज ऽल ल

प ध ध रें | सां - - - | गं गं गं गरें | गं रें सां सांसां
ना ऽ रा ऽ | से ऽ ऽ ऽ | उ छ ट तऽ | स ऽ ब्द तत्

सां ध सां रें | गं रें सां धप | प प ग ग ग प ध -
थे ई त त् | थे ई ऽ ऽऽ | मृ ग न य नी ऽ ई ऽ

प ध ध रें | सां - - - |
ष द् हा ऽ | से ऽ ऽ ऽ |

उक्त पद के गायन की यह विशेषता है कि यह पद द्रुत लय में गाया जाता है। (लेखिका को यह पद गोकुल में कीर्तनिया श्री श्यामलाल जी से साक्षात्कार करने पर प्राप्त हुआ।)

निस्सन्देह यह स्पष्ट है कि ब्रजभाषा में संगीत की छटा सहज रूप से विद्यमान है।

'ध्रुवपद' में नारी-वर्णन

लक्ष्मण भट्ट तैलंग

'नाट्यशास्त्र' के प्रणेता भरत मुनि ने सर्वप्रथम नारी को नायिका-पद से विभूषित किया। बाद में अन्य मनीषियों ने 'नायिका' के विस्तृत भेद किये। साहित्य के इन्हीं विस्तृत वर्णनों के आधार पर संगीत के साहित्य का निरूपण हुआ है। नारी के प्रमुखतया दो रूप हो सकते हैं—1. सर्वशक्तिमान् देवी-स्वरूप और 2. सामान्य नारी-सुलभ समस्त विशेषताओं को समाहित किये हुए 'सामान्या' का स्वरूप।

मध्ययुगीन संगीत-शैली 'ध्रुवपद' में हम नारी की स्थिति के अनेक रूपों का अवलोकन कर सकते हैं। नारी के वात्सल्य तथा ममतामय रूप, माँ का रूप, कृपाभावी रूप, त्यागमय रूप और पूज्य भक्तिमय देवी-स्वरूप तथा इनके विपरीत उसके उद्वेगमय, संघर्षमय, रौद्र और वीर-रूप इत्यादि ध्रुवपद में भली-भाँति चित्रित हुए हैं।

पति को परमेश्वर माननेवाली भारतीय नारी के आदर्श-स्वरूप देवी पार्वती और सीता का ध्रुवपदों में विस्तृत वर्णन हुआ है। पार्वती के सुन्दर और पतिव्रता-रूप का ध्रुवपद देखिए—

राग मालकौंस

पूजन चली महादेव, चंद्रवदनी, मृगनयनी,
हंसगमनी पार्वती।
कर अग्र थाल लिये, पुष्पन के गुँथे हार,
मुख दियरा जराय, देवन में महादेव।
नख-सिख सोलहूँ शृंगार किये,
सुंदरता बरनी न जाये,
तानसेन धूप-दीप-नैवेद्य ले,
हर-हर-हर महादेव।

राधा कृष्ण की प्रिया तो हैं ही, साथ ही वे अपनी सर्व कला-मर्मज्ञता के कारण पूज्य भी हैं। उनके समक्ष गुण की बात कौन करे! और, संसार में यदि कोई गुणमर्मज्ञ है भी, तो वह राधा द्वारा ही प्रदत्त है—

गुन की बात राधे तेरे आगे को जाने,
सो जाने सो कछु उनहारि।
नृत्य-गीत-ताल-भेदन के भेद न जाने
काहू जिते-तिते देखे झारि।
('संगीत' : हरिदास अंक)

देवी के इन शान्त रूपों के विपरीत वीर-रस की अधिष्ठात्री, संहारिणी परन्तु भक्तवत्सला और मुक्तिदायिनी भवानी, काली आदि देवियों के स्वरूप का भी ध्रुवपदों में चित्रण है। नारी के लिए कहते हैं कि अन्याय के वक्त वह भवानी होती है, किन्तु उसके हृदय में नारी की सुकोमलता स्वाभाविक रूप में विद्यमान होती है। देखिए भवानी और काली के इसी तरह के रूप—

राग देशकार : कालीदेवी की वन्दना (ध्रुवपद)

जय-जय जग-जननी देवी,
सुर-नर-मुनि-असुर सेवी,
भुक्ति-मुक्ति-वरदानी, भयहारिणी कालिके !
मंगल-मुद-सिद्धि-सदन, पर्व-शर्वरीशवदनि,
ताप-तिमिर-तरुण-तरणि, कलित किरणमालिके।

राग सिंदूरा : भवानी (ध्रुवपद)

माता भवानी झूम-झूम आवत,
कनकबरन, सिंह की सवारी।
अष्टसिद्धि-नवनिधि की है तू दाता,
कृपाली, दया कर तू, लागी आस भारी।

भक्तिकाल बीता और रीतिकाल आया। ध्रूवपद की यात्रा ने भी भक्ति से शृंगार का मोड़ पकड़ा और शृंगार भी पारलौकिक से लौकिक शृंगार की ओर मुड़ा। जो कला देवताओं की उपासना के प्रति समर्पित थी, अब वही सुरा-सुन्दरी के रूप-ऐश्वर्य के इर्द-गिर्द घूमती हुई उसकी मान-मनुहार में संलग्न हो गयी और राजाओं की शृंगारिक भावनाओं की तुष्टि का साधन बनी। इस काल में असंख्य नायिका-भेदों ने जन्म लिया। नायिकाभेद वास्तविक रूप में नारी के उत्कृष्ट और निकृष्ट सर्वांगीण रूप का परिचित्रण है।

नायिका का रूप-वर्णन अर्थात् नख-शिख-वर्णन रीतिकालीन साहित्य की प्रमुख

प्रवृत्ति रही है। नायिकाओं में सर्वश्रेष्ठ, 'कामसूत्र' वर्णित सभी विशेषताओं से ओतप्रोत 'पद्मिनी' को माना गया है और यह पद्मिनी स्वकीया हो तो कहने ही क्या! नख-शिख-वर्णन-युक्त मालोपमा से अलंकृत बैजू का ध्रुवपद पद्मिनी नायिका के लिए उत्कृष्ट उदाहरण है–

राग टोड़ी

सुन्दर, अति नवीन, प्रवीन, महाचतुर, मृगनैनी,
मनहरनी, चंपकबरनी नार।
केहरि कटि, कदली जंघ, नाभि सरोज, श्रीफल
उरोज, चंद्रवदनि, सुक-नासिका, भौंह धनुष
काम ढार।
अंग-अंग सुगंध पद्मिनी, भँवर गुंजत सवास
आवत क्रोध नहीं, सौत-सरूप कृसता ही दबी।
जात बारन के भार।
धन-धन ताको भाग, तोसी तिया जा घर, बैजू
प्रभु रस बस कर लीने काम-जाल डार।

उत्कृष्टता की दृष्टि से नारी का सर्वोत्तम रूप है–'स्वकीया', जिसमें वह अपने पिय को ही सर्वस्व मानकर अपना सारा अधिकार समझकर पिय के प्रेम की प्रगाढ़ता पाने के लिए तत्पर रहती है। वह पति को सदैव मनाकर भी प्रेम की सत्यता तक पहुँचने के लिए मान करना चाहती है। वह कहती है–

राग आसावरी

कोउ तो बताओ मोहि री,
पीअ सों मान करिवे को ढव।
पै ऐसैं कीजे जामैं नेक मलीन न होवे,
और अपनी हूँ बात रही सब।
(सदारंग)

वास्तव में यह नयी ब्याहता नवोढ़ा स्वकीया नायिका है, जो मान करना चाहती है परन्तु रीति नहीं जानती। भारतीय नारी की तरह उसके लिए पति के सारे दोष मार्जनीय हैं। वह अपने पति-परमेश्वर से कोपावस्था में भी रूठना नहीं चाहती।

नारी का सौभाग्य इसमें माना जाता है कि उसका पति उसके समस्त गुणों का कद्रदान हो और उन गुणों के अधीन हो। निम्नलिखित ध्रुवपद में इसी 'स्वाधीनपतिका' नायिका का चित्र है–

राग ईमन, चौताला

पीया प्यारी भारी भावत रैनि दिना
छिन-छिन औ नाँ माने नाहीं तु ही। ऐसैं के
रस बस करि लीनौं है नैंन प्राँन लालन के
ललना हित चित नित करि अब तूअ ग्याँन
ध्याँग की री लागी री तू ही। तू विनि के रंग
रँगी पिअ तेरे रंग ऐसैं जैसे दर्पन ले प्रतिबिंब
देखी–अत तू विनि के जीअ वसी लाल के
तैंरी उक्ति विचारी। धनि तेरौ भागि सुहाग
आली री धनि वे वालम अकबर धनि
री धनि तू विचित्र नारी तु ही।

भारतीय नारी का सर्वस्व उसका पति ही होता है। उसके प्रवास की पीड़ा उसके लिए असह्य होती है। बाजबहादुर का यह ध्रुवपद इस पीड़ा की अभिव्यक्ति है–

राग नट, चौताला

बिछुरी दुःख दीनों हों प्रान मेरे आवत कैहूँ न लाज।
जब जु लालन संग निकसि न गए अब धौं रहे कौन काज।
पापी प्रान रहत घट भीतर करें ही चाहत सुख राज।
रूपमती पीअ हम सो न दुषी आ कहा धौं बाज बहादुर बाज।

और, जिसके पति आनेवाले हों, उसकी सुखानुभूति के उद्वेग का क्या वर्णन किया जा सकता है! 'आगतपतिका' नायिका का चित्रण देखिए–

राग बिहाग

आत होंगे आली प्यारे, भूषन ला रतनारे,
बेगि उठ धावो प्यारी, हियरा हुलसात है।
फूलन की सेज करो, सखि सब काम तजो,
फूलन के फर्श करो, हमरे मन भात है।

भारतीय आदर्श नारी की सर्वश्रेष्ठ कल्पना है 'अधीना नायिका', अर्थात् वह नायिका, जो पति परमेश्वर के प्रत्येक कार्य से सहमत हो–

राग श्री, चौताला

कठिन गुन ग्रन जो राषै ललन को सोई सुघर नारी कहावै।
जोई-जोई कहै पीअ सोई-सोई करै मनभावत प्यारी सुहागिनी
राजबहादुर मोहन कौं सो भावै।

नारी को अपने रूप और यौवन का विशेष गर्व होता है। इसी स्वाभाविकता को लिए हुए राजाराम का यह ध्रुवपद द्रष्टव्य है–

राग सारंग, चौताला

जोबन गरूर अति गिनत काहू न फुनि
विद्यावर री और पिया की मयावें तूअ प्रताप तेज
और सौतें घटि लागैं री जैसे दीपक मलिन हेतु
और त्रीय लागत-लागत नीकी न यातैं। चंदन
जोति कुंदन चंपी बरनौ सब सौतें छीन भई तेरी
छाव देषैं तैं। राजाराम कौ अंगु संग पायौ सुख
समूह नटरत छत्रछाया तैं।

प्रेम की प्रगाढ़ता पाने के लिए मान करना नारी का स्वाभाविक गुण है और फिर उसे प्रेमोन्मुखी बनाने के लिए प्रेरित करना भी दूती के रूप में नारी का ही कार्य है। देखिए दूती नारी द्वारा 'मानिनी' नायिका को सीख–

राग भूपाली, चौताला

साहि अकबर को रिझाईं लैरी तू माँन कीऐं ते
कहा पावै। पीय की चोंप मैं तू उठि चलि री सुषु
पावैंगी दिन-दिन री।

एक नारी के लिए यह असह्य होता है कि उसका पति 'परकीया' के साथ प्रेम करे। इसीलिए वह 'खंडिता' का रूप धारण करती है–

राग मालकौंस

आजु आप कसम से अलसाने गात धनि वह कौ
है जाने वसरि राषै हौ जू।
चरननि डगमगात
वचननि तुतरात बारंबार है जम्हात सौंहै जूठी हौ
जू षात।

नारी अपने रूप-लावण्य से सदैव पुरुष को मोहती आयी है, किन्तु फिर भी यह सत्य है कि कृष्ण के रूप और गुणों व उनकी मनमोहक बाँसुरी ने ब्रज की ग्वालिनों, गोपियों, पनिहारिनों–सभी को 'परकीया' बना दिया–

राग टोड़ी

भरि-भरि घरि-घरि आवत गागरि नाँगरि
नारि तू कौंन के रस मिस करि।
ओरे दिननि तू एक ही वेर हरि पनिआँ भरन
आज कई औं वेर आई गई ऐसे कहा भए
नंद के हरि।
जो तू सास-ननद की काँन न करिहै तौ तू
अपने कुलहि तनावै करि।
भौंहिं दोष हरिदास डागुर के स्वामी नैन
प्रान जुगए डरि।

परन्तु सबका मन मोहनेवाले कृष्ण का मन भी हरनेवाली राधा ने नारी की गरिमा को सर्वोत्कृष्टता पर पहुँचा दिया। राजाराम ने राधा के 'मुग्धा' नायिका के रूप का वर्णन करते हुए लिखा है–

ते बस कौनों री प्यारी
नंदनंदन वर गिरधारी।
तुअ मुख देषत चंद लजावत
तोकों नहीं सुधि मतवारी।
तेरौई ग्याँन-ध्याँन तेरौई सुमिरु
तेरी रट लागी रहतु निसदिन री!
रामराई प्रभु तेरे रूप लुभ्याँनो
बिकानों अनमोलों श्री वृषभानु दुलारी।

इस प्रकार हम देखते हैं कि ध्रुवपद लिखे गये, वे नारी-वर्णन से रीते न रहे–नारी उनकी अभिन्न अंग रही। सबसे महत्त्वपूर्ण बात यह रही कि ये ध्रुवपद ऐतिहासिक, सामाजिक, सांस्कृतिक, साहित्यिक और सांगीतिक दृष्टि से अपना एक महत्त्वपूर्ण स्थान रखते हैं, क्योंकि इन ध्रुवपदों में क्रम से समाज में नारी की जो स्थिति रही, उसके एक युग का इतिहास भली-भाँति देखा जा सकता है। पुराणों की उर्वशी, 'रामायण' की सीता, 'महाभारत' की द्रौपदी से लेकर विद्यापति, सूर, देव, बिहारी, हरिऔध आदि द्वारा चित्रित राधा के परिवर्तित रूपों और जायसी की पद्मावती एवं नागमती, नरपति नाल्ह की राजमती, घनानन्द की सुजान और प्रसाद की श्रद्धा आदि सभी में विभिन्न युगों के विभिन्न वर्गों की नारी के प्रति दृष्टिकोण और उसकी सामाजिक स्थिति का सही बोध और मूल्यांकन हुआ है। इसीलिए नारी-वर्णनपरक ध्रुवपद साहित्य का अपना विशिष्ट महत्त्व है, क्योंकि ये ध्रुवपद साहित्य में वर्णित नारी के चित्रण के अनुपम उदाहरण हैं।

ब्रज की संगीत-शैलियों की भारतीय संगीत को देन

भगवतशरण शर्मा

रासबिहारी भगवान् श्रीकृष्ण की लीलाभूमि ब्रज का कण-कण संगीतमय है। यह वह सिद्ध स्थली है, जहाँ संगीत-सम्राट् तानसेन के गुरु स्वामी हरिदास जी ने संगीत के माध्यम से अपने इष्ट श्यामा-श्याम को रिझाकर न केवल उनके प्रत्यक्ष दर्शन करके संगीत की सार्थकता को प्रमाणित किया, वरन् अनेक ध्रुवपदों को शास्त्रोक्त रागों और तालों में गाकर जिज्ञासुओं को संगीतामृत पिलाया।

यद्यपि अनेक लोगों को स्वामी जी का संगीत-प्रसाद मिला होगा, किन्तु 'नादविनोद' ग्रन्थ के अनुसार आपके शिष्यों में—1. बैजू, 2. गोपाललाल, 3. मदनराय, 4. रामदास, 5. दिवाकर पंडित, 6. सोमनाथ पंडित, 7. तन्ना मिश्र (तानसेन) और 8. राजा सौरसेन उल्लेखनीय हैं।

कहा जाता है कि उपर्युक्त शिष्यों में से प्रथम चार शिष्य दिल्ली चले गये तथा सोमनाथ पंडित व राजा सौरसेन पंजाब की ओर चले गये और तानसेन रीवाँ चले गये। स्वामी जी के इन शिष्यों ने भी असंख्य नये ध्रुवपद, धमार, त्रिपट-तराने, रागमालाएँ, चतुरंग इत्यादि की रचना करके हिन्दुस्तानी गायन-पद्धति का ठोस प्रचार किया। इस प्रकार मद्रास प्रान्त को छोड़कर शेष समस्त भारत में जो शास्त्रीय गायन आज प्रचलित है, उसका श्रेय स्वामी जी व उनके शिष्यों को ही है, अथवा यह सब ब्रज का ही प्रसाद है।

इसके अतिरिक्त हवेली संगीत, अर्थात् पुष्टिमार्गीय सम्प्रदाय का देवालय-संगीत, जिसकी लगभग 500 वर्ष पुरानी पम्परा है तथा जिसमें ध्रुवपद-धमार-गायकी सुरक्षित रह सकी है, ब्रज की ही देन है। पुष्टिमार्गीय वैष्णव सम्प्रदाय में भगवान् के बालकृष्ण रूप को ही ईश्वर-स्वरूप माना गया है। इस सम्प्रदाय में भगवान् का कोई मन्दिर नहीं, अपितु निवास-स्थान जहाँ बाल-प्रभु रहते हैं, 'हवेली' कहलाता है। इस हवेली में नित्य-लीला के पद गाये जाते हैं। लोगों की धारणा है कि 'हवेली-संगीत'

की परम्परा श्री महाप्रभु के पुत्र श्री विट्ठलनाथ जी गुसाँई के समय से प्रारम्भ हुई। इसमें श्री महाप्रभु जी तथा श्री गुसाँई जी महाराज के परिवार के अष्टछाप-शिष्य सूरदास, कुम्भनदास, नन्ददास, छीतस्वामी तथा गोविन्दस्वामी इत्यादि की अद्भुत और प्रचुर देन है। यद्यपि ये सभी कवि गायक भी थे, तथापि इनमें सूरदास, परमानन्ददास और गोविन्दस्वामी संगीत के उच्च कोटि के कलाकार थे।

दिन के भिन्न समयों और वर्ष की विविध ऋतुओं में संगीत-शास्त्र में वर्णित पद्धति के अनुसार उन्होंने विविध राग-रगिनियों में अपने पदों को बाँधकर प्रभु के समक्ष प्रस्तुत किया। उन रागों की, जिनका सामान्य रूप से सभी कवियों ने प्रयोग किया। (कान्हरा, सारंग, आसावरी, देवगान्धार, भैरों, ईमन, केदारा, जैतिश्री, धनाश्री, बसंत, मल्हार, सोरठ, कल्याण, गौरी, बिलावल और रामकली इत्यादि) एक लम्बी तालिका बन सकती है। यही नहीं, बल्कि पुराने ग्रन्थों में जिन रागों का उल्लेख है; जैसे—मालव, मारू, सूहा-बिलावल, रायसा-कान्हड़ा, नूर-सारंग, कृष्णमत भैरव, ब्रह्ममत भैरव, ब्रह्मभैरव, कृष्णमत बसंत इत्यादि—हवेली-संगीत से बाहर कहीं भी सुनने में नहीं आते। इस प्रकार आचार्य बल्लभाचार्य जी तथा गुसाँई विट्ठलदास जी द्वारा प्रस्थापित संगीत-समाज की यह पद्धति वास्तव में अब भी अपनी प्राचीन गायकी व मृदंग को छाती से लगाये हुए है। इसमें व्यवहृत अनेक रागों के स्वरूप प्रचलित राग-स्वरूपों से किंचित् भिन्न और कहीं-कहीं बिल्कुल भिन्न प्राप्त होते हैं। यह विषय अपने में इतना महत्त्व रखता है कि शास्त्रीय संगीत के जाने-माने कलाकार भी इसका लोहा मानते हैं।

कुछ लोगों की मान्यता है कि 'हवेली' के मार्ग-संगीत के केवल ध्रुवपद और धमार, ये दो ही प्रकार हैं। सम्भवतः ऐसा कहनेवाले लोगों ने 'हवेली' में गाये जानेवाले झूमरा आदि तालों में आजकल के खयाल से मिलते हुए पद नहीं सुने। पहले के गायक इस शैली को 'गोबरहारी बानी' कहते थे। इसके अतिरिक्त चाँचर, होरी, रसिया इत्यादि भी कई प्रकार हवेली-संगीत की परम्परा में हैं।

शास्त्रीय संगीत की यह विधा केवल ब्रज में ही सीमित नहीं रही, अपितु राजस्थान व सुदूर गुजरात व सौराष्ट्र इत्यादि प्रदेशों में भी खूब पल्लवित हुई। परिणामतः ब्रज की यह पुष्ट परम्परा आज भी रसिकों एवं विद्वानों के लिए आकर्षण का विषय है।

वल्लभ सम्प्रदाय के संगीत के अतिरिक्त अन्य-अनेक सम्प्रदायों का उद्भव व विकास ब्रज से ही हुआ है; जैसे हरिदासी सम्प्रदाय और राधावल्लभ सम्प्रदाय इत्यादि। संगीत की दृष्टि से हरिदास जी का सम्प्रदाय (टट्टी सम्प्रदाय) अत्यधिक समृद्ध है। यहाँ यद्यपि नित्य-क्रम से तो नहीं (जैसा कि वल्लभ सम्प्रदाय में होता है), लेकिन विशेष उत्सवों और गुरुओं के जयन्ती-दिवसों पर 'वर्षोत्सव' क्रम से 'संगीत-समाज' की योजना रहती है। भाद्रपद शुक्ला, अष्टमी को टट्टी स्थान पर

स्वामी जी की जयन्ती का बहुत बड़ा मेला होता है। इस अवसर पर सर्वसाधारण को भी प्रवेश का अवसर मिलता है। स्वामी जी के निजी करुवे (मिट्टी के पात्र) को केवल इसी दिन बाहर निकाला जाता है। इस अवसर पर कई दिन 'समाज' होता है, जिसमें रागों के अनूठे रंग दृष्टिगोचर होते हैं। समूहगान भारतीय शास्त्रीय संगीत में किस प्रकार प्रभावोत्पादक होता है, यह वृंदावन के टट्टी सम्प्रदाय के स्थान 'टट्टी स्थान' पर विशेष रूप से राधाष्टमी व होली इत्यादि के अवसरों पर देखने व सुनने को मिलता है। एक-एक धामर घंटे-घंटे-भर गायी जाती है। रचना की दृष्टि से इतना वैविध्य मिलता है कि सुननेवाला चकित हुए बिना नहीं रह सकता।

मन्दिरों में समाज-संगीत के अतिरिक्त नाम-संकीर्तन के रूप में अनेक धुनें सुनने को मिलती हैं। कहने को तो ये नाम-संकीर्तन हैं, लेकिन इनमें भी विलम्बित, मध्य व द्रुत लय के क्रम से जो समा बँधता है, सुनते ही बनता है। ब्रज के मन्दिरों में नित्य शाम को शयन-झाँकी से पूर्व लगभग एक घंटे का इस प्रकार का कीर्तन होता है, जो कि दूर-दूर तक सुनने को नहीं मिलता।

जैसे ब्रज के कण-कण में संगीत व्याप्त है; ठीक वैसे ही शास्त्रीय संगीत के गायन-क्षेत्र में ब्रजभाषा व्याप्त है। गायक चाहे ब्रज का हो, चाहे काश्मीर, बंगाल, गुजरात या सौराष्ट्र का, अपने गायन में वह जिस भाषा का प्रयोग करेगा, उसमें सौ प्रतिशत नहीं तो पिच्चानबे प्रतिशत ब्रजभाषा ही होगी। शास्त्रीय संगीत के इस क्षेत्र में ब्रज का यह प्रभाव कम महत्त्वपूर्ण नहीं है। इसका कारण यह है कि जितनी सरलता गायन के लिए ब्रजभाषा में रहती है, उतनी अन्य भाषाओं में नहीं।

ब्रज-संगीत में कृष्ण-जन्म तथा उससे सम्बन्धित उत्सवों, श्यामा-श्याम और गोप-गोपियों की विनोद-क्रीड़ा, वसन्त, फाग, हिंडोले इत्यादि विविध उत्सवों तथा रासलीला, जलविहार, वर्षा इत्यादि प्रसंगों में बार-बार जिन वाद्ययन्त्रों का उल्लेख किया गया, वे हैं—रुंज, मुरज, ढफताल, बाँसुरी, झालर, बीन, रबाब, किन्नरी, अमृतकुंडली, यन्त्र, स्वरमंडल, जलतरंग, पखावज, उपंग, सहनाई, सारंगी, कंसताल कंठताल, मुहचंग, खंजरी, पटह, निसान, मृदंग, ढफ, झाँझ, तूरु, वीणा, पान, शंख, शृंगी, भेरी, नगाड़ा, हुड्डुक, डमरू, कुंडली, दुंदुभी, घंटा, तानतरंग, ढोल, वेणु, ताल, अघौटी, पिनाक, मदनभेरी, थारी, महुवरि, मंजीरा, सहदाना, दमामा, आवज, करताल, मुरली, तालयन्त्र, बेना, पंचसब्द तार और बीनाचीन।

इससे यह स्पष्ट होता है कि प्राचीन काल से ये सारे ही वाद्य ब्रज में प्रचलित थे और यहाँ से ही समस्त भारत में पहुँचे।

अब तनिक नृत्य की ओर ध्यान दें। नृत्य के दो भेद होते हैं—1. तांडव और 2. लास्य। नृत्य उत्कृष्ट हो तो तांडव और मधुर तथा सुकुमार हो तो लास्य कहलाता है। ब्रज में तांडव और लास्य, दोनों प्रकार के नृत्यों का खूब उल्लेख है। उदाहरणस्वरूप हरिदास स्वामी के पद 'कुंजबिहारी नाचत नीकें लाडिली नचावत नीकें' की अन्तिम

पंक्ति में 'तांडव-लास्य और अंग के गाने जो-जो रुचि उपजत जी के' जैसे अनेक उदाहरण हैं। उत्तर-भारत में जो 'कथक' नृत्य प्रचलित है, उसका उद्भव व विकास भी मन्दिरों से ही मानते हैं। मन्दिरों में नट-नटी कथा कहकर नाचते-गाते थे, जो बाद में कथक कहलाए। स्व० शम्भू महाराज के मतानुसार कथक नृत्य, जिसे वे केवल नटवरी नृत्य कहना पसन्द करते थे, मुख्यतः शृंगारप्रधान नृत्य है। शृंगार में अधिकतर भगवान् कृष्ण, जिनका कि दूसरा स्वरूप रास-रचयिता नटवर है, की प्रणय-लीलाओं का चित्रण होता है। ये राधा-कृष्ण व गोपियों की लीलाएँ वास्तव में भक्ति व योग का ही स्वरूप हैं।

बिरजू महाराज का कहना है कि 'कथक' को जितना मुसलिम दरबारों ने प्रभावित किया, उससे कहीं अधिक कथक ने हिन्दू धर्म व संस्कृति की छाप मुसलिम शासकों व सामन्तों की कलाभिरुचि पर डाली। यही कारण है कि वाजिदअली शाह-जैसे रसिक शासक स्वयं श्रीकृष्ण का रूप धारण करके उनकी रासलीलाएँ नृत्याभिनय में उतारते थे।

ब्रज सदैव से शास्त्रीय संगीत का प्रमुख केन्द्र रहा हो, ऐसा नहीं है। यहाँ के लोक-संगीत ने भी शास्त्रीय संगीत को खूब प्रभावित किया है। उदाहरण के लिए–

सा सा | नि - ऩि ऩि | ऩि सा रे सा | रे रे रे प | ग - रे सा
ब्र ज | की ऽ तो हे | ला ऽ ज मु | कु ट वा ऽ | रे ऽ ब्र ज

रे - सा - | सा सा
को ऽ तो हे | ऽ ऽ, रसिया में वृंदावनी सारंग की स्पष्ट झलक मिलती है। इसका स्थायी-अन्तरा तनिक भी सारंग के स्वरों से अलग नहीं होता। यह भी सम्भव है कि इस लोक-गीत के आधार पर ही सारंग के इस प्रकार का नाम 'वृंदावनी सारंग' पड़ा हो। अनेक ऋतु-सम्बन्धी रागों की छाया यहाँ के लोकगीतों में सहज ही मिल जाती है। उदाहरण के लिए–

सारे रेग म | – गम प म | ग रेसा सारे ग | – रेग रे सासा
अरी बह ना | ऽ पिय तो ग | ये रीऽ पऽ र | ऽ देऽ स सप

निसा रे सारे ग | – रेग – रे | सा
नेऽ मे देऽ खी | ऽ काऽ ऽ मि | नी, में शास्त्रीय संगीत में व्यवहृत गौड़ मल्हार के रूप से कितना साम्य रखता है, यह सुनते ही बनता है।

ब्रज का लोकगीत तालों की दृष्टि से भी समृद्ध है। दादरा और कहरवा के अतिरिक्त अनेक कठिन तालें यहाँ बड़े सहज भाव से व्यवहृत होती हैं। उदाहरण के लिए सावन में गाया जानेवाला यह लोकगीत सुनिए :–

रे ग – रे – सा – | ऩि सा – सा रे म रे | ग – – रे – – ऩि
दे खो ऽ री ऽ मु ऽ | क ट ऽ झो ऽ टा ऽ | लै ऽ ऽ ऽ ऽ ऽ र

सा	–	– सा	–	सा	–	धृ	सा	–	सा	– सा	–	ग	ग	सा	सारे	म	ग
ह्यो	ऽ	ऽ	ऽ	ऽ	ऽ	लै	ऽ	ऽ	र	ऽ ह्यो	ऽ	ज	मु	ऽ	नाऽ	ऽ	के

म	–	–	–	म	ग	रे	
ती	ऽ	ऽ	ऽ	ऽ	र	ऽ	में पश्ती ताल का अद्भुत उदाहरण है।

होली के दिनों में जो लोकगीत सर्वाधिक गाया जाता है, उसका राग झिंझोटी से साम्य देखिए :–

<u>नि</u>	–	धृ	धृ	सा	सा	सा	–	सारे	रेप	म	ग	रे	ग	सा	–
आ	ऽ	ज	बि	र	ज	में	ऽ	होऽ	रीऽ	रे	ऽ	र	सि	या	ऽ
म	न	म	–	मम	म–	म	मग	रे	रेप	म	ग	रे	ग	सा	–
हो	री	रे	ऽ	रसि	याऽ	ब	रऽ	जो	रीऽ	रे	ऽ	र	सि	या	ऽ

अतः यह निःसंकोच कहा जा सकता है कि ब्रज के संगीत का शास्त्रीय संगीत पर ऐसा प्रभाव है, जिसे हटाया नहीं जा सकता है।

संगीत-क्षेत्र में भक्ति-काल के कवियों का योगदान

●

महारानी शर्मा

भारतीय संगीत की उत्पत्ति ही देव-मन्दिर के प्रांगण में वेदों की ऋचाओं के साथ हुई। अतः आरम्भ से ही यह संगीत धर्म की क्रोड़ में पला व पोषित हुआ है। इसीलिए भक्ति और संगीत, ये दोनों ही अन्योन्याश्रित हैं—एक-दूसरे के पूरक हैं।

भक्ति-भावना को जब संगीत का सम्बल मिल जाता है, तो एक भक्त और अधिक तन्मयता से अपने भाव-सुमनों को अपने इष्टदेव के सम्मुख प्रस्तुत करता है। हृदयगत भावों का प्रकटीकरण जितना स्वर और लय के माध्यम से सरल एवं सहज है, उतना सम्भवतः अन्य किसी साधन से नहीं। क्योंकि 'एकाग्र गेयता में ही 'मधुमती' अथवा 'विशोक'-जैसी स्थिति प्रात होती है, जहाँ पहुँचकर फिर उपासक को सांसारिक माया-मोह, विषय-विकारों का भान नहीं रहता और स्वर्गिक आनन्द के सागर में हिलोरें लेता हुआ 'ब्रह्मानन्द-सहोदर' मे विलीन हो जाता है।

सम्भवतः इसी कारण, सन्त तुसलीदास ने अपने 'मानस' में भक्ति के नवधा प्रकार बताये हैं, जिनमें सबसे अधिक महत्त्व भजन तथा कीर्तन को दिया है। और, फिर इतिहास इस बात का साक्षी है कि तत्कालीन जितने भी शास्त्रकार या सिद्धान्तवादी काव्यकार हुए, उनकी कृतियाँ चाहे अपने में पूर्ण रही हों, पर कालान्तर में लुप्तप्राय हो गयीं। लेकिन कृष्णप्रेम में बावरी, आँखों के कोरों से छलकते हुए प्रेमाश्रुओंवाली नृत्यरता मीरा; गोपाललाल के रंग में रँगे हुए भक्त सूर, तुलसी, महाप्रभु चैतन्य आदि भक्त-कवियों की रचनाएँ आज भी लोगों के कंठों में सुरक्षित हैं और भविष्य में भी आनेवाले केवल कवि-वर्ग ही नहीं, अपितु सभी संगीत-प्रेमियों के लिए, प्रभा-पुंज बनी रहेंगी।

सभी भक्त जन इस तत्त्व से पूर्णतः अवगत रहे हैं कि यदि 'ओ३म् ब्रह्म' से साक्षात्कार करना है, तो अपने में संगीत का आश्रय लेना आवश्यक है, क्योंकि स्वयं भगवान् कृष्ण का वास योगियों के हृदय में नहीं, अपितु भक्त गायकों के हृदय में

है—**'मद्भक्ता यत्र गायंति, तत्र तिष्ठामि नारद!'** और फिर जप-तप, यम-नियम आदि तो भक्ति के शुष्क प्रकार हैं, जिनसे योग और दर्शन तो प्राप्त हो सकते हैं, पर ईश्वर का सान्निध्य तो केवल उसके गुणों को गाकर ही प्राप्त किया जा सकता है—

जो सुख होत गोपालहिं गाए,
सो सुख नहिं जप-तप कीन्हें,
कोटिक तीरथ न्हाए।

यही कारण है कि वैदिक युग से चलता हुआ भारतीय संगीत मध्य-काल में अपनी स्वर्णिम अवस्था में पहुँच गया था, क्योंकि उस समय संगीत ने पूर्णतः भक्ति का जामा पहन रखा था। केवल भक्ति-साहित्य ही नहीं, अपितु समस्त हिन्दी-साहित्य में काव्यों का सौन्दर्य संगीत की मधुरता एवं लालित्य के कारण ही रहा। भक्ति ने सदा काव्य को संगीत के साथ ही स्वीकार किया है, क्योंकि भक्ति और संगीत या संगीत और भक्ति का सम्बन्ध चोली-दामन-जैसा है, जिसे एक-दूसरे से अलग किया ही नहीं जा सकता।

इसमें सन्देह नहीं कि मध्य-काल या अकबरी काल (सन् 1400 से 1600 ई. तक), जिसे हिन्दी-साहित्य में 'भक्ति-काल' कहते हैं, संगीत की दृष्टि से एक अविस्मरणीय युग है। इस युग के भक्त कवियों की वाणी ने संगीत को और अधिक निखारा तथा उसकी आध्यात्मिक और धार्मिक पृष्ठभूमि को और अधिक दृढ़ता प्रदान की। इस समय एक ओर तो शास्त्रीय अभिजात संगीत का स्वरूप मुस्लिम दरबारों में सँवरा, तो दूसरी ओर भक्त कवियों ने अपने काव्य व पदों से भक्तिमय संगीत का वातावरण तैयार किया ("काव्य में भक्ति और संगीत का समन्वित सम्मिश्रण यदि कहीं अपने आकर्षक रूप में हुआ है, तो इन्हीं भक्त कवियों की रचनाओं में।" डॉ. नगेन्द्र)।

संगीत-सम्राट् तानसेन, बैजू, गोपाल नायक आदि तो शास्त्रीय संगीत के उच्च कोटि के गायक रहे हैं। दरबार में इन्होंने चाहे दरबारी संगीत ही गाया, पर वे अपने जीवन में 'नादब्रह्म' के सच्चे उपासक थे। तानसेन के गुरु स्वामी हरिदास भी वृंदावन के करीलकुंजों के बीच केवल अपने आराध्य श्री बाँकेबिहारी के लिए ही गाते थे। अतः जिसके पास संगीत के सच्चे सुर हैं, वह निश्चित रूप से पहले भक्त है, बाद में चाहे उसे कोई कलाकार या गायक कह सकता है। क्योंकि इस कला का उद्देश्य ही 'परमानन्द' है—**'लीयते परमानंदे ययात्मा सा परा कला'**, अतः ये सब लोग भी अपनी स्वर माधुरी से अपने इष्टदेव को रिझाते थे।

दरबार के बाहर भक्त कवियों की शृंखला ने तो अपना सर्वांग पद और भजन आदि के द्वारा अपने 'करतार' को समर्पित कर दिया था। उस काल में मथुरा वृंदावन से लेकर गुजरात-महाराष्ट्र तक भक्ति-संगीत का अपूर्व वातावरण बन चुका था। इसमें सन्देह नहीं कि मध्य-काल केवल संगीत-साहित्य में ही नहीं, अपितु समस्त

हिन्दी-साहित्य में इन्हीं कवियों की वाणी से आज तक अक्षुण्ण व स्मरणीय बना हुआ है। उसका कारण इनके पदों की गेयता है। इस काल में अनेक परम्परागत कवि हुए; जैसे—सगुणोपासक, निर्गुणोपासक, सूफी-मतावलम्बी आदि। इन-सभी ने अपने काव्य के लालित्य का शृंगार संगीत के सुरों से किया।

हाथ में करताल लिये इधर-उधर भटकनेवाली 'बावरी मीरा' ने अपने 'गिरधर गोपाल' को अपने पदों को गाकर ही रिझाया। अष्टछाप के सूरदास, परमानन्ददास, कुम्भनदास, कृष्णदास, चतुर्भुजदास, नन्ददास, छीतस्वामी, गोविन्दस्वामी तथा मलूकदास, चरणदास आदि अन्य भक्त कवियों ने भी संगीत की मिश्री घोलकर अपनी रचनाओं में मिठास भरी। महाकवि सूर के पदों में तो संगीत का शास्त्रीय पक्ष भी खूब है। अनेक राग-रागिनियों, लय-तालों तथा सांगीतिक शब्दों का प्रयोग इनके पदों में हुआ है। यहाँ तक कि सम्राट् अकबर को तो अपना एक भजन 'मना रे, करि माधौं सौं प्रीत' सुनाकर ही सूर ने अपने संगीत-ज्ञान से चकित कर दिया था। 'श्याम-श्यामा' की रास-लीला पर अनेकों पद राग-रागिनियों में निबद्ध हैं। एक उदाहरण देखिए—

ललिता ललित बजाय रिझावत,
मधुर बीन कर लीन्हे।
नाम प्रभात राग पंचम, षट,
मालकोष रसभीने ॥
सुर हिंडोल, मेघ, मालव, पुनि
सारंग सुर-नर जान,
..।
जान प्रभात, प्रभाती गावौ,
भोर भयो दोऊ जान्यौ ॥

इससे सिद्ध होता है कि ये राग और रागिनियों के भेदों से भी परिचित थे। इन कवियों ने संगीत-जगत् को कई ऐसे प्रसिद्ध राग भी दिये, जो आज तक गाये-बजाये जाते है; जैसे सूर-मल्हार, रामदासी मल्हार, मीरा की मल्हार इत्यादि। ऐसा प्रतीत होता है कि ये कवि जन्मजात संगीत के सुर और ताल के मर्मज्ञ पैदा हुए थे, जिन्होंने अपने काव्य में 'छहो राग, छत्तीस रागिनी, इक-इक नीको गावरी' कहकर अपने संगीत-विषयक ज्ञान को प्रदर्शित किया। अष्टछाप के तथा अन्य भक्त कवियों ने अपनी रचनाओं को रामकली, गुणकली, सूहा, सुघराई, ललित आदि प्रचलित विविध रागों में निबद्ध करके अपने प्रेम को दर्शाया। सन्त तुलसीदास के ग्रन्थों में तो राग-रागिनियों के साथ-साथ अनेकानेक गीत-शैलियाँ प्राप्त होती हैं; जैसे ध्रुवपद, धमार, ठुमरी, लावनी आदि।

दादू-पन्थ के गरीबदास जी और नवाजी, नरसी मेहता आदि अच्छे संगीतज्ञ

समझे जाते थे। इनकी भावभीनी रचनाएँ आज भी जन-जन के कंठों में गूँज रही हैं। निर्गुण-धारा के फक्कड़ कवियों ने अपना अलग संगीत का 'अलख' जगाया, जिसमें गायकी की अपेक्षा भावों को अधिक महत्त्व दिया गया। वे भी स्वच्छन्द होकर गाते थे। यह बात और है कि उनके काव्य में संगीत की शास्त्रीयता नहीं थी। फिर भी उसमें संगीत का पूर्ण सौन्दर्य छलकता है। कबीर, रैदास, दादू, मलूकदास आदि सन्तों ने अपनी 'सधुक्कड़ी' बोली में जो-कुछ भी संसार की असारता या बाह्याडम्बर पर कहा, उसमें भी संगीत की गेयता को नकारा नहीं जा सकता है। समय या शास्त्र की पाबन्दी भले ही उसमें न रही हो। 'साझँ को राग, सकारे गावै' वाले ये साधु-सन्त जब भी मन में भावनाएँ उठतीं, उन्हें छन्दोबद्ध कर गाने लगते थे। आज भी इन 'भजनीकों' के भजन संगीत-गायकों के लिए आधार-स्तम्भ बने हुए हैं।

इसी काल में सूफी साधकों—पीरों आदि—ने भी इस कला को बहुत-कुछ योगदान किया। ये लोग संगीत-प्रेमी होते थे। इनकी एक-एक चीज में आत्मा-परमात्मा का दर्शन, उनका तादात्म्य स्वरूप प्राप्त होता है। 'द्वैताद्वैत'-जैसे कठिन आध्यात्मिक दर्शन को इन्होंने अपनी रचनाओं के द्वारा बड़ी सरलता तथा सहजता से लोगों के समक्ष रखा—वह भी संगीत के माध्यम से। 'कव्वाली' नामक गीत-शैली चाहे-जिसकी उपज रही हो, पर इन सूफी सन्तों के हाथों में आकर इस शैली में निखार आ गया। इस शैली का सबसे अधिक श्रृंगार इसी काल में हुआ। अनेक साधकों तथा चिश्ती-सम्प्रदाय के संगीत-प्रेमियों ने इसी गीत-शैली को अपना माध्यम बनाकर ईश्वर के अद्वैत स्वरूप का वर्णन किया तथा कितने ही सूफी साधकों ने कव्वाली सुनते-सुनते दरगाह में ही अपने प्राण त्याग दिये। कव्वाली-जैसी क्षुद्र गायन-शैली का जितना अधिक सात्त्विक और समुन्नत रूप हमें इस काल में मिलता है, उतना सम्भवतः फिर अब तक दिखाई नहीं देता। आजकल तो कव्वाली एकदम निम्न श्रेणी की गीत-शैली समझी जाती है।

इसी प्रकार वल्लभाचार्य के पुष्टिमार्गीय भक्तों ने भी अपने बाँकेबिहारी कृष्ण की आठों याम की सेवा संगीत के माध्यम से की। कृष्ण का बाल-रूप, कृष्ण का भोग, श्रृंगार, शयन, रासलीला आदि जितनी भी सेवा-विधियाँ हैं, वे सभी स्वर और लय के साथ स्वीकार की गयीं। वर्ष के जितने भी उत्सव हैं, उन सभी को विविध राग-रागिनियों, विविध गीत-शैलियों और विविध वाद्यों के साथ सम्पन्न करते रहे। आज भी नाथद्वारा और मथुरा-वृंदावन के मन्दिरों में भगवान् बाँकेबिहारी और द्वारिकाधीश की पूजा-अर्चना ध्रुवपद आदि गीतों से की जाती है। इन्हीं मन्दिरों के प्रांगण से अनेकों ध्रुवपदिए निकले, जिन्होंने अपनी-अपनी ध्रुवपद-शैली का विकास किया और संगीत-क्षेत्र में प्रतिष्ठा प्राप्त की।

झालर, बीन, रबाब, मुँहचंग-जैसे वाद्य, जो आज लुप्तप्राय हो चुके हैं, इसी काल के भक्त कवियों की देन हैं। यही नहीं, नृत्य के विविध रूपों और विशेषतः

'कृष्ण-रासलीला' का विकास भी सबसे अधिक इसी काल में हुआ। इन्हीं भक्त कवियों के पदों में नृत्य के भी शास्त्रीय रूपों—जैसे अंग-उपांग, लाग-डाँट, उरप-तिरप, हस्तक आदि—का वर्णन प्राप्त होता है। संगीत के शास्त्रीय पारिभाषिक शब्दों—जैसे भेद-प्रभेद, अंग, नाद, ग्राम, बाईस श्रुतियाँ, इक्कीस मूर्च्छनाएँ, सप्त स्वर, आरोही, अवरोही, औडुव-षाडव जातियाँ आदि—का वर्णन हमे 'सूर-सारावली' ग्रन्थ में बखूबी प्राप्त होता है, जो तत्कालीन कवियों के संगीत-विषयक ज्ञान का परिचायक है।

इस प्रकार भक्त कवियों की सांगीतिक देन को कभी भुलाया नहीं जा सकता। इन्होंने अपने काव्य को सरस तथा मधुर बनाने के लिए स्वरों का जो रूप लिया, उसने इतिहास में एक अलग स्थान बना लिया है; जिसके कारण आज भी और भविष्य में भी संगीत की भक्ति-धारा निरन्तर प्रवाहित होती रहेगी। निर्गुण-निराकार ब्रह्म के शुष्क और नीरस 'सन्देश' को इन कवियों ने सुर और लय से सजाकर पद तथा भजन के रूप में संगीत-प्रेमियों को एक अमिट निधि दी है। और, इसी कारण, सम्पूर्ण हिन्दी-साहित्य की आभा भक्ति-काल के इन फकीरों की वाणी से आज भी उद्‌भासित हो रही है।

'सूरसागर' का संगीत-पक्ष

●

प्यारेलाल श्रीमाल 'सरस पंडित'

भक्तप्रवर सूरदास की ख्याति कवि के रूप में अधिक अवश्य है, किन्तु वे उतने ही श्रेष्ठ संगीतज्ञ भी थे। 'सूरसागर' के पदों पर अंकित रागों के नाम इस बात का लिखित प्रमाण हैं। 'चौरासी वैष्णवन की वार्ता' में श्री हरिराय जी लिखते हैं–"सूरदास कौ कंठ बहुत सुंदर हतो। सो गान-विद्या में चतुर और सगुन बतायबे में चतुर। सो उहाँ हूँ बहौत लोग सूरदास जी के पास आवते। उहाँ हूँ सेवक बहौत भये।" भक्त ध्रुवदास जी ने भी अपनी 'भक्तनामावली' में गायक सूरदास की प्रशंसा इन शब्दों में की है–

परमानंद अरु सूर मिलि, गाई सब ब्रज रीति।
भूलि जात विधि भजन की,
सुनि गोपिन की प्रीति ॥

बादशाह अकबर द्वारा सूरदास के मुखारविन्द से पद-श्रवण किया जाना भी सूर का महान् संगीतज्ञ होना सिद्ध करता है। 'मन रे, तू करि माधौ सौं प्रीत' यह पद सूरदास ने अकबर को राग बिलावल में सुनाया था। गऊघाट पर अनेक लोग सूरदास के पास संगीत की शिक्षा ग्रहण करने जाते थे। उनकी पद-रचना एवं गान-विद्या से प्रभावित होकर ही महाप्रभु वल्लभाचार्य जी ने उन्हें पुष्टिमार्ग में दीक्षित किया था। वैसे तो अष्टछाप के सभी भक्त, कवि होने के साथ उच्च कोटि के संगीतज्ञ भी थे, किन्तु सूरदास का स्थान उनमें सर्वोपरि था।

दरबारों में गाये जानेवाले पद 'ध्रुवपद' तथा भक्त-कवियों द्वारा रचे पद 'विष्णुपद' के नाम से प्रचार में आये। 'मानसिंह और मानकुतूहल' नामक पुस्तक में फकीरुल्लाह ने विष्णुपद के बारे में लिखा है–"मथुरा में एक राग और गाया जाता है, जिसे 'विष्णुपद' कहते हैं। उसमें चार बोल से लेकर आठ बोल तक रहते हैं।

इसमें कृष्ण जी की स्तुति होती है। इसमें पखावज बजाई जाती है।" लोकभाषा में होने के कारण ध्रुपद और विष्णुपद अत्यन्त लोकप्रिय हो गये थे। बैजू, बख्शू, तानसेन आदि ने जहाँ ध्रुपद के भण्डार को भरा, वहाँ स्वामी हरिदास, अष्टछाप के कवियों आदि ने असंख्य विष्णुपदों की रचना करके भक्ति की ऐसी अजस्र धारा प्रवाहित की, जिसमें भारतीय लोक-मानस आकंठ निमग्न हो गया। सर्वाधिक लोकप्रियता उनके पदों ने ही प्राप्त की। अतः धार्मिक, सांस्कृतिक, साहित्यिक एवं सांगीतिक दृष्टि से 'सूरसागर' सूर की महान् कृति है। यही कारण है कि अष्टछाप में सूर का स्थान सर्वोपरि है।

पुष्टि-संप्रदाय में व्यवहृत संगीत 'हवेली संगीत' के नाम से विख्यात है। मंगला, शृंगार, ग्वाल, राजभोग, उत्थापन, भोग, आरती तथा शयन—भगवान् की ये आठों नित्य-लीलाएँ तथा सभी उत्सव संगीत-प्रधान हैं। इस कारण अष्टसखाओं द्वारा रचे सभी पद विभिन्न राग-रागिनियों में गाये गये हैं। सूरदास ने आसावरी, बिलावल, सारंग, कान्हरो, केदारो, मल्लार, नट, सोरठ, कल्यान, भूपाली, बसन्त, श्री आदि 87 प्रकार की राग-रागिनेयों का 'सूरसागर' में प्रयोग किया है। इनमें सोरठ, सूहा-बिलावल, तोड़ी, नायकी, मलार-कामोद, बिलावल-रामकली, गुनसारंग, नटनारायणी, गुंडमलार, राङ्गी हठीली, राङ्गी मलार, राङ्गी रामगिरि, अल्हैया-बिलावल, श्रीमलार, संकीर्ण तथा सानुत का नवीन राग-रागिनियों के रूप में प्रयोग किया है। सूरसारंग और सूरदासी-मलार रागों का आविष्कर्ता सूर को ही माना जाता है। कुछ लोग राग पटमजरी का आविष्कर्ता भी सूरदास को ही मानते हैं। इस काल के प्रायः सभी भक्त-गायकों ने सारंग राग को इतना अधिक गाया कि वह 'वृंदावनी-सारंग' के नाम से ही प्रसिद्ध हो गया। किन्तु सूरदास को कदाचित् बिलावल राग विशेष प्रिय था। सर्वाधिक पद उन्होंने इसी राग में रचे हैं। 'सूरसागर' का प्रथम एवं अन्तिम पद भी इसी राग में हैं। 'सूरसागर' में कुछ राग ऐसे भी हैं, जिनका प्रयोग अकेले सूरदास ने ही किया है, अन्य किसी कवि ने नहीं। उदाहरण के लिए—रामकली, झिंझोटी, अहीरी, सुघरई, मेघमल्लार, देसकार, वैराटी आदि।

'सूरसागर' के पदों की बन्दिश रसानुकूल रागों में होने से सूरदास के संगीतशास्त्र-सम्बन्धी ज्ञान का परिचय मिलता है। राग वसन्त को शृंगार-रस का सर्जक माना गया है, अतः 'सूरसागर' में होरी-विषयक पदों को वसन्त राग में निबद्ध किया गया है। 'चिरई चुह-चुहानी, चंद की ज्योति परानी। रजनी बिहानी प्राची पियरी प्रवान की।' भोर का चित्रण करनेवाले इस पद को राग विभास में निबद्ध किया है, जो कि प्रातर्गेय राग है। राग आसावरी दिन के द्वितीय प्रहर में गाया जाता है। इसमें रचा गया पद है—'रुकमिनि देवी मंदिर आई। धूप-दीप पूजा-सामग्री, अली संग सब ल्याई' ॥ राग हमीर रात्रि के प्रथम प्रहर में गाया जाता है, इसलिए उसमें रचे पद की प्रथम पंक्ति है—'बल-मोहन दोऊ अलसाने।' और अन्त में रात्रिकालीन

राग कल्यान का पद भी द्रष्टव्य है—

हरखि पिय प्रेम तिय अंक लीन्ही।
प्रिया बिनु बसन करि, उलटि धरि भुजनि भरि,
सुरति रति पूरि, अति निबल कीन्हीं ॥

किन्तु इन उदाहरणों से यह नहीं समझा जाना चाहिए कि इन रागों में अन्य विषयक पद नहीं गाये गये हैं। अष्टसखाओं का प्रधान विषय था राधा-कृष्ण की युगल उपासना। संगीत का शास्त्रीय पक्ष उनके लिए गौण था, इसलिए 'सूरसागर' में मौसमी, प्रातःकाल, दोपहर अथवा रात्रिगेय रागों में भी भक्ति-भावना से आपूरित विविध-विषयक पदों की रचना की गयी है। फिर भी संगीत-कला के विशेषज्ञ एवं मर्मज्ञ होने के कारण सूरदास पदों को भावानुकूल रस की सृष्टि करनेवाले रागों में स्वरबद्ध करने के लिए सचेष्ट दिखाई देते हैं। खड़े स्वरोंवाले राग वीर, रौद्र तथा भयानक रस का एवं कोमल स्वरवाले मीड़युक्त राग शृंगार, करुण तथा शान्त रस का संचार करने में समर्थ होते हैं। अतः युद्ध, वज्र, विनय, वैराग्य, विरह, मिलन आदि प्रसंगों का वर्णन करते समय सूरदास ने रागों की प्रकृति का पूरा ध्यान रखा है। दन्तवक्र-वध-सम्बन्धी पद को उन्होंने राग मारू में रचा है, तो विरह-वेदना की मार्मिक अभिव्यंजना के लिए पद 'अब कैसे ब्रज जात बस्यौ' को राग भैरवी में गाया है।

ध्रुपद-धमार शैली की गम्भीरता से पूर्णतः परिचित होने के कारण ही सूरदास ने खमाज तथा पीलू जैसे चंचल प्रकृति के रागों में पद नहीं रचे। इन रागों में प्रायः ठुमरी गायी जाती है। 'सूरसागर' में एक भी पद खमाज अथवा पीलू में नहीं है।

नृत्य-विषयक ज्ञान भी सूरदास को था। उन्होंने अपने काव्य में तीन प्रकार के नृत्यों का उल्लेख किया है—रास, चाँचरि और झूमर। नृत्य-सम्बन्धी उनके पदों में ऐसा मनोहर ध्वनि-चित्रण मिलता है, जिसे पढ़ने पर लय गतिमान एवं नृत्य सजीव हो उठता है। 'सूरसागर' के एक पद की ये दो पंक्तियाँ देखिए—

नृत्यत स्याम स्यामा हेत।
मुकुट-लटकनि, भृकुटि-मटकानि,
नारि-मन सुख देत ॥

संगीत-माधुर्य तथा नाद-सौन्दर्य की अभिवृद्धि के लिए मध्यकालीन लगभग सभी भक्त-कवियों ने अपनी रचनाओं में 'री', 'अरी', 'एरी', 'रे', 'जी', 'अजी', 'ए', 'हो' आदि शब्दों का बहुलता से प्रयोग किया है। इन शब्दों के कारण गाते समय मात्राओं की पूर्ति बड़ी सरलता से हो जाती है तथा गाने में तन्मयता भी आ जाती है। 'सूरसागर' ऐसे प्रयोगों से भरा पड़ा है। सूरदास ने काव्य-शास्त्र के नियमों में न बँधकर सहज भाव से पदों को रचकर गाया। इसी कारण उनके पद लोक-मानस की धरोहर बन गये हैं। भाषा के नाद-सौन्दर्य का जहाँ तक सम्बन्ध है, सूरदास विद्यापति से आगे निकल गये

हैं। 'हिन्दी का पद-साहित्य' निबन्ध में श्री परशुराम चतुर्वेदी लिखते हैं—"विद्यापति के पदों में इतना संगीत का स्वर-माधुर्य नहीं, जितना काव्य का पद-लालित्य एवं भाव-सौन्दर्य है।" 'सूरसागर' में अनुस्वारयुक्त दीर्घ स्वरों की बहुलता उसके नाद-सौन्दर्य का एक प्रमुख कारण है; जैसे—

ऊधो, काहे कौं भक्त कहावत।
जु पै जोग लिखि पठवौ हमकौं, तुमहुँ न भस्म चढ़ावत॥
शृंगी मुद्रा भस्म अधारी, हमहीं कहा सिखावत।
कुबिजा अधिक स्याम की प्यारी, ताहिं नहीं पहिरावत॥
यह तौ हमकौं तबहिं न सिखयो, जबतें गाइ चरावत।
'सूरदास' प्रभु कौं कहियो अब, लिखि-लिखि कहा पठावत॥

यह तो पता नहीं चलता कि सूरदास के संगीत-गुरु कौन थे। किन्तु रहे होंगे कोई विशेषज्ञ ही, इसमें सन्देह नहीं। यह भी जिज्ञासा होना स्वाभाविक है कि सूरदास ने 'सूरसागर' के पदों को किस प्रकार गाया होगा। पुष्टि-सम्प्रदाय में जैसे उपासना-विधि आज तक अक्षुण्ण रूप में चली आ रही है, उसी प्रकार कीर्तन-प्रणाली भी यथावत् प्रयुक्त हो रही है। अष्टछाप कवियों के पदों को उनके उत्तराधिकारी कीर्तनियाँ उसी राग और उसी बन्दिश में, उसी ढंग से और उन्हीं वाद्यों की संगति में आज भी गा रहे हैं। उनको देखने-सुनने से सूरदास की गायन-विधि का सहज ही अनुमान लगाया जा सकता है। पदों को ध्रुपद-धमार-शैली में ही गाया जाता है। वाद्यों में मृदंग, बीन, सारंगी तथा झाँझ प्रयोग में लिए जाते हैं। वैसे, 'सूरसागर' के पदों में इन वाद्यों के अतिरिक्त जन्त्र, उपंग, मुरज, रबाब, रूंज, पंचशब्द, बाँसुरी, झालरी, किन्नरी, अमृतकुंडली, सुरमंडल, जलतरंग, आवज, पखावज, शहनाई, तानतरंग, कंसताल, चंग, शृंग, मुँहचंग, खंजरी, कठताल, पटह, ढोलक, मुरली, दुंदुभि, आनक, महुवरि, डिमडिम, शंख, निशान, भेरि आदि वाद्यों का उल्लेख हुआ है। सितार और तबला यद्यपि प्रचार में आ चुके थे, फिर भी सूरदास ने उनको नहीं अपनाया। तिताला, रूपक चर्चरि, चौताल, पटताल, जतताल, एकताल और चंपक केवल इन तालों के नाम 'सूरसागर' के पदों पर मिलते हैं। प्रत्येक सखा के आठ-आठ झालरिए होते थे, जो 'टेक' उठाने का काम करते थे। सूरदास के भी आठ झालरिए थे, जो 'सूर के अंग' कहलाते थे।

जन-सामान्य में 'सूरसागर' के पद विशेषतः भजन के रूप में गाये जाते हैं। ग्राम-नगर और कुटी-प्रासाद—देश का कौन-सा ऐसा स्थल है, जो सूर के पदों से निनादित नहीं है! और कौन-सा ऐसा मानस है, जिसमें सूर के पद गुंजित नहीं हैं।

पंडितराज जगन्नाथ की ब्रज के संगीत एवं साहित्य को देन

●

प्रभुदयाल मीतल

संस्कृत-साहित्य में पंडितराज जगन्नाथ का नाम सुविख्यात है। वे रससिद्ध कवि, प्रकांड वैयाकरण और उद्‌भट काव्याचार्य थे। उनका रचा हुआ 'रस-गंगाधर' संस्कृत काव्य-शास्त्र का अन्तिम प्रौढ़ ग्रन्थ माना जाता है। इसके लिए उनकी गणना मम्मट और विश्वनाथ-जैसे महान् काव्याचार्यों के साथ की जाती है।

पंडितराज के पूर्वज विल्वनाटीय तैलंग ब्राह्मण थे और वे दक्षिण की मथुरा अर्थात् मदुरा नगरी में निवास करते थे। उनका वंश अपने वैदुष्य के कारण 'भट्ट' उपाधि से विभूषित था। जिस समय गोसाई विट्ठलनाथ जी ने सम्राट् अकबर के शासन-काल में ब्रज के सुप्रसिद्ध लीला-स्थल गोकुल की नयी बस्ती को बसाया था, तब उनके सजातीय तैलंग ब्राह्मण दूर-दूर से आकर वहाँ रहने लगे थे। उसी काल में पंडितराज के पितामह भी दक्षिण से आकर गोकुल के स्थायी निवासी हुए थे। उनके वंशज विट्ठलनाथ भट्ट ने अपने प्रसिद्ध ग्रन्थ 'सम्प्रदाय कल्पद्रुम' में अपने पूर्वजों का नामोल्लेख किया है और अपने को पंडितराज के बड़े भाई का पौत्र बतलाया है। उक्त उल्लेख से ज्ञात होता है कि पंडितराज के पितामह का नाम नारायण, पिता का नाम विष्णुदत्त, माता का नाम यमुना और बड़े भाई का नाम गोपीनाथ था।[1] किन्तु स्वयं पंडितराज ने अपने पिता का नाम पेरु भट्ट और माता का नाम लक्ष्मी लिखा है।[2] सम्भव है, विष्णुदत्त का उपनाम पेरु भट्ट हो, किन्तु उनकी माता के नाम लक्ष्मी से यमुना नाम की संगति नहीं बैठती है। जगन्नाथ के पिता बड़े विद्वान् थे और उन्होंने अपने पुत्र को आरम्भिक शिक्षा दी थी। बाद में युवक जगन्नाथ ने काशी में जाकर संस्कृत की उच्च शिक्षा प्राप्त की थी। वे विविध शास्त्रों को धुरन्धर विद्वान् और रस-सिद्ध कवि हुए।

बल्लभ सम्प्रदाय में यह किंवदन्ती प्रचलित है कि वे गोसाई विट्ठलनाथ जी की पुत्री के पुत्र थे, किन्तु इसकी प्रामाणिकता सन्दिग्ध है। गोसाईं जी की चार

पुत्रियाँ थीं, जिनमें से किसी का नाम लक्ष्मी नहीं था। उनकी सबसे छोटी पुत्री का नाम यमुना अवश्य था, जिसका जन्म सं. 1613 में हुआ था और विवाह संवत् 1623 में।[3] यदि लक्ष्मी का नाम ही यमुना समझा जाए, तभी यह किंवदन्ती ठीक हो सकती है। किन्तु पंडितराज की रचनाओं के अन्तःसाक्ष्य से उक्त सम्बन्ध की पुष्टि नहीं होती। वैसे, वे गोसाईं जी के सजातीय थे और सम्भवतः किसी प्रकार से रिश्तेदार भी।

जगन्नाथ जी काशी में अपना अध्ययन समाप्त कर गोकुल वापस आ गये और अपने भविष्य की रूप-रेखा बनाने लगे। उस काल में जहाँगीर का छोटा पुत्र खुर्रम शाहबुद्दीन मुहम्मद 'शाहजहाँ' के नाम से मुगल सम्राट् हुआ था, जिसका शासन सं. 1684 से सं. 1715 तक रहा था। बल्लभ-सम्प्रदाय की आचार्य गद्दी पर पहले गो. विट्ठलनाथ जी के पौत्र दामोदर जी और फिर उनके यशस्वी पुत्र विट्ठलराय जी विराजमान थे। श्री विट्ठलराय जी का सम्राट् शाहजहाँ और उसके प्रमुख दरबारी आसफ खाँ पर बड़ा प्रभाव था। आसफ खाँ जहाँगीर का साला, नूरजहाँ का भाई, मुमताजमहल का पिता और सम्राट् शाहजहाँ का ससुर होने के कारण मुगल-दरबार का सबसे बड़ा स्तम्भ माना जाता था। जिस समय युवक जगन्नाथ ब्रज में आये थे, उस समय आसफ खाँ का सितारा बड़ा बुलन्द था। संयोग से जगन्नाथ का सम्पर्क माथुर कुलोत्पन्न राय मुकुंद नामक एक उच्च पदाधिकारी से हुआ। राय मुकुंद आसफ खाँ का दीवान था और वह बल्लभ-सम्प्रदाय के आचार्यों का भी कृपापात्र था। उसने युवक जगन्नाथ को आसफ खाँ की सेवा में उपस्थित किया।

आसफ खाँ मुगल-दरबार का सर्वोच्च सरदार होने के साथ-ही-साथ परम विद्वान्, गुणियों का आश्रयदाता तथा साहित्य, संगीत और विविध कलाओं का बड़ा प्रेमी था। संस्कृत और ब्रजभाषा के अनेक विद्वान्, कवि और कलाकार उसके आश्रित थे, जिनके साथ वह साहित्यिक एवं धार्मिक चर्चा किया करता था। पंडितराज ने 'आसफ-विलास' की पुष्पिका में लिखा है—"नवाब आसफ खाँ के यहाँ प्रतिदिन गद्य-पद्य की रचनाएँ होती हैं। उसकी उदारता ने कलिकाल को भी कृतयुग बना दिया है।"

आसफ खाँ ने युवक जगन्नाथ की विद्वता और काव्य-प्रतिभा से प्रसन्न होकर उसे अपने आश्रय में रख लिया और उसकी इच्छानुसार उसे सम्राट् शाहजहाँ से मिला दिया। सम्राट् ने उसे अपने ज्येष्ठ पुत्र दाराशिकोह को संस्कृत की शिक्षा देने के लिए शाही सेवा में नियुक्त किया। इस प्रकार पंडितराज जगन्नाथ अपनी युवावस्था में ही दिल्ली के मुगल-दरबार से सम्बद्ध हो गये थे। इसका उल्लेख उन्होंने स्वयं इस प्रकार किया है—'**दिल्ली-वल्लभ पाणिपल्लवतले नीतं नवीनं वयः।**'

शाही सेवा में रहते हुए पंडितराज ने आसफ खाँ के सम्बन्ध में 'आसफ-विलास' आख्यायिका और दारा की प्रशंसा में 'जगदाभरण' काव्य की रचना की थी। इनके

अतिरिक्त उन्होंने दस ग्रन्थ और रचे थे। इस तरह उनके कुल बारह ग्रन्थ प्रसिद्ध हैं, जिनके नाम इस प्रकार हैं–

1. 'अमृत-लहरी', 2. 'करुणा-लहरी', 3. 'लक्ष्मी-लहरी', 4. 'सुधा-लहरी', 5. 'गंगा-लहरी', 6. 'जगदाभरण', 7. 'प्राणाभरण', 8. 'भामिनी-विलास', 9. 'आसफ-विलास', 10. 'मनोरमाकुचमर्दन', 11. 'चित्रमीमांसा-खंडन' और 12. 'रस-गंगाधर'।

इन ग्रन्थों के अतिरिक्त उन्होंने 'गंगा-लहरी' की तरह यमुनाजी की स्तुति में भी काव्य-रचना की थी, किन्तु वह इस समय अप्राप्य है। पंडितराज के उपर्युक्त ग्रन्थों में आरम्भ के आठ काव्य हैं, नवाँ 'आसफ खाँ विलास' आख्यायिका है, दसवाँ 'मनोरमाकुचमर्दन' एवं ग्यारहवाँ 'चित्रमीमांसा खंडन' क्रमशः व्याकरण तथा काव्यशास्त्र से सम्बन्धित है। ये दोनों ग्रन्थ विद्वद्वर अप्पय दीक्षित के तद्विषयक ग्रन्थों के खंडन में रचे गये हैं। बारहवाँ 'रस-गंगाधर' भी काव्यशास्त्र का ग्रन्थ है। यह पंडितराज के ग्रन्थों में सबसे बड़ा और सर्वाधिक महत्त्वपूर्ण है। इसके केवल दो 'आनन' अर्थात् अध्याय ही उपलब्ध हैं, अतः यह अपूर्ण ग्रन्थ है। इसके 'रस-गंगाधर' नाम से ऐसा अनुमान होता है कि पंडितराज ने इसे पंचाननयुक्त करने की कल्पना की होगी, किन्तु किसी कारणवश वे इसे पूर्ण नहीं कर सके थे। फिर भी इसका जितना अंश विद्यमान है, वही उनके गौरव को चिरस्थायी किये हुए है। यह अपूर्ण ग्रन्थ नागेश भट्ट की पांडित्यपूर्ण टिप्पणी-सहित मिलता है।

पंडितराज के समस्त ग्रन्थ संस्कृत भाषा में हैं। उनका महत्त्व भी संस्कृत के प्रकांड विद्वान् और साहित्यकार होने के कारण ही माना जाता है। किन्तु जैसा कि उनके शिष्य आगरा-निवासी माथुर ब्राह्मण और हिन्दी के काव्याचार्य कुलपति मिश्र का कहना है, वे सांग वेदपाठी और ऋषि वशिष्ठ के तुल्य शीलवान् एवं तपोनिष्ठ मनीषी थे। उन्हें अष्ट भाषाओं में अलंकार-रसयुक्त काव्य-रचना करने की क्षमता प्राप्त थी, जिसके लिए दिल्लीश्वर शाहजहाँ ने उन्हें 'पंडितराज' की उपाधि प्रदान की थी–

...वेद अंग-जुत पढ़ै, शील-तप ऋषि वशिष्ठ सम।
अलंकार-रस रूप, अष्टभाषा-कविता क्षम ॥
तैलंग वेलनाटीय द्विज, जगन्नाथ तिरशूल धर।
शाहजहाँ दिल्लीश किय,
पंडितराज प्रसिद्ध धर ॥[4]

पंडितराज का अष्टभाषा-काव्य तो इस समय उपलब्ध नहीं है, किन्तु संस्कृत के अतिरिक्त उनकी ब्रजभाषा-रचना प्राप्त है। इन भाषाओं के कवि होने के साथ-ही-साथ वे संगीत-कला के बड़े मर्मज्ञ और ध्रुपद-शैली के प्रतिष्ठित गायक भी थे। उनकी ब्रजभाषा की ध्रुपद-रचना के लिए सम्राट् शाहजहाँ ने उन्हें 'कविराज' की उपाधि भी प्रदान की थी। यही उपाधि शाहजहाँ के दूसरे दरबारी कवि और 'सुन्दर-शृंगार' ग्रन्थ के रचयिता सुन्दरदास को भी दी गयी थी।

सम्राट् शाहजहाँ के आश्रित विद्वानों में जहाँ 'पंडितराज जगन्नाथ' की गणना की जाती है वहाँ उनके दरबारी ध्रुपदियों में 'कविराज जगन्नाथ' का नाम भी मिलता है। कुछ लोगों का कहना है कि 'पंडितराज जगन्नाथ' और 'जगन्नाथ कविराय' दो भिन्न-भिन्न विद्वान् थे, किन्तु उनका यह कथन भ्रमात्मक है। कारण यह है, शाहजहाँ के दरबार में एक ही काल में एक-से नाम के दो विद्वानों का होना सम्भव नहीं है। फिर अनुसन्धान से यह प्रमाणित होता है कि संस्कृत के प्रकांड विद्वान् पंडितराज जगन्नाथ ही शाहजहाँ के दरबारी संगीतज्ञ और ध्रुपद-रचयिता 'जगन्नाथ कविराय' थे।

मुगल-काल में साहित्य तथा संगीत, दोनों की एक साथ उन्नति हुई थी और उन दोनों क्षेत्रों में ब्रजभाषा का महत्त्व सर्वमान्य था। उस समय के अनेक साहित्यकार संगीतज्ञ भी थे और वे अपने गायन के लिए ब्रजभाषा की रचनाओं का उपयोग करते थे। संस्कृत-साहित्यकारों का गायन भी ब्रजभाषा-रचनाओं द्वारा होता था। हिन्दुओं के साथ-ही-साथ मुसलमान गायक भी ब्रजभाषा-रचनाओं को ही गाते थे। यह प्रचलित पद्धति थी। उसी के अनुसार संस्कृत के प्रकांड विद्वान् और साहित्यकार पंडितराज जगन्नाथ भी कुशल गायक थे। उन्होंने अपने गायन के लिए ब्रजभाषा में अनेक ध्रुपदों की रचना की थी।

सम्राट् शाहजहाँ ध्रुपद-गान-शैली का बड़ा प्रेमी और प्रोत्साहनकर्ता था। वह अपने आश्रित गायकों से नित्य नये ध्रुपदों का गायन सुना करता था। उस काल में प्रचलित ध्रुपदों का एक विशाल संकलन भी उसने करवाया था। उसमें पूर्ववर्ती विख्यात ध्रुपदिया बक्सू नायक के सर्वाधिक ध्रुपद थे। ऐसा कहा जाता है, सम्राट् की आज्ञा से बक्सू नायक के एक हजार श्रेष्ठ ध्रुपद एक ग्रन्थ में संकलित किये गये थे। वह ग्रन्थ 'सहस्ररस', 'एक हजार ध्रुपद', 'राग-ए-हिन्दी', आदि कई नामों से प्रसिद्ध हुआ था। उस ग्रन्थ की कतिपय पांडुलिपियाँ प्रतिष्ठित पुस्तकालयों में मिलती हैं।

पंडितराज जगन्नाथ शाहजहाँ को प्रसन्न करने के लिए नये-नये ध्रुपदों का गायन किया करते थे। वे ध्रुपद स्वभावतया ब्रजभाषा में रचित होते थे। जिस प्रकार पंडितराज ने अपने 'रस-गंगाधर' ग्रन्थ में काव्य-लक्षणों के उदाहरण अन्य कवियों के न देकर स्वनिर्मित दिये हैं, उसी प्रकार उनके गाये हुए ध्रुपदों के गीत भी स्वयं उनके रचे हुए होते थे। 'अष्टभाषा-कविता-क्षम' पंडितराज के लिए ब्रजभाषा में ध्रुपदों की रचना करना कोई कठिन बात भी नहीं थी।

इतिहासकार अब्दुल हमीद द्वारा लिखित शाहजहाँकालीन इतिहास 'बादशाहनामा' (शाहजहाँनामा) से ज्ञात होता है कि सम्राट् शाहजहाँ ने अपने राज्यासीन होने के सातवें वर्ष सं. 1691 में कश्मीर जाते समय पंडितराज को कुछ नये ध्रुपदों की रचना करने का आदेश दिया था। जब सम्राट् कश्मीर से वापस आया, तब पंडितराज ने भंभर (? झज्झर) के मुकाम पर उसके समक्ष बारह स्वनिर्मित नये ध्रुपदों का गायन किया था। उन ध्रुपदों में उन्होंने अपनी नाम-छाप न रखकर 'शाहजहाँ' की रखी थी।

बादशाह उन्हें सुनकर बड़ा प्रसन्न हुआ। उसने पंडितराज के वजन के बराबर चाँदी के चार हजार पाँच सौ रुपये उन्हें भेंट किये। उसने अन्य अवसरों पर भी पंडितराज को सम्मानित कर प्रभूत पारितोषिक प्रदान किये थे। 'कविराय' की उपाधि भी उन्हें शाहजहाँ द्वारा ही प्राप्त हुई थी। पंडितराज भी शाहजहाँ की गुण ग्राहकता के लिए उसके इतने कृतज्ञ थे कि उन्होंने उसे 'दिल्लीश्वरो वा, जगदीश्वरो वा' तक लिखा है।

'बादशाहनामा' के उपर्युक्त उल्लेख से एक महत्त्व की बात यह ज्ञात होती है कि शाहजहाँ के नाम से जो ध्रुपद मिलते हैं, उनमें से कुछ पंतिडराज जगन्नाथ के रचे हुए हैं। 'संगीत-राग कल्पद्रुम' में अन्य कलाकारों के साथ प्रायः सभी मुगल सम्राटों की रचनाएँ दी हुई हैं। इनमें शाहजहाँ के नाम के ध्रुपद भी हैं। इन सबका संकलन श्री चंद्रबली पांडे-कृत 'मुगल बादशाहों की हिन्दी' नामक ग्रन्थ में हुआ है। इसमें शाहजहाँ के नाम से उपलब्ध ध्रुपदों में से कुछ पंतिडराज जगन्नाथ-कृत हो सकते हैं।

पंडितराज के सम्बन्ध में यह किंवदन्ती बहुत प्रचलित है कि वे 'लवंगी' नामक एक 'नवनीत कोमलांगी यवनी' पर आसक्त थे। यहाँ तक कहा जाता है कि लवंगी शाही कन्या थी और वह अनुपम रूपवती एवं कलाकोविदा थी, जिसके साथ पंडितराज ने विवाह भी कर लिया था। उनके-जैसे कुलीन ब्राह्मण विद्वान् के उस स्वच्छन्द आचरण को काशी के तत्कालीन संस्कृतज्ञ पंडितों ने पसन्द नहीं किया। उन्होंने प्रकाड वयोवृद्ध विद्वान् अप्पय दीक्षित के नेतृत्व में पंडितराज को अपमानित कर उन्हें ब्राह्मण समाज से बहिष्कृत कर दिया था। पंडितराज जगन्नाथ उसके कारण अप्पय दीक्षित के प्रबल विरोधी हो गये थे। उन्होंने अप्पय की सर्वमान्य विद्वत्ता को चुनौती देते हुए उनके व्याकरण एवं काव्यशास्त्र के प्रसिद्ध ग्रन्थ 'मनोरमा' तथा 'चित्रमीमांसा' के खंडन में क्रमशः 'मनोरमाकुचमर्दन' और 'चित्रमीमांसा खंडन' ग्रन्थों की रचना की थी। अने इन ग्रन्थों में पंडितराज जगन्नाथ ने अप्पय दीक्षित पर बड़ा कटु प्रहार किया है। बाद में अप्पय के अनुज अच्चा दीक्षित के पौत्र एवं नारायण दीक्षित के पुत्र विद्वद्वर नीलकंठ ने पण्डितराज के कथन की प्रत्यालोचना की थी।

आजकल अनेक विद्वान् पंडितराज और लवंगी के सम्बन्ध की किंवदन्ती को प्रामाणिक नहीं मानते हैं। इसका अप्रामाणिकता का एक कारण यह है कि सम्राट् शाहजहाँ की किसी पुत्री अथवा शाही वंश की किसी युवती का नाम 'लवंगी' नहीं मिलता हे। यह नाम किसी मुसलमान महिला का होना सम्भव भी नहीं है। दूसरा कारण यह है कि पंडितराज के किसी भी ग्रन्थ में लवंगी की प्रेम-गाथा का कोई उल्लेख नहीं हुआ है। तीसरा कारण यह है कि पंडितराज अपने समय में सांग वेदपांठी, शीलवान् और तपोनिष्ठ ऋषि वशिष्ठ के समतुल्य समझे जाते थे, जैसा

उनके शिष्य कुलपति मिश्र ने लिखा है—'वेद अंगजुत पढ़ैं, शील-तप ऋषि वशिष्ठ सम।' ऐसी दशा में उनसे शास्त्र-विरोधी किसी अनुचित आचरण की आशा नहीं की जा सकती। यदि इन तर्कों को तथ्यपूर्ण माना जाए, तब भी यह विचारणीय है कि आखिर उन्होंने अप्पय दीक्षित-जैसे वयोवृद्ध प्रकांड पण्डित की ऐसी कटु आलोचना क्यों की थी?

हमारे विचार से उक्त किंवदन्ती सर्वथा निराधार नहीं है। ऐसा जान पड़ता है, शाहजहाँ के काल में लवंगी नाम की कोई रूपवती और गुणवती युवती अवश्य थी, जिसकी कला-कुशलता पर पंडितराज हृदय से मुग्ध थे। वे कोरे पंडित ही नहीं थे, वरन् रससिद्ध 'कविराय' और सहृदय कलाकार भी थे। अतः किसी गुणवती कलाकोविदा के आकर्षक संगीत एवं मोहक नृत्य पर उनका अनुरक्त होना सर्वथा स्वाभाविक था। इसके साथ ही उन्हें अपने पांडित्य का इतना गर्व था कि वे संस्कृत के पूर्ववर्ती अथवा समकालीन बड़े-बड़े विद्वानों की निस्संकोच आलोचना करते थे। उसके कारण उस काल के अनेक पंडित, जिनमें अप्पय दीक्षित प्रमुख थे, उनके विरोधी हो गये थे। फिर शाहजहाँ के दरबार में उन्हें जो अनुपम सम्मान और यश-वैभव प्राप्त हुआ था, उसके कारण भी अनेक व्यक्ति उनसे ईर्ष्या-द्वेष रखने लगे थे। ऐसी स्थिति में लवंगी के प्रसंग को 'तिल का ताड़' बनाकर कुछ लोगों ने पंडितराज के विरुद्ध कलुषित वातावरण बना दिया हो, तो इसे असम्भव नहीं कहा जा सकता। उससे खिन्न होकर उन्होंने अपने रोष का प्रधान लक्ष्य तत्कालीन विद्वत्शिरोमणि अप्पय दीक्षित को ही बनाना उचित समझा था।

पंडितराज-कृत ग्रन्थ के अन्तःसाक्ष्य से ज्ञात होता है कि उनका अन्तिम जीवन सुखपूर्ण नहीं रहा था। ऐसा जान पड़ता है, उनके परम हितैशी आसफ खाँ की मृत्यु के उपरान्त दिल्ली-दरबार से उनका विच्छेद हो गया था। उस समय के रूढ़िवादी ब्राह्मणों ने उनके विरुद्ध द्वेषपूर्ण बातें प्रचारित कर उन्हें समाज-बहिष्कृत कर दिया था। फिर उसी काल में उन्हें पुत्र-शोक भी सहना पड़ा था। उन सब बातों से दुखी होकर वे अपने अन्तिम काल में मथुरा में निवास करने लगे थे और उनकी प्रवृत्ति भगवद्-भक्ति की ओर हो गयी थी, जैसा कि 'भामिनी-विलास' के इस उल्लेख से स्पष्ट होता है—**'सम्प्रत्युज्झितमासनं मधुपुरी मध्ये हरिः सेव्यते।'** उनका देहान्त भी सम्भवतः मथुरा में ही हुआ था।

पंडितराज जगन्नाथ की ब्रजभाषा-रचनाएँ अधिक प्रचलित नहीं हैं। श्री चन्द्रबली पांडे जैसी खोजी विद्वान् ने भी उनके प्रति अपनी बेजानकारी बतलाई है। उन्होंने लिखा है—'पंडितराज जगन्नाथ की हिन्दी-रचना का पता नहीं।'[5] किन्तु उनके रचे हुए ब्रजभाषा-हिन्दी के अनेक ध्रुपद प्राप्त हुए हैं, जिनमें 'जगन्नाथ' अथवा 'जगन्नाथ कविराय' की स्पष्ट छाप है। ये ध्रुपद 'संगीत राग-कल्पद्रुम' और बल्लभ सम्प्रदाय की कीर्तन-पोथियों में संकलित मिलते हैं। इन ध्रुपदों का काव्य-महत्त्व

पंडितराज के संस्कृत-काव्य की तुलना में नगण्य है; किन्तु राग-रागिनियों आदि ताल-लय में निबद्ध होने से इनका सांगीतिक महत्त्व अवश्य है। यहाँ पर उनके कुछ ध्रुपद उदाहरणार्थ प्रस्तुत हैं—

राग कान्हरौ

कृष्ण-जन्म की बधाई—

आजु बधावो ब्रजपुर घर-घर,
गावहु री मिलि मंगलाचार।
चतुर बाजे गहिगड़ सों बजावहु,
नाँचहू गति विस्तार ॥
चंदन अँगन लिपाइ, चौक पूरि मोती सुढार।
कलस थापि, गनेज पूजि,
आरती करि कंचर थार ॥
साध्यौ लगन मुहूर्त नीकैं,
नीकैं नछत्र और नीके बार।
'जगन्नाथ कविराय' के प्रभु,
माई प्रगटे हैं नंदकुमार ॥[6]

राग काफी

कृष्ण-जन्म की बधाई—

बधाऔ आज नंदमहर घर,
फूले फिरत नर-नारी।
एक गावत, एक मृदंग बजावत,
एक नाँचत दै-दै तारी ॥
तोरन चित्र सवार साथिये,
द्वार बाँधी बंदनवारी ॥
'जगन्नाथ' प्रभु प्रगटे ब्रज में,
सब भक्तन हितकारी ॥[7]

राग बिलावल

गो चारण—

धेनुन कौ ध्यान माई निस-दिन मेरे प्रीतम कों,
स्वप्नें कहत गौरी गायन आई।
आनन उजारी बनवारी जू सम्हारि लाउ,
वा बिन न रहूँगो तो बाबा की दुहाई ॥

कजरारी-कंठवारी, मखतूल–फोंदावारी,
झाँझर झनकारी प्यारी मो मन भाई।
'जगन्नाथ कविराय' के प्रभु हौं तो झुकी,
चिरजीवो तेरौ कुँवर कन्हाई ॥[8]

राग गौरी

मान-भंग–

गिरि तन शोभित है गिरधारी।
लोचन ललित माधुरी मूरति,
सुंदर श्याम बिहारी ॥
वनमाला कर कमल विराजत,
इंद्र प्रतिज्ञा टारी।
गोप-गाय अनुरागे राखे, बर्षत बूँद निवारी ॥
लै सुरभी सुरपति ठाड़ौ भयो,
चरन-कमल भरधारी।
जाकों शिव-सनकादिक ध्यावें,
सोई 'जगन्नाथ' हितकारी ॥[9]

आसक्ति–

तू जित-जित ही चलति,
तित-तित ही करत पिय पलक पाँवड़े।
बरुनिनि सों तुव मग झारत हैं,
नैंकु न हारत नेह कनावड़े।
ज्यों-ज्यों मोहन दृष्टि परै,
त्यों-त्यों पग लड़काय धरत आवड़े-बावड़े।
'जगन्नाथ कविराय' के प्रभु रूप विमोहित,
मेरे जान पूरब पूजे हरि चामड़े।[10]

राग चर्चरी

प्रेमाशक्ति–

हो जु निधरक बैठी,
पिय औचक मूँदे री पाछे तें नैन।
अछन-अछन पग धरत धरनि पर,
आवत जाने मैं न ॥

हौं इतने ही में चौकि परी आली,
मेरी छतियाँ धीर धरै न।
'जगन्नाथ कविराय' के प्रभु रीझि हँसे,
तब हौं हूँ हँसी, वह सुख कहत बनै न ॥[11]

राग पूर्वी

मुरली-वादन—

चेरी कीनी नंददुलारे।
ऐसी सरस बजाई मुरली,
गायन के रखवारे ॥
मोरमुकुट-पीतांबर सोहै,
और बैजयंती धारे।
'जगन्नाथ कविराय' के प्रभु प्यारे,
मोही कान्हर कारे ॥[12]

रास—

माई री! रास रचित, सरस धन बन में।
कल नूपुर धुनि, अरु मुरली धुनि,
सुखद स्रवन में ॥
मंडल में निरतत राधा-माधव कर जोरे।
रीझि सुर-अँगना बहु देति प्रान अंकोरैं ॥
अलक अरुझी कुण्डल सों,
माला अरुझी कंकन में।
देसी सुगंध तान गान मान चुभी मन में ॥
रास तांडव दंपति धुनि गति चितचोरैं।
'जगन्नाथ कविराय' के प्रभु
गिरजापति मन भोरैं ॥[13]

रास—

नव किसोरी अंग संग, नव किसोर राजैं।
असर-परस करत केलि,
रीति-रस तन-मनैं झेलि,
वलय-किंकिनि-नूपुरादि मधुर-मधुर बाजैं ॥
विवि मुख इंदु, ईषद हास,

प्रेम-मगन गिरत वास,
जगमगात गौरस्याम दामिनि-धन लाजैं ॥
वचन रचन करत ख्याल,
टूटत मनि-पुहुप माल,
'जगन्नाथ' किए सनाथ निरखत दुख भाजैं ॥[14]

सन्दर्भ

1. तिल्वनाट तैलंग कुल, नारायण द्विजनंद।
   विष्णुदत्त यमुनाजुपति, भूपति मान अमंद ॥32॥
   तत्सुत गोपीनाथ अरु जगन्नाथ गुण गट्ट ॥33॥
2. तं वंदे पेल्भट्टाख्यं लक्ष्मीकांतं महागुरुम्।
3. 'काँकरोली का इतिहास', पृष्ठ 95
4. 'मुगल बादशाहों की हिन्दी' (चंद्रबली पांडे), पृष्ठ 31
5. वही, पृष्ठ 3
6. 'पद संग्रह' की हस्तलिखित पोथी
7. 'कीर्तन-संग्रह', भाग 1, पृष्ठ 70-7
8. 'कीर्तन-संग्रह', भाग 2, पृष्ठ 87
9. 'कीर्तन-संग्रह', भाग 2, पृष्ठ 77-78
10. हस्तलिखित 'पद-संग्रह', से
11. 'संगीत राग-कल्पद्रुम', भाग 2, पृष्ठ 45
12. 'कीर्तन-संग्रह', भाग 2, पृष्ठ 87
13. हस्तलिखित 'पद-संग्रह', से।
14. वही।

वैष्णव सम्प्रदायों की भक्ति में संगीत

●

सुमनलता वोहरा

सोलहवीं शती में कृष्ण-भक्ति के अभ्युदय तथा विलास का मुख्य स्थल वृंदावन था। यहाँ निवास करनेवाले पवित्रात्मा वैष्णव भक्तों ने अपने आचार-व्यवहार तथा तपस्या से भगवद्‌भक्ति का प्रचार किया। इन सभी भावुक भक्त कवियों ने भगवान् की मधुर लीलाओं का दर्शन कर अपने लोचनों को और रम्य चरितावली का गायन कर अपने जीवन को कृतकृत्य बनाया। भाव-विभोर होकर अगाध स्वर-लहरी में डूबकर हृदय की कोमल वृत्तियों, सूक्ष्मतम भावनाओं और सरलतम उद्‌गारों की सरलतम अभिव्यंजना के लिए संगीत को अपनी अनुभूतियों का माध्यम बनाया और अपनी काव्य-स्रोतस्विनी से वृंदावन की सारी भूमि को पूरी तरह परिप्लावित कर दिया। इस प्रकार अपनी आराध्य-विषयक भावनाओं को स्वर, शब्द और लय (संगीत) में डुबोकर उन्होंने जो रसधारा प्रवाहित की, वह अनिर्वचनीय है। उनकी आत्मविस्मृति और तन्मयता की सर्वाधिक शक्ति उपनिषद् के इस वाक्य में अन्तर्निहित है–**'रसो वै सः रसं ह्येव लब्ध्वा नंदी भवति।'** 'रस' एक समग्र सम्पूर्ण मानसिक वृत्ति है और 'भाव' उसी का प्रारम्भिक आधार। 'रस' भाव की एक दशा है और वह भावमयी अवस्था एक अखंड अनन्य मनोवस्था है।[1] अतः भाव की निर्विघ्न प्रतीति ही आनन्द का आस्वादन है। रस के उन्मेष के लिए 'भाव' ही मुख्य आधार है। इस रस की उपलब्धि में भक्ति साधन है–**'अनन्य प्रयोजनानवरत निरतिशय प्रिय विशदतम प्रत्यक्ष तापन्नानुध्यान रूप भक्तैकलभ्यः।' (वेदार्थ-संग्रह, पृष्ठ 32)**

भक्ति श्रद्धा, विश्वास एवं प्रेमपूरित भक्तहृदय का वह मधुर मनोराग है, जिसके द्वारा भक्त और भगवान् (उपास्य और उपासक) के पारस्परिक सम्बन्ध का निर्धारण होता है। उपास्यतत्त्व की प्राप्ति का उपाय अर्थात् भक्ति 'अभिधेय' है और उपास्य के प्रेम की प्राप्ति ही इसका 'प्रयोजन' है। जीवन की परम प्रयोजनीय वस्तु 'पुरुषार्थ-शिरोमणि प्रेम महाधन' है। इस प्रयोजन के पूर्ण हो जाने पर सारी आवश्यकताएँ निवृत्त हो जाती हैं।[2] और परमात्मा का महत्त्व या वैशिष्ट्य-स्वीकृति

प्रीति-सम्बन्ध की स्थापना करती है। प्रीति ही भक्ति का उत्स है, **भगवान् के प्रति** एकनिष्ठ प्रेम का उन्नयन ही भक्ति-रस का उद्रेक है।

प्रेमी साधक स्वप्रिय इष्टदेव का श्रवणकीर्तन करते-करते भगवान् में अनुराग हो जाने के कारण द्रवितचित्त होकर कभी हँसता, कभी रोता, कभी उच्चस्वर से प्रलाप करता है; कभी गाता है, कभी उन्मत्त के समान नृत्य करने लगता है—'एवं **व्रतः स्वप्रियनामकीर्त्याम् जातानुरागो द्रुतचित्त उच्चैः। हसंत्यथो रोदिति रौति गायत्युन्मादननृत्यति लोकबाह्यः॥'**[3]

इस प्रकार स्वभावतः जनोचित आचार-व्यवहार से बहिर्भूत होकर कार्य करता है। भगवान् के प्रति इस प्रकार का अनुराग साधन भी है और साधनों का फल (साध्य) भी है। गूँगे के स्वाद की तरह यह वाणी द्वारा शब्दों का विषय नहीं होता—**अनिर्वचनीय प्रेम स्वरूपं, मूकास्वाद गद्यते** (नारदभक्तिसूत्र, 5112), अतः अनन्य भाव से की जानेवाली साधन और साध्य, दोनों ही रूपों में आनन्दमयी भक्ति 'प्रेमाभक्ति' कहलाती है।

प्रेमाभक्ति की समुचित साधना में भक्त की भगवत्प्राप्ति की अभिलाषा जाग्रत् होती है और वह भगवान् का सौहार्द-अभिलाषी बन जाता है। ऐसे भक्त में क्षान्ति, विरक्ति, मान-शून्यता, क्षमोत्कंठा, नामगान, रुचि, भगवन्नाम के व्याख्यान के प्रति आसक्ति और प्रीति आदि भावों का समावेश हो जाता है।[4] भावों की व्यंजना के अनुसार शान्त, दास्य, सख्य, वात्सल्य और मधुर भाव-साधनाओं का विस्तृत विवेचन करते हुए माधुर्य-भाव का प्रतिपादन ही वैष्णव सम्प्रदायों का मूल उद्देश्य रहा है। शान्त में विरक्ति, सेवक-सेव्य-भाव में अनुवृत्ति, संख्यभाव में प्रीति और वात्सल्य में स्नेह की प्रधानता होने से माधुर्य-भाव में इन-सबका समावेश हो जाता है।[5]

भारतीय मनीषियों का मत है कि भक्त में परमात्मा के प्रति उतना तीव्र प्रेम होना चाहिए, जितना स्त्री के हृदय में पुरुष के प्रति होता है। स्त्री-भाव के प्रेम में ही आत्मोत्सर्ग और आत्मविस्मृति की अवस्था पूर्ण रूप से आती है।[6] उपनिषदों में भी दाम्पत्य भाव के सम्बन्ध में प्रेम का तीव्रतम रूप माना गया है। इसी दाम्पत्य भाव का सम्बन्ध वैष्णव भक्तों द्वारा मधुर भाव की उपासना, मधुर भक्ति या माधुर्य-भक्ति आदि नामों से अभिहित किया गया, जो कामेच्छापरक प्रेम या सामाजिक बन्धनों पर आधारित न होकर ईश्वरोन्मुख स्वीकृत किया गया।

माधुर्य-भक्ति का आधार-ग्रन्थ 'भागवत' है। यह निगम-कल्पतरु का स्वयंगलित फल है, जिसे शुकदेव ने अपनी मधुर वाणी से अमृतद्रव संयुक्त कर दिया है—'**निगमकल्पतरोर्गलितं फलं शुकमुखादमृतद्रवसंयुकतम्। पिवत भागवतं रसमालय मुग्दरहो रसिका भुवि भावुकाः॥**'[7]

वैष्णव धर्म के अवान्तर-कालीन समग्र सम्प्रदाय 'भागवत' के ही अनुग्रह के विलास हैं, जो राम और कृष्ण—दो धाराओं के अन्तर्गत प्रवाहित हुए। प्रेमलक्षणा कृष्ण-भक्ति तथा मर्यादामार्गी राम-भक्ति की प्रेरणा से भक्ति-रस का काव्य भारतवर्ष के साहित्य और ललित कलाओं में समृद्ध तथा रसस्निग्ध बनाया गया। प्रारम्भ से

विष्णु के रूप में दोनों अवतारों की अभिव्यक्ति थी, परन्तु भागवत धर्म के उदय से कृष्ण वैदिक देवता विष्णु के रूप में माने गये, जिनकी माधुर्यगर्भित लीलाओं का मुख्य क्षेत्र वृंदावन रहा। इसी क्षेत्र से भक्त कवियों, संगीतकारों, नर्तकों, चित्रकारों को मानव की प्रसुप्त क्रियात्मक शक्तियों को जाग्रत् करने की प्रेरणा मिली।[8]

माधुर्य-भाव की इस लीलाओं में ब्रजलीला और निकुंज-लीला, दो ही मुख्य मानी गयी हैं। ब्रज-लीला में मधुर लीला की प्रधानता के साथ दास्य, सख्य और वात्सल्य का मिश्रण रहता है, परन्तु निकुंज-लीला में प्रिया-प्रियतम की यह निकुंज-लीला नित्य है, इसी से इसे 'नित्यविहार' नाम दिया गया है। इस नित्य-विहार के दर्शन और मनन से किये गये आस्वादन से प्राप्त आनन्द को अनिर्वचनीय कहा गया है।[9] इसी कारण माधुर्य-भक्ति में निहित मधुर भाव को मधुर रस की संज्ञा दी गयी है।

संगीतविदों ने मधुर रस को 'उज्ज्वल रस' भी कहा है। उज्ज्वल रस की विलक्षणता यह है कि भक्त निज देह भूलकर कृष्ण के प्रेम में रँग जाता है—**'भूल्यौ हँसिवौ खेलिवौ, भूल्यौ अंग-सिंगार। निसदिन रहे या सोच में रुचत नहीं उर-हार॥'**[10] एक उदाहरण देते हुए ध्रुवदास कहते हैं—"जिस प्रकार जल में खाँड़ मिला देने से न वह जल रहता है, न खाँड़, बल्कि शर्बत बन जाता है और उसका विशेष स्वाद हो जाता है, प्रयत्न करने पर भी जल और खाँड़ पुनः अलग नहीं हो सकते; उसी प्रकार उज्ज्वल रस या महामधुर रस की स्थिति है। जब साधक कृष्ण के प्रेम में पूर्ण तन्मय हो जाता हे तो उस स्थिति में वापस लौटना सम्भव नहीं होता। उसके चित्त की अन्तः और बाह्य वृत्तियाँ अखण्ड, अविच्छिन्न रूप से भगवदोन्मुख हो जाती हैं। तब उस अनन्त की अनन्त साधना में नव्य-नूतन लीलाओं में उसकी आसक्ति उसके अन्तश्चेतन से निकल कर उसकी वाणी-वीणा के गुंजन के रूप में उसे संजीवनी प्रदान करती है। आत्माभिव्यक्ति और आत्मनिष्ठा के इसी समन्वय व सन्तुलन से ही उत्कृष्ट काव्य की संसृष्टि होती है और फिर भाव-सिंधु की उत्ताल तरलित उर्मियों के अवगाहन से भक्त के हृदय में एक ऐसा स्पन्दन होता है, जो निस्वन गान लहरी द्वारा उसके प्राण तक को भी सम्मोहित कर देता है। इस प्रकार भक्ति-काव्य और संगीत की पुनीत त्रिवेणी ही भक्त की रागात्मिका वृत्ति, रसप्राणता और आनन्दमाधुरी का समन्वय है। तात्त्विक दृष्टि से इस त्रिवेणी का मौलिक स्वरूप एक ही है—सत्यं, शिवं, सुन्दरम्। आत्मानुभूति की इसी आधारशिला पर भक्त के माधुर्य भाव-साम्राज्य का अस्तित्व टिका हुआ है।"

माधुर्य-भाव की साधना के लिए सरलतम साधना के रूप में सभी वैष्णव सम्प्रदायों के आचार्यों ने संगीत को स्वीकार किया। क्योंकि इष्ट के प्रति श्रद्धा से प्रेरित होकर भक्त की चित्तवृत्तियाँ शान्त, एकाग्र तथा तन्मय हो जाती हैं और इसी तन्मयता को बनाये रखने का एकमात्र साधन है संगीत। अनादिकाल से अध्यात्म तथा संगीत का सम्बन्ध भारतीय परम्परा का आधार रहा है।

भक्ति-संगीत का प्राचीनतम ग्रन्थ 'सामवेद' है। वैदिक समय में पंचभूत तत्त्वों–ग्रहों तथा नक्षत्रों की पूजा करने का विधान था। अतः वेदों में लिखे गये श्लोकों के वर्ण्य विषय भी इन्हीं की आराधना से सम्बद्ध हैं। सम्भवतः संगीत की महत्ता को स्वीकार करने के कारण ही इन स्तुतिपरक मन्त्रों को संगीतात्मक स्वरूप प्रदान किया गया है। 'सामवेद' इसका प्रत्यक्ष प्रमाण है, जो उपासना-कांड का वेद कहा जाता है। गीता में भगवान् श्री कृष्ण ने वेदों में संगीताधिकारी 'सामवेद' को अपना ही स्वरूप कहा है।[11] 'वेदानां सामवेदोऽस्मि' (छान्दोग्य उपनिषद्, 1-1-2) में कहा है–'वाच ऋगूरसः ऋचसामरसः साम्न उदगीथो रसः॥' अर्थात् वाक् का रस ऋक् (काव्य) है, ऋक् का रस साम षड्ज और मध्यम-ग्राम के अन्तर्गत गाया जानेवाला तथा शब्द और स्वर की समरसता उत्पन्न करनेवाला है। साम का रस उद्गीथ (प्रणवघोष) है।[12]

इस प्रकार विश्व का प्राचीनतम साहित्य वेद ही हमें 'पाठ्य' तथा 'गेय' रूप में मिलता है, जो भगवद्भक्ति के लिए प्रयुक्त होता था। वेदों की ऋचाओं का सस्वर पाठ, तत्पश्चात् सामगान की ऋचाओं को शास्त्रीय संगीत में बद्ध करके यज्ञों के समय गान और फिर धीरे-धीरे परिवर्तित अवस्था में जातियों, गीतियों, प्रबन्ध और ध्रुपद आदि के रूप में भी संगीत भगवत्-आराधना का माध्यम बना रहा।

आत्मचेतना की जागृति के लिए स्वरसाधना से मन-मस्तिष्क पर संगीत का गहरा प्रभाव होता है। पूर्णतः भावविभोर हो जाने पर मनुष्य परमानन्द या वास्तविक आनन्द की अनुभूति करके धीरे-धीरे एक ऐसे आनन्द अथवा रस-सागर में निमग्न हो जाता है, जहाँ वह आत्मविस्मृति की अवस्था में भौतिक संसार से विच्छिन्न होकर दिव्यात्मक आनन्द में विलीन हो जाता है। इस प्रकार भावना की उत्कृष्ट अवस्था में भक्त के मन की गतियों का सिमटकर पुंजीभूत हो जाना और केन्द्र में समाहित हो जाना ही साधना की चरम कोटि है। चिन्तन और समाधिस्थता का यही उत्कृष्ट रूप है। जहाँ आराध्य के साथ ऐसी तदाकारता हो कि ज्ञाता, ज्ञेय तथा ज्ञान या गायक, गायन तथा गेय वस्तु में भेद निःशेष हो जाए। संगीत-क्रिया का सर्वोच्च बिन्दु यही 'निर्विकल्प समाधि'[13] है।

संगीत नादमय है और नाद-साधना को योग-साधना के समान ही ब्रह्म-उपासना के लिए श्रेष्ठ माना गया है। इसी भाव को 'याज्ञवल्क्य-स्मृति' में कहा गया है–**'वीणा-वादनतत्त्वज्ञः श्रुतिजातिविशारदः। तालज्ञश्चाप्रयासेन मोक्षमार्गम् निगच्छति।' (यतिधर्मप्रकरण, श्लोक 15)**। अर्थात् वीणा-वादन में निपुण और श्रुति तथा जाति में निष्णात एवं ताल के तत्त्वों का पूर्ण ज्ञाता ही मोक्ष-मार्ग पर जाता है। संगीत में प्राणवायु का विशेष स्थान होने के कारण ही कंठ-संगीत अथवा गायन को वादन और नृत्य की अपेक्षा उत्तम माना गया है। एक अन्य बात यह भी है कि योग-साधना में निर्दिष्ट आठ अंग–यम, नियम, आसन, प्राणायाम, प्रत्याहार, धारणा,

ध्यान और समाधि संगीत-साधना में स्वयमेव सम्मिलित हो जाते हैं। अन्तर यह है कि योग-साधना में अनाहत नाद को उपास्य तत्त्व और उपासना का माध्यम स्वीकार किया है, जो उसे स्वर पर केन्द्रित करता है, जिसका माध्यम है 'ॐ' की ध्वनि। इसी 'ॐ' का रूपान्तर आज गायक द्वारा आरम्भ में लगाए 'अ'कार में देखा जाता है। स्वर में ऐसा तादात्म्य ही योग है। अतः नाद के स्थूल रूप से सूक्ष्म स्वरूप तक पहुँच जाना योग-साधना की चरम सीमा है।[14] किसी रससिद्ध कवि की उक्ति है—**'नास्ति नादात्परो मंत्रः न देवः स्वात्मनः परः नानुसंधे परापूजा नहि तृप्ते परं सुखम्।'**[15] अर्थात् नाद के समान परम श्रेष्ठ दूसरा मन्त्र नहीं है और न अपनी आत्मा से बढ़कर कोई देव है। नादानुसन्धान से बढ़कर कोई उत्तम पूजा नहीं और तृप्ति से बढ़कर कोई सुख नहीं। अतः परमेश्वर की प्राप्ति नादयोग से शीघ्र और सुगमता से हो सकती है। इसीलिए इसको पाँचवाँ वेद अर्थात् 'सामवेद का उपवेद' या 'गान्धर्ववेद' कहते हैं। साहित्य का भाग 'ऋग्वेद', स्वरों का 'सामवेद', तालाभिनय 'यजुर्वेद' और रस (राग) 'अथर्ववेद' से लेकर चारों वेदों का सार 'भरत'-शास्त्र अर्थात् (भाव-रस-ताल) बनाया गया, जिसे आज हम 'संगीत' कहते हैं।[16]

भारतीय दर्शन इस सम्बन्ध में एकमत है कि जिस प्रकार आकाश अनन्त और सर्वत्र व्याप्त है, उसी प्रकार संगीत भी सर्वत्र व्याप्त है। संगीत-साधना द्वारा दिव्यता की प्राप्ति, आत्मा-परमात्मा के सम्बन्ध को समझते हुए स्वर-सौन्दर्य के प्रति आसक्ति, राग-रस के सम्बन्ध का अनुभव करते हुए अलौकिक आनन्द की प्राप्ति और रस के किसी भी रूप में परमात्मा के साथ एकरूपता का अनुभव, यही संगीत का दार्शनिक और आध्यात्मिक पहलू है, जिसके कारण वैष्णव सम्प्रदायों में भी संगीत को आराधना के रूप में स्वीकार किया गया।

वैष्णव सम्प्रदायों ने अपने धर्म का प्रचार करने के लिए राधा-कृष्ण की विभिन्न लीलाओं को अत्यन्त भावनामय और रसमय रूप में अपनी पदावलियों के माध्यम से व्यक्त किया। इस समय के भक्त संगीतज्ञों की कृतियों पर यदि दृष्टिपात करें तो सूरदास जी की रचनाओं में कृष्ण की बाल्यावस्था की लीलाओं का वर्णन प्रत्यक्ष रूप से वात्सल्यपूर्ण, शृंगार तथा परोक्ष भक्ति से निहित था। तुलसीदास जी की रचनाओं में राम के मर्यादावाद तथा आदर्शवाद के चित्रण के रूप में वात्सल्य, बन्धुत्व, सखा तथा प्रेमी व प्रेमिका के शृंगारिक रूप का वर्णन किया गया। परन्तु उन्होंने स्वयं को उन लीलाओं से पृथक् रखकर केवल एक रसिक के रूप में भक्त बनाये रखा। मीराबाई ने कृष्ण को अपना नायक मानकर जो शृंगारिक रचनाएँ कीं, वे प्रत्यक्ष रूप में शृंगार तथा परोक्ष रूप में भक्ति से ओत-प्रोत थीं। इनके अतिरिक्त भी वैष्णव सम्प्रदाय के आचार्यों ने भगवान् कृष्ण को अपना उपास्य तत्त्व मानकर नित्य एवं नैमित्तिक सेवाओं के रूप में उनकी अनेक लीलाओं का गुणगान किया और कभी-कभी राधा-कृष्ण की शृंगारिक लीलाओं को भी रस के सिंहासन पर बिठाकर

उनका यशोगान किया। इस प्रकार राम का मर्यादावाद तो अपने-आप में सीमित रह गया, परन्तु श्री कृष्ण के उन्मुक्त व मोहक चरित्र-चित्रण के आधार पर ऋतु-वर्णन, कृष्ण के महात्म्य का वर्णन, कृष्ण के बाल्यकाल एवं यौवन-काल की समस्त लीलाओं को भक्त्यात्मक स्वरूप प्रदान किया गया।

भक्ति-संगीत का मुख्य केन्द्र होने का गौरव भारत में ब्रज को प्राप्त है। ब्रज के देवालयों के साथ संगीत की सुदृढ़ आबद्धता ब्रज में देवालयों की स्थापना के साथ मानी जाती है। जनसाधारण में भगवत्-वन्दना साधारणतः कीर्तन-भजन आदि के रूप में प्रचलित थी, परन्तु मन्दिरों और देवालयों में इनके साथ-साथ शास्त्रोक्त राग-रागिनियों, तालों तथा ध्रुपद-धमार आदि गेय विधाओं का भी पर्याप्त प्रयोग किया गया, जहाँ स्वर-वैचित्र्य की अपेक्षा संगीत के भक्त्यात्मक स्वरूप को अधिक प्रश्रय मिला। ब्रज के देवालयों में संगीत का यह स्वरूप वर्तमान काल में भी अपनी अक्षुण्णता बनाये हुए है। अनेकानेक कीर्तन पद्धतियों, समाज-गान, संकीर्तन-पद्धतियों में शास्त्रीय संगीत का यह प्रभाव आज भी दृष्टिगोचर होता है। गायन के साथ देवालयों के भक्ति-संगीत में नृत्य की भी परम्परा महत्त्वपूर्ण है। रासलीला देवालय-संगीत का महत्त्वपूर्ण अंग है, जिसमें राधा-कृष्ण तथा गोपियों की रसात्मक लीलाओं को गायन-वादन व नृत्य के माध्यम से प्रस्तुत किया जाता है। इस परम्परा में समाज-गायन का भी अपना विशिष्ट स्थान है। कुछ सम्प्रदायों में यह लोक-शैली पर आधारित है और कुछ में शास्त्रीय राग-रागिनियों में बद्ध कर इसे सम्पन्न किया जाता है।

वैष्णव सम्प्रदायों में चार सम्प्रदाय मुख्य रूप से माने गये हैं—वल्लभाचार्य का श्री हितहरिवंश राधावल्लभ सम्प्रदाय, स्वामी हरिदास का सखी सम्प्रदाय, श्री चैतन्य का गौड़ीय सम्प्रदाय और निम्बार्काचार्य का निम्बार्क सम्प्रदाय। महाप्रभु वल्लभाचार्य तथा उनके पुत्र गोस्वामी विट्ठलनाथ ने पुष्टिमार्गीय देवालयों की स्थापना की और संकीर्तन को अष्टयाम-सेवा का प्रमुख अंग बनाया तथा देवालयों में उच्च कोटि के भक्त कवियों व संगीतज्ञों को कीर्तनिया के रूप में नियुक्त किया। इस संकीर्तन में पद-गायन और कीर्तन तत्कालीन ध्रुपद, धमार की विशिष्ट शैली से सम्पन्न किया जाता है। महाप्रभु चैतन्य ने सामूहिक संकीर्तन के रूप में हरिनाम-उच्चारण की पद्धति चलाई, जिसमें खोल व झाँझ की ताल पर भगवन्नाम का सामूहिक कीर्तन किया जाता था। निम्बार्क-सम्प्रदाय की परम्परा का विशेष अंग रास-मंडलियों के रूप में आज भी मिलता है और समाज-गान का विशेष स्थान है। यद्यपि इनके पद-गायन में राग-विशेष का बन्धन नहीं, परन्तु इन पदों को समयानुसार गाये जाने का शास्त्रीय विधान अवश्य है। हितहरिवंश की परम्परा में भी समाज द्वारा संगीत का शास्त्रीय तथा कीर्तनपरक रूप विभिन्न रागिनियों के प्रचलित स्वरों में (भिन्न स्वर-ताल में) गाये जांने का विधान है। स्वामी हरिदास जी के सम्प्रदाय में राधा-कृष्ण के

युगल-स्वरूप का वर्णन करते हुए हरिदास जी के पदों की रचना ध्रुपद-धमार पर आधारित थी। इस प्रकार हम देखते हैं कि देवालयों में होनेवाले भक्ति-संगीत में लोक-संगीत तथा शास्त्रीय संगीत, दोनों का ही पूर्ण प्रभाव है। जहाँ एक ओर रागिनियों में बद्ध करके पदों को गाया जाता है, वहाँ दूसरी ओर लोक-संगीत की शैलियों में रसिया, हिंडोरा, झूला, होरी आदि भी अनेक उत्सवों पर भक्तिपरक रूप में गायी जाती हैं। राग-रागिनियों अथवा विशिष्ट पदों का प्रयोग नवधा भक्ति एवं अष्टयाम-सेवा की अनुकूलता की दृष्टि से किया जाता है। यह अनुकूलता या राग-रागिनियों का गान अथवा गेय विधाओं की परिधि-रेखा का ज्ञान देवालयों के कीर्तनियों को परम्परा से प्राप्त है। देवालयों में संगीत की परम्परा इतनी सुदृढ़ है कि परम्परागत रूप से जिन रागों का, गेय विधाओं का प्रयोग जिस समय या जिस अवसर पर होता चला आया है, उसे आज भी ब्रज के देवालयों के कीर्तनकार अपनी पूर्ण योग्यता व सामर्थ्य से अक्षुण्ण रखने के लिए प्रयत्नशील हैं।

सारांश रूप में हम कह सकते हैं कि भक्ति-सिद्धान्तों पर आधारित संगीत आध्यात्मिक धरातल पर स्थित होकर निरन्तर विकसित होता रहा, जिसके प्रचार और प्रसार में वैष्णव सम्प्रदायों ने भरपूर योगदान दिया।

सन्दर्भ

1. 'भारतीय वाङ्मय में श्री राधा', पं० बलदेव उपाध्याय, पृष्ठ 47
2. 'मधुर रस : स्वरूप और विकास', रामस्वार्थ चौधरी 'अभिनव', पृष्ठ 16
3. 'श्रीभक्तिरसामृतसिंधु', पूर्व-विभाग, 'भाव-भक्तिलहरी—3', श्लोक 6, पृष्ठ 215
4. 'रास और रासान्वयी काव्य', दशरथ ओझा, पृष्ठ 333
5. 'मधुर रस : स्वरूप और विकास', रामस्वार्थ चौधरी 'अभिनव', पृष्ठ 23
6. 'आलवारो भक्ति का तमिल प्रबंधम्', मलिक मोहम्मद, पृष्ठ 258
7. 'भागवतपुराण', 1-1-2
8. 'भक्ति-संगीत अंक', 'मन्त्रद्रष्टा संगीत', राजेन्द्र मिश्र 'बंसी', पृष्ठ 39
9. 'ब्रजभाषा के कृष्ण-काव्य में माधुर्य-भक्ति', रूपनारायण, पृ. 127
10. 'ब्रजलीला-पद', ध्रुवदास, पद-संख्या 78
11. 'श्रीमद्भगवद्गीता', विभूतियोग, श्लोक 22
12. 'भक्ति-संगीत अंक', (सम्पादकीय), पृष्ठ 7

13-14. 'भक्ति-संगीत अंक', 'भक्ति संगीत का उद्‌गम और विकास', श. श्री. परांजपे, पृ. 11

15. 'भक्ति-संगीत अंक', 'हमारा भक्ति-संगीत : विभिन्न दृष्टिकोण', डॉ. गोविन्दप्रसाद शर्मा, पृष्ठ 25
16. 'भक्ति-संगीत अंक', 'ईश्वर-प्राप्ति का अमोघ साधन : नादयोग', रामविट्ठलदास, पृष्ठ 37।

ध्रुपद-धमार एंड ब्रदर्स

●

श्री गोविन्द शास्त्री दुगवेकर

मनुष्य ही क्या, पशु, पक्षी आदि भी संगीत के प्रेमी होते हैं। गाय को दुहते समय यदि सारङ्गी बजायी जाय, तो वह पिन्हा कर अधिक दूध देती है। शेर शहनाई सुनकर स्तब्ध रह जाता है। बाँसुरी के स्वरालाप से मुग्ध होकर हरिण पाशबद्ध हो जाते हैं साँप पुङ्गी के स्वर को सुनकर डोलने लगता है। पक्षी तो स्वयं संगीतज्ञ होते हैं। श्यामा, हरैया, लाल, तूती आदि पक्षियों की तानें किसको प्यारी नहीं लगतीं? मोर का मध्यम और कोयल का पंचम किसके हृदय को आकृष्ट नहीं करता? सारांश, प्राणिमात्र संगीत-प्रिय है। मनुष्यों ने अपने संगीत की रचना, सात स्वरों की सृष्टि, पशु पक्षियों की बोलियों के आधार पर की हैं। एक प्रकार से वे मनुष्यों के गुरु हैं। परन्तु संगीत में स्वरों की माधुरी, समरसता और तालबद्धता होनी चाहिए। तभी उससे मनोरंजन होता है, नहीं तो यह मनः क्षोभ का कारण बनता है।

जड़ सृष्टि पर भी स्वरों का अनुकूल या प्रतिकूल परिणाम होता है। तानपूरा प्रायः सभी ने देखा होगा। इसमें केवल चार ही तार होते हैं। पहला मध्यम या पंचम का, दूसरा और तीसरा जोड़ी (मुख्य स्वर) का, और चौथा षरज का। जोड़ी के दोनों तारों पर काग़ज़ का एक टुकड़ा रख दीजिए। यदि दोनों तार एक स्वर में ठीक-ठीक मिले हों तो एक तार को बजाने से दूसरा आप ही झनकार देने लगता है और काग़ज़ का टुकड़ा उन तारों पर नाचने लगता है, परन्तु दोनों तार एक स्वर में मिले न हों, नो दूसरा तार नहीं बोलता और काग़ज़ का टुकड़ा उड़ जाता है। सुरीले और बेसुरे गान का इसी प्रकार मनुष्यों और पशु-पक्षियों पर प्रभाव पड़ता है।

हमारे छोटे से गाँव में हमारे पड़ोस में ही मोदक और लड्डुक नामक दो गायक रहते थे। वे ध्रुपदिए थे, ध्रुपद् धमार गाया करते थे। गान विद्या में ध्रुपद-धमार का मान सर्वोपरि है। खयाल, टप्पा, ठुमरी आदि गान निम्न श्रेणी के माने जाते हैं। बारह मात्राओं के चौताल में ध्रुपद गाया जाता है और चौदह मात्राओं के ताल में धम्मार

होली के दिनों में अधिकांश ध्रुपद धमार ही गायक गाते हैं। मोदक-लड्डुक घर के सुखी थे। उन्हें गान विद्या का शौक चर्राया। एक उस्ताद के पास जाकर वे ध्रुपद-धमार सीखने लगे। जगजमा, गमक, जबड़े की तान, हलक की तान, मीड़ आदि के आलाप उन्होंने सीख लिये। मोदक गाता और लड्डुक उसका साथ पखावज से करता था। उसे भी नवों तालों का ज्ञान हो गया था। उस्ताद उन्हें प्रतिदिन घंटे-आध घंटे सिखाता परन्तु उसके दिये हुए पाठ का अभ्यास, मश्क या रियाज़ घर में 8-8 घंटे करना पड़ता था। दोनों भाई दिन में खर्राटे कसते और रात के 9-10 बजे उनका सवेरा होता था। जब आस पास के लोगों का सोने का समय होता, तब उनके रियाज़ का कार्यक्रम आरम्भ होता था।

मोदक का कंठ पहाड़ी था और लड्डुक के हाथ से भी मेघ गम्भीर स्वर से चाँदमारी जैसे बोल कटते थे। आश्चर्य यह कि, इनका जब रियाज़ आरम्भ होता, तब घर के बच्चे और बाहर के कुत्ते रोने लगते, गदहे रेंकने लगते और पास पड़ोस के लोगों के सिर ठनक उठते थे। इसका कारण स्वष्ट है। मोदक राक्षस की तरह चिल्लाता और लड्डुक 'धड़ाम्-धड़ाम्' की लड़ी बाँध देता था। दोनों विवाहित थे। उनकी बहुएँ इनके रियाज़ से घबड़ा उठीं और उकताकर नैहर चली गयीं। इनके लिए वे अरसिक थीं। बहुएँ चली गयीं, परन्तु पड़ोसी कहाँ जाएँ? इनकी रात भर की प्रतिदिन की प्रैक्टिस या रिहर्सल के साथ दुखी हो गये। दिन भर कार्य कर रात्रि में कम से कम 5-6 घंटे सुख की नींद लेना स्वास्थ्य की दृष्टि से मनुष्य के लिए आवश्यक होता है, परन्तु इन गायकों के धूम-धड़ाके के साथ गाये जाने वाले ध्रुपद-धमार से सबकी नींद हराम हो गयी। रोगियों के रोग बढ़ गये, विद्यार्थी गण फेल होने लगे और स्वस्थ स्त्री-पुरुष व्याकुल हो उठे।

लोगों ने उन्हें बहुत समझाया कि आप दिन में गाया बजाया करें, रात को चिल्लपो मचा कर हमें परेशान न किया करें। परन्तु ये क्यों मानने वाले थे? बोले—'बन्दर क्या जाने अदरक का स्वाद? आप जानते ही नहीं कि ध्रुपद धमार किस चिड़िया का नाम है। हमें इतनी ऊँची विद्या के अभ्यास से क्यों रोक रहे हैं? हमारा घर है, हम जब चाहें, गावेंगे-बजावेंगे'।

ध्रुपद-धमारिया जब गाने बजाने लगते हैं, तब ठीक यही जान पड़ता है कि इन्हें उन्मत्त वायु का प्रकोप हो गया है, भूत बाधा हुई है या कोई मादक वस्तु अधिक मात्रा में चढ़ा गये हैं। तिहाई पर जब इनकी सम आती है, तब तो ये बेहोश हो जाते हैं। जमीन पर हाथ पटकते, आँखें तरेरते, मुँह बनाते और 'ध-धा' शब्द से 'त्राहि भगवन्' कर देते हैं। मृदंग भी उनका साथ देता और प्राणिमात्र का कलेजा दहला देता है। कविता के कत्ल करने में भी ये अच्छे प्रवीण होते हैं। गा-बजा कर ताल, स्वर और लय के साथ काव्य-वध करते हैं। जिन शब्दों का उच्चारण करते हैं, उनका अर्थ ही नहीं समझते, तब भाव कहाँ से लावें? इन्हीं ध्रुपद धमारियों ने संगीत को विकृत बना

दिया है। शब्दों के बिगाड़ने में ये सिद्धहस्त होते हैं। 'सङ्ग' 'रङ्ग' जैसे कर्ण मधुर शब्दों का उच्चारण 'सौंग' 'रौंग' के रूप में करते हैं। एक संस्कृत कवि ने ठीक कहा है कि वैयाकरण रूपी किरातों (बहेलियों, शिकारियों) ने जब अशुद्ध शब्दों पर आक्रमण किया, तब वे भाग कर नट, विदूषक, गायक, ज्योतिषी और गणिकाओं के मुख रूपी गुफाओं में जा छिपे! परन्तु दुर्भाग्य से ध्रुपद-धमारियों से कविता कामिनी अपने प्राण न बचा सकी।

अस्तु, मोहल्ले के लोगों ने अपनी एक सभा कर निश्चय किया कि सार्वजनिक शान्ति भंग करने के अपराध में इन पर मुकदमा चलाया जाय और यह उत्पात रोका जाय। तदनुसार इनको नोटिस दी गयी। ध्रुपद-धमारिए मुकदमों और अदालतों का हाल क्या जानें? नोटिस पाकर बड़े घबड़ाए। अन्त में कुछ वृद्ध पुरुषों के समझाने से उन्होंने समझौता कर लिया। यह तय पाया कि गाँव के बाहर जो एकान्त में शिव-मन्दिर है, वह सूना पड़ा रहता है। पथरीली छोटी सी नदी भी पास से बहती है। पुजारी सुबह-शाम जा कर पूजा कर आता है। वहीं दोनों ध्रुपद-धमार का अभ्यास किया करें। किसी को कोई आपत्ति न होगी।

दूसरे दिन से दोनों भाइयों की उसी शिव मन्दिर में महफिल होने लगी। इससे एक लाभ और हुआ। मुहल्ले वालों का पिंड छूटा ही, किन्तु इनके मधुर (!) संगीत से घबड़ा कर मन्दिर से सब साँप भाग गये। मन्दिर जंगल में होने से वहाँ बहुत से साँपों ने बसेरा कर लिया था और प्रति वर्ष वे एक-दो चरवाहों या चौपायों को काट कर हत्या करते थे। ध्रुपद-धमारिया एण्ड ब्रदर्स की कृपा से अब वह भय जाता रहा। ध्रुपद-धमार के गाने में बहुत बल का प्रयोजन होता है, दम की जरूरत होती है। अतः यह हृष्ट-पुष्ट बलिष्ठ लोग ही गाते हैं। किसी महफिल में इनके पधारते ही आनन्द आ जाता है। बड़े-बड़े साफे, दाढ़ियाँ, अचकन आदि से वे अपने शरीर ऐसे सजाते हैं कि लंका के विभीषणों का—जो रामलीला में देख पड़ते हैं—स्मरण हो आता है। गाते समय चकरी की तरह चारों ओर घूम-घूम कर सब दिशाओं में सम देते हुए वे एक अद्‌भुत दृश्य उपस्थित करते हैं। ध्रुपदियों और मृदंगियों में कभी मेल नहीं होता। दोनों में स्पर्धा होती है और दोनों एक दूसरे को नीचा दिखाने के प्रयत्न में रहते हैं। एक बार मोदक और लड्डुक में यह विवाद छिड़ा कि गवैया बड़ा या बजवैया? बात बहुत बढ़ गयी। यहाँ तक कि मोदक ने लड्डुक को तमाचा जड़ दिया। लड्डुक भी बदला लेने में पीछे हटने वाला नहीं था। ध्रुपद की जब सम आयी, तब 'धा' शब्द के साथ लड्डुक ने मोदक के सिर पर मृदंग दे मारा, जिससे बेचारा मोदक लोहू-लुहान हो गया। मन्दिर में जब दोनों बैठे रहते, तब इनकी शकल देख कर चरवाहे और चौपाये डर कर भाग जाते।

शिकारी जब बाघ के शिकार को जाते हैं, तब पहले से ही हाँका बोल दिया जाता है। जंगली निर्भय लोगों की टोली ढोल, कनस्टर आदि बजा-बजाकर चिल्लाते हुए

बाघ की माँद के पास पहँचते हैं, जिससे मस्त होकर बाघ बाहर निकल कर उन पर टूट पड़ता है, फिर वे ऐसी युक्ति से उसे भगाते हुए शिकारी के सामने ले आते हैं, जिससे शिकारी सुगमता से गोली मार सके। जिस शिव-मन्दिर में मोदक-लड्डुक ध्रुपद-धमार का अभ्यास करते थे, उसके पास से बहनेवाली नदी के तट की पहाड़ियों में कितने ही बाघ, चीते, भालू आदि रहते थे और कभी-कभी पानी पीने नदी पर भी जाते थे। एक दिन की बात है—लड्डुक पखावज के 'दुमदुम्' नाद से गगन-मंडल को गुँजा रहा था और मोदक गमक-जमजमे का रंग जमाता जाता था। शेर नीचे पानी पी रहा था। उसने ध्रुपद-धमार के स्वरों को हाँका समझा। आखिर पशु ही था। वह मन्दिर की ओर लपका। मन्दिर की दालान के सब दरवाजों में मोटी छड़ों के जंगले लगे थे, इस कारण भीतर नहीं जा सकता था, उसने जंगले से झाँका, तो उसे दो काल पुरुष देख पड़े, जो अपना सारा शरीर मथानी की तरह घुमा-घुमा कर चिल्ला रहे थे। उसका झाँकना था कि, इन गायक वादकों की सम आ गयी। रावण वाणी से मोदक गरजा—'कडान धा धा धा।' लड्डुक ने भी तिहाई कसी—'तिट कित गदिगनधा, गदिगनधा...गदिगनधा।' दोनों का 'धा' एक साथ ही ऐसा धमका कि, बम का धड़ाका समझ कर पीछे की ओर उछल कर शेर धड़ाम से गिर पड़ा और फिर पूँछ उठाकर ऐसा भागा कि मुड़कर पीछे देखने का भी उसे साहस नहीं हुआ। मोदक और लड्डुक गरज उठे, 'बोलो ध्रुपद धमार की जय।'

इसी प्रकार ध्रुपद धमार के बीच-बीच में चमत्कार हुआ करते थे। दोनों भाइयों का इसी प्रकार वर्षों कार्यक्रम चलता रहा। अब उन्हें बोध होने लगा कि, हम ध्रुपद—धमार की विद्या में पारंगत हो गये हैं, इसलिए हमें इसके प्रचार में प्रवृत हो जाना चाहिए। देशाटन से पहले गुरुजन की अनुज्ञा और आशीर्वाद लेना आवश्यक था। उनके नातेदारों में एक वृद्धा मौसी ही बच रही थीं, जो 50-60 मील पर दूसरे गाँव में बाल बच्चों सहित रहा करती थीं। उसी का आशीर्वाद सर्वप्रथम लेने की दोनों ने ठानी। दोनों गुरुजन के आज्ञा पालक भी थे। निश्चय हुआ कि लड्डुक घर रहे और मोदक मौसी के यहाँ जाकर आशीर्वाद ले आवें।

अच्छा दिन देखकर मोदक ने यात्रा की और यथा समय वह मौसी के घर पहुँच गया। भाँजे को आया देख मौसी बड़ी प्रसन्न हुई। आँगन में सब लोग एकत्र हो गये। मोदक बीच में बैठ गया। कुशल-प्रश्न होने लगे। मौसी ने पूछा—बेटा! आजकल तुम दोनों भाई क्या करते हो?' मोदक ने उत्तर दिया, 'मौसी! हम दोनों ने ध्रुपद-धमार का अच्छा अभ्यास कर लिया है।' मौसी बोली—'बेटा ध्रुपद-धमार क्या होता है?' मोदक ने कहा—"सुनाऊँ?" मौसी ने कहा—'हाँ'! बस, फिर क्या था? मोदक को गवास छुटी। कानपर हाथ रखकर खरज लगाया और वह दरबारी कानड़ा अलापने लगा। थोड़ी ही देर में उसकी सम आयी और वह गरज उठा—'धा!' उसकी आँखें चढ़ गयीं। नाक भौं सिकोड़ कर ताव से उसने हाथ पटका और शिव-गण का अनुकरण

करना आरम्भ किया, उसकी यह दशा देख कर मौसी घबड़ायी। उसे मोदक पर दया आ गयी। वह दौड़ती हुई भीतर गयी और एक जल से भरी हुई गगरी उठा लायी। जब मोदक की फिर सम आयी, तो 'धा' के साथ ही मौसी ने उसके सिर पर गगरी का पानी छोड़ दिया। उसने सोचा कि, मोदक का माथा गरम हो गया है या इसे कोई ऊपर की बाधा हो गयी है, किसी दुष्ट पिशाच ने पछाड़ा है। मोदक हक्का-बक्का हो गया। उसने कहा—'मौसी! तुमने मुझे क्यों भिगो दिया?' मौसी करुणा से बोली—'बेटा चुप रहो। किसी मुए की तुम्हें नजर लग गयी है। ऐसा तुम कभी नहीं करते थे। यह उपद्रव कब से होने लगा है? चलो, घंर में चलकर लेट रहो।' मोदक का हाथ पकड़ कर मौसी उसे अन्दर ले गयी और एक खटिया पर लिटा दिया।

थोड़ा विश्राम कर मोदक उठा और उसने पास में बैठी हुई चिन्ताग्रस्त मौसी से पूछा—'मौसी! तुम ऐसी घबड़ा क्यों गयी? ध्रुपद-धमार की स्वर्गीय विद्या तुम्हें सुनायी, तो तुमने मुझे नहला दिया। मुझे कोई रोग या बाधा नहीं हुई है। मेरा मस्तिष्क भी ठीक है। मेरा यह स्वर्ग का संगीत था, स्वर्ग का संगीत, मौसी बोली 'बेटा! यह स्वर्ग का संगीत स्वर्ग के लिए ही मुबारक रहे। पृथ्वी में इसकी ज़रूरत नहीं है। इससे देखो, घर के सब लोग व्याकुल हो उठे हैं। सुना है, तुम्हारे इसी संगीत से बहुएँ नहर भाग गयी हैं। तुम से एक भिक्षा चाहती हूँ, दोगे?' मोदक ने प्रसन्नता से कहा—'हाँ हाँ मौसी। कहो! अब तुम्हारे सिवा हमारा बड़ा बूढ़ा कौन रह गया है?' मौसी ने कहा—'तुम प्रतिज्ञा करो कि आज से तुम घर में ध्रुपद-धमार न करोगे जब करना हो, तो गाँव के बाहर किया करो।'

मोदक ने स्वीकार कर लिया। उस दिन से दोनों भाइयों को जब ध्रुपद-धमार गाने की लहर उठती, तब उसी शिव-मन्दिर में चले जाते और मनकी साध मिटा आते थे। समय पाकर उस मन्दिर का नाम ही ध्रुपद धमार पड़ गया।

मुसलमान, ग़ज़ल, कव्वाली और खयाल

आचार्य बृहस्पति

दक्षिण-भारत के कुछ लोगों का कथन है कि मुसलमानों ने भारतीय संगीत को भ्रष्ट कर दिया और कुछ मुसलमान बन्धुओं का विश्वास है कि मुसलमानों ने भारतीय संगीत को सजाया और सँवारा। आइए, इतिहास की दृष्टि से वास्तविकता का अध्ययन करें।

अरब के साथ भारतवर्ष के व्यापारिक और सांस्कृतिक सम्बन्ध सहस्रों वर्षों से हैं। हजरत मुहम्मद के जन्म से पूर्व के कुछ अरबी ग्रन्थ रामपुर के रजा-पुस्तकालय में सुरक्षित हैं, जिनमें कुछ गीतों की विशिष्ट 'स्वरलिपि' भी है, जो सामगान करनेवाले ब्राह्मणों की 'गात्र वीणा-विधि' से प्रभावित है। यह तथ्य इस बात का परिचायक है कि अरब लोग भारतीय स्वरविधि से उस समय परिचय प्राप्त कर चुके थे, जिस समय इस्लाम का उदय भी नहीं हुआ था। दक्षिण-भारत में अरब उपनिवेशों की स्थापना का इतिहास तो बहुत पुराना है। 868 ई. में जाहज नामक एक अरब-लेखक ने भारतीय संगीत की भूरि-भूरि प्रशंसा की है और 'इकतारे' (एकतन्त्री वीणा?) की चर्चा विशेषतया की है।[1] स्पेन के एक इतिहासकार काजी साइद अंदलस्मी ने 1070 ई. में लिखा है कि एक भारतीय संगीत-ग्रन्थ हम तक पहुँच चुका है, जिसमें रागों और स्वरों का वर्णन है।[2] अमीर खुसरो ने भारतीय संगीत को विश्व-भर में सर्वश्रेष्ठ कहा है और इस तथ्य का भी उद्घाटन किया है कि भारतीय संगीत की शिक्षा लेने के लिए विदेशों से अनेक विद्यार्थी। भारत आते रहे हैं।[3]

आज कुछ भी कहा जाए, परन्तु पूर्वोक्त तथ्य यह सिद्ध करते हैं कि अरब विद्वान् भारतीय संगीत के अत्यन्त प्रशंसक थे, उसे सीखने के लिए उत्सुक थे और खुसरो-जैसे भारत में उत्पन्न, प्रतिभाशाली मुसलमानों को भारतीय संगीत के सर्वश्रेष्ठ होने पर गर्व था।

सिंध पर मुहम्मद बिन कासिम का आक्रमण 712 ई. में हुआ। विजय के

पश्चात् मुहम्मद बिन कासिम ने ब्राह्मणों को उच्च पदों पर नियुक्त किया और शासन-कार्य उन्हें सौंप दिया। अरब सैनिक भारत में बस गये और उन्होंने भारतीय नारियों से विवाह किया। परिणाम यह हुआ कि मनसूरा, कुजदार, कदावेल, वैजा, महफूजा और मुलतान-जैसी बस्तियाँ अरब और भारत के संगीत का संगम-स्थल बन गयीं।

न तो भारत में बस जानेवाले अरब मुसलमान तत्काल अपना संगीत भूल सकते थे और न उनकी भारतीय पत्नियाँ भारतीय धुनों को तिलांजलि दे सकती थीं, फलतः पूर्वोक्त बस्तियों में उत्पन सन्तानें जो-कुछ गुनगुनाती थीं, वह अरब और भारतीय धुनों का संकर था। यद्यपि अरब मुसलमानों ने पूर्वोक्त बस्तियों को अपनी संस्कृति का केन्द्र बना दिया, अपनी विद्याओं के शिक्षण-प्रशिक्षण की व्यवस्था भी वहाँ की, तथापि मातृभूमि, मातृभाषा और मातृसंगीत से अलग-थलग रह पाना अरबों की उन सन्तानों के लिए सम्भव न था, जिनका जन्म भारतीय नारियों के गर्भ से हुआ था।

753 ई. और 774 ई. के मध्य में अनेक भारतीय ग्रन्थ अरब ले जाए गये, उनका अरबी अनुवाद हुआ। इस समय बगदाद पर खलीफा मंसूर का शासन था। खलीफा हारूँ (786-808 ई.) के युग में अनेक अरब-विद्यार्थी विभिन्न विद्याओं के अध्ययन के लिए भारत भेजे गये और भारतीय विद्वानों को बगदाद बुलाया गया।

871 ई. में सिंध खलीफाओं के शासन से मुक्त हो गया और भारतीय अरबों ने स्वतन्त्र शासक-वंशों की स्थापना की।

सिंध पर अरबों का प्रभाव जितना बढ़ता गया, ब्राह्मणों का प्रभाव उतना ही घटता गया। सिंध का संगीत अरबों के प्रभाव से युक्त है।

प्रसिद्ध संगीत-मर्मज्ञ शैख बहाउद्दीन जकरिया का संगीत-सम्प्रदाय अरबों से अधिक प्रभावित है। ये सूफियों की सुहरवर्दी-परम्परा के महापुरुष थे। इनका कार्य-क्षेत्र सिंध था। पंजाब और सिंध के लोक-गीतों की धुनें इस संप्रदाय से अधिक प्रभावित हैं।

भारतीय संगीत के विद्यार्थी को यह तथ्य अपने सम्मुख सदैव रखना चाहिए कि खैबर की घाटी से होकर भारत में आनेवाले मुसलमानों का स्वभाव, चरित्र, संगीत इत्यादि उन मुसलमानों से सर्वथा भिन्न था, जो मुसलमान अरब से भारत आये थे। अरबी, अरब मुसलमानों की मातृभाषा थी, गजनवियों या गोरियों की नहीं। मुसलमानों के इन दोनों वर्गों में धार्मिक सम्बन्ध भले ही हों, सांस्कृतिक सम्बन्ध नहीं थे।

मुलतान पर अरब मुसलमानों के प्रभाव से जिन धुनों या रागों का जन्म हुआ, वे उन धुनों या रागों की अपेक्षा सर्वथा पृथक् स्वभाव के थे, जिनका जन्म अजमेर पर मुईनुद्दीन चिश्ती अजमेरी के कव्वालों के प्रभाव से हुआ। मुईनुद्दीन चिश्ती अजमेरी ने अजमेर की भाषा और अजमेर में प्रचलित धुनों और छन्दों में अपनी बात

कहने के लिए अपने कव्वालों को प्रेरित किया, जबकि अरबों के सामने ऐसा कोई 'मिशन' न था। यही कारण है कि चिश्ती परम्परा के प्रसिद्ध पुरुष शैख निजामुद्दीन चिश्ती की दरगाह में खुसरो की जो रचनाएँ गायी जाती हैं, वे सर्वथा भारतीय हैं। उनकी धुनें या तर्जें सर्वथा प्रादेशिक लोक-गीतों से प्रभावित हैं, उन्हें मूर्च्छना-पद्धति में वर्गीकृत किया जा सकता है, जबकि 'मुलतानी-काफी' या सिंधी-काफी' की धुनों को मूर्च्छना-पद्धति में वर्गीकृत नहीं किया जा सकता।

खुसरो ने कहा है कि मुझे ईरानी संगीत के चारों उसूलों और बारह परदों का ज्ञान है, परन्तु उन्होंने प्रशंसा भारतीय संगीत की ही की है। उसे अरबों के संगीत की अपेक्षा श्रेष्ठ कहा है। खुसरो के इस कथन से यह सिद्ध होता है कि उनका प्रत्यक्ष परिचय ईरानी संगीत के सिद्धान्तों से तो था, परन्तु उस अरब-संगीत से नहीं, जिसका प्रभाव सिंध पर था। अरब-संगीत और ईरानी संगीत एक ही बात नहीं हैं। यह सत्य है कि खुसरो ने भारतीय रागों के वर्गीकरण में मुकाम-पद्धति का आश्रय लिया, क्योंकि वर्गीकरण की यह पद्धति अरब विजेताओं के प्रभाव से ईरान में भी प्रचलित हो गयी थी, परन्तु इसका अर्थ यह कदापि नहीं कि ईरानी धुनें बदल गयी थीं।

यह भी सत्य है कि खुसरो ने भारतीय और अभारतीय रागों के संकर से कुछ जटिल रागों का निर्माण भी किया था, परन्तु खुसरो के ये राग चिरंजीवी न हुए, उनका किया राग-वर्गीकरण चिरंजीवी रहा।

अस्तु, अब तक के विचारों का सार यह है कि अरब मुसलमान भी भारतीय संगीत के प्रशंसक थे और खुसरो भी। अरबों के संगीत का प्रभाव सिंध के संगीत पर हुआ और मुहम्मद गोरी की सेनाओं के साथ भारत आये हुए शैख मुईनुद्दीन चिश्ती अजमेरी के कव्वालों में भारतीयता अधिक रही। चिश्ती-परम्परा के अमीर खुसरो पर भारतीय प्रभाव अधिक था और शैख बहाउद्दीन जकरिया पर उन कलाकारों का, जो उनसे पूर्व अरबों से प्रभावित हो चुके थे।

शैख बहाउद्दीन जकरिया का संगीत-सम्प्रदाय और खुसरो का 'इन्द्रप्रस्थ (दिल्ली)-मत'[4] पृथक्-पृथक् हैं, भले ही इनके राग-वर्गीकरण की पद्धति सदृश हो। अमीर खुसरो के अनुयायी कौल, तराना और गजल ही गाते थे।

आज 'गजल' और 'कव्वाली' को भले ही 'लाइट म्यूजिक' समझा जाता है, परन्तु इतिहास कुछ और है। मुसलमानों के सन्दर्भ में 'गजल' और 'कव्वाली' को देखा जाए।

गजल

'गजल' अरबी भाषा का स्त्रीलिंग शब्द है। जिसका अर्थ है 'प्रेमपात्र से वार्तालाप' उर्दू और फारसी की कविता का एक विशेष प्रकार 'गजल' कहलाता है।

एक गजल में कम-से-कम पाँच और अधिक-से-अधिक ग्यारह शेर होते हैं। सारे शेर एक ही 'रदीफ' और 'काफिए' में होते हैं और प्रत्येक शेर में एक स्वतन्त्र भाव होता है। गजल का प्रथम शेर 'मत्ला' और अन्तिम शेर 'मक्ता' कहलाता है। मक्ते में शायर अपना उपनाम रखता है। गजल का संग्रह 'दीवान' कहलाता है।

शृंगारपरक होने के कारण काव्य-रसिकों और संगीतानुरागियों को गजलें परम प्रिय रही हैं और सूफियों को भी। काजी हमीदुद्दीन नागौरी के कव्वाल महमूद ने सुलतान शम्सुद्दीन इल्तुतमिश (रा.का. 1210-1235 ई.) को गजल गाकर मुग्ध कर दिया था।[5] गयासुद्दीन बलबन (रा.का. 1265-1287 ई.) के पुत्र मुहम्मद ने शैख बहाउद्दीन जकरिया के पुत्र शैख कदवा को अपनी सभा में निमन्त्रित किया था, उस समय अरबी गजलें गायी गयी थीं।[6] कैकुबाद (रा.का. 1287-1290 ई.) के युग में तो गली-गली गजल-गायक उत्पन्न हो गये।[7] जलालुद्दीन खिलजी के युग में अमीर खुसरो रूपवती गायिकाओं और सुन्दर किशोरों की छवि का वर्णन अपनी गजलों में करते थे।[8] अलाउद्दीन खिलजी (1296-1316 ई.) के युग में महमूद, मुहम्मद और खुदादी प्रसिद्ध गजल-गायक थे।[9] कुतुबुद्दीन खिलजी (1316-1320 ई.), गयासुद्दीन तुगलक (1320-1325 ई.) और मुहम्मद तुगलक (1325-1351 ई.) के युग में भी गजल लोकप्रिय थी। फीरोज तुगलक (1351-1388 ई.) के युग में भी गजल का सम्मान था।[10]

बहमनी सुलतान मुहम्मद शाह प्रथम के दरबार में खुसरो की गजलें गानेवाले तीन सौ गायक थे।[11]

सन् 1535 ई. में बैजू ने हुमायूँ को फारसी गजल गाकर ही रिझाया था।[12] अकबर का संरक्षक बैरम खाँ रामदास की गजलों की शैली पर ही मुग्ध था।[13] बैजू और रामदास-जैसे कलावन्तों का प्रभूत अधिकार गजल गाने पर भी था। जहाँगीर ने गजल-गायक शौकी को 'आनन्द खाँ' उपाधि दी थी।[14]

तात्पर्य यह है कि आज 'गजल' को संगीत की दृष्टि से भले ही हेय समझा जाने लगा हो, परन्तु वास्तविक रूप में गजल गाना सरल बात नहीं है। संगीत-मर्मज्ञ बादशाहों और सूफियों ने गजल का सम्मान सदैव किया है।

गजलों में प्रयोज्य प्रायः सभी छन्द भारतीय छन्दःशास्त्र के अन्तर्गत आते हैं और भारतीय रागों की शुद्धता की रक्षा करते हुए गजल गानेवाले गायक विशिष्ट परम्पराओं में होते रहे हैं।

कव्वाली

'कौल' का अर्थ 'कथन, वचन, बात, प्रचलन, प्रतिज्ञा या विशिष्ट उक्ति' है। 'कौल' का गानेवाला 'कव्वाल' है। कव्वालों की गान-शैली 'कव्वाली' और कव्वालों की गान-शैली में गायी जानेवाली गजलें ही गेय रूप में 'कव्वाली' कहलाती हैं। कव्वाली में तान, पलटा, जमजमा, बोलबाँट सभी-कुछ होता है। प्रसिद्ध खयाल-गायक

उस्ताद तानरस खाँ बहुत अच्छे कव्वाल थे। गजलों को एक विशिष्ट शैली में गानेवाले कव्वाल सूफियों के साथ सदा से रहा करते थे। शैख मुईनुद्दीन चिश्ती (मृत्यु 1235 ई.) की सेवा में भी कव्वाल थे, शैख कुतुबुद्दीन बख्यार काफी (मृत्यु 1236 ई.) का तो स्वर्गवास ही कव्वाली सुनते-सुनते हुआ था। शैख निजामुद्दीन चिश्ती के जनाजे के साथ-साथ उनकी वसीयत के अनुसार कव्वाल लोग गाते हुए चल रहे थे।

'कौल' और 'गजल' की चर्चा विजयनगर के प्रतापी सम्राट, कृष्णदेवराय के सभा-पंडित लक्ष्मीनारायण ने अपने ग्रन्थ 'संगीत-सूर्योदय' में की है।

अतः गजल और कव्वाली का आदर्श रूप सदा से सम्माननीय रहा है। प्रसिद्ध उस्ताद बड़े मुहम्मद खाँ कव्वाल-बच्चे ही थे, जिनकी नकल हस्सू खाँ और हद्दू खाँ ने की, अतः ग्वालियर की खयाल-गायकी कव्वालों के बच्चों से प्रभावित हैं।

'गजल' का विषय लौकिक प्रेम है, यदि गजल के प्रेमपात्र को ईश्वर समझकर भक्ति-भावमग्न हुआ और गाया जाए, तो वही 'कव्वाली' है। लौकिक प्रेम या ईश्वरीय भक्ति को किसी सम्प्रदाय का एकाधिकार तो नहीं कहा जा सकता।

कव्वाली सुनकर भाव-मग्न हो जानेवाले आनन्द में झूमकर नाचनेवाले सज्जन चाहे हमीदुद्दीन नागौरी हों अथवा कीर्तन-पदों पर नाचनेवाले चैतन्य महाप्रभु हों, दोनों में क्या अन्तर है!

संगीत का प्रयोजन और गेय वस्तुओं का विषय-विभाजन समस्त संसार में सदृश है। 'लय' भी ब्रह्मांड-भर में एक है। विचारक का कार्य संगीत के ढाँचे पर विचार करना रह जाता है।

गजलों और कव्वालियों का प्रभाव उन-उन स्थानों पर अधिक रहा, जिन-जिन स्थानों पर चिश्ती-परम्परा के सूफी सन्तों का प्रभाव था। बहमनी सुलतानों और उनके उत्तराधिकारियों की सभाएँ गजल-गायकों के स्वरों से गूँजती रहीं।

दिल्ली से स्वतन्त्र होकर जब जौनपुर मुस्लिम विद्याओं का केन्द्र बना, तब गजलें और कव्वालियाँ वहाँ खूब फलीं-फूलीं और खुसरो का सम्प्रदाय वहाँ विकसित हुआ। हुसेनशाह शर्की-जैसे जौनपुर के सुलतान खुसरो-पद्धति के महापंडित और नवीन संकीर्ण रागों के आविष्कारक हुए।

हुसेनशाह शर्की के युग के अन्तिम भाग में ही मानसिंह तोमर ने ब्रज-भाषा के माध्यम से ध्रुवपद-पद्धति का पुनरुत्थान किया। बैजू, बख्शू, तानसेन इत्यादि के माध्यम से ध्रुवपद मुगल-दरबार में सम्मानित हुआ, क्योंकि मुगलों की राजधानी होने का गौरव आगरा को प्राप्त था, परन्तु इस युग में भी ध्रुवपद-सम्प्रदाय को पराजित करने के लिए ख़ुसरो-सम्प्रदाय प्रयत्नशील था। बाबर के युग में उसके एक अमीर शैख घूरन अनुपम संगीत-निष्णात थे। इसी युग में शैख अदहन भी अच्छे संगीतज्ञ थे।[15] इन्हीं शैख अदहन के शिष्य शैख बंझू ने गा-बजाकर अकबर को प्रसन्न किया और प्रतियोगिता के लिए अत्यन्त वृद्ध तानसेन को 1575 ई. में ललकारा था। इस

अवसर पर अबुल फज्ल के पिता शैख मुबारक ने तानसेन के कंठ-स्वर को जंगली जानवरों की आवाज-जैसा बताया था।[16]

जब दिल्ली को पुनः मुगलों की राजधानी होने का गौरव प्राप्त हुआ, तब दरबार पर सूफी प्रभाव के कारण पुनः कव्वालों की तूती बोलने लगी। मुहम्मद शाह रँगीले के युग में ताज खाँ, उनके पुत्र जानी और गुलाम रसूल, मुईनुद्दीन बुरहानी, जट्टा, अल्लाहबन्दे इत्यादि प्रसिद्ध कव्वाल थे।[17] सदारंग-जैसे कलावन्त को इन्हीं कव्वालों से पाला पड़ा था। वे स्वयं भी सूफियों के मुरीद थे। तानरस खाँ अन्तिम मुगल बादशाह बहादुरशाह जफर के गवैये थे और जैसा कि कहा जा चुका है, कव्वाली भी खूब गाते थे।

'खयाल' शब्द का अर्थ 'विचार' या 'कल्पना' है। 'खयाल' शब्द 'ध्यान' का अनुवाद है। राजस्थान में कवि-कल्पना अथवा ऐतिहासिक घटना के आधार पर बनाये हुए चित्र 'खयाल' कहलाते हैं। चंग बजाकर लावनी गानेवाले लोग उन गीतों को 'खयाल' कहते हैं, जिनमें ऐतिहासिक घटनाओं का वर्णन होता है।

शाह बुरहानुद्दीन जानम (सोलहवीं शती का उत्तरार्द्ध)-जैसे प्रसिद्ध सूफियों की ऐसी रचनाएँ 'खयाल' कही गयी हैं, जिनमें 'प्रेम की पीर' का चित्रण है।[18] पीर, पैगम्बर की प्रार्थना का ध्यान से युक्त वे रचनाएँ 'खयाल' कही गयी, जो गजल की भाँति छन्दोबद्ध नहीं थीं। इसलिए 'गजल', 'कव्वाली' और 'खयाल' गाना एक ही वर्ग का कार्य था। खयाल में दो धातु 'स्थायी' और 'अन्तरा' होते थे। वे खयाल-गायक खयाल को 'बंडा' या 'लँगड़ा ध्रुवपद' कहते थे। एक दृष्टि से यह कहा जा सकता है कि कव्वालों ने 'खयाल' के द्वारा 'ध्रुवपद' का जवाब दिया।

मुहम्मद शाह रँगीले के युग तक गायक लोग शब्द और अर्थ के शत्रु नहीं थे। सदारंग जैसे सुशिक्षित व्यक्ति महाकवि देव-जैसे आचार्य के शिष्य थे। उस युग तक निरक्षर होना गुणी होने का प्रमाण-पत्र नहीं समझा जाता था। उस युग में रहीमसेन और तानसेन (तृतीय)-जैसे कलावन्त कवित्त भी गाते थे, शुजाअत खाँ कवित्त गाते थे, खयाल-गायक शाह दानियाल भी कवित्त गाते थे।[19] कवित्त वास्तव में गेय छन्द है। उस युग के गायक ब्रजभाषा-साहित्य से भली-भाँति परिचित और नायिका-भेद के मर्मज्ञ होते थे। खयाल उस समय लोक में अत्यन्त प्रिय था, क्योंकि उस समय के खयाल गायक शब्दों को समझते, उनका ठीक उच्चारण करते और उन्हें राग और लय से सजाते थे।

वाजिदअली शाह के युग में कलाकारों के अज्ञान के कारण प्रभावपूर्ण गाना प्रायः समाप्त हो गया था। कहीं-कहीं किसी सीमा तक खयाल, ध्रुवपद, होली और सरगम गाना रह गया था और उस गाने के कद्रदान कम रह गये थे।[20] कव्वाल लोगों में अज्ञान व्याप्त हो गया था और कव्वालों को 'बिगड़ा हुआ गवैया' कहा जाने लगा था। आचार्य देव-जैसे महाकवि और संगीत-मर्मज्ञ अवध के दरबार के लिए स्वप्न

हो गये थे। ठुमरी, दादरा, नकटा (नुक्ता) का प्रचार हो गया था। रईस लोग राग को खटराग समझने लगे थे।[21]

'अर्थ' शब्द का तात्पर्य 'प्रयोजन' से है। अर्थहीन वस्तु निरर्थक या निष्प्रयोजन है। इसीलिए अर्थहीन तानबाजी लोक की दृष्टि में निष्प्रयोजन या निरर्थक है। आज गाये जाने वाले निरर्थक खयालों से जनता दूर भागती है। आज खयाल की जो दुर्दशा हो गयी है, उसका सम्पूर्ण उत्तरदायित्व कलाकारों पर है।

बंगाल, महाराष्ट्र इत्यादि प्रदेशों के संगीत रसिकों ने ध्रुवपद और खयाल सीखने में रुचि दिखाई, तब उन्हें प्रायः ऐसे उस्ताद मिले, जो शब्द, अर्थ और उच्चारण इत्यादि से भली-भाँति परिचित नहीं थे। उन्होंने अपने अहिन्दीभाषी शिष्यों को यह समझा दिया कि शास्त्रीय गान में अर्थ पर विचार करने की आवश्यकता ही नहीं है। परिणाम यह हुआ कि आलोचकों तक की बुद्धि भ्रष्ट हो गयी।

महाराष्ट्र के एक आलोचक लिखते हैं :

"संगीत के उभरने के साथ शब्दार्थ पीछे छोड़ दिया जाता है, छोड़ दिया जाना चाहिए। संगीत को चाहिए कि उसे (शब्दार्थ को) खा जाए और शब्दार्थ को भी चाहिए कि वह खाया जाए।"[22]

जब आलोचकों का दृष्टिकोण यह हो जाए, तब संगीत की नैया का भगवान् ही मालिक है। अमीर खुसरो या सदारंग यदि इस युग में होते, तो अवश्य ही पागल हो जाते।

बन्दिशों के साहित्य को भ्रष्ट करने का उत्तरदायित्व भी शब्दार्थ की ओर ध्यान न देनेवाले उस्तादों पर है। 'क्रमिक पुस्तक मालिका' में संगृहीत, परन्तु अर्थ की दृष्टि से अपूर्ण एवं भ्रष्ट बन्दिशों के प्रचार का उत्तरदायित्व उस परम्परा के नेताओं पर है।

इस युग में तो ऐसे व्यक्ति भी उस्ताद कहलाने लगे, जिन्होंने केवल मुखड़ा गाकर जीवन बिता दिया और नयी पीढ़ी के मन में यह बात डाल गये कि न तो बन्दिश की आवश्यकता है और न अर्थ की। तबले पर ठेका आरम्भ कराकर 'आ, ई, ऊ, ओ' का आधार लो, बहलावे करो, तानें मारो, टीप पर खड़े न हो, गला बराबर हिलाते रहो, बस गवैये बन जाओगे। यही कारण है कि जो 'गाना' कभी बजाने और नाचने की अपेक्षा 'उत्तम' कहलाता था, उसकी 'रीढ़' ही गायब हो गयी है। उसका अस्थिपंजर लुप्त हो गया है।

सितार और सरोद के लोकप्रिय होने का कारण यह है कि इन्हें बजानेवाले आलाप में लय का ढोंग नहीं करते, जबकि प्रायः गायक आरम्भ से ही तबले पर ठेका आरम्भ करा देते हैं, उस ठेके की लय का गायक के तथाकथित विलम्बित गान से कोई सम्बन्ध नहीं होता। 'तिरकिट' देखकर 'सम' पर आ जाना पर्याप्त समझा जाता है। 'लय' की डोर इस गाने में नहीं रहती।

सितार या सरोद के 'जोड़' में ताल भले ही न हो, 'लय' रहती है, एक क्रम रहता है। ये लोग जब 'मसीतखानी' गत बजाते हैं, तब श्रोताओं के सम्मुख ठेका स्पष्ट रहता है, सितार-वादक एवं सरोद-वादक तरह-तरह से बनकर आते हैं और मुखड़ा पकड़ते हैं। तबले वाले तन्त्री-वादकों के साथ बजाकर इस युग में यशस्वी हुए हैं। अच्छे तबला-वादक अति विलम्बित-प्रेमी गायकों को दूर से ही नमस्कार करना चाहते हैं। इस स्थिति की जिम्मेदारी भी 'उस्तादों' पर है।

एक स्वर्गीय खयाल-गायक को कान्फ्रेंसों से तीन हजार, सात हजार या दस हजार रुपये दक्षिणा कभी नहीं मिली, जबकि इतनी दक्षिणा लेनेवाले तन्त्री-वादक अनेक हैं। तन्त्री-वादकों को केवल राग के नहीं, ताल और लय के पैसे भी मिलते हैं।

शब्द और अर्थ केवल गायक की सम्पत्ति थे। राग, ताल और लय तो बीन, सितार, सरोद और बाँसुरी में भी हैं। शब्द, अर्थ और लय की ओर जब गायकों ने ध्यान देना छोड़ दिया, तो उनके पैसे भी उसी हिसाब से कम हो गये।

यद्यपि शिक्षा का प्रयोजन ही योग्य गुरु के द्वारा शिष्य की चिन्तन-शक्ति में विकास किया जाना है, तथापि आज का नवयुवक यह सोचने लगा है कि शिक्षण से मौलिक चिन्तन में बाधा आती है, क्योंकि उसे उसकी शंकाओं का युक्तियुक्त समाधान करनेवाले 'उस्ताद' नहीं मिलते।

प्रत्येक युग में मानव नवीनता की खोज में पागल रहा है, आज भी संगीत-जगत् में ऐसे व्यक्ति हैं, जो नये मार्ग की खोज में हैं, परन्तु इनमें से अधिकांश ऐसे हैं, जिनमें पर्याप्त अध्ययन की कमी है, ये प्रचलित रागों में मनमाना उत्पात करके लोगों का ध्यान अपनी ओर आकृष्ट करते हैं। इनकी 'बन्दिशों' की भाषा प्रायः अशुद्ध होती है, इनके द्वारा आविष्कृतराग सचमुच बीहड़ होते हैं।

आज भारतीय संगीत को पुनः गम्भीर चिन्तन की आवश्यकता है।

सन्दर्भ

1. 'अरब और हिन्द के ताल्लुकात', लेखक सैयद सुलेमान नदवी, हिन्दुस्तानी एकेडेमी, इलाहाबाद, पृ. 157।
2. वही, पृष्ठ 158।
3. 'खिलजीकालीन भारत', पृष्ठ 180।
4. 'इन्द्रप्रस्थ-मत' के विषय में जानने के लिए पढ़िए, 'मुसलमान और भारतीय संगीत', राजकमल-प्रकाशन, दिल्ली, पृष्ठ 31-38।
5. 'मुसलमान और भारतीय संगीत', पृष्ठ 57।
6. वही, पृष्ठ 57।
7. वही, पृष्ठ 58।
8. वही, पृष्ठ 58।

9. वही, पृष्ठ 59।
10. वही, पृष्ठ 60-61।
11. वही, पृष्ठ 66।
12. 'आजकल' (उर्दू), अगस्त, 1956, पृष्ठ 105।
13. 'मुंतखबुत्तवारीख', लो-कृत अनुवाद, खंड 2, पृष्ठ 37।
14. 'जहाँगीरनामा', पृष्ठ 396, ब्रजरत्नदास-कृत हिन्दी-अनुवाद।
15. 'मुसलमान और भारतीय संगीत', पृष्ठ 71।
16. 'मुंतखबुत्तवारीख', खंड 2, पृष्ठ 345।
17. 'मुसलमान और भारतीय संगीत' पृष्ठ 79।
18. वही, पृष्ठ 112।
19. वही, पृष्ठ 78।
20. वही, पृष्ठ 81।
21. वही, पृष्ठ 82।
22. 'अनूपरागविलास', भूमिका, पृष्ठ 13।

मुहम्मदशाह रँगीला की रचनाएँ

डॉ. शालिग्राम गुप्त

मुगल-सम्राट् औरंगजेब की मृत्यु के 12 वर्ष पश्चात् संगीत-रसिक मुहम्मद शाह रँगीला, जिसका प्रकृत नाम रौशन अख्तर था, 28 सितम्बर, 1719 को सैयद भाइयों की कृपा से दिल्ली की गद्दी पर आसीन हुआ और लगभग दो दशकों तक देश का शासन करने के पश्चात् 26 अप्रैल, 1749 को इस रंग-बिरंगी दुनिया से चल बसा। राग-रंग में निमग्न रहनेवाले इस सम्राट् पर फ़रवरी, 1739 में क्रूर नादिरशाह का आक्रमण हुआ। नादिरशाही बर्बरता से मुगल-साम्राज्य की रही-सही प्रतिष्ठा भी जाती रही और मुहम्मद शाह को संगीत-कला से विरक्ति-सी हो गयी।

रँगीला-दरबार का महान् कलावन्त एवं संगीतज्ञ न्यामत खाँ 'सदारंग' था। सदारंग की शिक्षा-दीक्षा मुगल सम्राट् मुअज्जमशाह की सभा में हुई थी। सम्राट् जहाँदार शाह के दरबार में उन्हें आश्रय और सम्मान मिला था। रँगीला सम्राट ने उनको सिर-आँखों पर बैठाया और सदारंग ने 'सदा रँगोले' के नाम से अंकित सहस्रों खयालों की रचना करके अपने प्रमुख आश्रयदाता रँगीला को संगीत-जगत् में सदा के लिए अमर कर दिया। यही नहीं, सदारंग ने कमला बाई, कासिमअली एवं पन्ना बाई-जैसे कुशल कलाकार दिल्ली को दिये। यद्यपि सदारंग प्रमुखतया वीणा-वादक एवं ध्रुवपद-गायक थे, तथापि अपने विरोधियों को शान्त करने और रँगीला सम्राट् को सन्तुष्ट करने के लिए उन्होंने सहस्रों खयालों का प्रणयन भी किया। रँगीला-युग के जिन दरबारी खयाल-गायकों एवं गायिकाओं की नवाब दर्गाहकुली खाँ ने चर्चा की है; उनमें एक था, कासिमअली। कासिमअली सदारंग का प्रिय शिष्य और सम्राट् का कृपापात्र था। फलतः सम्राट् के सामन्त उसका सम्मान करते थे। उसकी गणना दिल्ली के संगीत मर्मज्ञों में थी। बोले खाँ सम्राट् का वृत्ति-भोगी था। उसकी गायन-शैली प्राचीन थी। गायिकाओं में कमला बाई सम्राट् की सभा में अपने गुणों के कारण सम्मानित थी। रँगीला के हृदय पर उसका अधिकार था। रँगीला सम्राट्

की मुद्रा से अंकित सदारंग के खयाल वह बड़े सुन्दर ढंग से गाती थी। चमनी का गाना सम्राट् दत्तचित्त होकर सुनते थे और उसकी कला का आनन्द लूटते थे। तन्नो एवं पन्ना द्वितीय रँगीला सम्राट् की मुँहलगी थीं। सम्राट् का उन पर असीम अनुग्रह था। नादिरशाही आक्रमण के पश्चात् जब मुहम्मदशाह को संगीत से विरक्ति-सी हो गयी और संगीत-मर्मज्ञ एवं गुणी जन राज-सभा से सेवा-मुक्त हो, नये आश्रयों की खोज में इधर-उधर चले गये, तब दिल्ली के संगीत-रसिकों के लिए तन्नो एवं पन्ना (द्वितीय) की कला सुलभ हुई। नृत्य पर विलक्षण अधिकार होने के साथ ही वे सुन्दर रचनाएँ भी करती थीं। नर्तकी मानी की कला पर प्रसन्न होकर रँगीला सम्राट् ने उसे 'चकमक' की उपाधि से अलंकृत किया था।

सम्राट् रँगीला को खयाल विशेष रूप से भाता था। इसी कारण ध्रुवपदकार सदारंग तक को खयालों की रचना करनी पड़ी। सम्राट् पर कमला बाई, चमनी, चकमक, पन्ना (द्वितीय) एवं तन्नो-सदृश कोमलांगी एवं सुकंठी वारांगनाओं का जादू था। वह उनके रूप-सौन्दर्य का पिपासु था। अतः सम्राट् पर अपना प्रभाव अक्षुण्ण बनाए रखने के लिए सदारंग कमला बाई एवं पन्ना बाई को शिक्षण-प्रशिक्षण देने के लिए विवश हुए थे, यद्यपि खयाल-रचना और वेश्याओं को शिक्षा देना सदारंग-जैसे खानदानी कलावन्त की शान के प्रतिकूल था। वस्तुतः सदारंग का पतन वीणा एवं ध्रुवपद के पतन का आरम्भ था। जब तक मुगल बादशाहों की राजधानी ब्रजभूमि (आगरा) रही, तब तक दरबार में ध्रुवपद-गायन का प्राधान्य रहा, किन्तु दरबार के दिल्ली स्थानान्तरित होते ही स्थानीय खयाल-गायकों की परम्परा ने दरबार को भी अपने प्रभाव से अछूता न रखा। ध्रुवपद के स्थान पर धीरे-धीरे खयाल-गायन को प्रतिष्ठा मिली। रँगीला-युग के कलावन्त अदारंग, गुलाब खाँ, मनरंग एवं सदारंग आदि की रचनाओं के कारण संगीत-जगत् 'रँगीला' के नाम से चिरपरिचित है, किन्तु इस तथ्य को लोग कम ही जानते हैं कि मुहम्मद शाह संगीत-प्रिय होने के साथ ही स्वयं भी संगीतज्ञ था। उसके रचित अनेक गान यद्यपि आज काल-कवलित हो चुके हैं, फिर भी जो कुछ आज उपलब्ध हैं, उन्हें लोक-सुलभ करने की दृष्टि से यहाँ प्रस्तुत किया जा रहा है।

रचनाएँ :

1. टोड़ी-सावनी

अब मोरे कंथा आ मिलो,
एक पल-छिन मोरे संगवा।
नेह लगीला तुम सन मोरा,
सुघर मुहम्मद सा नेकहु न लागीलो अंगवा ॥

2. टोड़ी—ताल धमार

अब के होरी में प्यारी लरबे को,
यह समान तैने कीने।
ढफ ढाल नोला सी खड़ग गहे,
सौतिन के गुमान सुभट मार दीने ॥
मृदंग तोप गेंदा गुलाल धूम ताकी
आवाज ते गरुड़ गढ़ छीने।
महम्मद सा के सुहाग बढ़ो याते,
अन हितुअन के झुंड मुख मोर फेर दीने ॥

3 टोड़ी—एकताल

धाय मिलूँ जब आवै मोरे घर,
महम्मद सा प्यारा गर धाय।
गाय-बजाय नीकी तान से मेरा
मन बसकर रहिलबा धाय ॥
मृदंग से भेद परे धाकिट धुम,
किट तकधि तिलाना गिड़ धाय रे धाय।

4. धनाश्री—एकताल

मन-भावन लाड़-लड़ावन,
रंग-उपजावन जगन जीवावन।
भाग बड़े सबही के मिल देहों अशीष,
जो पायो महम्मद सा,
अपरंपार गुण अमोघ पावन ॥

5. मालश्री-त्रिताल

अनत रित मान आए री पिया,
तिहारी बात में जानी।
काहे कों दुराव करत हो महम्मद सा
चिह्न प्रगट देखियत ऐसी मन आनी ॥

6. देश—लूम

मोह लियो मेरो जिय कामनी तैने।
महम्मद सा पिया मोरे दोरे आइलों,
ओही हमारे पिय ॥

7. देश—लूम

नींद की माती गई सोय येरी ए मैं ना जानू।
महम्मद सा पिया मोरे डेरे आइले,
रखती नैणवा लगाय ॥
मइकूँ न जगावो सइयाँ निदियाँ लागी रे।
बारे बरस पै सइयाँ मोरे आइले,
परहुँ तोरे पइयाँ ॥

8. ललित—धमार

हों तोको कौन सीखे देहों री नागर।
तू तो होरी में अत छिन-छिन में रिगसावे,
उनके मन ही में सब इस गुण के आगर ॥
अब तुम मान गहे राखो सखी
ए रिझए प्रेम सागर।
अब के महम्मद सा कोउ मनाय ले
आवे तो भरूँगी री कची गागर ॥

9. भैरव—एकताल

मेरे मियाँ सारी रयन अनत जागीलो
गजरबा बाजत आए।
चंद उदोत गवन न कीज्ये महम्मद सा आए ॥

10. जौनपुरी—गान्धार—तिताल

सो अब मोरे कंथा आवन को
पल छिन मोरे संगहू लागे।
नेह लागी लो तुमसे मोरा
सुघर महम्मद सा लगन लागिली अंगवा पागे ॥

11. गुर्जरी—तिताल

किरपा करो रे मो मन सइयाँ।
तन मन धन नोछावर करहूँ परहूँ पइयाँ।
मुहम्मद सा सुजान अब कहिं भाग हमारे जागे।
लेहु बलैया सुरजन सइयाँ ॥

12. गान्धार-तिताल

अब तो नेहा लागीला मोरा हा मा,
लागिला मा महम्मद सा सुंदर सन।
अपनो मैं उनपे नोछावर करहूँ तन मन धन ॥

13. मुलतानी-धनाश्री—एकताल

मंदिलरा तू बाज रे बाजु मंदिलरा,
सब सहेली मिल वरण बसन साज।
सात सखी मिल दे हो मुबारकी,
मुहम्मद सा घर काज ॥

14. मुलतानी-ठुमरी—तिताल

अब तो नेह नजर हो राखो ये बने प्यारे।
तुम्हारी दया ते जग जीवन निज,
मुहम्मद सा रंगीले लाल सबको
सुख देत नया रे ॥

15. पूरबी—चौताल

लाल की बास आवत है री तेरे अंग।
मानो मिल आवत है महम्मद सा सों,
पूछत कहत हित संत।

16. आसावरी—तिताल

साहब मेरा है बहोरंगी,
उस बहोरंगी के हौं बलजाई।
जहाँ-तहाँ सब घट रम रहो,
हर घट में हरि जी की परछाईं ॥
आप ही लाला आपही मियाँ,
आपी सेवक आपी गुसाईं।
महम्मद सा श्यामसुंदर कों,
जो लों जिओ तो लों यश गाऊँ ॥

17. सोरठ

अरी ए मैं ना जानूँ काँई नींद की
माती गई सोय।

महम्मद सा पिया मोरे डेरे आइलो
राखती में नेणवा दोय ॥

18. भैरवी—धमारयत्

आवो बलम जी हमारे डेरे,
अबीर गुलाल मलों मुख तेरे।
होरी के दिनन में ना उरझे रे,
जो पिया मोसे रूस रहे हो,
बल बल जाऊँ सब ही घनेरे।
महम्मद सा पिया चतुर रंगीले,
दूर न बसो बसो मेरे नेरे।

19. खंबावती—यत्

एरी हाँ लाज की गारी दे गया,
दे गया, दे गया ए अनारी।
जाय कहि हों मैं तो महम्मद सा सों,
तुम जीते हम हारी ॥

रवीन्द्रनाथ टैगोर और संगीत

●

डॉ. मो.दि. पराड़कर

रवीन्द्रनाथ टैगोर का परिवार बंगाल के शिक्षा-प्राप्त एवं सुसंस्कृत युवकों का आश्रय-स्थान था। उनके पिता महर्षि देवेन्द्रनाथ संगीत के बड़े शौकीन थे। उन्होंने परिवार के सभी सदस्यों को संगीत की समुचित शिक्षा दी थी। विष्णु चक्रवर्ती, राधिका गोस्वामी, शामसुन्दर मिश्र, यदु भट्ट जैसे विख्यात गायकों के मार्ग-दर्शन का उन्होंने प्रबन्ध किया था। बड़ौदा के मौलाबख्श जैसे सिद्धहस्त गायक उन्हीं की कोठी पर ठहरते थे। सच बात तो यह है कि ठाकुरों की कोठी के वातावरण में संगीत सर्वत्र गूँजता रहता था।

रवीन्द्रनाथ के पाँचों भाई भारतीय संगीत के ज्ञाता एवं अध्येता थे। उनमें संगीत की काफी चर्चा होती रहती थी। द्विजेन्द्रनाथ यदि बाँसुरी एवं आर्गन बजाने में प्रवीण थे तो हेमेन्द्रनाथ तानपूरे के स्वरों के मर्मज्ञ थे। सत्येन्द्रनाथ हिन्दी-संगीत से परिचित थे और ज्योतिरिन्द्रनाथ तो संगीत के व्यासंगी विद्वान् थे। उन्होंने बम्बई में एक मुसलमान सितारिए के हाथों शिक्षा पायी थी। इन पाँचों भाइयों के साथ-साथ रवीन्द्रनाथ की बड़ी बहिन के पति शारदाप्रसन्न बन्द्योपाध्याय अपने समय के उत्कृष्ट सितार-वादक थे।

इस तरह के अनुकूल वायुमंडल में रहने वाले रवीन्द्रनाथ भारतीय संगीत से अछूते भला कैसे रह सकते थे? उस्तादी ढंग के गीतों को उन्होंने खूब सुन लिया था। इन्हीं के आधार पर उन्होंने रागों एवं रागिनियों में गीतों की रचना शुरू की। अहमदाबाद में अपने भाई सत्येन्द्रनाथ के घर में ही उनके कई गीत लिखे गये? इनमें 'तोमारेई करियाछि जीवनेर ध्रुवतारा', 'नीरव रजनी देखो मग्न ज्योत्स्नाय', 'बलि ओ आमार गोलापबाला', 'शुनो नलिनी खोलो गो आँखि' जैसे मधुर गीतों का अन्तर्भाव होता है। इन पर भारतीय संगीत के रागों एवं रागिनियों का काफी प्रभाव पड़ा है। रवीन्द्रनाथ को 'भैरवी' से अपार प्रेम था; इस राग में उनके असंख्य गीत पाये जाते

हैं। अपने 'बाह्य संगीत' में उन्होंने कई अन्य रागों का प्रयोग किया है।

सन् 1878 से 80 तक रवीन्द्रनाथ विलायत में रहे थे। इसके पहले ही उन्होंने थामस मूर की आयरिश मेलोडी की सचित्र पुस्तक देखी थी और उसमें की कई चीजों को वे ज्योतिरिन्द्रनाथ के सुहृद् अक्षय बाबू से सुन चुके थे। इसी से यूरोपीय संगीत के विषय में उनकी जिज्ञासा जाग उठी थी और विलायत में 'स्काट' नाम के परिवार के साथ रहते हुए इसकी पूर्ति का उन्हें सुअवसर मिल गया। उन्हें मालूम हो गया कि यूरोपीय संगीत उनके भौतिक व्यवहारों के साथ बिलकुल घुल-मिल गया है। इस संगीत के सम्बन्ध में, भारत में उनके मन में जो धारणाएँ बनी थीं, वे निर्मूल एवं भ्रमात्मक सिद्ध हुईं। विलायत में उन्हें पता चला कि पश्चिमीय संगीत वहाँ के निवासियों के जीवन की ही तरह विविधता एवं वैचित्र्य को लिये हुए है। उन्हीं के कथन के अनुसार, यूरोपीय संगीत के सम्पूर्ण रहस्य को समझने में वे पूर्ण रूप से सफल तो नहीं हुए, किन्तु उसकी उन्होंने पर्याप्त जानकारी प्राप्त की और इसी वजह से वे उसकी ओर आकृष्ट हुए। पश्चिमीय एवं पौर्वात्य संगीत के भेद को व्यक्त करते हुए उन्होंने एक स्थान पर लिखा है—

"उनका संगीत हमारे यहाँ के संगीत से बिलकुल भिन्न है और मैं यह मानता हूँ कि दोनों को एक ही ढंग से हृदयंगम नहीं किया जा सकता।...यदि हम उनकी ही तरह किसी भी विषय को अपनाने लगेंगे, तो हमारे राग निस्सार हो उठेंगे। इसका कारण यह है कि हमारे राग व्यावहारिक सीमा को लाँघ गये हैं। दैनन्दिन विषय उनके लिए फीके मालूम होते हैं। इसी का परिणाम यह निकलता है कि उनकी सहायता से करुणा एवं निर्वेद जैसे उदात्त भावों को जन्म दिया जा सकता है। उनका कार्य है—हमारी आत्मा के अव्यक्त एवं अज्ञेय रहस्यों को प्रकट करना। इन्हें गाते-गाते गायक तन्मय हो उठता है और उसे अपने सम्मुख उपासक के आश्रय का भान होता है; संकट में भक्त की आर्त पुकार सुनकर करुणा से द्रवित होनेवाले भगवान् की प्रसन्नता का अनुभव होने लगता है। मतलब, इन रागों की सहायता से इतने उदात्त भावों का निर्माण होता है। यह सब इनमें विद्यमान है सही; किन्तु इनमें दैनिक व्यवहारों में उलझे हुए सांसारिक मानव के दर्शन पाना दुर्लभ है।"

यहाँ रवीन्द्रनाथ ने पश्चिमीय तथा पौर्वात्य संगीत-पद्धति के मर्म पर बड़े सुन्दर ढंग से विचार किया है।

उपर्युक्त धारणा के कारण रवीन्द्रनाथ ने विलायती संगीत के उसी अंग का उपयोग किया है, जो उन्हें उपादेय प्रतीत हुआ। 'कालमृगया' एवं 'वाल्मीकि-प्रतिभा' नाम के उनके नाटकों में जो गीत पाये जाते हैं, उन पर विलायती संगीत का बहुत प्रभाव दिखाई देता है। इसीलिए 'वाल्मीकि-प्रतिभा' के गीतों में, भारत में अनादि काल से प्रचलित उदात्त रस नहीं पाया जाता; उनमें धरती का स्पन्दन ही अधिक प्रतीत होता है। इस नाटक के कुछ पद भारतीय संगीत का अनुकरण करते हैं, तो

कुछ विलायती संगीत का। भारतीय 'तिलाणा' नाटक के लिए अधिक अनुकूल है, इसलिए इसे विशेष रूप से प्रयुक्त किया गया है। विशुद्ध काव्य की दृष्टि से इस नाटक के सभी गीत सुन्दर नहीं मालूम होते; सिर्फ संगीत की धारा को प्रवाहित करने के लिए ही ये उपयोगी हैं।

रवीन्द्रनाथ ने हर्बर्ट स्पेन्सर के ग्रन्थ 'दी ओरिजिन एण्ड फंक्शन आफ म्यूजिक' में पढ़ा था कि वाणी के मनोविकारों से प्रभावित होने से भाषण में स्वरों एवं तालों का आविर्भाव होता है और अपने मन के विकारों को प्रभावपूर्ण ढंग से व्यक्त करने के लिए ही मानव ने संगीत-शास्त्र का निर्माण किया। हर्बर्ट के इस कथन से प्रभावित होकर गद्यात्मक एवं पद्यात्मक संवादों के आधार पर नाटक लिखने की उन्हें प्रेरणा मिली। उनकी राय में 'हृदय में उठनेवाले भावों को प्रकट करना ही गाने का लक्ष्य था' और इसलिए 'वाल्मीकि-प्रतिभा' के गीतों को संगीत-शास्त्र की चहारदीवारों में रखना उचित नहीं समझा। इसके फलस्वरूप 'वाल्मीकि-प्रतिभा' का संगीत रंगमंच पर अत्यन्त प्रभावकारी सिद्ध हुआ और उनकी संगीत-विषयक धारणा से परिचित होने के लिए लोग अतीव उत्सुक हुए। अतः 'बेथ्युन सोसाइटी' नाम की संस्था ने उन्हें संगीत पर भाषण देने के लिए बुलाया।

'बेथ्युन सोसाइटी' के प्रतिष्ठा-प्राप्त सदस्यों के सामने सन् 1887 के मई महीने में रवीन्द्रनाथ—बीस वर्ष के युवक—का साभिनय व्याख्यान हुआ। इस व्याख्यान में साभिनय गीत गाकर उन्होंने अपने सिद्धान्त का बड़ा रोचक एवं प्रभावपूर्ण प्रतिपादन किया। इस समय के उनके साधार एवं सुसंगत विवेचन को सुनकर सभा के वयोवृद्ध विद्वान् कृष्णमोहन बनर्जी ने कहा—"आज मुझे लगा कि स्वयं वाल्मीकि ही बाल-रूप धारण करके मंच पर अवतीर्ण हुए हैं।" इस व्याख्यान में उनका सिद्धान्त यही रहा कि 'शब्द के अर्थ को उत्कृष्ट ढंग से व्यक्त करना ही गायन का अन्तिम ध्येय है।'

संगीत के सुमधुर उपयोग के लिए रवीन्द्रनाथ की 'गीतांजलि' अपनी मिसाल आप है। इस गीतावली के प्रत्येक गीत में स्वरों की वह आयोजना है, जो भाव एवं पार्श्वभूमि के लिए अतीव पोषक सिद्ध हुई है। यहाँ उन्होंने संगीत के किसी सम्प्रदाय का अनुकरण नहीं किया। वस्तुतः पश्चिमीय एवं पौर्वात्य—दोनों संगीत-पद्धतियों का अति कौशलपूर्ण एवं मौलिक उपयोग करने में ही 'गीतांजलि' की अनुपम विशेषता है। 'गीतांजलि' के गीत यदि उनकी स्वर-योजना के अनुसार नहीं गाये जाते, तो वे उतने प्रभावपूर्ण कदापि प्रतीत नहीं हो सकते। कभी-कभी विशिष्ट वातावरण में कोई राग उनके मन में अकस्मात् उद्बुद्ध हो उठा और उसी के अनुसार भावों के कम्पन से गीत का निर्माण हुआ। निम्नलिखित गीत इसका सुन्दर उदाहरण है:—

तुमि नव-नव रूपे एषो प्राणे।
एषो गन्धे वरणे, एषो गाने।
एषो अंगे पुलकमय परशे,

एषो चित्ते अमृतमय हरषे,
एषो मुग्ध मुदित दु नयाने।
तुमि नव-नव रूपे एषो प्राणे।

राग 'मिश्र-रामकली' की दृष्टि से यह गीत लिखा गया है। इसे लिखते समय कवि खिड़की के पास बैठकर शैवालाच्छादित प्रवाह की ओर देख रहे थे। सहसा उन्हें यह भान हुआ कि 'रामकली' जैसे प्रातःकाल में गाये जाने वाले रागों के स्वर समूची सृष्टि में गूँज रहे हैं; चारों दिशाओं में करुणा-कादम्बिनी बरस रही है; भौंरे गुनगुना रहे हैं—और भावों में वही कम्पन हुआ, जो उन्हीं के स्वरों के अनुरूप था। इसी से गीत की प्रारम्भिक पंक्तियाँ प्रवाहित हुईं। उन्हीं स्वरों में अवगाहन करते-करते बाद की पंक्तियाँ भी आप-ही-आप बँध गयीं और 'हन्त, तर्हि मंडितः संसारः' कहने को पाठक बाध्य हुए। इस प्रकार एक तरह की 'मधुमती भूमिका' में लिखित गीतों का गद्यमय रूपान्तरण उनके अनूठे सौन्दर्य में यदि क्षति पैदा करता हो, तो इसमें क्या अचरज है?

रवीन्द्रनाथ साहित्य के संसार में निरन्तर नये-नये प्रयोग करने में व्यस्त रहे। अपने जीवन के सायंकाल में उन्होंने 'चित्रांगदा' को नृत्यमय नाट्य का रूप देने का सराहनीय एवं सफल प्रयत्न किया। इसमें कहानियों की भाषा से काम नहीं चलता, स्वरों एवं तालों की भाषा को प्रयुक्त करना पड़ता है। इसके भाव देह की रेखाओं द्वारा व्यक्त होते हैं और इसे स्पष्ट करने में प्रकाश एवं रंगों से सहायता लेना आवश्यक हो उठता है। 'चित्रांगदा' मूल रूप में प्राचीन नृत्य-कला का मनोहर आविष्कार था। रवीन्द्रनाथ ने इसके साथ बड़े कौशल से स्वर एवं गीतों का मनोहर मेल उपस्थित किया। इसमें रवीन्द्रनाथ ने स्वरों को कुछ इस ढंग से उपस्थित किया है कि भावों की अभिव्यक्ति के लिए वाद्य-समूहों की कोई आवश्यकता नहीं प्रतीत होती; केवल पखावज, मंजीरा आदि से निर्वाह किया जा सकता है। इस रूप में परिष्कृत होकर 'चित्रांगदा' जब सन् 1936 के मार्च महीने में रंगमंच पर अवतीर्ण हुआ, तो दर्शक विस्मय से दंग रह गये और आलोचकों ने दाँतों-तले अँगुलियाँ दबा लीं। 'चित्रांगदा' का सहर्ष स्वागत हुआ और उसने रवीन्द्रनाथ को धन के साथ अपार सम्मान का भी भागी बनाया!

संक्षेप में, सौन्दर्य के अन्वेषण की प्रबल भावना ने रवीन्द्रनाथ के गीतों का निर्माण किया और उनके संगीत-ज्ञान ने उनमें अनुपम गति भर दी। काव्य एवं संगीत के इस अनुपम एवं मनोहर मेल ने उनके काव्य को अमरता प्रदान की है। उनके पाठक भर्तृहरि के शब्दों में कह उठेंगे—

धन्यास्ते रससिद्धाः कवीश्वराः।
नासित येषां यशःकाये जरामरणजं भयम्॥

प्रसाद-काव्य में संगीतात्मकता

मीना अग्रवाल

काव्य और संगीत, दोनों ही गतिशील कलाएँ हैं और दोनों ही कर्णेद्रिय के माध्यम से आनन्दोद्रेक करती हैं। ध्वनि और लय का प्रयोग संगीत और काव्य में समान रूप से होता है। संगीत जिन भावनाओं की सूक्ष्म और निराकार अभिव्यक्ति करता है, उन्हीं को कविता साकार रूप प्रदान करती है। कविता जब तक गायी नहीं जाती, वह पूर्ण आनन्द नहीं दे पाती और संगीत जब तक गीतयुक्त नहीं होता, तब तक पूर्णरूपेण प्रभावशाली नहीं बनता। वैसे तो काव्य के सभी रूपों में संगीत-तत्त्व विद्यमान रहता है, किन्तु गीति-काव्य में काव्य और संगीत का समन्वय विशेष रूप से दृष्टिगोचर होता है।

छायावाद ने आकर तो गीति-काव्य को विषय-भाव और वैचित्र्य की दृष्टि से छन्द और सांगीतिकता का बहुत बड़ा वैभव प्रदान किया। नवीन छन्द, नयी ध्वन्यात्मकता, नयी उपमाएँ नयी अर्थ-शक्ति आदि के समावेश से यह काव्य समृद्ध बन गया।

प्रसाद जी ने काव्य को एक ऐसा वर्णमय चित्र बतलाया है, जो स्वर्गीय और भावपूर्ण संगीत गाया करता है।[1] यह वर्णमय चित्र सद्यःप्रभावोत्पादक होता है, बोल सकता है और इसमें संगीत की भी योजना हो सकती है।[2] अतः प्रसाद जी कविता के अन्तर्गत ऐसे स्वरविधान को महत्त्व देते हैं, जिसमें भावपूर्ण संगीत गाने की क्षमता हो, जो काव्य में संगीत तथा संगीत से काव्य की रचना करने में समर्थ हो और राग-चित्र के निर्माण में भी पूर्ण सहायक हो।

प्रसाद जी ने स्वर्गीय संगीत उत्पन्न करने के लिए अपने काव्य में स्वर-विधान की ओर पर्याप्त ध्यान दिया है। स्वरों के संयोग से उन्होंने अपने काव्य को इतना सरस एवं मधुर बनाने का प्रयास किया है कि भले ही किसी पाठक या श्रोता को उनके पद्यों की अर्थ-प्रतीति न हो, परन्तु उनको सुनकर ही वह सिर हिलाने लग

जाएगा, उसका हृदय आनन्द-विभोर होकर बार-बार उसे सुनने की आकांक्षा प्रकट करेगा। इस सरसता एवं माधुर्य का कारण है, उनके गीतों में स्वर-मैत्री की ओर अधिक ध्यान होना।

काव्य में स्वर-लहरी या राग-चित्र उत्पन्न करने के लिए प्रायः ऐसे वर्णों की योजना की जाती है, जो सरल, सरस, सचिक्कण एवं मृदु हों और जिनके सुनते ही श्रोता का ध्यान आकर्षित होकर वहीं केन्द्रित हो जाए। प्रसाद जी ने अनेक स्थलों पर स्व-लहरी के अनुकूल वर्णों की योजना की है।

अपनी प्रौढ़ रचना 'कामायनी' में प्रसाद जी ने स्वरों के आरोह-अवरोह तथा उनके ह्रस्व, दीर्घ, प्लुत एवं कोमल-तीव्र स्वरूपों का भावानुकूल प्रयोग करके अपनी स्वरविधान-सम्बन्धी निपुणता तथा उनकी अन्तरात्मा के ज्ञान का यथेष्ठ परिचय दिया है। इसमें कोई सन्देह नहीं कि सारा 'कामायनी' काव्य गेय है और अपनी संगीतात्मकता से अद्‌भुत प्रभाव डालने की क्षमता रखता है। इसका श्रेय प्रसाद जी के स्वरविधान को है। निम्नलिखित उद्धरण में स्वरों के मधुर संयोग से व्यंजन भी मधुमय संगीत लहरी प्रकट करते हुए दिखाई देते हैं—

तुमुल कोलाहल कलह में मैं,
हृदय की बात रे मन।
विकल होकर नित्य चंचल,
खोजती जब नींद के पल,
चेतना थक-सी रही तब,
मैं मलय की बात रे मन![3]

'कामायनी' से ऐसे अनेक उदाहरण दिए जा सकते हैं, जिनमें संगीत के तत्त्वों का समावेश बड़ा ही मार्मिक है। किन्तु संगीत-ज्ञान के अभाव में ऐसी मार्मिक अभिव्यंजना को लोग समझ नहीं पाते। प्रसाद ने 'कामायनी' के चिन्ता-सर्ग में कहा है—

महानृत्य का विषम सम, अरी
अखिल स्पन्दनों की तू माप,
तेरी ही विभूति बनती है
सृष्टि सदा होकर अभिशाप।[4]

हिन्दी पाठकों की एक बड़ी संख्या यह नहीं जानती कि 'सम' क्या बला है; फिर 'विषम-सम' को समझना तो और भी टेढ़ी खीर है। 'ताल' क्या है; ताल में 'लय' का संचार किस प्रकार होता है; इन सबके द्वारा ताल-चक्र के आवर्तन से सम में जो एक अनिर्वचनीय आनन्द उत्पन्न होता है अथवा विषम-सम के द्वारा इस आवर्तन में उपस्थित होनेवाले कृत्रिम व्याघातों से श्रोताओं के मानस में आनन्द की जो लहर उठती है, उसे समझे बिना प्रसाद की इन पंक्तियों की मार्मिकता को भला कैसे

हृदयंगम किया जा सकता है!

संगीत की दृष्टि से प्रसाद की 'लहर' का अपना विशिष्ट स्थान है। 'लहर' की प्रायः सभी कविताएँ सांगीतिकता से परिपूर्ण हैं। इसके अधिकांश गीत ऐसे हैं, जिनमें राग-रागिनियों की आदर्श संयोजना है। श्री रामनाथ 'सुमन' के शब्दों में—"कवि प्रसाद के सम्पूर्ण काव्य विस्तार में 'लहर' सबसे अधिक संगीतात्मक (म्यूजिकल) है।"[5]

'लहर' का निम्नलिखित गीत अत्यधिक प्रसिद्ध है। सांगीतिक दृष्टि से इसकी शब्दावली इतनी मधुर है, मानो रस छलका पड़ता हो। बिलकुल एक चित्र-सा खड़ा कर दिया है प्रसादजी ने—

बीती विभावरी, जाग री!
अंबर-पनघट में डुबो रही—
तारा-घट ऊषा नागरी।
खग-कुल कुल-कुल-सा बोल रहा,
किसलय का अंचल डोल रहा।
लो यह लतिका भी भर लाई—
मधु मुकुल नवल रस-गागरी।
अधरों में राग अमंद पिए,
अलकों में मलयज बंद किए—
तू अब तक सोई है आली,
आँखों में भरे विहाग री![6]

इस गीत के आधार पर कुछ काव्य-रसज्ञों की यह धारणा हो जाती है कि विहाग सम्भवतः प्रातःकाल में गाया जाता है, किन्तु वास्तव में विहाग रात्रि के द्वितीय प्रहर में गाया-बजाया जानेवाला राग है। इसके स्वरों की विह्वलता से वियोग की मार्मिकता अभिव्यक्त होती है। जो लोग जानते हैं कि विहाग का विशिष्ट स्वर-विन्यास किस प्रकार भावोद्रेक करता है तथा उसका प्रभाव कितना अन्तर्व्यापी होता है, से ही यह समझ सकेंगे कि रात-भर प्रिय की प्रतीक्षा के पश्चात् 'तू अब तक सोई है आली, आँखों में भरे विहाग री!' में कैसी मर्मस्पर्शी व्यंजना छिपी है।

वास्तव में प्रसाद जी को इस बात का पूर्ण ज्ञान था कि कौन-सा राग किस समय गाया जाता है। भैरव और भैरवी प्रातःकाल में गाये जानेवाले राग हैं, तभी तो उषःकाल के समान 'भैरवी' जागरण की नवीन तान सुना रही है—

आँखों से अलख जगाने को यह आज भैरवी आई है।
उषा-सी आँखों में कितनी,
मादकता-भरी ललाई है।

कहता दिगंत से मलय-पवन,
प्राची की लाज-भरी चितवन–
है रात घूम आई मधुवन,
यह आलस की अँगड़ाई है।

लहरों में यह क्रीड़ा चंचल,
सागर का उद्वेलित अंचल।
है पोंछ रहा आँखें छल-छल,
किसने यह चोट लगाई है?[7]

'आँसू' में गीति-काव्य की सांगीतिकता के सभी प्रधान उपकरण उपलब्ध हो जाते हैं। शब्दों की मृदुलता तो कहीं-कहीं अपूर्व है। विभिन्न शब्दों के एकत्र संयोग से पदों की अभिव्यंजकता बढ़ गयी है। अनेक स्थलों पर उनमें एक ध्वनि, एक मीड़-सी उत्पन्न हो गयी है–

छिल-छिलकर छाले फोड़े,
मल-मलकर मृदुल चरण से।
घुल-घुलकर बह रह जाते,
आँसू करुणा के कण से।[8]

प्रसाद ने सर्वत्र अपने ढंग पर नाद-सौन्दर्य और संगीत का ध्यान रखा है। वे जानते थे कि भाव-जगत् में जो कार्य कल्पना करती है, वही कार्य शब्द-जगत् में राग करता है। संगीत के बिना भाषा में शक्ति, स्फूर्ति और आकर्षक गतियाँ उत्पन्न नहीं होतीं। 'लहर' के प्रस्तुत गीत की शब्द योजना देखिए। इसमें कैसी झंकार है, कैसा नाद है–

वे कुछ दिन कितने सुंदर थे,
जब सावन-घन सघन बरसते।
सुरधनु-रंजित नव-जलधर से–
भरे, क्षितिज-व्यापी अंबर से,
मिले चूमते जब सरिता के–
हरित कूलयुग मधुर अधर थे।

प्राण-पपीहा के स्वरवाली–
बरस रही थी जब हरियाली–
रस जलकन मालती-मुकुल से–
जो मदमाते गंध विधुर थे।

चित्र खींचती थी जब चपला,
नील मेघ-पट पर वह विरला,

मेरी जीवन-स्मृति के जिसमें–
खिल उठते वे रूप मधुर थे।[9]

प्रसाद ने अपने नाटकों में भी अत्यन्त सुन्दर गीत लिखे हैं। उन गीतों में उनकी संगीत के प्रति रुचि एवं स्वर-विधान सम्बन्धी कुशलता का पता चलता है। 'कामना' नाटक की नायिका कामना द्वारा गाये गये प्रस्तुत गीत में संगीत की मधुरिमा व्याप्त है–

सघन वन-वल्लरियों के नीचे,
उषा और संध्या किरनों ने तार बीन के खींचे।
हरे हुए वे गान जिन्हें मैंने आँसू से सींचे,
स्फुट हो उठी मूक कविता
फिर कितनों ने दृग मींचे।
स्मृति-सागर में पलक-चुलुक से
बनता नहीं उलीचे,
मानस-तरी भरी करुना-जल
होती ऊपर-नीचे।[10]

बाँसुरी के संयोग से इस गीत का गायन अत्यधिक कर्णप्रिय हो जाएगा। तभी तो प्रसादजी ने अपने नाटक के पात्र विलास से बाँसुरी बजवाई है।

'स्कंदगुप्त' नाटक के प्रथम अंक में नर्तकियों द्वारा गाये गये निम्नलिखित गीत को यदि राग विहाग में गाया जाए, तो इसकी अन्तर्निहित मधुरता श्रोता-वर्ग को मुग्ध कर लेगी–

न छेड़ना उस अतीत स्मृति से,
खिंचे हुए बीन-तार कोकिल!
करुण रागिनी तिप उठेगी,
सुना न ऐसी पुकार कोकिल!
हृदय धूल में मिला दिया है,
उसे चरण-चिह्न-सा किया है,
खिले फूल-सा गिरा दिया है,
न अब बसंती बहार कोकिल![11]

सहगान की दृष्टि से 'चंद्रगुप्त' नाटक का प्रस्तुत गीत अपनी मधुरिमा और भाव-सबलता के लिए प्रसिद्ध है। भारत-भूमि की उज्ज्वल कीर्ति को प्रकट करनेवाला यह गीत अपने आकर्षक स्वरों से श्रोता को सहज ही अपनी ओर खींचता है–

अरुण यह मधुमय देश हमारा।
जहाँ पहुँच अनजान क्षितिज को,

मिलता एक सहारा।
सरस तामरस गर्व विभा पर
नाच रही तान शिखा मनोहर,
छिटका जीवन हरियाली पर
मंगल कुमकुम सारा।[12]

प्रसाद के गीत संगीत की देशी प्रणाली पर अवस्थित हैं। डॉ. भोलानाथ के अनुसार—"प्रसाद के गीत संगीत की शास्त्रीय पद्धति पर गाये जाने-योग्य हैं।"[13] सूर, तुलसी और मीरा की गीति-शैली से उनमें विशेष भेद नहीं है। यद्यपि पन्त और निराला ने प्रचलित प्रणाली से भिन्न संगीत की सृष्टि की। उन्होंने गीति-काव्य में संगीत के नये प्रयोग किये, परन्तु प्रसाद ने अपनी प्राचीन परम्परा का ही निर्वाह किया।

प्रसाद-काव्य में अनेक स्थलों पर संगीत सम्बन्धी उल्लेख भी किये गये हैं। संगीत के गायन, वादन और नृत्य, तीनों ही अंगों से सम्बन्धित सामग्री का विवरण उनके साहित्य में मिलता है। उनके साहित्य के अन्तर्गत संगीत सम्बन्धी ये उल्लेख संगीत के भेद-प्रभेदों, अंग-उपांगों, राग-रागिनियों, वाद्य-यन्त्रों, नृत्य-सम्बन्धी विविध प्रसंगों के अन्तर्गत उपलब्ध होते हैं।

संगीत के पारिभाषिक शब्दों की दृष्टि से प्रसाद के काव्य में नाद, तान, सप्त-स्वर (मध्यम-पंचम आदि), शुद्ध-विकृत स्वर (कोमल-तीव्र स्वर), मीड़, सम, श्रुति, लय, विषम-सम आदि शब्दों का स्पष्ट उल्लेख मिलता है; यथा—

1. स्वर उठता है कोमल मध्यम,
   कभी तीव्र होकर भी पंचम।[14]
2. शुद्ध नाद था बड़ा सुरीला,
   कोई विकृति न थी उसमें।[15]
3. चेतन सागर उर्मिल होता,
   यह कैसी कंपनमय तान।[16]
4. सप्त स्वर सप्त सिंधु में उठे
   छिड़ा तब मधुर साम-संगीत।[17]
5. पद-पद पर तांडव नर्तन हो,
   स्वर-सप्तक होवे लय सारा।[18]
6. महानृत्य का विषम-सम।[19]
7. आने दो मीठी मीड़ों से नूपुर की झनकार।[20]
8. लय-सीमा में यह कंपन।[21]

प्रसाद-काव्य में 'राग-रागिनी' शब्दों के अतिरिक्त विभिन्न रागों का भी उल्लेख

किया गया है। उदाहरणस्वरूप कतिपय पंक्तियाँ उद्धृत की जाती हैं–

1. नया तुम्हारा राग मनोहर श्रुति सुखकारी।[22]
2. फूलों पर आनंद-भैरवी गाते मधुकर-वृंद।[23]
3. बजने लगी उदास पहाड़ी रागिनी।[24]
4. आँखों से अलग जगाने को,
   यह आज भैरवी आई है।[25]
5. पथिक उनींदी श्रुति में किसने,
   यह विहाग की तान उठाई।[26]

प्रसाद जी को अनेक वाद्य-यन्त्रों का ज्ञान था। उन्होंने अपने काव्य में विभिन्न स्थलों पर बाँसुरी, बीन (बीणा), मृदंग, वेणु, मुरली, विपंची (वीणा) आदि वाद्य-यन्त्रों का उल्लेख किया है; जैसे–

1. कुंज में वंशी बजती है।[27]
2. वंशी को बस बज जाने दो।[28]
3. मुरली मुखरित होती थी,
   मुकुलों के अधर विहँसते।[29]
4. बजा दो वेणु मनमोहन, बजा दो।[30]
5. जीवन वंशी के छिद्रों में
   स्वर बनकर लहराया।[31]
6. मीड़ मत खिंचे बीन के तार।[32]
7. उषा और संध्या किरनों ने
   तार बीन के खींचे।[33]
8. विमल वाणी ने वीणा ली
   कमल कोमल कर में सप्रीत।[34]
9. गान में कुछ बीण को सुंदर
   मिली झनकार है।[35]
10. बजती वीणा न वहाँ मृदंग।[36]
11. वीणे। पंचम स्वर में बजकर मधुर मधु,
    बरसा दे स्वयं विश्व में आज तो।[37]
12. मुद मृदंग मनोज्ञ स्वर में,
    बज रहा है ताल में।
    कल्पना वीणा बजी,
    हर एक अपने ताल में।[38]
13. शिथिल विपंची मिली विरह-संगीत से।[39]

गायन-वादन के अतिरिक्त प्रसाद-काव्य में नृत्य का उल्लेख भी अपनी एक विशेषता है, क्योंकि संगीत में नृत्य की गायन-वादन की भाँति अपना विशिष्ट महत्त्व रखता है। नृत्य के दो प्रकार हैं—तांडव और लास्य। नृत्य उत्कट हो तो 'तांडव' और मधुर तथा सुकुमार हो तो 'लास्य' कहलाता है। 'तांडव' पुरुषत्व का और 'लास्य' नारीत्व का द्योतक है। प्रसाद के काव्य में दोनों प्रकार के नृत्यों का उल्लेख किया गया है। उदाहरण-स्वरूप उनकी प्रस्तुत पंक्तियाँ द्रष्टव्य हैं :

1. भैरव संगीत बना, तांडव-नृत्य-सा
होने लगा गुर्जर में।[40]

2. नाचती है नियति नटी-सी,
कंदुक-क्रीड़ा-सी करती।[41]

3. हाँ, मृत्यु नृत्य करती,
मुसक्याती खड़ी अमरता।[42]

नृत्य में नूपुरों का अपना विशिष्ट आकर्षण होता है। इनकी झंकार मानो जड़ और चेतन को अपनी ओर आकर्षित कर लेती है। प्रसाद जी ने भी नूपुरों की ध्वनि से आकर्षित होकर अनेक स्थानों पर इनका प्रयोग किया है; जैसे—

1. मणि नूपुरों की बीन बजी, झनकार से
गूँज उठी रंगशाला इस सौन्दर्य की।[43]

2. तभी कामना के नूपुर की,
हो जाती झनकार।[44]

3. नूपुरों की झनकार घुली-मिली जाती थी।[45]

इस प्रकार प्रसाद जी ने अपने काव्य में गायन, वादन एवं नृत्य तीनों के सफल समन्वय द्वारा संगीत की परिभाषा सार्थक कर दी है।

संगीत की दृष्टि से प्रसाद ने छन्द-योजना में भी नवीनता का ध्यान रखा है। उन्होंने संगीत-लहरी प्रवाहित करनेवाले स्निग्ध छन्द-प्रयोग के साथ-साथ अपने विषयानुकूल विविध छन्दों का प्रयोग किया है। अकेले 'कामायनी' में ही 15-16 तरह के छन्द उपलब्ध होते हैं। गीति-काव्य के कवि को भाषा की सुकोमलता और पेशलता के साथ ही छन्दों की सरसता का भी ध्यान रखना होता है। इड़ा सर्ग में टेक के साथ गीति-पदों की सृष्टि करके कवि ने अपनी गीति पद्धति का पूरा-पूरा प्रमाण प्रस्तुत किया है।

अस्तु, प्रसाद-काव्य में भाव, भाषा, राग व छन्द का उत्तम संगीत उपलब्ध होता है। उन्होंने यद्यपि संगीत का नियमित अभ्यास या ज्ञान प्राप्त नहीं किया था, परन्तु संगीतकारों के सम्पर्क और उनके गायन-वादन को सुनकर उनमें एक संगीतज्ञ के गुण उत्पन्न हो गये थे। इसलिए उनके काव्य में संगीत-कला का पूर्ण वैभव है। उनके

सभी गीतों को संगीत की सम्पूर्ण मधुरिमा के साथ गाया जा सकता है। उनमें गति है, प्रवाह है और है भावना की प्रचुरता। लगता है, जैसे कोई संगीतकार तानपूरा लिये पूर्ण मस्ती के साथ अपनी हृदय-स्थली में भावनाओं को नवीन तान दे रहा हो, नवीन स्वर दे रहा हो।

सन्दर्भ

1. स्कंदगुप्त, पृष्ठ 21
2. इंदु, कला 2, किरण 1, श्रावण शुक्ला 2, संवत् 1967, पृष्ठ 20
3. कामायनी, पृष्ठ 216
4. कामायनी चिंता सर्ग, पृष्ठ 19
5. कवि प्रसाद की काव्य-साधना—छठा संस्करण—पृष्ठ 100
6. लहर, पृष्ठ 19
7. लहर, पृष्ठ 17
8. आँसू, पृष्ठ 11
9. लहर, पृष्ठ 27
10. कामना (चतुर्थ संस्करण), पृष्ठ 9
11. स्कंदगुप्त विक्रमादित्य, पृष्ठ 19
12. चन्द्रगुप्त, पृष्ठ 100
13. हिन्दी-साहित्य—डॉ. भोलानाथ, पृष्ठ 336
14. विशाख (प्रसाद-संगीत), पृष्ठ 40
15. जनमेजय का नाग-यज्ञ, पृष्ठ 48
16. चन्द्रगुप्त, पृष्ठ 186
17. स्कंदगुप्त, पृष्ठ 144
18. ध्रुवस्वामिनी, पृष्ठ 34
19. कामायनी, चिन्ता-सर्ग, पृष्ठ 29
20. झरना, पृष्ठ 30
21. लहर, पृष्ठ 49
22. काननकुसुम, पृष्ठ 54
23. अजातशत्रु, पृष्ठ 76
24. प्रसाद-संगीत, पृष्ठ 129
25. लहर, पृष्ठ 20
26. स्कंदगुप्त विक्रमादित्य, पृष्ठ 147
27. विशाख (प्रसाद-संगीत), पृष्ठ 15
28. स्कंदगुप्त विक्रमादित्य, पृष्ठ 85
29. आँसू, पृष्ठ 26
30. स्कंदगुप्त विक्रमादित्य, पृष्ठ 123

31. ध्रुवस्वामिनी, पृष्ठ 37
32. अजातशत्रु, पृष्ठ 55
33. कामना, पृष्ठ 9
34. स्कंदगुप्त विक्रमादित्य, पृष्ठ 144
35. कानन-कुसुम, पृष्ठ 48
36. लहर, पृष्ठ 48
37. झरना, पृष्ठ 34
38. कानन-कुसुम, पृष्ठ 99
39. प्रसाद-संगीत, पृष्ठ 129
40. लहर, पृष्ठ 65
41. आँसू, पृष्ठ 51
42. आँसू, पृष्ठ 64
43. लहर, पृष्ठ 76
44. झरना, पृष्ठ 16
45. लहर, पृष्ठ 60।

❑❑